2007-2008
中国宗教研究年鉴

Annual of Religious Studies in China

曹中建/主编

中国社会科学院世界宗教研究所　编

宗教文化出版社

编辑人员名单

主　　　编：曹中建

副　主　编：张新鹰　黄夏年

执行副主编：于　光

目录

Contents

专稿

综述

宗教学理论与宗教现状研究

佛教研究

道教研究

伊斯兰教研究

基督宗教研究

其它

资 料

专　稿

ZHUAN　GAO

胡锦涛在中共中央政治局第二次集体学习时强调全面贯彻党的宗教工作基本方针积极主动做好新形势下宗教工作

新华社北京2007年12月19日电　中共中央政治局12月18日下午进行第二次集体学习，中共中央总书记胡锦涛主持。他强调，实现我们的发展目标，必须最大限度地团结一切可以团结的力量，调动一切可以调动的积极因素。我们要正确认识和全面把握宗教工作面临的新情况新问题，积极主动地做好宗教工作，促进宗教关系的和谐，努力把宗教界人士和信教群众紧紧团结在党和政府周围，共同为全面建设小康社会、加快推进社会主义现代化而奋斗。

中共中央政治局这次集体学习安排的内容是当代世界宗教和加强我国宗教工作。中国社会科学院卓新平研究员、中央民族大学牟钟鉴教授就这个问题进行了讲解，并谈了对做好新形势下宗教工作的意见和建议。

中共中央政治局各位同志认真听取了他们的讲解，并就有关问题进行了讨论。

胡锦涛在主持学习时发表了讲话。他指出，正确认识和处理宗教问题，切实做好宗教工作，关系党和国家工作全局，关系社会和谐稳定,关系全面建设小康社会进程,关系中国特色社会主义事业发展。我们要从这样的战略高度,充分认识做好新形势下宗教工作的重要性。在长期实践中,我们党坚持把马克思主义宗教观同我国实际相结合,确立了我们党关于宗教问题的基本理论和基本方针。在新的历史条件下,我们要坚持马克思主义的立场、观点、方法,全面认识宗教产生和存在的深刻的自然根源、社会根源、认识论根源和心理根源,全面认识宗教在社会主义社会将长期存在的客观现实,全面认识宗教问题同政治、经济、文化、民族等方面因素相交织的复杂状况,全面认识宗教因素在人民内部矛盾中的特殊地位,努力探索和掌握宗教自身的规律,不断提高宗教工作水平。

胡锦涛指出,党的十七大强调,要全面贯彻党的宗教工作基本方针,发挥宗教界人士和信教群众在促进经济社会发展中的积极作用。这是对做好新形势下宗教工作的根本要求。各级党委和政府要坚持以邓小平理论和“三个代表”重要思想为指导,深入贯彻落实科学发展观,坚持党的宗教工作基本方针,着力激发信教群众的爱国热情和建设中国特色社会主义事业的积极性,把他们同不信教群众团结在一起,共同为经济社会发展作贡献。

胡锦涛就做好新形势下的宗教工作提出三点要求。一是要坚持党的宗教工作基本方针。发挥宗教界人士和信教群众在促进经济社会发展中的积极作用,关键是要把党的宗教工作基本方针贯彻好、落实好。要全面贯彻党的宗教信仰自由政策,坚持依法管理宗教事务,坚持独立自主自办,坚持积极引导宗教与社会主义社会相适应,鼓励我国宗教界发扬爱国爱教、团结进步、服务社会的优良传统,支持他们为民族团结、经济发展、社会和谐、祖国统一多作贡献。二是要加强信教群众工作。做好信教群众工作是宗教工作的根本任务。要坚持以人为本,最大限度地把信教群众团结起来,把他们的智慧和力量凝聚到实现全面建设小康社会、加快推进社会主义现代化的共同目标上来。要坚持政治上团结合作、信仰上互相尊重,努力使宗教界人士和信教群众在拥护中国共产党的领导和社会主义制度、热爱祖国、维护祖国统一、促进社会和谐等重大问题上增进共识。要真心实意关心信教群众特别是生活困难的信教群众,帮助他们解决实际困难,组织和支持他们积极发展生产、改善生活、勤劳致富,使信教群众切实感受到党和政府的关怀和温暖。三是要加强宗教教职人员队伍建设。要加大培养、选拔、使用工作力度,努力造就一支政治上靠得住、学识上有造诣、品德上能服众的合格宗教教职人员队伍。要发挥爱国宗教团体的积极作用,帮助和指导他们增强自养能力,依法依章搞好自我管理,反映信教群众意愿,切实维护宗教界合法权益。

胡锦涛强调,各级党委和政府要从党和国家事业发展全局的战略高度,适应新形势新任务的要求,进一步加强和改善对宗教工作的领导,推动宗教工作不断迈上新台阶。

探求和谐之道　共建和谐世界

刘延东

古都西安，春意盎然，群芳争妍。来自世界各地的专家、学者和道教界人士相聚一堂，可谓人文荟萃，群贤毕至。首先，我谨代表中国政府和中国政协，向国际道德经论坛的召开表示热烈的祝贺！向各位来宾表示诚挚的欢迎和良好的祝愿！

2500 年前，一位伟大的思想家告别都城喧嚷，骑青牛、出函谷，留下了千古传诵的不朽名篇《道德经》。“紫气东来”的传说、《史记》“老子修道德”的记载、周至楼观台的景观……都印证着古老的岁月和智者的足迹。物换星移，沧海桑田，先人的思想却依然闪烁智慧的光芒。这次国际道德经论坛以“和谐世界，以道相通”为主题，深入挖掘和弘扬光大《道德经》的思想精华，探讨《道德经》与和谐文化、生态环保、现代管理和养生健康的关系，很有意义、倍受关注，是关于老子思想研究的一次空前盛会。

《道德经》作为中华传统文化的重要经典，思想深邃，言简意赅，短短五千言，涵摄宇宙、自然、社会、人生各方面，阐释万物之源、治国之术、为政之道、为人之本、立世之则，通篇贯穿着“道法自然”、“大道和谐”和朴素的辩证思想，折射了中华民族祈盼和顺、崇尚和美、追求和谐的美好愿望，体现了中华文化博大精深、独具特色的无穷魅力。

《道德经》认为“道生万物”，阐释了天人合一的重要思想。强调天、地、人等宇宙万物是一个有机统一的整体，人类与自然万物之间有着共同的本源和法则。只有顺应万事万物发展的规律，才能达到天人和谐的状态。这些思想反映了中国古代先贤认识世界、把握世界的深刻洞察力，为实现人与自然的圆融无间、共生共荣，提供了丰富的思想资源。

《道德经》主张“无为而治”，阐释了爱民治国的重要理念。强调“以百姓之心为心”，不恣意妄为，不逆道而为，达到“无为而无不为”。这些思想体现了中国古代先贤真挚深沉的“民本”情怀，成为中国政治思想的重要渊源，对后世的治国安邦产生了重要影响。

《道德经》主张“为而不争”，阐释了和以处众的重要原则。强调作为个人要“谦下”、“德信”、“上善若水”，作为国家要“不武”、“不怒”、“不以兵强天下”。这些思想对于中华民族形成与人为善、推己及人、合群济众的传统美德，培育亲仁善邻、协和万邦、爱好和平的民族品格，起到了不可忽视的重要作用。

《道德经》主张致虚守静，阐释了立德修身的朴素哲理。强调把“德”作为操行的标准、人生的原则，倡导“见素抱朴”、“少私寡欲”的态度和知足常乐、“清静无为”的境界。这些思想体现了中国古代先贤深层次的精神追求和行为准则，渗透在中华民族的民族心理和民族性格中，成为滋养人们精神家园的重要源泉。

《道德经》睿智的思想穿越时间和空间、跨越信仰和国度，经世而长存，历久而弥新。从敦煌卷子、马王堆帛书、郭店竹简等出土文献的记载，到遍布全球30多种语言的400多种外文译本；从孔子问礼于老子的传说，到历代思想家、政治家的悉心研究；从“东方智慧的结晶”、“永不枯竭的井泉”的赞誉，到老子被誉为世界百位历史文化名人，无不说明了《道德经》的深远影响，无不体现了《道德经》的重要价值。《道德经》潜移默化地影响了一代又一代中华儿女，影响了不同国度、不同肤色、不同民族、不同语言的人们，不仅是中华文化宝库中一块绚丽夺目的瑰宝，而且为世界文明的发展作出了不可磨灭的贡献。而在21世纪的今天，古老的《道德经》所蕴含的理念与主张，仍具有重要的现实意义。

和谐是中华文明的重要价值观念，也是世界各国人民的共同愿望和不懈追求。在人类社会不断实现自身美好理想、迈向光明和进步的21世纪,国家的兴旺发达,越来越需要和谐有序的社会环境;世界的繁荣发展,越来越需要和谐共存的国际环境。作为世界上最大的发展中国家,作为深受“和谐”文化润泽和滋养的礼仪之邦,中国的发展将为世界带来更多的机遇,中国永远是维护世界和平、促进共同发展的坚定力量。当前,中国政府对内致力于加快构建和谐社会,对外致力于推动建设和谐世界。共建和谐已经成为亿万中国人民的共同追求。这种和谐应是以人为本的和谐,即坚持尊重人的尊严,关注人的价值,保障人的权益,重视人的生活质量和发展潜能,努力实现人的全面发展。这种和谐应是包容多样的和谐,即坚持尊重差异,和而不同,求同存异,维护文明多样性和发展模式多样化,实现各美其美而又美美与共的良好状态。这种和谐应是公平正义的和谐,即坚持扶正扬善,注重权利的平等、分配的合理、机会的均等,确保各方面的利益和诉求得到全面兼顾。这种和谐应是诚信友爱的和谐,即坚持以诚相待,坦诚相商,诚实守信,更加关爱彼此,更加珍视情谊,更加融洽相处。这种和谐应是共同发展的和谐,即坚持平等合作、互利双赢,实现持久和平、共同繁荣,使人类文明进步的成果惠及各国人民,共同建设、共同享有属于全人类的美好未来。

推进和谐社会、和谐世界,需要和谐的理念、和谐的文化。面对日益加快的全球化和现代化进程,我们将始终坚持继承和发展中华优秀传统文化,深入研究和挖掘《道德经》的丰富内涵,宣传和弘扬《道德经》的时代意义,遵循客观规律,倡导和合友善,注重律己修身,使这一超越历史、超越宗教、超越国界的文化宝藏,在新的时代焕发出新的生命力。

遵循客观规律,就是要树立尊重自然、顺应自然的理念,促进人与自然的和谐。人与自然的关系,是人类生存与发展的最基础的关系。从工业化开始的现代经济,极大地增强了人改变自然的力量,但是也带来了生态破坏、资源枯竭、环境污染等世界性难题。我们要通过研究和弘扬《道德经》,引导人们树立人与自然辩证和谐的发展观,合理而有节制地开发、利用自然,与自然建立一种和谐共处、同存共生的关系,走科学发展、和谐发展、可持续发展的道路。

倡导和合友善,就是要弘扬慈爱和同、为善尚义的传统美德,促进人与社会的和谐。人与社会的和谐,是一个古老而又永恒的话题。随着人类文明的发展,人与人、国与国之间的关系趋于融洽,但社会上依然存在物欲膨胀、损人利己、信用危机等问题,国际上依然存在以强凌弱、以富压贫、对抗冲突等现象。我们要通过研究和弘扬《道德经》,推动人们坚持正确的是非观、善恶观、荣辱观,以慈善谦让的态度待人处世,多行善举,济困助人,努力形成有利于社会和谐的社会风尚和行为规范。要通过研究和弘扬《道德经》,推动人们认识文明多样性是人类社会的重要特征,不同文明之间应当相互包容、积极对话、兼收并蓄,不同国度之间应当讲信修睦、互惠合作,摒弃排斥、歧见和隔阂,使世界各国在互信协作中谋求共同发展,使人类文明在和谐共存中更加丰富多彩。

注重律己修身,就是要培养淡泊宁静、贵德守真的品格,促进人的内心和谐。追求内心和谐,是人生的重大课题,也是人际和谐与社会和谐的基本要求。在社会发展和转型中,一些人出现了虚华浮躁、精神空虚、信仰失落、道德失范、心理失衡等问题,人们的精神生活面临着新的考验。我们要通过研究和弘扬《道德经》,引导人们从古人修身思想中得到启发,净化和升华思想境界,从社会发展进步的要求出发,培养高尚的道德情操,树立正确的人生观、价值观和义利观,崇俭抑奢,培功建德,不为物欲主义、拜金主义、享乐主义所侵蚀;要理性认识和对待发展过程中出现的利益和差距,把个人发展的目标和社会的大目标统一起来,合理表达情绪和诉求,采取积极的人生态度,以平衡乐观的心态迎对挑战、战胜困难,去实现人生的和谐、安宁与幸福。

道教植根于中华传统文化、生长于华夏大地,是一个以《道德经》为根本经典、重人贵生的宗教,对中国历史社会和文化发展产生了重大影响。新中国成立以来特别是改革开放以来,道教积极传承爱国爱教、慈爱和同、济世度人的优良教义和传统,重视现实,关注社会,利益人群,福臻家国,为促进我国社会发展进步、为推动世界不同宗教和不同文明的交流作出了重要贡献。

《道德经》是人类的共同精神财富。这次论坛,在历史文化底蕴深厚的千年古都西安揭幕,在东西方文明交汇的国际大都市香港落幕,象征着《道德经》进一步从古老走向现代,从中国走向世界。我相信,在各位道教界人士的积极参与下,在各位专家学者和喜爱《道德经》的海内外友人的大力支持下,《道德经》一定会在新的时代焕发出新的夺目光彩,中华优秀传统文化一定会在世界文化之林中熠熠生辉!

衷心祝愿国际道德经论坛圆满成功!祝各位朋友健康幸福、吉祥如意!

(本文为作者2007年4月22日在国际道德经论坛开幕式上的讲话)

改革开放30年党的宗教工作理论创新

叶小文

改革开放30年来,我们党从总结建国以来正反两方面的经验、阐明社会主义时期党对宗教问题的基本观点和基本政策起步,以解放思想、实事求是的理论勇气,把马克思主义宗教观与社会主义初级阶段宗教问题的特点与规律、与改革开放的实践紧密结合,形成了一套"社会主义的宗教论",并在此基础上继续与时俱进,按照推动科学发展、促进社会和谐的新要求和新实践,向着创建"和谐社会的宗教论"(即"社会主义和谐社会的宗教论")迈进。

理论基点:把握问题根本,抓住认识关键

对于马克思主义执政党来说,正确认识和处理社会主义社会的宗教问题,必须正确认识宗教问题的长期性和群众性。"社会主义的宗教论"正是在这两个方面取得理论突破,"和谐社会的宗教论"则在这两个方面继续深化。

马克思主义政党是坚持唯物论、主张无神论的政党,在世界观上与一切有神论对立,但特别注意防止在领导群众革命和建设的实践中忽略宗教问题的群众性;在看待宗教问题时防止短视症,忽视宗教问题的长期性。社会主义运动产生之初,剧烈阶级斗争的特殊时代条件,使这种"忽略"和"忽视"有其合理性。因为当时的欧洲特别是德国,宗教被统治阶级作为维护旧秩序的工具。马克思、恩格斯提

出,日耳曼的革命要从反对宗教开始,“对宗教的批判是其他一切批判的前提”。但是,马克思主义宗教观与马克思主义群众观是一致的。马克思讲“宗教是人民的鸦片”,立意的着重点并非是麻醉人民的鸦片,而是受鸦片麻醉的人民,是哀其不幸,怒其不争,促其奋斗。

20世纪初,世界上第一个社会主义国家诞生前夜,列宁提出了“宗教与社会主义”这个政治难题:坚持唯物主义和无神论的工人阶级政党如何对待宗教?如何处理社会主义和宗教的关系?列宁强调在通过批判宗教唤醒群众的同时,又要认识到宗教信仰涉及广大信教群众,对宗教问题要采取十分严谨和周密考虑的态度,要求工人阶级政党一方面坚持“宗教是麻醉人民的鸦片”,主张“彻底的”无神论;另一方面又“宽容”宗教,实行宗教信仰自由政策,以利于团结信教群众为实现党的主要任务而共同奋斗。他指出“在迂腐或无知的人看来是动摇的表现,其实都是从辩证唯物主义中得出的直接的必然的结论”。

辩证唯物主义和历史唯物主义也是在不断克服历史局限和时代特殊性的制约中,显现其真理光芒的。如果马克思主义政党对宗教问题的长期性和群众性缺乏透彻、深刻的认识,实践中就容易犯简单化、短视症、片面性的毛病,违背辩证唯物主义和历史唯物主义的基本要求。

在新民主主义革命时期,以毛泽东同志为核心的中国共产党人,在血与火的斗争中,同爱国宗教界人士结成了“统一战线”。社会主义新中国建立后,正如周恩来同志指出的:“列宁在1909年曾说过宗教就是鸦片,这是革命时期的口号。现在我们有了政权,可以不必强调宗教就是鸦片,而要尊重其民族的信仰。”1954年颁布的新中国第一部宪法,明确规定公民有宗教信仰自由。但由于对宗教问题的群众性和长期性仍然缺乏透彻深刻的理论认识,党内很多人难免把宗教完全等同于“愚昧落后”,看作是“侵略工具”,处理宗教问题就往往过急、过粗、过头。而建国以来的历史教训一再表明,不仅是宗教问题,我们在其他方面出问题、犯错误,很多也是由于急于求成,盲目行动;过急必然导致工作过粗,草率决策,操切从事;过粗又会导致措施过头,调门升高,上纲上线;终于搞得局面难以收拾,左右摇摆,反复折腾。这一顽症,在经济工作中使我们吃过不少苦头,我们已高度警惕并切实纠正。宗教工作同样不可过急、过粗、过头,反复折腾,留下隐患。而敌人也有意让我们发急,使我们用自己的手把矛盾闹大。

改革开放初期的拨乱反正,恢复了党的宗教信仰自由政策。邓小平同志把"宗教与社会主义"这个问题再次提出来了。他说:"对于宗教,不能用行政命令的办法,但宗教方面也不能搞狂热,否则同社会主义,同人民利益相违背。"但社会主义究竟怎样对待宗教?邓小平同志没有说,把解决难题的任务留给了后人。

江泽民同志 2001 年在全国宗教工作会议上发表的重要讲话,针对马克思主义政党在宗教问题上容易"过急、过粗、过头"的毛病,着手从根子上解决对宗教问题长期性和群众性的认识问题。

一是强调宗教的长期性。按照唯物辩证法,一切事物都有它发生、发展、消亡的过程,宗教也不例外。但当前不是要去看宗教何时消亡,而是要承认宗教存在的长期性,找出宗教问题的规律性。江泽民同志指出:"宗教的最终消亡可能比阶级和国家的消亡还要久远"。既然如此,我们处理宗教问题就急不得,只能承认和正视这一客观存在,遵循规律、因势利导去做工作。

二是强调宗教的群众性。宗教构成强大的社会力量,宗教问题也是个群众问题,宗教既有消极因素也有积极因素,关键看我们怎么引导其发挥积极作用。肯定宗教中的积极因素,目的不是为了发展宗教,而是要努力使已经存在的宗教多为祖国统一、民族团结、经济发展、社会稳定服务。

这两个理论观点,一是把握了问题的根本。对反复出现、长期存在的东西,要特别注意把握其规律。深刻认识宗教的长期性,分析宗教问题才能把握规律性和复杂性。对大量出现、普遍存在的东西,要特别注意掌握好政策。深刻认识宗教的群众性,从事宗教工作才能找准立足点和出发点。二是抓住了认识的关键。针对忽视宗教问题的长期性和群众性的问题，作了明确透彻的说明。

于是,建立科学的“社会主义的宗教论”就有了立论的基础。即:我们看宗教问题,“根本是长期性”,“关键是群众性”,还有“特殊的复杂性”。强调这“三性”,有助于纠正认识不清晰,工作中左右摇摆的毛病。把握好这“三性”,对错综复杂的宗教问题,对特殊的“社会主义与宗教”的问题,“怎么看”就清楚了,“怎么办”也就好办了:

——“根本是长期性”,所以要“积极引导宗教与社会主义社会相适应”;

——“关键是群众性”,所以要“全面贯彻党的宗教信仰自由政策”;

——“特殊的复杂性”，所以要“依法管理宗教事务”,“坚持我国宗教独立自主自办的原则”。

“全面贯彻党的宗教信仰自由政策,依法管理宗教事务,坚持我国宗教独立自主自办的原则,积极引导宗教与社会主义社会相适应”。这“四句话”,党的十七大明确地作为“宗教工作基本方针”,列入党章总纲。

真理总是朴素的,但真理又总是具体、丰富的。基本方针的“四句话”,是在我们党关于社会主义社会宗教问题的一整套基本观点和基本政策基础上提炼的(参见李瑞环同志概括的八个要点,《求是》1995 年第 7 期),在贯彻的实践中又形成了若干基本的规定和具体政策(参见贾庆林同志2007 年在全国宗教工作座谈会上的讲话中对“四句话”丰富内涵的阐述)。

核心内容:注重“宗教关系”,发挥积极作用

宗教自身追求真善美、追求和谐的一面获得发挥,就产生一定和积极作用;而自身负面因素的发热膨胀,就会释放或放大消极作用。

历来黑暗势力都要利用宗教的消极面,使群众信仰的宗教反过来成为群众的枷锁。因此,我们对宗教问题处理得好,可以对社会发展和稳定产生积极作用;处理得不好,就会产生消极作用,甚至产生很大的破坏作用。

在当今纷繁复杂的国际形势中,宗教到底是和谐因素还是冲突因素?令人困惑。一方面,宗教大都主张仁爱、慈善、和平,为维护世界和平做出了积极的努力;另一方面,宗教问题成为热点,实际的经济、政治利益的冲突便常常从宗教"借光"、"借力",披上宗教的神圣外衣,甚至被某些极端势力和恐怖主义利用。敌对势力把利用宗教渗透作为西化、分化社会主义国家的突破口。社会邪恶势力也打着宗教的旗号,图财害命,危害社会。我国已进入经济社会快速发展和改革攻坚的关键时期,经济体制深刻变革,社会结构深刻变动,利益格局深刻调整,思想观念深刻变化,人们思想活动独立性、选择性、多样性、差异性明显增强。空前的社会变革给我国发展进步带来强大动力和巨大活力,又难免引发种种矛盾和问题。人民群众精神文化需求日趋旺盛,宗教作为人们精神文化生活的一种传统方式,也随之活跃。一些利益群体的诉求,如果缺乏合理机制和渠道表达,以宗教的形式集中或爆发,有可能给社会和谐带来潜在的不确定。宗教方面的群体性事件,虽然多属人民内部矛盾,但随着其不断地累积、突发、扩展、变异、沉淀,其性质容易转化,矛盾形式容易激化,也容易被敌对势力和邪恶势力所利用。

在当今这个不安宁的世界里,在我国的发展机遇期和矛盾凸现期,面对宗教方面可能释放出的消极因素和突如其来的问题,我们如果受制于长期形成的思维惯性,把宗教问题的长期性、群众性、复杂性的认识抛到脑后,就容易再度急躁和简单化。

构建和谐社会,必须使已经存在的宗教发挥积极作用,为发展"帮助";而不是释放消极作用,在矛盾中"添乱"。有两种选择:或者对宗教的消极作用防范,但可能防不胜防;或者通过主动工作,注重放大宗教的积极因素,发挥宗教的积极作用,引导、化解和抑制宗教可能释放的消极因素。科学发进观指导我们转换思路,以更多地发挥宗教的积极作用来更好抑制其消极作用。崇尚和谐的思维取向,要求我们正确认识无神论与有神论的关系,改变过去你死我活的两极思维模式,告别以"斗争哲学"为主导的思维方式。以人为本的价值导向,要求我们在观察宗教问题时眼中有"人"—— 信教群众和宗教界人士;在宗教工作实践中围绕着"人"—— 把做好信教群众工作作为宗教工作的根本任务。协调关系的基本要求,促使我们善于化解宗教方面的人民内部矛盾;善于学会运用统筹协调与社会管理、公共服务的手段来处理宗教方面的关系;善于发挥宗教团体作为社会组织在"提供服务、反映诉求、规范行为"方面的积极作用。统筹兼顾的科学方法,要求我们总揽全局,统筹规划,把宗教工作放到全局中去谋划;立足当前,着眼长远,把当务之急与长远工作结合起来;全面推进,重点突破,善于在纷繁复杂的矛盾中抓住根本,把握方向;兼顾各方,综合统筹,把握宗教工作的协调与平衡。

按照这种新的思路,就要进一步深化对宗教"根本是长期性"和"关键是群众性"的认识。

深化对"根本是长期性"的认识,提出正确处理宗教关系,是我国社会政治生活领域要处理好的五大基础关系之一。胡锦涛同志指出,要全面认识宗教产生和存在的深刻的自然根源、社会根源、认识根源和心理根源,全面认识宗教在社会主义社会将长期存在的客观现实。既然宗教的产生和存在有着广泛深刻的根源,这些根源又不能在短期内消失,既然宗教在社会主义社会将长期存在是客观的现实,那么,就必须正确认识和妥善处理宗教与社会主义社会的关系。一方面,我们任何时候都不应把意识形态领域让给宗教去主导;另一方面,我们无论如何不能把"促退宗教"甚至"消灭宗教"作为社会主义阶段的目标或者任务。胡锦涛同志在2006年7月召开的全国统战工作会议上,首次提出了正确认识和处理社会主义社会宗教关系这一重大的理论和实践课题,明确指出,在我国政治领域和社会领域,要正确认识和处理政党关系、民族关系、宗教关系、阶层关系、海内外同胞关系。正确认识和处理这五大关系,并且把"宗教关系"列为五大关系之一,对于我们团结各种社会力量,解决各种社会矛盾,保证在重要战略机遇期顺利发展,具有重要意义。这样,我们对"根本是长期性"的认识,就从基础性的"五大关系"的高度,得到了进一步落实与深化。

深化对"关键是群众性"的认识,提出"发挥宗教界人士和信教群众在促进经济社会发展中的积极作用"。胡锦涛同志指出:要"全面认识宗教问题同政治、经济、文化、民族等方面因素相交织的复杂状况,全面认识宗教因素在人民内部矛盾中的特殊地位"。把宗教问题放到改革开放的全局中来把握,"着力激发信教群众的爱国热情和建设中国特色社会主义伟大事业的积极性,把他们同不信教群众团结在一起,共同为经济社会发展作贡献"。这表明,我们既冷静、清醒地看到了宗教方面可能存在的消极因素,又以更大的热情、更广阔的胸怀,接纳并激发宗教界人士和信教群众的爱国热情和建设中国特色社会主义伟大事业的积极性。2006年11月通过的《中共中央关于构建社会主义和谐社会若干重大问题的决定》明确提出:"发挥宗教在促进社会和谐方面的积极作用"。胡锦涛同志在十七大报告中强调:要"全面贯彻党的宗教工作基本方针,发挥宗教界人士和信教群众在促进经济社会发展中的积极作用"。在十七届中央政治局第二次集体学习时,胡锦涛同志又明确提出:"全面贯彻党的宗教工作基本方针,发挥宗教界人士和信教群众在促进经济社会发展中的积极作用,是做好新形势下宗教工作的根本要求"。这样,对"宗教问题群众性"的认识,就从发挥宗教积极作用的高度得到了进一步落实与深化。

有了这两个深化,并在此基础上,把做好信教群众工作作为宗教工作的根本任务,把促进社会和谐作为现阶段"引导宗教与社会主义社会相适应"的明确目标,创建新的"和谐社会的宗教论"就有了立论的基础。

新的实践:建设和谐宗教,促进社会和谐

"和谐社会的宗教论",是坚持和发展马克思主义宗教观的中国共产党人在执政兴国的实践中,与时俱进的新探索;是正确认识和处理社会主义社会宗教问题、妥善解决"社会主义与宗教"政治难题的新尝试;是在宗教工作中深入贯彻落实科学发展观的新要求;是建设和谐宗教,促进社会和谐的新实践。

坚持党的宗教工作基本方针。胡锦涛同志指出:发挥宗教的积极作用,"关键是要把党的宗教工作基本方针贯彻好、落实好"。党的宗教工作基本方针的"四句话",经过了改革开放30年来的宗教工作实践的检验,反映了全党的共识,写入了党章总纲,是全党必须遵循的党规党法。要进一步深入贯彻落实宗教事务条例,运用法律法规保护宗教宗教信仰和正常宗教活动,防范宗教方面可能发生的消极作用。要善于化解矛盾,善于运用社会管理和公共服务的手段来协调宗教关系。

加强信教群众工作。胡锦涛同志强调,"做好信教群众工作是宗教工作的根本任务"。要坚持政治上团结合作、信仰上互相尊重,努力使宗教界人士和信教群众在拥护中国共产党的领导和社会主义制度、热爱祖国、维护祖国统一、促进社会和谐等重大问题上增进共识。要坚持以人为本,真心实意关心信教群众特别是生活困难的信教群众,帮助他们解决实际困难,使他们切实感受到党和政府的关怀和温暖。要加大培养、选拔、使用力度,努力造就一支政治上靠得住、学识上有造诣、品德上能服众的合格宗教教职人员队伍。要发挥爱国宗教团体的积极作用,帮助他们增强自养能力,搞好自我管理,反映信教群众意愿,切实维护宗教界合法权益。

促进宗教和谐。按照"信仰上互相尊重,政治上团结合作"的要求,鼓励信教群众和不信教群众之间互相尊重,和睦相处,营造和谐共处的良好社会氛围。鼓励各宗教之间开展对话交流,形成沟通机

制，增进理解，防范因信仰差异发生矛盾和冲突。认真解决各宗教内部存在的新老矛盾，促进团结和谐。重视解决涉及宗教的利益矛盾，抓紧落实宗教房产政策遗留问题，依法妥善处理城市建设中拆迁宗教房产问题，协调解决风景名胜区寺观教堂管理体制和合法权益问题。对侵犯宗教界合法权益的行为，要坚决予以纠正。

创建和谐寺观教堂。人、活动、场所这三个要素中，场所是实施依法管理的着力点。改革开放以来，我们始终围绕宗教活动场所，制定法规，实施管理。现在按照“发挥积极作用”，的思路，要把宗教活动场所被动地“接受管理”变为积极健康、崇尚和谐的氛围，增强其自我教育、自我管理、自我服务、自我完善的能力和机制。

探索和开辟更多发挥作用的载体和渠道。胡锦涛同志指出：“鼓励我国宗教界发扬爱国爱教、团结进步、服务社会的优良传统”，支持宗教界对宗教教义做出符合时代发展和社会进步要求的阐释，积极弘扬宗教教义、宗教道德和宗教文化中积极向上、健康文明的内容。努力发掘“和谐思想资源”，积极参与和谐文化的建设。鼓励有条件的宗教团体和宗教活动场所充分发挥自身特点和优势，积极参与社会救助、社会公益慈善事业，在扶贫、济困、救灾、助残、支教、养老、义诊等方面发挥有益作用。

近年来，党和政府帮助和支持宗教界不断探索和开辟了发挥积极作用的各种渠道和平台。中国宗教界共同致力于“建设和谐宗教”，成为发挥积极作用的重要载体。基督教界的“神学思想建设”，天主教的“民主办教”，伊斯兰教的“解经”，佛教提倡“人间佛教”，道教主张“道法自然、修身致和”等，都是建设和谐宗教的积极尝试，既反映了我国宗教界适应时代的深度自觉，也体现了他们关怀社会的高度责任。2006年，中国佛教界举办了以“和谐世界，从心开始”为题的首届世界佛教论坛。同年中国基督教界和伊斯兰教界召开交流对话会，加强不同信仰对话。2007年，中国道教界举办了以“和谐世界，以道相通”为主题的国际道德经论坛。2009年春天，以“和谐世界，众缘和合”为主题的第二届世界佛教论坛，将由两岸三地佛教界合办,在无锡开幕、台北闭幕。这些都已成为宗教界发挥积极作用的重要平台和渠道。中国宗教界将以持续的实际行动,为构建和谐社会、共建和谐世界发挥积极作用。

(原载《红旗文稿》2008 年第 24 期)

论“政教关系”——“全球化”的宗教与当代中国

卓新平

不可否认,当代中国对宗教的认知首先在于考释其与政治的关系。宗教作为人的社会存在之现实的反映,势必会与政治产生复杂的关联。这种政治与宗教的关系受到不同政教背景的人们的密切关注和认真对待。因此,马克思主义的宗教理论在不少方面都已涉及政教关系问题。从这一角度出发,宗教问题“无小事”,必须“讲政治”。但在当代中国,宗教与政治究竟应是一种什么样的关系,马克思主义宗教观的基本见解应如何运用到中国实际,大家的认识则都并不十分清晰,而且未达统一。其实,“政教关系”有着不同层面,这种“政”涵括“政治”、“政党”、“政权”、“政府”等内容。它们与宗教的关系会有不同侧重,表现出明显的差异,因而处理好它们之间的关系,并不能采取“一刀切”的简单办法。

一、宗教与政治

(一)宗教与政治的交织和分离

从“政治”层面来看,“宗教与政治”主要涉及宗教在精神、思想、观念这种“意识形态”层面上的关系。必须承认,宗教与政治的价值追求是不一样的,其根本区别在于宗教强调彼岸之维,政治基于今世目标。恩格斯在分析基督教与社会主义的本质不同时曾指出:“基督教和工人的社会主义都宣传将来会解脱奴役和贫困;基督教是在死后的彼岸生活中,在天国寻找这种解脱,而社会主义则是在这个世界里,在社会改造中寻求这种解脱。”①鉴于这种区别,“即使圣经里有些地方可以做有利于共产主义的解释,但是圣经的整个精神是同共产主义、同一切合理的创举截然对立的”。② 因此,政治往往会将宗教方式的解决转为现实意义的解决,正如马克思所言:“在我们看来,政治解放和政治的关系问题已经成了政治解放和人类解放的关系问题”。③ 不过,“宗教信仰”与“政治信仰”虽属于不同的范畴,二者之间有可能发生冲突,但并不必然总是发生冲突。在有些情况下,这两种信仰是可以统一的,如在一些“政教合一”国家的指导精神和思想观念中,在由相同宗教孕育和构建的文化体系和文明形态中,以及在以某一宗教为其共同的社会价值和文化共识中,其信仰理解中的“天国”与“人间”有相关的呼应。在这种“共识”、“共构”上,宗教的“参政”、“议政”对其政治显然会有“引导”和“支持”的作用。同理,这两种信仰亦存在根本“对立”的现象,由此导致彼此冲突和相互打击,“宗教”在此已基本脱离“信仰”层面而进入“政治”处境,但“信仰”往往会作为“象征”、“标志”或“旗帜”而得以保留。相关宗教由此有可能成为某些对立政治力量的信仰及精神支撑。在这种情况下,宗教的“干政”、“涉政”则对相关政治构成威胁和危险,二者之间呈现出你死我活、势不两立的对抗状态。

除了这两种极端情况之外,“政教关系”仍然还有第三种或更多的相互“关系”,其中之一就是“政治信仰”与“宗教信仰”的层面分

① 恩格斯:《论早期基督教的历史》(1894),《马克思恩格斯全集》第22卷,人民出版社,1965,第1版,第525页。

② 恩格斯:《大陆上社会改造运动的进展》(1841),《马克思恩格斯全集》第1卷,人民出版社,1956,第1版,第583页。

③ 马克思:《论犹太人问题》(1843),《马克思恩格斯全集》第3卷,人民出版社,2002,第2版,第169页。

离,各有所属,即所谓“凯撒的归凯撒,上帝的归上帝”。[①]其“信仰”属于各自不同的领域、范畴,因而有“政教合作”、“政教协调”的可能,二者并不根本冲突或必然相悖。也正是在这一意义上,我国当代宗教理论政策上才可能有“政治上团结合作”、“信仰上相互尊重”的说法。而宗教界人士在保持其“信仰”独立、自主的前提下,仍可以在“政治”上表态,展示其政治立场和选择。但这种“政治”卷入亦只能以“政治”之维来看待,因而也不可能回避政治之“双刃剑”的作用,在同一宗教中或许有人因“积极适应”政治而获得奖赏,亦有人因“坚决对抗”政治而遭到惩罚。这种奖惩并不是“政治”对“宗教”的态度,而只是“政治”对宗教信仰“者”政治参与之态度的“回应”,因而实际上跟“宗教抉择”或“宗教迫害”根本无关。

在现实生活中,宗教信仰者“适应”或“挑战”政治的两种情况都存在,其“参与”或“实施”者自然会遇到或必然要承受不同的政治处境与命运。同样,人类社会中也有着“宗教政治”或“政治宗教化”的现象,这种混淆可能会对中国当代的“政教关系”产生复杂影响。我们在正确看待宗教界人士的“参政”、“议政”时,主要以其“政治”之维考虑,不能以其“宗教背景”或“宗教势力”来分析,不能把他们看作某种宗教社团或力量的代表。其实西方国家中宗教人士的“参政”一般亦只能以“平信徒”的身份参加,而不能作为其宗教社团领袖及其利益的代表参加。进入“政界”的宗教人士也往往需要退出其原来的“神职”领域。至于宗教界人士对其教义、信仰中“积极因素”的发掘和应用,我们也主要立足于其信仰的社会作用,着眼于宗教社会功能及影响,而不能由此推论出“宗教”与“政治”在“本质”上根本吻合或完全一致的结论。“宗教”与“政治”作为两种维度有部分叠合之处,但不是整体重合或相互融合,这在现代社会中尤其如此。值得注意的是,在当前错综复杂的国际及国内政治形势中,“宗教”之名往往会被用来行“政治”之实,本质上的政治冲突可能会有

① 《圣经·新约:马太福音》第22章21节。

一层宗教外表或信仰形式,而一旦对这种事件采取"政治"行动,则会有人用"破坏宗教信仰自由"或"迫害宗教"等的名义来指责、反对或阻止。在这种"宗教"与"政治"相混淆之际,需要我们用自己已经具备的宗教常识和政治睿智之"火眼金睛"来识别、分清。

在信仰范围内,如果将宗教与政治置于同一层面,那么其真正的"相适应"则在于两者在价值、意义甚至信仰观念上的相似、接近或吻合。一般而言,人们在同一层面只能选择一种信仰或彼此同一的信仰,因为信仰涉及人们的"真实感"、"效忠感"和"虔诚感"的问题,其内在的排他性不允许自欺欺人的现象发生。但如果可以从不同层面看待信仰,则会出现宗教与政治关系的新空间。这是因为,人们可以将信仰划分为政治信仰、宗教信仰、文化信仰和民族信仰等,如果政治信仰与宗教信仰不在同一个层面,两者是平行关系而不是交叉关系,那么则有可能使两者并行不悖、和平共存。例如,20世纪50年代中国天主教爱国运动在处理其与中国政府和梵蒂冈的关系问题时,曾试图采取这一态度,并将此立场保留至今。只是因为当时政治氛围压倒一切,所有举措都被理解为政治选择,这一尝试才未获成功。

(二)宗教与政治的意识形态对话

中国当代宗教与政治关系及对话所面临的最棘手的问题之一,就是在意识形态领域马克思主义与宗教、无神论与有神论的关系问题。按传统的理解,这是一个解不开的死结,因为一般认为马克思主义持有批评(批判)宗教、无神论持有否定有神论的基本态度和立场。从宗教方面来看,其态度颇为多元复杂,既有坚决反对马克思主义、无神论的声音,也有与之积极对话和沟通的呼声。在价值观和意识形态领域,宗教界确有人尝试在教义、信仰思想上找到与马克思主义相吻合或能共构的"积极因素"。中国当代政治在这方面的"积极引导"已引起宗教方面的"积极响应"。不过,这种"求同"的响应在中国政界并没有得到普遍认可,因而在一定程度上不得不被"悬置"起来,从而出现由"热"到"冷"的转变。在对马克思主义的认识上,不少西方当代学者认为马克思主义并不是"从天而降"或"凭空产生"的，而是有着深厚的西方思想文化资源的积淀，以及相关体系方法的引导和启迪，其中就包括宗教因素和思路，因此其表面的矛盾并不能彻底否认其文化历史上的复杂关系和精神延续。作为非基督教徒的现代英国著名哲学家伯特兰·罗素就曾用犹太教、基督教的信仰传统来解释马克思主义，试图揭示出这一"联机"。他说：

犹太人对于过去和未来历史的理解方式，在任何时期都会强烈地投合一般被压迫者与不幸者。圣奥古斯丁把这种方式应用于基督教，马克思则将其应用于社会主义。为了从心理上来理解马克思，我们应该运用下列的辞典：

亚威 = 辩证唯物主义

救世主 = 马克思

选民 = 无产阶级

教会 = 共产党

耶稣再临 = 革命

地狱 = 对资本家的处罚

基督作王一千年 = 共产主义联邦

左边的词汇意味着右边词汇的感情内容。正是这种夙为基督教或犹太教人士所熟悉的感情内容使得马克思的末世论有了信仰的价值。[①] 罗素还说，"马克思把他的历史哲学纳入了黑格尔辩证法所提出的模子"，而且，"马克思自称是个无神论者，却又保持了一种只能从有神论找到根据的宇宙乐观主义"。[②] 其他西方现代学者也有类似的见解，因为"末世论"由犹太教传统经过基督宗教而成为西方文化中根深蒂固的历史观和未来观。对此现代西方新教神学家于尔根·穆尔特曼曾有过极为精致的阐述和发挥，并基于"希望哲学"和

① [英]罗素：《西方哲学史》(上卷)，何兆武、李约瑟译，商务印书馆，1976，第447-448页。

② [英]罗素：《西方哲学史》(下卷)，马元德译，商务印书馆，1982，第343-344页。

“希望神学”而以“希望”来将基督宗教的“末世论”与共产主义的“未来”理想相关联。在他们看来,马克思作为犹太人会通过其文化积淀而以犹太文化的先知传统和末世理想构成其思想的潜力和对未来的期盼,而且马克思的思维方式和研究方法仍在西欧文化体系范围之内,其文化传统迄今仍未脱离基督宗教,因此正如尼古拉斯·拉希所认为的,“在马克思的思想中确实存在一种末世预言的要素”①。此外,罗伯特特纳还分析了马克思主义与基督宗教在如下四个方面的相似:一是两者都试图为世界提供一种整全的解释;二是两者的经验历史观都包含有起源、发展和终结的叙述;三是两者都有着共同的人类得救的历史哲学之主题精神,如基督宗教所论述的人的救赎,马克思所揭示的人的新生;四是两者都强调理论与实践的统一,不只是认识世界,而且要改变世界,如基督宗教强调信(信仰)与行(事功)之统一,而马克思主义的“理论联系实际”不仅要解释世界,更要改变世界。② 当然,也有不少西方学者反对这种拉近马克思主义与宗教的比附,认为这本身乃是对马克思主义的歪曲和对西方宗教文化本质的错误解读。例如,斯拉沃热·齐泽克就曾指出:“针对陈旧的自由派的诋毁——即利用基督教和马克思主义‘救世主义的’历史观之间的相似性作为对信徒最终判决的步骤(即臭名昭著的论点:‘共产主义——党派——是——世俗化的——宗教——派别’)——难道人们不应强调这种诋毁只适合于僵化的‘教条’马克思主义,而不是其真实的解放核心?”③但齐泽克也承认马克思主义对资本主义的批判中既有对“全球化”弊端的预见,也表达了一种对

---

① 拉希(Nicholas Lash):《希望问题:一个神学家对卡尔·马克思的思想之反思》(A Matter of Hope: A Theologian's Reflections on the Thought of Karl Marx), Norre Dame, IN: University of Notre Dame Press,1982,252页。

② 图克(R. Tucker):《卡尔·马克思的哲学与神话》(Philosophy and Myth in Karl Marx),Cambridge University Press,1961。

③ [斯洛文尼亚] 斯拉沃热·齐泽克:《易碎的绝对——基督教遗产为何值得奋斗?》蒋桂琴、胡大平译,江苏人民出版社,2004年,第1页。

神圣价值观重建的期盼,如《共产党宣言》所论及的"生产的不断变革,一切社会状况不停的动荡,永远的不安定和变动,这就是资产阶级时代不同于过去一切时代的地方。一切固定的僵化的关系以及与之相适应的素被尊崇的观念和见解都被消除了,一切新形式的关系等不到固定下来就陈旧了。一切等级的和固定的东西都烟消云散了,一切神圣的东西都被亵渎了",正是今天"全球化"所带来的后果:"在全球'后……'(后现代,后工业)社会中,我们今天生活在何处?影响越来越大的口号是'全球化':粗暴地强迫人们接受统一的世界市场,这个市场威胁着所有的地方性种族传统,包括民族国家的特定形式。有鉴于此,《共产党宣言》中对资产阶级的社会作用的叙述不是比过去更加适宜吗?""因此,可以这么说,马克思所描述的这个导致所有固定的东西都烟消云散了的全球动态,就是我们的现实—— 条件是我们不要忘记以其固有的辩证法对立面物质生产过程的'精神化',来补充《共产党宣言》中的这个形象。同时,资本主义确实悬置了陈旧的传统幽灵的权力,它产生了自己的怪异幽灵。换句话说,一方面,资本主义带来了社会生活的根本世俗化—— 它无情地撕裂了任何真正的贵族、神圣性及荣誉等气氛。"①所以,人们需要新的"精神性",此即共产主义的"幽灵"给人们带来的希望。但齐泽克也认为,这种"共产主义"实际上亦是西方资产阶级内在逻辑的产物,其实践虽基于对"资本"的剖析却又未能真正摆脱"资本"这一无形之手,"马克思的共产主义,这种在资本框架以外完全解放生产力的社会是资本主义本身内在的一个幻想,在纯粹意义上是资本主义的内在超越,严格说来是一种意识形态幻想:既想进一步推动由资本主义形成的生产力,同时又要摆脱'障碍',和对抗性"②。如果上述在意识形态领域中的调和道路在中国当代根本不可能走通,那

① [斯洛文尼亚]斯拉沃热·齐泽克:《易碎的绝对—— 基督教遗产为何值得奋斗?》蒋桂琴、胡大平译,江苏人民出版社,2004年,第14-15页。

② 同上。

么宗教与政治关系上的和解与融洽则只能另辟新径,尽量回避信仰意义和价值问题,不要在"普遍价值"或"公共价值"的宣称上发生冲突,其"教义"上的积极"发掘"也只能适可而止,双方在核心本真层面上的"相同"或"求同"保持点到为止之态,不加发挥或穿凿,而侧重于二者在社会、公众领域中的共在及和平共处。但在精神深层面上,则必须承认和警惕彼此之间的反差及张力。这样,在保持、保证宗教在精神领域、信仰层面充分自由的同时,允许宗教在政治领域的"淡出",而鼓励其在社会公共层面转入社会服务和社会公益工作。

二、宗教与政党

(一)"宗教政党"与"党"、"教"关系

从"政党"层面来看,"政党"即从事政治活动的党派,以"政治"为其根本任务。应该说,"政党"是代表一定阶级、阶层或集团利益,以执掌或参与国家政权为目的,从而实现其政纲的政治组织。"政党"的这种政治性使其有明确的政治纲领、具体的政治举措、系统的政策方针、整全的组织系统、以及约束、监督其党员的党纪党规,这些都是政党从事其社会政治活动的基本前提与保障。在宗教与政党关系中的一种极端现象,就是"宗教政党"的存在。这种宗教政党产生于20世纪第二次世界大战之后,在欧美社会尤为流行。宗教政党的出现反映出当代世界发展中宗教世俗化的客观现实,也说明了宗教对现实政治的参与或干预。

综合来看,西方宗教政党大致表现为两个方面:一为资产阶级政治活动家与宗教团体联合而组成资产阶级宗教政党,旨在利用宗教影响来扩大自身在政治参与及竞争中的实力;二为宗教领袖以"参政"或同政治活动家(政客)联合而组成宗教政党,由此希望在当代社会的政治实践中实现其宗教目的。但前一种情况一般而言较为明显,因而主要是政治活动家利用宗教的社会力量来实现其政治目的;虽然其组成的宗教政党会有宗教信仰上的导向,但原则上并不会受

到相关宗教组织或宗教领袖的控制,作为宗教平信徒的政治活动家乃发挥着关键或决定作用。此外,尽管宗教政党在西方一些国家中会作为执政党或在野党存在,其“宗教”色彩却越来越淡化。这种宗教政党的现象在阿拉伯世界、在苏东剧变后的东欧亦曾出现,并有着鲜明的政治立场和态度。

在许多国家中并没有直接掌控政治权力的宗教政党,此时宗教与政党的关系主要表现为宗教信徒以个人身份参加相关政党,使宗教平信徒在政党政治中发挥作用,而一些宗教组织在社会政治中也会有支持或反对相关政党的选择,由此仍使宗教与政党有着复杂交织。在宗教与政党相区分的情况下,一个政党可以吸收不同宗教的信徒来参加,而同一宗教的信徒也可以加入不同的政党。例如,基督教按其“生活在这一世界但不属于这一世界”的信仰理解而可以“入世”,基督徒因而可以在所有政党中存在。不过,“政党”在基督徒看来在本质上只是指“一部分”,即乃“有限”的“派别”,而政党的政治目的是具体、明确而“有限”的,与其宗教信仰所要达到的“终极性”和“超越性”并不在一个层面,不属同一种境界。由此而论,宗教并不制止其信徒加入党派,但认为这些政党派别乃追求此岸、属世、今生、有限的目标,宗教徒在其宗教信仰层面则还需要追求更高的目标,达到更高的境界。

(二)“无产阶级政党”与宗教

在社会主义国家中,这种宗教与政党的关系也逐渐趋于复杂。按照马克思主义经典作家的观点,无产阶级政党并不认为宗教是“私人”的事情。列宁时代的无产阶级政党将宗教视为“不觉悟、无知和蒙昧的表现”,因而主张要对宗教展开“思想斗争”。①但是,列宁并不反对宗教信仰者“加入”无产阶级政党,甚至宗教神职人员(“司祭”)也可以成为无产阶级政党的成员。只要这些宗教信徒及其神

---

① 列宁:《社会主义和宗教》(1905),《列宁全集》第2版第12卷,人民出版社,1987年,第132—134页。

职人员不公开反对无产阶级政党的党纲,党的大门就可以向他们敞开。列宁说,“我们不仅应当容许,而且应当特别注意吸收所有信仰上帝的工人加入社会民主党,我们当然反对任何侮辱他们宗教信念的行为,但是我们吸收他们是要用我们党纲的精神来教育他们,而不是要他们来积极反对党纲。”[①]这里,列宁并没有谈到让加入无产阶级政党的宗教徒放弃其宗教信仰或让这类神职人员放弃其神职的问题,而是允许他们在内心仍可保持其宗教信念与无产阶级政党党纲精神(及其基本原则)的矛盾或分歧,只是不让他们公开反对党纲和在党内积极宣传宗教观点。列宁公开反对无产阶级政党的党员侮辱其党员信徒的“宗教信念”,却没提及这些党员是否可以信教的问题。按照逻辑推理,宗教徒入了党却仍保持其宗教信仰,这实际说明已有“党员信徒”的存在,而这样一来说有“党员”信教,在逻辑上也是可以成立的。必须指出的是,也有人认为列宁的上述说法只是俄国“十月革命”前无产阶级政党争取群众和宗教界支持的一种权宜之计,随着“十月革命”的胜利和俄罗斯东正教站在了革命的对立面,列宁的这些主张并没有真正实施,因此不能将之作为宗教与无产阶级政党正确关系的理论依据。但列宁毕竟有过这些考虑和设想,而且已成为其关于社会主义与宗教关系的重要理论著述,我们不应该轻率地放弃或忽视其开放态度和理论意义。

不过,列宁也表达了他反对宗教在意识形态、思想认知上与无产阶级政党“结社”的态度。根据这种解释,故有人认为无产阶级政党的成员不能信仰宗教,更不应该参加宗教组织。然而,国外宗教与政党的这些复杂关系已明显影响到当代中国。不仅宗教政党,而且一般资产阶级政党大多也由宗教信徒所组成。作为社会主义国家的古

---

① 列宁:《论工人政党对宗教的态度》(1909),《列宁全集》第2版第17卷,人民出版社,1988年,第395页。

巴、越南的共产党员亦可以信教这一事①,也对我们的宗教与无产阶级政党关系形成挑战。

关于中国共产党与宗教的关系,1982 年 3 月中共中央印发的《关于我国社会主义时期宗教问题的基本观点和基本政策》("19 号文件")曾有如下规定:"我们党宣布和实行宗教信仰自由的政策,这当然不是说共产党员可以自由信奉宗教。党的宗教信仰自由的政策,是对我国公民来说的,并不适用于共产党员。一个共产党员,不同于一般公民,而是马克思主义政党的成员,毫无疑问地应当是无神论者,而不应当是有神论者。我们党曾经多次作出明确规定:共产党员不得信仰宗教,不得参加宗教活动,长期坚持不改的要劝其退党。这个规定是完全正确的,就全党来说,今后仍然应当坚决贯彻执行。现在的问题是,在那些基本上是全民信教的少数民族当中,这项规定的执行,需要按照实际情况,采取适当步骤,不宜简单从事。""必须看到,这类少数民族中的共产党员,还有相当一部分人虽然忠实执行党的路线,积极为党工作,服从党的纪律,但还不能完全摆脱宗教影响。对这一部分同志,各级党组织不应当简单地加以抛弃,而应当在充分发挥他们的政治积极性的同时,进行耐心、细致的思想工作,帮助他们逐步树立辩证唯物主义和历史唯物主义的世界观,逐步摆脱宗教思想的束缚。当然,在新发展党员时,必须注意严格掌握,凡属笃信宗教和有浓厚宗教感情的,不要勉强吸收。至于极少数表现极端恶劣的党员,他们不但信奉宗教,而且参与煽动宗教狂热,甚至参与利用宗教狂热来反对四项基本原则,反对党的路线、方针和政策,破坏国家统一和国内各民族的团结,这种人已经完全丧失了共产党员的根本立场。经过批评教育,如果仍然坚持错误立场,或者阳奉阴违,那就应当坚决地把他们清除出党";"在基本上全民信教的少数

① 古巴共产党于1991年10月第四次代表大会上修改党章,允许符合条件的宗教人士入党,并让其入党后可以继续参加宗教活动,将之视为古共的长期原则;越南共产党亦允许其党员保持越南传统宗教信仰,但限制其信仰天主教等外来宗教。

民族当中,生活在基层的共产党员,即使已经摆脱宗教信仰,但是如果拒绝参加任何含有某些宗教色彩和传统的婚丧仪式和群众性节日活动,则势必脱离群众,把自己孤立起来。因此,在这些民族中执行共产党员不参加宗教活动的规定时,也应当按照具体情况,区别对待,以利于联系群众。这些民族中的许多传统婚丧仪式和群众性节日活动,虽然含有某些宗教色彩和宗教传统,但是实质上已经成为民族风俗习惯的组成部分。我们的同志,特别是生活在基层的共产党员,既要在思想上同宗教信仰划清界限,又要在生活中适当尊重和随顺民族的风俗习惯。这当然不是说,对于那些不利于群众生产、生活和身心健康的风俗习惯,也不应当依据本民族大多数人的意愿,进行适当的改革;但是不加分析地把民族风俗习惯同宗教活动混为一谈,是不妥当的,是不利于民族团结和正确处理宗教问题的。""全党同志应当深刻认识,我国是一个多民族的社会主义国家。在宗教同民族的关系问题上,各个民族和各种宗教有不同的情况。有些少数民族基本上全民信仰某一种宗教,如伊斯兰教和喇嘛教,那里的宗教问题和民族问题往往交织在一起;但在汉族中,佛教、道教、天主教和基督教则同民族问题基本上没有联系。"①这些原则后被用于中国共产党对待宗教的基本态度。尽管我们党的理论刊物和相关政策明文强调共产党员不许信教,然而现实发展已在实质上与之脱节、出现突破。例如,在几乎全民信教的少数民族地区,如信仰伊斯兰教的新疆和西北等地区,信仰藏传佛教的藏区,党员干部因不信教而脱离群众,尽管在其工作时被允许有着"入乡随俗"的便利,但其退休后仍会因不信教而陷入孤立,面临文化传统和风俗习惯上的巨大压力。如不信教的党员干部在生病、生活困难时得不到信教群众的帮助、照顾,他们死后不许有当地通行的宗教葬礼、不能葬入归属于清真寺等宗教场所的墓地等。这些压力已使一些党员干部在生前就已经不得

① 国家宗教事务局政策法规司编:《〈宗教事务条例〉相关的法律法规及政策手册》,宗教文化出版社,2005年,第74－75页。

不回归穆斯林社会或其它宗教社会氛围,造成党员信教的事实。在此,工作上的“参与”需要和生活上的“融入”必要毕竟是不一样的,而当事人本身的感觉、心境也会出现根本性变化。其四,在汉族为主的城市、乡村,同样有着党员信教的现象,有些党员在退休后还发挥着当地宗教民俗活动中的骨干作用,有些党员在其工作、职业之外亦扮演着相关宗教或自发宗教组织中的关键角色。他们有了明显的宗教信仰,但毫无退党的表示或意愿,其中不少人认为这两种信仰并不矛盾,因为一种关涉彼岸与来世,为身(死)后或终极关切,另一种针对此岸与今世,为生前或现实关切,他们觉得同一人可以保持这两种不同维度,在不同层面追求不同的目标,达到不同的境界。

这些错综复杂的现象实际上已成为公开的秘密,只不过仍是一些人观念上或表述上的“禁区”而已。其实,只要有一个党员无论什么原因而信教的事实被确认,且其仍可以合法地留在党内,上述“禁区”实际上就已被打破。有人会觉得在现实生存、实际操作中对之可以灵活一些、模糊一些即只做不说,但这均不能回避上述理论难题,找不到理论与实践的有机统一。对此,我们应从列宁等马克思主义经典作家的相关论述中得到启迪,提出客观、辩证、实事求是的相关政策和举措。

反对宗教与无产阶级政党有特别关联的一个重要理由,就是认为无产阶级政党是“无神论”的政党,从而在根本上不可能与“有神论”的宗教相调和,“无神论”与“有神论”的关系在此是斗争的关系,无法“两极相通”。从历史根源来看,这种“无神论”的观点是从欧洲近代“战斗的无神论”传统发展而来。但在无产阶级政党的革命实践中,这种“战斗的无神论”的一些主张和做法实际上已被调整和扬弃。而且,在现代宗教对话发展中,多元主义的宗教观已在用“终极实在”或“永恒存在”来替代“神”之表述。如约翰·希克就认为,人类共有的宗教性表达了对“终极实在”的询问和探究,此即人的信仰使然,只是在各民族各宗教在对“终极实在”的具体表达和描述中,才体现出“神”性认识的相对性和文化性,如表达在基督宗教中的

“上帝”（“天主”）、伊斯兰教中的“安拉”、印度教中的“梵”、佛教中的“佛”或道教中的“道”等，这些“神性”表述都是相对的、人为的、染有文化和民族色彩的。在现代精神的探索中，人们关注的焦点已不再是“神”是否存在、“有神”或“无神”的争论，而乃人对“神”之表述、理解的讨论和诠释。传统的“存在论”已经让位给现代的“解释论”。正是基于这一现状，中国学术界亦有人提倡用“温和的无神论”来取代“战斗的无神论”，在关涉“神”的讨论上多有一些建设性的对话、沟通，避免那些不必要的争议、纠缠。这种在“神”之界定上的新发展，在某种程度上或许也将改变或至少触动、影响当今无产阶级政党的“无神论”理解及态度。

在大多数情况下，宗教信仰之维是来世的、彼岸的、超越的、终极的，而与共产主义信仰理想的今世性、此岸性、现实性和实践性并不在同一层面，不具有同一维度。这种不同追求层次、不同价值维度的信仰在实际存在中应该可以和平共处、和而不同。在这种意义上，政治信仰应该可以与宗教信仰相区别，在其认识层面上使之相互分开、彼此脱离。对此，我们也必须认识客观真实，尊重现存事实，以发展的眼光重新体认马克思主义经典作家的相关论述，对中国当代党员尤其是基层党员现状做认真的调研和客观、准确的评估，以达致正确的政策调整。因此，两者之间关系上有更为积极的调适、更加主动的作为，或有更为明确的说法及规定，则可以避免各层党员干部在信仰审视上的错觉或失误，消除其在处理相互关系上的混乱及随便，防止其在信仰追求上的流失和嬗变。如果坚持或坚决强调宗教与共产主义信仰及无产阶级政党性质的根本不同，则应该在“工作需要”或“特殊地区”有其明确规定和说明，并为相关党员干部的“退休生活”及其“后顾之忧”做出妥善的安排，有着充满人道主义和同志情谊的关怀。

三、宗教与政权

(一)政教合一、政教协约与政教分离

从"政权"层面来看,在权力主体层面上则会涉及到宗教与国家的关系问题。在此,双方都有着如何调整宗教与国家在权力与利益分配上的比重或能否达其均衡关系的考虑。但不同的"政教"模式,其审视和考虑亦会有其不同。

例如,在"政教合一"的政体中,其"政教"模式主要是宗教与政权的合作、伙伴关系,持守的主要是二者关系之均衡。这集中体现在"国教"与"国家"的关系问题上。所谓"国教"或是起着"执政"作用的官方宗教,宗教领袖与国家元首乃为一人,二者的功能在此达到共聚、整合;或者,"国教"仅具象征意义而不直接干预政权事务,但这种"国教"乃为执政者所信奉、支持和宣扬,在其国度中起着"核心价值"和"精神支撑"作用,相关宗教乃其"民族之魂"、"信仰基准"。这种"政教合一"的关系在西方、阿拉伯世界和东方的一些国度仍然存在。在大多情况下,国家政权会对其"国教"加以保护、提供优惠,但亦有一定程度的控制和监护,如欧洲近代历史上就曾出现过"教随国定"的局面,即"在谁的领地,信奉谁的宗教"(Cuius region, eius religio)。

在"政教协约"的政体中,"宗教"与"政权"之间有着一种协议、协商、协约的关系。这实际上反映了在"政教合一"政体之解构与"政教分离"政体之形成之间的过渡,其特点是宗教在丢失其"执政"权力或不再为"国教"的过程中所获得的一些"权力"弥补。所谓"政教协约"就是指宗教与政权双方通过"协商"这种博弈而重新分配、权衡彼此之间的权力及其相关比重。虽然"宗教"一方出于无奈和迫不得已会被动让步,但其力争和商议仍会为自身保留一些世俗权力和社会、政治空间,甚至有可能达成与政权之间的相互谅解和互利互惠。在这种关系中,什么是"政治"的权力,什么是"宗教"的权益

或自由,就显得格外重要。例如,天主教在西方一些国家失去其"执政"或"国教"权力时,往往会以"宗教"的范围及其自由为自己争取或保留一部分权力或权利,只不过这种权力随着整体政治权力的"世俗化"而被"宗教化",成为宗教的独特权威和自由。而世俗政权在从宗教原有权力中得到大部分的同时往往做出一些小的让步,留出一点权力成为"宗教权力",在普遍性政治权力中为宗教保留出一小块权力,使之成为宗教的"自由"或"飞地"。这种"政教"模式在西方不少国家得到认可和共识,但其一旦脱离西方的社会处境和文化氛围,则会面临不同的问题,遇到新的麻烦。例如,天主教最高权威机构罗马教廷和教宗在任命天主教神职人员时有着较大的自由权和选择权,虽仍有与相关国家政权和地方教会的"协商",但主要将这种任命视为宗教的权力和宗教的自由,世俗政权一般不加干涉,地方或基层教会机构亦无太大的发言权或主动权。但这种宗教任命在超出西方社会文化传统的国家和地区则势必面临严峻的挑战,尤其会遇到这种"权力"究竟应让位给相关国家的"主权",还是应作为其"宗教自由"、"教会内部事务管理"来指导或力争等困难选择。如当代中国所实行的《中华人民共和国境内外国人宗教活动管理规定实施细则》第17条就明确规定:"外国人不得在中国境内外进行下列传教活动:1、在中国公民中委任宗教教职人员……"这就使罗马教廷和教宗不可能在中国按照其教会传统来随意"委任"其天主教教职人员。中国天主教神职人员也首先是"中国公民",而不是没有任何限制的"世界公民"。所谓"普世宗教"要想真正达到其"普世"的"通行",也必须先有着与相关国家及地区政体的协商、沟通。僵局的解决则只能依靠"政"与"教"之间的"协议",期望能达成某种"协约"。

在"政教分离"的政体中,"宗教"与"政权"的分工和分属则逐渐明朗。"宗教"一般会退出"政治"的公共领域,与"政权"不再直接相关或有任何"权力"纠缠。而"宗教"的自由则会意味着多种宗教的平等共在,主要在个人的私密领域发挥作用,其在公共场合的意义也仅仅是作为"公共宗教"、"公民宗教"来亮相。在这种政体中,"宗教"似乎没有什么"权力"可言,其在表面上已经远离了权力核心,失去了对国家事务加以干涉乃至过问的权利。但是,西方"政教分离"的政体基于一种"契约"关系,故而表现出"让权"和"分权"的政治演进。在此,宗教仍有着监督的责任和道义上的权利,并通过其参与"竞选"活动,以宗教信仰和价值道德影响政治人物而达到对相关"政权"直接或间接的影响。所以说,宗教与政权的"分离"也仅是相对而言。

(二)中国的"政主教从"传统

在中国政教关系的发展中,1949 年前历代政权的政治领袖一般会为某种宗教徒,有着宗教信仰或情怀,如国民党执政时期的蒋介石等人就是基督徒,有其信仰选择和倾向。随着 1949 年中华人民共和国的诞生,执政的中国共产党为无神论的政党,其领袖人物亦不再是宗教徒。这样,当代中国的政教关系虽可归入"政教分离"一类,却与西方同类体制有着巨大的不同。在当代中国政权体系中,"国家"利益是第一的,"祖国"意识是最高的。因此,在政教关系"爱国爱教"的表述中首先是"爱国",然后才是"爱教",宗教徒首先是国家的"公民",然后才是宗教的"信徒"。这对有着跨国信仰之宗教的信徒遂带来巨大挑战和相应的政治责任及压力。在宗教与政权的关系上,宗教从属于国家,必须服从政权的管理,且没有资格向政权"要求"任何行政权力。中国当代的政权形态,在潜在意义上亦有着对以往政权的政治总是起着主导、主持作用,而宗教则总是从属的、在政权管理辖制之下的宗教,在中国历史上没有西方宗教曾经主政、"君临天下"的经历和由此达到的权势与风光。在这种意义上,中国的宗教自古以来并无西方民主所理解的、西方传统所向往的那种超越政治、脱离于政权的绝对"自由"。这种政权对宗教的主次关系迄今并无根本性改变。与此相关联,这种"政主教从"既会有政权对宗教的"掌控",也会有政权对宗教的"照顾"。从具体情况来分析,中国当前以国家权威、行政干预及监督等方式来参与挑选、决定或任命宗教高层领导人之举,实际上乃是中国历史上以往政权与宗教之关系的惯例和延续,而由国家出钱来资助或帮助宗教团体解决其生存及发展问题除了是针对“文化大革命”给宗教界所造成的损失之补偿外,也是这种传统的体现和继续。中国宗教团体从中所得到的优惠和保障,是西方许多“政教分离”的国家之中的宗教也得不到的,当后者有时在颇为窘迫的财政尴尬中,其宗教领袖甚至非常羡慕中国宗教所享受到的这种“待遇”。显然,这并不同于列宁所讲的从西方封建、资本主义社会政教模式走出来的“社会主义无产阶级”对“现代国家和现代教会”提出来的要求,因为若按照这种“要求”,那么宗教团体就“应当是完全自由的、与政权无关的志同道合的公民联合会”,而政权则“决不应当把国家的钱补贴给教会团体和宗教团体”。[①] 在当代中国社会,如何将列宁的上述论述与中国国情相结合来客观、积极地处理好宗教与政权的关系,已是我们必须探讨研究的重要问题。

四、宗教与政府

(一)中国政府管理宗教事务的机构

从“政府”层面来看,政府作为国家权力的实施机构主要与宗教作为社会团体而发生社会事务层面上的管理关系。从这一意义上,国家的“宗教事务局”或“宗教事务管理”机构乃代表着国家政权而对宗教及其事务实行管理。有人会强调,国家政权只能对“宗教事务”而不是“宗教信仰”本身加以管理和掌控,而“宗教信仰”则是“精神”、“心灵”的“自由”领地。然而在现实存在中,这种宗教或其“信仰”有时很难与宗教“事务”截然分开,“信”与“行”的一体则势必带来对其整体的管理,其细分和划界只能相对而言。

① 列宁:《社会主义和宗教》(1905),《列宁全集》第12卷,人民出版社,1987年,第2版,第132页。

中国政府对宗教事务的管理与众不同,形成中国特色。实际上,中国当代颇具规模的宗教事务管理机构并非现代产物,而有着悠久的历史。从中国古代"掌僧道"的"礼部"到今天的各级"宗教事务局",这种管理体制乃一脉相承,凸显了政府的权威。例如,早在唐朝,其皇权政府机构中就有了为各国"蕃客"设立的"蕃坊",实施对传入中国不久的伊斯兰教之信徒穆斯林的管理,其负责人"蕃长"就由唐朝政府批准和任命,由此亦奠立了中国政府挑选和任命宗教高层领导人的管理模式。在元朝,政府的宗教管理部门分工更细,并形成一定的行政级别,如专管佛教事务的"宣政院"秩从一品,专管道教事务的"集贤院"秩从二品,此外还有管理也里可温十字寺(基督宗教)的"崇福司"和管理伊斯兰教事务的"回回哈的司"等。明朝政府亦有管理宗教事务的众多机构,如掌管僧道的"礼部"、负责翻译边疆民族及邻国语言文字、兼及相关宗教事务的"四夷馆",下设鞑靼(蒙古)、女直(女真)、西番(西藏)、西天(印度)、回回、百夷(傣族)、高昌(维吾尔)、缅甸、八百(掸族)和暹罗十馆,关注边疆民族宗教问题等边缘政策的"兵部"、主管各种礼仪祭典的"鸿胪寺",以及设在边疆的基层管理机构"卫所"等,形成负责宗教事务管理的不同系统。清朝政府的"理藩院",其职能乃"掌外藩蒙古及喇嘛、回部、金川事",下设六个"清吏司",分管事务即包括蒙古、西藏和新疆等少数民族及其宗教事务,如其"典属"、"柔远"和"理刑"三司乃负责藏传佛教事务,"徕远"司负责回部即伊斯兰教事务等。而到了民国时期,国民政府的"蒙藏委员会"同样也负责关涉宗教的众多事务。

中国封建时期的统治者虽然本人可以信奉某种宗教或对相关宗教持有好感,却并不允许这些宗教僭越其"王权"政治,其政府对宗教的态度亦主要是"为我所用"。6世纪南朝梁武帝虽然曾把佛教几乎提高到国教地位,自己甚至四次舍身寺院为奴,让群臣以巨资赎回,却仍对僧尼严加管理,有诸多约束。此后封建皇帝见佛教势力过大而多有"废佛"、"灭佛"之举,至唐朝开始达成国家政权对佛教控制的制度化。而佛教传入中国经数百年的磨合,到东晋释道安时总结出“不依国主,则法事难立”[①]等适应中国王权政治的经验,从而以“政治适应”、“服从政府”而得以真正在华立足。元朝统治者敬拜多种宗教的目的是为了众神对之能共同“庇佑”;在维护政府权威的前提下,元朝皇帝甚至为来华天主教传教士“钦赐薪俸”“阿拉发”,开了政府给来华传教的宗教人士发“俸金”的先例,并对他们实行免役免税的优厚政策。清朝时康熙皇帝本来对来华天主教传教士亦极有好感、并极为优待,曾为其教堂题有“敬天”、“万有真原”等匾额,宣称“朕书敬天即敬天主也”[②],而且还写诗文、对联来表达其对天主教信仰的理解,[③]但在“中国礼仪之争”升级到罗马教宗与康熙皇帝的权威之争时,康熙则毫不犹豫地下令“禁教”,不许天主教“妄论中国之道”、干涉中国内政。由此可见,早在清朝鼎盛之际,中国政府就以其政治权力和影响来抵制外来宗教“渗透”和“干政”。

佛教在历史上因认清了中国政治的上述特点而达成“依国主”的共识,从此完成了其在中国的转型和“中国化”,取得了融入并重构中国文化的成功。但基督宗教入华传教以来却没有根本认清这一特点或干脆不考虑其所认识到的这一特点,因而从整体上仍处于与中国政府的对峙、较量之中,面对着二者“没有完成的相遇”之现状。其实,当代中国的宗教政策和举措,仍然延续着这种政府管理、掌控宗教事务的模式。为此,我们看到改革开放以来的中国宗教发展与政府的政策及管理有着密切关联。一方面,其对“体制内”的建构宗教,即海外舆论所言的五大“官方宗教”在管理上既有控制,亦有扶

---

① (梁)释慧皎:《高僧传·释道安传》。

② 顾保鹄:《中国天主教史大事年表》,台湾:光启出版社,1970年,第31页。

③ 如康熙所撰对联“无始无终,先作形声真主宰;宣仁宣义,聿昭拯济大权衡”,及其所写天主堂诗文“森森万象眼轮中,须识由来是化工;体一何终而何始,位三非寂亦非空;地堂久为初人闭,天路新凭圣子通;除却异端无忌惮,真儒若个不钦崇”、咏基督受难诗文“功求十字血成溪,百丈恩流分自西。身列四衙半夜路,徒方三背两番鸡;五千鞭打寸肤裂,六尺悬垂二盗齐。惨动八垓惊九品,七言一毕万灵啼”等都充分说明康熙当时对天主教已有相当深入和准确的认知,并产生了同情或认同的倾向。

持;在"控制"上,宗教领袖的选举和任命应得到政府的认可和赞成;这种"政主教从"的模式甚至可以由政府来"选派"或"指定"宗教领导人,对"宗教领袖"的管理乃与对"党政干部"的管理相类似,由此决定了中国宗教领袖之选乃具有"人事权"和"国家主权"的中国特色和意义;这自然会使西方传统中的人士对中国的这一宗教政策感到一头雾水、难以理解;在"扶持"上,政府可以为这些被其认可的宗教提供精神及物质资源,如为其宗教人士包括圣职人员发"薪金"或"补贴",将之视为其"编外干部",少数宗教领袖甚至可以享受更高级的待遇及殊荣;政府能为这些宗教建堂办校提供经济资源或直接拨款,帮助其解决各种实际困难和问题。由此可见,政府对宗教的管理虽有其"限制",同样也有其"扶持"。政府为了管理方便还帮助这五大宗教成立了全国性的机构,甚至达成了它们成为"准政府"机构的异化和嬗变。这种对宗教的"扶持",连许多实行"政教分离"的国家都望尘莫及,让其宗教组织羡慕不已。西方一些国家在指责中国在宗教"自由"方面存有问题时,也不得不承认它们的宗教也根本没有得到中国政府的这种"照顾"和"优惠"。而中国执政者又不信仰任何宗教,这又与"政教合一"的国家及其政府行为本质有别。但另一方面,其对"体制外"的其它"宗教"发展,即所谓"非法"或"地下"宗教的发展,则持严厉限制和坚决打击的态度。西方关注并指责的所谓中国的"宗教自由"和"人权"问题,一般都是发生在这一"非法"领域。也说明其根本不懂或故意无视中国政治的传统及特点。在西方现代社会中,宗教结社和聚会可以在符合其法律规定的前提下任意发展,并无这种国家具体"管理"宗教的传统和体制。因而与中国的国情及传统本质有别,相差很远。西方舆论按其自身文化传统而只看到了与之相关的"宗教"自由问题,却忽视或根本无视了这种"地下宗教"发展在中国政体及政治中"非法"和"违法"的现实。

(二)对政府管理宗教现行模式的思考

在全球化时代社会文化的多层面交流中,上述政府管理宗教的策略或模式正面临着挑战、经受着考验。我们可以从如下几个方面

举例说明:

其一,“大一统”的“集权”或全国宗教机构在政府的扶持下成为一种介乎“政府”与基层“信教群众”之间的新的行政权威或“准政府”作用,这一方面“弱化了”政府在管理宗教事务上的直接权威性,形成了某种程度上的上下隔断;另一方面则“强化了”宗教机构在现代社会本不应该再加保持的“政治”权威,使这些宗教组织在嬗变为“准政府”组织的过程中不断减少其“非政府组织”(NGO)的特色,不能很好地“在教言教”,而变为“在教言政”或事实上的“弃教从政”。其结果是,这些宗教机构会逐渐失去其对广大信众群众的灵性感召力和吸引力,与政府来本为之设定的目标渐行渐远或背道而驰。这样,有宗教需求而不是政治兴趣的群众则可能在这种“变质”的宗教机构之外另行寻求新的宗教组织及其崇拜形式。当前“体制”之外各种宗教形式的涌现,宗教“灰色”市场的不断扩大,所谓“地下教会”、“家庭教会”问题的冒头,都应引起我们的高度警惕和认真思考。由此而论,政府承认、支持的“合法”宗教机构必须真正成为“宗教”,回到其宗教性质的本色定位,首先做好宗教“分内”的事情,对其信众进行“心灵”教育、灵性培育和信仰指导,而不是去简单、直接地重复政界的“政治”思想和作为。也就是说,宗教界所应发挥的是其宗教的功能和影响力。而应将公开或隐性的“政治权威”还原给政府机构。

其二,这种“大一统”的宗教体制或结构如果过分依赖政府则会为政府增加负担,同时扩大政府治理和管理宗教的成本与风险。“宗教”在当代中国并不是共产主义的主流意识和精神追求,它作为“另一种选择”虽然可能成为当前执政者的“同路人”或“同心人”,但也可能会恰恰相反。因此,在政府的呵护下羽翼已成的某些宗教体制或宗教人士因世界观的不同、信仰的分歧而并不一定会自然或必然地与政府“肝胆相照”、“同心同德”,所以并不能让人完全放心、高枕无忧。有些宗教“表态”主要是其社会生存、适应的“公言”,而不必定等同于其信仰持守、追求的内在“真心”。政界对此并不能够

“强求”，硬性“表态”有时只有“宣传”效果，而不一定会达其实际“效用”，这种认识必须清楚、清醒。在全球化的氛围中和信息化带来的世界快速联络，可能会使外界同一宗教的影响远远大于国内政府对其的吸引和联系，形成“血浓于水”的另一种解读。在这一意义上，对“宗教人士”的管理与对“党政干部”的掌控本质有别，不可同日而语。例如，中国改革开放以来对藏传佛教的支持，对其寺庙僧侣的供养已不再主要由藏民家庭所负担，而基本上靠政府财政力量来支持；但寺院僧侣人士无限制的增加、藏传佛教多派共存态势的减弱，以及一派独大后因宗教信仰自身的原因及其历史发展的惯性而出现向心力的偏差和离心力的增强，终究会出现与政府愿景事与愿违的事件，实际上导致了政府政治资源和经济资源的流失。在关键时刻，2008 年“3·14”事件的发生，已值得我们警醒和作必要的思路梳理。我们必须首先弄清“教界”究竟在“想什么”，其信仰的真实意义及特点是什么，而不能仅仅满足于以物质支持来获得其和平共存的工作思路，在其“静”、“动”变化之维既不要“奢望”，也没有必要“失望”。我们应认真深入地了解其“精神信仰”的本质及特征，也让“教界”认清“政治”与“宗教”的各自“界限”或“樊篱”，做到“尊政守法”、不要“越界”。政府在“积极引导”的政治举措上还必须有“依法管理”的法律保障，使教界回归宗教“净土”、避免卷入政治“冲突”和“动乱”，从而正确、客观、符合宗教发展自身规律地调整政府的宗教政策及措施。

其三，仅限于承认“五大宗教”（佛教、道教、伊斯兰教、天主教、基督教）“合法”地位的方式并不利于宗教生态的平衡，而且会破坏政府对宗教事务的实际管理和掌握。目前，“五大宗教”之外的不少宗教已经以各种形式在中国实际存在，中国传统的一些民间宗教也通过台港澳同胞和海外华侨的管道回传到内地。这些宗教大多无政治目的，而乃民众信仰的自然流露和传播。此外，“原生态”的民间信仰亦以“基层文化”的形式成为民俗文化的“精神层面”。多种宗教的共生共存和多元发展在当代中国已是不争的事实，无视它或不承认其存在并不可能阻止其继续发展,而只会让政府越来越被动。因此对各种民间宗教、民族或世界性宗教以及新兴宗教在当代中国的存在及发展应有客观调查和认真分析,使政府能够心中有数,制定相应、合理的宗教政策。在这一层面,政府管理宗教事务不应只从"政治"意义及标准上来考量,而应以一种平常心、自然态度来认识宗教主要乃是老百姓日常生活的重要构成,是其精神需要、灵性渴求的一种表现,不必压制和堵防,而应积极引导和疏导。随着社会发展的多元化,信仰和宗教的多元化乃一种必然趋势,"教外有教,教内有派"乃一种"常态",很难靠行政、人为的力量来逆转。而这种宗教的多元化反而会有利于政府的权威性和对整个宗教全局的掌控和把握。因此,以"自然"、"平等"的态度来看待通常的宗教现象,使宗教生活返璞归真,宗教的"问题"反而会减少,宗教的发展势必也会正常。在多民族、多宗教的文化形态中,其健康生态应是多元融合、和合共在、对话沟通、融洽共处,在尊重各自的"特性"时,更要鼓励发现并高扬"共性",形成和谐、和睦、和平、共同存在、共同发展的良好气氛。所以,从长远考虑,中国的宗教不可能仅限于"五大宗教",要真正实现宗教信仰自由就应该"放开"宗教存在的形式。政府必须做的是对各种宗教社会存在依法加以管理。在"多"种宗教存在中体现政府的统"一"和直接管理作用。

其四,应根据宗教的内在本质及其自身发展规律来制定政府的宗教政策,树立政府的政治权威。宗教界的"政治"行为和动向应是政府所关注的,而对其"宗教"灵性上的需求则可网开一面加以疏通和沟通。其原则是加强"政治"层面的管理,使"宗教"生活保持正常。例如,对基督宗教就应按其基本常识来加以分析和调控。基督新教自16世纪宗教改革以来就不再有中央权威,而一直处于教派林立、多元组合的发展之中。因此,让基督新教保持严格的"大一统"格局、维系"后教派"态势不一定是最佳选择。目前地下教会、家庭教会的多种涌现已带来了难题。不少新教组织表示愿意承认政府的权威,希望直接在政府有关部门中合法登记。对这种发展状况应有前瞻性分析，让新教的生存保持其“正常”态势。实际上，政府在此应树立的是政府各级主管宗教事务部门的权威，而不是新教“大一统”机构的权威，因为这与新教的“本质”及其历史发展不相符合。当然，这种宗教登记面上的放开，以及直接与政府有关机构打交道，有可能带来整个中国新教存在及发展状态的根本变化，甚至也可能带来对其他宗教及其多种教派态度、政策上的戏剧性变化。对此政府亦必须有所预见，通盘考虑，做到未雨绸缪。但如果政府在“扶持”一方、让其做大的情况下压制、取缔其他并无政治目的“信教”活动，则有可能得不偿失，不必要地增大了自己的治理成本。而在管理天主教事务上，则应看到作为天主教在其信仰中就有宗教层面上对罗马教廷、教宗的“服从”，否则就不再成其为“天主教”，而是走向宗教改革、成为“新教”。但中国当前的天主教会在“政治”和“宗教”层面并无这种根本改革的意向，政府在此的“引而不发跃如也”亦基本上没有意义和效果。其“宗教改革”必须是从其内部自然、自发的革新，必须等到“水到渠成”。作为没有宗教背景的中国当代政府及其领导，不可能也没有必要出面推动类似欧洲近代历史上英国“圣公会”那样的“改革”，因其建立“国教”的举措与中国当代国情相差太远，而且是以内战、社会动荡等血的代价为基础。若尊重这一事实，则应该一方面看清天主教的历史传统，了解其从中世纪政界、教界关于“主教叙任权之争”(Investiture Contrversy)到今天主教等神职人员任命上的演变，而另一方面也要向天主教界展示并说明中国政治及政府对待宗教管理的历史、特点和当今中国的国情、现状和立场，由此找到解决天主教相关的棘手问题的突破口。当然，在中梵关系上，在罗马教廷与中国天主教会的联系上，中国政府仍应处在关键地位，发挥决定性作用。从现状来看，双方已有民间或官方、直接或间接、中国或欧洲、文化或政治的多种接触，对谈、沟通的大门始终敞开着。因此，双方在政治层面应该先有某种意义或程度上的“政教协约”或协商，然后再来推动中国天主教会与罗马教廷的正常宗教关系。梵蒂冈乃政治与宗教共在共构的“共同体”，因而与中国政府和天主教会有着双重关系的恢复,其“先后”次序虽没达共识,却仍有商谈的空间。在本来属于宗教问题的解决上,应将之保持在“宗教”层面,而不要人为地“政治化”。如果是“宗教”问题,则属于人民内部矛盾,拉一拉为“友”,可增加凝聚力、向心力;若将之不必要地上升到“政治”问题,则可能矛盾转化和激化,出现推一推为“敌”的不利局面,导致敌我矛盾的对抗,形成离心力和分化、分裂倾向,不必要地加大治理成本,付出本可避免的代价。

总之,当代中国的政教关系已深受“全球化”时代发展的影响,它有着多元共构的态势,涉及海内海外的关联,许多方面已不可能仅仅“一厢情愿”地从国内出发来考虑,而必须看到整个“地球村”对之的关注和“干涉”。我们必须坚持自己的原则立场,根据马克思主义的基本理论和中国实际国情来处理好政治与宗教的关系问题,但也应该在国际大环境中审时度势、争取主动,掌握积极的“话语权”,形成有利于我们的舆论导向。因此,对于所面临的“全球化”宗教及其带来的中国政教关系的变动或复杂化,对于由此出现的宗教新问题、新走向,我们必须“三思而后行”。

(原载《“全球化”的宗教与当代中国》,社会科学文献出版社,2008 年 12 月第 1 版)

综　述

ZONG SHU

宗教学理论与宗教现状研究

国内宗教学理论研究的现状及其存在的问题

闵　丽

宗教学是研究宗教现象的本质、作用及其发展规律的一门独立学科。由于宗教信仰具有多样性、复杂性等特征，加之研究者的信仰立场及其方法的差异性，因而宗教学理论的研究进路亦复杂多样且各具特色，并先后形成了宗教哲学、宗教社会学、宗教心理学、宗教人类学、宗教史学、比较宗教学、宗教现象学等分支学科。而这些分支学科及其方法从宗教学在西方诞生起，便一直存在于西方宗教学研究领域。这一特点也对中国当代宗教学研究产生了重大影响。20世纪80年代以降，受国外宗教学论著及其研究方法的影响，国内学者在研究中国宗教问题时也广泛运用了这些方法，由此拓展了我国宗教学理论研究的进路。世纪之交，随着经济、政治与文化生活的变迁，我国宗教信仰领域亦出现一些区别于20世纪后期的新情况。相应地，我国宗教学界关注的问题和形成的认识亦有新的进展。对此，笔者拟就2000年以来我国宗教学理论研究的主要进路、关注的重点问题及其代表性成果作如下概述。

一、2000年以来国内宗教学理论研究概述

近几年来,我国学者主要沿着宗教哲学、宗教人类学、宗教社会学等研究进路,对宗教对话、我国社会转型时期的宗教现象等问题进行了深入探讨。

1.宗教对话问题

20世纪90年代,该问题便成为我国宗教学界最为关注的问题,这种情况一直延续至今。宗教对话实质上是人们力图从学理层面把握不同宗教间共有的伦理思想和价值观念,形成不同文化群体应该遵守的共同准则,以应对全球化进程中不同信仰群体之间的摩擦与碰撞、维护人类和平的努力,因而宗教对话问题在世界范围内引起了普遍关注,自然也一直被我国宗教学界所关注。我国学者围绕这一问题,先后举办了"宗教对话:中国与西方"研讨会(2001年,山东大学主办)、"佛教与基督教对话国际学术研讨会"(2003年,陕西师范大学主办)、"宗教对话与和谐社会"研讨会(2007年,兰州大学主办)等。这些会议有力地推动了我国学界关于宗教对话问题的研究工作。目前,该问题的研究状况大致如下:其一,西方具有代表性的相关论著继续被翻译和介绍。2000年以来,我国学者先后大量翻译了国外宗教冲突与对话问题的论著,如《宗教对话模式》①、《理性与信仰—— 宗教多元论诸问题》②、《一个地球,多种宗教:多信仰对话与全球责任》③等。这些译著拓展了国内学者的理论视野,为研究者提供了相关资料。其二,在翻译和介绍的基础上,学者们已开始进入宗教对话的内容、可行性分析、对话途径等问题之中,并形成了《宗

① 《宗教对话模式》,保罗·尼特著,王志成译,中国人民大学出版社,2004年。

② 《理性与信仰—— 宗教多元论诸问题》,约翰·希克著,陈志平、王志成译,四川人民出版社,2003年。

③ 《一个地球,多种宗教:多信仰对话与全球责任》,保罗·尼特著,王志成等译,宗教文化出版社,2003年。

教比较与对话》[1]、《对话:儒释道与基督教》[2]等系列性研究成果,以及《跨宗教对话—— 中国与西方》[3]、《世界宗教百年回眸—— 宗教对话的时代》[4]等专题性论著。王志成博士为此也撰写了《和平的渴望—— 当代宗教对话理论》[5]等著作。其中《宗教比较与对话》论丛开辟了宗教对话、宗教比较、宗教与哲学、宗教与科学、宗教与伦理、学人评介等栏目,以介绍各种宗教信仰与学术观点,分析难点与热点问题,展开理论探索和思想交流,以达到消除误解、克服分歧、增进理解、扩大共识的目的。《对话:儒释道与基督教》丛书先后介绍了代表东方文明的儒、释、道与代表西方文明的基督教在认识论、本体论、神性论、宇宙论、人生观及社会文化史观等方面的基本观点,并在此基础上进行了深入的论述、比较和对话。此外,该丛书在儒释道与基督教各自的价值框架内陈述了对于信息技术、基因技术、环境污染、道德滑坡以及文化对话、全球伦理等重大问题的看法,并进行了初步讨论。《跨宗教对话—— 中国与西方》一书中的若干论文分别探讨了宗教对话的哲学基础、具体宗教中的范畴与思想比较、中国宗教的发展轨迹与特征等问题。《和平的渴望—— 当代宗教对话理论》一书在阐述约翰·希克的哲学多元论、潘尼卡的文化对话理论、保罗·尼特的互相关联的对话模式、唐·库比特的非实在论宗教哲学等思想体系的基础上,批判性地吸收了这些观点,并提出了对话的"成长模式",即随着社会进步而学会保留与放弃的理论。

总之,在这场对话过程中,我国学者普遍认为,全球化进程需要宗教间的协作。为此,持不同信仰者应该重新理解非终极者与终极者之间的关系,重构不同宗教间共有的伦理基础,保持宗教宽容的态

① 《宗教比较与对话》,卓新平主编,社会科学文献出版社、宗教文化出版社。

② 《对话:儒释道与基督教》,何光沪、许志伟、赵敦华等人主编,社会科学文献出版社。

③ 《跨宗教对话—— 中国与西方》,傅有德等主编,中国社会科学出版社,2004 年。

④ 《世界宗教百年回眸—— 宗教对话的时代》,卓新平撰,载于《中国宗教》。

⑤ 《和平的渴望—— 当代宗教对话理论》,宗教文化出版社,2003 年。

度。这一认识及其上述成果,实质上是我国学者对理想的人类生活与文化模式的选择。从社会作用上看,这些观点及成果有利于人类文明走向的良性发展,有利于维护地区与世界和平;从研究进展程度看,与20世纪90年代侧重于翻译和研究国外相关论著不同,近几年来,我国学者已将注意力集中在不同宗教间的比较、构建宗教对话的价值体系与对话平台等理论和实践层面上,从而推进了不同宗教的伦理思想及其功能等问题的研究。当然,上述论著仍有不足之处。例如,我国学者在该领域的译著和论著主要表达了英美等国学者的话语体系和价值理念,而全球范围内更多地域的相关观点没有得到应有的关注,因而缺乏平等对话应有的全面性、多样性和对等性特征;而且在宗教对话的可行性论证上,观念层面的推论较多,历史或现实的实证性论证与分析较少。

2. 宗教哲学的研究现状

宗教哲学研究宗教现象的产生、本质、发展规律和社会作用等问题。从这个角度而言,宗教哲学和宗教学原理具有相同的研究对象,因而可以把宗教哲学视为"元宗教学"。我国改革开放以来,宗教哲学和宗教学原理的研究工作便逐步走入正轨。近几年来,国内学者在已有成果的基础上取得了较大进展。其关注的主要问题及相关成果大致如下:第一,就具体宗教的哲学思想研究而言,有《中国佛教哲学要义》①、《基督教哲学在中国》②"、《道教哲学》(修订版)③等论著面世。其中,《中国佛教哲学要义》一书从中国学者的佛教著作出发,梳理了中国佛教的重要哲学问题,勾勒出中国佛教哲学体系,阐述了中国佛教哲学思想的历史演变,并与印度佛教哲学思想、中国儒道哲学思想进行了比较,凸显出中国佛教哲学的独特之处。《基督教哲学在中国》一书的内容包括我国新文化运动前后的宗教问题讨

① 《中国佛教哲学要义》,方立天著,中国人民大学出版社,2002年。

② 《基督教哲学在中国》,孙尚扬、刘宗坤著,首都师范大学出版社,2002年。

③ 《道教哲学》(修订版),卢国龙著,华夏出版社,2007年。

论、面对启蒙话语的基督教护教哲学、救亡语境中的基督教护教学、中国基督教的历史哲学、文化哲学与现代境遇中的耶儒互动、当代中国学者论基督教哲学、基督教哲学史研究等。《道教哲学》的主要内容如下:上篇揭示了道教规范化的礼仪制度与变动不居的民间礼俗之间相互作用的关系与过程,阐释了道教文化发展的内在机制及张力。中篇介绍了道教重玄学理论,论析了重玄学抽象的理论形式及内涵,考察了其抽象形式背后儒释道三家的思想互动关系、晋唐佛教对中国哲学的思想主题的冲击以及道教的回应。下篇追索了道教修炼方法的理论依据及思想逻辑。第二,就一般性的宗教哲学和宗教学理论研究而言,较有影响的论著有:《中国宗教报告(2008)》①、《全球宗教哲学》(修订版)②、《百川归海—— 走向全球宗教哲学》③、《神圣的渴望:一种宗教哲学》④、《宗教哲学研究—— 当代观念、关键环节及其方法论批判》⑤、《宗教平等思想及其社会功能研究》⑥、《宗教与当代中国社会》⑦、《当代西方宗教哲学》⑧、《西方宗教哲学文选》⑨、《月印万川》⑩等。这些成果分别从不同维度阐述了宗教哲学或宗教学原理的相关内容,由此反映出作者乃至于我国学术界所关注的问题、思想进路和理论特点。其中,《中国宗教报告(2008)》作为追踪目前我国宗教走势及其宗教学研究动向的蓝皮

---

① 《中国宗教报告(2008)》,金泽、邱永辉主编,中国社会科学出版社 2008 年。

② 《全球宗教哲学》(修订版),王志成著,宗教文化出版社,2005 年。

③ 《百川归海—— 走向全球宗教哲学》,何光沪著,中国社会科学出版社,2008 年。

④ 《神圣的渴望:一种宗教哲学》,王志成、思竹著,江苏人民出版社,2000 年。

⑤ 《宗教哲学研究—— 当代观念、关键环节及其方法论批判》,张志刚著,中国人民大学出版社,2003 年。

⑥ 《宗教平等思想及其社会功能研究》,王利耀、余秉颐主编,安徽大学出版社,2006 年。

⑦ 《宗教与当代中国社会》,何光沪主编,中国人民大学出版社,2006 年。

⑧ 《当代西方宗教哲学》,周伟驰、胡自信、赵敦华等译介,北京大学出版社,2001 年。

⑨ 《西方宗教哲学文选》,胡景钟、张庆熊编辑,上海人民出版社,2002 年。

⑩ 《月印万川》,何光沪著,中国社会科学出版社,2003 年。

书,其内容由总报告、专题研究和热点关注三大部分组成。在“总报告”部分,卓新平博士提出了我国宗教理论研究所面临的一系列现实问题,并针对这些问题的时空特性,阐述了构建“中国宗教学”理论体系的方法与路径等问题。邱永辉综合性地叙述了改革开放30年来我国宗教学界所研究的各类问题;在“专题研究”部分,王作安、李刚、金泽等人分别探讨了新形势下我国的宗教现状、道教文化的角色功能、宗教研究的新进路、中国与梵蒂冈的关系等问题;在“热点关注”部分,徐以骅、曾传辉、吴云贵、刘澎等人分别探讨了宗教对当前国内外安全形势的影响,特别分析了中国伊斯兰教和藏传佛教的相关问题,并从法律制度建设的角度提出了解决这些问题的建议。《全球宗教哲学》(修订版)是一部在全球范围内考察宗教哲学、并力图使之体系化的著作,作者提出了灵性实在的假设,力图以此整合世界各大宗教以及人文主义流派中的有神论和非有神论。《百川归海——走向全球宗教哲学》一书从认识论、本体论、神性论、世界观和人生观等方面,阐述了儒教、道教、佛教、印度教、犹太教、基督教和伊斯兰教等宗教中的共同因素,由此论证了人类生活的整体性、精神性和全球化特征,并将之视为世界各大宗教之间相容互通、对话共处的认识前提和思想基础。《神圣的渴望:一种宗教哲学》一书在系统地梳理和阐述全球论域内的宗教哲学主要问题时,不是将宗教哲学视为传统宗教中关于终极实在的论证工具,而是把各种宗教传统的终极实在作为一种现象加以考察。这种研究视角力图使宗教哲学成为全球范围内考察诸多宗教之共相的一个核心方法,为诸多宗教间的对话与宗教多元论提供了理性工具。《宗教哲学研究——当代观念、关键环节及其方法论批判》一书以英美等国宗教哲学研究为对象,在阐释上帝的存在证明、罪恶、宗教经验、宗教语言、宗教对话、理性与信仰的关系等问题的同时,梳理了西方宗教哲学研究的对象与方法的演变、现存的疑难问题等。《宗教平等思想及其社会功能研究》一书以宗教思想的社会作用为切入点,阐述了宗教平等思想在历史和现代社会中的积极作用和消极影响,以及宗教平等思想在当代的可贵价值。《宗教与当代中国社会》一书从社会生活与宗教之间具有互动关系的观点出发,在阐述中国社会历史变迁对佛教、道教、基督教、天主教和伊斯兰教的巨大影响的基础上,着重分析了当代中国社会制度对上述五大宗教的影响以及它们的现状、存在的问题,并提出相应的建议。

总之,上述成果反映了近年来我国宗教哲学的总体发展水平(例如,《中国宗教报告(2008)》是第一部整体把握当代中国宗教走势和宗教学研究动向的蓝皮书;《中国佛教哲学要义》一书在原有水平的基础上达到了一个新的理论高度;《宗教与当代中国社会》一书是论述我国五大宗教与当代中国社会关系的第一部概述性学术著作)。上述论著要么以新的方法和视角推论出新的观点或价值体系(如《神圣的渴望:一种宗教哲学》);要么以传统话题为切入点,通过梳理其研究对象与方法的历史演变过程,发现宗教学研究领域尚存的疑难问题,由此勾廓出该学科面临的难题和研究的重点(如《宗教哲学研究—— 当代观念、关键环节及其方法论批判》);要么深入到宗教学的某个具体问题内,在相对微观的层面上进行深透的研究工作(如《宗教平等思想及其社会功能研究》)。20 世纪 80—90 年代,我国宗教学界关注的重心主要在宗教学的构成要素及其学科体系的构建等问题上,并形成了《宗教学通论》①、《宗教学通论新编》②、《宗教学原理》③、《宗教学概论》④等教材和专著。2000 年以来,学界的理论兴趣出现了明显变化:一方面,人们关注的重心开始从宗教学理论移向现实的、具体的和微观的问题;另一方面,鉴于中国宗教的特殊性,人们开始思考其研究方法与途径的特殊性问题,即宗教学理论中国化的问题。学界理论兴趣的转向说明,我国宗教学研究与现实

---

① 《宗教学通论》,吕大吉主编,中国社会科学出版社,1989 年。

② 《宗教学通论新编》,吕大吉著, 中国社会科学出版社,1998 年。

③ 《宗教学原理》,陈麟书、陈霞主编,宗教文化出版社。

④ 《宗教学概论》,罗竹风主编,华东师范大学出版社,1991 年。

生活的结合日益紧密。而研究对象的具体性和现实性又给宗教学研究工作赋予了实效性特征。

3. 宗教人类学的研究现状

与宗教学其他分支学科的发展情况相比较,宗教人类学在我国发展较快。一方面,在西方有较大影响的宗教人类学论著被我国学者翻译和出版,如《原始宗教理论》①、《宗教人类学导论》②等;另一方面,我国学者在大量的田野调查和文献考证过程中,收集了中国各民族宗教信仰的资料,形成了《中国各民族原始宗教资料集成》③等工具书,而且产生了较多的学术论著,如《宗教人类学导论》④、《宗教禁忌》⑤、《人类学理论的新格局》⑥、《乡村都市化与宗教信仰变迁—— 张店镇个案研究》⑦、《宗教人类学研究视野的变迁》⑧、《现代宗教人类学的方法》⑨等。其中,《宗教人类学导论》提出了宗教人类学的基本范畴、理论与方法。作者认为:研究宗教的产生与演变,必然论及宗教历史的、逻辑的起点以及宗教自身的发展路径;宗教的结构或要素包括信仰、情感、仪式等;宗教的功能在一定程度上取决于研究者的立场和需求。《宗教禁忌》一书介绍了我国各民族从古至今的诸多禁忌,并将它们与世界诸多民族的禁忌作了横向比较,由此提出了禁忌在民族乃至于人类社会生活中特殊的作用和价值。《人类学理论的新格局》一书用人类学的方法阐述了萨满教的定义、萨

---

① 《原始宗教理论》,埃文斯·普里查德著,商务印书馆,2001 年。

② 《宗教人类学导论》,鲍伊著,金泽、何其敏译, 中国人民大学出版社,2004 年。

③ 《中国各民族原始宗教资料集成》,吕大吉等编, 中国社会科学出版社,1996—2000 年。

④ 《宗教人类学导论》,金泽著,宗教文化出版社,2001 年。

⑤ 《宗教禁忌》,金泽著,社会科学文献出版社,2002 年。

⑥ 《人类学理论的新格局》,纳日碧力戈著,社会科学文献出版社,2001 年。

⑦ 《乡村都市化与宗教信仰变迁—— 张店镇个案研究》,刘志军著,社会科学文献出版社,2007 年。

⑧ 《宗教人类学研究视野的变迁》,黄勇撰,《西南交通大学学报》2003 年第 6 期。

⑨ 《现代宗教人类学的方法》,宫哲兵撰,《武汉大学学报》2000 年第 5 期。

满教研究的历史、现状及其走势等。《乡村都市化与宗教信仰变迁——张店镇个案研究》一书运用人类学的田野调查与历史学的文献研究等方法,以改革开放以来的山西省平陆县张店镇的宗教信仰现状为研究对象,描述了该乡村的宗教信仰在社会转型时期的状况及其发展动态,并在此基础上分析了乡村都市化与宗教信仰变迁的内在关联,探究了宗教信仰在乡土中国发生变迁的深层原因与未来走向。《现代宗教人类学的方法》一文提出:宗教人类学中常用的田野调查、分析与比较等传统方法,在二次世界大战以后得以补充和完善。有关宗教变迁的动态研究法、综合运用社会学与人类学的研究方法、辩证地利用客观方法与主观方法等,成为宗教人类学研究的新方法。

上述成果表明,我国宗教人类学者在资料收集与整理、理论与方法的研究、田野调查与个案分析等方面已取得较大成绩。就研究对象而言,他们考察的重心在于本国的宗教现象;就研究成果而言,已有较系统的宗教人类学著作面世。但是,与国外相关领域的研究相比,尚存在一定差距。例如,20 世纪 80 年代,西方宗教人类学家已转入复杂社会和跨地域文化的研究;而目前我国宗教人类学所关注的重点主要还停留在区域性、民族性或民间宗教及其仪式过程等微观层面或局部范围,而较少关注跨地域宗教文化的比较研究[①]。

4.宗教社会学的研究现状

2000 年以来,我国学者在该领域有较大收获,其代表性论著有:《当代北京的基督教与基督徒:宗教社会学个案研究》[②]、《转型期的中国基督教——浙江基督教个案研究》[③]、《乡村基督教的组织特征

① 《宗教人类学的发展历程及学科转向》,黄剑波撰,《广西民族研究》2005 年第 2 期。

② 《当代北京的基督教与基督徒:宗教社会学个案研究》,高师宁著,汉语基督教文化研究所,2005 年。

③ 《转型期的中国基督教——浙江基督教个案研究》,陈村富著,东方出版社,2005 年。

及其社会结构性位秩—— 华南 Y 县 X 镇基督教教会组织研究》[①]、《圣俗边缘:西部社会的环境、信仰和行为》[②]、《中国当代宗教的社会学诠释》[③]、《信仰、革命与权力秩序—— 中国宗教社会学研究》[④]、《社会转型与宗教皈依:以基督教徒为对象的考察》[⑤]、《新兴宗教初探》[⑥]等。其中,《当代北京的基督教与基督徒:宗教社会学个案研究》一书以第一手调查资料为基础,介绍和研究了当代北京基督教和基督徒的状况。《转型期的中国基督教—— 浙江基督教个案研究》一书以浙江省温州市和浙西地区的基督新教徒和天主教徒为调查对象,在问卷调查及收集第一手资料的基础上,总结了我国市场经济条件下基督教的新特点、新趋势及其所面临的新问题,并对城市化和世俗化潮流中的当代中国农村基督教进行了横向与纵向分析。《乡村基督教的组织特征及其社会结构性位秩—— 华南 Y 县 X 镇基督教教会组织研究》一书选择华南 Y 县 X 镇的乡村基督教为研究对象,以城镇化为研究背景,在开放系统理论的框架内,通过对教会的组织结构、运行机制、目标、信徒的社会构成及行动逻辑、教会与当地社区基层权力组织和相关行政管理部门的互动关系等问题的探讨,研究了基督教教会在社会转型过程中所呈现出的组织结构与运行特征,初步探讨了基督教在当地社会结构中的位置问题。《中国当代宗教的社会学诠释》一书用社会学的理论研究和实证分析的方法,探讨了当代中国宗教的社会学研究取向、宗教变迁及其社会场

---

① 《乡村基督教的组织特征及其社会结构性位秩—— 华南 Y 县 X 镇基督教教会组织研究》,李峰著,复旦大学出版社,2005 年。

② 《圣俗边缘:西部社会的环境、信仰和行为》,陈昌文著,四川人民出版社,2004 年。

③ 《中国当代宗教的社会学诠释》,李向平著,上海人民出版社,2006 年。

④ 《信仰革命与权力秩序—— 中国宗教社会学研究》,李向平著,上海人民出版社,2006 年。

⑤ 《社会转型与宗教皈依:以基督教徒为对象的考察》,梁丽萍撰,《世界宗教研究》2006 年第 2 期。

⑥ 《新兴宗教初探》,高师宁著,中国社会科学出版社,2006 年。

域、宗教社会性及其表达方式、宗教的制度变迁与功能定位、宗教资源的制度整合路径等理论与现实问题。《信仰、革命与权力秩序—— 中国宗教社会学研究》一书提出:中国的宗教信仰常常与权力和社会秩序等问题相缠绕,很难以纯粹的形式呈现出来。因此,理解中国人的宗教信仰问题,必须首先理解中国社会的关系和结构,理解中国的权力秩序及其形成过程、其合法性的证明方法;中国人愈执著于精神信仰,就愈对权力充满"革命"的意念,由此导致价值理想与权力体制之间的冲突甚至敌视;儒教关于权力合法性的阐述体系与传统宗教信仰恰好相生相克,只有当国家权力和儒教这一意识形态相结合,文化的、社会的和宗教的力量才得到最充分的表达。《社会转型与宗教皈依:以基督教徒为对象的考察》一文以目前我国社会转型为背景,研究了部分国民皈依基督教的内在动力、中介因素和催化机制。作者提出:我国社会结构的转型、社会系统的非平衡状态使宗教成为补偿性因素而被更多的人选择,因而信徒的信仰中不仅有宗教经验,而且包含对世俗生活的需求与渴望。《新兴宗教初探》一书运用宗教社会学等方法,概述了新兴宗教的界定,分析了新兴宗教与社会变迁的内在关系及其形成的社会心理原因,介绍了新兴宗教的构成因素等。

从上述成果看,学者们关注的问题,既有关于目前我国社会转型时期宗教的组织状态、运行机制与社会功能等问题的个案分析,也有关于我国传统宗教与国家权力和秩序之间关系的历史反思,还有关于我国当代宗教的诸多理论与现实问题的诠释。与20世纪90年代相比,近几年的研究成果反映出以下主要趋势和面临的问题:第一,宗教社会学的研究方法呈现出从现象描述向数据分析、从单一的定性分析向定性与定量分析相结合的发展趋势;第二,在重视田野调查和资料收集的同时,理论分析与一般性论述的成果有所增多。这表明,宗教社会学研究从原来较注重考据转变为考据与理性思考并举的情况;第三,由于地域和宗教信仰的差异性,诸多个案研究的结论在我国是否具有普适性的问题,因缺乏个案之间横向与纵向的比较分析而尚无定论。因此,归纳与总结不同个案的结论,探寻不同地域、不同信仰的内部与外部结构、社会功能的演变趋势是否具有共性的问题,是我国宗教社会学界面临的一个理论难题。

5. 宗教学其他研究方法和分支学科

2000年以来,宗教心理学研究领域的翻译工作有一定进展,《宗教心理学简论》①、《宗教心理学导论》②等译著先后面世。在此基础上,国内一些研究性成果也先后面世,如《中国人的宗教心理——宗教认同的理论分析与实证研究》③、《崇拜与精神控制》④、《埃里克森宗教心理学思想述评》⑤等。其中,《中国人的宗教心理——宗教认同的理论分析与实证研究》一书以我国佛教徒和基督教徒为研究对象,采用问卷调查和访谈的方法,对信徒的宗教认同的建构过程、层次、呈现与形塑等问题进行了定性与定量分析,由此展现出我国信徒的心路历程,并提出了解释我国信徒的心理与行为的理论范式。《崇拜与精神控制》一书剖析了邪教产生的心理根源、实施精神控制的机理等问题,探讨了铲除邪教的方法和途径。从上述成果看,我国学者在翻译和研究西方宗教心理学论著的基础上,运用其理论与方法来探究中国信仰领域的理论与现实问题,从而使该学科所关注的问题和研究的对象日益本土化。但总体而言,该领域的专业人才、研究手段和研究成果有限,难以满足日益增多的信众心理分析需求和研究需要。

宗教现象学的研究在我国尚处于初始阶段。2006年,人民出版社出版了译著《宗教现象学》⑥。我国为数不多的学者在翻译和研究

---

① 《宗教心理学简论》,洛文塔尔著,罗跃军译,北京大学出版社,2002年。

② 《宗教心理学导论》,麦克阿盖尔著,陈彪译,中国人民大学出版社,2005年。

③ 《中国人的宗教心理——宗教认同的理论分析与实证研究》,梁丽萍著,社会科学文献出版社,2004年。

④ 《崇拜与精神控制》,王惠君著,西安交通大学出版社,2005年。

⑤ 《埃里克森宗教心理学思想述评》,硕士论文,陈彪著,2002年。

⑥ 《宗教现象学》,马利亚苏塞·达瓦马尼著,高秉江译。

国外宗教现象学论著的同时,也撰写了一些论文。如《宗教现象学的基本问题》[①]、《初探宗教现象学》[②]、《神仙观念与神仙信仰的现象学思考》[③]。其中,《宗教现象学的基本问题》一文提出,客观的宗教现象学是不可能的。这是因为:客观的视野把宗教主体的存在性关怀排斥在外;宗教现象学具有存在性和诠释性特征,而这两个特征是由宗教生活或宗教现象中人、神圣者及其相互关系等基本要素决定的。《神仙观念与神仙信仰的现象学思考》一文提出,“神仙观念”和“神仙信仰”是人类生存中完全不同的生存维度。作为信仰的神仙,不是任何关于神仙的观念、思想和知识,而是人作为能在释放出来的一种独特生存方式。神仙实质上是一种在启示中临在的再生方式,即终有一死者朝向无限之境域的再生方式。上述成果表明,宗教现象学的研究方法较大幅度地提升了我国宗教学论域的理论深度。它力图从变化不定的“意识流”或“直接经验”中“还原”宗教的本质、理解信仰体系中的基本概念,从而开辟了阐释宗教的又一路径。但是,我国学者在这条路上前行的速度相对缓慢。20 世纪 90 年代有《解释学理性与信仰的相遇—— 海德格尔早期宗教现象学的方法论》[④]等零星的、主要介绍与研究西方学术观点的论文面世,迄今为止,系统地研究宗教现象学或用“现象学还原法”系统地研究具体宗教的成果在我国仍未出现。从总体上看,研究工作尚处于清理该学科的基础性问题的阶段。

宗教管理学在我国学界端倪渐显。2008 年,人民出版社出版的《宗教管理学》[⑤]一书运用管理学和宗教学的理论和方法,系统地阐

---

① 《宗教现象学的基本问题》,郝长池,《现代哲学》2006 年第 1 期。

② 《初探宗教现象学》,高秉江,《当代哲学》2004 年第 3 期。

③ 《神仙观念与神仙信仰的现象学思考》,余平,《四川大学学报》(哲社版)2005 年第 4 期。

④ 《解释学理性与信仰的相遇—— 海德格尔早期宗教现象学的方法论》,张祥龙、陈岸瑛,《哲学研究》1997 年第 6 期。

⑤ 《宗教管理学》,杨玉辉等著,人民出版社,2008 年。

述了各种宗教管理问题。该书由三大部分组成。其中,“绪篇:宗教管理概说”部分主要阐述了宗教管理和宗教管理学的内涵、中外宗教管理的历史发展沿革、宗教管理学研究的现状与方法等问题;“上篇:宏观宗教管理”部分主要论及以政府宗教事务管理为核心的一系列相关问题,包括宏观宗教管理的基本方法、组织机构、宗教政策以及政府对宗教组织的社会行为规范、慈善公益活动的管理等内容;“下篇:微观宗教管理”部分主要阐述了宗教组织自身的各种管理问题,包括宗教组织的决策与计划、组织管理、财务管理、教育管理、宣传及出版与法物流通管理等。《宗教管理学》是一部开创性著作。这是因为,关于宗教管理问题,古今中外的政府和学人有大量的思考。而在该书之先,我国具有宗教管理学的学科框架和范畴体系的论著尚未发现。当然,就促使宗教为和谐社会建设服务的需求而言,目前我国宗教管理学的研究工作尚远远不够。

二、简要评析

综上所述,2000年以降,我国宗教学理论研究总体上呈现出较快的发展态势。学者们研究并运用西方宗教学的理论与方法,从不同进路探究了国内外的宗教现象,尤其侧重于目前国内宗教现象的个案调查与分析,从而促成了研究对象、成果内容及其问题意识的本土化趋向。在研究过程中,亦出现一些值得关注的问题:

其一,如何处理宗教学理论与方法的外源性和研究对象的本土性之间的关系问题。宗教学理论及其研究方法起源于欧洲,发展于欧美,并以基督教为主要研究对象。而中国传统宗教与基督教等西方宗教在内容及其蕴涵的理路等方面有较大区别。因此,我国部分学者认为,不同信仰之间的差异性势必影响宗教研究的切入点,导致研究进路及其理论认识的差异性,因而研究中国宗教的进路应有自身的特殊性。近几年来,针对国内目前的宗教学理论与方法多由国外引进的情况,学界不断出现“建立有中国特色的宗教学理论”的呼声。实质上,这一观点从宗教文化的地域性和个殊性的角度,力图否定西方宗教学的阐释方法对人类不同地域、不同族群的宗教现象的普适性。那么,具有普适性、一般性特征的宗教学是否存在?有中国特色的宗教学理论的基本范畴、主要问题和逻辑框架是什么?它区别于西方宗教学的特质在哪里?这些问题是目前我国宗教学界面临的重大难题,有待于深入研究。

其二,由于研究工作起步较晚,加之研究对象的复杂性和研究进路的多样性等原因,在我国宗教学理论若干分支学科中,存在着发展参差不齐的情况。相对而言,宗教人类学、宗教社会学等分支学科发展较快;宗教心理学、宗教现象学等则发展较慢;有些具有很大研究价值的分支学科却没有得到相应的关注,例如,与国内外政治生活紧密相关的宗教政治学的研究几乎处于空白状态。此外,宗教语言学、宗教翻译学等分支学科几乎无人问津。因此,对于影响国计民生、有较高研究价值的薄弱学科,需要着力研究。

其三,由于诸多原因,学界对当下我国社会生活中存在的一些宗教现象研究不足。如对存在于我国民间、不为政府认可的各种准宗教、民间宗教或新兴宗教缺乏研究。此外,在我国依法治国的过程中,宗教立法问题的研究也滞后于时代,且相当薄弱。

总之,我国宗教学在较快发展的过程中,尚面临一系列深层次的理论与实践问题,有待于学界同仁进一步深入研究。

参考文献:

1.《中国宗教学研究的现状与未来—— 宗教学研究四人谈》,《中国人民大学学报》2002 年第 4 期。

2.《近十年来中国宗教人类学研究综述》,《世界宗教研究》2005 年第 2 期。

3. 卓新平《西方宗教学研究导论》,中国社会科学出版社,1990 年。

4. 吕大吉《西方宗教学说史》, 中国社会科学出版社,1994 年。

5. 龚学增《宗教问题概论》,四川人民出版社,2007 年。

宗教社会学研究在中国大陆的发展

高师宁

宗教社会学研究在中国大陆，基本上是1980年代改革开放后才逐步从国外引进的。宗教社会学靠引进移植，从无到有，逐步建立学术基础，经过十多年的基本建设，目前已经在大陆生根开花，结出了丰硕的果实。[①] 我们在此试从多个方面来回顾与检讨过去。

一

（一）学科认识的逐步变化

从20世纪80年代末起，一些开始涉足此学科的学者都对"宗教社会学"做出了界定。这些界定包括了两个方面，一是强调宗教社会学是宗教学的分支学科，二是强调宗教社会学是宗教学与社会学交叉的边缘学科。同时，在对这些界定的进一步说明中，"实证性"与"科学性"作为宗教社会学的特征得到强调。然而，在这门学科的起步阶段，宗教社会学的"实证性"与"科学性"并没有得到充分的重视，甚至在认识上对宗教社会学的"实证性"还有一些误解和歪曲；而其"科学性"则更是被人们忽视。这类误解、歪曲或忽视既来自宗教社会学界的外部，也来自其内部。一种看法是将宗教社会学的实证性等同于仅仅是田野调查，并认为田野调查"没有理论水准"，"容

---

① 高师宁，宗教社会学在中国[J]，中国人民大学学报，2004，(5)：89-94。

易得很,谁都可以做”。这种看法一般出自此学科之外的某些人士。另一种看法同上述看法相同,但却出自一些以田野调查为进路开始从事宗教研究的人。一般而言,他们对宗教社会学的理解相对肤浅。这种误解、歪曲或忽视在认识上的原因也许有几个方面。首先,我们对于宗教社会学理论的介绍十分有限,没有一支既懂得宗教学,又兼通社会学的翻译队伍,因而翻译的著作和论文数量极其有限,同时译著与译文也多属于该学科早期或20世纪60年代前后的成果,未能收集到国外研究的最新资料,更谈不上系统地翻译整个学科的理论。其次,相对其他领域而言,宗教社会学方面的参与人员较少,更少有所谓科班出身的学者。如何将理论联系实际,如何运用田野工作检验已有的理论,对于当时参与的所有学者而言,都是一个问题。第三,复兴不久的宗教在中国社会政治环境中仍然具有相当的敏感性,我们还没有一个良好的社会环境去进行实证研究,谈不上用现有的理论去解释中国的宗教现象,更谈不上用实际的宗教状况去验证现存的理论了。正因为如此,宗教社会学在中国发展之初,理论与实践的脱节,实证性与科学性的分离,几乎是必然的现象。

新世纪之后,随着一系列宗教社会学理论译著,如《无形的宗教—— 现代社会中的宗教问题》、《天使的传言—— 现代社会与超自然的再发现》、《信仰的法则—— 解释宗教之人的方面》、《宗教社会学思想史》等的出版,对宗教社会学的再认识已经达到了一个新的阶段。我们惊喜地发现,一些学者已将宗教研究的实证性与科学性自觉地结合;少数以田野调查为基础但又不乏理论分析的专著和文章已经问世。许多学者都认识到,宗教社会学的科学性在于:客观地反映宗教现象,尽量合理地解释宗教现象。这种科学性必须建立在实证性之上,这不仅是此学科的特征,也是其方法。可以说,宗教社会学为观察宗教以及宗教行为提供了一个非常独特的视角。

(二)学术成果的多彩

20世纪80年代中期到90年代初期是宗教社会学引进中国的时期。此时,宗教社会学的当务之急是引进他山之石,出版翻译著作。宗教社会学方面的一些重要著作正是在这个时期开始逐步翻译的。其中有韦伯(M. Weber)的名著《新教伦理与资本主义精神》、《儒教和道教》、《韦伯社会学文选》,贝格尔(P. Berger)的名著《神圣的帷幕》等等。此外,涉及宗教社会学的译文也时有刊出。同时,介绍宗教社会学的基本理论、流派和评述各宗教社会学家的文章纷纷问世。国内学者也陆续出版了一些介绍西方宗教学研究方面的著作,比较详细地介绍了宗教社会学。

1992 年以后,随着思想的进一步解放,中国宗教研究的学者开始关注宗教在社会主义时期必然存在的问题。《社会主义时期的宗教问题》与《当代中国宗教问题的思考》两本著作,可以说是对这个问题探索的代表性著作。此外,国家社会科学基金也设立了宗教社会学项目。上海辞书出版社将原《宗教辞典》扩充为《宗教大辞典》,增补了宗教社会学方面的词条几十条。由于改革开放打破了过去的一些禁锢,一些学者走出了书斋,开始了田野工作,发表了不少田野调查的报告或论文。

在宗教社会学逐渐走向成熟之时,此领域的研究逐渐出现了热潮:所出版的著作和发表的论文,在数量上显然比过去要多,学者的视野也在逐步扩大。例如,从研究中国人的宗教性到宗教心理,从宗教与社会互动个案研究到中国城市基督徒的信仰与生活;从基督教与少数民族的关系到转型时期地区性的基督教;从佛耶共存的个案研究到佛教徒的宗教生活;从民间宗教的复兴到准宗教、伪宗教、新兴宗教的出场,再到对中国宗教组织结构和类型特点的研究等等。已经出版的专著,如《麦芒上的圣言:一个乡村天主教群体中的信仰和生活》、《中国人的宗教心理》、《圣山脚下的十字架—— 宗教与社会互动个案研究》、《当代北京的基督教与基督徒》、《转型时期的中国基督教—— 浙江基督教个案研究》、《乡村基督教的组织特征及其社会结构性位秩—— 华南 Y 县 X 镇基督教会组织研究》、《信仰、革命与权力秩序—— 中国宗教社会学研究》、《中国当代宗教的社会学诠释》等等,显然已经远远超出了纯粹田野调查和论证宗教与社会主义社会"相适应"或"相协调"的范围,逐渐进入了有意识的、有理论反思的研究境界。

以论文为形式的研究成果更是体现了宗教社会学实证性的特征,例如,《当代宗教研究》、《世界宗教研究》、《基督教文化学刊》、《宗教学研究》、《宗教与文化》、《中国宗教》等等刊登了此领域一系列研究论文。

宗教社会学在中国短短二十多年中,其研究成果经历了从译著、介绍为主的初创阶段,以及从跟随意识形态的"相适应"论证,到自觉地从田野调查入手的相对自由的学术研究阶段。这些成果体现出的阶段性,表明了此学科在中国大陆成长与中国社会发展开放的关系。不可否认的是,中国社会的复杂性和多样性决定了其宗教现象的复杂性和多样性。任何一种宗教现象也许都不能代表整个中国的宗教状况,同样,任何一个研究者都不可能完全了解和掌握中国宗教的全局。正因为如此,每一个研究的独特性将组成整个中国宗教之独特性,从每一个局部的、地域性的研究中,我们都可以看到宗教与中国社会发展的关系。

(三)学科队伍的扩大

一个学科的兴旺还有一个标志,即参与人员的数量。宗教社会学在中国发展速度相当迅速,其主要原因之一是参与人员的增加。今天,我们的研究队伍可以用"浩浩荡荡"来形容了。研究人员的构成主要有几个方面:宗教社会学或宗教学"科班"出身的研究者、"改行"或"转业"的研究者、社会学方面的专业人员,以及正在高等学校学习的学生。

事实上,当今从事宗教社会学研究的学者,仍然多半是"改行"或"转业"的研究者,这本是中国宗教学研究的一大特色。改革开放之后宗教的复兴与发展,推动了宗教研究前进的步伐,宗教研究刻不容缓,时不待人。在这种状态下,许多学者在自己原有的知识框架内,找到与宗教研究接轨的最短路线,改行或转业加入宗教研究的队伍。在宗教社会学领域,有来自不同人文领域的学者,他们的参与给宗教研究带来了新的力量和开阔的眼界。

(四) 其他方面

经常举行学术会议是一个学科成熟的标志。2003 年 10 月,由中国人民大学佛教与宗教理论研究所与美国旧金山大学利马窦中西文化历史研究所牵头,召开了“当代宗教与实证性研究方法”的小型学术研讨会。2004 年 7 月,中国人民大学佛教与宗教理论研究所再次发起召开了以“中国宗教社会学:现状与走向”为题的国际学术研讨会。这是国内第一次明确地以宗教社会学为主题的学术会议。2005 年 7 月,中国人民大学与云南民族大学联手,在昆明举办了以“社会科学视野下的宗教与民族”为主题的第二届会议。2006 年 7 月,“第三届宗教社会科学研讨会”在北京举行,此次会议的主题为:“宗教研究的新范式:探索与发展”,这些学科性的会议不仅为宗教社会学领域的研究者们相聚一堂、相互学习和交流提供了机会,也为新一代的研究者搭起了一个亮相的平台。

一个学科是否成熟发展与兴旺发达,学科性的专业刊物也是一个标志。许多大学学报以及人文社科方面的期刊也已经开始为宗教社会学研究开辟了天地。中国人民大学宗教研究所将创办《宗教社会科学研究》,这份出版物将为宗教社会学研究领域的新一代提供一个学术讨论的平台。

此外,近年来国家对于人文学科研究的支持力度在增加。近年来教育部、国家社科基金把中国宗教现状、中国宗教与社会主义社会相适应、宗教与民族关系、转型时期的宗教信仰等等方面的研究列入了资助项目。一些民间资助的课题也开始加入了这个领域。这些都为宗教社会学在中国的发展提供了物质方面所必需的支持。

二

(一) 学科发展总体上的检讨

总的说来,在过去 20 多年中,宗教社会学在中国的研究可以说是比较随意的,研究者受制于自己的学术兴趣和研究条件,就整体而言,研究的方向不明确,也没有很好地思考过需要解决的理论问题。就实证研究而言,从研究的对象上看,基督宗教多于其他宗教包括民间宗教;从地域上看,田野点的选择东部、南部多,西部、北部少;从方法上看,质化(定性)研究远远多于量化(定量)研究;从成果的质量上看,侧重事例和罗列数字的调查报告多,缺乏理论的归纳与提升。可以说,这些研究报告是中国的宗教研究者在自发的状态下,根据常识以及对实际情况的了解,对中国宗教所进行的一种调查和分析。新世纪之后,这种状态已经开始发生了较大的变化。在进行实证研究时,一些学者不仅有了理论冲动和问题意识,自觉地利用现有的解释宗教现象的理论,而且还开始有意识地在自身实证研究的基础上,反思这些理论。有的学者还专门撰文强调宗教社会学的实证方法。① 但是,就学科整体情况而言,全面的宗教社会学学科意识还是不够的,从事研究的学者素养参差不齐,许多研究者仍然缺乏系统的专业训练。

从学科发展来看,无论是在国家级还是省市级社会科学院研究所还是在高等院校,对于宗教学理论和宗教学各分支学科(当然包括宗教社会学)的系统教学和研究,远远赶不上对各大宗教史的教学与研究。在高等院校,宗教社会学还没有被纳入学科培养计划,宗教社会学专业的研究生屈指可数。这些,似乎都是这门年轻的学科在中国亟需克服的难题。

(二)亟需重视与改进研究方法

就目前宗教社会学在中国的发展来看,其最大问题在于,还没有进入宗教社会学的方法论体系。综观这一领域现有的研究成果,我们大致可以做出如下总结:方法论缺失,基本方法不足,具体方法有待改进。

---

① R ·斯达克,信仰的法则—— 解释宗教之人的方面·译者前言[M],北京:中国人民大学出版社,2004。

也许在这门学科的起步阶段,方法论层次上的缺失应该属于正常现象,尤其在中国更是如此。由于翻译介绍的不足,国内研究人员仍然缺乏系统的社会学方面的训练等原因,我们的研究基本上没有对于理论公式、基本假设、研究逻辑、原则规范等的探讨。在基本方法层次上,少数学者已经注意到这个问题,并且也在作出努力,这一点尤其反映在已经出版的屈指可数的宗教社会学专著中。但在这些著作中,我们可以看到一些应用研究和统计研究,理论研究却非常不够。换言之,我们的研究还有很大的局限性,还不可能较全面较准确地掌握中国宗教的现象,因此,也还没有提出能够合理解释这些现象因而能够得到较多共识的理论。

事实上,社会科学的宗教研究进路并不是一条容易轻松的道路,它需要研究者具有一定的社会学素养,受过一定的社会学训练。而这一点,正是宗教社会学研究在中国最缺乏的。因此,目前我们的研究只能停留在收集材料和简单的数据分析阶段,还谈不上具有科学性的量化研究,有相当多的研究还仅仅停留在经验阶段,没有明确的问题意识,仍然将田野调查作为目的而非工具。一言以蔽之,与宗教研究的其他领域相比,我们仍然缺乏,因此也在期待着以实证研究为基础,有理论分析、有问题意识,能够比较合理地、全面地解释中国宗教现状的有影响的著作问世。

(三)任重而道远的未来

不可否认,我们希望当今中国的大学能够开设宗教社会学专业。在发达国家,宗教社会学几乎在各大学都有一席之地。我们希望成立学术团体,一个中国宗教社会学学会。我们也希望创办一本专业学刊,希望编写此学科的教科书,期待培养出更多的后来人。我们更希望扩大国际交流的渠道,让更多从事这一行的学者走进来,让年青的中国学者走出去。

我们应该清醒地认识到,宗教社会学的研究结果,不仅有利于中国宗教的正常发展,而且在某种程度上,也可以反作用于社会历史,可以对国家的社会政治历史条件发生或大或小、或直接或间接、或积极或消极的影响。正因为如此,我们每一个研究者,都应该有一种更高、更广的情怀,在坚持此学科的实证性、科学性,坚持我们自身的学术独立性的同时,关注中国宗教的现状,关注中国宗教与中国社会的关联,关注世界宗教新格局对中国宗教的影响。当然,我们还应该加强对宗教社会学领域最新理论成果的介绍,应该具有用我们自己的研究来证实、反思、质疑、推敲甚至修正前人已提出的理论的意识和勇气。

要实现这种学术愿望,需要相当长的时间。走出书斋,只是中国宗教社会学者的第一步,而走向成熟既是一个漫长的、需要大家付出大量努力和心血的过程,也是一个需要理论探索、不断升华的过程。

近年来宗教人类学研究现状综述

胡文会

一、引言

宗教人类学的研究在我国起步较晚,但近年来发展较快。闵丽在《2000年以来国内宗教学理论研究述评》中概括了当前宗教人类学的研究现状,她指出,与宗教学其他分支学科的发展情况相比较,宗教人类学在我国发展较快。一方面,在西方有较大影响的宗教人类学论著被我国学者翻译和出版,如《原始宗教理论》(埃文斯·普里查德著,商务印书馆,2001年)、《宗教人类学导论》(鲍伊著,金泽、何其敏译,中国人民大学出版社,2004年)等;另一方面,我国学者在大量的田野调查和文献考证过程中,收集了中国各民族宗教信仰的资料,形成了《中国各民族原始宗教资料集成》(吕大吉等编,中国社会科学出版社,1996 -2000年)等工具书,而且产生了较多的学术论著,如《宗教人类学导论》(金泽著,宗教文化出版社,2001年)、《宗教禁忌》(金泽著,社会科学文献出版社,2002年)等[①]。近三年来,宗教人类学的研究进一步深化,开始从宗教人类学的研究方法、学科视野等宏观理论的探讨转向对具体宗教现象的人类学分析,

① 闵丽,2000年以来国内宗教学理论研究述评,宗教学研究,2008年第2期,第135—136页。

并已取得初步成果。

二、关于宗教人类学的发展历程、学科方向和研究方法问题

关于宗教人类学的发展历程，黄剑波在《宗教人类学的发展历程及学科转向》一文中介绍了19世纪以来人类学对宗教研究的情况和宗教人类学的发展历程，包括学科的理论来源、学科的建立以及学科发展的三大阶段（20世纪60年代、20世纪70－80年代和20世纪90年代以来），同时阐释了当前宗教人类学的学科转向，即更关注仪式、关注符号与象征以及强调宗教的"地方性"（Place）研究。并指出，我国目前的宗教人类学研究主要关注地方性、小民族的宗教或者说就只关注民间信仰，尤其是其仪式过程，而较少关注跨地域的宗教形式，尤其缺乏对世界宗教的关注①。应该说，我国宗教人类学研究的这一特点正在得以改变。

关于宗教人类学的学科方向和研究方法，王建新在《宗教民族志的视野、理论范式和方法——现代人类学研究诠释》一文中对现代人类学创始以来的理论和方法潮流进行了简要整理，探讨了中国宗教民族志研究的现状及可能性。认为宗教人类学研究的学科基础是宗教民族志的开发和创新。宗教人类学有关宗教信仰的综合性定义和分类决定了该学科的整体性研究视角，同时也决定了宗教民族志研究中个人与集体、观念与行为并重的立体型理论范式。在这篇文章里，他从自身的学习、研究和教学经验及理解出发，整理界定了宗教人类学有关宗教的定义和分类，并根据所得研究对象的分类举例介绍了宗教民族志的理论范式和研究方法。他认为宗教人类学研究的首要任务是新资料的挖掘和研究方法的开发，宗教民族志在人

---

① 黄剑波，宗教人类学的发展历程及学科转向，广西民族研究，2005年第2期，第33页。

类学宗教研究中具有重要地位[①]。

三、宗教人类学关于世界宗教的研究进一步得到关注

马强编译的《人类学视野下的伊斯兰教研究》一文指出,长期以来,国内学术界对西方人类学界研究伊斯兰教的学者及作品缺乏深入了解。曾有文章介绍过欧洲和日本学术界对中国穆斯林社会的研究,但就宗教人类学对整个伊斯兰世界的研究介绍很少。该文总结了最新欧洲人类学界关于伊斯兰教的研究成果,梳理了学术史,分析了研究现状,提出了可供讨论的问题及研究空白点。宗教人类学在伊斯兰教的研究方面具有独特的视角,西方人类学学者从历史、社会、理论、知识、权利、性别、仪式等角度关注过这一宗教及信仰群体,包括埃文斯普里查德、格尔兹、萨义德、艾克尔曼、费舍尔、安敦等著名学者。西方学者在宗教人类学方面的研究范式、理论和视角能够给我国研究者提供新的视野,具有很高的参考借鉴价值[②]。

都德·奥森的《都市环境中边缘群体的叙述:崇尚阿里教派的文本化进程》一文研究了伊斯兰世界中阿里教派的传承方式后指出,崇尚阿里的派别过去由于历史误解而被逊尼派和什叶派的主流派看作是“异端”而居住于偏僻的山区躲避迫害。上世纪80年代以来,因该派在叙利亚和土耳其的代表努赛单派及阿拉维派在政治上获得了较高的地位而在社会和经济生活方面发生了很大的变化。原来靠隐秘的传述口语维系宗教传统的记录材料向来被认为是“野史”而被学界所忽视。该文分析论证了这些口头描述的书面资料在历史环境变化的进程中如何被塑造和重新构建为某种宗教象征和内

---

① 王建新,宗教民族志的视野、理论范式和方法—现代人类学研究诠释,广西民族大学学报,2007年3月,第6页。

② 马强编译,人类学视野下的伊斯兰教研究,青海民族研究,2007年4月,第13页。

容,并被演绎成为宗教信仰和教义的一部分。这种隐秘的叙述资料为宗教人类学的学者们开辟了一个新的研究领域①。

李晓琳以自己独特的视角对美国的基督教做了人类学考察,她指出,到目前为止,对西方基督教的研究多以宗教学、政治学为主,侧重于宗教历史、宗教教义以及宗教与政治关系的理论探讨,以及相关研究的翻译介绍,而很少有人用人类学的方法对它进行实地考察。这一方面是因为国内尚没有条件做这样的调查,另一方面,宗教人类学以民间宗教为主要研究对象,基督教与西方的其它文化,比如生物医学一样,基本上被人类学排除到了研究对象之外。这与产生于西方的人类学学术传统有关,而国内人类学为了达到与西方学术圈对话的目的,沿袭了这种学术传统,缺乏对基督教的足够关注,也影响到我们对西方基督教的直观认识。作者从 2003 年 9 月开始接触美国一所圣公会教堂—— 圣詹姆斯教堂,并在此后近 10 个月的时间里参与观察了教堂的各种宗教仪式和活动,并发放了调查问卷,进行了深入的个人访谈。论文主要研究了圣詹姆斯教堂的历史、组织结构以及主要仪式和活动、信徒的信仰和生活; 2004 年美国总统大选与宗教的关系,以及该教堂的信徒是如何参与和支持民主党候选人克里参加总统竞选活动;麻萨诸塞州同性恋婚姻合法化对教会的影响,尤其是圣公会教会对同性恋婚姻合法化的反应。通过研究,作者发现在美国,教堂远不止是信徒的精神家园,它还是一种强大的社会力量,是一种有着复杂网络的社会组织和制度。它对信徒的精神生活、社会生活和政治生活都产生了极大的影响②。

张岳在《宗教对话与社区和谐——一个村庄基督教与民间信仰和谐共处的人类学解读》一文中,以人类学的视角考察了宗教对话

---

① 都德·奥森/文,王建平,王义芳/编译:都市环境中边缘群体的叙述:崇尚阿里教派的文本化进程,上海交通大学学报,2007 年,第 5 期,第 75 - 82 页。

② 李晓琳,美国教堂的人类学考察——以圣居姆斯教堂为例, 2005 年硕士学位论文。

问题。宗教对话是当今世界的热点话题,但由于它具有浓重的西方基督教世界的背景,故在理论和实践上都遇有困境。作者通过人类学的田野调查,描述一个村庄基督教和民间信仰和谐相处的微观图景,说明宗教对话在微观社区层面是如何可能的,并运用人类学理论解读其中的中国特征。作者认为,经过人类学的田野考察,运用人类学的理论来解读中国文化背景下这种和谐形成的原因,得出一些具有中国文化色彩的原则,无疑对宗教对话摆脱西方的传统话语,使宗教对话走出精英阶层,真正进入实践层面,实现宗教和文化上的"各美其美,美美与共"具有一定程度的借鉴意义①。

四、国内地方民族宗教和民间信仰也是宗教人类学关注的重点

刘夏蓓在《从生活所迫到自愿选择——甘南夏河尼僧出家原因的人类学调查》中指出,甘南夏河是安多藏区的宗教、文化中心,以藏传佛教著名黄教寺院拉卜楞寺为中心,这里云集着各个教派的大小寺院,也是藏传佛教觉姆寺分布最为集中的地区。她对目前在拉卜楞寺周边的两所女寺尼僧调查的基础上,分析了现代尼僧群体的出家原因和不同原因所占的比例,并由此认为,安多藏族女性剃度出家原因已经从生话所迫为主演变为自愿选择为主,同时探讨了该现象形成的社会与文化原因②。

陈晓毅在《贵阳青岩牌坊的宗教人类学透视》中描述了贵阳青岩八道牌坊的历史和现实状况,从宗教人类学的角度透视了青岩牌坊反映的政治变局、社会空间和宗教变局,进而分析了青岩牌坊儒教

① 张岳,宗教对话与社区和谐——一个村庄基督教与民间信仰和谐共处的人类学解读,思茅师范高等专科学校学报,2008年10月,第66－71页。

② 刘夏蓓,从生活所迫到自愿选择——甘南夏河尼僧出家原因的人类学调查,民族研究,2007年第2期,第62页。

教化的社会控制功能。青岩牌坊的建立标志着儒教话语对布依族班氏土司之民族宗教话语的替代，标志着国家权力对青岩地方权威的替代，标志着以汉族为主体的青岩士绅登上青岩地方社会的政治舞台；青岩牌坊在历史上发挥着宣扬"尚齿"、"守贞"、"尽孝"、"完节"等儒教观念的社会控制功能①。

刘伦文在《土家族民间信仰与年祭仪式—— 双坪村宗教人类学个案调查研究》中以双坪村为个案描述了与上家族民间信仰有关的年祭仪式，并简要分析其信仰民俗的特征和社会文化意义。土家族民间信仰与年祭仪式内容丰富，具有明显的地域性和民族特色，是土家族民间文化发展固有的基石和根源，它是历代民众智慧积累下来的文化财富。因此，从宗教人类学的视角去审视和研究它的社会文化意义非常必要②。

麻勇在《恒浅析苗族寨神信仰的文化逻辑—— 以鸡爪村苗族寨神为例》中以松桃苗族自治县鸡爪村苗族寨神为例，用宗教人类学的视角揭示了"寨神"（苗语:jio Idenb）这种苗族民间宗教信仰的原神象征及其文化逻辑。他指出，这种信仰的内在逻辑结构，是由特定的生境和族群关于生命、生存与生活的知识和经验模朔的，对维持特定的民族社区的稳定具有重要的作用③。

邓宏烈在《藏族关于自身族源之传说的宗教人类学阐释》中指出，关于藏族的起源有二种说法，其源流明显属于两种传说系统：一种是佛教的，一种是苯教的。透过这层宗教的迷雾，可以看出远古西藏高原形成和人类活动的雏形和规模。它与现代地质科学结论和人类学者、考古学者的论证惊人的接近，并为今日考古发现的大量实物

① 陈晓毅，贵阳青岩牌坊的宗教人类学透视，广西民族大学学报，2007 年 5 月，第 60 页。

② 刘伦文，土家族民间信仰与年祭仪式—— 双坪村宗教人类学个案调查研究，民间文化论坛，2007 年第 3 期，第 35 页。

③ 麻勇恒，浅析苗族寨神信仰的文化逻辑—— 以鸡爪村苗族寨神为例，黔东南民族师范高等专科学校学报，2005 年 10 月，第 56 页。

所证实。从这个角度去探讨藏民族的起源问题，许多难解、费解之谜，都可以迎刃而解了[①]。

李红春，张实在《关于云南“藏回”社会文化变迁的思考》中研究了具有藏族和回族双重文化特征的“藏回”，“藏回”是历史上回族积极适应边疆多民族社会文化的产物，属于云南回族的一个派生族群或亚族群(subgroup)。研究者以这一亚族群近期发生的文化和民族认同回归的调查为基础，利用宗教人类学、民族学的理论和方法探讨了回归的原因。同时还描述了“藏回”独特的文化，旨在展现回族文化发展的多元空间[②]。

张劲夫，温美珍在《拉祜族神灵信仰与占卜习俗初探——一个拉祜族村落的宗教人类学考察》中通过对云南中缅边境博村的田野考察，记录了当地拉祜族信仰系统中神灵、仪式专家以及占卜习俗，展示出拉祜族宗教信仰的独特性和地方性，并试图构建出一整套象征体系来。文章主要介绍了关于本土信仰的观念，这些观念有助于理解拉祜族的宗教行为，尤其帮助我们理解仪式深层结构包含的意义[③]。

上述研究者的研究成果表明，关于民族宗教和民间信仰的人类学考察已经成为宗教人类学关注的重点之一。

五、结语

我国宗教人类学研究的特点和发展趋势概括为：(1)学者们越来越重视学术著作的普及化。(2)田野调查和参与考察日益受到重

---

① 邓宏烈，藏族关于自身族源之传说的宗教人类学阐释，西藏研究，2007年2月，第1期，第24页。

② 李红春，张实，关于云南“藏回”社会文化变迁的思考，中国藏学，2008年第2期，第41页。

③ 张劲夫，温美珍，拉祜族神灵信仰与占卜习俗初探——一个拉祜族村落的宗教人类学考察，思茅师范高等专科学校学报，2008年8月，第8页。

视。(3)宗教人类学与民族学、社会学、人类学不同领域相互交叉，相互借鉴，其研究理论与方法向综合方向发展。(4)对西方宗教人类学专著的翻译介绍日益增多。(5)还没有系统的、概述性的、具有中国特色的宗教人类学著作问世，但已为中国宗教人类学的发展奠定了坚实的基础，而且出现了形成独立学科的趋势①。笔者认为还有两个明显的趋势：一是宗教人类学关于世界宗教的研究进一步增强，我们不仅开始翻译介绍西方关于世界宗教的研究，也开始有了自己的研究，在研究对象上，呈现出原始宗教、世界宗教、民族宗教和民间信仰并驾齐驱的局面；二是宗教人类学的研究开始从宗教人类学的研究方法、学科视野等宏观理论的探讨转向对具体宗教现象的人类学分析。

---

① 闵丽，2000 年以来国内宗教学理论研究述评，宗教学研究，2008 年第 2 期，第 135—136 页。

20 世纪以来中国宗教地理研究之概况

胡 尧 雷 达

宗教地理学属于人文地理学的一个重要的分支学科,20 世纪以来,在西方,越来越受到人们的重视。索费尔(David. E. sopher)的文章“地理与宗教”(Geography and Religion)是对 20 世纪下半叶几十年中世界宗教地理研究的回顾与总结,指出宗教地理学的研究方向还很分散。20 世纪 80 年代以后,我国学者也开始涉足宗教地理的研究。在研究方法上,除了运用历史学和地理学的研究方法外,宗教地理的研究还要借鉴人类学、文化学、考古学、宗教学等学科的研究方法和研究成果。

在宗教地理学的基本理论研究方面,李悦铮的《试论宗教与地理学》(《地理研究》1990 年,第 3 期)从宗教与自然地理、人文地理学研究的关系入手,论述了宗教对地理学学科发展的影响,以及进行宗教地理研究对我国经济建设的意义。赵钦和、潘君玉的《宗教地理学引论》(《齐齐哈尔师范学院学报》1994 年,第 3 期)堪称佳作。在文中,作者着重指出了宗教地理学的学科性质与研究内容,探讨了宗教地理学的价值。郑耀星、袁书琪的《我国宗教地理学发展大势与前景》(《福建地理》2002 年,第 2 期)一文回顾了我国宗教地理学的发展大势,提出了宗教地理学今后教学与研究的主要问题。介永强的《历史宗教地理学刍议》(《陕西师范大学学报》(哲学社会科学版)2004 年,第 3 期)一文明确指出了历史宗教地理学的重要价值,对历史宗教地理学的研究对象与学科体系,以及历史宗教地理学的研究内容、研究方法都有详细明确的论述。国外学者有 Lily Kong 的《二十世纪宗教地理学的发展与现状》(张剑光、王放正、詹小国、薛海民摘译自“Progress in Hu Geography” 1990 年，第 4 期)作者回顾了 20 世纪宗教地理学的发展历程,并对学科研究的多元化现状做了详细阐述。

在部门宗教地理研究方面,王衍用、曹诗图的《试论宗教的地理背景》(《人文地理》1996 年,增刊)论述了地理环境对宗教的起源、宗教习俗、宗教教义、宗教分布的影响。张伟然的《中国佛教地理研究史籍述评》(《地理学报》1996 年,第 4 期)回顾了中国佛教地理的研究历史,评析佛教地理的研究成果。朱普选的《中国少数民族宗教信仰的地理基础》(《贵州民族研究》1997 年,第 2 期)一文认为严酷的地理环境是中国少数民族宗教信仰产生的因素之一;复杂的生态环境使中国各少数民族的信仰不尽相同;同时,少数民族所处的自然环境条件,孕育了少数民族浓厚的宗教感情。梁璐、许然、潘秋玲的《神话与宗教中理想景观的文化地理透视》(《人文地理》2005 年,第 4 期)讨论了中国、希腊、希伯来这三种不同地域类型的神话与宗教的理想景观类型,指出人们依据这些景观理想,通过地理回归在现实中使其物化,实现对地理环境的影响。焦治平、陈昌文的《论地理和宗教在藏族丧葬风俗中的作用》(《西藏研究》2003 年,第 3 期)论述了宗教和地理因素对藏族葬俗的影响。郑莉、陈昌文、胡冰霜的《藏族民居—— 宗教信仰的物质载体》(《西藏大学学报》2002 年,第 1 期)研究了藏区的牧区和农区的不同风格的民居聚落间所蕴涵的宗教信仰内容以及文化内涵。朱普选的《山与藏传佛教寺院建筑》(《青海民族研究》1997 年,第 4 期)一文揭示了山在藏传佛教的发展和传播过程中的重要作用。陈一石的《四川主要宗教对人口的影响》(《宗教学研究》1988 年,第 1 期)论述了历史上四川的主要宗教同信教人口分布间的关系，主要研究了藏区的人口分布同宗教信仰的关系,文章中引用了大量图表数据。

在区域综合历史宗教地理研究方面,成果较多:

藏传佛教方面,刘先毅的《藏传佛教的特异区域》(《西藏研究》1993 年,第 1 期)对四川德格地区藏传佛教各派和苯教的传播情况进行了介绍,并对这种多教派并存的现象进行了详细的分析研究。姜安的《藏传佛教在海内外》(《西藏研究》1993 年,第 4 期) 讲述了藏传佛教的产生发展的历史和在海内外传播的现状,并介绍了海内外信仰藏传佛教的各个民族的概况。张利和的《川西北高原藏传佛教现状》(《中国西藏》1998 年,第 1 期)对川西北阿坝地区的藏传佛教现状做了一些简单介绍。昆明理工大学马云霞的硕士学位论文《云南寺观园林环境特征及其保护与发展》从构景艺术和环境设计的角度出发,析宗教建筑的旅游功能入手,对云南寺观园林做了初步的探索研究。讨论了宗教历史建筑的保护利用对策和宗教园林环境的旅游开发方向。唐景福、朱丽霞、牛宏的《甘南、肃南地区藏传佛教的现状调查》(《西北民族研究》1999 年,第 2 期)对甘南藏族自治州的藏传佛教发展状况作了详细介绍,重点讨论了藏传佛教寺院经济的现状和未来发展方向。重庆大学李臻臣责的硕士学位论文《川西高原藏传佛教寺院研究》从建筑学的角度研究了川西高原藏传佛教寺院的各类建筑,并揭示了其丰富的文化内涵。徐君的《康区藏族村寨宗教信仰:传承与变异》(《宗教学研究》2002 年,第 2 期)以川西丹巴县梭坡乡莫洛村的田野调查为依据,论述了康区文化交融地带藏族民间信仰的多元化,在藏区有一定代表性。

伊斯兰教方面,韩毅的《略述两宋时期伊斯兰教在西北的传播与发展》(《青海民族研究》2001 年,第 1 期)对两宋时期伊斯兰教在西北的传播概况和伊斯兰教同辽、金、夏三个政权的关系作了讨论,对于传播过程中的一些问题做了探索性研究。张泽洪的《四川阿坝地区伊斯兰教的历史与现状》(《中国穆斯林》1994 年,第 4 期)对阿坝地区伊斯兰教的教史源流、发展现状作了介绍,并统计了阿坝地区的所有清真寺和有名的经师人物,对其中一些影响力大的人物作了详细介绍。张泽洪还有《四川伊斯兰教历史文物述略》(《四川文物》1995 年,第 1 期)统计归纳了四川的伊斯兰教历史文物,并对四川的回族分布地区和主要聚居区作了介绍,对回族人口进行了统计调查。他还有《四川回族源流》(《西南民族学院报》(哲社版)1996 年,第 2 期)、《四川穆斯林文化传统》(《中国穆斯林》2000 年,第 4 期)、《四川伊斯兰教史述略》(《宗教学研究》1991 年,第 2 期)《四川穆斯林的来源》(《中国穆斯林》1990 年,第 3 期)四篇文章,对四川的伊斯兰教历史进行了系统的研究,并对各个历史时期四川伊斯兰教的发展传播状况都做了叙述。马尚林的《四川回族语言及其文化属性》(《西南民族学院报》(哲社版)2000 年,第 9 期)从语言学的角度出发,研究了四川穆斯林的语言,并透析其背后的文化属性。《四川回族婚姻习俗述略》(《中南民族大学学报》(人文哲社版)2006 年,第 2 期)介绍了四川回族的婚姻习俗的一些特点,并对这些特点进行了探索性分析。罗凉昭《四川回族丧葬习俗的特点》(《西南民族大学学报》(人文社科版)2004 年,第 10 期)重点介绍了四川回族丧葬习俗中的伊斯兰文化特点,及历史上这种特点同当地丧葬文化的结合所产生的新的习俗。张世海的《四川回族》(《宁夏社会科学》1990 年,第 3 期)简要介绍了四川回族的源流及发展现状,文章引用了大量统计数字材料。由罗凉昭和马尚林合写的《四川回族教育的历史与现状》(《西南民族学院报》1994 年,第 5 期)对四川回族的经堂教育和普通教育都进行了多方面的研究,对四川回族教育的现状做了计量统计研究。经堂教育研究方面,张泽洪还有《略述四川清真寺及其经堂教育》(《中国穆斯林》1992 年,第 5 期)

在基督教方面,杨健吾的《基督教在四川地区的传播》(《宗教学研究》2004 年,第 3 期)主要讲述了基督教和天主教在四川的传播概况,并对其不能广泛广播的原因,结合史实进行了分析。成先聪、陈庭湘的《基督教在西南少数民族地区的传播》(《宗教学研究》2001 年,第 4 期。)介绍了抗战期间,基督教以在边疆进行医疗服务的名义进行传播的一些史实,并对基督教会的医疗服务做了评价和考察。徐君的《近代天主教在康区的传播探析》(《史林》2004 年, 第 3 期)在总结前人相关研究的基础上,对近代天主教如何传入康区的情况进行了考证,描述其发展过程,并对当地民众的信仰进行了探讨。

原始宗教方面,石硕的《川西藏区的民间宗教形式》(《宗教学研究》2002 年,第 4 期)作者在实地考察的基础上,介绍了川西藏区民间的个体宗教职业者的一些现状,并结合汉藏文资料对其源流进行了初步讨论。钱安靖的《理县蒲溪乡羌族原始宗教调查》(《宗教学研究》1997 年,第 1 期)、《四川石棉县尔苏人宗教习俗调查》(《宗教学研究》1997 年,第 2 期)此二文都是作者在当地作了 实地田野考察后,对当地人的原始宗教信仰进行的探索和研究。

宗教与地理形成的特殊的人地关系,使我们有必要创建历史宗教地理学。历史上,我国流行过多种宗教,因而中国宗教地理研究的内容相当丰富。近年,由于旅游经济的迅速发展,宗教地理研究的实用价值也凸现出来。国内现今的研究可以说才刚刚起步。大量的基础研究还没有着手,许多空白有待填补。但是只要我们不断努力充实宗教地理研究的理论和方法,广泛开展宗教地理学各个领域的研究工作,定会在不久的将来使宗教地理学成为地理学研究领域的又一枝奇葩!

佛教研究

佛教目录研究述评

——以中国大陆地区为中心的考察

冯国栋

1926年,梁启超于《图书馆学季刊》第一卷第一期发表《佛家经录在中国目录学之位置》,揭出久湮千年的佛教目录之价值,不仅为中国古典目录学开一新领域,亦为佛教研究拓一新战场。其后,学界教界之宿学大德、后进新锐多曾涉足其中。近百年来,佛教目录研究,取得了丰富的成果,形成了一定的规模,然而总体来讲,还不够广泛、深入、成熟。故笔者不揣谫陋,撰成此文,一则总结佛教目录研究之成果与实绩,二则引起佛教界、文献学界对佛教目录研究之重视。

一、佛教目录研究回顾

佛教目录虽然起源甚早、名家辈出、著述丰富,然而对佛教目录的研究则肇始于近代。较早著意于佛教目录者为梁启超,其作《佛教经录在中国目录学之位置》、《佛教典籍谱录考》探赜索引,导夫前路。其高足弟子姚名达撰作《中国目录学史》,特设《宗教目录》一篇,钩沉拾遗,考校最为详明;沿波讨源,论说尤称通达。复有陈垣、冯承钧、周叔迦、吕澂、板原阐教、小野玄妙、金克木、苏晋仁、童玮、蔡念生、白化文、罗炤、李富华、蓝吉富、方广锠、谭世宝、陈士强、徐建华诸先生,[①]先后继起,皆为佛教目录研究献力输功。考版本、提旨要、辨源流、明类例,共同构成佛教目录研究的丰富面貌。综观近世佛教目录研究,主要集中于以下诸点:

(一)佛教目录之总体研究与介绍

对佛教目录的总体研究具体可分为建国前与建国后两个阶段:

1、建国前佛教目录研究的成果虽然相对较少,但质量较高,为佛教目录研究奠定了坚实的基础,对建国后的研究产生了很大的影响。对佛教目录做总体研究者,首推梁启超《佛家经录在中国目录之位置》、《佛教典籍谱录考》。此二文对中国佛教目录之重要著作如《安录》、《出三藏记集》、《大唐内典录》、《开元释教录》等—— 提其旨要,评其优劣。并总结佛家目录优于普通目录之五大特点:即一历史观念甚发达,二辨别真伪极严,三比较甚审,四搜采遗逸甚勤,五分类极复杂而周备。二文既有个案研究,复有总体概括,为近世佛教目录研究的奠基之作。姚名达评论曰:"自尔(《佛家经录在中国目录学之位置》)以还,恍如敦煌经洞之发露,殷墟卜辞之出土焉,目录学宫黑暗之一角,重幕骤揭而大放光明。"[②]可谓知言。1931 年冯承钧发表《大藏经录存佚考》(《燕京学报》第十期),对自《古录》至《续贞元释教录》等 40 余种古代经录,考其存佚,辨其真伪。1937 年姚名达《中国目录学史》出版,专设《宗教目录篇》,于佛教目录尤所著意,继梁启超后,爬梳剔抉,对佛教目录做了全面而深入之探究。梁氏对佛教目录之研究,以元代为限,而姚氏则扩充其范围,直至清代。而对目录真伪、作者、撰时之研究,对梁氏之论多所修正。评论更确,考订转精,的为佛教目录研究的典范之作。同年 4 月,《微妙声》刊载由吴敦原译,日人板原阐教著《佛教目录学大纲》(《微妙声》第六期),此文首次提出佛教目录学的概念及研究目的,并对佛教目录的种类、

---

① 以下为避繁复,无论前贤时彦均不称"先生"。

② 姚名达《中国目录学史》,上海古籍出版社,2002 年,186 页。

著录项以及制作方式等进行了探讨,是较早试图建立佛教目录学理论的文章。1946 年蒋伯潜《校雠目录学纂要》(正中书局,1946 年)出版,其宗教目录篇对佛教目录亦有概述,是继姚名达之后于目录学史中介绍佛教目录者。

2、建国后的佛教目录研究成果较建国前为多,既有学术论文,也有相关专著,而各种目录学著作也对佛教目录有或详或略的介绍与叙述。

建国后对佛教经录做总体研究者,当推苏晋仁先生为巨擘,其作有《佛教目录研究五题》、《经录概说》、《佛教经籍目录综考》、《入唐五家求法目录中外典考》。《佛教目录研究五题》(《佛学研究》,2000年)对佛教目录学史、目录学理论皆有深入之探究。全文分源流、功用、方法、体裁、外典目录五篇。源流篇概述佛教目录之发展历程,并对佛教目录进行了分类。功用篇将佛教目录之功用概括为纲纪经籍、知经籍存亡、鉴别真伪、评骘译本、勘正史实、知译本全否、知译本单重、知译人事迹、读经门径、记录当代史料、勘汉藏异同、知原本来由,共十二项。方法篇将佛教目录之编撰方法分为著录法、分类法、解题法三类。体裁篇将经录依文体分为有小序、有解题、有列传、小序解题俱有、小序列传俱有、小序解题列传俱无六类;而依类别又将经录分为失译录、阙本录、疑伪录、别生录等九类。外典目录篇则介绍外典目录对佛书之著录与分类。此文发前人所未发,体大思深,弥纶群言,是一篇功力甚深,贡献甚巨之作。《经录概说》(《现代佛学》1 卷 7 期)与《佛教经籍目录综考》(《法音》,1986 年 4、5 期)突破以往以提要形式研究佛教目录之樊篱,将佛教目录史分为四期:两晋为经录创始阶段,南北朝为经录完备阶段,隋唐为经录发展阶段,宋元明清为经录演变阶段。首次对中国佛教目录学史进行了比较科学的分期。而《入唐五家求法目录中外典考》(《佛教文化与历史》,中央民族大学出版社,1998 年)首先注意到日本僧人所作求法目录的文献价值,可谓独具只眼。

徐建华为近来对佛教目录关注较多的学者,其论文有《中国古代读藏目录叙略》、《中国古代佛典目录分期研究》、《中国历代佛教目录类型琐议》等。《中国古代读藏目录叙略》(《文献》1990 年 4 期)首先提出“读藏目录”此一概念,并对惟白《大藏经纲目指要录》、王古《大藏圣教法宝标目》、寂晓《大明释教汇目义门》及智旭《阅藏知津》等读藏目录予以介绍。《中国古代佛典目录分期研究》(《南开大学图书馆建馆八十周年纪念集》,南开大学出版社,1999 年)将佛教目录之发展分为三期,即魏晋南北朝为记录、整理佛典时期,隋唐五代为手写大藏时期,宋至清为雕版大藏时期。是继苏晋仁之后对佛教目录进行分期研究的又一次尝试。而《中国历代佛教目录类型琐议》(《佛教图书馆馆讯》29 期,2002 年 3 月)则从不同角度对佛教目录进行了分类:如依编制目的,分为译经目录、藏经目录、雕版大藏目录、读经目录、出版目录;依内容,分为分类目录、解题目录、读书记与辨伪目录;从著录佛教典籍简繁,分为足本目录、节本目录、简本目录、补充目录、校勘目录、民族文字佛教典籍的汉译目录等;从修撰者角度,分为个人私修目录、国家敕修目录、后人补编目录和外道伪造的目录。分类周严而详明,是研究佛教目录分类的一篇力作。

其它一般性介绍文章尚有:胡平《我国佛经目录特点和成就》(《图书馆学刊》,1985 年 1 期)、高举红《谈我国古代佛经专科目录学的成就》(《雁北师院学报》1996 年 2 期)、林霞《我国古代佛经目录的目录学思想及成就》(《图书馆论坛》,1996 年 6 期)、林申清《佛教文献目录初探》(《四川图书馆学报》,1997 年 5 期)、魏哲铭《论魏晋南北朝佛典目录的历史地位》(《西北大学学报》,1998 年 3 期)、文平志《目录学苑一奇葩—— 佛经目录学探胜》(《佛教文化》,2000 年 1 期)、魏申申《佛教经录文献之目录学价值管窥》(《江西社会科学》,2003 年 9 期)、张岩《中国古代佛经目录概述》(《世界宗教文化》,2005 年 1 期)等。

专著方面,台湾大学河惠丁硕士论文《历代佛经目录初探》(台湾大学图书馆研究所,1988 年)对我国佛教目录进行了总体研究,其中第四章《佛经目录之体制与分类》提出了佛教目录中典籍分类的问题,较有特色。谭世宝《汉唐佛史探真》(中山大学出版社,1991)上编《〈房录〉及其所载诸经录考》,对费长房《历代三宝记》及其所载之20余种经录进行了考辨,研究之结果为:《房录》所载多数目录皆为伪作。其结论虽不免主持太过,颇有可商,然其论证之过程则实事求是,对佛教目录研究之深入甚有裨益。方广锠《佛教典籍概论》(中国逻辑与语言函授大学教材,1993年。)设有"佛教经录"一章,对《道安录》、《众经别录》、《出三藏记集》、《法经录》、《历代三宝记》、《大唐内典录》、《大周录》、《开元释教录》等进行了介绍与评价。特别是对《历代三宝记》之评价客观公允,而在论述《大唐内典录》等经录时紧密联系敦煌出土的新材料,具有鲜明的特色。而《经录与功德》一篇,以大文化视野透视佛教经录之社会价值,突出前人就经录论经录之樊篱,最具启发意义。曹仕邦《中国佛教史学史》(台北法鼓文化出版社,1999年)第五"目录篇",对东晋至五代佛教经录发展进行了概要性的描述。

建国后出版的目录学专著,多数对佛教目录有或详或略之介绍与叙述。然深入研究不多,较有特点者,有如下数家:来新夏所撰《古典目录学》(中华书局,1991年)将魏晋南北朝时期概括为"私家目录与佛典目录的兴起",将一个时代的目录学特点概括为"佛典目录的兴起",足见其对佛教目录之重视。来新夏、徐建华主编《古典目录学研究》(天津古籍出版社,1997年)第四章第一节《中国古代佛典目录的分类与著录》由徐建华执笔。文中详细分析了中国古代佛典目录的分类方法,论述了这些目录在佛教目录学史上之贡献与地位,提出许多新的见解。如认为据天台五时判教进行分类是寂晓的创举,比此前认为依天台五时组织佛典为智旭所创,显然更加合乎实际。彭斐章、乔好勤等所编《目录学》(武汉大学出版社,2003年),将佛教目录置于中国目录学发展之历程中给予关照与研究,较能突出佛教目录在中国目录学史中之地位。余庆蓉、王晋卿《中国目录学思想史》(湖南教育出版社,1998年)第三章《魏晋南北朝目录学思想》设《释家目录及其目录学思想》一节,概括论述了道安、僧祐的目录学思想。第四章《隋唐目录学思想的发展》特设《释智升〈开元释教录〉及其撰录思想》一节,提出智升的目录学思想及撰录方法。较早注意到佛教目录学思想的问题,弥觉珍贵。

其他目录学著作,如王重民《中国目录学史论丛》(中华书局,1984年)、罗孟祯《中国古代目录学简编》(重庆出版社,1983年)、吕绍虞《中国目录学史稿》(安徽教育出版社,1984年)、李端良《中国目录学史》(台湾文津出版社,1993年)、徐国仟《目录学》(中国医药科技出版社,1994年)、周少川《古籍目录学》(中州古籍出版社,1996年)等,或于专科目录之中,或于目录学史的历史叙述之中,对佛教目录略有涉及。

另外,利用经录进行经籍考证与文化研究,无疑是佛经目录研究的一个增长点,如南京师范大学的张淼发表《佛教"疑伪经"与弥勒信仰—— 以佛教经录为中心的考察》(《宗教学研究》,2006年1期)、《百年佛教疑伪经研究略述—— 以经录为中心的考察》(《敦煌学辑刊》,2008年第1期)等文章,是这一研究领域的新探索。

(二)佛教目录之搜集与解题

对佛教经录的搜集与解题,是佛教目录学研究的基础,经录搜集的多寡决定了研究视域的广窄与研究结论的正确性。故自梁启超开始,研究者便十分重视佛教目录之搜集。

梁启超《佛家经录在中国目录学之位置》所附《元前经录一览表》共收元代以前经录49种,若再加上《佛教典籍谱录考》所提及的寂晓《释教汇目义门》及智旭之《阅藏知津》,则梁氏搜集之佛教目录共51种。姚名达《中国目录学史》所附《中国历代佛教目录所知表》,收自汉至清佛教经录77种。徐建华《中国历代佛教目录类型琐议》所附《佛教目录知见录》更将佛教目录搜集扩展至近代,收亡佚录54种,现存录51种,共105种。乌林西拉等编《蒙古文甘珠尔、丹珠尔目录》(远方出版社,2003年)附录《佛教典籍目录综考》,收录范围更广,分汉文佛教典籍目录与少数民族文字佛教典籍目录两部分,共收汉文佛教目录168种,藏、蒙、满、西夏等佛教目录74种,总计242种。

对佛教目录之解题,起源较早,宋惟白《大藏经纲目指要录》、王古《大藏圣教法宝标目》、明寂晓《大藏释教汇目义门》、智旭《阅藏知津》等都对部分佛教目录进行了解题。然极为简略,仅能略示梗概。近代最早对佛经目录进行解题的是20世纪30年代东方文化事业委员会所编《续修四库全书总目提要》,此书对《出三藏记集》、《大唐内典录》等十四种经录进行了解题。这些提要大多由周叔迦撰成,相当精审。而所选经录有数种为新发现之材料,如《大中祥符法宝录》、《天圣释教总录》、《景祐新修法宝录》三种,为金藏广胜寺本中首次发现。而周叔迦所撰《释家艺文提要》(北京古籍出版社,2004)又对数种佛教目录进行了解题。[①]

1942年,陈垣撰成《中国佛教史籍概论》初稿,[②]对《出三藏记集》、《历代三宝纪》、《开元释教录》进行了解题,—— 探究其版本、作者、内容、体制、得失以及史料价值,解说详明,考证精审,实为佛教目录解题之精品。建国后,对佛教目录解题之著作:一为陈士强《佛典精解》,其书对自《出三藏记集》至《阅藏知津》等现存二十五种佛教经录进行了详细的解题,是迄今为止,对佛教目录解题最为详明的著作。二为中国佛协编《中国佛教》第四辑,分别由苏晋仁、田光烈、李安诸人对《历代三宝纪》、《出三藏记集》、《开元释教录》、《至元法宝勘同总录》及《阅藏知津》等五部经录进行了解题。冯国栋《唐宋亡佚佛教经录丛考》(《浙江大学学报》,2008年5期)对唐宋间亡佚的19部经录的卷数、作者、内容、撰作时间进行了考察。其他解题之作尚有刘保金《中国佛典通论》(河北教育出版社,1997年)、妙净《佛经目录解题笔记》(台湾《佛教图书馆馆讯》29期,2002年)、乌林

---

① 此书虽出版于2004年,然其撰成则在20世纪30年代。具体参《释家艺文提要·苏题后记》。

② 《中国佛教史籍概论》之撰成时间据刘乃和、周少川等《陈垣年谱配图长编》,辽海出版社,2000年,467页。

西拉《佛教典籍目录综考》、冯国栋《经录考稿》(南京大学博士后出站报告,2006年,未刊)。

(三)佛教目录之个案研究

个案研究之多寡,常可反映一门学科研究的深广度与成熟度。早期的佛教目录研究多采用宏观的叙述方式,较少微观分析与个案探研,随着研究之深入,个案研究渐多。

首先是《出三藏记集》的研究:《出三藏记集》为现存最早的完整的佛教目录,甚受研究者重视,故研究成果较丰。黄志洲《〈出三藏记集〉研究》(高雄师范大学国文研究所博士论文,1991年)全文共八章,前三章为外部研究,对僧祐的生平与师承,《出三藏记集》之撰作目的与体制,《出三藏记集》版本、经名、卷数之异同进行了深入详明之考订与论辨。四至七章为内部研究,分别对该书撰缘起、铨明录、总经序、述列传四部分进行了相当深入之探讨,并将其与《道安录》、《高僧传》等书进行了比较研究,取得了相当重要的成果。1995年,苏晋仁、萧炼子点校出版《出三藏记集》,全书校点精审,堪称佛典整理的典范之作。而其《序言》亦为《出三藏记集》研究之佳作,该文对僧祐事迹、《出三藏记集》之成书、撰写年代、资料来源、版本、校勘皆有深入之探讨。提出许多新见解,如认为《出三藏记集》十卷本撰于南齐,是为其原本,入梁后不断修订而成今日所见之十五卷本。其他关于此书的研究论文有董群、王艳秋《从目录学的角度看佛教—— 谈谈〈出三藏记集〉的目录学特色》(《佛教文化》,1997年3期)、谢水华《〈出三藏记集〉在佛经目录学方面的贡献》(《上饶师专学报》,2000年1期)、吴平《论〈出三藏记集〉的目录学价值》(《法音》,2002年5期)

由于《文心雕龙》作者刘勰曾依止僧祐十余年,故《出三藏记集》与《文心雕龙》之关系也成为学界关注的重要问题。这一研究最值一提的是兴膳宏的《〈文心雕龙〉与〈出三藏记集〉》,在这篇长达百页,十三章的大文中作者深入细密地探讨了《文心雕龙》与《出三藏记集》的关系。前六部分,以《出三藏记集》为出发点,以《出三藏记集序》与《胡汉译经音义同异记》为研究对象，从理论、语汇、文体诸方面揭示出《出三藏记集》与《文心雕龙》之关联。七至十一部分，以《文心雕龙》为出发点，通过对其结构与文本之分析，提出“原始要终”“沿波讨源”的回归理论为《文心雕龙》之中心，以此回归理论反照《出三藏记集》及僧祐的其他著作，发现僧祐之作与《文心雕龙》具有极大的相似之处。其实此文提出一个学界争议已久的问题，即《出三藏记集》的著作权问题。明人曹学佺、徐㶿等已提出《出三藏记集》可能出于刘勰之手的观点。其后姚名达、范文澜、杨明照、饶宗颐、王更生等皆主此说，故《出三藏记集》之著作权问题成学界一大疑案。兴膳宏对此问题也提出自己的看法：“然而不论刘勰在此书中曾作了多大贡献，其师僧祐为公认的作者这一既定事实是无法动摇的。尽管从上文的探讨中，可以看出书中文章出于刘勰之手的可能性极大，但谁也无法否认僧祐曾负最终责任对全书进行整理。或者可以说：就《出三藏记集》而论，僧祐与刘勰分享着作者的资格。”[①]这种看法无疑是通达而客观的。同类文章尚有陶礼天《出三藏记集》与《文心雕龙》新论（《安徽师范大学学报》，1999 年 3 期）、李最欣、冯国栋《僧祐之学与〈文心雕龙〉》（《西南民族大学学报》，2006 年 1 期）等。

其次是《大唐内典录》、《开元释教录》的研究：陈雅真《〈大唐内典录〉—— 目录体例探究》（台湾中国文化大学史学研究所硕士论文，1993 年）全文共七章，分别探讨道宣的生平及《大唐内典录》的体制与内容。着重研究了《大唐内典录》十录中的《传译录》、《入藏录》、《转读录》。其中《内典录》著录体例之分析、《传译录》与《历代三宝记》关系之研究诸方面，甚有特色。方广锠发现敦煌斯 6298 号为《大唐内典录·单本一切经序》，而此序未见于传世《大唐内典录》中，此无疑是《大唐内典录》文献研究方面的重大发现。[②] 黄志洲

① 兴膳宏著、彭恩华译《兴膳宏〈文心雕龙〉论文集》，齐鲁书社，1984 年，88 页。

② 方广锠《敦煌佛教经录辑校》，江苏古籍出版社，1997 年，126－127 页。

《〈大唐内典录·历代众经总撮入藏录〉序说》(台湾《佛教图书馆馆讯》29期,2002年)以道宣《大唐内典录·总撮入藏录》为研究中心,论述了《大唐内典录·入藏录》与《西明寺录》之关系,以及入藏录与大藏经皮藏与插架之关系,注意到佛教目录与佛经典藏的关系。

王晋卿《论智升佛教经录思想与方法》(《湘潭大学学报》(社会科学版),1992年2期)于智升所编数部经录中抽绎出智升目录学思想。指出智升的撰录思想有"我撰经录护法城论"、"别真伪、明是非"、"科条各别,览者易知"、"讨求诸录,备载遗亡"等撰录思想,而在撰录过程中广泛运用"类示法"、"序例法"、"注记法"、"统计法"、"比较法"、"调研法"等目录学方法。其概括或有可商之处,然能从经录中提升抽绎目录学思想,此方法却是值得借鉴的。方广锠提出《开元释教录略出》非智升所撰说,[①]无疑是《开元释教录》文献研究的重大成果。关于智升及《开元释教录》的研究文章还有:杜洁祥《佛教目录之类例及其编藏思想述论—— 以唐〈开元释教录〉为中心的考察》、党燕妮从《〈开元释教录〉看佛经目录的目录学意义》(《图书馆工作与研究》,2005年1期)等。

对其他目录的个案研究尚有程旭、林太仁《道安的〈凉土异经录〉》(《敦煌学辑刊》,2008年2期)、罗琤《金陵刻经处佛经分类体系述评》(《图书馆杂志》,2008年12期)等。

(四)敦煌佛教目录之录文与研究

1900年,敦煌藏经洞发现,久已沉埋的大量典籍重现于世,大大推动了20世纪的文史研究。而敦煌新发现的佛教目录也备受研究者的注意,其中探讨最多的无过于敦煌本《众经别录》。

20世纪30年代,王重民首先发现藏于巴黎的伯3747号为《众经别录》。王氏《敦煌古籍叙录》云:"此卷为佛经目录,首尾俱残,存百零九行,无书题,以余考之,盖即费长房《历代三宝记》卷十五所称

① 方广锠《佛教大藏经史》,中国社会科学出版社,1991年,281-290页。

'《众经别录》二卷,未详作者,似宋时述者'之《众经别录》也。"[①]并提出三条证据:一所记经数相符,二所分类目相符,三所记经典之时代相符。1950年,苏晋仁据周叔迦所提供之照片,首次发表《众经别录》之录文,并认为此录之分类受刘宋时慧观五时判教思想之影响,对此目在中国佛教目录学史上之地位给予中肯之评价。[②] 1956年7月,王重民为姚名达《中国目录学史》重版所作《后记》又对此目录进行了研究,指出此录为"我国现存第一部最古佛经目录,也是仅次于《汉书·艺文志》的第二部最古目录"。[③] 1967、1969年,日人内藤龙雄分别发表《敦煌残缺本〈众经别录〉につぃて》(《印度学佛教学研究》15卷2号)、《〈众经别录〉の目录学研究》(《大崎学报》124号)提出《众经别录》可能撰于齐末、梁初的观点。1979年,潘重规发表《敦煌写本〈众经别录〉之发现》(《敦煌学》第四辑),认为此录之优胜有三端:一、藏经目录,现存者此为最古。二、此录每一经典,皆标明宗旨。三、每一经下,皆标明文质。并对此卷进行重新录校。

1987年白化文发表《敦煌写本《众经别录》残卷校释》(《敦煌学辑刊》,1987年1期)指出除伯3747号外,斯2872号亦为《众经别录》之一部分。在此文中作者对两残卷进行了录文整理,说明王重民《敦煌古籍叙录》将P3848号误为《众经别录》之原因。并考证了《众经别录》的成书与亡佚年代,认为此录"极可能最终完成于梁初",《历代三宝记》"似宋时述"论断不准确。此录之亡佚年代,应在唐高宗麟德元年(664年)之后,唐玄宗开元十八年(730年)之前。提出一种假设:即撰成《众经别录》须具二条件,一非精通三教擅长文学批评之大知识分子莫办,二要有编目之条件。认为齐末梁初,具此条件者,只有僧祐所领导的一批僧人,故"这部书的编纂,即使没

---

① 王重民《敦煌古籍叙录》,中华书局,1979年,264页。

② 苏晋仁《敦煌唐写本众经别录残卷》,《现代佛学》第一卷第七期,1951年3月。

③ 王重民《姚名达中国目录学史·后记》,姚名达《中国目录学史》,商务印书馆,1956年。

有刘勰这样的人作领导,也必受其影响”。虽然此推测尚需新材料的进一步证实,然其思考是颇具启发意义的。方广锠《也谈敦煌写本〈众经别录〉的发现》(《中国敦煌吐鲁番学会研究通讯》1989年1期)也对斯2872号《众经别录》进行了研究,并指出此卷“属《众经别录》第一篇”,“在原卷中的位置应排在伯3747号之前。”对日本学者冈部和雄《敦煌藏经目录》一文中认为《众经别录》为日本学者内藤龙雄首先发现的错误观点进行了回应,捍卫了王重民对敦煌本《众经别录》的发现权。此外,同类文章尚有徐建华《敦煌本〈众经别录〉考述》(《津图学刊》,1988年1期)、郑朝彬《论〈众经别录〉在目录学史上的贡献》(《安顺学院学报》,2008年2期)等。

对敦煌佛教经录做全面搜集、录文与整理者,首推方广锠先生。其《敦煌佛教经录辑校》(江苏古籍出版社,1997年)是全面研究敦煌佛教经录之力作。此书将敦煌佛教经录分为九类:全国性经录、品次录、藏经录、点勘录、流通录、转经录、配补录、抄经录、杂录。对敦煌残卷中经录进行了系统、全面的搜集、整理、录文与研究,其中所涉之经录235种,所涉卷号385个,搜剔零遗,掇拾琐细。而对每种经录之解题又能刨垢磨光,取精用宏,实为研究敦煌佛教经录之集大成之作。此外,方先生其他论文专著,如《读敦煌佛典经录札记》(《敦煌学辑刊》,1986年1期),《敦煌遗书中所存全国性佛教经录研究》(来新夏主编《古典目录学研究》第四章第四节)、《佛教大藏经史》(中国社会科学出版社,1991年)、《佛教典籍概论》等皆从不同方面对敦煌佛教经录做出了深入的探研。

(五)刻本大藏经目录之研究

1931年,朱庆澜于西安发现碛砂藏,引起20世纪搜访古本藏经之热潮。其后,赵城金藏、初刻南藏、元官版藏经等多种古本藏经得以重见天日。这些新材料之发现,又引发了学者对刻本藏经研究的兴趣。职是之故,对历代刻本藏经之研究成为20世纪佛教文献学研究的重点与热点。前贤对刻本藏经之刊刻经过、版本、流传及学术价值进行研究的同时,也常涉及到刻本藏经的目录问题。如1934年,蒋唯心调查赵城藏发表《金藏雕印始末考》(《国风》第五卷十二号),即据《高丽版大藏目录》及《至元录》编成《广胜寺大藏简目》,为研究赵城金藏目录的奠基之作。考察近人对刻本大藏经目录之研究,主要集中于以下两方面:

1、大藏经目录之还原:自开宝藏始,中土藏经开雕达二十余版,然时至今日,早期刻本大藏或大部分亡佚,如开宝藏;或部分亡佚,如金藏。故如何恢复其本来面貌,便成为佛教文献研究者关注的重要问题。如吕澂系列论文《宋刻蜀版藏经》、《契丹大藏略考》、《金刻藏经》、《福州版藏经》、《思溪版藏经》、《碛砂版藏经》、《元刻普宁寺版藏经》等文中,[①]已对这些早期藏经之目录进行了大致的、原则上的还原。日人小野玄妙《佛教经典总论》(小野玄妙著、杨白衣译《佛教经典总论》,新文丰出版公司,1983 年)第三部第五章《钦定大藏经下—— 刊本时代》对开宝藏、契丹藏、金藏等目录进行了还原,其中对契丹藏与金藏目录的复原用功尤深。其后有郑正姬《高丽再雕大藏目录之研究》(台湾大学图书馆学研究所硕士论文,1990 年)、童玮《北宋〈开宝大藏经〉雕印考释及目录还原》(书目文献出版社,1991 年)。李富华、何梅《汉文佛教大藏经研究》(宗教文化出版社,2003 年)虽主要著意于大藏经之雕印与刊刻史,但其中对大藏经目录的研究也取得了相当大的成绩,如对开宝藏目录的研究即纠正了吕澂、小野玄妙的一些错失。在辽藏目录的研究与复原、崇宁藏目录的还原、元官版藏经与《至元法宝勘同录》关系、初刻南藏最后八十七函目录的还原诸方面,都取得了新的成果。

2、藏经目录之比勘:各代藏经所收经典有相当大的差异,了解研究这些差异,对于大藏经之使用、研究,以及新编藏经皆有重要意义。此一方面研究成果以台湾蔡运辰最为突出。其《二十五种藏经目录对照考释》(新文丰出版公司,1983 年)分三部分,第一部分以《大正藏》所收经典为主体,其他目录为对照,依次标出《大正藏》中每一经

---

① 吕澂《吕澂佛学论著选集》(三),齐鲁书社,1991 年。

典在其他藏经目录中的有无情况及千字文编号。第二部分为《大正藏》所未收之经典在其他藏经目录中之有无情况及千字文编号。第三部分对开宝藏至大正藏等20部藏经目录及《大藏经纲目指要录》等5种非藏经目录之经数、帙数、卷数,经籍之增减情况进行了极为细密之考证,是迄今为止,大藏经目录比勘研究最为详明、权威之著作。童玮《二十二种大藏经通检》(中华书局,1997年)虽为联合目录,实对藏经目录也有比勘之功。

二、佛教目录研究简评

百年佛教目录研究,取得了相当的成果,具备了自己的特色,出现了研究的热点。这些特色与热点可以粗略概括为:一个中心,两大热点,即以佛教目录学史研究为中心,以早期佛教经录之真伪、敦煌《众经别录》的研究为两大热点。

早期佛教目录研究者,如梁启超、姚名达、冯承钧皆以史学名家而兼治佛教目录,故佛教目录的研究从一开始便注重历史的叙述,形成以佛教目录学史为中心的研究模式。梁启超《佛家经录在中国目录之位置》,其着眼点虽在评价佛教经录对中国目录学之贡献,但其文章除引言对佛教目录五大特点做总体概括外,全文实以时间为线索,将自晋至元的佛教目录串接起来。姚名达之作本以"目录学史"为名,故其书也以时间为纲,以解题为主要方法,对中国佛教目录做了全景式的历史叙述。他如冯承钧《大藏经录存佚考》、苏晋仁《佛教经籍目录综考》等总体研究文章,陈垣《中国佛教史籍概论》、陈士强《佛典精解》等解题之作,吕澂、小野玄妙等人的大藏目录研究之作,无不是以时间为顺序,以代表性论著为关键点的历史研究。这便形成了佛教目录研究以目录学史为中心的研究特色。此种模式之优点在于线索分明,叙述脉络清晰,然其缺点在于全景式描绘多,深入研究的个案少;历史的叙述多,而理论、规律、方法的归纳总结少;对目录本身研究多,而对佛教目录与佛教其他学科之间关系的探研少。

敦煌本《众经别录》之研究已如上文所述，此处重点对早期经录真伪问题的争论做一回顾。此问题产生的背景如下：费长房《历代三宝记》卷十五、道宣《大唐内典录》卷十，皆于道安《综理众经目录》前著录有五部经录，即《古录》、《旧录》、《汉时佛经目录》、《朱士行汉录》、《竺法护录》。对于此五部经录之真伪，久已为学术界所注意。《四库全书总目提要·开元释教录》云："其第十卷则载历代佛经目录，凡古目录二十五家，仅存其名；新目录十六家，具列其数。首为《古经录》一卷，谓为秦始皇时释利防等所赍，其说恍惚无征。次为《旧经录》一卷，称为刘向校书天禄阁所见。盖依据向《列仙传序》称：七十二人已见佛经之文。至称为孔壁所藏，则无庸置辨矣。余自《汉时佛经目录》以后，则固皆有实征者也。"①认为古、旧二录为伪，而《汉时佛经目录》以下为真。

近世学者对此五部经录真伪之判定，有如下不同观点：

1、认为五部经录皆为伪作。此观点以谭世宝为代表。其作《汉唐佛史探真》认为《历代三宝记》卷十五所列之经目，多为费长房所臆造。赞同者有李富华、何梅。与谭世宝观点相似者有小野玄妙，其认为："如前所举历代三宝纪所出之二十四种古逸目录之初，作为有汉时佛教目录、旧录、朱士行汉录等目录，而在本文中虽亦将之引载，但如此之目录，并非当初即有，若有则为后人之伪作。综合性目录之创作，可视为至西元第四世纪东晋时代，始由道安法师试作。"②其观点较谭世宝为谨慎。

2、认为《古录》、《旧录》、《朱士行汉录》、《汉时佛经目录》四部经录为伪，此一观点为梁启超首先提出。梁氏认为："谓《古录》出秦时释利防，谓《旧录》为刘向所见，谓朱士行曾作《汉录》，此皆费长房臆断之说"，而记载《四十二章经》之《汉时佛经目录》，因"《四十二

① 纪昀等《四库全书总目等提要》卷145，中华书局，1979年。

② 小野玄妙著、杨白衣译《佛教经典总论》，新文丰出版公司，1983年，5页。

章经》已是伪书,则此书之伪更不待辨。"[①]赞同者有吕澂、苏晋仁。

3、认为《古录》、《旧录》、《汉时佛经目录》为伪,最早之经录为朱士行《汉录》。此一观点以姚名达为代表,其说曰:《古录》"最早不能出于法护以前,最迟不能更在道安或道龚之后。要之,必为晋人而非秦人。其书非古……徒以失其撰人,故号为古耳。"《旧录》"无论如何,其决非汉书则无可疑。"而《汉时佛教目录》"此录之必伪且必无,较之古、旧二录之不伪而伪者,又非其比矣。"认为"第一部总录,殆为魏僧朱士行之《汉录》矣。"[②]赞同者有冯承钧。

4、认为《古录》、《旧录》、《汉时佛经目录》为伪,而对朱士行《汉录》表示应存疑者,以方广锠为代表。对朱士行《汉录》,方先生认为:"如前所述,东汉时我国译出的佛经已经达至二九二部,三九五卷。既然有这么多佛经,客观上也需要有一个目录。而朱士行又是一个专务经典的僧人,因此,他完全有可能编纂经录。当然,这里讲的只是一种可能性,可能性不等于现实性,不能据此肯定他一定编纂过经录。所以,这还是一个需要进一步考证、研究的问题。我认为,在新材料发现之前,还是暂且存疑为好。"[③]

笔者认为,早期佛教目录之真伪问题本身并不像研究者所叙述得那样真伪纷呈,之所以出现真伪纷呈的情况,与其说是古籍本身的真伪问题,毋宁说是学者对真伪认识的标准不同,各人所秉持的辨伪理论与观念不同而造成的。故当务之急,不是对早期佛经目录之真伪做总体的、笼统的判裁,而应对其做具体之研究。确定其为何种伪书,是全部皆伪,是部分伪作;是本无其书,后人妄题,还是曾有其书,因佚而伪;是内容伪,还是仅书名伪。个人认为,这五部目录中,《汉时佛经目录》为本无其书,后人妄题之伪,《古录》、《旧录》曾为《出三藏记集》引用,应确有其书。后因佚失,他人妄题其年代与史事,

① 梁启超《佛学研究十八篇》,上海古籍出版社,2001年,340－341页。

② 姚名达《中国目录学史》,上海古籍出版社,2002年,197－199页。

③ 方广锠《佛教典籍概论》,43－45页。

使其"不伪而伪"。《朱士行汉录》所引之书多与《高僧传》、《出三藏记集》相合,即使其名为后人所伪题,其内容为真之可能性更大。而《竺法护录》窃以为并无疑点,可判为真。①

回顾佛教目录研究的百年历程,前贤时彦克己忘身,②孜孜以求,在佛教目录的总体研究、个案研究、敦煌佛教经录研究诸方面,爬梳剔抉,探研考辨,取得的成果是有目共睹的。然而,佛教目录学是一门涉及范围极广,研究对象较丰的学科,同时又因对其研究的时间相对较短,研究人员相对较少,故尚有一些不足之处,主要表现于以下诸方面:

第一,从时间上讲,比较重视宋前的佛教目录,而对宋以后,特别是近世佛教目录重视不够,研究较少。如梁启超《佛家经录在中国目录学之位置》考察范围为元代以前,姚名达《中国目录学史》虽称通史,然涉及宋以后者,也仅有《至元法宝勘同总录》、《阅藏知津》及日本《大正大藏目录》数种。冯承钧氏之研究,范围未出唐代。陈垣、周叔迦、陈士强诸贤之解题亦多侧重于宋前。苏晋仁之研究所涉稍广,然宋后之录亦仅言及寂晓《大明释教汇目义门》、智升《阅藏知津》、清代《如来大藏经总目录》及《御译大藏经目录》四种。徐建华《中国历代佛教目录类型琐议》虽已将佛教目录搜集扩展至近代,然其搜集仍不够齐备,特别是对近代佛教期刊中所载之佛教目录几无涉及。

第二、从地域上讲,重视中土僧人所撰作之目录,而对日、韩僧人所撰求法目录重视不够。自唐至元,为数众多的日本、高丽僧人入中土求法,将中土佛教经籍带回本国,而如空海、圆珍、圆仁、惠运、宗睿、常晓、圆行、义天等人皆撰有求法目录,此种资料实为中日韩三国文化交往之第一手材料,惜乎今日学界对此研究甚少。虽时有个别之探讨,然对其做总体考察、全面探研者,尚未尝见。

---

① 冯国栋《经录考稿》,南京大学博士后出站报告,2006年。未刊。

② 如蒋唯心为调查广胜寺金藏而身染目疾,后在调查初刻南藏途中,为绑匪杀害。

第三、从内容上讲:(1)很少将佛教目录与道教目录、外典目录进行比较研究,难以对佛教目录特点、价值进行准确的概括与定位。(2)很少将佛教目录与佛教思想,如佛教判教思想等联系起来,难以将佛教目录研究提到学术史的高度。(3)很少将佛教目录与佛教文献学的其他方面,如佛教版本学、校勘学、辑佚学、典藏学联系起来做总体研究。难以正确估量佛教目录学在佛教文献学中的地位,难以将佛教目录知识用于佛教文献的整理实践之中。

三、结语:佛教目录研究瞻望

前人之成果是学术研究进一步深入的基础与平台,而通过对前人成果的梳理与总结,从中可以看出我们今后进一步努力的方向,我们认为今后佛教目录学之研究应从以下几方面着眼:

第一、佛教目录学资源的全面调查与整理。任何研究必须以全面、充分的文献整理为前提。佛教目录的搜集与解题,前贤已做了大量的工作。但对元明清,特别是近代佛教目录搜集不够。故现存之佛教目录究竟有多少,尚不太清楚。而元明清,特别是近代目录,有哪些有益的东西值得借鉴,都需做深入研究之后方能得出让人信服之结论。故今后应致力于明清及近代佛教目录的调查,此项工作可从两方面展开,即通过走访全国各大图书馆及主要寺庙图书馆,全面清查现存佛教目录情况;通过历代书目的记载,全面调查历史上曾经出现过的佛教目录,在此基础上,对现存及亡佚佛教目录进行考证与解题。

第二、佛教目录与外典目录、道教目录之比较与互相影响的问题。只有通过比较,方能深入了解佛教目录与其他目录各自的优长与缺点,方能对佛教目录在中国目录学史上之地位进行正确的定位与评价。佛教目录与外典目录在其发展过程中不是孤立的,而是互相影响的。如近代佛教目录之发展影响到外典目录对佛教书籍的分类,梁启超《梁氏饮冰室藏书目录》中对佛教书籍之分类即采用了大正大藏经的分类方法。

第三、佛教目录学与佛教文献学其他分支学科关系的研究。佛教文献学是一个包罗甚广的学科,除佛教目录学外,尚有佛教版本学、佛教校勘学、佛教辑佚学、佛教辨伪学及佛教典藏学等多门分支学科。佛教目录学与这些分支学科究竟有怎样的关系,佛教目录学在整个佛教文献学中之地位如何,佛教目录学如何运用于佛教文献学的其分支学科中。对这些问题的深入研究,一方面有助于进一步了解佛教目录之特点,同时有助于汉语佛教文献学的建构。

第四、佛教目录学与佛教学其他分支学科关系的研究。方广锠先生曾言:"经录绝非单纯的佛经典籍的书单子,它是佛教传播的集中反映,从中可以窥见佛教宗派的兴衰、佛教思想的流传、佛教势力的消长、地区群众的信仰、佛教经典的来源以及其他许多问题。"①诚哉斯言。佛教经录不是孤立的东西,其与佛教学其他分支学科之间有着深刻的联系。如佛教目录与佛教传播学的关系,②佛教目录学与佛教社会学的关系,③佛教目录与佛教思想学术的关系,④佛教目录与宗派兴起的关系,⑤都是值得进一步探讨的问题。佛教目录是在当时的佛教文化背景中产生发展起来的,是一个活生生的东西。只有通过将其与当时的佛教文化背景联系起来,我们才可能深入理解这些看似孤立的、不相联属的一堆书籍之间真正的关联。

---

① 方广锠《敦煌佛教经录辑校前言》,《敦煌佛教经录辑校》,江苏古籍出版社,1997年,2页。

② 如从流通目录中可以看出,佛教经籍是如何流通传播的。

③ 如佛教转读目录与功德之间的关系。

④ 如通过对比各代佛教目录对同种学术著作的载录数量可以看出该学术之发展程度。

⑤ 如对语录类著作出现与繁荣的目录学考察,可以看出禅宗的发展史。

近30年来魏晋南北朝佛教信仰研究述评

李秋香

佛教信仰是中国文化的重要组成部分，近些年来日益受到广大学者的重视。本文试从佛教信仰对象、各阶层的佛教信仰状况、地域性的佛教信仰及信仰团体等四大方面对魏晋南北朝时期的佛教信仰研究成果做一综合评述。

一、关于佛教信仰对象问题

（一）关于观世音信仰问题。牟钟鉴、张践先生指出，魏晋南北朝时期，在佛教信仰中，除佛祖如来外，影响最大的是观世音信仰、弥勒信仰和弥陀信仰。观世音信仰发展很快。① 马西沙、韩秉方先生认为，南北朝时期，观世音信仰传入中土。② 张小讲指出，观音信仰是两晋南北朝时流传于民间比较典型的佛教观念。③ 王青认为，通过多渠道的弘传，观世音信仰成为汉地最盛行的信仰之一。而东晋、刘宋时期更是观世音信仰的发展期。此时期具有观音信仰的僧侣、民众比比皆是。④ 马西沙、韩秉方同时指出，在隋唐之前，观世音、弥

① 牟钟鉴、张践．中国宗教通史（上）［M］．社会科学文献出版社，2000．

② 马西沙、韩秉方．中国民间宗教史（上）［M］．中国社会科学出版社，2004（8）．

③ 张小讲．《法苑珠林》与佛教的民间化—— 简论两晋南北朝佛教的发展．陕西师范大学硕士学位论文．2001．

④ 王青．魏晋南北朝时期的佛教信仰与神话［M］．中国社会科学出版社，2001（8）．

勒的形象因受密宗的影响,出现女性化倾向。[①] 王青针对此观点提出了自己的看法,认为,北魏时期女性佛教信仰者急剧增多,而在众多佛教神祇中,观音成为女性欢迎的神祇,这也是观音后来女性化的一个重要原因。[②]

从相关研究成果看,就观世音信仰问题,讨论的分歧在于信仰传入中土的时间问题。不过,多数学者都认为信仰盛行于中土的时间是南北朝。有些学者还就观世音的性别转化原因提出了自己的看法。

(二)关于弥勒信仰问题。侯旭东先生指出,北方平民背景信徒、官吏背景信徒和僧尼背景信徒等这三种弥勒造像的情况,都经历了从无到有、由盛到衰的过程,盛衰的转折点基本集中在520-530年间。[③] 王青持同样的观点。[④] 牟钟鉴、张践指出,弥勒信仰在魏晋已开始流行,南北朝时广泛流行。[⑤] 王青认为,北魏时期弥勒信仰的兴盛和禅学流行有密不可分的关系。南方刘宋以后,弥勒信仰的流播更广,僧侣、皇室贵胄、下层民众都信奉弥勒。[⑥] 马西沙、韩秉方同时指出,东汉末年,弥勒信仰首次传入中土。弥勒净土在南北朝时期为社会各阶层认同、信奉。北魏、北齐时代,弥勒信仰骤然兴盛。[⑦]

关于弥勒信仰的社会政治作用问题。王青认为,弥勒神话包含了强烈的政治理念,因此常常被统治者用来作为达到某种政治目的工具。弥勒信仰也常为下层民众所利用。[⑧] 王先生批驳了一些学者的观点,即北魏沙门法庆大乘之乱与弥勒信仰有关。作者认为此乱

① 马西沙、韩秉方.中国民间宗教史(上)[M].中国社会科学出版社,2004(8).
② 王青.魏晋南北朝时期的佛教信仰与神话[M].中国社会科学出版社,2001(8).
③ 侯旭东.五、六世纪北方民众佛教信仰[M].中国社会科学出版社.1998.
④ 王青.魏晋南北朝时期的佛教信仰与神话[M].中国社会科学出版社,2001(8).
⑤ 牟钟鉴、张践.中国宗教通史(上)[M].社会科学文献出版社,2000.
⑥ 王青.魏晋南北朝时期的佛教信仰与神话[M].中国社会科学出版社,2001(8).
⑦ 马西沙、韩秉方.中国民间宗教史(上)[M].中国社会科学出版社,2004(8).
⑧ 王青.魏晋南北朝时期的佛教信仰与神话[M].中国社会科学出版社,2001(8).

并不是属于弥勒净土信仰所引发的起义,而是在当时圣俗矛盾、佛教内部矛盾激化的情况下,信奉大乘涅槃学说的宗教少数派的一种抗争,此次起义中向来为人所诟病的杀戮行为很可能是在大乘涅槃学说指导下成佛的一种尝试。[①] 马西沙、韩秉方指出,弥勒净土思想传入中国后,其信仰逐渐世俗化、民间化,并与底层民众的社会运动发生关联。弥勒下生救世观念在南北朝、隋、唐在底层社会引起强烈信仰。[②]

从以上研究成果看,学者们就弥勒信仰的发展、政治作用等问题展开了比较激烈的争论。大多数学者就此信仰盛行于南北朝这一点上是持一致意见的。但对于弥勒信仰与社会政治的关系上是存在一定分歧的。

二、关于不同阶层的佛教信仰问题

(一) 关于妇女的佛教信仰研究。安淘亨先生考察了东晋后宫所具有的亲佛教或者奉佛态度的原因,分别是,家庭的影响、皇帝的早夭和后宫的长期守节生活、门阀士族的跋扈和对东晋皇室的威胁。[③] 戴绿红将魏晋南北朝时期的妇女信仰者分为出家女尼和与佛教有联系的俗家女性两类,认为,在出家女尼这一类别中,上层妇女的出家有的是因为家族信仰的带动,更多的是由于政治斗争的失意或者自身生存环境的威胁而进入佛门的。[④] 黄蕾提出的比丘尼出家原因的观点与戴大致相同。同时作者指出北朝女性也有自觉奉佛的。[⑤] 戴绿红认为,更多的妇女是通过捐资建造佛寺、雕刻供养佛像

---

① 王青.魏晋南北朝时期的佛教信仰与神话[M].中国社会科学出版社,2001(8).

② 马西沙、韩秉方.中国民间宗教史(上)[M].中国社会科学出版社,2004(8).

③ 安淘亨.东晋上层阶级和佛教关系.北京师范大学博士学位论文.2005.

④ 戴绿红.魏晋南北朝时期社会各阶层对佛教的态度与接受模型探析.陕西师范大学硕士学位论文.2007.

⑤ 黄蕾.北朝女性墓志研究.福建师范大学硕士学位论文.2007.

等举动,与佛教建立了联系。[①] 黄蕾通过对北朝女性墓志的研究发现,墓志当中并没有明确提及其他文献中提到的北朝妇女以宅为庙宇、法堂的、写经造像的佛教活动。另外,黄又指出,北朝妇女中流行着多种崇奉对象,除观音信仰较稳定外,北朝后期释迦、弥勒崇拜渐替。[②] 在佛教对女性的影响上,戴绿红认为,生存的艰难处境让更多的妇女包括中下层妇女选择了进入佛门以摆脱自己的俗世艰辛。这种不得已而为之的失意之举反倒成全了另外一种"得意"的人生。[③] 张勇认为,不论从教理教义上,还是修行方式上,大乘佛教都为魏晋南北朝女性新风的形成提供了必要的前提条件。[④]

总之,学者们就上层妇女出家原因的研究多主张是不得已而为之的。

(二)关于东晋南朝士家大族的佛教信仰研究。孙丽认为,魏晋南朝时期琅琊王氏以儒、玄起家,并于两晋之际形成了佛、道两种宗教信仰。此是琅琊王氏家族文化转型的特点,也是两晋之际世家大族宗教信仰形成的历史缩影。[⑤] 马振雷则认为,琅琊王氏第四代人开始形成宗教信仰,但真正能够皈依三宝的人产生在东晋末期的第五代人中。而陈郡谢氏至东晋晚期的第五代亦无真正的佛教徒,颍川庚氏和谯国桓氏五代之中没有真正的佛教徒。[⑥] 王青指出,琅琊王氏、太原王氏、河东裴氏在东晋属一流士族,这类士族的出家当有信仰或政治上的原因。太原王氏的出家就可能与家族在东晋末年的

---

① 戴绿红. 魏晋南北朝时期社会各阶层对佛教的态度与接受模型探析. 陕西师范大学硕士学位论文. 2007.

② 黄蕾. 北朝女性墓志研究. 福建师范大学硕士学位论文. 2007.

③ 戴绿红. 魏晋南北朝时期社会各阶层对佛教的态度与接受模型探析. 陕西师范大学硕士学位论文. 2007.

④ 张勇. 论魏晋南北朝大乘佛教对妇女精神风貌的影响[J]. 中国社会科学院研究生院学报 2008. (1).

⑤ 孙丽. 两晋之际琅邪王氏宗教信仰初探[J]. 东岳论丛 1998(2).

⑥ 马振雷. 东晋南朝士族与佛教关系研究. 云南大学硕士学位论文. 2007.

政治性灾难有关。[1] 严耀中[2]、安洵亨[3]均认为东晋初期门阀士族与佛教或者名僧维持密切关系的主要原因在于政治、社会方面的因素。安洵亨批驳了以往学者多把与佛教有联系的人视为亲佛或奉佛家的观点。他把东晋穆－简时期门阀士族接近佛教的原因分作三类型。文章认为,在东晋时期上层统治阶级内,他们之间的政治、经济的利益超过个人宗教信仰。徐清祥则认为,佛教在东晋中晚期才征服了士族。徐又探讨了士族信仰变化的原因即把种族问题和文化问题分开来;把政治问题和人生问题分开来。[4] 马振雷的观点则与安洵亨的大体一致,并进而认为在东晋南朝时期,士族崇佛从来就没有形成一个鲜明的群体,其宗教接触或信仰往往都是为其政治服务的。[5] 汤用彤先生指出,自晋末以来,吴国张氏,累实显贵,而镜、绪、敷、畅、融并以玄谈擅名,奉佛著称。[6] 郜林涛和马振雷均持同样的观点。郜认为,吴郡张氏不仅合门信佛,而且以玄学传家,这也是南朝士族文化的一个突出特点。郜同时指出陈郡谢氏、汝南周氏、庐江何氏、吴郡张氏等都是合门信佛。[7] 马振雷指出张氏家族几乎无人不与名僧交往。汝南周氏周嵩一家对佛教产生浓厚的兴趣。大部分门阀士族并非都是真正的佛教徒。士族崇佛都是为其政治服务的。[8]

学者们就东晋南朝士家大族的佛教信仰研究展开了较为深入的探讨。但就世家大族奉佛的动机及其真正奉佛的时间上存在一定分歧。多数学者都赞同士族亲佛更多是出于政治上的原因。关于琅琊王氏信佛的时间有主张两晋之际的、有主张东晋末期的。安洵亨更

---

① 王青.魏晋南北朝时期的佛教信仰与神话[M].中国社会科学出版社,2001(8).

② 安洵亨.东晋上层阶级和佛教关系.北京师范大学博士学位论文.2005.

③ 安洵亨.东晋上层阶级和佛教关系.北京师范大学博士学位论文.2005.

④ 徐清祥.从族群信仰到个体信仰——兼论两晋士族信仰之变迁[J].哲学研究,2005(7).

⑤ 马振雷.东晋南朝士族与佛教关系研究.云南大学硕士学位论文.2007.

⑥ 汤用彤.汉魏两晋南北朝佛教史[M].中华书局,1983.

⑦ 郜林涛.吴郡张氏及南朝士族的佛教信仰[J].忻州师范学院学报,2001(1).

⑧ 马振雷.东晋南朝士族与佛教关系研究.云南大学硕士学位论文.2007.

是对东晋时期门阀和非门阀士族及同一姓氏内部不同家庭成员与佛教的关系进行了详细的探讨。

（三）关于一般民众的佛教信仰问题。侯旭东以造像记为中心，考察了五、六世纪北方民众的佛教信仰。他认为，广大在家信徒所真正关注和在意的，是自己所生活的家庭和家庭之内的成员。① 邵正坤持同样的观点，指出，北朝家庭佛教信仰的特点即以家庭和家庭成员为关注焦点、重视宗教信仰实践和具有明显的功利性。当时家庭成为宗教信仰单位的原因在于环境的熏染和家人的有意弘传。邵又对佛教信仰对北朝家庭的影响进行了分析。② 萧放指出，南朝时期，佛教信仰已深入乡村坊市，佛教在村落生活中与巫道一样成为一种有着实际功用的民俗信仰。③

总之，就一般民众佛教信仰的功利性上学者们的看法大体一致。邵正坤对北朝家庭佛教信仰的原因、特点、对家庭的影响的考察为进一步深化此方面的研究提供了可资借鉴之处。

三、关于地域性的佛教信仰问题

（一）关于北方地区的佛教信仰问题。袁志明先生指出，佛教在十六国北朝的传播对当时北方民族认同中原传统文化，加强民族归属感所发挥的有效作用是不容忽视的。④ 李艳指出，魏晋南北朝时期，河西地区成为全国佛教发展的重点地区。河西地区在佛教文化发展的同时，与中原传统文化相融合，大大丰富了中国传统文化，并对中原文化的多样化发展起了积极的推动作用. ⑤孙彦指出，从前凉

---

① 侯旭东. 五、六世纪北方民众佛教信仰[M]. 中国社会科学出版社. 1998.

② 邵正坤. 北朝家庭形态研究[M]. 科学出版社，2008.

③ 萧放. 民众信仰与六朝社会[J]. 东方论坛，2003(3).

④ 袁志明. 北朝佛教信仰与民族文化认同[J]. 青海民族研究，2001(3).

⑤ 李艳. 简论魏晋南北朝时期河西佛教的发展[J]. 甘青高师学报(社会科学版)，1999 (3).

至北凉，河西的佛教一直得到发展，北凉佛教之盛更甚于之前的诸凉政权。[①] 崔峰指出，北朝时期敦煌地区的写经活动是当时民众奉佛的一种重要方式。[②]

山东地区的佛教信仰问题引起了许多学者的关注。刘凤君指出，观世音像多作施无畏和与愿印是山东北朝观世音造像的特点，其原因有二。山东北朝造像以弥勒最多。[③] 胡玉涵认为，从造像题记可以看出，山东的民间宗教信仰，在其发展过程中的特点之一表现为阿弥陀佛信仰和弥勒信仰是整个民间宗教信仰的主体。[④] 赵凯球指出，魏晋南北朝时期佛教在山东地区的发展，大致可以分为三个阶段即东汉末至西晋佛教开始传播时期、十六国东晋佛教积极扩张时期和南北朝佛教鼎盛时期。[⑤] 李伯齐、王琳、任怀国等指出，汉魏以降，山东本土佛教的发展大致可以分为两个阶段。西晋末年、十六国和东晋为第一阶段，是佛教初步发展时期；南北朝为第二阶段，是佛教兴盛时期。[⑥] 张淑敏指出，时代自北魏太和二年(478 年)至隋仁寿三年(603 年)的山东铜佛像以释迦多宝、观音、弥勒像为最多。同窖藏出土了一件道教老子造像，反映了当时佛、道两教融合发展的事实。[⑦] 丁鼎指出，山东地区文化世家的外迁和北方人口(尤其是少数民族人口)的迁入及少数民族政权的统治促进了佛教在山东地区的蓬勃发展。[⑧] 王瑞霞认为，古青州地区(大致相当于古齐国的范围)

---

① 孙彦.考古所见魏晋十六国时期的宗教信仰——一以河西走廊为例[J].南京晓庄学院学报,2008(4).

② 崔峰.从写经题记看北朝敦煌民众的崇佛心理[J].敦煌学辑刊,2006(2).

③ 刘凤君.山东省北朝观世音和弥勒造像考[J].文史哲,1994(2).

④ 胡玉涵.从造像题记看中古时期山东民间宗教信仰.曲阜师范大学硕士学位论文 2006.

⑤ 赵凯球.魏晋南北朝时期山东佛教概说[J].文史哲,1994(3).

⑥ 李伯齐、王琳、任怀国著.齐鲁文化通史:魏晋南北朝卷.北京:中华书局,2004.

⑦ 张淑敏,田茂亭.浅谈山东博兴出土的北朝铜佛像[J].中原文物,2005(2).

⑧ 丁鼎.魏晋南北朝时期的山东移民与文化变迁[J].山东师范大学学报(人文社会科学版),2005(4).

北朝晚期的佛教信仰有阶段性变化。北魏晚期至东魏时期，流行弥勒、观世音、释迦多宝及释迦信仰，以弥勒下生信仰尤为突出。而至北齐时期多种信仰开始流行。在上述几种信仰继续存在的同时，出现了无量寿、卢舍那信仰等等，而以卢舍那信仰最为突出。北朝晚期古青州地区的佛教信仰已广泛普及到民间，根植于百姓中。[①]

从以上研究来看，学者们就山东地区在魏晋南北朝时期佛教发展的阶段性存在大体一致的看法。不管是两个阶段的划分还是三个阶段的划分，都认为南北朝是山东佛教发展的盛行期，而此前则是佛教的传播与发展期。一些学者还就山东佛教发展的地区特点提出了自己的看法。

关于阿弥陀信仰在北朝的流播，侯旭东指出，无量寿佛崇拜终北朝之世，信徒不多。[②] 王青同意侯的看法，认为，六世纪之前，阿弥陀信仰在北方远不如在南方流行。到六世纪早期，当时流行阿弥陀信仰的地区有邺中和并州地区。[③] 宿白指出，中原北方对无量寿之崇敬并非植根于魏土，而是6世纪初期以后，接受流行无量寿信仰的南方的影响。[④] 王青指出，公元510年以后，无量寿信仰在北方的渐渐流行，与菩提留支应有着某种关系。[⑤] 从这些研究成果看，学者们对阿弥陀信仰在北朝并不盛行的看法是一致的。但对北方六世纪初期后此信仰的流行是本身发展的结果或是受到南方的影响学者们的看法并不一致。

另外，李中考察了汉魏两晋南北朝时佛教在中原的传播与发展情况。[⑥]

---

① 王瑞霞.北朝晚期古青州地区的佛教信仰[J].敦煌研究，2007(6).

② 侯旭东.五、六世纪北方民众佛教信仰[M].中国社会科学出版社.1998.

③ 王青.魏晋南北朝时期的佛教信仰与神话[M].中国社会科学出版社，2001(8).

④ 宿白.南朝龛像遗迹初探[J].考古学报，1989(3).

⑤ 王青.魏晋南北朝时期的佛教信仰与神话[M].中国社会科学出版社，2001(8).

⑥ 李中.汉魏两晋南北朝时佛教在中原的传播与发展[J].开封教育学院学报，1996(4).

关于北方地区的佛教信仰研究,学者们更多讨论了山东地区的佛教信仰情况,河西地区亦受到了一部分学者的关注。但其他地域的研究成果相对较少且缺乏一定的深度。就信仰对象来说,学者们更多探讨了弥勒、阿弥陀信仰的情况。

(二)关于淮河流域的佛教信仰研究。朱成实指出,淮河流域的下层民众大规模地参与到佛教活动中来最早可以追溯到东汉末年。南北朝时期此地信仰佛教的普通民众的规模非常可观,但远比不上黄河流域。此地佛教呈现出这种相对独特的风貌是其特定的历史与现实因素共同作用的结果。①

(三)关于南方地区的佛教信仰研究。段渝认为,佛教至少在东汉时已经传入巴蜀,并在民间取得初步发展。但从东汉至魏晋,佛教却从来没有在巴蜀文化中占据过主流地位。长江中下游地区的佛教,最初有许多是经由长江上游的巴蜀传播而去的,很快便在当地生根、成长、壮大。② 而张伟然等则指出,东晋南朝时期湖南佛法的传输,比较重要的是通过南北方向,尤其是自北而南的路线。③ 雷玉华指出,成都地区自东晋至南朝在佛教东传过程中的相当一段时间内均在三个文化区(即中原、建康和成都)中有着特殊的地位,它的佛教思想及其造像特点兼容了南北的一些特点,同时形成了不同于南北的地方特色。④ 杨秋莎指出,佛教自传入汉地后,魏晋时期,它经长江上游向中、下游传播和发展,佛教信仰日趋成熟。长江流域汉魏墓葬出土的佛教遗物是当时人们祭祀祈福的工具。⑤ 仝涛认为,至东汉晚期,吴地佛教已有了一定发展,徐州已经成为佛教流行的一个

---

① 朱成实.南北朝淮河流域佛教研究.上海师范大学硕士学位论文.2005.

② 段渝.巴蜀文化与汉晋学术和宗教[J].中华文化论坛,1999(1).

③ 张伟然、李世红.东晋南朝时期湖南佛教的流布[J].湖南师范大学社会科学学报,1991(6).

④ 雷玉华.成都地区在南北朝佛教史上的重要地位[J].四川文物,2001(3).

⑤ 杨秋莎.汉魏时期蜀汉、孙吴墓葬中的佛教遗物—— 兼谈长江流域的佛教传播[J].四川文物,2003(5).

重要地区。由于多种原因使得江南成为中原地区之外的又一个佛教中心。[①] 张伟然指出，湖南高僧的活动始于晋代。在南朝后期，衡阳衡山是湖南佛教的中心。[②] 范家伟指出，六朝岭南佛教发展具有重要性。[③] 王青指出，阿弥陀信仰至迟在四世纪后半期流播江左，信奉者主要为贵族士大夫及职业僧人。进入刘宋之后，阿弥陀信仰更盛，此信仰更是普及民间。[④]

四、关于佛教信仰团体问题

郝春文先生就法社及其性质问题针对中外学者或者把它看作由在家的与出家的佛教信徒组成的宗教团体、或者认为它是由出家的佛教信徒组成的宗教组织的不同观点，提出了自己的看法，认为，法社实际上是崇信佛教的传统里、邑社，法指佛法，社指春秋二社。郝指出，法社是佛教传入我国初期阶段，佛教信徒改造传统里（邑）社的产物。[⑤] 袁志明先生则指出北朝时一些贵族官僚则与上层僧侣建立了叫做“法社”的佛教社团。[⑥] 王青先生认为，法社是与义邑具有同样目的而结成的信仰团体。[⑦] 郝春文指出，两晋南北朝时期，大量流行的是邑、义邑、法义等佛教团体，有关法社的记载不多。[⑧] 王青

---

① 仝涛. 长江下游地区汉晋五联罐和魂瓶的考古学综合研究. 四川大学博士学位论文. 2006.

② 张伟然、李世红. 东晋南朝时期湖南佛教的流布[J]. 湖南师范大学社会科学学报，1991(6).

③ 范家伟. 六朝时期佛教在岭南地区的传播[J]. 佛学研究，1995.

④ 王青. 魏晋南北朝时期的佛教信仰与神话[M]. 中国社会科学出版社，2001(8).

⑤ 郝春文. 两晋南北朝时期的法社[J]. 北京师范学院学报（社会科学版），1992(1).

⑥ 袁志明. 北朝佛教信仰与民族文化认同[J]. 青海民族研究（社会科学版），2001(3).

⑦ 王青. 魏晋南北朝时期的佛教信仰与神话[M]. 中国社会科学出版社，2001(8).

⑧ 郝春文. 两晋南北朝时期的法社[J]. 北京师范学院学报，1992(1).

则认为,南北朝法社特别发达。南方法社以贵族为中心,北方法社则以平民为中心。[①] 王青同意镰田茂雄[②]提出的义邑和法社组织中的职业信徒对佛教的民众化起着相当大的作用的观点。郝春文指出,东晋南北朝时期广泛流行着一种由僧尼与在家佛教信徒混合组成或仅由在家佛教信徒组成的多数以造像活动为中心的佛教团体,这种佛教团体以邑、义邑、法义等名目较为多见。这类佛教团体可简称为佛社。东晋南北朝时期佛社首领最突出的特点是名目繁多。[③]王青[④]的看法与之大体一致。袁志明则指出北朝时僧人和俗家信徒普遍建立一族一村的佛教团体"义邑"。[⑤] 黄蕾指出,在北朝还出现了一些妇女佛社。妇女们除了自己组织佛社外,还常常和男子混合结社,在这种佛社中,女子拥有与男子同等的地位。[⑥]

总之,关于佛教信仰团体法社的看法是近年来学界讨论的热点之一,学者们对法社的性质及在魏晋南北朝的盛行情况等看法不尽相同。但多数研究者就义邑类佛社性质的主张是一致的。

五、关于佛教的传入路线问题

学术界对此问题有陆路传入、海路输入、不同时段分别由陆路和海路输入这三种不同的观点。孙长初根据六朝青瓷上佛像装饰指出,佛教的传播从海上传入的可能性更大。[⑦] 他承袭了梁启超先生的佛教非由陆而由海的论断。仝涛指出,早期佛教图像乃是从海路

---

① 王青.魏晋南北朝时期的佛教信仰与神话[M].中国社会科学出版社,2001(8).

② 镰田茂雄著、郑彭年译.简明中国佛教史[M].上海译文出版社.1986.

③ 郝春文.东晋南北朝佛社首领考略[J].北京师范学院学报(社会科学版),1991(3).

④ 王青.魏晋南北朝时期的佛教信仰与神话[M].中国社会科学出版社,2001(8).

⑤ 袁志明.北朝佛教信仰与民族文化认同[J].青海民族研究(社会科学版),2001(3).

⑥ 黄蕾.北朝女性墓志研究.福建师范大学硕士学位论文.2007.

⑦ 孙长初.六朝青瓷中的宗教信仰[J].东南文化,2004(1).

输入的观点有失偏颇，认为，长江中下游这一佛教中心与其他佛教中心如洛阳、苏北等地则有种种联系。[①] 陈勇指出，魏晋南北朝时，在来华的西域僧人中许多僧人首次出现的地方集中于洛阳、长安、凉、敦煌，特别是以洛阳和长安为集中。这与佛主要从西域传入的路线相符，也就是我们一般认为的古丝绸之路，特别是早期佛教传入的一条重要路线。在后期来华僧人中，首次出现的地名有交趾、广州、京、广陵等，这是一条以南方海路为主的佛教传入路线。[②]

综合以上研究成果，我们可以看出，学术界就佛教是从陆路或是海路输入这一分歧一直延续了很长时间。笔者以为，应根据文献和考古材料及相关学科的理论与方法对不同时期佛教的发展进行辩证分析。就长江中下游地区的佛教是从长江上游或是从北方传入的问题学术界也存在不同意见。

六、结　语

本文分别从佛教信仰对象、不同阶层的佛教信仰状况、地域性的佛教信仰、信仰团体问题和佛教的传入路线等方面对魏晋南北朝时期的佛教信仰研究进行了总结。针对学术界的相关研究内容，笔者在文中已将所争论的主要焦点问题列出并进行了简单的归纳。通过对近三十年来魏晋南北朝佛教信仰研究的梳理，笔者发现，学术界在相关领域取得一定成绩的同时，也存在研究上的不尽理想之处。

取得的成绩体现为，一方面微观研究成果较为深入。鉴于魏晋南北朝时期社会常年动荡、政权频繁更迭、本土儒家文化式微、道教长足发展、佛教发展并兴盛等复杂的历史背景，少部分学者从总体上

---

① 仝涛. 长江下游地区汉晋五联罐和魂瓶的考古学综合研究. 四川大学博士学位论文. 2006.

② 陈勇. 佛教在魏晋南北朝的传播—— 据僧人出生地加以研究[J]. 南方论刊，2007(2).

对此时期的佛教信仰风俗概况进行了探讨。更多研究者则从微观上对佛教信仰进行了考察。一些学者选取了此时期某一历史时段的佛教为研究对象。部分学者则选择某一地域如山东地区或淮河流域或岭南或河西走廊等为切入点,以这一区域的佛教信仰为研究对象。有的学者则从性别的角度或士族的角度探讨了魏晋南北朝时期或某一特定时段某一特定群体的佛教信仰方面的内容。少数学者则从佛教结社入手探讨了信仰团体的范围和性质等。多数研究成果集中于对佛教信仰在某一区域的传播情况及其传播原因和影响的后果的分析与探讨。另一方面,研究方法由单一性趋于多样化。近三十年来,关于魏晋南北朝时期佛教信仰的研究方法如同其他的民间信仰研究一样突破了单纯史学理论与方法而综合运用相关学科如宗教学或考古学或历史地理学或社会学的有关理论与方法使研究内容不断由罗列史料、简单辨析而走向较为深入的论证。

研究中存在的不足体现为,一方面,区域性研究成果分布不均,且一些研究内容等不尽令人满意。魏晋南北朝时期区域性佛教信仰研究多集中在山东地区、长江流域、岭南地区、淮河流域、河西地区等,其他地区的相关研究成果很少甚至没有。研究地域存在严重的不均衡,这对于理解整个魏晋南北朝时期的丰富的地域文化和信仰史来说是有很大缺憾的。另一方面,关于此时期佛教信仰在促进文化整合方面的研究需待开拓。

近20年来中国民间佛教研究综述

宇恒伟　肖文杰

佛教之所以位列世界三大宗教之一，其中很重要的一点在于它的普世性。在两千多年的佛教发展历程中，信众是佛教赖以生存和发展的基础。在学术界研究中，普通信众从未得到应有的关注与重视。翻开一部佛教史，高僧大德构成了整个佛教的历史，而普通信众在历史长河中根本没有自己的地位。从20世纪80年代中期起，民间佛教陆续成为国内外学术界研究的热点。笔者拟从民间佛教的研究背景、研究视角、关涉的问题三个方面，对二十年以来的民间佛教作简要综述。不当之处，请方家指正。

一、民间佛教的研究背景

1. 研究意义

（1）民间佛教研究与民间文化的勃兴是密切相关的。“以社会群体为依据划分中国文化的内部差异的三分法是进入九十年代后才流行起来的分析范式。这种三分法最初是在民间文化研究中形成的。”[①]的确，民间文化研究的勃兴是近十几年以来的事情，这在文学、伦理学、社会学、历史学等领域都有所展现。伴随着民间文化的

---

① 高丙中. 精英文化、大众文化、民间文化：中国文化的群体差异及其变迁[J]：社会科学战线，1996年第2期。

研究热潮，20世纪90年代以来，民间佛教研究成为学术界特别是宗教学研究的一个新视角。值得注意的是，这与20世纪上半叶、中叶对民间佛教的些许关注是不同的。可以说，民间佛教的研究是民间文化在佛教等研究领域的延伸和扩展。

(2) 大众文化对民间佛教研究起了推动作用。大众文化与精英文化和民间文化有所差别，但它又与民间文化存在很多联系，民间文化的复兴和大众文化的崛起就有很大的关联。虽然民间佛教研究更贴近民众，但从历史和现实看中间阶层一直在不断地参与民间文化。现代的民间佛教研究首先是知识分子研究的对象。因此，民间佛教研究与大众文化的推动是不可分割的。

(3) 民间佛教研究与西方文化向中国的传播也有密切的联系。"新史学"、"新新史学"都曾提出要重视民间文化。1956年，美国芝加哥大学教授雷德斐尔德在《乡民社会与文化》中，提出"大传统"和"小传统"两个非常有创意的概念，并用来指代都市文明和乡土文化。虽然雷德斐尔德认为，精英文化比大众文化更重要，但他提出应重视对大众文化的研究。而现在史景迁的"新文化史学"更是受到史学界的高度关注。随着西方文化向中国的传播，中国学术界也将"民间"用于佛教研究，从而出现民间佛教这一新问题。

(4) 研究民间佛教有助于更清晰地认识佛教历史。在佛教历史研究中，普通民众从未受到重视，似乎佛教史就是高僧大德的事迹，而与民众无关。恰恰相反，正是广大的民众构成了历史发展的主体。民间文化在历史长河中长期居于非主流地位，它反映了广大民众的历史，将历史发展的图景更平实、真切呈现在人们面前。

(5) "面对全球化浪潮，人类社会广为认可的观念、意识会明显增强，而各民族国家世代延续的一些习惯和风俗会在一种全新的、更宽广的眼光与视角下受到审视。"①全球化和现代化对国家和民族

---

① 傅守祥. 试论全球化挑战下的中国文化现代化[J]：毛泽东邓小平理论研究，2004年第2期。

的文化提出了新的挑战，本土化文化在这种进程中不应得到忽视，而是重新审视。全球化和现代化是民间佛教研究兴起的背景之一。研究民间佛教具有重要的理论价值和实践意义。

2. 研究方法

从现今关于民间佛教的研究方法看，民俗学和社会学是最为流行的两种方法。但是，有些学者认为民俗学等研究方法的流行并不利于民间佛教的进一步研究。从另一方面讲，文献学、历史学等处于被漠视的境地。不可否认，民间佛教与民俗、社会生活有很多关联，但对民间佛教的关注首先应该从历史开始。追溯历史，才能把握现在，展望未来。民间佛教的研究也是如此。

就研究方法来讲，社会学和民俗学成为流行的方法。社会学方法主要针对某一时间某一地区的研究，它历来为西方人类学所用，特别盛行于19世纪下半叶。它的弊端是显而易见的，社会学调查往往拘泥于短时间的调查，从现今国内的调查研究时间看大约只有几年，依靠这么短时间的调查就写出相关的认识，它的可靠性就很值得怀疑，而宗教学的鼻祖麦克斯·缪勒在《宗教的起源和发展》中早就谈论过类似问题。更重要的是，社会学调查受很多条件的限制，能否做到客观、科学、合理、有效，所调查的内容必须经过严格的检测。从现今的调查看，问题很多，这方面的缺陷还未得到充分的认识和克服。很多学者从民俗学方面对民间佛教作探讨，这是值得肯定的，因为民间佛教本身就牵扯到很多民俗的内容。但是单纯从民俗方面探讨民间佛教，其中的一个缺点是，很难对民间佛教作深入的研究。民俗学方法只能成为可供参考的方法之一，而不是唯一方法。因此，从当前学术界民间佛教研究的现状看，历史学方法是值得大力发扬和推广的。

同时，笔者在前人有关研究成果的基础上，以历史学为基本研究方法，同时借鉴民俗学、社会学以及统计学方法，力图对民间佛教得到更清晰、全面的认识。

3. 参考文献类别分析

应用历史学方法，首先应该注意的一个问题在于资料的搜集和应用。就民间佛教的研究现状来说，个案研究和综述性的内容是两种不同的类别。个案研究的文章相当多，并且呈现出地区性。个案研究当然可以为我们提供更多的参考材料，但这些往往很难达到对民间佛教的全面认识。现在，个案研究的文章还在不断涌现。与个案研究正好相反，关于民间佛教的总体论述很少，并且这些论述往往比较宽泛，着眼于民间佛教同社会生活的方方面面，不能获得细致的认识。这与论文使用的资料有很大的关系。

由于研究角度不同，参考资料自然会有差别。学术界关于民间佛教研究主要使用几种资料：

第一是雕像、石刻等。这是以美术等角度，对历史遗存或考古实物为对象，关注雕像或石刻的表象特征，进而分析其形成、演化的历史，得出印度佛教在中国不同时期、不同地区呈现的不同特征。其往往立于个案分析，得出的结论也很有限，并且往往拘泥于研究对象本身，不注重运用其它的资料和方法。笔者认为，这些材料可以成为论文参考资料的辅助。

第二是信仰民俗实物以及记载民俗的方志。这是运用社会学等调查研究最为常用的材料，但最主要的是通过调查所得的数据，并结合相关的材料，对民间佛教作分析。其特点是以短时间的调查材料为基础，结合西方学术界方法，对流于乡间的佛教作出理论推测。其往往不注重实物或现象的历史演化，而只注重现象现在的状况，对方志的应用仅限于局部地区，往往难以得出科学、合理的结论。

第三是敦煌材料，特别是敦煌中的佛教材料。由于敦煌文书时间大致在4世纪到14世纪，因而从敦煌材料研究民间佛教基本限于元代以前。其往往以某种文献如变文、愿文等考察民间佛教，由于资料太多，我们只能从某个角度研究民间佛教或对民间佛教作某种界定。

第四是传统古籍特别是与佛教相关的神异类书目以及笔记小说等。其往往以某一种或几种古籍作为参考，并结合佛教经典，对民间佛教作探讨。其特点是拘泥于某几种典籍，关注个案研究，往往在理论的深刻性上还有诸多欠缺。其往往与民间信仰研究混同，未能梳理出民间佛教演化的历史脉络。

二、民间佛教研究现状评析

民间佛教是印度佛教中国化进程中形成的一种特殊表现形态，它与印度佛教、精英佛教既有联系又有差别，同时与古代中国的社会、经济、政治、文化等存在互动。长期以来，无论是在国外学术界还是在国内学术界，民间佛教研究并未得到足够的关注与重视。虽然，民俗学、文学、社会学、考古学等方面的研究为民间佛教研究提供了丰富的材料和方法，但学术界的民间佛教研究实际上刚刚起步。今笔者拟从大陆学术界、台湾学术界两个方面，对中国民间佛教研究作宏观的论述与分析。

1. 大陆的中国民间佛教研究

大陆的中国民间佛教研究肇始于 20 世纪上半叶，伴随着民间文化和民间文学的研究而展开，以鲁迅、周作人、胡适、顾颉刚为代表，这时期的主要著作有《中国小说史略》、《中国新文学的源流》、《中国哲学史大纲》、《妙峰山》。这时期，学术界对民间佛教的考察视角基本局限在文学领域，其特点是在文化史中提及民间佛教有关内容。在时空上涉及唐、宋、明、清等。总之，此时期的民间佛教研究仅仅局限于几位学者的探讨，取得的成果也是很有限的。从此以后直到 20 世纪 70 年代末，民间佛教研究基本没获得大的进展。

大陆学者有意识地从事民间佛教的研究始于 20 世纪 80 年代中期，在 20 世纪 90 年代中期这种思潮有所高涨。就研究的角度来讲，主要表现在以下几个方面：

第一是从民俗学角度考察民间佛教，主要涉及印度佛教的民俗化、印度佛教的世俗化、民间信仰对印度佛教的影响、民间信仰与统治者的关系、民间佛教崇拜、民间造神运动等。如《唐宋民间信仰》、《梵国俗世原一家—— 汉传佛教与民俗》、《唐代宗教信仰与社会》、《魏晋南北朝时期的佛教信仰与神话》、《宋元以民间信仰为中心的文化风尚及其思想史意义》、《民间信仰与道教的互动—— 以闽台保生大帝信仰为例》、《明清江南的正统寺庙、民间信仰与政府控制》、《北朝时政谣谚与民间信仰》、《唐宋闽南民间信仰与经济发展的关系初探》、《唐代地方祠祀的分层与运作—— 以生祠与城隍神为中心》、《两宋时期民间祠祀的法律控制》、《论宋代民间淫祠》、《宋代民间密宗信仰—— 以〈夷坚志〉为中心的初步考察》、《民间信仰与中国社会研究的若干学术视角》、《宋代民间的佛教信仰活动》、《中国古代的民间信仰与法律的态度》、《祀典、私祀与淫祀：明清以来苏州地区民间信仰考察》、《晚唐五代时期敦煌佛教的民间社会关怀》、《论唐代山西的民间信仰》、《民众信仰与六朝社会》、《论民间信仰的正统化和地方化》、《佛教对中国传统民间信仰的影响与冲击》、《唐宋福建民间祀神活动之研究》、《两汉南北朝时期淫祠》。这些研究基本涉及民间佛教的横向问题，但对民间佛教的历史未作探究。从民俗学角度探讨民间佛教是当前学术界最流行的方法，这为民间佛教研究提供了广阔的研究空间和素材，但理论深度不够，今后需要加强。

第二是从文学角度考察民间佛教，主要涉及民间佛教在文学上的显现。如《唐代文化》、《从中晚唐的维摩诘经变画看民众的佛教信仰》、《〈法苑珠林〉与佛教的民间化—— 简论两晋南北朝佛教的发展》、《晋唐间民众佛教信仰的若干问题探讨—— 侧重于〈法苑珠林〉及诸种佛教灵验记之文献学分析与唐代民众佛教信仰的思考》、《〈太平广记〉与唐五代民间信仰观念》、《从福建方志和笔记看民间小说》。这些研究集中于唐宋时期，其特点是从文学角度勾勒出民间佛教演变的某些特征，同时在搜集有关资料的同时，对民间佛教的某些层面作了简单归纳。

第三是从不同意识形态的交往和对话角度考察民间佛教，主要涉及中印文化交流对民间佛教的影响、佛道对话、佛儒对话、民间信仰和佛教的对话。这种信仰主要分为两种类型：一是从宏观角度特别是中印文化交往论述，从而涉及到民间佛教的局部问题；二是从个案研究角度如观音信仰、保生大帝等探讨不同宗教或文化的对话。从总体上讲，这方面的研究成果较少，但成果显著。主要成果有《中外文化关系史论文集》、《民间神信仰与道教的互动—— 以闽台保生大帝信仰为例》、《论道教法术与唐代民间信仰》、《论中晚唐佛道教与民间祠祀的合流》、《从中国民间观音信仰看中国道教文化与印度佛教文化的对话》。

第四是从考古学或美术学角度考察民间佛教的造像，主要成果有《从唐墓志看唐代世俗佛教信仰》、《房山石经题记中的唐代社邑》。这种类型的研究成果很多，在此不再罗列，但成果并不显著，并以个案的世俗化、民间化、汉化研究为中心。

第五是从社会学、人类学考察民间佛教。值得注意的是，这类研究未直接以民间佛教为考察对象，而且多在民间信仰的调查中对民间佛教有所涉及。这类研究数量很多，涉及的问题很庞杂，以个案研究为起点，以社会学调查为基本方法，调查的时间短，使用的方法多不符合西方学术规范，导致只能获得一鳞半爪的认识。

第六是从历史学角度考察民间佛教，主要涉及民间佛教的表现形态和历史演变等问题。如《唐代民间私社的基本功能》、《唐代民间私社的组织形式与活动方式》、《从敦煌写经看佛经在唐朝民间的来源及其流传》、《魏晋南北朝时期的占卜谶言与佛教》、《论占卜与隋唐佛教的结合》、《从敦煌愿文看唐宋时期民众的佛教信仰》。这类研究成果不多，但成果显著，也是当前并不流行的方法。它也可分为宏观论述和个案研究两种类型，只是宏观论述太少。

从纵向来讲，与民间佛教相关的论述多集中于南北朝以后，从上面的论述中我们可以看到这一点。这或许与正统佛教的迅速发展及衰退有关，而民间佛教恰好蓬勃兴盛。

就论述的问题来讲，民间佛教研究主要围绕以下几个问题展开：民间佛教的含义，印度佛教的民间化、世俗化，民间佛教与政治的关系，民间佛教的表现及特征，民间佛教与经济的关系，民间佛教与其他意识形态的关系等。

大陆的中国民间佛教研究虽然取得了一定成果，但也存在很多缺陷：1. 民间佛教研究从属于其它研究，以民间佛教为题的研究少而又少，并且多是个案研究。2. 对民间佛教的研究缺乏系统性、完整性，即只从个别方面探讨民间佛教，未将民间佛教研究置于宽广宏大的历史背景中，关于民间佛教的体系论述更无从谈起。3. 民间佛教是一交叉性和综合性很强的学科，从事民间佛教研究需要多方面搜集资料；而现今国内的学者使用的材料非常单薄。4. 从研究方法上看，学术界偏重民俗学、社会学，而忽视了历史学方法，这造成民间佛教研究进展缓慢。5. 关于民间佛教纵向研究的著作几乎未见，这方面还有待改善。

2. 台湾的中国民间佛教研究

如同大陆的民间佛教研究，台湾的中国民间佛教研究也很薄弱，从笔者收集的资料看，台湾的以民间佛教为题目的专著和论文较大陆还少，如《台湾的民间佛教与岩仔的观音信仰之社会实践》、《台湾民间佛教“岩仔”信仰之研究》、《从南部地区的“岩仔”来看台湾的民间佛教》、《中国民间佛教》。台湾的中国民间佛教研究有自身的特色，这主要表现在三个方面：第一是在民间信仰研究领域中对民间佛教作探讨，这是台湾的中国民间佛教研究的最主要特色，也是和大陆的民间佛教研究一致的方面。主要成果有《关于“民间信仰”、“民间宗教”与“新兴宗教”之我见》，该文通过对“民间信仰”、“民间宗教”的概念的界定，分析“民间”在传统宗教中的意义，并对“大传统”和“小传统”以及官方和民间对待宗教的不同态度作了简要说明。《妈祖与海洋文化发展的关系》以妈祖为个案，对妈祖在民间的流变做了历史说明，其中与佛教的影响有一定关联。《民间信仰与集体抗争：万历承天府民变与岳飞信仰》虽然没有明确论述民间佛教，但它重点说明民间和官方的斗争与交流，这为民间佛教的研究提供了线索和视角。在《闽台妈祖古庙运签的主要类型》中，作者以历史方法和调查研究相结合，以“运签”为例对流行民间的佛教作深刻的探讨。另外，《台湾民间宗教结社》对流行于民间的结社作了详细说明，这对了解民间佛教是很重要。《日据时代台湾儒教结社与活动》对受佛教结社影响的儒教作探讨，从中我们可以了解儒教和佛教在民间的对话。另外，《台湾的民间信仰》、《台湾的宗教与民间信仰》、《台湾民间宗教信仰》等也在论述民间信仰的过程中涉及到了民间佛教。可见，台湾学术界从民间信仰研究考察民间佛教，多集中于中国沿海特别是东南沿海；在时间的跨度上不是很宽广，多集中于当代。

第二是在民间宗教研究领域中对民间佛教作探讨，这是台湾的中国民间佛教研究的另外一个视角，这方面的研究成果很多，难以一一罗列，代表性成果有《台湾五大民间宗教之历史与现状》，该文对台湾佛教在民间的演变作了提纲式论述。《台湾本土佛教的传统与变迁：岩仔的调查研究》以岩仔说明佛教的本土化及民间化过程，具有重要意义，但是这只是个案研究，如何做到普遍说明才是更重要的。《解严后台湾新兴佛教现象及其特质—— 以人间佛教为中心的一个考察》对正统佛教与民间佛教以及斋教有过少许说明。

第三是以敦煌材料为背景对民间佛教的考察，这方面成果也相当多，因为几乎所有的敦煌论文都涉及民间佛教问题，这与敦煌材料本身的性质有很大关系。值得注意的是，这些研究成果基本从某个侧面说明民间佛教，如《从敦煌文书看佛教徒的造经祈福》，而没有整体和系统的论述。

总之，台湾的中国民间佛教研究具有的优点突出表现在研究方法的多样性和研究领域的微观性。在研究方法上，台湾学者不仅利用充分的历史材料，还与社会调查结合起来，并且运用如精神分析等西方学术界的研究方法和成果，在材料的处理、研究过程及研究成果方面有独特的见解。由于民间佛教研究夹杂在民间信仰等研究领域，所以台湾学者在从事个案研究方面对民间佛教做研究，这既是优点，又是局限。所以，台湾的中国民间佛教研究还有待不断修正和完善。

三、民间佛教研究关涉的问题

长期以来，无论在西方学术界还是在中国学术界，民间文化从未得到足够的关注与重视。1956 年，美国芝加哥大学教授雷德斐尔德在《乡民社会与文化》中，提出“大传统”和“小传统”两个非常有创意的概念，并用来指代都市文明和乡土文化。中国学术界对民间文化的研究肇始于 20 世纪上半叶，特别在五四运动中，学术界兴起“平民文学”、“平民史学”，其中的白话文运动目的之一就是向民众普及文化。当时，对民间文化关注最深切、研究成果最卓著的是民俗学先驱顾颉刚先生。20 世纪 80 年代后，知名学者马西沙、韩秉方在从事民间宗教的研究过程中，对民间佛教有过少许论述。直到今天，虽然出现了若干以民间佛教为题的论文，但学术界对民间佛教的界定从未获得认同，关于民间佛教的理论建构更是无从谈起。造成这种境况的原因主要在于以下几个方面：一是民间佛教的研究起步晚，可参考的前人著作较少；二是民间佛教资料散见于纷繁芜杂的历史典籍和社会实物中，这对鉴别、整理和归纳造成很大困难；三是民间佛教是一个交叉课题，需要研究者有广博的知识；四是在方法上，当前的民间信仰研究过分重视社会调查，而忽视了历史研究，这造成对民间佛教只能获得一鳞半爪的认识。从横向和纵向，民间佛教研究主要涉及两方面的问题：

1. 民间佛教的含义、特征、类型、表现形态、理论体系

(1) 关于民间佛教的研究，首先涉及的问题是民间佛教的含义。学术界对民间佛教的含义没有达成一致，主要有“民间佛教”、“民俗佛教”、“民众佛教”、“世俗佛教”、“信仰型佛教”等几种名称。对民间佛教作界定，笔者认为可以从几方面定位。首先，是对“民

间”的理解。民间意义为奴隶之间（本义）；劳动群众之间；人民之间；非官方的。值得注意的是，这四层含义虽然有微小的差别，但与佛教联系起来，民间佛教在含义上会发生很大变化。并且，民间佛教的不同含义为划分民间佛教的基本类型和表现形态奠定了基础和依据。其次，既然佛教属于宗教，那么民间宗教在含义和内容上也会适合民间佛教。民间宗教具有三个特征：流播范围（社会中下层）、官方的态度（未经当局认可）、流播方式（秘密）。如果将民间宗教换为民间佛教，那么民间佛教同样具备这三方面特征。因而，从这三个方面对民间佛教作界定是可行的。再次，从民间信仰看民间佛教。民间信仰在外延上比民间佛教更宽泛，民间信仰的某些特征对民间佛教来说同样适用。虽然，国内外学者对民间信仰有迷信、俗信、民众信仰、民俗宗教、民众宗教、庶民信仰等多种说法，但从日本学者关于民间信仰的对立概念可以看出，官方的态度和民间信仰的大众化集中体现了民间信仰的核心。实际上，官方的态度和大众化在民间佛教上表现得很突出，它们是民间佛教含义的两个基本点。除此之外，还可以从内容、特点和功能对民间佛教作界定。最后，从文明交往看，民间佛教是佛教的中国化，它在中国的展开，既与正统佛教有所不同，又与精英佛教有所差别。

（2）关于民间佛教的特征，当前学术界主要在民俗研究中对此作界定。民俗理所当然反映了民间佛教的某些特征，但民间佛教具有融合性，要总结民间佛教的特征，就要划分民间佛教的类型。异端佛教是与正统佛教相对的一个概念，它构成了民间佛教的第一种类型。异端佛教在传播方式和传播的内容更秘密、不公开，在特点上表现出强烈的入世性和功利性。民众佛教是民间佛教的第二种类型，它与精英佛教相对，以行功德为主要内容，以抄经、刊经、听经、念佛、造像、拜佛像、建寺、行善事为主要表现形态，典型地体现了精英文化和大众文化的对话。

（3）民间佛教是佛教中国化的特殊表现形态，它之所以非常独特在于，民间佛教的背后有理论作支撑，这些理论是在延承印度佛教的基础上，实现本土化的结果。同时，由于民间佛教的复杂性和融合性，儒教、道教的某些因素也成为民间佛教的理论来源。民间佛教片面强调因果报应和业报轮回，并以功德、他力拯救和“易行”为理论支撑。单纯修智慧比单纯修福德成就更大。印度佛教在中国传播时，崇拜更向极端发展，这从中国古代的史书典籍和通俗小说中随处可见各种崇拜。归根究底，是神灵的力量满足了信众的需求。民众佛教具有简易、便捷的特征，固然与中国的民间风俗有关联，还与“易行”理论有很大关系。晚期大乘佛教时期，“金刚乘”泛滥于民间。在中国，有些僧众为“易行”作辩护。总之，民间佛教主要发扬了印度佛教从外在形式实现超越的理论，在中国民俗生活背景下形成了独特的民间佛教形态，实现了本土化。这既显现了中华文明的包容性和开放性，又显现出功利、实用色彩。

(4) 民间佛教既有印度佛教的内容，又有古代中国本土文化的因素。同时，民间佛教又受到古代中国社会、经济、政治、文化等因素的影响。而且，在不同的国家会呈现出不同的表现形态。因而，民间佛教是非常庞杂的。但是，从事学术研究有必要对理论问题体系化。要建立民间佛教的理论体系，就要对民间佛教的结构作详尽分析。

2. 民间佛教的历史

关于民间佛教的历史，仅见北京大学李四龙先生的划分：两汉、南北朝、隋唐、宋、宋以后。[①] 笔者认为宋代以前，印度佛教在中国民间的流变主要经历了三个阶段：一是从两汉到南北朝时期，印度佛教积极向民间宣传，民间积极吸纳印度佛教。这时期，民众对印度佛教的回应很少，佛教与社会的碰撞、冲突相对较少。二是从隋朝到唐末宋初，印度佛教和社会各个方面产生强烈的互动和碰撞，在特定的社会背景以及区域特征下，民间在积极吸纳印度佛教的同时对印度佛教作出不同的改变，并且相应形成三种不同的类型

① 李四龙. 中国佛教与民间社会［M］郑州：大象出版社，1997 年。

（民众佛教、佛教异端、佛教极端）。这三种不同类型的民间佛教与印度佛教、正统佛教、精英佛教存在交往和对话，同时与社会、政治、经济以及其它意识形态也存在互动。这种碰撞和互动是非常强烈的，但它们都与佛教相关。三是在宋初民间佛教最后形成了相对稳定的状态，表现出体系化的色彩，如经典、崇拜的神灵、修持活动、心灵体验、活动的场所等。而在宋以后，民间佛教的这种体系化色彩基本没有改变，并长期影响着中国社会和佛教。

我国佛教与女性研究之现状

彭兰闵

引　言

女性主义是跟女权主义、妇女解放运动相联系的。19世纪末左右，第一次妇女解放运动浪潮兴起，强调男女在智力上和能力上没有区别，要求两性在各种权利上的平等，最重要的一个目标是要争取政治权利，通常被称作“女权运动”。

20世纪60年代至70年代开始了第二次妇女解放运动，一直持续到80年代。这次运动强调消除两性差别，认为两性差别是女性附属于男性的基础。随着第二次女权主义运动的发展，女性主义的学术研究兴起。在这个跨历史跨文化普遍存在的社会结构中，女性在政治、经济、文化、思想、认知、观念、伦理等各个领域都处于与男性不平等的地位。女性主义却认为，女性的第二性地位并非“自然形成”，而是由社会和文化人为建构起来的。

女性主义思想作为本世纪一支重要的学术批判力量，对社会科学和人文科学都产生了重要的影响。宗教是一向是社会文化的有机组成部分，因此，宗教与妇女的关系是令学界越来越重视的一个话题，在宗教中，“女性一方面被奉为圣洁的女神，另一方面又被贬为邪恶的女巫。……虔诚信徒中妇女居多，而她们中的大师和宗教思想家却寥若晨星。妇女长期处于宗教权力机构之外，而各教的创立及传播却又离不开妇女的功绩”[①]。

由于女性主义观点的冲击,欧美社会越来越重视宗教中的两性平权,加之欧美妇女修习佛教的人数增加,佛教与女性的研究在欧美学术界越来越受重视,而台湾的佛教女性研究近十年来也有较快的发展,已经形成一定的学术规模。[②]反观我国内地有关佛教与妇女的研究,虽有兴起之态势,但有价值的成果却并不算多。据笔者目前所能收集到的研究资料统计,近二十年来,我国内地学者共发表有关佛教与妇女研究的论文六十余篇,目前的研究取向大致分为四个方向:(一)从佛教史及经典教义探讨佛教的女性观;(二)佛教女性神佛研究;(三)比丘尼的性别角色、比丘尼僧团、尼寺之研究;(四)其他相关研究。

一、有关“佛教之女性观”的探讨

佛教传入中国后,由于地域、民族文化、时代背景等因素的影响,形成汉传佛教、藏传佛教和南传佛教三大支系,对教义均有各自不同的理解和阐释,由此形成的女性观也各不相同。

1、汉传佛教之女性观研究

《佛教与儒家在女性观上的相互影响与融合》[③],该文从文化选择的角度分别对佛教男女同尊观对儒家男尊女卑观的冲击,以及儒家女性观对佛教女性观的影响进行了探讨,说明了佛教女性观在佛教传入中国后,深受中土政治、经济、文化以及时代变迁的影响,特别是与中国传统社会中占据主导地位的儒家女性观相互影响与融合的

---

① 杨莉,《宗教与妇女的悖相关系》,《宗教学研究》1991 年 12 期。

② 李玉珍,《佛教的女性,女性的佛教—— 比较近二十年来中英文的佛教妇女研究》,《人间佛教与当代对话第三届研讨会论文集》,桃园:财团法人弘誓文教基金会出版,2002 年 4 月。

③ 彭华,《佛教与儒家在女性观上的相互影响与融合》,《哲学动态》,2008 年,第 9 期。

过程。

杨孝蓉可算是当前在汉传佛教女性观研究撰文较多的研究者，她的博士论文《佛教女性观源流辨析》[①]从佛教产生发展的历史文化背景、佛教与女性的关系着手进行文本分析，研究古印度原始佛教、中国汉传佛教特别近现代佛教（包括台湾佛教）与所处地域时代等交互影响下对待女性的不同态度以及当时佛教女性的一般情况，全方位考察佛教女性观与社会历史的互动，其中主要是中国汉传佛教的女性观研究。《略论佛教女性观及其与社会历史的共相嬗变》[②]，论述佛教从众生皆有佛性的究竟平等观念出发，主张女性本质上亦应有与男性一样的平等权、参与权、自主权和尊严权。然而囿于各种外界因素，却往往反映出两性在实事上的不平等。文章考察社会历史变迁与佛教女性观演化的互动，涉及当前佛教界对复归佛陀本怀建立真正平等女性观所作的努力。杨孝蓉有关佛教女性观的研究文章还有《大乘菩萨心行与佛教女性观》[③]等。

相对于杨孝蓉对佛教女性观的源流及演变的考察，何建明的《近代中国佛教的女性观》[④]一文则关注近代中国佛教女众问题的研究。该文着重从中国近代妇女解放运动和佛教文化复兴运动入手探讨近代中国佛教的女性观念，阐述近代中国佛教面对近代以来女权思想和运动的兴起，开掘佛教的男女平等精神、合理阐释佛典中的某些贬责女性的言论、强调佛教女众受教育权的重要性以及享受权利与承担责任的关系等，并具体分析了中国佛教女性观念近代转变的困境。

其它类似文献还有《论佛经中的女性观—— 从女性主义角度看

---

① 杨孝蓉，《佛教女性观源流辨析》，四川大学，博士论文，2004年。

② 杨孝蓉，《略论佛教女性观及其与社会历史的共相嬗变》，《求索》，2003年第6期。

③ 杨孝蓉，《大乘菩萨心行与佛教女性观》，佛学研究网，2008年6月28日。

④ 何建明，《近代中国佛教的女性观》，《佛学研究》1998年。

佛经》[①]、《妇女在佛教中的地位》[②]、《汉传佛教女性伦理思想探析》[③]等。

另外要提到的是《汉传佛教的女性健康观》[④]一文，相对其他从男女平权思想上对佛教女性问题的研究，该文则选择了较为独特的角度，立足佛教教义中的“八十四态女相垢染”，从心理学角度阐述佛教心身和谐的女性健康观，认为女性若依佛教义理修行，可以改善心理与生理状态。

在漫长的中国社会历史中，由于儒家思想的影响和约束，佛教男女同尊、究竟平等的女性观始终未能真正显扬。

2、藏传佛教之女性观研究

根据搜寻到的资料，当前，对藏传佛教女性观的整体性研究仅有《藏传佛教的两种女性观》[⑤]和《藏传密教的女性观》[⑥]两篇，均发表于上世纪九十年代，此后，似无类似文献出现。

《藏传佛教的两种女性观》讨论了在藏传佛教及传统文化的影响下，藏族社会中矛盾、二重的女性价值标准的形成过程。一方面，由于宗教需要，女性的社会地位受到一定的重视，尤其在牧区，妇女拥有较高的家庭地位，而另一方面，广大劳动妇女同时备受贬抑和鄙视，社会地位极其地下。

《藏传密教的女性观》主要阐述了7世纪传入藏区的佛教金刚乘中的女性地位。认为在密教中，将女性看作是本体世界中不可缺少的、与男性相互作用、相辅相成的方面，从根本上与男性加以等同，从而把女性的价值提高到与男性同样的位置，从其自然的创造本能

---

① 彭树欣，《论佛经中的女性观—— 从女性主义角度看佛经》，红河学院学报，2006年第4期。

② 赵桐，《妇女在佛教中的地位》5，《法音》，1995年第7期。

③ 刘玮玮，《汉传佛教女性伦理思想探析》，《株洲工学院学报》，2006年第5期。

④ 何则阴，《汉传佛教的女性健康观》一文，《贵州社会科学》，2006年第2期。

⑤ 诺布旺丹、巴桑卓玛，《藏传佛教的两种女性观》，《中国藏学》1995年第3期。

⑥ 诺布旺丹、巴桑卓玛，《藏传密教的女性观》，《佛学研究》1996年。

和固有的智慧来讲,甚至比男性显得更为重要。且金刚乘的女性观曾对藏族女性摆脱传统思想的枷锁,起到过一定的积极作用,但它一直在狭小的宗教范围内发展,未形成一股强劲的社会力量。

其他类似文献有《论藏传佛教对藏族女性性别角色的影响》[①]。《女性在藏传佛教中的角色和地位》,载《西藏研究》,2005年4期。

3、单独把《浅析佛教的女性成佛观》[②]列出来,是因为该文从宗教比较的角度出发,分别对大乘佛教(包括藏传佛教)中的"女性能成佛"和小乘佛教中的"女性不能成佛"的观点进行了阐释。

由此可以看出,目前大陆学术界对佛教女性观的整体性研究有所涉猎,且研究集中在汉、藏两系佛教,甚少涉及到南传部派佛教之女性观。该问题也未曾扩展深入,尤其是跨学科全方位系统深入的研究几乎为空白,该论题还具有很大的发展空间。

二、佛教女性神佛研究

汉传佛教中的女性神佛并不多见,主要以观世音菩萨作为代表。相关的研究文章有:

《中国化的观音性别以女为主的原因初探》[③],该文从女性人类学的角度,印度佛教中男性观音菩萨在中国转变为女性菩萨的过程进行了探讨,认为观音菩萨在中国的女性化转变,一方面缘于观音菩萨对随类度化的积极无条件关注暗合了人类长期进化过程中的女性情结,另一方面中国民众的苦难和中国本土文化对男女社会角色的限定使得民众需要把男性的观音改造为女性菩萨。

---

① 陈果、胡冰霜,《论藏传佛教对藏族女性性别角色的影响》,《湖北民族学院学报(哲学社会科学版)》,2006年第5期。

② 妮玛娜姆,《浅析佛教的女性成佛观》,《西南民族大学学报(人文社科版)》,2004年第5期。

③ 张小东、何友晖,《中国化的观音性别以女为主的原因初探》,《广西师范学院学报(哲学社会科学版)》,2004年第2期。

《中印佛教观音身世信仰的主要内容与区别》同样是从印度大乘佛教男身观音说和中国佛教女身观音说出发,来比较观世音信仰的内容和区别。

温金玉的《观音菩萨与女性》①则从观世音的女性造像角度阐释中国佛教中观音形象的女性化转变过程。

与汉传佛教相比,藏传佛教中的女性神佛则非常多,但这方面的研究也仅处于起步阶段。德吉卓玛在藏传佛教女性神佛研究方面颇有建树,她的《圣殿中的莲花—— 度母信仰解析》是一本专业性、学术性很强的著作②。书中探索了度母的缘起、类型、仪轨以及在藏区的发展过程等,尤其是对藏区各教派的度母信仰进行了梳理,其中有关度母在藏区不同教派中的传承、独特的度母修持、度母在藏区各层面的信仰等等都是藏学研究的重要内容,少有其他研究者对此进行深入探析。德吉卓玛关于藏传佛教女性神佛的研究成果还有《论度母的起源与文化模式》③、《二十一度母的起源与职能》④和《藏地护法女神十二丹玛》⑤等。

李南在《佛教密宗女性神佛》⑥一文中对佛教密宗里的女性神佛系统进行了简要介绍,并从历史背景和宗教心理学角度探讨了佛教密宗里女性神佛众多的原因。

由此看来,我们不仅可以继续从历史背景、社会状况、时代要求、佛教理义构成等方面继续对佛教女性神佛进行研究,还可以从宗教比较学的角度出发,来解读不同中国支系佛教出现的女性神佛的异同。

---

① 温金玉,《观音菩萨与女性》,《中华文化论坛》1996 年第 4 期。

② 德吉卓玛 著,《圣殿中的莲花—— 度母信仰解析》,中国藏学出版社,2007 年 1 月。

③ 德吉卓玛,《论度母的起源与文化模式》,西藏研究,2006 年第 4 期。

④ 德吉卓玛,《二十一度母的起源与职能》,载《中国西藏》,1998 年第 6 期。

⑤ 德吉卓玛,《藏地护法女神十二丹玛》,《世界宗教文化》,1999 年冬季号。

⑥ 李南,《佛教密宗女性神佛》,《南亚研究》2007 年第 2 期。

三、比丘尼的性别角色、比丘尼僧团、尼寺之研究

(一)比丘尼的性别角色研究

比丘尼研究近年成为学界与教界在佛教女性研究中共同探索的焦点。这是因为,从教界来看,重建比丘尼传承成为全球佛教传统面临的议题,而另一方面,由于女性主义的影响,比丘尼僧团不但意识到其宗教实践的方式与神职身份的正当性,同时也认识到自身作为女性发挥弘法潜力的独特性,并开始寻求自己的定位。比之台湾的比丘尼研究,大陆相关方面的研究似有不足。

1、汉传佛教比丘尼研究

周玉茹的《中国早期比丘尼研究》[①]探讨了中国比丘尼制度的历史渊源及发展,分析了佛教早期女性出家原因和南北地域分野下比丘尼教团的不同面貌,描述了比丘尼教团的宗教活动及其与社会的互动,并对早期比丘尼在历史上的地位和作用进行了总结,对中国比丘尼制度的意义进行了适当展望和评价。

杨孝蓉在《中国历史上的比丘尼》[②]一文中按时间顺序对比丘尼僧团的建立与发展,以及中国历史上比丘尼的生存状况作了回顾和分析,认为佛教为那些不乐婚嫁和婚姻受挫的女性提供了一种守节的凭藉、稳妥的去处乃至维生的方式。同时,比丘尼的宗教身份也赋予了女性以独立的社会地位和追求自我存在价值乃至宗教理想的权利。认为中国出家女性不仅比世俗女性享有更大的活动空间和更多的自由,且在僧团内部表现出卓越的管理和组织才能,还可发掘的潜力。她的另一文章《从〈比丘尼传〉看刘宋时期尼僧概况》[③]主要依据《比丘尼传》卷二,从出家原因和修证事实两个方面论述了南朝刘

---

① 周玉茹,《中国早期比丘尼研究》,西北大学,硕士论文,2003 年 。

② 杨孝蓉,《中国历史上的比丘尼》,《法音》1998 年第 2 期。

③ 杨孝蓉,《从〈比丘尼传〉看刘宋时期尼僧概况》,宗教学研究,1997 年第 3 期。

宋时期比丘尼僧伽的基本情况，对当时统治者与比丘尼的关系也略有涉及。此外，作者还谈到《比丘尼传》重要的史料价值，如佛教僧伽制度的发展和二部僧戒的传入，书中皆有佐证。

关于《比丘尼传》的研究，成果主要集中在两个方面。一方面是从文献学的角度对《比丘尼传》进行目录学、版本学、校勘学等方面的研究。这方面的研究成果主要是以王孺童先生《〈比丘尼传〉校注》一书为代表。另一方面是从历史史料学的角度对《比丘尼传》中的不见于其它史籍的资料加以引用，从而来进行佛教历史学、社会学、宗教学等学科研究。[①]刘飖的博士论文《释宝唱与〈比丘尼传〉》[②]对《比丘尼传》的研究有详细综述，本文不赘述，同时该文还在前人研究基础上在对释宝唱的生卒年、交游等等问题做出了考证，对其著述也加以整理，文中还探讨了《比丘尼传》产生的原因、史料来源问题，并分别从佛教教内和教外书籍对《比丘尼传》的著录和《比丘尼传》对后世僧传写作的影响两个方面说明《比丘尼传》一书的出现引起了后世对于比丘尼这一群体的重视和研究。与此相关的研究还有张煜著《〈续比丘尼传〉初探》[③]。

《浅议魏晋南北朝时期女性出家之现象》[④]、《唐代僧尼的出家方式与世俗化倾向》[⑤]、《唐代尼僧与世俗家庭的关系》[⑥]以及《中国古代尼姑世俗心态分析》[⑦]等文则从佛教中国化和世俗化倾向的角度来分析古代比丘尼的出家原因、方式以及她们与家庭的关系，说明她

---

① 刘飖，《释宝唱与〈比丘尼传〉》，华中师范大学，博士论文，2008 年。

② 刘飖，《释宝唱与〈比丘尼传〉》，华中师范大学，博士论文，2008 年。

③ 张煜，《〈续比丘尼传〉初探》，《法音》，2005 年第 2 期。

④ 宋仁桃，《浅议魏晋南北朝时期女性出家之现象》，《江南社会学院学报》，2002 年第 3 期。

⑤ 黄清发，《唐代僧尼的出家方式与世俗化倾向》，《南通师范学院学报（哲学社会科学版）》，2002 年第 1 期。

⑥ 杨梅，《唐代尼僧与世俗家庭的关系》，《首都师范大学学报（社会科学版）》，2004 年第 5 期。

⑦ 雷若欣，《中国古代尼姑世俗心态分析》，《南都学坛》，2006 年第 1 期。

们在当时社会活动中的世俗化特点。

另一个稍具特点的研究是《比丘尼人格特征初探—— 附47例MMPI测查结果》[①],该文研究时间较早,作者采用中国科学院心理研究所印制的《明尼苏达多相个性测查表》对1993年6－7月从全国各地来白马寺参加受戒活动的47例比丘尼进行测试分析,并用中国常模进行比较,统计学处理采用t检验以探讨比丘尼这一特殊群体的人格特征。研究背景:比丘尼人格属一种社会心理现象,其必有一定的共性与个性。国内应用MMPI研究其人格特征,尚罕见报道。研究方法:对1993年6～7月全国各地来白马寺参加受戒活动的47例比丘尼,采用中国科学院心理研究所印制的《明尼苏达多相个性测查表》测试分析,并用中国常模进行比较,统计学处理采用t检验。结果显示比丘尼群体个体心理状态与中国常模比较有显著差异,与正常人比较有个性偏移。

此外,还有少量关于当代中国比丘尼生活的纪实性文章,如《愿做明灯长燃—— 五台山普寿寺尼众生活纪实》[②]、《尘凡无俗累 清雅有佛缘—— 我眼中的台湾比丘尼》[③]。

2、藏传佛教尼众研究

在我国,对于藏传佛教的女尼研究非常薄弱,不仅有关藏传佛教史的通论性著作对此很少涉及,而且所能找到的藏、汉、日及西方的记载也相当零散,但相对于汉传佛教尼僧研究,似乎近年发展较快。

房建昌在《藏传佛教女尼考》[④]主要例举了藏传佛教史上的一些

---

① 管新俐、刘宣叶、蔡桂芝,《比丘尼人格特征初探—— 附47例MMPI测查结果》,《新乡医学院学报》,1994年第3期。

② 李颖,《愿做明灯长燃—— 五台山普寿寺尼众生活纪实》,《中国宗教》,2003年第2期。

③ 吕锡琛,《尘凡无俗累 清雅有佛缘—— 我眼中的台湾比丘尼》,《中国宗教》,2006年第10期。

④ 房建昌,《藏传佛教女尼考》,《中央民族大学学报(哲学社会科学版)》,1988年第4期。

著名的女活佛、女性密宗师，试图从中梳理藏传佛教女尼制度的发生、形成过程。周晶撰写的《寺庙里的女人—— 20 世纪民主改革前西藏尼僧的生存状态研究》[①]对旧西藏社会中既有贵族也有平民的尼僧团体的生活状态分别进行了考释。

不可否认，德吉卓玛是当前国内研究藏传佛教女性问题中的佼佼者(相关研究成果见附录一)，近年来，陆续发表了很多相关论文，并出版了专著。《藏传佛教出家女性研究》[②]是其在该领域的代表作，该书是中国社会科学院世界宗教研究所 1999 年 8 月立项的所重点课题的成果，作者立足于藏文文献，同时做了深入的田野调查，在掌握大量第一手资料的基础上，从宗教人类学、社会学，心理学等多种学科的理论和方法出发，考证藏传佛教出家女性历史渊源，探讨藏传佛教出家女性各种文化现象。她的其它相关著作还有《藏族尼僧》[③]、《吐蕃出家女性初探》[④]、《藏传佛教出家女性的历史、现状与未来》[⑤]。在对藏传佛教中的女活佛、女密宗师的研究上，德吉卓玛也颇有心得，相关成果有《吐蕃女密宗大师益西措杰生平事迹》[⑥]、《多杰帕姆女活佛的产生、发展及其传承》[⑦]、《白石崖寺与贡日卡卓玛女活佛传承》[⑧]。玛吉拉珍(Ma Chik Lap Dron，又译作玛久拉仲)，是继西藏著名女宗教大师意西措杰之后，在西藏佛教史上享有崇高

---

① 周晶，《寺庙里的女人—— 20 世纪民主改革前西藏尼僧的生存状态研究》，《青海社会科学》，2005 年第 2 期。

② 德吉卓玛，《藏传佛教出家女性研究》，社会科学文献出版社，2003 年 1 月。

③ 德吉卓玛，《藏族尼僧》，《法音》，1998 年 1 期。

④ 德吉卓玛，《吐蕃出家女性初探》，《戒幢佛学》第二卷，2002 年。

⑤ 德吉卓玛，《藏传佛教出家女性的历史、现状与未来》，《人间佛教与当代对话第三届研讨会论文集》，桃园：财团法人弘誓文教基金会出版，2002 年 4 月。

⑥ 德吉卓玛，《吐蕃女密宗大师益西措杰生平事迹》，《甘肃民族研究》，2002 年 1 期。

⑦ 德吉卓玛，《多杰帕姆女活佛的产生、发展及其传承》，《世界宗教研究》，2002 年 2 期。

⑧ 德吉卓玛，《白石崖寺与贡日卡卓玛女活佛传承》，《法光》(台北)，第 153 期。

威望而且颇有影响的女密宗师,她是藏传佛教能断派的开创人。因其独特的地位,成为藏传佛教女性研究中学者们最为关注的对象之一。德吉卓玛的《从玛久拉仲(Ma Chik Lap Dron)的一二辩经看她的般若思想》[1]、《独树一帜的藏传佛教觉域派尼僧》[2]等文分别对觉域派的历史渊源、形成、修行方式、组成形式、教法仪轨和特点,以及该派的创立者玛久拉仲大师的生平事迹,进行了较为详细的阐述。与其相关的其他研究成果有万玛的《略论藏传佛教史上的女密宗师玛吉拉珍及其能断派》[3]等。

近年来,藏族出家尼众呈增长态势,作为藏传佛教活动中的女性群体,尼众问题日渐成为藏区社会问题中的一个热点和难点,相关研究也进入起步阶段。例如郎维伟、张朴、尚云川等人撰写的《四川甘孜州藏传佛教尼姑现状浅析》[4],是对四川甘孜州的尼姑及藏族妇女开展的专题调查,并根据调查和收集的资料对现藏传佛教尼寺及尼姑基本情况进行了简要分析。《清静的生活 无悔的抉择—— 藏传佛教尼众生活实录》[5],一文也对藏族尼僧的生活状况进行了描述。

《宗教抱负与两性平权—— 甘南夏河藏传佛教尼僧宗教抱负的人类学调查》[6],《性别角色与价值认同—— 甘南夏河藏传佛教尼僧

① 德吉卓玛,《从玛久拉仲的一二辩经看她的般若思想》,《中国藏学》,2008 年第 1 期。

② 德吉卓玛,《独树一帜的藏传佛教觉域派尼僧》,《中国藏学》,2002 年 4 期。

③ 万玛,《略论藏传佛教史上的女密宗师玛吉拉珍及其能断派》,《西藏研究》,1991 年第 4 期。

④ 郎维伟、张朴、尚云川,《四川甘孜州藏传佛教尼姑现状浅析》,《西藏研究》,2002 年第 2 期。

⑤ 郎维伟、张朴、尚云川,《四川甘孜州藏传佛教尼姑现状浅析》,《西藏研究》,2002 年第 2 期。尕藏才旦,《清静的生活 无悔的抉择—— 藏传佛教尼众生活实录》,《中国宗教》,2003 年第 7 期。

⑥ 刘夏蓓,《宗教抱负与两性平权—— 甘南夏河藏传佛教尼僧宗教抱负的人类学调查》5,《思想战线》,第 2007 年第 2 期。

价值认同调查》[①]两文是刘夏蓓从女性人类学角度出发，对甘南夏河藏传佛教尼僧的调查。调查显示，当代尼僧的出家原因已经发生了改变，过去是由于逃避现实和生活所迫，而现在多出自对宗教的热爱和追求。这种改变藏族女性在宗教世界与男性平权诉求的一种反映，也显示出女性地位与藏族社会结构变迁的一种互动。

（二）比丘尼僧团、尼寺之研究

比丘尼僧团、寺院研究是佛教女性研究中另两个不可或缺的议题，目前国内关注的学者并不多。

1、比丘尼僧团研究

无论是汉传佛教还是藏传佛教中，对比丘尼僧团的研究成果都比较少见。笔者在期刊网上搜到的资料仅有4篇。

《两晋南北朝与唐代比丘尼僧团比较研究》[②]是关于中国比丘尼僧团史的研究，文章选择了两晋南北朝与唐代两个截然不同的社会背景，来比较比丘尼僧团呈现出不同的面相和发展趋势。

藏传佛教关于尼僧团体的研究则有德吉卓玛的《萨迦派尼僧研究》[③]和《格鲁派尼众僧团初探》[④]。《萨迦派尼僧研究》一文从教团组织、法事仪轨及地理分布等方面阐述了从萨迦派尼僧的发展状况。《格鲁派尼众僧团初探》则依据文献资料并结合田野调研，对格鲁派尼众僧团的历史渊源、组织形式与分布状况，以及格鲁派尼众僧团的教法仪轨作了考证。

另外，博士论文《当代中、越佛教尼众僧团异同之研究》[⑤]是该方

---

① 刘夏蓓，《性别角色与价值认同—— 甘南夏河藏传佛教尼僧价值认同调查》，《西北师大学报（社会科学版）》，2007年第2期。

② 吴艳，《两晋南北朝与唐代比丘尼僧团比较研究》，中国人民大学，硕士论文，2005年。

③ 德吉卓玛，《萨迦派尼僧研究》，《西藏研究》，2003年第2期。

④ 德吉卓玛，《格鲁派尼众僧团初探》，《西藏研究》，2004年第1期。

⑤ 《当代中、越佛教尼众僧团异同之研究》，博士论文，福建师范大学，2008年（由于网上和国图均未检索到作者姓名，也无法获得论文详细资料，因此本文无法做评述）。

面的最新研究成果。

2、尼寺研究

国内学者对尼寺的研究几乎集中在藏传佛教的尼众寺院，妮玛娜姆可作为此中代表之一，她在《藏传佛教尼众寺院考》[①]一文中，对藏传佛教尼众寺院产生的历史根源及社会背景、尼众寺院的制度、法事活动和经济状况等作了初步的探讨。她的另一篇文章《成都市藏传佛教尼众寺院—— 铁像寺调查》[②]是一个田野调查个案，该文从寺院的历史起源和形成背景、寺院修行、寺院组织及戒律几部分进行了调查，特别对铁像寺为藏传佛教尼众寺院的历史起源和发展状况作了比较详细调查。《云南德钦县书松尼众寺院调查》[③]，是她对云南省迪庆藏族自治州内唯一的一座藏传佛教尼众寺院的田野考察，文章主要以寺院志的格式编写，介绍书松尼众寺院的地理位置及历史状况、寺院组织结构、寺院现状、修行制度、修行内容及经济状况。

德吉卓玛对藏区尼众寺院亦有涉猎，相关文章有《略述阿琼南宗宁玛派尼姑寺的宗教文化》[④]和《试析阿琼南宗尼姑寺的生活模式》[⑤]。两文均是以阿琼南宗尼姑寺为个案，对藏传佛教宁玛派尼姑寺独具特色的宗教文化和教团生活的研究探讨。

其他关于尼寺研究的文章还有《拉卜楞地区尼姑寺现状调

---

① 妮玛娜姆，《藏传佛教尼众寺院考》，《四川大学学报(哲学社会科学版)》，1999年第4期。

② 妮玛娜姆，《成都市藏传佛教尼众寺院—— 铁像寺调查》，《康定民族师范高等专科学校学报》，2003年第2期。

③ 妮玛娜姆，《云南德钦县书松尼众寺院调查》，《康定民族师范高等专科学校学报》，2004年第2期。

④ 德吉卓玛，《略述阿琼南宗宁玛派尼姑寺的宗教文化》，《西藏研究》，1996年第1期。

⑤ 德吉卓玛，《试析阿琼南宗尼姑寺的生活模式》，《青海社会科学》，1996年第3期。

研》[①]、《龟兹尼寺初探》[②]以及《南京的尼和尼寺溯原》[③]。

四、其他相关研究

除了佛教女性观研究、比丘尼及尼僧团体、尼寺研究之外，尚有极少其他从宗教比较学角度、宗教文化角度对佛教女性的研究。

例如，《佛教与基督教在近代中国女性中影响之比较》[④]，是从历史考察的角度，对近代中国佛教与基督教在中国女性中的传播发展、信徒的构成及对信徒的培养教育等一系列问题所做的初步对比研究，以求揭示佛教与基督教在近代中国女性中传播的特征。而作为对《佛教与基督教在近代中国女性中影响之比较》的回应，何建明在《略论清末民初的中国佛教女众—— 兼与郑永福、吕美颐先生商榷》[⑤]一文中，则就佛教对近代中国女性的影响进行了深入探讨，该文从清末佛教女众状况、杨文会在清末对佛教女众的关切、民初佛门对女众的弘法宣导、民初佛教女众团体的建立、女众佛教文化教育的开展及几位重要女众的历史地位等方面，阐明了中国近代、尤其是清末民初佛教女众的逐步崛起和佛教女众文化与教育振兴的历史轨迹和历史意义。

另外还有对于在家女性佛教徒的研究，如《唐代妇女与佛教》[⑥]

---

① 王英，《拉卜楞地区尼姑寺现状调研》，《西藏研究》，2004 年第 3 期。

② 吕明明《龟兹尼寺初探》，《敦煌研究》，2007 年第 1 期。

③ 曾向阳，《南京的尼和尼寺溯原》，《南京社会科学》，1995 年第 2 期。

④ 郑永福、吕美颐，《佛教与基督教在近代中国女性中影响之比较》，《佛学研究》，1996 年。

⑤ 何建明，《略论清末民初的中国佛教女众—— 兼与郑永福、吕美颐先生商榷》《佛学研究》，1997 年。

⑥ 杨小敏，《唐代妇女与佛教》，《沈阳师范大学学报（社会科学版）》，2003 年第 3 期。

和《宋代女性的佛教"空门生活"探微》[①]是对中国古代女性佛教徒的研究,其中《宋代女性的佛教"空门生活"探微》从私领域、公领域及信仰因缘三个方面探讨了宋朝佛教世俗化时期,女性佛教信仰的情况,展现了古代妇女在履行儒家要求的妇职与女性宗教修行之间产生的直接冲突及调适。

《西安城市佛教女性信仰调查》[②]选择西安女性佛教徒作为研究对象,对当代女性佛教徒的构成,以及不同年龄层次、文化程度的女信徒对宗教活动选择的特点进行了探讨。

何建明在《中国近代的佛教女众教育》一文从佛教教育的角度探讨了中国佛教女众文化的近代振兴与转型的重要意义。

吴中蓓的《长沙开福寺比丘尼焰口仪式及音乐研究》[③]则运用民族音乐学的研究方法,对湖南地区最大的比丘尼(女性出家人)寺院—— 开福寺的传统焰口[④]仪式进行了考察,该寺院的仪式突破了佛教中"比丘尼不能放焰口"的惯例,除"金刚上师"一人为比丘(男性出家人)以外,放焰口的人员都由比丘尼担任,这种仪式的人员构成,具有一定的特殊性。文章对长沙开福寺的比丘尼、焰口仪式及其音乐进行了分析研究。

---

① 秦玉琴,《宋代女性的佛教"空门生活"探微》,华中师范大学,硕士学位论文,2007年。

② 周玉茹,《西安城市佛教女性信仰调查》,《咸阳师范学院学报》,2008年第5期。

③ 吴中蓓,《长沙开福寺比丘尼焰口仪式及音乐研究》,中国艺术研究院,硕士论文,2005年。

④ 焰口,又作放焰口。一种根据救拔焰口饿鬼陀罗尼经而举行之施食饿鬼之法事。该法会系以饿鬼道众生为主要施食对象;施放焰口,则饿鬼皆得超度。亦为对死者追荐的佛事之一。昔时,阿难于林中习定,见一饿鬼(名为焰口)形容枯槁,面貌丑恶,头发散乱,爪甲长利,腹大如山,喉细如针,面上喷火,阿难骇而问其故,饿鬼告以生前居心悭吝,贪不知足,故死后堕入饿鬼道中,变是身形,长年受饿,备受诸苦。饿鬼复谓阿难三日后亦当命尽,堕饿鬼道。阿难大惊,急至佛前哀求救度,佛乃为说焰口经及施食之法,谓其若能施饮食予恒河沙数饿鬼及诸仙等,非但不落此道,且能延年益寿,诸鬼神等常来拥护,遇事吉祥。

《"火焰化红莲"—— 论佛教题材作品中的"红莲"形象》[①]则从佛教文学的角度着手，对多次出现在明代的佛教题材作品中的女性形象"红莲"进行探讨分析，作者认为"红莲"这一符号具有强烈的宗教意义象征意义，在解决带有密宗性质的佛教女性性力崇拜与中国宋明理学"存天理，灭人欲"的矛盾过程中，"红莲"的佛教象征意味得到了弱化。

结　语

当越来越多的女性成为佛教修行者时，相关领域的研究成为无法避免的议题，女性主义妇女史在宗教学领域的奠基使佛教妇女研究的方法和主题发生着微妙的改变，原本被视为不着色相、众生平等的佛教，同样在欧美社会受到女性主义的质疑。随着全球各区域的女性宗教生活受到重视，欧美对佛教妇女的研究不再局限于经典典范，而偏向研究女性的宗教经验和集体制度化的宗教生活，注重个人宗教经验、实践性格，同时欧美女性佛教研究社群也颇具特色。以1993 年出版《父权主义之后的佛教：女性主义历史、分析和佛教重构》(Buddhism After Patriarchy: A Feminist History, Analysis, and Reconstruction of Buddhism)的葛若思(Rita M. Gross)为例，个人生活方面，她组织静坐团体，修习佛法，学术上则提出"不可分割的方法学"，企图以跨文化的比较宗教研究调和女性主义和佛教学，为将来的佛教发展建构蓝图；援用汉传、南传、藏传三大佛教传统的数据，进行比较研究。葛若思的书触及欧美女性对于宗教平等的追求，以及对个人主体性的关怀，非常畅销。成为佛教的性别研究领域中的领

① 郭迎晖，《"火焰化红莲"—— 论佛教题材作品中的"红莲"形象》，《杭州电子科技大学学报(社科版)》，2008 年第 1 期。

袖人物。①

台湾近年由于当代佛教比丘尼的崛起,佛教女性研究发展迅猛,许多比丘尼主动加入到研究行列中,研究对象整体上以出家女性为主,范围多限印度佛教或本地区范围,间或关注藏传南传和国际佛教女性问题,很少涉及大陆方面。由于资料搜集不便,本文无法对台湾佛教女性研究做详细评述。(搜集到部分文献目录见附录二)

反观大陆的佛教女性研究状况,则显得非常薄弱。从前文的综述可以看出,目前大陆的佛教女性研究大部分着重于佛教经典中的女性观、女性的僧伽制度、女众寺院、女性的宗教生活等层面;研究对象多限于佛教出家女性,对佛教在家女性少有涉及;关注汉藏两系佛教女性研究较多,忽略了对南传佛教该问题的研究;研究方法较单一,很少有主题同时吸纳性别研究、宗教社会学、佛教史等跨学科的研究方法。

从研究者群体来看,大陆很少有比丘尼参与到佛教女性研究中来,且大多数研究者本身并不具有强烈的女性意识,对女性主义的理解及其在宗教研究中的使用上也有所欠缺。例如,对佛教女性观的阐释以及对比丘尼的一些研究,目前还仅仅停留在表面的两性平权的阶段。然而,如果从女性主义三种不同的社会研究的模式②出发,

---

① 李玉珍,《佛学之女性研究:近二十年英文著作简介》,《新史学》第7卷第4期,1996年12月。

② 整合、分离与重构。主张整合的女性主义者认为,主流社会科学中性别主义为主要缺陷,其原因在于以男性为主体的研究者对女性的忽略、排斥和歧视。因此需要在现有的社会研究中加入性别因素,纳入女人及与女人相关的议题,将女性经验作为重要的研究内容,以驱除性别偏见,更全面、真实地揭示现实世界的全貌。这种取向只对现有理论和研究作一些修正和补充,未能触及社会科学研究的根基,也未能建立女性主义自己的知识判断标准,因过于温和而遭到激进派的责难。主张分离的女性主义者强调男人与女人、男性经验与女性经验、男性方法与女性方法之间的根本差异,将性别视为社会中的人首要的区分标准,认为有必要开发关于女人及由女人自己来研究的社会科学。女性主义社会研究是基于女性经验和女性的生活世界,因而它是与男性化社会科学相对立、相分离的,其认识论依据就是前面所说的"分离主义"。由于这种女性化的社会科学以两性分离为前提,势必进一步造成女人的边缘化,其结果不但难以确立女性主义研究的主体地位,而且

对佛教女性观重新进行解读和分析，势必能够得出更加深刻且丰富的阐释和重构。因此掌握诸如世界体系理论、交换理论、网络理论、角色理论、地位期望理论等等女性主义的宏观、微观理论，对于解读和阐释佛教与女性的关系或者说佛教的性别研究来说，是研究者不可或缺的一环。

参考文献：

1、杨莉，《宗教与妇女的悖相关系》，《宗教学研究》1991 年 12 期

2、范若兰，《近年我国关于宗教妇女观与妇女地位研究述评》，《世界历史》，1999 年第 3 期

3、刘兵，《关怀的伦理意义与女性主义研究》，《妇女研究论丛加加》2000 年第 5 期

4、吴小英，《女性主义社会研究述评》，《国外社会科学》2000 年第 2 期

5、刘霓，《女性主义学术研究的成果与特点》，《国外社会科学》1998 年第 1 期

6、刘霓，《社会性别—— 西方女性主义理论的中心概念》，《国外社会科学》2001 年第 6 期

7、李玉珍，《佛学之女性研究：近二十年英文著作简介》，《新史学》第 7 卷第 4 期，1996 年 12 月

8、李玉珍，《佛教的女性，女性的佛教—— 比较近二十年来中英文的佛教妇女研究》，《人间佛教与当代对话第三届研讨会论文集》，

因难以使用现有的男性研究成果而导致学科地位的边缘化。主张重构的女性主义者强调，女性主义社会研究不只是关于女人（of women）的研究，也不只是由女人来进行（by women）的研究，而且是为女人说话（for women）的研究。这种研究所需的不只是对现存社会研究和理论的修正和补充，而是对主流研究范式的整体变革。因为主流社会科学光靠修补已无济于事，必须挑战其整个基础、假定和通则，建构女性主义自己的研究范式和知识理论，才能真正消除主流社会科学中的男性霸权，使女人和女人经验在社会科学的图景中得以呈现，也才能真正服务于边缘群体的利益。（吴小英，《女性主义社会研究述评》，《国外社会科学》2000 年第 2 期）。

桃园:财团法人弘誓文教基金会出版,2002年4月

附录一　德吉卓玛关于藏传佛教与女性研究的汉文论文及著作

论文:

1、《略论阿琼南宗宁玛派尼姑寺的宗教文化》,《西藏研究》,1996年1期

2、《略论阿琼南宗宁玛派尼姑寺的历史沿革及其影响》,中国藏学》,1996年3期

3、《试析阿琼南宗宁玛派尼姑寺的生活模式》,《青海社会科学》,1996年3期

4、《一座宁玛派的尼姑寺》,《世界宗教文化》,1997年春季号

5、《藏族尼僧》,《法音》,1998年1期

6、《二十一度母的起源与职能》,《中国西藏》,1998年6期

7、《藏地护法女神十二丹玛》,5千字,载《世界宗教文化》,1999年冬季号

8、《宁玛派尼姑寺阿琼南宗三丹琼培林的考察研究》,《佛教与历史文化》,宗教文化出版社,2001年1月

9、《藏传佛教业印母及其生活》,《西藏研究》,2001年4期

10、《藏区四大圣湖与母体崇拜》,《中国西藏》,1999年6期

11、《吐蕃女密宗大师益西措杰生平事迹》,《甘肃民族研究》,2002年1期

12、《多杰帕姆女活佛的产生、发展及其传承》,世界宗教研究》,2002年2期

13、《藏传佛教出家女性的历史、现况和未来》,《第三届印顺导师思想之理论与实践——人间佛教与当代对话学术研讨会论文集》,中华佛寺协会、弘誓文教基金会,2002年4月

14、《藏传佛教尼僧教团组织——以阿琼南宗尼寺与香色尼寺为例》,《第七届国际佛教妇女会议论文集》,国际佛教妇女协会、台湾华梵大学,2002年7月

15、《吐蕃出家女性初探》,《戒幢佛学》第二卷,2002年版

16、《妇女与宗教研究综述》,中国妇女研究年鉴 1995 - 2000 年》,中国妇女出版社,2002 年

17、《白石崖寺与贡日卡卓玛女活佛传承》,《法光》(台北),第 153 期

18、《独树一帜的藏传佛教觉域派尼僧》,《中国藏学》,2002 年 4 期

19、《萨迦派尼僧研究》,《西藏研究》,2003 年 2 期

20、《格鲁派尼众僧团初探》,《西藏研究》,2004 年 1 期

21、《藏传佛教息解派尼僧及尼僧组织》,《戒幢佛学》第三卷,2005 年

22、《当今藏族女性之出家缘由—— 个案调查研究》,《安多研究》第二辑,2005 年

23、《女性在藏传佛教中的角色和地位》,《西藏研究》,2005 年 4 期

24、《藏传佛教的女性僧团及女活佛转世传承体系》,《法音》

专著:

1、《藏传佛教出家女性研究》,社会科学文献出版社,2003 年 1 月

2、《雪山圣域的藏族尼僧》,嘉丰出版社(台北),2002 年 12 月

3、《圣殿里的莲花—— 度母》,中国藏学出版社,2007 年 1 月

附录二 部分台湾学者关于佛教与女性问题的研究

1、李玉珍,《比丘尼研究—— 佛教与性别研究的交涉》,《妇女与性别研究通讯 62》,1991.03

2、星云,《比丘尼僧团的发展》,2002 年 4 月 20 日“人间佛教与当代对话”学术研讨会专题讲演《普门学报 9》,1991.05

3、刘婉俐,《空行母与藏传佛教上师传记》,《佛学研究中心学报 7》,1991 年第 1991.07

4、林崇安,《“阿含经”中所建构的佛教知识系统》,《佛教图书馆馆讯 31》,1991.09

5、陈美华,《佛教的婚姻观——以“阿含经”为主论》,《中华佛学学报16》,1992.07

6、星云法师讲、满义记录,《佛教对“女性问题”的看法》,《普门学报18》,1992.11

7、Sarao, K. T. S. 著,心伦 译,《古印度佛教女性观(上)》《普门学报19》,1993.01

8、Sarao, K. T. S. 著,心伦 译,《古印度佛教女性观(下)》《普门学报20》,1993.03

9、陈美华,《被历史遗忘的女性修行者——从汉传佛教史看比丘尼的发展》,《人生杂志249》,1993.05

10、李玉珍,《长老尼偈的修辞叙事——兼以对照长老偈》,《佛学研究中心学报9》,1993.07。

11、吴怡慧,《从佛典看佛门中的女性歧视》,《重中论集4》,1993.06

12、林莉莉,《佛教出家女性求道历程研究:以汉译佛典中的阿含部、本缘部、律部及〈长老尼偈〉为研究对象》,嘉义:中正大学中国文学系硕士论文,2004

13、杨千惠,《神圣空间中的女性宗教活动研究:家、精舍、禅寺的连结》,台北:台湾大学地理环境资源学研究所硕士论文,2002。

14、李翎毓,《由台湾佛教比丘尼女权发展来看“废除八敬法运动”》,台北:政治大学宗教研究所,2004。

15、曾美龄,《性别、自主与规范:从在家两性佛教徒在道场的服装实践谈起》,台北:辅仁大学宗教学系,2003。

17、周姚萍,《第一位比丘尼——大爱道》,《人生杂志154》,1985.06

18、蔡文婷,《菩提道上女儿多》,《亚洲研究25》,1987.01。

19、古正美,《定义大乘及研究佛性论上的一些反思》,《佛学研究中心学报3》,1987.07

20、陈美华,《解读“比丘尼”在西方人眼中的隐含》,《中华佛学

学报 11》,1987.07

21、释惠敏,《中土比丘尼传承与西藏比丘尼僧团之重建》,《佛学研究中心学报 3》,1987.07

22、梅乃文,《从女性主义角度看人间净土》,《第三届中华国际佛学会议论文集》,1987.12

23、释惠敏,《讨论比丘尼受戒法与传承之考察》,《佛学研究中心学报 4》,1988.07

24、刘婉俐,《智能的女性:藏传佛教女性上师传记与佛教女性身份同议题》,《中外文学》,1988.09

25、释昭慧 主讲、林宜璇录音整理,《现代台湾佛教比丘尼的出家经验与社会关怀(上)》,《台北文献直字第一三一期》,1989.03

26、释昭慧 主讲,《现代台湾佛教比丘尼的出家经验与社会关怀研讨会纪录(下)》,《台北文献直字第一三三期》,1989.09

27、郭忠生,《女身受记》,《正观 14》,1989.09

28、周次吉,《尼师成道典型之研究—— 读汉译巴利文原典〈长老尼偈〉》,《朝阳学报第六期》,1990.06

29、释恒清 著,《菩提道上的善女人》,台北:东大图书,1995.07

30、岩本裕 著,刘欣如 译,《佛教与女性》,台北:大展出版社,1998.09

31、永明 著,《佛教的女性观》,台北:佛光文化,1997

2007－2008年我国佛教研究论文综述

铂 净 芒 仁

2007年中国大陆的宗教学研究一如既往地表现出繁荣的趋势，除了保持原有的研究论文众多、有关宗教研究的书籍大量出版之外，其次就是很多杂志与刊物，特别是学术刊物都推出了宗教研究的专栏，组稿发表组合式或专题式的文论。但是就笔者所见的全年发表的宗教研究论文来说，应该说高质量的文章不多，大部分文章或题材太旧，没有新意，或研究的角度不足，深度的讨论也不充分，创新意的文章不多，较之以往略有距离。现将这一年佛教研究情况介绍如下。

作为中国学术界研究最热门的佛教研究，在个别领域的研究方面取得了历史性的突破。中韩佛教关系的研究，是近年来取得重要的成果之一。2007年，这个领域又有了新的突破。陈高华《杭州慧因寺的元代白话碑》，[1]分析了《慧因寺志》中的一件元代白话碑文，指出这是元仁宗根据渖王（高丽忠宣王）王璋的请求颁发的诏书，同时考证了王璋曾经到过杭州的史实。黄心川《民国佛教刊物所见当代韩国佛教史料摭议》[2]，根据现在所见民国时期出版的报刊，集中介绍了当代韩国佛教方面的史料，并对这些史料做了初步的分析，指出可以分为学术性、消息报导性、政治论说性、观感、募捐五种情况。作者特别考察了沟通中韩两国佛教的重要人物如太虚、圆瑛、玉慧观

---

① 《浙江学刊》2007年第2期。

② 《世界宗教研究》2007年第2期。

等人的活动，并重点阐述了韩国佛教徒玉慧观在华反对日本帝国主义的活动，及其在中韩佛教界的影响。玉慧观遇害以后，中国的佛教刊物从此再也没有韩国佛教的重要消息，仅此一点，就足以说明他在沟通韩中两国佛教中所起的重要作用。由于过去我国学术界从来没有这方面的介绍与研究，甚至连有关的资料也没有被整理过，所以这个研究突显了它的开拓意义。

近年来，少林寺一直成为媒体和佛教界关注的热点，特别是少林寺的商业化倾向，曾经遭到了海内外媒体的攻击与佛教界一些人士的批评，将少林寺推上了媒体的平台。《河南社会科学》2007 年第 3 期曾经搞过一个专谈，约请北京和上海、河南的专家学者来评判“少林寺现象”，主持人认为“少林寺的当代转型是一个极有价值的案例，对它的探讨，对我们的思考包括传统文化的当代价值和命运在内的一系列重大问题肯定会提供一些宝贵的启示！”对此，李向平《中国人的另一种种信仰危机？——“少林寺现象”引发的宗教社会学问题》，[①]认为“少林寺现象”让中国人对佛教信仰的传统认同方式，已受到了极大的冲击，中国社会对佛教的传统认同方式，佛教禅学资源在当代社会中的配置和利用方式，已走到了一个变革的边缘。俞学明《“佛教的发展”和“发展的佛教”——从当代“少林寺现象”看中国佛教的未来》，[②]认为“少林寺现象”争议的实质在于人们对少林寺的经营行为究竟是“世俗化”佛教还是形成“发展的佛教”疑虑，具体表现为寺院的生存方式和僧人生活方式在顺应世俗社会的发展中，如何保持佛教自身的特质问题，其核心在于“佛教的发展”和“发展的佛教”的关系问题。少林寺的经营行为表现了当代中国佛教为构建新型的“发展的佛教”所进行的尝试，但它究竟是发展了“佛教”还是“消解”了佛教，能否成为未来“发展的佛教”的有机构成部分，

---

① 《河南社会科学》2007 年第 3 期。

② 《河南社会科学》2007 年第 3 期。

还有待历史的检验。乔凤杰、李春龙《问题视阈中的少林文化》,[①]强调少林寺的政治行为、少林寺的商业行为、少林武术的大众化、少林寺对少林文化这一无形资产的保护与开发,基本上是值得肯定的。而对于少林武术的竞技化,却必须持以审慎的态度,必须谨防以竞技化的少林武术来取代一切传统的少林武术。我们必须在少林寺的政治行为、少林寺的商业行为、少林武术竞技化、少林武术大众化,对少林文化这一无形资产的保护与开发等具体的实践中,投入更多的精力与智慧,使其能够始终向着良好的方向发展,尽可能减少异化的现象,为少林文化乃至整个中国传统文化的弘扬与发展做出更大的贡献。杨凤岗《少林寺"世俗化"了吗?》,[②]认为用经典世俗化理论来检验少林寺的"世俗化"现象,少林寺的变化用"世俗化"表达更为准确,用衡量宗教组织世俗化程度的最根本尺度—— 张力来检验少林寺与社会文化的关系,认为少林寺兴于文化,但也因此受到影响。我们可以总结说,今日的少林寺是非常世俗化的。在宗教社会学新范式中的宗教市场理论看来,这种非常世俗化的宗教组织对于宗教信徒是缺乏吸引力的。上述各家对"少林寺现象"的讨论,其实质还在于少林寺作出了一些具有超常规与超前意识的活动,因此引起了诸多的讨论。多年来,许多人都习惯于传统角度的思维,或者照搬西方人的牙慧来看待"少林寺现象"。但是他们忘记了最根本的法则,这就是整个社会与传统都在发生潜移或明显的变化,东方社会一直有着自己的运动规律,如果不去在这个角度下来思维"少林寺现象",就会发生位移或错位。对"少林寺现象",首先应该看到它是当今社会发展中的一个变化,它反映了社会主流意识对佛教的影响。其次在少林寺的身上不存在世俗化与非世俗化,因为它所做的一切都是社会上需要的活动,存在即是合理的。而从中国传统宗教的运动规律来看,佛教的世俗性与神圣性不是处于对立的一对矛盾关系,相反

① 《河南社会科学》2007年第3期。

② 《河南社会科学》2007年第3期。

它们是互补的。[①] 李向平先生也认为，中国当代佛教的发展特征表面上类似世俗化，因而常常遭遇所谓世俗化的批评。其实，这并不能用西方宗教学的理论中的神圣性与世俗性的关系来加以审视。中国佛教的当代发展，并不是所谓世俗化倾向，而是具有深刻的社会学意义上的“社会化”内在的要求。中国佛教的历史阶段发展形态基本上都围绕着真与俗、空与有的互补与互渗，一种特殊的嵌入关系。当代“人间佛教”是这种内在张力的现代社会形态，已成为中国佛教发展的主流。因而在处理中国佛教与中国社会的关系时，在中国当代佛教的社会学研究中，与其使用“世俗化”概念，不如提出“人间佛教”的“社会化”命题，以真实讨论当代中国佛教所应有的社会化的要求。[②]

谭志词《十七、十八世纪岭南与越南的佛教交流》，[③]指出 17、18 世纪是岭南与越南佛教交流史上的一个高潮期，这不仅体现为大量的岭南禅师赴越南弘扬佛法，为越南佛教的复兴和发展奠定人才基础，还体现为越南禅师之北上岭南习禅、取法和越南对中国佛教典籍的输入和刊印。通过这种南来北往的民间禅学交流，促进了岭南文化在海外的传播和影响，也为越南民族文化的发展起到了积极的推动作用。孙晶、张文良《日本“批判佛教”的最新进展及其理论意义》，[④]认为日本的批判佛教将中国佛教和日本佛教的重要思想基础的如来藏思想作为一种实体论或“基体说”的说法做了解剖，指出其实质是肯定现象世界背后有一种永恒不变的实体，这是与原始佛教建立在缘起论基础上的“空”的思想相矛盾相对立的，在这个意义上，如来藏思想不是佛教。批判佛教对如来藏的批判，也扩展到了对

① 黄夏年《佛教与中国社会—— 兼谈人间佛教的世俗化问题》载《社会学家茶座》，济南，山东人民出版社，2006 年。

② 李向平《社会化，还是世俗化？—— 中国当代佛教社会学审视》，《学术月刊》2007 年第 7 期。

③ 《世界宗教研究》2007 年第 3 期。

④ 《世界宗教研究》2007 年第 3 期。

中国佛教和日本佛教的佛性与本觉思想的批判,因为其立论的挑战性和研究方法的争议性而在日本佛教界、中国佛教界(包括台湾)乃至欧美佛教学术界引起了相当大的反响。李四龙《论欧美佛教研究的分期与转型》,[①]把欧美佛教研究学术史划为四个阶段:一、19 世纪 20 – 70 年代是起步阶段,确立了以"佛教文献学"为主导的研究范式;二、19 世纪 80 年代到二战是成熟阶段,在佛典校勘、佛教考古与思想解读等方面取得了重要的成果,形成了旧英德学派、列宁格勒学派与法比学派;三、二战结束到 70 年代是转型阶段,东亚佛教尤其是藏传佛教,受到了空前的重视,在传统的文献学与哲学研究之余,兼顾适应国际政治需要的"地区研究",在方法上更多涉及佛教的社会史、政治史等领域。四、80 年代以来,欧美佛教研究中心从欧洲转到北美,佛教学术空前繁荣,西方佛教学者置疑他们自身的学术传统与理论预设,探讨佛教与西方社会深度交流的可能。此四个阶段实际上内含着两次重要的方法论转型:从第一阶段到第二阶段,实际上是对所谓"纯粹佛教"发生置疑,西方已经了解到"佛一音说法,随类各得解"丰富的历史多样性,意识到若想了解所谓的"原始佛教",并不一定需要完全依赖南传巴利佛典,汉译佛典以及中亚地区出土的说一切有部经典,同样具有相当的历史可靠性和理论权威性;从第二阶段到第三阶段,西方学者超出了传统的佛典文本研究,尝试着以哲学、社会学、人类学或民族学等方法去研究佛教的文化史或社会史,这是伴随着时代的剧变而导致的学术范式大转移。第四阶段,实际上是第三阶段的展开与延伸。

刘林魁《佛教二谛思想与宫体文学理论》,[②]指出"立身之道与文章异"之宫体创作理论,是受到了齐梁时期日益兴盛的佛教二谛思想的影响。萧纲把佛学思想化为指导文学创作的理论的原因是,其一他有较萧统更自由的生活环境,其二魏晋以来立身与为文越来越

---

① 《世界宗教研究》2007 年第 3 期。

② 《咸阳师范学院学报》2007 年第 1 期。

分离的创作现实。这一理论对宫体弥漫梁代中后期文坛并影响陈隋和初唐文学的发展,起到了不可忽视的作用。郭齐勇《论熊十力对佛教唯识学的批评》,[①]认为熊十力《新唯识论》与唯识学者争论的第一个枢纽是关于"性体"之"性觉"与"性寂"的问题,在心性本净的理解上,唯识学主张自性涅槃,强调离染转依和修行工夫。熊十力抓住佛教唯识学的"性空""寂静"做文章,以儒家的立场,强调"心性"不是"空"的,而是"实"的,不是"寂"的,而是"创"的,不是"静"的,而是"动"的,由"体"生发出"大用",展开了"内圣外王"的系统,肯定了文化的建构。第二个枢纽是:"心体"是整全的、有机一体的,还是零碎的、拼凑集聚的;与此相关,道德理性的显发,道德意识的修养,是简易直捷、当下即是,还是繁琐复杂、委婉迂曲。对于唯识学的繁复的"心"的分析,熊十力的评论可以说是一种创造性的误读。他的思想路数是华严与禅宗,特别是宋明儒的。目的是创造"仁心本体"、"体用不二"、"即体即用"的哲学体系,讲主宰,讲大用,确立德性本体的至上性、唯一性、真实性、能动性、创造性,当然不便讲缘起、依他,而必须讲本有、依自。作者强调,熊十力对唯识学和护法大师的批评,完全是创造性的误读。熊先生为创制自己的哲学体系,以"六经注我"的方式解释唯识学,虽借取了唯识学的"境不离识"、"摄相归性"、"摄境从心"诸论及名相分析的方法等,但总的说来,他的思想路数与唯识学不同。他是中国化了的佛学的路数和宋明儒的路数。徐弢《印顺与拉纳的人本主义思想之比较》,[②]认为虽然印顺与拉纳拥有不同的宗教信仰和文化背景,但他们都是关注人间、人性和现实问题的宗教思想家。这一特征在印顺的菩萨论与拉纳的基督论上得到了最集中的体现,因为两者都试图在自己最核心的宗教观念上摆脱"天神化"或"抽象化"的倾向,并且通过回归"人间"和"人性"来建立以人为本的理论体系。

---

① 《世界宗教研究》2007年第2期。

② 《世界宗教研究》2007年第4期。

沈剑英《文轨及其〈因明入正理论疏〉》,[①]对文轨在因明学方面的研究做了梳理,指出文轨在《因明入正理论疏》方面的贡献有:一、深刻地揭示了因明的功用与性质。二、理清了新、古两种因三相的同异。三、揭示了同法“正取因同、兼取宗同”的逻辑观点。四、正确阐发了量智与量果的统一关系。文中还对《文轨疏》的在朝鲜和日本流传的情况做了考述,最后对《文轨疏》做了复原工作。认为《略抄》与《后疏》均为樊门大德净眼所撰,《略抄》是净眼为对文轨的《因明入正理论疏》提出批评和注解而作的,故引录了许多文轨的疏文,其中有相当一部分引文系佚文。《后疏》虽非与文轨论争之作,亦未引录文轨的疏文,但在对一些重要概念的诠释上有可资比较之处。方广锠《〈祖堂集〉中的“西来意”》,[②]对《祖堂集》中所谓“祖师西来意旨”这一禅宗重要公案进行探讨。考察了该公案的产生经过,指出,虽然禅宗主张这个公案不可言说,但它具有重要意义。从教意、祖意到涅槃妙心这一角度,对这则公案作了细致的分析。达摩西来,就是为了让中国人自觉佛性。尹富《十斋日补说》,[③]指出法国学者苏远鸣与中国学者张总、王承文等已进行了卓有成效的研究,但他们于佛教对十斋日的具体接受过程还缺乏深入的考察。作者提出补说。认为佛教徒对十斋日的态度经过了由拒斥到吸收的过程;在统治者推行十斋日,以及民众修习实践的压力下,十斋日在盛唐、至少是中唐时期已进入佛教经典,已被信奉者归之于佛教;佛教徒对十斋日的改造使其反而取代了道教十斋日,在民众信仰生活中占据了主导地位;而目前将敦煌遗书中的十斋日统称为《地藏菩萨十斋日》是不恰当的,后者乃《地藏菩萨本愿经》吸收十斋日所产生的结果,而它的称谓,似也应以写本中用得较多的《地藏菩萨经十斋日》为准。党燕妮

---

① 《世界宗教研究》2007年第1期。

② 《世界宗教研究》2007年第1期。

③ 《世界宗教研究》2007年第1期。

《晚唐五代宋初敦煌佛教信仰特点初探》，[①]利用敦煌文献和石窟艺术资料，对敦煌民众佛教功德活动做了分析，指出在佛教中国本土化、社会化、民间化的大环境下，敦煌佛教信仰具有广泛的普遍性和兼容性，带有鲜明的实用性和功利性特点。晚唐五代宋初敦煌佛教空前兴盛，民间佛教信仰成为敦煌佛教的主流，具有鲜明的实用性和功利性，各种信仰共纳融合，信众遍布社会各阶层。同时，晚唐五代敦煌佛教已经进一步本土化、社会化、民间化，作为与注重义理的僧侣信仰不同的另一层面的佛教信仰，有着广泛而深厚的社会基础。这表明晚唐五代佛教信仰已深入广大民众思想观念深处，佛教随着自身的本土化、社会化、民间化进程，深入到社会生活的各个方面，已成为人民群众普遍接受的宗教文化体系，并逐渐成为中国传统文化的重要组成部分。

王涛《唐宋之际城市民众的佛教信仰》，[②]认为唐宋之际，佛教广泛地渗入城市民众的日常生活，其表现形式多种多样：有直接的信奉，表现为佛经的实用化，佛教神明的普及化，佛僧神异功能的日常化等，也有间接的折射，主要是指他们的日常生活中浸润了浓重的佛教因子，在饮食习惯、节令习俗、丧葬习俗、闲暇生活以及城市公益事业等方面，都深深打上了佛教的烙印。从中既反映出这一时期城市民众的功利的、淡漠的、分散的佛教信仰意识，又显现出他们的佛教信仰意识中的一定的虔诚性。张培锋《宋代僧人省亲作品的佛学观念初探》，[③]研究了中国古代省亲制度和古代僧人的省亲现象这一长期以来比较为学界忽视的问题。提出从唐代开始出现僧人省亲现象，但当时还存在诸多分歧和争议，文学作品也很少表现。宋代僧人流传下的诸多省亲作品，是宋代三教合一思潮的重要表现，是宋代佛教人间化的产物。宋代僧人对出家者的归家省亲行为给予了颇具人

---

① 《世界宗教研究》2007 年第 2 期。

② 《山西师范大学学报》2007 年第 1 期。

③ 《世界宗教研究》2007 年第 1 期。

情味和禅意的充分肯定,意味着佛教对中华伦理观念的全面接受。

何孝荣《试论明太祖的佛教政策》,[①]研究了明太祖对佛教实行既整顿和限制、又保护和提倡的政策。指出其中洪武前期侧重于保护和提倡,后期则着力整顿和限制。明太祖佛教政策的实施,维护和巩固了明王朝的统治,促进了明初经济恢复和发展以及百姓生活的改善,但也给广大百姓套上更加沉重的封建枷锁;使明初佛教迅速恢复和发展,促进了佛教诸宗的融通,奠定了后日僧寺分立制度,加剧了佛学的衰微。任宜敏《明代洞宗法脉传承考》,[②]考察了明代的曹洞宗三个支系,即少林系、寿昌系、云门系之传承关系。黄夏年《伏牛山云岩寺初探》,[③]对明代伏牛山地区的云岩寺作了较深入的讨论,指出伏牛山云岩寺的确是伏牛山上一座五脏俱全的规范寺院,云岩寺碑是明代寺院为了争夺寺产所做的一种图存的努力,碑中所记的僧人与他人争夺庙产的过程与来龙去脉,以及官府的断案等最后结果,从另一个方面也说明了当时伏牛山佛教与官府之间的关系,由此可以进入研究政教关系的一面。现在学术界对伏牛山的佛教还没有研究,此文可以弥补这一缺憾。刘小龙《海国曾经南少林—— 福建东山岛新发现南少林史迹史料考述》,[④]对闽南发现的东山岛在明代末期曾经有过"太室"和"少林"二座"少林寺"山林,并且,东山岛的鹰仔山上与龙峰山下至今都仍存有明代建筑的"南少林塔",许多九座派南少林和尚死后均集中安葬于东山岛的古来寺坟园的历史作了分析,说明历史上的东山岛曾经是一座海国南少林。麻天祥《雍正与清初禅学之兴衰》[⑤]认为,统观雍正之禅语及其对僧诤的直接干预,可以说禅宗思想对中国文化的全面渗透至雍正时已经达到了极致,以至于君临天下的最高统治者也不得不借谈禅来辅佐王化,并以

---

① 《世界宗教研究》2007 年第 4 期。

② 《浙江学刊》2007 年第 2 期。

③ 《洛阳师范学院学报》2007 年第 3 期。

④ 《闽台文化交流》2007 年第 3 期。

⑤ 《湖北社会科学》2007 年第 9 期。

专制主义的手段,迫使禅宗思想纳入其政治的轨道。雍正在批斥法藏时说了一句特别符合当时禅宗实际的话:"朕意禅宗莫盛于今日,亦莫衰今日。""开堂秉拂者不可胜计。"皇帝、王公谈禅悟道尤其是盛的标志,但是正是因为他不采取文化专制主义的干预,久已衰颓的禅宗也就濒临绝境了,禅宗思想及其中国文化的渗透也就真正成为强弩之末。宗门的窳败,禅宗思想的衰歇,终于唤起学者承担对禅宗思想文化进行梳理、扬弃的使命感。禅宗思想入世的转向,应当说是自清初以后,是由学者予以全面推动的,也可以说是禅宗思想近代转型之发轫。

严耀中《从严佛调、朱士行说中土的僧姓法名》,[①]考察了中国佛教出家人改姓为释的现象,指出这是为了与儒家分庭抗礼,而用另起僧名追随释姓来标新立异。但久之也未免露出受到家族社会影响的蛛丝马迹,从而发生了符号使用交叉现象,成为中印两种文化交流的一个侧面。霍旭初《鸠摩罗什"破戒"问题琐议》[②],对这个曾经在中国佛教史上引起争论的古老话题,作者通过种种分析与研究,认为鸠摩罗什本人对犯戒的问题非常悔恨,并将痛切转为悲悯心,在其翻译佛经中有所表露。而《晋书·鸠摩罗什传》的记载则是鸠摩罗什主动"索要女人",这种记载不可信。古代佛教对鸠摩罗什的"破戒"也有理性思考。白文固《明中后期的居士佛教初探》,[③]指出明中后期士林佛学的表现形式有两种,一种是遁入空门又不甘寂寞的上层僧人与信佛教的官僚在都市的结合。另一种是厌世的文化人和劳苦大众同中下层僧侣在山林的结合。而居主导地位的是前者。正是这种结合,推动了明后期佛教的复兴。明后期的居士们或念佛参禅,或诵经并潜研佛理,禅净合一的修行法门乃是最常见的修行方法。当时的居士大多当初受过良好的儒学教育,后来由信仰孔孟儒学转而信

① 《史林》2007年第4期。

② 《新疆大学学报》2007年第4期。

③ 《青海民族学院学报》2007年第2期。

奉王氏心学,再而归依佛教,所以在哲学思想上反映出禅理与心学相杂,又处处倡言儒释道融通的特点。

刘欣荣《摩诃衍那禅思想的特点及其在西藏的传播》,①认为顿门派代表摩诃衍那主张众生本有佛性,以"无念无想"为宗旨,看心除妄念头而达到无想无念,离相无信而达到无相无分别,将心的净与空结合起来,追求心的"空"为终极境界。摩诃衍那的教法适合于不同的人群在成佛的道路根据修行者根器的利钝,而有渐悟与顿修顿悟之分。他强调顿悟的同时并未完全放弃渐修。虽然赤松德赞宣布顿门派失败,但是摩诃衍那所传播的禅宗思想并没有绝迹,对后弘期藏传各派从佛性论、修行方式上都有一定的影响。宁玛派、噶举派、萨迦派、觉囊派都认为佛性存在于人心中,众生皆有成佛的可能,通过修心破除障蔽在自心之上的客尘,使清净无垢的真如本性显现。对于这个真如佛性的显现都采取无取无执、无思无念、放任宽松的方式,心回归到原初的清净本性。在成佛的道路上则根据修行者的根器利钝,采用顿渐结合的修行方法。这些都与摩诃衍那禅思想有一定的相似之处。胡日查《清代蒙古寺院劳动者—— 沙毕纳尔的生产生活状况》,②对蒙古寺院里面特有的一种劳动者—— 沙毕纳尔的现象做了研究,认为其来源于蒙古王公、台古和堪布囊封建主的捐献或卖给,寺院畜牧业和农业生产收入很大一部分是通过沙毕纳尔的劳动所获取。由于沙毕纳尔属于寺院,所以他们身上的赋较轻,不参加兵役,但人生自由与权利则牢牢地控制在寺院和呼图克图的手中。王海燕、喜饶尼玛《民国时期推进汉藏佛教界文化交流的政策因素》,③指出民国时期汉藏佛教界文化之交流是中央政府与西藏地方关系发展与演进的重要组成部分,是在政治关系上的拓展与深化。民国政府认为"权力决不应该排斥任何宗教",并以此来裁量汉藏关

① 《西藏民族学院学报》2007 年第 5 期。

② 《内蒙古师范大学学报》2007 年第 4 期。

③ 《西藏大学学报》2007 年第 6 期。

系走向的要素选择。中央政府基于对藏传佛教的文化主导性因素的考量,不断地调整补充对藏传佛教的管理方略,适时修订寺庙管理条例,制定详细的边疆地区教育政策,并鼓励汉藏僧侣游学交流、切磋文化心得,支持蒙藏高僧来内地弘法授道,这也说明"社会秩序乃是为其它一切权利提供了基础的一项神圣权利"。中央政府所采取的政治态度,所持有的政策主张影响了佛教文化进而改变着彼此之间交流的历史进程。这些政策措施的制定与实施加深了汉藏佛教界的交流,繁荣了汉藏佛学,在拓宽双方发展空间的同时,也推进了中央政府与西藏地方政治关系的改善。郑筱筠《历史上中国南传上座部佛教的组织制度与社会组织制度之互动——以云南西双版纳傣族地区为例》,[①]认为南传上座部佛教自传入中国云南境内后,逐渐形成了具有鲜明民族特色的体系,有着不同于汉传佛教、藏传佛教乃至东南亚南传上座部佛教的"地方性"特征。中国南传上座部佛教的组织制度与傣族社会组织制度之间的关系是互相依托的。中国南传上座部佛教通过神圣化的仪式和突出等级职责的宗教行为,为世俗社会组织和制度提供着神圣的合法性与政治认同,而世俗社会的组织制度则从政治法律支持、经济支持、信仰支持等方面来维系和扩大佛教的发展。总之,傣族社会世俗组织制度对神圣世界组织制度的支持,表现在世俗社会领域内的法律支持、经济支持和信仰支持等方面,正是由于有世俗社会行政组织制度的有力保障,中国南传上座部佛教才得以很好地发展传播。

2008 年中国大陆的宗教学研究较前一年来说,有了明显进步,这主要反映在:一、认识问题的视野宽了,对许多宗教的问题都作出了新的看法,这尤其在佛教与基督宗教的研究上表现明显。二、媒体对宗教研究更加重视,一些媒体专门组织专栏,讨论有关宗教的研究问题,让不同方面的声音发表出来。三、学者对现实性的问题更加重视了,对于当前一些宗教热点问题,许多学者都发表了看法,特别是

---

① 《世界宗教研究》2007 年第 4 期。

田野调查的报告增多。四、一些过去研究薄弱的领域,得到了加强,特别是在民族宗教理论方面,有了一些新的想法和文章,弥补了过去的不足。总的说,我国大陆的宗教研究正在朝着深入方向发展,虽然发表文章的总数仍然与过去基本持平,但是学术水平较过去有明显提高。现将这一年有关佛教研究综述如下。

佛教研究方法论一直是我国学术界研究的瓶颈,由于方法论的使用没有突破性的进展,中国的佛教研究始终未能走出国门,因而影响了中国佛教研究与世界佛教研究的接轨。因之有人认为:“时至今日,佛教学作为纯粹的学术方法仍未确实生根于汉语学界。”[①]《华东师范大学学报》专门组织了佛教研究方法论专栏,约请专家畅谈有关方法论研究的问题。该刊编者按指出:随着近代以来的西学东渐之风,注重“内在理解”与“唯证乃知”的传统研究原则遭遇到西方现代学术方法的挑战和冲击,中国佛教研究方法因此呈现出了多元化的局面,不同研究方法的运用,固然丰富了佛教研究的成果,但是由于传统与现代方法之间的张力,以及佛教研究者对于不同研究方法之间的界限,及各自的有效性仍缺乏足够的清醒与自觉,因而也在某种程度上导致了方法论的混乱与交流的困境。可以说,佛教言说的内在诠释之路在现代佛教研究中几乎被完全遮蔽,被堵塞。原因在于,中国近百年来,西学东渐,西方文化精神以及学术研究方法在学术界渐渐占据统治地位,中国的佛教研究者们渐渐放弃对佛教精神特质进行如实把握的诉求,陷入了二元对立的误区,对佛教的研究要么是游离或者说外在性质的主观碎解,要么以西学的框架与范畴予以比附,他们呈现的“佛教”实际上早已是一种在现代性的“祛魅”魔镜中的异化之像,与佛教的本来面目相互乖离,虽然这种本来面目只是一种传统的显现,对其认同可能承担着不堪质疑的风险。

周贵华《佛学研究的内在诠释之—— 以印度佛教瑜伽诠义思想

① 刘宇光《现代佛教研究概论》,《历史教学问题》2008 年第 3 期。

为例》[1]指出，在这种景况中，现今必须首先鼓励在佛教学术研究中对佛教进行深度或者说内在解读，以使佛教研究走上正确的轨道。在此方向上，探究与澄清佛教的诠义思想就变得举足轻重了，在把握佛教诠义思想的基础上，通过佛教的内在诠释之路而建立佛教学术研究在外诠释之路，打破佛教研究中二者疏离的现状，使二者在不即不离的交织中形成紧张与和谐的关系，因此，当前佛教研究中的首要任务是厘清佛教诠义思想，把握佛教的内在或者说自我的诠释方式，以尝试建立佛教研究中的外在或者说他者诠释方式，由此才能逐渐消解百年来的累积与传统的隔绝感，从而通过佛教学术研究，既呈现佛教思想的精神特质与历史面貌，又能与发扬佛教思想优秀精华。陈坚《护教学还是宗教学：汉语佛教研究方法的再反思》，[2]反思近代以来的汉语佛教研究，认为汉语佛教研究在研究范式上徘徊于护教学与宗教学之间，护教学的研究和宗教学的研究没有明确的界限，两相混乱，被印顺法师形容为是"东倒西歪，非驴非马"，从而导致了这两种范式的研究都得不到纯正而深入的发展，影响了汉语佛教研究的整体推进，相比之下，西方学界的基督宗教研究则能保持这两种研究范式的平衡发展。李向平《"社会理性"：佛教研究的新视角——从对马克斯·韦伯的误解说起》，[3]提出佛教信仰体系所具有的灵性资本和社会资本，就能建构为一种社会交往平台，以一种社会资本的规范、信任、互动的形式，来表达人们之间的相互关怀和社会自理，这一点应当是佛教理性化、或者是重建佛教理性的基本出发点。所以，佛教理性化的关键问题，即是佛教信徒的社会交往关系的重建，佛教信仰共同体信任方式的重建，价值观念的共享及其对社会的再度认同。因此，佛教理性化的范式、特征和向度，将决定了中国人间佛教的演变方向和社会特质，决定了中国佛学界研究范式的一大变迁。

---

① 《华东师范大学学报》2008 年第 4 期。

② 《华东师范大学学报》2008 年第 4 期。

③ 《华东师范大学学报》2008 年第 4 期。

张伟然《历史学家缺席的中国佛教研究》,①希望有越来越多的史学家逐渐加入到佛学研究的行列。通过史学家和哲学家深度交流与合作,逐渐开创出中国佛学研究的新局面。史学家的进入,至少在两个方面会让当前的局面有所改观,一方面,虽然中国的佛教史研究目前已深入到开展宗派史、地方史研究阶段,但对基本史实、基本发展线索的爬梳,还处在相当粗疏的阶段。很多重要历史人物的生平都没有梳理清楚,遑论一些以往认为并不十分重要,而实际上却发生了关键作用的人物。这些工作,如果交给史学家完成,凭他们对史料的把握,应该不难取得较好的效果,这不仅可以节省哲学家们的大量精力,还能为哲学研究的工作提供更多的客观依据。另一方面,史学工作的独特视角,可以为佛教史研究发现一些新的问题。例如,以往对中国佛教宗派的研究,大多只注意到佛教宗派成立的原因和标准,已经有不少学者就此发表了很好的意见。可是,从事佛教地理研究的过程中发现,那样的讨论是远远不够的,因为不同地域的宗派、其组织形态差异非常大。不仅不同宗派之间,就在同一宗派内,其地域差异都断断不可忽视。不妨说,有些宗派内部的地域差异已经超过了某些地域不同的宗派差异,几乎难以一概而论。这些内容完全有理由成为中国佛教史研究的重要课题。如果对这些问题视而不见,关于中国佛教宗派史的研究就不可能接近历史实态。唐忠毛《"学"、"证"之间—— 近代以来佛教研究方法的困境及其反思》,②回顾近代以来的种种佛教研究方法之争,强调由西方现代理性思维和学术化方法带来的传统与现代之间的冲突远没有化解和消失,甚至就当前的佛教研究现状而言,这种冲突而致的方法论混乱也还有增无减。就其原因,可能在于以下几点:其一,我们经过这么多年的"西化"理性思维与学术化训练,逐渐淡忘了自己的传统佛学研究方法,或者说对自身的传统方法渐渐失去了自信。可是另一个方面,我们真正建

① 《华东师范大学学报》2008 年第 4 期。

② 《华东师范大学学报》2008 年第 4 期。

立起成熟的佛教研究现代传统，所以在方法上常常陷入一种“不中不西”的局面。其二，研究者对不同研究方法之间的界限及各自的合法性仍缺乏足够的清醒自觉，在研究方法上常常厚此薄彼，从而导致了佛教学研究与交流对话的困境。其三，有些研究者对传统方法与现代方法虽有所自觉，并隐约想建立一种新的佛教研究范式，但基本上却仍停留在心有余而力不足的景况。因此，在这种分裂中，不同的解说方式也代表了不同致思理路和思想目标，来自西方客观中立的立场，丰富了佛教研究的相关成果，扩大了佛教研究的视野。但作为传统，中国佛学精神的独特性格毕竟是在其传统中形成的，一个完全丧失了传统的方法的中国佛教研究是否还能保持其自身的品格，这是一个值得思考的问题。传统的体证方法、个人的修学体验，虽不足以形成系统化之方法学理论，但是对于学术化研究的结论来说，也是具有一定的指导意义的。就历史文献学、诠释学而言，近代以来中国大陆的研究状况一直落后于日本、欧美和港台，形成这种状况的原因很多，但对文献学、外在的诠释方法的轻视也是原因之一。我们只有承认不同研究方法的合法性，并对其界限保持清醒的自觉，才能真正丰富佛学研究的成果。为此，我们应当注意以下几点：(一)佛学研究虽具有其自身的独特性，但也不能只局限于某一种固定的研究方法，(二)应当承认不同的研究方法都具有其自身的价值和目标，这样不仅有助于某一研究领域的丰富与发展，同样也有助于提高佛学研究的整体水平。(三)应该清楚地意识到不同的研究方法自身的有效性范围和局限性，不能尊己卑他，以偏盖全，更不可仅以某一种研究方法所得出的结论为“真理性”结论。保持对不同的研究方法界限及其合法性的清醒认识，可以让不同的方法的喜好者在各自的领域里耕耘，相安无事，各各发展，不妄自菲薄，也不尊己卑他。这确是当前佛教研究方法论应该提倡的局面。但建立这个新传统，的一些思路也许在于“返本开新”，所谓“返本”，是指新传统(新范式)的确立应该对于传统方法与现代方法有清醒的了解，并恢复对传统方法的自信与自觉，不确立西方学统的权威地位，并充分正视佛学内在诠释的特殊性和重要性,所谓的“开新”,是指新传统(新范式)的建立不可能完全回归传统本身,或者回到内学院式的解经方式,而是应该将其置于“古、今、中、西”的背景下进行,因为这是我们无法逃避的现代视野。因此,这种“返本开新”的整合思路,要求研究者既要从佛学整体精神出发,也应当兼顾学术与体证,教内与教外的辩证统一,还要自觉到佛教在现代发展不能是固步自封地自说自话,还应有其世界文化的视野。

此外,刘宇光发表《现代佛教研究概论》[①],对上述的一些问题作了另一种“国际化”的解释。作者说,民国的佛学研究是佛教认信者站在佛教信仰立场上所展开的、信仰式的研究,乃服务于宗教实践及宗教组织、宗教社群的成长与发展,一般可称为“教团佛学”、“僧团佛学”,甚或经院佛学式的研究。“学院佛教研究在态度上的最大特性是站在局外人或不是认信者的立场的展开研究,而”现阶段国内的佛学研究不单从未因自视佛教为中国文化一环而占任何研究上的优势,反而是这种错置而造成国内佛教与国际学界相当脱节。”作者回顾了欧美学术界与日本佛学界研究的情况,认为西方的史语法与文献学研究是一门死学问,不能展开研究。日本吸收了欧洲的研究成果,更重要是接受了其佛教研究“中立、客观”的价值判断。战后美国的佛教研究推崇“参与的观察者”方式,使研究成果变成了跨传统诠释,发展了佛教研究。所以,“英语学界佛教研究范围之广,题材多样之高,不同研究模式并存,都可以说明在以后一段时期内,英语学界在现代佛教研究上富开创性的角色会益形重要及更有主导力。”对中国佛教,作者颇有微词,认为“把汉或东亚佛学视作‘中国哲学’儒、道、释‘三教’架构内的一员,普遍见于使用汉语书写的中国哲学界的佛教研究。这一般被称为‘中国佛学’的范畴包含特定的研究模式。它在当代国际佛学界并非典型,但在华人学界中却是主流类型,尤其常见于中国哲学视野下的佛学研究,然而对于这种研

① 《历史教学问题》2008年第3期。

究模式的内在预设却罕受学界检讨与注意。此一架构不管在思想方式及文化国族主义(Cultural－Nationalism)上都有其特殊的预设,既为汉传或东亚佛学的研究带来一定困囿,不单有碍对东亚佛学的缺点进行批判性省思,同时也反过来间接加强现代中国哲学研究某些不无可议之处的既定角度。”作者特别指出:自改革开放以来,“这一阶段长达三十多年,其后遗问题至今仍未完全被解决。这主要表现在以下两个方面:(1)对于过去三十年国际佛教研究所形成的长足进步非常陌生,无法与国际的研究接轨与交流。(2)这种脱轨的现状难于在短期内大幅改善,其因由并不只是信息的缺乏或分隔,更多是源自一种迄今仍旧普遍见于内地佛教研究学人的心态,即视佛教为中国文化的一员,因而外国人没有理由比中国人更懂中国文化的错误假定。事实上以梵、巴、藏、汉四个依语种区分的佛教传统中,即使是汉传佛教也都已经超出传统中国文化范围以外,而涵盖日、韩及越南,更不要说其它。在此一错误假定下,造成不良后果之一是中国内地在梵、巴、日的佛教研究上几乎是一片空白,远远落后于欧美。由于视佛教只中国文化一员,从而欠缺对其它古典佛教语种的研究与训练,加剧了与国际学界的距离。因此,中国内地佛教研究现阶段急需的是重新建立与国际学界的学术合作及交往关系,从中吸收外界的现有成果。……中国当前的佛教研究正处于逐渐重建常态规范的阶段,除内地同仁的努力外,参考国外经验,尤其加强发展与其它华人地区佛教研究同仁的合作将有助于研究事业的进展。”

宋道发《中国佛教史观研究导论》①对中国佛教史的研究做了评论。他认为历史上“佛教史之所以不受传统史家的重视,其原因大致有以下三个方面:一自东汉以降,历代修史,皆以儒家思想为价值标准,故释、老两家皆不受重视。二、传统史家皆有夷夏之分的民族意识,佛教被视为夷狄之教而备受排斥。三、官修史书的基本史料,来源于历朝的官方文书,其中佛教方面的资料很少,且纵有佛教资料

① 《西南民族大学学报》2008年第1期。

可资采用,传统史家或对之不屑一顾,或因不谙佛教而无从措手。”而对今天的佛教史研究的局面,作者又指出:“一是研究我国古代史学理论的学者,多关注传统史学的历史观点和方法论等史学理论的研究,由于基本立场、研究方法、研究领域、知识背景等诸多因素的限制,佛教史观很难进入他们的视野。……二是研究佛教史观必须具备两方面的素养,既要深谙佛教教理,又要熟稔佛教史籍。佛教学者之中,擅长教理者往往不谙史传,穷研史传者大多不通教理,故而在佛教史观的研究上,始终难以有所作为。”作者还特意强调,“借鉴西方的史学理论与方法,诚然有其必要,但并非佛教史学研究的最佳路径。……就佛学研究方法而论,笔者赞成太虚大师倡导的,同时也是佛教长久以来视为根本的‘解行相应’法。”

李正宇《敦煌佛教研究的得失》,[①]回顾敦煌佛教研究的整个过程,认为可以发现以往学者多是按照规范进行描摹,塑造出一个理想型的敦煌佛教。少数敦煌学家近年来虽已指出吐蕃统治及归义军时期的敦煌佛教颇有不合经、戒的世俗化倾向,但仍未能对这一时期敦煌佛教的特性作出明确的判断。实际上,8 至 11 世纪的敦煌佛教不仅仅只是具有世俗化的倾向,而是已经变成与佛教规范背道而驰的世俗佛教,体现出一些较以往明显不同的特点。因此有必要重新改写以往出版的中国佛教史及敦煌佛教史。作者强调,中外佛学家撰写的《中国佛教史》所描绘的那种合经合戒、超世脱俗的理想型佛教,至少从隋唐以来已不存在,隋唐以来的我国佛教,无不是程度不同的入世合俗的世俗化佛教,以往那种用经、戒规范当模具铸造出来的所谓“中国佛教”,其实是脱离实际的,与中国佛寺实际情况、与僧侣及广大信众信行实践都相去甚远,作为中国佛教史,不顾中国佛教寺、僧侣及广大信众的信行实践,只按照佛学义理的匡范加以取舍,用模具铸造出的所谓“中国佛教史”,并非真实存在,不能令人信服。佛学史或正统佛学思想发展史虽然与佛教史有相当的关系,却并不

---

① 《南京师范大学学报》2008 年第 5 期。

等于佛教史,更不能用来取代活生生的中国佛教史。

佛教研究的方法论一下子引起了如此众多的人来关注,这不是偶然的,它应是近三十年我国佛教研究发展的必然结果。现在我国的佛教研究到了一个关键时期,未来的佛教研究应该如何走下去,特别是在全球化与国际化的背景下,大国中国的佛教研究也要伴随着大国的地位而走向世界佛教研究论坛。在这个背景下,佛教研究的方法在过去并不引起人们的关注,学者只要自说自话就可以了,其讨论也只是在一个固定的圈子内就可以完成。但是随着佛教界和佛学界国际交往的增多,与国际学者的研究成果也正在发生碰撞,以往的自说自话式的研究肯定已经不适应中国学者的要求,如果中国佛教研究要走向世界,取得话语权,就必须与国际接轨,因此方法论成为学术研究的瓶颈,只有突破这个瓶颈之后,中国的佛学研究才能走向世界。

上面各位学者的看法,并不是没有道理,但是从全局上来看,中国佛教研究要走向世界,方法论的使用固然重要,但是更重要的是中国佛教的研究资源独特,有特殊的研究价值,所以才会引起外国学术界的注意,对此加以研究。

世界佛教研究史告诉我们,西方国家对佛教的研究最早是从印度文化系统开始的,以后才扩及到中国汉藏两大系统。佛教最早被西方学者注意,予以研究,是因为西方列强出于殖民统治的需要,所以最早开始研究佛教的人,并不是学者,而是在殖民政府担任公职的一些官员。以后,这些研究成果被介绍到欧洲之后,于是才有学者的介入,并且作为一种学问进入了学者的案头。其次,西方学者囿于研究的条件,只能做一些最基本的基础工作,而这种基础的工作就是文本的研究,从史语学或文献学的角度进行切入,由此形成了西方学术研究的风格。但是随着研究的深入,文本的研究不足以表达一种完整的学问时,作为文化的背景及其与之有关的历史研究等开始进入学者的视野,所以西方学者的研究是在特定的情况下形成的,其根本原因就是在于西方人不懂东方人的文化,只好在语言学方面做一些基础的研究。这也是为什么最后史语法的研究成为死胡同的原因，也是后来佛教诠释学发展的最重要的动因。

中国的佛教研究，古来就已有之。传统的"我注六家"或"六家注我"一直是中国佛教研究的最基本方法。研究佛教的目的，一是要对教义理论进行提升，二是对佛教的思想予以总结，三是忠实记载佛教的历史与人物的贡献。四是要提高本宗本派的地位。所谓的"内在理路"，或是"护教学"还是"返本开新"、"解行相应"等无一不是围绕这些目的服务的，这些目的至今仍然是不同立场佛教学者研究的方向之一。近代以来，西方学术研究的方法引入我国，按照西方学术研究的路数来研究佛教，使学者们在模仿与创新之间走过了一段漫长的路程。早期的中国学者主要是按照西方的学术概念对佛教的基本理论与概念进行解构，这一时期所谓的创新，就是佛教研究的西方学术化。进入上个世纪下半叶，中国学者在掌握西方学术研究的方法之后，开始有了创新性诠释与理解，出现了一些成果，但是这些成果由于没有脱离西方的樊篱，因此也不能产生影响，相反的倒是仍然用传统方式来研究佛教的著作，反而成为世界学术名著，像汤用彤先生的《汉魏两晋南北朝佛教史》一书，并没有因其缺少西方研究的路数而不受人重视，反而获得了各国学者普遍的好评。

《汉魏两晋南北朝佛教史》一书的研究之所以能够成为学术名著，是在于它的翔实资料和细密考证，以及旁征博引的内容，与他采用的所谓的方法论是没有什么必然联系的。该书突出了中国学术特色，这个所谓的特色，就是该书所呈现出的民族性，也正是因为这一点，才引起研究佛教史家的好评。这也就说明，中国的佛教研究，既要有学术性，更重要的是要有民族性，如果该书仍然沿用西方学术研究的范式，则不会得到各国学者的重视。从中国佛教的历史来看，佛教传入中国就与中国传统文化发生了相结合的现象，随着中国佛教的发展，这种结合的现象越来越频繁与显著，具体地说就是"儒释道"三者之间的相互融合。如果不承认这一点，就无法对中国佛教进行研究，所以凡是研究中国佛教的学者，都强调佛教与传统文化之间相结合与碰撞的重要性，换言之，不懂三教就无法将佛教研究深入下去，那种强调要脱离"儒释道"三种文化构架下，或者脱离中国文化的氛围下而进行独立的中国佛教研究，实际上是不可能的，也是无法去完成的。

关于中国佛教研究与世界佛教研究接轨，这里有一个事关话语权的问题。过去由于中国佛教的影响，以及汉文方块字的使用，包括古汉语的训练等等原因，外国学者对汉语系佛教是陌生的，也是难于掌握的。近年来，一些国外学者开始注意汉语的学习，同时对中国佛教史的把握也逐渐到位，所以他们的研究成果正在崛起，但是也暴露了一些缺少常识的情况。举例来说，"顿渐"之争是禅宗史上的一个显著点，历来南北两宗之争就是南宗主顿，北宗主渐。一些学者认为一位美国学者曾经谈到禅宗北宗也有"渐"的观点，并将此奉为新意，加以推崇。但是凡是学过佛教史的中国学者都知道，佛教的认识论是顿渐不二的，这在禅学或禅宗的经典里面有非常多的表述，因此不能仅因为北宗的著作里面讲到了渐，就说它是一个新发明。作为一位外国人来说，我们尚可以原谅。如果作为一位中国学者而加以推崇的话，则显得有些无知了。所以，这里就牵涉了话语权问题，中国佛教研究要与国际学术接轨，重要的还在于话语权的使用，如果不重视这一点，则中国佛教既不能接轨，也无法走在世界佛教研究的前列，只能跟在别人后面学舌，没有一点主动权。而话语权的使用，还是要来自于基础的资料，具体地说，就是要将原典读懂，日本佛教由于受到中国佛教的影响，故日本学者在这方面很少犯错，他们的研究成果经得起检验，因此在中国学者的眼中，日本学者的成果更加受到重视。

笔者认为，既然谈到研究中国佛教的方法论，首先要把现在的研究成果掌握之后，再做结论。关于学者谈到的梵、巴、藏、日的佛教研究问题，现在的我国学者也不是没有成果，但是这些成果由于是按照西方的路数，跟在别人的后面仅做一些简单的注释，当然是不会产生影响的。熟悉中国佛教译经史的人都知道，中国佛教界是最早引进并翻译印度梵文的经典,宋代以后,中国佛教僧人之所以不再去印度,一是印度的佛教正在受到毁灭性的打击,二是佛教的重要经典已经被中国人翻译出来,三是中国民族化的佛教已经建立,所以在中国人的眼里,没有必要再去寻找梵文原典。中国佛教界一直有着严格的译经翻译程序,道安与玄奘都强调这一点,所以中国的译经是非常严格的,至今还没有人指责古人的译经是不按程序的。现在西方学者所见的梵文原典,基本上都能在中国佛教的译经中找到,曾经有过学者核对过梵文原典,得出的结论是符合经典原意。如果真是这样,就没有必要再去重新校译原典,这就是为什么中国人不去再做梵文原典的工作。关于巴利文经典的研究,在我国确实研究的人不是很多,成果寥寥。虽然原因有多种,但是最主要的是其影响太小,在中国信仰上座部佛教的人,只在云南边陲地区的一些少数民族里面,学者更注重的是对中国传统文化产生重大影响的汉传佛教。此外,在中国译出的佛经中,其中有相当一部分经典的内容是与巴利文佛教经是重合的,例如巴利佛教最重要的经典《清净道论》在汉译本里就有《解脱道论》,一些没有译出的经典,主要是一些用僧伽罗文写作的佛教的注释。近年来,一些治巴利文的学者又陆续译出了一些包括《清净道论》这样的著作,可以说,中国的学术界还是对巴利佛教是有了解的,而对巴利佛教的现状,国内也早有博士论文出版。对藏传佛教来说,国内对这方面的研究已经有百年的历史,就藏文经典而言,学者的注意力主要放在藏文佛教史书与一些重要的经典,由于藏文大藏经里也有很多经典与汉译佛典的内容相同,故这些相同的经典,学者们没有再做过多的研究。日本佛教一直是国际佛学界的一支重要力量,同样我国学术界从刚开始引入西方治学方法时,就译介了大量的日本学者的著作,这种翻译过程一直没有停过,而作为历史上中日文化交流的主要内容—— 佛教,也是学者研究的最重要部分,但是也应该指出,中国学者更重视的是与佛教有关的部分内容,就像日本学者研究的更多的是隋唐至宋的佛教,因为这一部分佛教与日本文化有着重要的关系。由此可知,中国学术界并不是像个别学者想象的那样对国外非常陌生，也不是对国外的佛教没有研究，平心而论，应是中国佛教学者关心的重点内容不同，所以研究的成果也不一样。

当前，中国佛教的研究已经成为人文科学中最重要的内容，经过几十年来的中国学人的努力，中国的佛教研究已经取得了不少重要的成果。与国外学者的成果比较的话，中国人写作的某些佛教学术研究专著已经达到了国际研究前沿，特别是宋代以后的佛教研究，中国的研究成果应在国际佛教研究界上也走在了前面。笔者曾经读到美国人写的研究近代中国佛教著作，其中连中国佛教会与中国佛学会都没有搞清楚，而这两个组织非常重要，因为它是太虚与圆瑛两人改革派与保守派的标志，如果连这种基本史实都没有弄清楚，也就说明了国外学者的成果是不靠谱的。总之，中国佛教研究应有自己的特点，中国佛教界与国外接轨，方法论的使用固然重要，但更重要的是话语权的问题。

中国佛教思想的研究，一直是中国学术界的一项强项。惟善《试论九定与解脱的关系——依说一切有部的观点》[①]，依据梵文资料，试图从说一切有部的观点出发，论述九定或等至与涅槃解脱的关系。认为“九定/等至”就是四禅和前三无色定，再加未至定和中间定。修行者只要依靠这九定中任何一定，断除三界烦恼，就可以获得解脱，而依靠最高的非想非非想定并无能力断除烦恼，从而获得解脱的机会，因为在此定境中没有无漏道。修行者只要获得九个等至的任何一个，如果没有断除烦恼，就会投生到与此定相应的天界中去，投生天界还是获得解脱，主要看修行者修定时是否能够断除三界烦恼。佛陀的教法，没有“定”就没有解脱和涅槃可言。在这些“定”或等至中，前七等至或九等至（包括未至定、中间定）在修行过程非常重要，尤其是第四禅，如佛和他的弟子都是以他们的身教和言教告诉我们，修习是获得证悟和走向涅槃的重要之道。徐明生《“承负”与

① 《世界宗教研究》2008年第4期。

"轮回"—— 道教与佛教两种果报理论的比较》[①]指出道教的果报观"承负说"呈现出道德他律,伦理本位,现世果报的特点。而佛教的"业报轮回说"则体现了道德自律,个人本位,追求出世的特征。他们都否定宿命论和命运偶然论,在道德教化即劝善的价值目标上趋于一致。圣凯《摄论学派与早期华严宗的形成》[②]认为,摄论学派对《华严经》的研究,是以昙迁为中心人物而展开,智俨的师承,杜顺、达法师、法常、灵辨、静琳、智正,后四人皆受教于昙迁,都具有融合《摄论》与《华严经》的学风。昙迁的《亡是非论》阐明"亡是非"、"无心"与"性起"观念中的"离相"、"不起"等观念相合,所以能够"顺性起"。智俨是针对《瑜伽论》、《成唯识论》为三乘始教,而强调《摄论》为三乘终教,但是他又将《摄论》置于"从始入终"的位置,唯识学经过《摄论》的中介作用,最后进入《地论》、《起信论》的终教。法藏通过接受摄论学派的"三无性同一无性",而提出"三性一际",最后归入《起信论》的如来藏缘起,建立了"法界缘起"。朱岚《论儒佛孝道观的歧异》,[③]以报恩为理论根基,强调佛教孝道始终保持着自己宗教伦理的基本特色,从而在孝道内涵、孝道境界以及行孝方式上与儒家孝道发生了歧异。总体上看,佛教孝道的慈悲、平等精神,与儒家孝道对尊卑上下等级秩序的追求形成鲜明对比,佛教孝道浓厚的出世、宗教色彩,也与儒家孝道世俗、人间的面貌大相径庭,并由此而成为对儒家孝道的重要补充。乔宇《印光儒释融通思想》[④]认为,印光顺应时势,提倡儒释融通,尝试改良道德,成为太虚倡导的"人间佛教"之外的另一股重要的变革思潮。印光在前人努力的基础上,把"孝道"作为儒释二教伦理之根本,提倡信众过一种宗教修习与奉行孝悌融合在一起的生活化的宗教生活。又把"佛教以孝为本"的

① 《江苏科技大学学报》2008 年第 2 期。

② 《宗教学研究》2008 年第 1 期。

③ 《世界宗教研究》2008 年第 1 期。

④ 《兰州学刊》2008 年第 6 期。

“孝道”提升为佛教根本精神的思想,改变印度佛教的传统,体现了佛教伦理对于中国主流传统的儒家伦理的妥协与适应。可以看出,他实质上已经把原先置于宗法等级制上的“孝”改造成建立在佛教“众生平等”基础之上的对于众生“慈悲心”了。“孝”的对象不再局限于亲人,且包括六道中所有的众生。对于一切生命,都要尊重和爱护。他实际上把佛教的“三世说”、“因果观”、“轮回说”等宇宙观、世界观的学说糅入儒家的“孝道”理论中,使佛教的“孝道”成为充塞天地的真理,人人都应遵守的不易法则。在他看来,这基于慈悲之心的“孝道”在理论上远远胜于“事亲事君”的“孝道”,在伦理实践中比儒家的“孝道”更具有实施教化的功用。从社会背景看,印光把“孝道”作为儒释融通之根本,这与自清入民国,僧人素养不高、知识分子研究佛学蔚然成风,形成佛学在居士不在佛门的局面有很大的关系。印光提倡一种修行与尽孝相结合的方式,认为这更有利于维护社会安定和佛教的长远发展,传教的需要,还试图从佛教的角度用佛教的因果观来解释儒家的经典,《洪范》的“五福六极”素朴的天命说被他改造为“实则天亦无权,不过随彼所作之善恶而畀之。“这样,实施报应的权力由上天的手中转移到道德行为的主体自身。又说:“五福六极,实际前生之善恶因,及现生之善恶果也。”这使赋予了中国传统报应说以三世、轮回等印度宗教哲学的意义。在看似平白的引用儒家的经典过程中,印光实际上已经在用佛理对儒典实施无声息的改造了。印光认为儒家的“圣人之心”主要在于“空”,与佛教的“性空”想契合。这样,佛陀的教法、法统与儒家的道统就都以“空”的理念为共同的传承内容,从而达到至诚无妄、空空如也的心境,也就成为僧人与儒生修习的共同目标。“圣人之心”的“心性说”的佛教实质,事实上印光还是以佛教的“如来藏佛性说”进一步阐释儒家的心法,使得儒学进一步佛学化,在这个意义上,“圣人之心”,也就是“真如佛性”。

当前宗教立法的研究已经成为一些学者的关注点,然而在中国古代已经在这方面做了不少的论述。李放《南北朝时期佛教对法律思想的影响》[①]认为,南北朝佛教冲击了儒家的忠孝、丧葬和等级观念,促进了女性社会地位的提升,为传统法律注入了平等因素。佛教对犯罪起到了教化和惩戒作用,增强了法律对人的生命的重视,并影响了立法者的思想。武宝宁、吴硕《〈唐律〉对僧道法律规定及其特点》[②]指出,《唐律疏议》中有关佛道教规定和当时宗教、政治的关系很密切,唐代统治者采用的统治方式是政教分离的世俗专制,唐代帝王决不允许宗教来削弱皇权,佛道教不在唐朝政权中占统治地位,国家法律不既适用于凡人,同样也适用于僧道。在这种情况下,《唐律》中的绝大部分内容均适用于僧道,只是一些较为特殊的方面才加以专门规定。故而在集大成的《唐律》中有关佛道教的内容就相对较少,同时也影响到此后宋、明清的相关宗教立法。释印顺《构建"人文佛教"平台,努力探索和践行现代寺院管理模式》[③]强调中国佛教从近代以来,一直在努力探索佛教改革,至今已经有近一个世纪。改革开放以来,虽然中国佛教有了迅速发展,"人间佛教"思想已经深入人心,然而佛教界不断地被各种问题困扰,特别是寺庙管理一直成为中国佛教发展的瓶颈,如何解决这个问题,让未来的佛教走上可持续的健康发展道路,各个寺院都在做出摸索与尝试。他介绍了弘法寺在寺庙管理与制度改革方面理念和具体做法,特别注意将古代的传统与现实相结合,以此来作为寺院管理改革的主要依据,并从理论与实践的视角,阐述了两者之间的关系,因之具有典型意义,为未来的佛教发展,作出一些可贵的理论探索。高华平《论佛教对中国古代文学体裁的影响》[④]认为佛教作为一种外来文化,不仅曾深刻地影响了中国文学的思想与题材,而且还曾深刻地影响了中国文学的体裁形式。这种影响主要表现在:1、它促进了中国古代文学旧文体

---

① 《船山学刊》2008年第3期。

② 《延安大学学报》2008年第5期。

③ 《世界宗教研究》2008年第4期。

④ 《世界宗教研究》2008年第1期。

的“新变”;2、它为中国古代文体园增添了许多新的品种;3、它极大地推动了中国古代俗文体的发展。考察佛教对中国古代文学体裁的影响,不仅可以帮助认识中国佛教文化的历史,而且对我们今天的中外文化交流和融通也具有重要的意义和启示。

佛教在历史上曾经起到过促进民族团结的作用。孙昌武《十六国时期的佛教与民族大迁徙与大融合》,[①]指出十六国时期佛教在中国汉地弘传已有相当基础,这些政权大都优遇僧人,礼佛斋僧,盛建塔寺,组织佛典翻译,支持佛教发展。这样,民族迁徙与融合促进了佛教的传播与兴旺,为此后中国佛教的繁荣昌盛奠定了基础,而佛教又成为联结与融合各民族精神纽带,各少数民族接受汉地文化的津梁,从而对于各民族交流与融合,对于中华民族大家庭的发展与巩固,作出了贡献。赵毅、刘庆宇《清建国前女真族之佛教信仰》[②]认为佛教文化对女真人的影响是实际存在的。这种影响根基于金代女真人的佛教信仰和明前期对女真人的佛教阐扬。佛教文化的影响体现在女真人生活的方方面面,对这种影响的正确认识,有助于我们理解努尔哈赤于建国之前一年(万历四十三年)先在赫图阿拉建筑寺庙的不同建寻常的行为。佛教是女真人多元信仰之一种,这种因素在女真建国后,随着女真文明的发展,而日益增强,并最终成为后金—清王朝宗教信仰的历史背景,影响了未来的后金—清王朝的佛教政策。

李普文《唐释彦(宗)与隋彦琮考辩》[③]指出,隋释彦琮,唐释彦宗,时代既异,迹亦不同。彦琮著译,阐扬佛理。彦宗编撰,维护佛风。各有撰述,不可混同。黄夏年《浮山华严寺朗目禅师评传》[④]根据现存的史料,对朗目的生平事迹及其思想作了评述。现在学术界

---

① 《中华文史论丛》2008 年第 3 期。

② 《史学月刊》2008 年第 9 期。

③ 《宗教学研究》2008 年第 1 期。

④ 《江淮论坛》2008 年第 2 期。

研究的薄弱之处是明初与明中叶的佛教研究几乎是空白,此文在这方面作了补充。作者指出,朗目的史料主要载于云南鸡足山僧彻庸编《曹溪一滴》里,书中收入了朗目的著作《浮山法句》。吴应宾撰的《浮渡山大华严寺中兴尊宿朗目禅师塔铭并序》是朗目生平最翔实的资料。朗目本智的生平最大的亮点是在当地长官刘东星的支持下,重新修复华严寺,并在京城形成了一个"浮山优婆塞者"群体,在全国拥有广泛的影响。朗目的思想主要表现在:(1)华严与禅融汇思想。(2)禅思想。(3)禅净合一思想。(4)主持正义,不唯权势的思想。朗目禅师既重视经教又提出要实修,用华严融禅,提倡禅净合一,身体力行从事实践的活动,在当时佛教界里树立了一个好的榜样,为扭转当时的风气发挥了自己应有的作用。

曹刚华《明代佛教方志及作者考——〈全元文〉补遗》[①]补了《全元文》漏收的十篇文章,皆为佛教文献,有一篇谈到了"也里可温",对元代的佛教和也里可温教研究是有价值的。曹刚华《融合中的变化:传统史学与中国佛教方志的发展》[②]认为传统史家对佛教方志的争议,主要集中在中国佛教方志性质的问题上。佛教方志到底是属于佛教文献,还是属于史书?传统史家在为佛教方志定位时意见不一。传统史家对佛教方志是赞赏的少,批评的多。究其原因,主要是佛教在整个中国古代文化体系中处在尴尬地位。儒学是中国古代立国之本,无论是政治经济,还是文化学术,都是在儒学基础上发展而来。佛教是融合于中国古代文化的一种外来文化,仍然处在政治文化的边缘。政治上历代帝王多数采取的以儒家为主、佛道为辅的三教融合的政策,文化学术上传统士人多将佛教融入到以儒家为基础的知识体系中,多站在儒家学术的角度评价佛教文献。在这种学术大背景的影响下,传统史家多以"有资考证"、"实录"、"文风雅训"等标准审视佛教方志的编撰。凡是达到这几个标准的,大加欣赏,反

---

① 《黑龙江民族丛刊》,2008年第6期。

② 《世界宗教研究》2008年第4期。

之，则严厉批评。中国佛教方志自形成之时就注定了它的二重性。一是印度佛教本身的思维、理论是构成中国佛教史学的因子之一，如佛教史家运用佛教垂迹论、因果论、三时论评价历史人物，品谈社会历史变迁。但这种宗教性也决定中国佛教方志中的某些荒诞性、神秘性色彩，迟滞了中国佛教方志的发展。而给予中国佛教方志新生命与力量的恰恰是中国传统史学。在厚重的中国传统史学影响下，佛教史家自觉、实用地借用资世存史、体裁体例、实录直笔、人物评论等概念，编撰传统史学化的佛教方志，促使了中国佛教方志学的全面发展。林观潮《费隐通容〈五灯严统〉的毁板与日本重刻》①指出《严统》在中国遭受毁灭性的打击，却在日本获得了新生。它的命运反映着中日佛教文化交流的时代背景。费隐以发扬光大临济宗天童派为己任，志在振兴禅宗。他尊崇正统而追求纯粹，卫道心切且性格刚烈。在法门内外，他与同门师兄弟、曹洞宗僧人，与天主教徒等展开过许多论争。在这些论争中，《严统》诉讼是突出的一件。纪华传《永觉元贤〈鼓山志〉及其文献价值》②指出，元贤的《鼓山志》在清初编纂刊印以后，一直没有广为流通。清修《四库全书》仅有存目，未收全书，国家图书馆等处所收藏的此书均为残本。现藏于中国社会科学院世界宗教研究所的，为品相极佳的足本，最早被清初藏书家汪宪收藏，乾隆修《四库全书》时呈于朝廷，又辗转藏于八千卷楼、江苏省图书馆，再流传至民间。该书除了具有重要的版本价值外，内中题记、钤印等亦极为珍贵。本文考察了历代编修的鼓山寺志的内容和存佚情况，对元贤的流传和撰述时间进行了考证，并在标点校勘该书的基础上，与黄任的《鼓山志》的内容加以比较。

吴慧《"北斗八女"考—— 另附汉译密教佛经中南斗北斗之汉化分析》③认为汉译密教佛经中直接以北斗为题材的经文集中出现

① 《世界宗教研究》2008 年第 3 期。

② 《世界宗教研究》2008 年第 2 期。

③ 《世界宗教研究》2008 年第 2 期。

在盛唐,比对相关文献考“北斗八女”并非“北斗七星”之讹写,其背后是道教的北辰北斗崇拜对密教的影响。僧一行撰写的《北斗七星护摩法》,可从中看出密教经文在北斗崇拜上的进一步汉化:不但形式上更接近道教经文,同时此经中首次出现对“火星入南斗”这一传统天象的禳灾之法,是将中土星占内容融入密教佛经中的一条明证,也是天文学家身份的僧一行特殊的综合工作。金刚智的译文,保留了唐以前道教对密教在北斗崇拜上的影响,而僧一行的工作,是对密教佛经的二次汉化。对这一过程的分析,有助于辨别北斗经文的成文时间上的前后顺序,也有助于理解史传及笔记故事中北斗所具有的丰富内涵。

温玉成《谈王崇仁藏佛舍利五重宝塔》①强调王崇仁所收藏的“佛舍利五重宝塔”,的确是一件辽代前期(十世纪下半叶)契丹民族所创制的一件国宝级文物。它使人们对辽代前期佛教文化面貌有了新的认识,表明契丹民族在极力继承、吸收中原汉民族文化(如八角塔式、天王形象、龟趺的使用等)的同时,又充满了探索与创造精神。它把萨满教巫术与佛教信仰融合为一体;把契丹人的葬俗与佛舍利保存融合为一体。这使宝塔具有了鲜明的时代烙印和独特的文化内涵。杨健《乾隆朝废除度牒的原因新论》②认为清人俞正燮推断“摊丁入亩”的赋役制度改革是乾隆朝废除度牒制度的原因,学术界至今沿用此说,似成定论。“摊丁入亩”是废除度牒制度的必要但非充分条件,是外因(四个条件)之一。度牒制度被废除的内因是乾隆帝利用该制度裁减僧人所导致的五个矛盾。内因(五个矛盾)和外因(四个条件)结合起来才是乾隆朝废除度牒制度的真正原因。戴晓云《北水陆法会修斋仪轨考》③强调由于种种历史原因,北水陆法会的修斋仪轨长期失考在佛藏外,因此近现代学者们对水陆法会(包

① 《世界宗教研究》2008年第3期。

② 《世界宗教研究》2008年第2期。

③ 《世界宗教研究》2008年第1期。

括图像）研究时未把南北水陆分开，而是笼统以《法界圣凡水陆胜会修斋仪轨》作为举办水陆法会的唯一参照和研究现存明清水陆画的文献依据，现代水陆法会均以《法界圣凡》为举办依据。作者认为，《天地冥阳水陆仪文》即为北水陆法会的修斋仪轨，从而找回了失传多年的北水陆相关文献。

此外，谭志词《侨僧拙公和尚与"拙公禅派"的传承关系与思想》[①]介绍了 17 世纪越南禅宗拙公派的传承及其禅法思想，指出了该派的禅学思想以"三教合一"、"禅净双运"、"心即是佛"为主。越南的佛教来自于中国，但是中国的学术界对这方面情况了解不多，所以这篇文章对中国学者的研究无疑有重要的帮助。

通过以上综述，可以看出，现在我国的佛教研究仍然有着强劲的势头，学术界的反思也在深入，特别是方法论的反思，促使学者们作出了更多更好的思考，必将有助于中国佛教研究与国外学术研究接轨。其它的研究也有所创新或深入，例如蒙古藏传佛教的研究，出现了很多文章，这些都是过去所少见的情况。

---

① 《八桂侨刊》2008 年第 3 期。

道 教 研 究

中国道教研究 30 年

刘仲宇

近 30 年来，是中国各项学术研究蓬勃发展的 30 年。就道教研究而言，研究氛围的自由，研究队伍的成长，研究成果的大量涌现都是此前未曾有过的。应当说，这是沾了改革开放的光，同时也是在道教研究的前辈足迹之上开始的新旅程，是中国人长期积累的学术能量在新的条件下渐渐释放的结果。从研究的环境说，30 年来的中国道教研究与开放联系在一起，国外的研究动态，常常引发国内的学术脉动，其研究的方法，也常受到国内学者的重视。不过限于篇幅，我们将目光集中在国内的研究状况，而将与海外学术界的交流看成一种背景。

回顾 30 年来的道教研究，差不多经历了恢复、发展、大面积丰收和范式转换开始的几个阶段。在 1978 年，道教研究还几乎处于完全停顿的状态，经 20 年后，迄至上世纪末，研究论文达到二千五百余篇，论著及相关的工具书近二百五十部，论文数以千计。不过，这 30 年来的道教研究的起点，也并非一张白纸，而是有过数十年的学术积累。所以我们在谈论近 30 年的中国道教研究时，切不要忘记了前辈学者的贡献特别是他们在许多领域中的开创之功。我们的叙说也要从他们所奠定的基础开始。

20世纪的道教研究成果十分喜人。比较佛教研究，中国的道教研究起步较晚，投入的力量相对也较小，但是，其进步却相当快。

20世纪的道教研究，可以分为这样几个时期。最初的两个10年，是其发轫；30至40年代末，是成熟期；50年代至70年代末是从缓慢发展至几近停滞期；80年代以后进入恢复和发展期；90年代以后进入全面收获期。

一、30年道教研究起步时的基础

中国的道教研究起步比起佛教研究来要稍晚一些。20世纪以前，在传统的学术中，除了道教界自己的史、传之类，儒学中人很少涉足道教研究，即使史书中偶或有所牵涉，也常是因为个别道教徒与一些皇朝史事相连，单独的道士被列传的少之又少。具有近代学术意义的道教研究，实际上是从上世纪初开始的。

从1900年至1920年，可以说是道教研究的发轫期。在这一期中，国内学者开始对道教作了零星的评论，其中一些人则作了综合的思考。如辛亥革命之前，刘师培对道教经典作了若干探索，撰有《读道藏记》（作于1910）；辛亥革命之后，章太炎对道教的渊源作了思考，曾作《黄巾道士缘起说》（《检论》卷三），认为“黄巾道士”“斯乃古之巫师，其术近出墨翟，既非老庄，亦非神仙之术也。”鲁迅于1918年致许寿裳的信中提出“中国根柢全在道教”的断语，尽管语焉不详，人们可以作出不同的理解，但这是对道教在中国文化中地位的思考的开始，可以看到新文化运动的代表人物已经注意到了对道教的研究。不过，这一时期的道教研究，还是整个国学研究中不太突出的一个成分，还没有什么特别的地位。

1921年以后，到1949年可以说是道教研究的成熟期。这一时期，将道教作为一个整体的研究方式，得到普遍认同，从发轫期的厕身于笼统的“国学”之中有很大不同。其中突出的成果，在道教史和道教典籍的出版和探索两个方面。1921年，《长春道教源流考》发表,是在近代刊物上发表的对某一道派研究的完整著作。以后,对道教尤其是道教史的研究陆续开展而且获得了相当丰富的成果。这一时期,出现了几部具有填补空白和开拓意义的《道教史》,包括许地山《道教史》上(1935),傅勤家《中国道教史》(1947,傅氏先有《道教史概论》,商务印书馆,1935年印行,但不及本书影响大),另有刘鉴泉《道教征略》(《图书集刊》,1948)。同时地域或断代的道教史研究也开始出现。1936年,陈寅恪发表《天师道与滨海地域之关系》(《中央研究院历史语言所集刊》第三本第四分册),首开从文化地理学视角探讨天师道之例。陈垣《南宋初河北新道教考》(1941)则第一次以区域及断代的研究方法用于道教。前面提到的《长春道教源流考》则是近代道派史研究的先河。在道教经籍的研究中,一个重要成果是影印明《道藏》和《续道藏》。1923年至1926年,上海商务印书馆(以涵芬楼的名义)取北京白云观藏明《道藏》、《续道藏》影印改经折本为线装本,每部分装1120册,共印350部。这一举措,使秘在宫观的道教典籍能为一般学人所利用,对于道教研究的开展,无疑是极大的便利。这一期中,直接从《道藏》中觅取研究资料者比起前一期来大有增加,像陈撄宁、曲继皋、顾颉刚、翁独健、陈国符等都曾研读《道藏》,并有著作或编成工具书。如曲继皋于1931年与顾颉刚在崂山太清宫阅藏,撰成《道藏考略)(惜乎未及行世,只有稿本藏天津南开大学图书馆),翁独健于30年代编成《道藏子目引得》,为哈佛燕京学社所组织编写的"引得"中的一种,系道藏书目的索引。而其中影响最大的一部书,是陈国符先生的《道藏源流考》。陈国符本来攻读化学,但在德国留学期间,因"病道书记载缺略,源流不彰",即开始搜集资料。回国任教后又继续深入探讨。1942年任教于昆明西南联合大学时,始于北京大学文科研究所读《道藏》,复经走访藏有《道藏》的宫观、公私图书馆,始成《道藏源流考》一书,对道藏经的来历、分类等作了前所未有的详细分析、介绍,其中许多结论直至现在仍为学人肯定。这一时期,也开始有人对道教的现状作初步的调查,比较著名的是日本小柳司气太在1921年后多次到北京白云观考察,撰成《白云观志》。此虽然出于日本人之手,但这是一个对道教的实证调查和文献研究结合的开始,对当时及后人的研究皆有一定影响。

这一时期,曾先后出现过两份道教研究的刊物,它们是《扬善半月刊》与《仙道月报》,皆由上海翼化堂书局出版。翼化堂是专出"善书"的机构,但这两份刊物曾先后由陈撄宁先生主持编政,因此突出了对道教"仙学"的研究。尽管出刊时间不长,皆因时局变化而停顿,但它们是近代道教刊物,也是后来各种道教刊物的先驱。

应当指出,这一期的研究,是在条件极为艰苦的环境中展开的,其间经历了北伐战争、第二次国内革命战争、抗日战争和解放战争,国内局势极不稳定。所以其研究成果的得来,特别不易。

50年代至70年代后期是道教研究从缓慢发展到几近停滞的时期。

1949年,中华人民共和国成立。由于建国后政治运动不断,从50年代后期起党内"左"的思潮开始抬头,由此影响了正常的学术研究的开展。所以进入50年代后,道教研究进展甚为缓慢。这种缓慢不仅表现在老专家们的成果难以发表,还表现在几乎没有新人投入道教研究。尽管如此,在1966年以前,还是有一些研究成果发表。其中著作较重要的有王明《太平经合校》(中华书局,1962),为系统整理初期道教经典《太平经》的力作,同时也引发了更多的关于《太平经》的讨论乃至争鸣。另外,陈国符《道藏源流考》于1962年出增订本,在对1949年版作少量修订的基础上,增补了《道乐考略论》、《南北朝天师道考长编》、《中国外丹黄白术考》等,是这一期中重要的成果。这一期中大陆学者论文数量甚少,约有50余篇。其中比较重要的有陈寅恪《崔浩与寇谦之》(《岭南学报》),王明《试论阴符经的唯物主义思想》(《哲学研究》1962.5)、喻松青《老子与道教》(《光明日报》,1962.5.25)、《道教的起源和形成》(《历史研究》,1963.5)等。在这一期中,围绕《太平经》的评价,曾发表过多篇论文,引发很大的争论。其中主要的内容,是关于《太平经》与农民革命的关系。学者们的观点各不相同,但是,大家都普遍采用阶级斗争、阶级分析观点研究道教的表现,是这一期大陆学者的研究方法中比较有时代特征的现象。

另外,这一时期的研究也涉及到道教与中国科技史、医学史的养生学等领域,取得一批成果。

道教界的情形,自1956年中国道教协会成立,对于开展学术研究有过一些计划,著名的道教学者、第一届中国道协副会长、第二届会长陈撄宁先生曾主持过一些研究,其中的大部分成果被收集在《道教与养生》(华文出版社,1989)一书中。中国道教协会还编有《道协会刊》,内部发行,为当时宗教界唯一的内部刊物。陈撄宁的若干成果如《〈老子〉第五十章研究》、《南华内外篇分章标旨》和《论〈四库提要〉不识道家学术之全体》就发表在上面。但是好景不长,"文化大革命"的爆发,结束了刚开始的好势头。

1966年6月初,《人民日报》发表《横扫一切牛鬼蛇神》社论,"文化大革命"迅速在全国范围内展开。一些老专家在"文革"中,有的被当成"反动学术权威"加以迫害,即使幸免于难,也噤若寒蝉,没有权利也不敢从事学术研究。因此,大陆的道教研究一度处于全面停顿。

在此同时,台湾香港等地的学者,却在道教研究中取得一定成绩。所以这一期从全国来说几近停滞而未全部停滞。

就这一时期而言,台湾和香港学者的研究成果数量超过大陆学者,其中有不少是有重要影响的成果。饶宗颐《老子想尔注校笺》(香港大学,1955)是当地学者对道教经典研究的重要成果。自1965年起,台湾萧天石主编《道藏精华》,由自由出版社陆续出版,至1974年,共出17集,收录道书800余种,其中不少是明《道藏》未收书,多数是明清直至当代学者的著作。美国学者苏海涵以其师的资料汇编成《庄林续道藏》(成文出版社,1974),为道教文献整理出版的重要成果。而其余道教辞典的编纂出版,道教史、道教思想史研究诸方面的成果也甚丰富,论文达百篇以上。特别值得一提的是港台学者中的一部分人开始使用宗教人类学的方法研究道教，开展了对当地道教的若干实地调查研究，并将之与文献研究结合起来。其中比较突出的有刘枝万《桃园县龙潭乡建醮祭典》(《中国东亚学术研究计划委员会年报》,1971)、《台北县中和乡建醮祭典》(《"中央研究院"民族学研究所专刊之二十二》, 1974)等。这种实证研究的方式，为当时大陆学者所缺乏。

以上就是30年前道教研究起步时的情形。

二、道教研究的恢复和发展期

1977年，中共中央十一届三中全会召开，宣布将全党全国的工作中心转到经济建设上来，标志着改革开放的新局面开始出现。但是要想将党的新的指导思想贯彻到各条战线，还需要一个过程。随着邓小平同志倡导的解放思想、实事求是的思想路线不断深入人心，学术界的科研活动也渐渐得到恢复，各种学术研究开始开展。进入80年代以后，更呈现出蓬勃发展的景象。

这一时期，道教研究有了国家计划保证，在若干大学里和社会科学院系统的宗教及哲学的研究所里，出现了专攻道教的教师、科研人员，他们不仅自己做研究，而且带有硕士生；后来又布下若干博士点，在四川大学、中国社会科学院等，都有了专攻道教的博士生。

一些老专家的著作开始出版，或者重印。较早的有王明的《太平经合校》，在改革开放之后不久的1979年即重印。陈国符的名著《道藏源流考》，初版于1949年，修订重版于1963年，印数为2250册；时隔20余年，终于在1985年重印，而且印数达8000册，大大超过原来的印数。1984年，王明《道家和道教思想研究》出版，里面的论文有一部分是1949年前的作品。这在50年代以来的中国学术界，是很少见的。像陈撄宁这样的道教内部的学者的论著也引起人们的重视，他发表在《扬善半月刊》和《仙道学报》上的论著，连同新中国成立后的部分论著，也得以结集出版(这本论文集题为《道教与养生》,其实内容不限于养生。书由华文出版社 1989 年出版)。1980 年,卿希泰《中国道教思想史纲》第一卷出版,立即引起了一定反响。这是第一部系统阐发道教思想的著作,也是改革开放后第一部有关道教的学术新著。1985 年,该书第二卷出版。1983 年,将《中国道教史》列入国家"六·五"社科课题,(以后又延伸为"七·五"、"八·五"课题)由卿希泰担任主编,四川大学宗教学研究所集体编写,至 1988 年出了第一卷,并立即引起了重大的反响。这一时期,中青年的学术论文也与日俱增,而且一部分人开始撰写有分量的论著。如陈耀庭关于香港先天斛食仪式的研究,刘仲宇关于道教影响下的朱熹的探讨,陈大灿、甘绍成等人关于道教音乐的研究,詹石窗关于道教文学的研究,在当时都曾引起一定的注意。1989 年胡孚琛《魏晋神仙道教》出版,重点对葛洪的道教活动和思想进行了探讨,在系统性上已迈越前人。特别值得注意的是,中国社会科学院世界宗教研究所和四川大学宗教学研究所一批在读的硕士生和博士生,参加了多种大型项目的研究,如任继愈主编的《中国道教史》(上海人民出版社, 1990)主要的撰稿人,就是他的一部分学生。在此一时期立项并基本完成撰写的《道藏提要》(中国社会科学出版社, 1991)为对道教典籍研究的重大成果。其书由中国社会科学院世界宗教研究所道教研究室承担,任继愈、钟肇鹏任正副主编,参加撰稿的人中也有王卡、朱越利、陈兵等年轻的学者。

这一时期的道教研究,文化学的维度曾有重要影响。"文化大革命"的灾难性后果,以及中国重新回到社会主义现代化建设的正确轨道,都促使人们对自己的文化进行反思。80 年代中国曾出现文化热,文化学成为道教研究的重要视角。一是谈道教在中国文化中的地位。二是讲道教的文化内涵,出现大批讲"道教文化"或"道教与中国某某文化"的作品。这些论著,现在看来,其中一部分未免于笼统、粗疏,论题过宽等缺点,但在当时,仍起过若干促进作用。盖长期以来"阶级斗争为纲"对各学科的研究都造成一定不良影响。宗教更是长期被当成社会主义的异己力量,作为一种剥削阶级欺骗民众的工具，因此常受到鞭挞。从文化视角的研究，将道教和其他宗教当成了人类的文化现象，有利于客观地、公正地去分析评价。这种研究视角的运用，总的来说，作用是积极的。从这一视角出发的论著，比较重要的有葛兆光《道教与中国文化》（上海人民出版社，1989），刘仲宇《中国道教文化透视》（学林出版社，1990），卿希泰主编《道教与中国传统文化》（福建人民出版社，1990）等。

这一时期出现了几个专门发表道教研究的刊物，由道教界主办的有《中国道教》，以及《三秦道教》、《上海道教)》；较为集中地发表道教研究论文的有《宗教学研究》，《世界宗教研究》也不时发表有关的论文。这些理论阵地的建立，对道教研究的促进作用十分巨大。

三、道教研究的繁荣和收获期

改革开放进入了第二个10年特别是进入90年代以后，道教研究开始走向繁荣。首先，是学术研讨会议的增多。改革开放第一个10年之末，1987年，由四川大学召开过国内第一次道教学术研讨会，当时与会的人数不太多，而且限于大专院校和其他学术研究单位，没有道教界的人士参加。从1992年开始道教界开始谋求与学术界合作召开道教学术研讨会。1992年9月，武当山道教协会召开的武当中国道教国际学术研讨会，是第一次这样的会议，同年10月在西安召开了同样类型的会议，与会者面更广。以后陆续有中国道教协会和各地道教协会联合学术界召开道教学术讨论会，如龙虎山天师府、庐山仙人洞道观等内地道观都参与过发起或主办学术会议。由香港青松观和后来成立的国际道联会与四川大学、北京大学、中山大学合作，也在内地召开过三次规模较大的道教研究国际学术研讨会。截止2000年，学术界、道教界在中国内地共召开了10次全国性的或国际性的道教学术研讨会。而在整个80年代，中国内地只召开过一两次这样的研讨会。随着与台湾学术界、道教界交流的增多，两岸学者分别在内地和台湾共同参加了三次道教学术研讨会。这些会议的召开,极大地推进了道教研究的繁荣。其次,是学术新人与学术著作不断涌现。如果从“文化大革命”结束时开始带硕士的王明、卿希泰等老一辈学者算起,进入90年代,他们的学生中一部分人已经担纲主持重大研究,有的成为新的博士生导师,第三代学者开始出现,成了老少三代共同研究的可喜局面。再次,是研究领域不断开拓,除了道教历史、思想研究的较老的话题,道教音乐、仪式、法术等领域也开始有人问津。最后,是两岸三地的合作大大加强;国际合作规模扩大。在这样的条件下,研究成果不断涌现,学术领域不断开拓。

这一时期,在前一期的基础上,成果大批涌现,而且老、中、青三代学者的成果都很可观。特别是青年一代的论著大量出版,形成前所未有的繁荣。这种繁荣,不单是论文和著作数量的增加,更重在研究领域的开拓,出现了 一批填补空白的研究成果。首先在道教史的研究上,80年代主要是在道教通史的研究成果较为突出。而进入90年代后,不仅卿希泰主编的四卷本巨著《中国道教史》全部完成且出了修订版,而且,地域道教史、道派史、断代史,都有成批的成果出现。如武当山、龙虎山、庐山、苏州、陕西、上海等地区的道教史著作陆续出现;涉及到的道派,则有天师道、上清派、灵宝派、全真道及净明道等。其次,与前一时期道教文化的探讨比较粗线条不同,这一期有关的研究趋向深入,更加专门化。举凡道教哲学、典籍、文学、艺术尤其是音乐、美学、养生学、内丹、心性学、医学等等都有研究专著问世,道教与中国民俗、道教与民间信仰也形成了研究成果。佛道交涉史、道教在海外的传播史,也有了若干专门的探索论著。即使像素来少人问津的道教仪式、法术,都有了专门著作出现。历史上,研究道教的学者曾经较多地倾向于哲学和思想史的研究,相对而言,对其制度、仪式、方术的研究投入不够。这与我国学者以前对宗教的理解有关,也与早期参加道教研究的人士多从哲学、文史专业出身有关。人们总是用熟悉的方法和眼光来看待道教,并不奇怪。只有在道教研究深入之后,人们才会感到对宗教仪式制度的研究与哲学、思想的研究相辅相成，而且只有全面探讨，才能描绘出一个较为完整的道教。因此，这些方面论著的出现，体现了对道教研究全面、深入的趋势。

这一时期，人们从侧重于对道教历史的研究和传统文献的解读、诠释，渐渐转向对现实道教的探讨，注意到运用道教文化的资源于现实生活。对当代道教的研究大大加强，与道教界本身的文化自觉，特别采取了与学术界合作的积极态度有密切关系，同时，也与学术界本身研究方法的多样化，视野的不断扩大，以及国际合作交流的扩展有关。人们已经认识到道教是活的文化，她将与其它宗教一样，在我国长期存在。因此研究道教，不能停留在历史和文献解读的阶段，而应进一步将历史的研究与现实的研究结合起来，将文献的探索与实证的调查结合起来。这一时期在专业刊物上不断有对当今道教活动、道教名山宫观现状的介绍报道，同时也有若干以现实道教为对象的专著问世，李养正《当代中国道教》（中国社会科学出版社，1993）和《当代道教》（东方出版社，2000）是较重要的两本。另外，袁志鸿《当代道教宗师》，则是对主要活动于新中国成立后一部分道教人士的传记。在道教思想的运用方面，张继禹主编的《道法自然与环境保护》值得重视。这本书挖掘了道教关于生态、环境保护的思想，以探讨当代世界性的迫切课题赋予古老的传统以现代价值，表现了道教界和学术界共同的动向。同时，90年代，道教界开始考虑自己的教义建设出现了若干种研究教义、力求提出适应时代的新思路的论著。任何一种人为宗教，围绕其信仰，都有其理论的论证和阐释，并常形成庞大的理论的体系。只是西方基督教称神学，佛教称佛学，而道教习惯上称教理教义。道教的基本信仰，可以说近二千年来，基本不变，但围绕着基本信仰，各不同时代、不同道派的代表人物，都作过不同的阐释形成不同的教义体系。教义的发展、阐释是道教不断发展的重要表现；对教义的研究，是认识各时代道教的重要方面。不过，在20世纪的前半期，道教界虽有研究教义的提倡，却没能真正开展；直到80年代以后，道教界才提出了任务，并日益重视起来。80

年代后期道教内外围绕道教与社会主义社会相适应,发表了诸多的文章,虽然主要还是限于政治思想领域,但也涉及到道教如何发扬自身的优秀传统文化,参与到社会主义精神文明建设等问题。到了90年代后,才有一些较为成熟的思考结集成书,其中如陈莲笙《道风集》(上海社会科学院出版社,1996),以"道教的发展和道士的修养"为副标题,表现了道教界的时代意识。世纪末围绕"生活道教"的讨论也显示了力求将道教教义研究深入的趋势。

四、近10年来道教研究的全面深入和范式转换的开始

改革开放进入第三个10年,差不多从1999年开始迄于今,道教研究不仅开展得更加多样,同时也表现出,研究者对道教的价值判断有所变化,这种变化,也带动了研究范式的转变。

10年之前,虽然道教研究的成果从稀有到繁荣,有了可喜的收获,但是那种收获是与研究领域的不断扩张相联系的。

进入90年代末,改革开放已整整20年,并迈入了第三个10年的门槛。在这个新的10年中,特别是进入新世纪以来,知识界对于宗教的态度继续沿着前二个10年的走向,总的来说是对其更加宽容,对于其积极作用——包括历史上和现实中的,肯定更多,分析也更趋具体。这一阶段一个突出的现象,是对于宗教内部所具有的文化资源的肯定和挖掘。

正在世纪之交时,张继禹主编的《道法自然与环境保护》一书出版。该书的作者将道教教理教义应用于世界性的社会问题也是难题环境污染,提出了自己的见解,从传统中寻找合理的价值资源。李养正先生在为此书写的序中说:"首先是这本书透露了道教界学者在研究道教文化的观念方面已产生新取向的信息,亦即从往日沉浸于道教义理研究及史料整理转换到注重道教内涵的现实社会价值,发扬道教优良传统,为新时代文明建设服务。"李养正的评价有相当的

代表性,他说的是道教,而实际上却超出了道教的范围,成为一个重要的信号,表现出新世纪来临时,人们对于宗教态度的重要转变:由寻求了解宗教,同情宗教,到局部地向宗教寻找当代生活仍然需要的资源,甚至于价值支撑。

当然,就是老一代的学者,对于特定宗教的现代价值也作了比以往更加明确的肯定。比如道教研究资深专家卿希泰在《道教文化与现代生活》中写道:“道教文化并不是一种远离尘世、与世隔绝、和现代生活没有关系的文化,恰恰相反他的许多思想对当前的现实生活都有十分重要的意义,有的甚至还可说是一种匡救世弊的救世良方,对社会主义的两个文明建设也很有参考价值。”①

这种到宗教寻找某些现今必需的文化资源的做法,进入新世纪后内涵愈益深刻而且与现实生活的联系也越来越紧密。提出建立社会主义和谐社会的思想,是现今一届领导人的一个重要贡献。此论点提出不久,各宗教便闻风而动,纷纷表明自身具有的建设和谐社会的资源,这点毫不足怪。值得注意的是,学术界也很快对此作出反应,就宗教在建设和谐社会中的作用提出看法;而这些看法基本上都是正面肯定的。

新世纪的新闻媒体,对于宗教的介绍也更加客观,一些宗教圣地,成了各地和中央电视台经常介绍的场景,而一些宗教题材的影视也获得在不同范围内播放。这一点,与若干著名的宗教胜迹被评为世界文化遗产,或世界与自然文化双遗产有关,像武当山、峨眉山、泰山,等等,都是著名的道教与佛教圣地,同时又是世界自然或文化遗产,有的还是双遗产,在争取评为遗产及评上之后,都会对之作出各种正面的、引人入胜的宣传,其中当然会包括“文化”中的主要内涵宗教的介绍。近些年,中国政府也提倡对一些文化遗产包括非物质文化遗产列为“国家级”、“省市级”,加以保护,其中就有诸多宗教建

---

① 卿希泰.道教文化与现代生活[A].道教与人生[M].北京:宗教文化出版社,2002.

筑、宗教艺术,比如苏州玄妙观的道教音乐就被列为江苏省和全国的非物质文化遗产。这样,宗教景观、文物、艺术的价值,获得的普遍的认同,在媒体上便经常以备受赞赏的介绍与观众见面。这一时期,宗教历史上的人物,在影视中的形像等完全是正面的,如妈祖、张天师,都是。而在以往的所谓"民间传说"中(我颇怀疑是经过了采集者根据某些特定的需要改编的)张天师的形像便颇不高尚,现今却以正面的形象呈现于银幕与荧屏。这些,都是以前所没有的。至于宗教的艺术成就,宗教场所的旅游功能,则更是常形诸影像,获得了广泛的传播。媒体的主持者与整个、知识分子群体一样,也发生了很大的改变。因为它们面向极为广大的观众,这种改变对于社会的影响,又是一两本书所不可比拟的。

可能是进入新世纪后,中国人对于民族文化的保护意识增长的原因,一部分官方组织对于中国传统节日开始重新审视,并认识到其中丰富的民族文化内涵。他们倡导运用节日资源,做好爱国主义教育。若干年后,又经中央政府的正式规定,将清明、端午和中秋节列为固定假日。这些做法,使得在几十年革命中越来越走下坡路的传统的节日和传统的风俗得到复兴。而这也深刻地影响到宗教在社会层面的被认同。须知,中国的传统宗教,佛教,道教和民间信仰,本来与民间风俗结合得十分密切,其中一部分甚至于难以分清属于民间风俗还是宗教信仰。比如,清明节民间有祭祖并祭厉的习俗,正月初五民间有接财神的习俗,都是宗教因素与风俗结合在一起的表现。由于宣传传统节日与传统风俗的需要,在知识分子的笔下,在主流媒体的主持人嘴中其中的宗教因素也脱去了"迷信" 的囚装。2006 年的正月初五,上海东方电视台,第一次公开报道了接财神的活动,而且出现了上海城隍庙接财神的场景。2008 年 5 月初,奥运会火炬登珠峰。人们通过中央台的画面看到了珠峰顶上布置了藏传佛教的五彩旗幡。主持人张泉灵向人们介绍时也没有忘记它们,说五色与五环, 都象征着吉祥。另一位主持人更加直接,说五色各有代表,其中红色,代表的是护法神。5·12 汶川大地震后,端午节,上海和北京的部分民众都做了荷花灯,用这种形式,表达自己对遇难者的哀思,作为官方媒体的中央和地方的电视台都作了报道。按:将荷花灯放入水中,叫做放水灯,是一项民俗活动,其底色则是佛教和道教的仪式。盖此项活动,又称为照冥河,意在用灯照亮冥府,让鬼魂早日得度超出幽冥。显然其宗教信仰的因素是一目了然的。但是因为搭上了民俗的车,又挂上了哀悼地震死难者的情感因素,故也被主流媒体,也意味着被主持这些媒体的知识分子所首肯。宗教因素搭车民俗与重大活动,在文化人的口中,基本是正面的。

道教研究中也还存在一些问题:如思想史的维度太浓,人类学的方法、实证的方法过少,对后现代的西方学说引进道教研究的太少。对于理性与信仰的关系,过分小心,等等,期望在以后的研究中会有改进。

2007－2008年中国道教研究综述[1]

陈文龙

综观近年道教研究成果，数据和方法是两个可以大而概言之的方面。传统资料主要指以《道藏》为主的道经类文献和形诸文字的历史文献，包括以前发现的碑刻、器物、敦煌文献、各类历史文献等。对这类资料的研究主要以历史学、文献考据学、考古等方法为主。拥有几千年文化积累的中国，其汗牛充栋的文献是任何国家所无法比拟的。对这些文化遗产的继承和发扬仍是学界当前最迫切的任务。相应于此，古人留下的历史学和考据学等研究方法自有其合理和不可替代之处。所谓"新数据"指在近年来在西方年鉴学派、社会学、人类学等影响下，学者重视对民间手抄本、方志，乃至非文字的口述数据、图像、音乐及新出土的考古等发现等资料的研究。对这些新材料重视的一个重要原因是学者们对社会生活史研究的重视，认为这些资料能反映现实存在的观念、思想和历史实在。对这些新资料的研究也需要新的方法，包括田野调查，专门化的记录分析工具等。而这些新方法的应用、新数据的获取和解读则可能给道教研究带来新的研究范式。本文按数据的获得分为传统数据、新视角和新数据三大部分对近两年道教研究的成果作一简要介绍。

---

① 包括外国学者发表在国内刊物上的论文或译著。

一、传统资料研究领域

毋庸置疑,对传统文献资料的研究始终是道教研究领域最重要的部分。这不仅是因为道教作为中国本土宗教保存了大量的古代文化,更因为它有众多的典籍。国内外对道教经典的研究工作虽然有不少成果问世,却依然有许多重要问题未解决,相当部分道经的年代未确定,道教思想、教派流演过程仍有大量不清晰之处。道经外各种文献,包括史书、文人文集、碑刻、墓志铭、小说、出土文物中仍有大量道教资料未得到整理。因此,传统资料研究内容极为丰富,仍需大量学者参与工作。近年在这一领域的成果可分为以下几方面。

1、经典研究

传统文献资料研究的领域首先是对《道藏》经典的研究。对传统文献的研究是国内道教研究最重要的领域之一,成绩也最为显著。经典文献研读要耗费学者大量的精力,且要求学者必须具备一定的古文献功底。近年来在这一领域的成果中,日本学者神冢淑子著,钦伟刚译的《六朝灵宝经中的葛仙翁》[①]可算是翘楚之作了。作者在比对小林正美、大渊忍尔、柏夷、王承文等研究成果的基础上,通过对葛玄在六朝灵宝各经中出现的变化加以细致的考察,认为灵宝新经的作者是属于"灵宝派",其目的在于建立一个以灵宝旧经为基础的,融合上清经、佛教思想、天师道法礼仪为一体的新灵宝道派。

王卡教授的《敦煌道教文献研究·目录》[②]补正,在其集二十多年功力的《敦煌道教文献研究——综述·目录·索引》[③]一书出版后,仍潜修不辍,其学术成果对业内人士补益良多。

---

① 神冢淑子著,钦伟刚译《六朝灵宝经中的葛仙翁》(上、下)《宗教学研究》,2007年第3期第1－9页,2007年第4期,第1－11页。

② 王卡《〈敦煌道教文献研究·目录〉补正》,《敦煌学辑刊》,2007年3期。

③ 王卡《敦煌道教文献研究——综述·目录·索引》,中国社会科学出版社,2004年10月。

戈国龙《〈大丹直指〉非丘处机作品考》以文献考据和义理疏证的方法对《大丹直指》的作者加以考证，确定这一著作并非丘处机作品，而是全真派道士得施肩吾一系丹书后伪托丘处机所做。①

汤君《西夏全真教佚词十一首考释》考释了黑水城出土的一些文献，考订其为全真派马钰遗留在西夏的词文，补充了研究全真派的资料。②

较前几年而言，在这一领域的成果呈下降趋势。

2、道教内丹思想

内丹思想是道教极具代表性的方面，也是一个长盛不衰的研究主题，成果也较其它领域为多。近年学者对内丹的研究有所发展，由介绍思想、功法进而探讨其社会历史背景。

朱越利在《宋代社会与阴丹术的流行》一文中考察了宋元时期阴丹流行的社会背景，认为宋代自然经济的繁荣造就了一大批市民阶层，这一阶层的发展形成一种市民文化即享乐世俗文化，而宋代理学的发展却形成性禁锢观念。而市民阶层和上层的享乐需求都要求一个性自由的空间。在此前提下，陈抟的易学为阴丹流行提供了理论推动，游方道士的活跃及内丹修炼的兴盛则为阴丹流行提供了实际的推动力和传播者。③

丁培仁《〈灵宝毕法〉再研究—— 附论钟吕金丹派的丹书与西部区域性》一文是对十多年前研究的继续。作者确定《灵宝毕法》是钟吕金丹派作品，成书下限在宋真宗之前，书中思想认为万物皆源于道，天人一体。气、液是书中两重要概念，聚气生液，炼液生气，肾中生气、心中生液，气液相生。另外，书中还提到“圣胎”的概念。作者认为书中把修炼分为人仙、地仙和天仙三个层次，是钟吕派形成一套自己的神仙观和宗教境界的表现。在附论中，作者还探讨了钟吕金

---

① 戈国龙《〈大丹直指〉非丘处机作品考》，《世界宗教研究》，2008 年第 3 期。

② 汤君《西夏全真教佚词十一首考释》，《宗教学研究》，2007 年第 3 期。

③ 朱越利《宋代社会与阴丹术的流行》，载《宗教学研究》2008 年第 1 期。

丹道流向与四川地区的关系，提出了这一丹道派的地域性特点。[①]

詹石窗《论太谷学派对道教生命思想的融通》论述了太谷派与道教的关系，认为作为一个民间儒家教派，其对道教的借鉴主要是在生命思想与养生理论上。太谷派不仅吸收道教相关理论而且在此基础上加以提升，不仅完善自身理论也推动道教的理论思考。[②]

霍克功《李西月内丹双修理论及其科学依据》一文介绍了李西月内丹中的先天、后天及结丹、还丹等理论和无中生有、神交法开关展窍筑基炼己等功法，认为其练功理论依据在中医学脏腑、经络及心理学的感知论、情欲论中均有完满的体现。[③]

刘宁的《刘一明丹道论中的性与命》认为清代内丹家刘一明在融汇各家内丹的基础上兼摄佛儒，构建了一个包括先天、后天和性、命二元的双重生命观。[④]

3、道教科仪研究

道教科仪不仅是道士外在的肢体表演，也是道教思想的某种表现形式，保留了许多中国古观念和思想。对科仪的研究西方学者和日本学者贡献很大，近年国内也出现一些重要的研究成果。

张泽洪《文化传播视野下的信仰与仪式—— 以中国西南少数民族与道教关系为例》介绍了西南特殊的宗教生态环境，提出其形成的文化相对中原以儒释道为主的“大传统”而言是一种“小传统”，在此基础上形成的当地宗教和道教体现了道教文化对当地少数民族文化的渗透和影响，而当地文化亦对道教文化加以改造，形成互相影响

---

① 丁培仁《〈灵宝毕法〉再研究—— 附论钟吕金丹派的丹书与西部区域性》，《宗教学研究》，2007年第3期。

② 詹石窗《论太谷学派对道教生命思想的融通》，《厦门大学学报（哲学社科版）》，2007年第3期。

③ 霍克功《李西月内丹双修理论及其科学依据》，《世界宗教研究》，2007年第2期。

④ 刘宁《刘一明丹道论中的性与命》，《宗教学研究》，2007年第3期。

的局面。这种相互影响表现在当地宗教的仪式和宗教派别上。①

梁德华的《〈灵宝领教济度金书〉与〈上清灵宝济度大成金书〉对虚皇坛的描述之比较》是教内人士在实际运用经典过程中发现坛场的变化。作者把《灵宝领教济度金书》和《上清灵宝济度大成金书》中关于虚皇坛的记载加以比较,发现后者对前者作了修改、补充,两经典还出现不兼容之处。《济度金书》对坛场的记载详细,《大成金书》则配以图形;前者只介绍如何建坛,后者解释了建坛的原因。另外,两者有关坛场方向定位,灯的位置不同。最后,作者认为周思德的《上清灵宝济度大成金书》是对林灵真《灵宝领教济度金书》的完备。② 吕鹏志《唐前道教仪式史纲》围绕天师道、方士和灵宝三类仪式,概括介绍了唐代以前的道教仪式的演变过程。认为五世纪前天师道与南方方士仪式分别发展,东晋时期两者开始互相影响。此后,融摄前两者及佛教的灵宝派兴起。经陆修静整理后的灵宝派更显成熟,成了各派发展的方向。北朝后期,南北道教仪式趋于一致。③

成娟阳《道教科仪中的公牍文体略论》把道教科仪文牍分为盟誓类、章奏类和关牒类,肯定其与现实公牍文的相关性。④

就近年成果来看,对道教科仪研究仍然不为学者重视,研究力量单薄。与国外学者在台湾、大陆进行的大规模科仪田野调查相比较,国内少数研究仍集中于经典之上,虽各有特色,但更应以两者的结合研究为宜。当然,国内学者在该领域的调查缺乏也与经费不足等客观条件有关。

4、教派与区域道教研究

教派研究力量较为集中于全真派、正一派等派别。

---

① 张泽洪《文化传播视野下的信仰与仪式——以中国西南少数民族与道教关系为例》,《宗教学研究》,2007 年第 4 期。

② 梁德华《〈灵宝领教济度金书〉与〈上清灵宝济度大成金书〉对虚皇坛的描述之比较》,《中国道教》2008 年第 2 期。

③ 吕鹏志《唐前道教仪式史纲》,《宗教学研究》,2007 年第 2－5 期。

④ 成娟阳《道教科仪中的公牍文体略论》,《中国文化研究》,2008 年,夏之卷。

李远国《"鬼道"、"仙道"、与"正一盟威之道"》通过对古蜀国历史的考察,得出巴蜀氐羌族人崇拜鬼道的四个特点,纵目神、三官崇拜和对长生不老、驱鬼降魔巫术的追求。这些特点在张道陵的正一盟威之道有内在的关系。认为五斗米道源于西南少数民族,正一盟威之道源于巴蜀氐羌族的鬼道。①

肖云忠《正一道天师传承制度初探》分析了历代天师的传承关系,认为其特征有四个,分别为:鲜明的差序格局、神圣和世俗的双重合法性基础、纳入国家职官管理范围、实行信物制度。由提出天师制的稳定性和连续性的原因为外在政权认可与扶植、民众心理与社会舆论支持和内在宗教制度及组织的支撑等。②

曾维加《賨族与道教及大成国的关系探析》回顾了西南少数民族与道教、五斗米道的密切关系,进而从论述在这一背景下,西晋賨族首领李特建立的大成国在立国、国内道教组织、治国策略等与道教的关系,认为道教不仅为賨族立国提供理论指导和实际帮助而且也是其重要的精神支柱。③

西南等少数民族地区保留的较好的原生态文化引起学者关注,这一地区成果较为突出。但南方等地丰富的道教研究资源却没有深入的研究成果,不能不说是个遗憾。

5、道教与文学

道教在中国历史上几度为统治者所推崇,步入上层社会,在仪式等活动中,高道及儒家文人留下不少为人称道的文学作品,道教在渗入民间百姓生活中留下许多仙话传说,这些都影响了中国文学的发展。故而,道教与文学的研究领域仍然热闹非凡。

蒋振华的《道教步虚词及其对文人创作的影响》介绍了道教步

① 李远国《"鬼道"、"仙道"、与"正一盟威之道"》,《宗教学研究》2008 年第 3 期。

② 肖云忠《正一道天师传承制度初探》,《宗教学研究》2007 年第 1 期。

③ 曾维加《賨族与道教及大成国的关系探析》,《中南民族大学学报(人文社科版)》,2008 年,第 1 期。

虚词作为道教一种特殊表达文体的宗教与艺术价值,进而探讨了这一新文体影响了文人的创作风格,而文人们对步虚词的爱好又拓展了步虚词的内涵。[①]

张振谦《道教房中术对中晚唐艳情诗的影响》一文认为房中术在中晚唐盛行的原因与当时文人社会文化心理有关,由此催化了这一时期文人的艳情意识,促成艳情诗的勃兴。[②]

廖敏《从元代道教戏剧看道教济度主题》分析了元代戏剧中道教题材戏的背景,对道教济度类型戏剧加以分类,认为此类戏剧宣传了道教思想,客观上使道教向民间渗透并影响了后世的戏剧创作,还辐射及其它文学作品。[③]

李裴《从文本中的吕洞宾形象看唐末五代道教的审美追求》[④]通过对书写文本及民间文本的考察,认为吕洞宾之所以成为备受大众欢迎的神仙与他的去神圣化的民间形象、超然物外的态度及削平不平的济世精神有极大的关系,正是这些民间形象对吕洞宾的重塑体现了中国传统文化对道教伦理、审美的认知。

6、道教经济

道教经济是个重要研究对象,但这一领域成果不多。

罗争鸣《道观经济研究的回顾与思考》介绍了海内外关于道教经济的研究状况,指出当前道教研究在这一领域的不足,认为应该加强这一领域的研究以便为当前道教经济实体的发展提供借鉴。[⑤]

杨燕《宋代道观经济简论—— 以南北宋两京道观经济为主》[⑥]

---

① 蒋振华《道教步虚词及其对文人创作的影响》,《社会科学研究》,2007年第4期。

② 张振谦《道教房中术对中晚唐艳情诗的影响》,《西华大学学报(哲学社科版)》,2008年第5期。

③ 廖敏《从元代道教戏剧看道教济度主题》,《社会科学研究》,2008年第5期。

④ 李裴《从文本中的吕洞宾形象看唐末五代道教的审美追求》,《宗教学研究》,2007年第4期。

⑤ 罗争鸣《道观经济研究的回顾与思考》,《宗教学研究》2008年第3期。

⑥ 杨燕《宋代道观经济简论—— 以南北宋两京道观经济为主》,《宗教学研究》,2007年第4期。

阐述了宋代京都道观建设的经费来源、道观经济收入的途径和应负担的义务与税收，道官的俸禄不属道观收入。

7、比较宗教学研究

宗教比较研究是一种重要的研究方法，世界各大宗教都有共同的宗教终极关怀，都为世人提供一种解释世界的宇宙观，但各宗教之所以不同有其特殊的文化背景和地域特征。对不同宗教的比较有利于加深对宗教内在本质的理解，也能加强各大宗教的相互理解，促进文化交流，其意义自不待言。道教在和其它宗教的比较研究方面成果不多，主要集中于思想方面的比较。

周作明、夏先忠的《从六朝上清经看佛教对道教用语的影响》以上清经中的某些词语为考察对象，提出对这些词语的探源应究及佛典，也表明佛道二教在中华文化发展中的密切关系。[①] 余虹《基督教赞美诗与道教道诗中的"神"与"人"》通过比较道诗与基督教赞美诗中对"人""神"及两者间的关系进行比较，认为道教的自由和超越是在寻求与自然的和谐中获得；基督教的净化与超升是在对上帝的敬畏信靠中获得。[②]程群《道教与伊斯兰教关于生死问题的对话》以道经和《古兰经》的内容为依据，考察了道教和伊斯兰教在生命来源和生死观上的异同。认为在生命起源上，道教主张"道"生神仙、万物、人，伊斯兰教则认为是真主创造了人。在对待生命的态度上，两者都主张重视生命；对于死亡两者都认为有地狱存在，但通过修行就可进入天堂，死亡是生命另一历程的开始。[③]

这一视角的研究才处于起步阶段，所探讨的内容还有待拓宽和深入。

---

① 周作明、夏先忠《从六朝上清经看佛教对道教用语的影响》，《宗教学研究》2008 年第 3 期。

② 余虹《基督教赞美诗与道教道诗中的"神"与"人"》，《四川师范大学学报（社科版）》2007 年第 1 期。

③ 程群《道教与伊斯兰教关于生死问题的对话》，《西藏民族学院学报（哲学社科版）》，2007 年第 2 期。

就以上几个对传统数据的对象来说，在某些领域的研究出现下降趋势或空白，如对经典研究、人物研究、道教研究理论、道教伦理等。

二、从新视角对道教的研究

如果说上文介绍的各个研究角度大部分比较成熟，以下几个研究的取向可以说是开拓了新视角。

1、道教文字与符号研究

文字是古典文献的载体，历史学的研究历程表明，文字是解读文献数据的重要瓶颈，也是获得历史真相的重要渠道。道教文字符号本身就极具特色，不仅有神秘的符咒还创造了许多独特的词汇，这一领域的发展对道教研究有重要意义。

刘祖国《〈太平经〉疑难语词例释》从文字训诂的角度对《太平经》中的文字加以解释，订正了前人的误读和辞书的缺漏，为学者研究相关经典提供了便利。①

国内道教界对符号这个研究方向关注不多。李俊涛《道教符图之星辰符号探秘》通过对道经中星辰符号的形状描述介绍了它们的文化含义和功能。②

2、道教地理

道教自古以来就很强调洞天福地，修仙和选定地点有重要关系，道教和地理关系密切。

赵益《句曲洞天：公元四世纪上清道教的度灾之府》据《真诰》的记载研究了上清道教“洞”的观念。文章提到句曲洞天观念是在中国古代“洞”崇拜和公元四世纪中叶乱世和“末世论”思想背景下产生的，茅山特殊的地理环境及宗教氛围是催生这一观念的原因。而

---

① 刘祖国《〈太平经〉疑难语词例释》，《中南大学学报（社科版）》，2008 年，第 5 期。

② 李俊涛《道教符图之星辰符号探秘》，《中华文化论坛》，2008 年第 1 期。

“度灾之府”则是句曲洞天观念的发展，是早期“千禧年主义”的表现，但这一变化并非是道教对于宇宙世界的解释，与道教后来的“洞天福地”系统也有不同。①

孙亦平在《“灵化二十四”考释—— 从宗教地理学的角度》中以杜光庭的《洞天福地岳渎名山记》的“灵化二十四”为研究对象，阐述了这一名称的来源于避唐高宗李治讳有关，比较了“灵化二十四”与天师派原“二十四治”的同与异。认为杜光庭对“灵化二十四”的介绍蕴含了人与自然共存的生态智慧。②

3、道教宗教体验

宗教体验研究也有学者称为神秘主义研究。道教内丹研究硕果累累，但从宗教体验的视角研究则可视为一个新的视角。魏小巍《道教的宗教体验—— 以内丹修炼为例》通过对经典中记载的道教内丹修炼体验的考察认为道教宗教体验包括“光”、“内在呼吸”、金丹等方面。提出道教的宗教性是建立在对这种神秘体验的体认上的观点。③

对传统资料的整理研究仍是当前道教学界研究的主要领域，毕竟比起国外百年研究历史而言，我们起步较晚。传统材料远未穷尽，亟待研究的领域很多，新的视角、方法尚待开发，可谓“路漫漫其修远。”

4、道教与医学

道教与医学关系密切众所周知，但专门的研究则不多。程雅君《援儒革道，叶落归根—— 金代医家张从正道医思想辨析》以金代医家张从正的著作《儒门事亲》为研究对象，通过对其医案的分析认为张从正的医学思想为道医而非以往学者所说的儒医，并考证了张氏

---

① 赵益《句曲洞天：公元四世纪上清道教的度灾之府》，《宗教学研究》2007 年第 3 期。

② 孙亦平《“灵化二十四”考释—— 从宗教地理学的角度》，《杭州师范大学学报（社科版）》，2008 年第 5 期。

③ 魏小巍《道教的宗教体验—— 以内丹修炼为例》，《现代哲学》2007 年第 5 期。

一度任太医继而辞职的原因。[1] 程雅群、程雅君《道教医学与中医学关系刍议》把中医分为道医、儒医、术医三阶段,认为道教医学是在追求长生成仙过程中形成的。[2]

以上研究成果表明,对文献和经典的历史文献、经典的研究仍是道教研究最主要的内容。内丹、道派历史、道教文学依然较受关注,成果也较多。从不同角度对经典的解读分析出现一些新的研究视角,发现新的问题,如地理、医学、比较宗教研究等。但对传统资料的历史研究空白仍多,如近代道教研究尚无佳作可陈。相对儒家、佛教等其它传统文化研究而言,道教学者仍显力量不足。

三、新资料的研究

陈寅恪先生认为:“一代之学术,必有其新材料与新问题,取用此材料以研求问题,则为时代学术之新潮流”[3]。可见新材料的收集和运用是很重要的。道教研究新数据主要指音乐、造像、近年新出土文物、田野调查资料等。

1、音乐

道教音乐近年成果不断涌现,其研究者多为音乐界学者。

蒲亨强《杜光庭〈太上黄箓斋仪〉的音乐数据研究》以杜光庭《太上黄箓斋仪》中与音乐有关的记载为研究对象,认为杜对道教科仪音乐的编辑原则是:主要继承传统,主张以简驭繁,强调恪守古法。[4] 作者对音乐研究的触角已经从原来记录研究现存的民间道教音乐进而寻求其经典来源,学者的成果体现了这一领域的新进展。

---

① 程雅君《援儒革道,叶落归根—— 金代医家张从正道医思想辨析》,《世界宗教研究》2007 年第 3 期。

② 程雅群、程雅君《道教医学与中医学关系刍议》,《四川大学学报(哲学社科版)》,2008 年第 2 期。

③ 陈寅恪《金明馆丛稿二编》,上海古籍出版社,1980 年,236 页。

④ 蒲亨强《杜光庭〈太上黄箓斋仪〉的音乐数据研究》,《音乐研究》,2008 年第 1 期。

傅利民《道教科仪音乐的宗教功能》则就道教音乐的功能发表了自己的见解，认为其不仅有音乐的一般功能还有祈禳、济度、通神、感神等宗教功能。[①] 谢丽萍《连城道教音乐的地域性特征—— 兼论其与龙虎山天师道音乐的关系》以福建连城地方的道教音乐为个案，在介绍道乐的地方特色之余还研究其来源脉络，认为连城道乐与龙虎山天师道乐有关。[②]

道乐研究的成果体现了学者们已经从早期单纯地记录收集音乐材料转而研究其历史来源、变化、功能等，大大拓展了研究的深度和文化内涵。

2、造像研究

造像研究主要为美术界学者所擅长。吴羽《传北宋武宗元〈朝元仙仗图〉主神组合考释—— 兼论其与唐宋道观殿堂壁画的关联》结合道教经典论证《朝元仙仗图》的主神并非“五帝”而是“东华、南极、西灵、北真”四天君。还提出此壁画图式的较大影响应是在宋真宗确认三清殿主殿地位后产生的。[③]〔日〕松原三郎著，金申译《道教像论考—— 关于北齐北周以来的道教像》作者通过道教造像和经典的结合，考察了造像形象中颊髯、尘尾、凭几等的出现变化，探讨了具体历史背景对造像的影响，考述了东西魏到北齐北周以来道教像的完成过程。[④] 高明《陕西耀县药王山南庵道教壁画初探》在结合历史文献考证壁画年代的基础上运用图像分析等方法确定壁画的内容、风格及艺术特点。认为陕西耀县药王山南庵道教壁画更接近宋代传

---

① 傅利民《道教科仪音乐的宗教功能》，《中国音乐》，2007 年第 1 期。

② 谢丽萍《连城道教音乐的地域性特征—— 兼论其与龙虎山天师道音乐的关系》，《福建师范大学学报（哲学社科版）》，2007 年第 6 期。

③ 吴羽《传北宋武宗元〈朝元仙仗图〉主神组合考释—— 兼论其与唐宋道观殿堂壁画的关联》，《故宫博物院院刊》，2008 年第 1 期。

④ 〔日〕松原三郎著，金申译《道教像论考—— 关于北齐北周以来的道教像》，《四川文物》，2008 年第 1 期。

统,有助于了解宋元道教神系。①

造像研究为道教研究提供了直观的证据,不仅可印证经典,更能反映现实,美术研究学者的贡献为道教研究展现了另一道风景,充分体现了这一领域研究的魅力。

3、当代地方道教研究

地方道教指学者在地方田野考察基础上所作与道教相关的研究。刘永华《道教传统、士大夫文化与地方社会:宋明以来闽西四保邹公崇拜研究》通过对闽西汀州四保地区邹公信仰调查,对不同文献记载加以比较,认为当地邹公由法师到状元身份的转变体现了道教、士大夫与地方文化的融合过程。②

李大华《当代道教的生存处境—— 岭南道教宫观调查》从宫观信众基础、切入社会的途径及道士自身持戒等三个角度对岭南新会紫云观、广州纯阳观、黄大仙三宫庙进行调查,介绍了当前道教的发展处境及道士的自我认识。③

赵长治《道教对渝东南傩戏的影响—— 以秀山余家傩戏面具开光咒语为例》通过对渝东南傩戏咒语的调查研究,认为其受道教直接的影响。同时当地文化的独特性又对这些道教咒语加以改造重塑,使之与原来的经诰产生较大的差别。④

4、道教考古

从考古出土文献来研究道教也算历史不短了,相关方面的大部头著作也不少,本文所指道教考古主要指近几年与道教有关的考古新发现及其研究。

---

① 高明《陕西耀县药王山南庵道教壁画初探》,《世界宗教研究》,2007 年第 3 期。

② 刘永华《道教传统、士大夫文化与地方社会:宋明以来闽西四保邹公崇拜研究》,《历史研究》,2007 年第 3 期。

③ 李大华《当代道教的生存处境—— 岭南道教宫观调查》,《宗教学研究》2007 年第 4 期。

④ 赵长治《道教对渝东南傩戏的影响—— 以秀山余家傩戏面具开光咒语为例》,《重庆教育学院学报》,2008 年第 5 期。

曾维加《成都平原的树崇拜与道教关系探奥》以出土于三星堆的铜树和成都平原的摇钱树为研究对象，论述了成都平原的树崇拜观念。认为铜树有通天的功能，摇钱树有财富与长生的喻意。后来形成的道教受到这些观念的影响，部分保留了树崇拜的观念。[①] 田苗苗《"灵宝赤帝炼度五仙安灵镇神三炁天文"略考》研究了四川成都出土的一套刘六一娘镇墓文和买地券。买地券确定了墓葬的时间，镇墓碑为 64 个云篆，通过把这组文物的文字和道经相关经典内容的比较，确认此文为《灵宝赤帝炼度五仙安灵镇神三炁天文》。作者解读了镇墓文的内容，认为其反映了道教仪式与当时社会生活的关系。[②]

尹夏清《从守门与镇墓之制看汉唐丧葬文化中的道教因素》作者通过对西安西汉壁画墓、陕西东汉墓、东魏、北齐等墓的考古发现加以比较，认为守墓制度上起东汉下迄隋唐均有继承。而两汉的镇墓瓶、十六国的斗瓶、南朝的陶券、唐的五方镇墓石则体现了道教有关的镇墓制度对墓葬的影响。作者还比较了不同时期，镇墓文的时代特点和不同道派镇墓用物的差异。[③]

学界对新资料应用领域有明显的分野，研究者以与道教相关领域的学者为主。音乐界、美术界及考古界学者纷纷介入道教研究，交叉学科带来新的视角和方法。相对前些年研究而言，学者已从单纯的记录、描述材料走向结合经典文献，深入分析研究对象的历史、源流、文化意义等，研究的广度和深度都有改观。

5、道教学界对新资料的采用与研究

在上述这些领域研究中，传统道教学者因各种原因较少关注，但这一情况也逐渐有所改变。中国社科院宗教所主办的"道教与民间

---

① 曾维加《成都平原的树崇拜与道教关系探奥》，《宗教学研究》，2008 年第 1 期。

② 田苗苗《"灵宝赤帝炼度五仙安灵镇神三炁天文"略考》，《中华文化论坛》，2008 年第 1 期。

③ 尹夏清《从守门与镇墓之制看汉唐丧葬文化中的道教因素》，《宗教学研究》，2007 年第 3 期。

宗教资料的认知与编撰”学术研讨会就反映了传统道教学者对新数据的认识变化。本次会议的成果反映了道教学界在这一领域的优势和成绩。①

李远国的《从〈十殿冥王图〉看清代四川地区的十王信仰》以清末四川地区的《十殿冥王图》为研究对象，结合经典，辨析了图的主要内容和神灵造像，并依此阐述了该地区的十王信仰状况。

樊光春的《西北道教金石文献概述》系统介绍西北地区金石文献的分布、年代等情况，并结合自己多年田野调查所得，弥补文献记载中所缺或不足，提出了西北金石文献证明重大历史事件、梳理宗派传承、印证文献等价值。

郑开的《田野图像与民间俗祀：滇西神马的宗教学分析》通过在云南滇西调查收集到的“神马”，结合文献记载，打开了一道了解当地民俗社会的窗口。在系统分析“神马”的神祇世系等内容后，认为从“神马”反应出来的当地“本主”信仰是滇西民间祭祀的基础，而这一文化又反过来影响当地的佛、道二教，使之具有浓厚的地方特色。

汪桂萍利用在滇西腾冲越镇收集到的《北极真武上帝报恩真经》和《道藏》本的《玄天上帝说报父母恩重经》比较，发现两者是统一经典，而且，后者比前者更完善地保存了原文的内容。她的另一篇文章还系统介绍了此次滇西腾冲越镇洞经会年度祭度仪式，提出洞经会的历史演变表现为宗教性的淡化和世俗及娱乐性的增强的观点。

上述成果显示道教学界在对新材料的掌握和解读上有得天独厚的优势，经典的熟悉使他们对现实物态具有敏锐的观察力和深刻的理解。

① 以下几篇论文均来源于本次会议文集《水穷云起集》，2008 年度中国社会科学院亚洲研究中心项目。

四、结语

综上所述,与 2005—2006 年的研究状况比较,近年的研究有以下几个特点:

就具体研究成果而言:1、论文总量上呈下降趋势,有些门类很少新成果出现,如研究方法及学科建设、地方道教、科仪研究等领域。2、出现一些新的研究视角,交叉学科研究对道教整体发展有促进作用。如音乐、考古等新发现促进道教的整体研究。3、新资料的运用大大拓宽学界的研究视域,某些研究领域取得一定突破。考古及地方文献、田野调查补充了大量材料,对原有的材料及某些观点有修正作用,如樊光春、汪桂平的研究就起了此类作用。4、研究力量单薄,学科体系不完整,有些领域缺乏研究人才或后继乏力。如对道教科仪研究比起西方及日本学者的研究都有很大差距。

从资料和研究方法来看:事实上,数据与方法的结合并非绝对的,而应是视具体情况,灵活机动。方法没有优劣之分,但学者的学术积累功力却是共同的。如传统的文献学、历史考据等就需要学者数十年如一日的积累,要掌握好极为不易。但新方法也能带来新的视角,促进对材料的深入解读。传统数据用新方法解读,也是研究的重要方法之一,现代学术发展和学科交流空前频繁,带来的许多新思路与新理论运用必然能带来新的突破。近年的研究成果在继承以前研究的基础上却蕴含着新的研究范式的开始。对数据来源的开阔视野,对一般民众宗教生活的关注、对活态宗教的了解不断拓新学者的研究视域,结出丰硕的成果,昭示着道教研究新一页的掀开。对道教研究而言,尽管这一来自人类学、社会学、历史学等领域的冲击波是迟来的春风,但却孕育着无穷的生机与活力,也预示着未来的道教研究将不再孤独。

近年来道教学术界的研究状况,也显示出以下几点不足。第一,研究方向:学科研究缺乏整体性规划和系统性,学者各自为阵,力量分散。第二、人才培养:在人才的培养上也是如此,研究课题各取所好,研究布局不合理,难免造成一定的浪费。第三、研究团体:缺乏一个类似日本道教学会性质的组织团结各地该领域的专家引导整个学术研究和人才培养。

最后,笔者认为在道教研究的整体规划上,吕大吉先生的宗教研究结构性分类可以作为道教研究整体规划的一个很好参考模型。[①]首先,核心是宗教观念、体验、行为和体制的研究。其次,结合其它学科进行交叉研究,如造像、音乐、考古等。再次,注重现实中活态的道教调查研究。

以上所言,意在班门弄斧,抛砖引玉,企盼更多学者关注道教的学术研究。

---

① 吕大吉《宗教学通论新编》,中国社会科学出版社,2002年2月第2版,第100－101页。

“梦与中西文化学术研讨会”述评

盖建民　何振中

2008年10月7日至8日，首次“梦与中西文化学术研讨会”在福建著名风景旅游区福清石竹山道院的狮岩堂（辽天书院）举行。本次研讨会由中国石竹山道院、四川大学宗教与社会研究创新基地和厦门大学道学与传统文化研究中心主办，福建省易学研究会和福建省老子研究会协办，是福清石竹山“何九仙”梦文化节的主要内容之一。来自海内外共六十余位专家学者参加了这次盛会，并向大会提交了五十余篇论文，其中三十三篇与梦直接相关。专家们从道学、民俗文化学、历史学、哲学、文学、社会学、地理学、民族学、心理学等多个角度，深入探讨了中国人“梦”的文化及其与西方梦文化之间的关系，阐述了“梦文化”的特征、影响及其现实意义。现就相关学术研讨问题综述如下：

一、相关“梦”主题讨论

1、道教九仙祈梦

有“中华梦乡”之誉的福清石竹山是中国传统梦文化传承至今的典型代表。詹石窗教授做了主题发言，他从文化学视角探讨了福清石竹山祈梦这一悠久民俗现象，分别就历史由来、文化渊源、文化特质、文化魅力等方面解读了石竹祈梦的文化意义。陈德铸先生则从九仙梦文化对社会人生的影响、九仙的民俗文化品位与梦文化认同、“九仙梦文化”独特之处、以及梦魂、梦话等方面探究九仙梦文化的丰厚遗产。盖建民教授、何振中博士探讨了九仙梦文化构建中丹道文化所起的决定性作用，通过对九仙相关文献记载的考察，认为九仙修炼包括了内炼与外丹修炼两个方面，他们的丹道修为促成了九仙祈梦中以“梦”通神、以“梦”行道等独特方式。林国平教授、王建兵馆员从历史学角度考辨了九仙信仰的发生渊源，认为九仙的传说首先是由福建祖先崇拜的延伸与衍化而来的；其次，九仙信仰传播与福建移民的密切关系，九仙入闽的传说其实反映了汉唐间福建移民的历史现象以及移民们的复杂心路历程。

2、道教之梦论

道教梦论具有丰富的内容，是本次研讨会的深入讨论重点。李刚教授提出了道教之梦是中国人“集体无意识的原型”的新观点，运用西方心理学者的观点阐释道教之梦；认为道教神仙不死之梦乃是试图超越死亡从而走向长生不死，既有主观上的生理、心理因素，也有客观上的社会民众信仰因素、民俗民风因素。当代生命科学必须与道教之梦相结合才能以科学的精神上下求索，达到人类的生死问题之圆满解决，并认为道教追求“长生成仙”之梦应“继续做下去”。张广保教授对道教之梦进行了哲理性分析，从梦与生死两大主题来展开原始道家道论的基本内涵，并尝试探讨一种形而上的梦论和生死论在原始道家中通过何种方式得以建构。张丽娟认为道教梦文化是以道教的五行、精、气、神等概念来解释梦的内在本质，阐释道教人生如梦的超脱观念，从而以梦度人或以梦启人。

胡孚琛教授从新道学的视角对睡眠与梦给出新的理论解释，从而揭示睡眠和梦的机制，并对释梦、导梦、造梦乃至通过梦境指导现实生活、发明创造进行了理论探讨。还介绍了藏传佛教密宗“那洛六法”中的“梦瑜伽”，对梦的修炼进行了研究。

郑志明教授以东王公与西王母为例，考察了古代神话人物的神格与神性的内涵变迁及其与梦的关系，阐述了民众信仰之阴阳二元特性。张崇富副教授从道教身神论出发，分析了梦的发生的机制以及相应的禳解之法。他把梦分为两类:人与鬼交和人与仙真交通,前者往往表现为噩梦,是人体功能失调的表现;后者则为吉梦,是人体阴阳谐调、身体健康的表现。朱展炎、卢笑迎博士从道教对梦的独特理解这一视角出发,比较全面地阐述了道教关于梦的成因、梦的各种类别以及作为病症之梦的治疗方法等释梦却梦理论机制。乐爱国教授、冯兵博士集中阐述了道教辟噩梦之法,认为诸如默念咒语以祈求神灵、“叩齿”、“咽液”、按摩、用药和“慎无语人”等方法采纳了道教方术中各种经验方法,虽然有着宗教的内涵,但更重要的是符合古代中医基本理论与实践,并为后者所吸收而产生积极的影响。

陈静研究员就“庄周梦蝶”这一道家之梦的经典,从哲学理性层面进行了别具特色的分析;廖同平将庄子之“梦”,归纳其“栎树梦”、“骷髅梦”、“蝴蝶梦”三重养生境界;林啸认为“庄周蝶梦”隐含着超世“逍遥”的境界,是人类对自我生命本真的追求;与会学者纷纷就“庄周蝶梦”的内涵和文化意蕴展开了热烈讨论。

朱越利教授以《真诰》为例,阐述了陶弘景与传统梦文化之间的关联。丁原明教授追问了全真道北宗之梦,认为它涉及到梦的成因、梦与修道成仙,以及“无梦”的神仙境界等内容;特别是其“无梦论”,不仅促进了“梦”由潜意识向“无梦”的有意识转化发展,而且也丰富了古代梦文化的内涵。

3、祈梦的地域性与文化特征

张泽洪教授则对巴蜀地域梦文化进行了探讨,他考察了源于古代巴蜀地区的道教“梓潼梦”,详细分析了文昌帝君信仰的起源及其衍变;认为唐宋以来社会各阶层形形色色的“梓潼梦”及其梓潼信仰其实反映了中华梦文化与民间宗教信仰之间的密切关系。台湾谢聪辉副教授对《玉皇本行集经》的出世与梓潼帝君关系进行了专题考论,对研究梓潼梦有参考价值。

高致华副教授研究了台湾布农族原住民的梦占与梦传说,认为“梦”在布农族人的生活中至今仍具有重要地位,它与原住民的宗教信仰结合在一起;特别是老一辈布农人还是以梦占来决定包括上教堂等许多事情。

范正义副教授考察了福建各地具体祈梦对象、祈梦场所与祈梦现象之间的相互关系,认为地理环境是祈梦者实现人神之间沟通的必要条件,祈梦现象是人文调节下人与地理环境之间互动一种方式;同时,最佳的时间段因素与地理环境的有机结合,使得祈梦现象的文化色彩更为浓厚。

王祖麟、王光辉两位先生认为必须用科学发展观看待祈梦文化,从科学发现史的实例来看,梦的预见性是值得深入研究的课题;有必要用现代科学的手段研究“天人感应”的观念并赋予其新的积极内涵。

4、文学、艺术与道教之梦

刘仲宇教授别出心裁以“性梦、人妖恋及其形成的文化氛围”为主题,结合弗洛伊德心理分析观念,认为性梦是正常性意识发展受到压抑情况下,人的性意识浮现的结果;人妖恋是由性冲动引发的病态现象,文学作品中诸多描述是文化积淀的表现。

张振国先生认为梦境对于艺术创作具有刺激作用,文学中的梦境艺术表现必须符合社会生活的道德要求,从而丰富情节、创造形象和表现一种美学理念;文学史上的不同样式剧作采用了道教元素,客观上传递了道教追求长生、宣扬果报的教义思想。吴成国副教授探究了历代文人所描述的种种蝉意象,发现其中寓有长生梦的意境,反映了中国人的长生之梦从原始巫术时代走入梦境,历经浓厚的巫术文化传统和老庄道家之楚文化的浸润,并与道教长生、得道归真信仰相结合,而显得悠远绵长。

申喜萍副教授把元代神仙道化剧的特征归纳为“梦幻”主题,并认为产生这一主题的具体原因渊源于元代的社会历史环境和中国传统文化的发展具体趋向。郝爽归纳了《红楼梦》中梦意象的创造、审美功能和系统功能特点,认为梦意象描写作为一种艺术手段具有揭示人物的内心世界、浓缩外界信息的独特作用。

5、梦与人生的关系

台湾林美容教授、释印隆以承天禅寺传悔法师的梦与境为例，阐述了对梦的内容诠释其实牵涉了得梦者自我与潜意识之间的持续对话，而不论解读与否，都可能对清醒的意识造成深刻的影响。陈金凤研究员剖析了唐代士子参与科举的行为，发现不少士子因科举焦虑而往往诉诸梦境，反映佛道文化兴盛背景下对儒家文化的渗透。陈名实、黄新宪研究员研究了福建自宋代以后一些状元及其传说，认为它们反映了福建人对托梦神灵的崇拜以及对梦启示的信仰，这些对现代梦的心理研究具有一定的参考价值。袁志鸿认为人生就是寻梦、追梦和圆梦的过程，道教之梦涉及“真我”、“自我”的认识，以及自我形神之辨，石竹祈梦具有深刻的文化魅力。

6、其他梦论

周桂钿教授深入剖析了东汉王充之梦说，“梦、殄、死”三者代表生命的三个层次，梦最轻，无知；殄其次，更无知；死，精气不存，形体腐朽，不可能有知。梦见的是虚象，不是实在的。占梦者将梦中所见作为象征意义来解释，解释的水平有高低，其中多有疑点。

詹石窗教授、李育富博士认为易学在释梦之理论根基、梦的成因和占梦方式等方面为占梦提供阴阳协调与天人合一的理论根据、梦因的阴阳发端与解梦的易学思维方式。雷宝博士结合现代梦研究的部分成果，通过对梦象与卦象逻辑关系表达方式的差异性、梦象与卦象思维过程相似性的对比，尝试从“梦”的视角认识《周易》“观象系辞”的思维过程及其特征。

江峰副教授解析了太谷学派的部分梦文化相关的遗书资料，体察到该学派梦文化的诗化哲学意蕴即梦幻人格、梦话系统和梦幻境界，深化了对太谷学派梦文化的诗化哲学特质及其价值的认识。

阙丽美博士试图从宗教学的角度来纠正心理学家和医学家对梦解读的不足之处，认为梦与灵魂有绝对的关联性，它可能传达信息或者在证实什么；梦的作用主要在于启迪人类对生命的重视。

除了上述关于梦的讨论之外，部分学者还提交了有关道家思想、道教科技文化、道教外丹术、民间信仰、古代哲学思想相关的论文,并在分组讨论中交流。

本次会议乃学术界第一次就"梦文化"进行学理上的研讨,其独到的研究主题和视域得到与会专家的普遍肯定。学者们认为,梦文化在中华文化史上有着悠久的历史和丰富内涵,然而过去一直未能登入学术大雅之堂。因此本次会议以梦文化为研讨主题是一个有新意的首创。会议采用主会场大会发言与分会场分组研讨相结合,最后进行大会点评总结的方式进行。但由于会议时间较为仓促,许多内容尚未充分展开,令发言者与听众意犹未尽。加之,梦文化活动还需要心理学、医学等各方面专家的广泛参与,并以科学态度进行多学科、多维度的联合攻关、。因此本次会议所涉及的许多学术问题的深入探究,还有待今后类似的梦文化学术会议的推动。熊铁基教授风趣地回顾了会议期间在仙君洞得梦的体验,并称:"梦中见到成立了中国梦文化研究会,朦胧中仿佛见到许多成员就是与会者。"他的愿望表达了全体与会者的心声,也是这次学术研讨会的远期目标。

然而,笔者以为,在多学科深入研究的基础上,适时地开辟"道教梦学"的新分支领域,这也许是在不久将来可以实现的一个"学术之梦"。

中国国内伊斯兰教学术研究的历史进程

葛　壮

与伊斯兰教传入中国的一千三百多年的悠长历史相比，中国国内关于伊斯兰教的学术研究，其产生的历史并不太久远，若按系统的学术研究来看，这方面的真正进展，应集中体现在20世纪。而在抗战前和80年代后进行的前后两次的学术冲刺，更为该学科的建设和积累，奠定了各种资料和学者队伍方面的厚实基础与资源，其意义十分重要。本文依照历史时期的自然分段，以求从总体上把握其发展进程的脉络。

一、从清末到民国初年的研究状况

唐朝初年伊斯兰教业已传入中国，但考虑到在历代封建帝制威权统治下，传统的儒释道三教又合流而成为全社会文化的主流，作为外来的宗教文化，伊斯兰教在如此的外部大环境下，其传播基本上局囿于穆斯林群体内部，教外则对这种宗教知之甚少，有的文人士大夫在著作中尽管偶有提及，但亦有以讹传讹的谬误。即便是穆斯林内部，对教门的研究也并不系统。明末清初，一度出现过以王岱舆、刘智等人为代表的汉译经著的学术高潮，但从整体上来讲，千百年来，中国各地的穆斯林宗教学者主要是在经堂教育的封闭性学术传授渠道中汲取知识的养料，并未在有关伊斯兰教的学术研究上取得实质性的突破。这种学术上长期停滞的沉闷局面在世纪更迭的清末民初，却因社会巨变而被打破，有关伊斯兰教的学术研究也初露端倪。

其时因为各地穆斯林民族意识的普遍高涨，相关的伊斯兰教教义和历史普遍受到教内外的更多关注，宣传和介绍本民族信仰的宗教文化已经成为满足时代回应的社会需求。不少教内学者对伊斯兰教进行了历史的回顾。如广东白铭庵在清末根据有关的广东史籍编著的《回教考》民国前期在各地付梓刊行。而清末河南商丘李复真编著于1908年的《穆民劝善歌》、民国初年南京马廷树所撰的《清真醒世篇》等，也都旨在帮助时人了解伊斯兰教的信仰和学说。塔塔尔族人库尔班·艾里·哈力德用维吾尔文字描述中国新疆地区历史的穆斯林著作《东方五族史》(又称《东方五史》)，也在清末宣统二年(1910)完成。这些初步的学术探索，有益于刺激和推促更多的学者作进一步的深层次研究。

随着文化教育事业的逐步普及，社会上一些穆斯林学者往往自觉地担当起开拓伊斯兰教学术研究领域的重任，如曾在创办伊斯兰教新式教育过程中作出重大贡献的马邻翼，就是其中典型的代表人物。其晚年出版的《伊斯兰教概论》，堪称20世纪"中国第一部用新观点、新方法阐释伊斯兰教理、教义的著述"。著名经师杨仲明在积极提倡新式教育之同时，还在清末完成《四教要括》，民国时则著有《古兰经大义》、《古兰经集注》、《亥帖注集》、《中阿初婚》、《教心经注》等，都有很高的学术价值。

清末民初，在中国伊斯兰教发展历史上出现扩衍化的局面，中亚苏非派思想经由不同渠道进入中国后所产生的巨大影响，以及各地穆斯林社区世代相沿的经堂教育制度，令中国穆斯林学者和教职人员的宗教学识及素养得以不断提高，而在传播宗教的具体实践中，又产生出各具特色，自成体系的不同门宦及其支派，及至清末民初，在传统的阁底目(老教)和虎夫耶、哲赫林耶、嘎的林耶和库不林耶等

“四大门宦”及其支派等新老教派并存的情况下，中国的伊斯兰教又在20世纪前后交接当口，分别出现伊赫瓦尼（又叫新兴教）和西道堂（又称汉学派）等新教派，教派分野和教义思想上的颉颃，以及由此产生的教派发展，在客观上对伊斯兰教学术产生强烈需求，无疑对分属各派的伊斯兰教经师及穆斯林学者积极主动地钻研经学，起到直接的推动作用。

当其时，各地涌现出不少穆斯林社会组织和团体，如童琮于光绪三十二年（1906）在镇江发起的“东亚清真教育总会”；中国留日回族青年黄镇盘、保廷梁等人于次年发起组建的“留东清真教育会”等，后者还出版旨在唤起穆斯林觉悟的刊物，初名为《劝告清真同教书》，1908年出版时改为《醒回篇》。作为中国穆斯林自己创办的最早刊物，虽只出了1期，且在国外编辑，它却具有相当大的历史影响。国内最早创办的伊斯兰教学术刊物是1915年创刊于云南的《清真月报》，主编为契吉康，该月刊前后共出版5期。此外，著名阿訇王宽等人于1912年在北京发起建立“中国回教俱进会”，之后各地分会也相继成立。该团体后在1929年出版了名为《穆光》的半月刊。1917年由张德明等人在北京牛街礼拜寺成立的“清真学社”，该会会旨就是“专在研究学术，阐明教理”。这表明伊斯兰教学术研究不再局限于个人作学问的范围，而是带有社会化和组织化的特征，以及鲜明的时代性特征。

上述在清末民初的伊斯兰教研究，虽属零星萌芽，尚未形成声势，亦非显著学术成果，但毕竟为以后涌现的近代中国伊斯兰教文化高潮开创了历史的先河。

二、抗战前国内对伊斯兰教的研究

肇始于清末的“回教文化运动”是20世纪中国伊斯兰教研究出现的首次高潮，这场标示着伊斯兰教在各文化领域全面得以振兴的运动，自清光绪三十三年（1907）到抗战爆发前的1936年，时间跨距为30年。这期间,尤其是20年代后,各地由伊斯兰教内人士组成的社会团体、学校、书店及印刷事业、图书馆、阅览室等纷纷涌现,各种与伊斯兰教相关的报纸、杂志、著作、文章则公开出版刊行;翻译伊斯兰教经典的项目也有条不紊地开始运作起来;它如选派留学生赴埃及探造,以及社会上关注伊斯兰教的学者增多等,这些都对伊斯兰教学术研究向纵深开展具有积极的推促意义。

以1925年6月成立于上海的"中国回教学会"而论,穆斯林学者傅统先根据其会的性质及所做的事情,如翻译《古兰经》、出版刊物、办学校、设图书馆等,直接称"此会为中国最大之回教学术机关"。赵振武在题为《三十年来之回教文化概况》的文章中也指出:"民国十四年,上海乃有中国回教学会之组织,规模之备,作用之宏,为有史冠。"他在同一篇文章中,还提到各地一些伊斯兰教机构在对中国穆斯林研习阿拉伯语文法和各种宗教类书籍方面所作出的贡献,认为"最近三十年来,经营此种文化事业,致其最大力者,当以上海协兴公司、上海中国回教书局以及北平成达师范出版部为最。"由马松亭于1925年创办于山东济南的成达师范学校,自1929年迁往北平后,在推动伊斯兰教学术事业上出力甚多,如出版阿文读本,影印《古兰经》等,刊行了金吉堂的《中国回教史研究》、马松亭等撰写的《回教与人生》、纳子嘉的《伊斯兰教》等书。

另外一些较著名的社团组织有北平的"伊斯兰学友会"(1928年),其会员来自冀、甘、吉、皖、川、粤、滇、藏等15省,一度为北平"最高知识阶级青年之总汇"。另如1933年成立于上海的"中国回教宣传所"及次年成立于太原的"中国伊斯兰布道会"等,也都致力于弘扬伊斯兰文化的宣传和学术研究活动。

层出不穷的伊斯兰教刊物问世无疑是映衬"回教文化运动"辉煌的主要一个标志,在唤醒穆斯林民族意识和坚固教众的宗教信仰方面,它们起着不可低估的历史作用。京、津、沪、宁、穗等大城市中都刊行伊斯兰刊物。根据有关资料的统计,在民国时期中国伊斯兰教主要刊物多达100种以上,而绝大多数创刊于1937年之前。约

60多种。这些刊物的宗旨都是以阐发教义、提倡教育、沟通文化和传递国内各地穆斯林消息为主，由于为经费所限，以及稿件匮乏，或受局势、人员等各种因素制约，此类刊物中，很多是昙花一现，有的则难以为继。其中较具代表性的，有学术性较强的《突崛》；而《月华》、《中国回教学会月刊》、《成师月刊》、《伊光》、《伊斯兰青年》等刊物在不同的发行地区也发挥着较大的影响力。其中尤以《月华》发行最广，由于经常被作为彼此交换的宗教刊物，令该刊在阿拉伯国家中都具有较大的知名度。

穆斯林从事的汉译《古兰经》，在"回教文化运动"高潮带动下得到长足进步。哈德成、王静斋、虎嵩山等著名阿訇贡献良多，沙善馀、伍特公、马坚等伊斯兰教学者亦出力不少，他们在研究圣训、教义学、教法学等方面造诣甚深。事实上，北平中华印刷局在1929年出版发行过《可兰经》（李铁铮译）；也有上海犹太大亨哈同的大管家姬觉弥总纂，1931年通过上海爱俪园的广仓学窘出版的《汉译古兰经》，但它们均被中国穆斯林目为教外人士的学术成果，并不受广大教众青睐。而由王静斋完成的《古兰经译解》，经北平中国回教俱进会的努力，在1932年出版。是为多采用经堂语的"甲本"。1937年重译后，1942年在宁夏石印，此即"乙本"。王静斋后又用白话文修改并扩大解注，这就是后来在诸多《古兰经》汉译本中影响较大，流传较广的"丙本"。哈德成、马坚等人也一直在努力进行这方面工作，当时有2卷已分期刊登在《中国回教学会月刊》上。其文体优美儒雅，为时人所嘉许。这为马坚在日后完成质量甚高的汉译《古兰经》奠定了很好的学术基础。

民国前期，国内已有极少数优秀穆斯林青年到境外深造。如王静斋阿訇和弟子马宏道于1922年分别西行求学，王氏入埃及爱资哈尔大学，及土耳其、印度等地进修；马氏就读于土耳其，并在1933年获伊斯坦布尔大学文学士学位。不过这些是个人留学行为。从1931年到1934年，由京、沪、滇三地有关学校正式派遣，并与对方国家政府商洽同意成行的中国学生留学团前后有4届，共约20人。除为以后中国国内伊斯兰教学术研究培养人才之外，通过这些留学青年中的佼佼者，中国文化精髓和国内的伊斯兰教发展历史，亦被成功地介绍到阿拉伯世界，伊斯兰国家的精品文化成果亦被引进中国的学术苑囿。如马坚在留学时，就曾以阿拉伯文著《中国回教概观》，还将《论语》翻译为阿文，在开罗出版发行。北平成达师范学校负责人马松亭阿訇，在护送留学生赴埃后，曾专程到埃及正道会作题为《中国回教的现状》之演讲。庞士谦阿訇则在埃及驻留 9 年陪同留学，积累了宝贵见闻，1948 年刊载其日记体著作《埃及九年》，是反映中东国家伊斯兰教状况的生动写照。所有这些中外学术交流，在当时交通工具、地理环境远未改善的情况下，实在弥足珍贵。

在此次高潮中除教内学者人数明显增多外，一些非穆斯林学者也加入到伊斯兰教研究行列中。正是教外知名学者的这种努力，使伊斯兰教研究的相关重要成果，开始走出宗教自身那种多少带有封闭性特征的文化圈，从而起到更大的社会影响。在这方面史学界一代宗师陈垣先生堪称表率，其代表作《元西域人华化考》，于 1923 年撰成前 4 卷，发表于《国学季刊》第一卷第四号，后 4 卷于 1927 年撰成，发表于《燕京学报》第二期。日本著名史学家桑原骘藏在收到陈垣前 4 卷后曾于 1924 年撰写书评《读陈垣氏之〈元西域人华化考〉》，给予高度评价。中、日这两位史学巨辈在研究包括回回在内的西域人"华化"的课题上，发掘了大量宝贵史料，都为中国伊斯兰教历史的研究作出了重要的开创性贡献。另如陈汉章、顾颉刚等学者或撰文，或在学术杂志上设专栏，直接把有关伊斯兰教的文化信息发散到社会的方方面面。如陈汉章发表于 1926 年的《中国回教史》，对伊斯兰教传入中国后在各朝代的发展作了较详细的介绍，同样具有较高的学术地位。

顾颉刚等人主编的《禹贡》，是在这方面发挥重要作用的杂志。作为权威学术刊物从 1934 年 3 月 1 日创刊，到抗战爆发被迫停刊，共出版 7 卷 82 期，登载 700 多篇文章。该刊把边疆史地和民族研究列为开发的重点栏目，在东三省沦陷后，边疆史地以及相关的民族、宗教问题益发凸显其具有的重要性，在国人对广大的西北回族及伊斯兰教尚不太了解和引起重视的当时，《禹贡》在顾颉刚和白寿彝等共同协作下，先后出版《回教与回族专号》、《回教专号》两种专刊，各卷刊载论述回族伊斯兰教的文章多达40余篇。还登载数十条有关的通讯等，进一步传播和扩大了这方面的动态信息和影响。更具历史意义的是，以白寿彝、马坚等为代表的回族学者群体大致在这段时期形成，而《禹贡》正是他们展示和交流研究成果最重要的学术平台。

抗战爆发后，中国局势风云突变，有关伊斯兰教研究受到直接影响。在沦陷区，在敌伪势力的逼迫下，有的学者被迫停止工作，遂使相关研究中辍，如著名经师哈德成因不愿和敌伪合作，离开上海，远走西南；他如伍特公、沙善馀等学者也不敢公开活动，《古兰经》的汉译工作进程直接受到影响。有的刊物如《绿旗》，由爱国的回族青年杨玉书主办，在上海"孤岛"时期，一度声名鹊起，终因冒犯敌伪当局而遭取缔。反观当时陪都，倒是出现一些成果，如王静斋阿訇付梓刊行的《古兰经译解》丙本，就完成于重庆。由荷兰阿姆斯特丹大学的教授第·博尔最早用德文写就的《回教哲学史》，经马坚从英译本翻译，并对照阿拉伯文译本，也于1944年在重庆出版。总的来看，1937年以后，由于兵祸频仍，动荡不息，严重扰乱了学术研究正常进行，较之过去蓬勃开展的"回教文化运动"，伊斯兰教研究事业在民国后期已明显萎缩。

三、新中国成立后走过的曲折历程

1949年新中国成立后中国伊斯兰教研究曾一度陷入低谷，且没能很快地扭转颓势。虽说在50年代，马坚、白寿彝、纳忠等回族学者仍旧坚持进行这方面的研究，而且取得一定的成果，但与20世纪前期"回教文化运动"所具有的学术规模相比，无论在研究者绝对人数上，还是在有关专著的数量方面都逊色许多。当然，这只是就整体而言,整个50年代的伊斯兰教研究并非乏善可陈,如中国伊斯兰教协会(1953)和中国伊斯兰教经学院(1955)先后成立,为汇聚、培养有志于研究伊斯兰教的专门人才奠定了重要的前提条件。它如《中国穆斯林》(1957)刊物的创办,更是50年代伊斯兰教研究领域内的重要之事。该刊物不啻建立起一个专供人们探研伊斯兰教文化的特殊窗口,在当时国内历史条件下,它的合法存在有特别意义。

在从事伊斯兰教学术研究的领域中,整个50年代有关这方面的论文和文章约百余篇。其中北京大学教授马坚(1906－1978)个人成果累累,显得十分突出。他在各家重要报刊发表多篇文章,从发表时间间隙之短,文章涉及的范围之宽,也能窥见其专研用功之勤。据北京大学东语系前主任季羡林教授回忆,马坚的《穆罕默德的宝剑》与《回民为什么不吃猪肉》两篇文章还得到毛泽东主席的嘉许。此外,马坚还编译了3万字的《回历纲要》,除其自身具有的历法功能外,该小册子为中国伊斯兰教研究提供了方便。1951年商务印书馆出版了马坚翻译的《回教真相》;1958年,中华书局重新出版了马坚于1944年翻译的《回教哲学史》并易名为《伊斯兰哲学史》。作为一本简明介绍伊斯兰哲学历史的名著中译本,该书在帮助中国读者了解伊斯兰哲学的主要发展脉络、代表人物和主要命题方面,起到积极的学术引导和奠基作用。马坚另外几本影响很大的译著,如汉译《古兰经》、《阿拉伯通史》、《阿汉字典》等,也都是在50年代就已开始进行翻译、审核校对的。如美籍阿拉伯裔学者希提的《阿拉伯通史),是长达75万字的史学巨著。这项翻译工作始于1957年。为便利读者借助是书作进一步的深入研究,马坚的索引就占其书八分之一。以后历时22年,直到马坚归真一年有余,其书中译本才在1979年正式问世。

50年代伊斯兰教研究成果主要体现在介绍性地将国外有关伊斯兰教的专著译成中文。除上述译著外,1954年中华书局出版了日本学者桑原骘藏的《蒲寿庚考》,由陈裕菁翻译;1957年人民文学出版社出版了马安礼翻译的《天方诗经》;1958年,商务印书馆出版了纳忠翻译的《阿拉伯文化的黎明时期》。

与伊斯兰教关系密切的回族问题研究,其主要成果大多集中在历史上的回民起义和回族群众反抗封建政权民族压迫的斗争上。如有白寿彝著《回回民族底新生》和由其主编的反映清代回民起义的全四册资料集《回民起义》、《回回民族的历史和现状》、马霄石著《西北回族革命简史》、林干著《清代回民起义》等书,均为这段时期发行的作品,在这些描述回族斗争历史的书籍中,伊斯兰教内容占有一定的比例。

伊斯兰教研究在60年代因受到国内外社会政治环境和各种综合因素制约,特别是党内路线斗争踵连相接,使整个社会科学研究氛围更加严峻,遑论宗教,尤其是对伊斯兰教的学术探索这方面原有发展势头明显受到阻遏。从1960年至“文革”爆发前的1965年,在全国各报刊上发表的有关伊斯兰教的论文和文章总计尚不满50篇,足足比50年代时期同样方面的研究成果减少一半有余。

值得欣慰的是,中国伊斯兰教研究与国外主要是阿拉伯世界的联系,仍保持着畅通渠道,从50年代后期起,马坚、白寿彝等人就先后以不同身份造访埃及、伊拉克等国家,这些对外交流对伊斯兰教学术活动的开展有积极的正面作用。如1962年,白寿彝赴巴基斯坦参加历史学年会,在会上宣读论文《中国穆斯林的历史传统》,该文发表在同年第1期《北京师范大学学报》上。该论文是当时学术分量很重的一篇。

在这段学术低潮时期发表的文章,还有围绕东南沿海清真古寺作考察的,如纪思、庄为玑、吴文良等先后在《文物》、《厦门大学学报》等刊物上,发表对杭州、泉州等地清真古寺的形成、发展以及遗留古迹和建筑等问题进行探讨的研究文章。也有反映和保存在各地文史资料或民族地区调查资料汇总报告中的伊斯兰教史料性文章,在各穆斯林民族居住呈相对密集状态的甘、宁、青地区,内容翔实的文史资料包纳了相当多的伊斯兰教信息。如在1962年创刊的《甘肃文史资料选辑》的前几辑中,就有20来篇关于伊斯兰教的文章,特别是涉及到教派门宦的产生和衍变历史,教坊管理制度的变迁介绍等。如《甘肃伊斯兰教的门宦》、《甘肃伊斯兰教新教派的产生》、《我国伊斯兰教中的哲赫忍耶门宦》、《临夏清真寺海乙制的建立及其变迁》等。同期的《青海文史资料选辑》中,也有类似的情况。当时发行的全国各少数民族社会历史调查资料中,亦有反映各地伊斯兰教和各穆斯林民族状况的内容。

在"文革"那段特殊时期里,宗教研究文章屈指可数,与伊斯兰教相关的更属凤毛麟角。直到"文革"后期,在《中央民族学院学报》1975 年第 2、3 期和 1976 年第 1 期上,发表署名方思一的《伊斯兰教史话(上、下)》;而昆明师范学院的《昆师教育革命》的 1975 年第 2 期,刊登了由中央民院研究室集体撰写的文章,题为《穆罕默德和伊斯兰教》。《文物》等杂志上也有几篇间接涉及伊斯兰教的文章。

总之,上述伊斯兰教学术研究乏力不振的态势,直到"十年动乱"宣告结束后才得到彻底扭转。

四、改革开放后的学术复苏与高潮

70 年代后期,伊斯兰教研究的荒芜园圃开始萌发意义非同小可的学术嫩芽,此即"文革"结束后,由中国社会科学院世界宗教研究所发起组织的"全国宗教学研究规划会议",该会议于 1979 年 2 月在昆明召开,共有 109 人参加了这次在 20 世纪中国宗教学研究历史上极为重要的学术会议,会上成立了中国宗教学学会。昆明会议对整个中国宗教学的开展具有巨大推动作用,它集中而又突出地表现在制定了 1979—1985 年的宗教学研究规划,伊斯兰教研究也获益非浅。昆明会议决定,此后将由西北五省区轮流主持召开伊斯兰教学术讨论会。同年 8 月,乌鲁木齐举行全国规模的伊斯兰教研究工作座谈会,这种专事讨论伊斯兰教的大型学术交流会议在中国尚属首次,它也是中国伊斯兰教研究步入全面繁荣阶段的新起点。

与此同时,各地零星研究伊斯兰教文章,甚至重要的国外学者撰写的伊斯兰教译著和国内学者的论著,也都陆续问世。如 1978 年的《新疆历史论文集》中收有研究伊斯兰教的一些文章。由陈俊谋、钟美珠翻译成汉文的《和卓传》(原作者为穆罕默德·萨迪克·喀什噶里),登载于 1978 年第 8 期《民族史译文集》上,为相关的新疆地区伊斯兰教历史研究提供了颇有价值的资料。此外,由法国人昂里·马塞所写,经王怀德、周祯祥翻译的《伊斯兰教简史》,作为新中国成立后首本公开出版的伊斯兰教译著,也在 1978 年 3 月由商务印书信付梓刊行。宁夏人民出版社在 1978 年出版了《回族简史》,书中专门提到了回回民族与伊斯兰教的关系。1979 年,有关伊斯兰教研究的 30 多篇文章问世,表明相关的学者队伍正在重新集结起来。而马坚翻译美国人希提撰写的《阿拉伯通史》,也在是年出版,该书对伊斯兰教和穆斯林民族历史文化的详尽阐述,给国内学者提供了很大帮助。

在接踵而至的 80 年代,银川(1980)、兰州(1981)、西宁(1982)、西安(1983)、乌鲁木齐(1986)等地,相继召开了 5 次伊斯兰教学术讨论会。正是在这些大型学术讨论会的驱动下,我国伊斯兰教研究的开展,一波又一波地逐浪升高了其水准。这 5 次伊斯兰教学术会议也被形象地比喻为"中国开展伊斯兰教研究的'里程碑'"。根据有关统计,这 5 次会议前后共有十多个民族成分的将近 600 人次参加,提交会议的论文、资料文献等多达 400 篇(件)。仅从绝对数量来看,即便不包括会议之外的其他渠道发表的各种论著,这个数字也已大于新中国成立以来到 1980 年国内所有伊斯兰教研究成果的总和。这说明,80 年代上半段所取得的成就是十分显著的。

若就这些会议所讨论的议题来说,伊斯兰教研究范围明显拓宽了许多。如清代以来的中国伊斯兰教问题,伊斯兰教传入中国的分期问题和它与中国传统文化体系的相互融合、拒斥以及互相影响的问题,中国西北地区的伊斯兰教教派门宦及其渊源问题、关于伊斯兰教在中国各地区的传播及其特点问题、中国伊斯兰教的经堂教育和民族文化的传承问题、国外对伊斯兰教的研究历史与现状问题、伊斯兰教与回族的共同心理素质形成的关系等等，都成为从事伊斯兰教研究的学者们探求研讨的内容，中国伊斯兰教的学术研究也由此步入全面发展的黄金时期。从当时出版的一些学术研究成果来看已具有很高水平，给后来研究的深入提供了厚实基础。例如，反映中国伊斯兰教主要教派和门宦及其支派的专著，就分别有勉维霖所著的《宁夏伊斯兰教教派概要》、马通撰写的《中国伊斯兰教派与门宦制度史略》、《中国伊斯兰教派门宦溯源》等3本书，两位作者各自通过不同侧重面、针对甘、宁、青等地的伊斯兰教各教派门宦，利用他们多年收集的第一手资料，相当细致地勾勒了中国特有的教派门宦组织系统的发展轨迹，包括阐述了不同教派门宦的教义渊源和宗教修持及礼仪遵行上的特征，也清晰地展现了这些宗教团体的历史流变过程。另外由中国社会科学出版社出版的《什叶派》一书，为中国社会科学院世界宗教研究所伊斯兰教研究室集体编译，它是国内学者比较集中而系统地介绍伊斯兰教什叶派的一本著作。

80年代初期一度集中涌现了不少有关伊斯兰教的国外学术专著，诸如作者为志费尼的《世界征服者史》，系何高济根据波伊勒的英译本翻译，并由翁独健校订完成。虽说是以阐述蒙古族兴盛为主的史书，但由于志费尼是信仰伊斯兰教的穆斯林，所以书中也记述了大量有关13世纪中亚伊斯兰教历史的内容，其史料价值十分珍贵。其它译著有美国学者西·内·费希尔撰写、姚梓良翻译的《中东史》；巴基斯坦学者赛义德·菲亚兹·马茂德撰著、吴云贵等人翻译的《伊斯兰教简史》等。由埃及学者艾哈迈德·艾敏撰写、纳忠等人翻译的多卷本《阿拉伯－伊斯兰文化史》，曾被誉为划时代的伊斯兰百科全书，是国外研究阿拉伯伊斯兰文化和艺术的重要著作。上述译著的印行，对国内刚恢复起步的伊斯兰教研究有相当积极的推促作用。

从80年代中期研究的情况来看，学术论著中重要的有白寿彝的《中国伊斯兰史存稿》和《回族人物志》(元代)；以及由泉州海外交通史博物馆编写的《泉州伊斯兰教石刻》，该书收录了两百余方泉州伊斯兰教碑刻，为研究是地伊斯兰教历史提供了宝贵的第一手资料。宁夏人民出版社和青海人民出版社自80年代初期起，先后陆续出版了作为几次伊斯兰教学术讨论会议成果的《清代中国伊斯兰教论集》、《伊斯兰教在中国》、《中国伊斯兰教研究》、《中国伊斯兰教研究文集》等论文集。而1985年出版的李兴华、冯今源编著的《中国伊斯兰教史参考资料选编(1911—1949)》，作为新中国成立后第一部有关中国伊斯兰教历史的论文、资料汇集书籍，对专事研究的人员来说，是非常有益的参考资料。另外，甘肃省图书馆编成的《西北民族宗教史料文摘》，共甘肃、青海、宁夏、新疆四个分册，分装六册发行，为从事西北民族宗教研究的学者提供了较全面系统的历史资料，深受学者好评。与边疆地区穆斯林民族历史相关的学术著作也在同期得到出版，如新疆人民出版社出版王治来《中亚史》第一卷和《塔吉克族简史》编写组撰写的《塔吉克族简史》，以及《准噶尔史略》编写组共同完稿的同名著作，这些著作都包含着大量与新疆地区伊斯兰教有关的历史信息。

随着改革开放的力度增大，该时期学术研究渐入佳境。一些学术性刊物如《世界宗教研究》、《世界宗教资料》、《西亚·非洲》、《中国穆斯林》、《宁夏社会科学》、《西北民族研究》、《甘肃民族研究》、《阿拉伯世界)，《新疆社会科学》、《青海民族学院学报》、《宗教》、《当代宗教研究》等杂志，包括各地大学学报中的哲学社会科学版，都成为研究伊斯兰教文章发表的学术阵地。及至80年代后期到90年代，中国国内的伊斯兰教研究已进入全面繁荣的新高潮。无论是在数量上，还是在质量上，以及论述内容的范围与所体现的学术水平上，伊斯兰教研究都可谓硕果累累。各种关于伊斯兰教文化的学术专著、系列丛书、辞书、译著、历史文献资料建设等纷纷涌现，研究领域的拓展，以及相关的专门定期刊物的问世，各种关于伊斯兰教主题的学术会议不断召开和中外学术交流的频繁进行，均显现了学术高潮的特征，而相关研究机构及从事伊斯兰教专门研究的学者队伍的迅速扩大，更直接保证了这门国家社会科学研究的重要学科体系在新世纪中获得持续性发展。而《回族研究》的创刊,是90年代中国伊斯兰教研究领域取得拓展的重要标志。该刊在1991年初由宁夏社会科学院回族伊斯兰教研究所创办,是国内颇具影响的重要学术刊物。

在多逾百部的有关伊斯兰教及穆斯林的研究专著中,影响较大的有白寿彝主编的《回族人物志》(明代)、《回族人物志》(清代);杨怀中的《回族史论稿》、金宜久主编的《伊斯兰教史》、冯今源的《中国的伊斯兰教》、余振贵的《中国历代政权与伊斯兰教》、邱树森主编的《中国回族史》;勉维霖主编的《中国回族伊斯兰宗教制度概论》、刘致平的《中国伊斯兰教建筑》、魏良弢的《喀喇汗王朝史稿》、田卫疆的《丝绸之路与东察合台汗国史研究》等,这些专著通过不同角度,对伊斯兰教及穆斯林民族的发展史实,进行了有益的探讨。及至20世纪末,学术界又接连推出分量颇重的专著如李兴华等人合著的《中国伊斯兰教史》,由《中国新疆地区伊斯兰教史》编写组集体完成的《中国新疆地区伊斯兰教史》,以及由米寿江、尤佳合著的《中国伊斯兰教简史》等。

关于各地伊斯兰教的历史,有《上海宗教史》中的上海伊斯兰教历史,由张志诚、葛壮、朱克同合撰。它如马通《中国西北伊斯兰教的基本特征》、高占福《西北穆斯林社会问题研究》等书中,也都分别详细记载着伊斯兰教在各地区发展的重要历程。

除历史类专著外,反映伊斯兰教的书籍中较具代表性的有金宜久主编的《当代伊斯兰教》;吴云贵撰写《伊斯兰教法概略》;杨怀中、余振贵合著《伊斯兰教与中国文化》;马平、赖存理合撰的《中国穆斯林民居文化》;肖宪著《当代国际伊斯兰思潮》;秦惠彬主编的《伊斯兰文明》;陈嘉厚等著《现代伊斯兰主义》;王俊荣、冯今源合著的《伊斯兰教学》等。在翻译国外有关的伊斯兰著作方面,自80年代中、后期以来,也陆续有成果面世。其中由中世纪摩洛哥著名旅行家伊本·白图泰撰写、马金鹏翻译的名著《伊本·白图泰游记》;及中亚人赛义德·阿里·阿克巴尔·哈塔伊用波斯文写就、张至善等翻译的《中国纪行》,美国学者马吉德·法赫里撰写、陈中耀翻译的《伊斯兰哲学史》等影响较大。

自80年代后,有关宗教与民族的词典或百科全书等工具书,在介绍伊斯兰教基础知识方面同样功不可没。如任继愈主编的《宗教词典》、陈永龄主编的《民族词典》、《中国大百科全书·宗教》(由罗竹风担任主任,郑建业、黄心川为副主任;其中伊斯兰教分支学科由马贤为主编,马肇椿、马忠杰任副主编)等工具书中,都含有大量伊斯兰教内容。90年代出版的工具书有郑勉之主编的《伊斯兰教简明辞典》,宛耀宾总主编的《中国伊斯兰百科全书》等,在此类反映伊斯兰教专门知识的工具书中,影响较大的是金宜久主编的《伊斯兰教辞典》。

综观一百多年来中国伊斯兰教的学术研究概貌,其特征呈现出非常鲜明的马鞍型发展特征,而在前后首尾呼应的两次学术高潮中,社会上也相应形成了具有较高学术素养的学者队伍。尤其是在20世纪后半叶以来,专门的研究机构及专业人员的不断增加,表明该学科建设后继有人,相关的研究将会更加繁荣。由于国内这种研究伊斯兰教的高潮,在世纪之交的时间更替中并未停滞,我们完全有理由相信,它将在新世纪中依然保持其蓬勃兴旺的发展势头。

参考文献:

[1]李兴华等.中国伊斯兰教史[M].北京·中国社会科学出版社,1999.

[2]傅统先.中国回教史[M].商务印书馆,1940.

[3]赵振武.三十年来之回教文化概况[1].禹贡,第五卷第11期[转载于李兴华、冯今源编《中国伊斯兰教史参考资料选编(1911-1949(下册),宁夏人民出版社1985年版,第963页。

[4]李兴华,冯今源编.中国伊斯兰教史参考资料选编(1911-1949)(下册)[C].宁夏人民出版社,1985.

[5]邱树森.读陈垣《元西域人华化考》.回族研究,2000,(3).

[6]李习文,张玉海.《禹贡》回族伊斯兰教研究述略.回族研究,

2001,(2).

[7][季羡林.在北京大学马坚教授诞辰九十周年纪念会上的讲话(1995年6月9日),转引自李振中.学者的追求——马坚传记(1).回族研究,2000,(1)

[8]高占福.中国伊斯兰教研究百年[A).中国宗教研究年鉴(1997－1998)[C]北京:宗教文化出版社,2000.

[9]冯今源.中国伊斯兰教研究的历程[A].中国宗教研究年鉴(1997－1998)(C].北京:宗教文化出版社,2000.

伊斯兰教和谐思想与和谐社会建设研究综述

龙 群 潘欣颂

宗教是人类社会发展的产物,它是在不断适应所处社会和时代的过程中寻求生存和发展的。世界三大宗教的长期存在,以及信教人数的不断上升,都表明了宗教有其自身与社会相适应的方面。

伊斯兰教传入中国以来,努力适应不同历史时期中国社会发展的要求,不断从中国传统文化中汲取营养。中国伊斯兰文化是中华民族传统文化的重要组成部分,中国穆斯林也成为中华民族大家庭的重要成员。关于伊斯兰教和谐思想与和谐社会建设的研究主要集中在三方面:一是关于宗教对和谐社会建设的意义;二是关于伊斯兰教和谐思想内容的阐释;三是伊斯兰教对和谐社会建设的影响。

一、宗教对和谐社会建设的意义

江泽民同志在2001年中央宗教工作会议上指出"由于宗教的这种群众性,宗教往往构成非常强大的社会力量。处理得好,可以对社会发展和稳定产生积极作用;处理得不好,就会产生消极作用,甚至产生很大破坏作用。关键看能否有效地管理和引导宗教,减少宗教中的消极因素,发挥宗教中的积极因素。"这是第一次在马克思主义学说的基础上提出了宗教的"二因素论",宗教既有积极的一面又有消极的一面。但"肯定宗教中的积极因素目的不是为了发展宗教,而是要努力使已经存在的宗教多为民族团结、经济发展、社会稳定、祖国统一服务。"我们研究宗教中的积极因素,恰恰是为了建设更和谐的社会关系,维护稳定发展的社会局面。

方立天先生提出,宗教具有根本的长期性,具有群众性,以及特殊的复杂性。我们必须承认一个基本事实:宗教在我们的社会中仍然蓬勃发展。同时方立天还提出走文化宗教之路,这些观点的提出为宗教的生存和发展提供了理论借鉴。宗教要适应其所处的社会和时代才能存在和发展。在当代中国社会,宗教之所以能长期存在,也主要表现在它能与社会主义社会相适应。田忠福认为"宗教与社会主义政治制度、经济建设、文化建设相适应,构成了宗教与社会主义社会长远发展相适应的基础"①。

罗建荣先生认为:宗教文化对构建社会主义和谐社会来说,具有非常重要的作用。我国56个民族中有一亿多信教群众,是建设社会主义和谐社会的重要力量,宗教文化在安抚人心、稳定社会、促进民族和睦、维护国家统一等方面,其作用是不容忽视的②。他认为宗教文化至少可以发挥如下几个方面的作用。首先,宗教文化可以帮助人们在心理上正确定位。其次,确立良好的道德规范。宗教道德规范大都以世俗的道德规范为重点,有助于提升个人的道德品质。第三,有助于建立人与人的和谐、健康、美好的关系。最后,从社会功能来看,有利于社会结构和社会秩序的稳定、和谐。

《古兰经》是穆斯林道德规范和行为准则的根本,在穆斯林的宗教生活与世俗生活中有着神圣地位。对伊斯兰教中的和谐思想,学者们从不同的角度进行了研究。

---

① 田忠福.宗教与社会主义社会相适应之我见[J].新疆师范大学学报(哲学社会科学版),2005,(1).

② 罗建荣.论宗教文化对和谐社会的促进作用[J].湖南社会主义学院学报.2005,(2).

二、伊斯兰教和谐思想研究

伊斯兰教是注重两世吉庆的宗教，提倡积极的人生态度，对人与神、人与人、人与自然、人与社会的关系和谐都有所表述。十六届六中全会的报告指出人与人的关系的和谐是和谐社会的重要标志。伊斯兰教的文化价值取向上是“以人为重的价值取向，珍视现实人生的价值取向，重视整体团结的价值取向”（冯怀信）。这与社会主义和谐社会中以人为本的思想、积极的人生态度、和谐团结等有着相似之处。关于伊斯兰教和谐思想的研究主要有以下六个方面：

（一）人与人之间的和谐思想表现在平等、公道、仁慈、宽容、诚信等方面

尤努斯·冯勇在《浅谈和谐社会中的伊斯兰教及其走势》一文中[①]，指出伊斯兰教中的仁慈、公道精神，《古兰经》要穆斯林以怜悯和公正待遇所有的人，要人们恢复人类仁爱与和平的本性。此外宽容也是伊斯兰教的重要精神之一，因为宽容的目的是实现人类和平、社会和谐，但不是没有原则的退让和屈服。不宽容就没有和平与社会和谐。作者向穆斯林指出：从本质上说，伊斯兰教也是处理人们互相关系的基本法则，伊斯兰教坚持人人平等的思想，对所有的人群一律公平合理地对待。什木逊·马守途在《伊斯兰教的人类平等观》一文中，认为伊斯兰教的人类平等观体现在：承认各个民族相互平等，承认穆斯林与非穆斯林相互平等；承认男女平等。

有学者从伊斯兰教的良知观、诚信观来研究伊斯兰教的思想。从恩霖先生所写的《伊斯兰教的良知观》[②]，《漫谈伊斯兰教的诚

---

① 尤努斯·冯勇.浅谈和谐社会中的伊斯兰教及其走势[J].中国穆斯林，2006，(4).

② 从恩霖.浅析伊斯兰教的良知观[J].中国穆斯林，1998，(6).

信》[①],《伊斯兰教与和谐社会的构建》[②],认为伊斯兰教倡导的良知观是在一定信仰的基础上所体现出来的个人修养,它是由真诚、善心和宽舒精神组成的道德及情感力量的反映,是穆斯林综合素质的体现。首先,指出诚信是信仰的一种表现。诚信的核心是信誉、信用。诚信中的关键是一个"诚",要求实事求是,以诚待人,以诚取信。"诚"是"信"的手段,"信"是"诚"的必然结果。伊斯兰教追求讲诚信的社会,所以讲"诚信"是每个穆斯林的义务,是完善伊玛尼的重要手段。诚信作为穆斯林的人品,其核心是能够引导人格提升和情操高尚,并且使信仰完美。诚信奠定公平的基础,引导人们正直、公正。

(二)伊斯兰教提倡学习知识,崇尚科学,鼓励求知,鼓励积极工作

伊斯兰教指出,天地、日月星辰的变化,四季自然的交替等等都是有一定的奥秘的,但是这些奥秘是可以通过观察和研究等发现的。

喇敏智在《构建社会主义和谐社会符合穆斯林的宗教信仰和根本利益》一文中对伊斯兰教鼓励求知的思想等进行了阐释。据统计,《古兰经》中教人应用理智进行思考的经文有 300 多处,教人观察和探索宇宙(自然)奥秘的经文有 700 多处,教人用对比的方法进行科学研究的有几十处,伊斯兰教教导穆斯林寻求真理,坚持真理[③]。

在生活和工作中,伊斯兰教提倡入世的态度和积极的劳作,寻求今生的幸福,鼓励人们享受生活,但是要有度;鼓励工作,把经济上的奋斗看作穆斯林的积极天命。《古兰经》和"圣训"中充满了穆斯林今世积极进取后世永享天园的警句,这些规定成为穆斯林现世生活

---

① 从恩霖.漫谈伊斯兰教的诚信[J].中国穆斯林,2003,(1).

② 从恩霖.伊斯兰教与和谐社会构建[J].中国宗教,2005,(3).

③ 喇敏智.构建社会主义和谐社会符合穆斯林的宗教信仰和根本利益[J].回族研究,2005,(3).

的指导原则和心理驱力①。

(三)伊斯兰教提倡中道和团结的思想

邓碧波在《伊斯兰教的中道思想》一文中②,对伊斯兰教“谨守中道”的思想进行了阐释。

在宗教礼仪、功课和禁忌上,《古兰经》规定在特殊情况下是可以变通的。对非穆斯林,《古兰经》也有一些很温和的规定。在社会经济生活方面,伊斯兰教也很重视体现公平公正,不走极端。《古兰经》要求穆斯林用钱的时候,既不挥霍,又不吝啬,而是要谨守中道。伊斯兰教反对奢侈浪费,但是也绝对不宣扬禁欲主义,要求信众在日常生活中按照实际的需要进行消费。反对奢侈浪费和禁欲主义这两种极端的做法体现了伊斯兰教在社会生活中坚守中道思想的准则。穆圣教导说:“穆斯林与穆斯林,相亲相爱,如同一体,一肤有病,全身都疼。”这些经训语录,强调的都是穆斯林之间的团结精神。

卢明道对伊斯兰教倡导的团结思想给予很高的评价③。认为信仰与现实融为一体,以信仰为现实生活的基础和行为指南,是穆斯林的凝聚力所在。是人类构建团结、互助、祥和、融洽、仁爱、和谐的良好社会氛围的保障。作者对宽容忍耐、劝人行善止人作恶、维护和平、求同存异、和睦相处,维护社会、服务社会等的和谐内涵进行了阐述。

(四)伊斯兰教中爱人、爱己的思想

尤努斯·冯勇在《浅谈和谐社会中的伊斯兰教及其走势》中论述了仁爱、爱己的思想。伊斯兰教中提倡夫妻和睦,爱护子女,孝敬父母,施舍穷人。“天下穆斯林皆兄弟”,同时提倡对非穆斯林的宽容态度。《古兰经》说:“你们施舍的任何美物,都是有利于你们的,你们只可为求真主的喜悦而施舍。”这类思想无疑有助于消除贫困、

---

① 顾世群.伊斯兰教经济伦理原则及其特点探析[J].青海社会科学,2005,(5).

② 邓碧波.伊斯兰教的中道思想[J].中国宗教,2004,(1).

③ 卢明道.伊斯兰教倡导精诚团结[J].中国穆斯林,2004,(6).

缓解贫富对立、增强穆斯林之间的凝聚力，与我们社会提倡的扶助穷困有着相同的内涵。这也是伊斯兰教提倡爱他人的一种表现。张秉民、王玉琴对伊斯兰婚姻家庭关系的合理性进行了论述[①]，并且把伊斯兰婚姻家庭的合理性与我国的婚姻法进行了一些比较，倡导在婚姻中的男女平等，营造和谐的家庭关系。同时伊斯兰教指出夫妇有离异的自由但是不提倡离异。对妇女权益的保护是伊斯兰教中爱人思想的又一个体现。

马明良先生则强调伊斯兰教的普世价值[②]。对伊斯兰教敬真主、爱人类的基本宗旨和核心价值观进行了阐释。认为强调这一点有利于寻找其他宗教与伊斯兰教之间的交汇点、契合点、相通点，从而有利于世界和平与发展，有利于国内各民族的团结，他还指出伊斯兰教敬真主，提倡爱人，兼顾人道和天道，认为和平是伊斯兰教的基本宗旨，提倡不同信仰者之间和平相处，伊斯兰教的和平观是基于人类同根同源的理念。

(五)人与自然和谐共生的思想

孙力、马伟在《试论伊斯兰伦理文化与社会主义和谐社会的构建》中就伊斯兰教的人与自然观做了论述[③]，其指出：人与自然息息相关，不能脱离自然界而独立生存。人与自然关系是一种对象性关系。人类必须合理利用和开发自然，热爱和保护自然，不应该破坏大自然。伊斯兰教将热爱和保护自然视为美德。丁菊霞在《伊斯兰教的自然观》中谈到伊斯兰教的自然观以真主创始说为根据[④]，主张人与自然和谐共处，强调人在自然界中的主体地位，体现了终极关怀与价值取向相统一的特点。她充分肯定了人与自然和谐相处的发展观，其合理性就在于它确立的是人与自然的辩证统一，着眼点是对自

---

① 张秉民，王玉琴．伊斯兰婚姻家庭关系的合理性[J]．中国穆斯林，2004，(2)．

② 马明良．伊斯兰教的普世价值[J]．中国宗教，2004，(12)．

③ 孙力，马伟．试论伊斯兰伦理文化与社会主义和谐社会的构建[J]．回族研究，2005，(3)．

④ 丁菊霞．伊斯兰教的自然观[J]．中国宗教，2004，(3)．

然环境的呵护,而最终关怀的还是人类自身的生存和发展。

黑保旭、张景国指出处理好同自然之间的关系①,要把握两点:一是接近自然而不崇拜自然。二是开发自然而不滥用自然,人与自然相依为命,共存共荣。建立符合生态文明的生活方式。这就是伊斯兰教的生态和谐理念。

(六)经济生活中的和谐思想

有学者指出,远在伊斯兰教创立之初,阿拉伯先民们就在进行着商业活动。伊斯兰教在规范商业、贸易等方面提出了许多准则。《早期伊斯兰经济思想析论》②,《〈古兰经〉经济伦理思想探析》③,《宗教伦理在西部经济发展中的作用》④,论述了伊斯兰经济生活中的和谐思想。

马明良先生在《伊斯兰文化的和谐理念及其现代价值》一文中对伊斯兰文化的和谐理念从人与造物主、人与人、人与自然三方面进行了较为全面的论述。

西部地区浓郁的宗教氛围是经济发展中不可忽视的人文因素。在西部市场经济建设中,宗教伦理观念有助于强化人们的职业道德观念,增进人际和谐,消解人生的消极情绪。因此,应积极引导、利用各种积极因素为西部现代化建设事业服务。

三、伊斯兰教和谐思想对和谐社会建设的影响

宗教对社会主义和谐社会的建设具有双重作用,如何克服其消极影响,发挥其积极作用,引导宗教与社会主义社会相和谐、与构建社会主义和谐社会相适应是值得研究的问题。

---

① 黑保旭,张景国.伊斯兰教的生态和谐理念[J].中国宗教,2005,(6).

② 郭永胜,郑晓峰.早期伊斯兰经济思想析论[J].河北师范大学学报(哲学社会科学版),2005,(4).

③ 韩祥纯.《古兰经》经济伦理思想探析[J]1 民族论坛,2006,(8)1

④ 马克林.宗教伦理在西部经济发展中的作用[J].开发研究,2002,(5).

在如何利用伊斯兰教的和谐因素为社会服务方面,学者们的建议如下:

丁士仁先生提出多少世纪以来与儒家的道路平行递进[①],那就是伊斯兰为造就“善良的人类”而设计的“良好的个人、良好的家庭、良好的社会、善良的民族、良好的国家、善良的人类”这样环环紧扣、由小到大地实现人格完美和人类和谐的轨道,伊斯兰铺设的这条道路其起点和终点与儒家有殊途同归之妙。这些为伊斯兰教和主体文化的共同发展提供了切入点。

对伊斯兰教与精神文明建设的论述也较多,其中有安奴瓦尔·韩克的《也谈伊斯兰教与精神文明建设》,唐文峰、陈德荣提出宗教具有特殊的积极的社会功能[②],可以利用其为构建社会主义和谐社会服务;构建社会主义和谐社会,必须坚持最广泛最充分的调动一切积极因素,包括宗教中的积极因素;关键是提高引导宗教与社会主义社会相适应的能力。

孙恪廉则结合西部少数民族宗教的若干特点[③],提出宗教要与社会主义社会相适应,社会主义也要圆融宗教。

关于宗教与和谐社会的建设,学者们多是从宏观的角度来探讨,宗教中的积极因素如何为社会所用,宗教如何在社会中发展。对伊斯兰教的积极作用和它的伦理思想的特点等都做了一些论述。如霍文杰的《论伊斯兰伦理道德的基本特征》[④],杨静的《试论伊斯兰教特色及其后果》[⑤]。

---

① 丁士仁.伊斯兰的宗旨———兼及与儒家文明的对话[J].回族研究,2001,(1).

② 唐文峰,陈德荣.挖掘和弘扬宗教文化中的积极因素为构建社会主义和谐社会服务[J].湖南社会主义学院学报,2005,(5).

③ 孙恪廉.社会主义文化与西部民族宗教[J].西南民族大学学报(人文社科版),2006,(3).

④ 霍文杰.论伊斯兰伦理道德的基本特征[J].辽宁大学学报(哲学社会科学版),2000,(1).

⑤ 杨静.试论伊斯兰教特色及其后果[J].世界宗教研究,1998,(3).

李学忠先生在《试论伊斯兰教伦理道德思想在社会主义道德建设中的积极作用》中①,一方面对伊斯兰教的伦理道德做了概括,认为道德思想体系内容可概括为:一是调整人与真主之间关系的道德规范。以敬畏为内容的忠诚观念,二是强调人与人之间的道德规范,这个规范以孝亲仁爱为核心协调人与人之间的关系。人们应当友好相处,夫妻相爱,兄弟相亲,朋友相诚,邻里相通,宗族相融,以实现"人类皆兄弟"的美好理想。三是调整人与社会关系的道德规范,主要是以遵纪守法、忠于职守为中心的处理人与社会关系的行为准则,教育穆斯林无论身居何位,皆应清廉公正,恪尽职守,奉公守法。另一方面,阐述了伊斯兰教伦理道德思想在社会主义道德建设中的积极作用。

关于伊斯兰教的和谐思想与新疆地区和谐社会的建设,李建生教授提出引导新疆地区伊斯兰教与社会和谐必须抓好以下五个方面的工作②:一是依法协调好宗教内部及其与社会各方面的关系;二是帮助伊斯兰教界划清与伊斯兰宗教极端主义的界限;三是抓好爱国教职队伍的建设;四是抓好解经环节,建立自传教理体系;五是通过法制途径,依法管理宗教事务。

本文作者在《论宗教对新疆信教群众政治行为的影响》③、《论宗教对新疆经济发展的影响》④、《论宗教对新疆公民道德建设的影响》⑤等文章中,结合新疆特点,论述了宗教、特别是伊斯兰教对新疆的社会稳定、民族经济的发展、公民道德建设等方面的双重影响,指出克服宗教消极影响,发挥其积极作用,引导宗教与社会主义社会相

---

① 李学忠.试论伊斯兰教伦理道德思想在社会主义道德建设中的积极作用[J].回族研究,2003,(3).

② 李建生.关于引导新疆地区伊斯兰教与社会和谐的思考[J].新疆师范大学学报(哲学社会科学版),2006,(2).

③ 龙群.论宗教对新疆信教群众政治行为的影响[J].新疆社会经济,2000,(4).

④ 龙群.论宗教对新疆经济发展的影响[J].新疆社会科学,2003,(6).

⑤ 龙群.论宗教对新疆公民道德建设的影响[J].新疆社会科学,2006,(1).

和谐、与构建社会主义和谐社会相适应的重要意义。

对于宗教为构建和谐社会服务的途径与方法。牟钟鉴先生在《民族宗教与社会和谐》一文(2005)中提出中国当代宗教只要能够继承优良传统,并使之发扬光大,便会为社会和谐不断做出新的贡献。冯今源先生在《试论宗教为构建和谐社会服务的途径与方法》(2005)一文中提出宗教为构建和谐社会服务的必要途径是积极参与社会主义现代化建设,而其方法是加强自身建设。

试论中国清真寺的研究现状

魏寒梅　罗　欣　马海陆

一、中国清真寺的研究成果

我国学术界对于中国清真寺的研究，已出版了一些关于中国清真寺的专著，其中也涉及到了中国清真寺的功能研究。如杨永昌的《漫谈清真寺》是一部较早涉及清真寺功能研究的书籍，专列了一章讨论清真寺的职能和作用。认为清真寺的作用首先是穆斯林沐浴礼拜和举行宗教仪式的场所，其次还负有举办宗教教育、传播宗教常识和学问的使命；也是为穆斯林举行婚丧嫁娶和纪念先贤的地方；清真寺，特别是农村的清真寺，有时也是为穆斯林排忧解难、治疗疾病和传播知识的地方。虽不到两页的文字论述，但对清真寺的基本功能且至今仍在传承的功能给予了高度的概括。可以说，后来只要涉及到清真寺功能研究的各种书籍和论文都以此为参考模式，该著作为研究清真寺开辟了新的领域。另外，对中国清真寺名称的由来及沿革、始建年代、建筑风格、掌教制度的由来等方面也作了简明扼要的梳理。该书附录了一些现今已不存在的清真寺照片，这些珍贵照片对于研究清真寺、伊斯兰教史都具有重要的文献价值。吴建伟主编的《中国清真寺综览》及《中国清真寺总览续编》，收录了全国各地两千多座清真寺，简要地介绍了各地清真寺的历史与现状，是一部比较全面地了解我国清真寺概况的工具书。在《综览》的前言部分对清真寺功能也略作讨论,其讨论的内容与上述著作基本相同。水镜君、玛利亚·雅绍克的《中国女清真寺史》,是关于中国清真女寺的专著,对中国穆斯林女性这个特殊群体给予了关注,揭示了她们的内心世界和对信仰的执着,详尽地谈论了女寺、女阿訇、女性宗教文化,首次揭开了这个特殊群体的面纱。把清真寺女寺作为一个专题进行全面分析、研究、论述,为清真寺研究开辟了另一个视野。佟洵编著的《伊斯兰教与北京清真寺文化》,以北京清真寺为对象,详述了北京伊斯兰教的历史,对北京28座清真寺也作了概述,阐述了北京清真寺文化的9个特征,并分析了北京清真寺文化对北京传统文化的影响。在该书中除了论及清真寺基本功能外,对清真寺功能研究更深入一步,如讲到清真寺曾是穆斯林社区的行政机构;是发展民族经济的纽带;是中外友好往来的桥梁等功能,虽然文章界定在北京的清真寺,但这些功能也是中国多数清真寺所共有的。

一些学者在对中国伊斯兰教、中国回族历史等综合性研究中,对于清真寺亦有所涉及。如白寿彝著《中国伊斯兰史存稿》、《中国回回民族史》收录了部分清真寺的碑文碑刻,并从中外清真寺的名称称谓不同来探讨中国清真寺的职能变化。认为清真寺不仅是中国穆斯林进行宗教活动的场所,而且也是他们进行各种社会活动的场所,其社会职能的多样化,是与国外礼拜寺有明显不同的特点之一,提出元代清真寺职能的变化实际上是为穆斯林在中国这样一个非穆斯林统治的封建国家如何处理和对待国君问题提供了解决之道,对清真寺功能研究有了新的突破,实际上已涉及到了清真寺的政治功能。李兴华等合著的《中国伊斯兰教史》继承了白寿彝对中国清真寺称谓变化而使其职能变化的观点,该书列举了元代清真寺的部分名称,以说明当时 Masjid 功能确实已开始多样化;总结了元代清真寺的六个功能,除了基本功能外,还具有为国君祈福、宗教领袖处理有关"回回人应有刑名、户婚、钱粮、诉讼"等事务的功能。说明中国清真寺从元代开始其功能已向多方面发展,它们既是穆斯林宗教活动的中心,更是穆斯林进行各种社会活动的中心场所。与外国那些单纯作礼拜用的Masjid比,社会功能的多样化正是中国清真寺的一个特点。马明良的《伊斯兰文化新论》则专辟了“清真寺文化”一章,综合论述了清真寺的名称演变、清真寺的起源及其建筑规制,并从清真寺是穆斯林宗教活动场所、文化教育、传播、社会政治、经济、行为规范和社会控制等7个方面探讨了清真寺在穆斯林社会中的地位和作用。认为清真寺是穆斯林社会的支柱和中心,它既是人们精神寄托之地,也是人们身体的栖息之所,它载负着穆斯林的情感、历史与文化,是伊斯兰文化的一个缩影。冯今源的《中国的伊斯兰教》也专列了一章,综述了中国清真寺的名称、中国清真寺的建筑类型及特点。从11个方面概述了清真寺的功能,其内容与上述介绍的清真寺功能大同小异。另外,冯今源的《三元集》(上册)是作者多年来的研究成果,其中《中国伊斯兰教教坊制度初探》一文,对清真寺教坊制度的性质、形成、作用等作了定性分析。这些研究成果对我们更进一步去探讨清真寺的功能打下了良好的基础。勉维霖主编的《中国回族伊斯兰教制度概论》对清真寺的建制结构、掌教制度、寺坊制度和经堂教育作了较为系统的论述;李兴华、冯今源主编的《中国伊斯兰教史参考资料选编》收录早期部分关于清真寺寺院教育的论文,并收入了北京早期清真寺的概况。余振贵、雷晓静主编的《中国回族金石录》是一本收录全国各地清真寺碑文碑刻的专著,对于研究清真寺提供了第一手资料。吴建伟主编的《回回旧事类记》也收录了部分清真寺的碑文碑刻的杂记。台湾作者张中复的《清代西北回民事变——社会文化适应与民族认同的省思》对中国回族社区、民族认同等内容的研究中,也涉及到清真寺的相关内容。

关于清真寺研究方面的论文也为数不少,多见于上个世纪80年代以来的有关期刊上,如《回族研究》、《中国穆斯林》等刊物。《中国穆斯林》刊物还专门开辟了“清真寺巡礼”一栏,介绍全国各地甚至世界各地的清真寺。刘宝明的《清真寺的社会价值》一文,从清真寺的美学、史学、教育方面、伦理道德、文化、经济、政治、民俗学等价值,简明扼要地概括了清真寺社会价值的多样性。姚复兴《清真寺研究漫话》认为通过“调查研究、复原研究、比较研究、深层研究”四种研究方式来研究清真寺的建筑，体现回族清真寺这种“表层——随俗——汉文化”；“深层——坚守——回文化（或曰中阿文化融合），公共空间与私密空间反差悬殊的独特形态”，从而表现出回回民族“忍辱负重、坚忍不拔、锋芒内敛、外柔内刚”的性格。尚劝余《清真寺在伊斯兰教历史上的地位和作用》比较详细地论述了国外清真寺的宗教、社会、政治和教育作用。忽雪峰《浅论清真寺在回族文化传承中的作用》认为清真寺是回族文化形成、发展和传承的重要场所，是回族文化的传承场。姚继德《清真寺与云南回族历史文化——对清真寺功能的文化人类学研究》用文化人类学方法从伊斯兰教入滇与清真寺的建立、云南回族社区的兴衰与清真寺的消长等方面来解释清真寺的功能，为其研究提供了新的方法。该文与史结合，解读了清真寺随着回族社区政治、经济、人口、文化、教育诸方面的兴衰而消长，但在整个民族历史文化进程中的传承与交融功能，却始终不变。

另外，对清真寺的某种功能的专题研究论文，如清真寺的经堂教育、寺院经济、清真寺与回族等论文也比较多。如王永亮的《回族经堂教育的产生与早期形态》，论述了回族经堂教育的产生条件及早期传播情况，认为回族经堂教育是集宗教文化与民族文化传承为一体的，清真寺接纳宗教教育于清真寺中，这是由中国特殊的历史环境决定的。马明良在总结经堂教育的得失的同时，对今后经堂教育的出路也作了构想，认为合理定位、明确目标、规范招生、严进严出、素质教育、教材更新、师资水平提高等是清真寺经堂教育今后发展的出路，沿着这条轨道走下去，才能繁荣回族文化，促进回族发展服务。研究清真寺寺院经济的论文，见于马平的《中国伊斯兰教寺院经济结构分析》，该文从经济来源、经济类型、经济自然形态、生产资料占有状况、社会再生产过程中的各个环节，分析了中国清真寺寺院经济，认为寺院经济在总体上没有完全发育成熟，经济活动不完整，缺乏内在的运转机制，伊斯兰教在中国的发展与传播多少也受到寺院经济的影响。罗莉对中国清真寺经济产生的历史背景、收入来源和经营形式进行了论述,并对当代寺院经济的现实状况作了探讨,认为“以寺养寺”是当代伊斯兰教寺院经济发展的特征,积极引导清真寺经济的发展是伊斯兰教与社会主义社会相适应的具体体现。马国利的《清真寺与回族》一文,从清真寺的职能和任务入手,阐明了回族与清真寺的特殊关系,认为清真寺是回族赖以生存和发展的决定性因素,是回族维系于共同的民族信仰从而成为一个坚强的民族体的内在原因。

国外有关方面的研究成果,较早如19世纪90年代由设在伦敦的“中国内地会”派往中国传教的英国基督教传教士马歇尔·布鲁姆霍尔所著的《中国伊斯兰教——一个被忽视的问题》,此文对西安清真寺的创教碑、广州的清真寺、圣贤墓等著名碑铭进行了大量考证,并对一些地区的清真寺进行考察、访问,列举了一些清真寺的数目等内容。近几年来,如美国杜磊、李普曼等学者通过研究中国回族社区及民族认同,也涉及到清真寺的相关内容。值得一提的是,美国人类学家 MarisBoydGillette 在《北京和麦加之间——城市中的中国穆斯林的现代化和消费》的第三章中,比较详细地讨论了西安回坊清真寺在社区中的功能,认为清真寺具有多种功能,如礼拜、学习、公益(扶贫)、交流、社交,提供娱乐、宗教服务、节日庆典、商业活动、旅游、文物保护等功能。迈克尔·布鲁斯的《全球伊斯兰教的本土化进程:以云南清真寺建筑为例》一文通过对云南回族社区清真寺建筑的考察,发现当代清真寺的建筑风格发生了明显的变化,从中国传统的建筑风格转变为阿拉伯建筑结构,但是这些象征全球伊斯兰教的建筑仍然保存着许多本土化的文化和价值;仍然是附属于本土文化的,而且并没有去改变或淹没本土文化。因此,伊斯兰教建筑,特别是清真寺建筑显示了伊斯兰教与当地民族、文化和社会之间的特殊关系。概言之,当地清真寺既保留了伊斯兰教的特征又继承了本民族的文化,是两者相结合的产物。

二、中国清真寺研究的不足之处

综上所述,学术界对清真寺的研究成果斐然。据笔者初步统计,截至2005年,近50年来(1949-2005年),仅在《中国穆斯林》刊物上发表的有关清真寺文章约200多篇。有关著作和论文大多还限于对中国清真寺的概括梳理,偏重于清真寺的历史概况(沿革)、建筑特点、文化特色(主要是碑刻、匾额和楹联)的介绍。如:吴建伟主编《中国清真寺综览》及续编概述了全国各地2000多座清真寺的历史与现状;刘致平主编《中国伊斯兰教建筑》叙述了我国51座清真寺的建筑风格及其演变;泉州海外交通史博物馆编辑出版的《泉州伊斯兰教宗教石刻》也介绍了泉州当地清真寺的建筑构造,这类著作多倾向于清真寺建筑方面。李兴华、冯今源主编的《中国伊斯兰教史参考资料选编》上册的《寺院古迹部分》,答振益、安永汉主编的《中国南方回族碑刻匾联选编》,余振贵、雷晓静主编的《中国回族金石录》,吴建伟主编的《回回旧事类记》等著作基本上都收录了全国各地清真寺碑文碑刻。一些著作虽涉及到清真寺的功能研究,但多数研究只是对清真寺功能简单加以叙述说明。如冯今源的《中国的伊斯兰教》、李建彪的《西安回族与清真寺》,对清真寺的宗教功能只谈到清真寺是穆斯林宗教活动中心,即为穆斯林提供沐浴、礼拜、举行宗教仪式、宣讲教义、宗教教育的场所,没有从社会作用上加以分析。又如一些研究清真寺功能的论文,也只是点到为止。如马晴的《中国回族穆斯林政治经济文化中心——清真寺》在概述了清真寺名称的由来之后,从清真寺是回族聚居区——“坊”的核心、是穆斯林的文化活动中心、是回族教育的场所、具有扶危济困和民事调解四个方面来分析回族政治文化中心——清真寺,整篇文章对清真寺政治功能很少涉及到。另外一些研究清真寺功能的著作和论文重点是对清真寺与回族的形成、清真寺文化与中国区域文化等问题的探讨,并非是对清真寺功能的系统研究。如佟洵编著的《伊斯兰教与北京清真寺文化》,以北京清真寺为对象,是对北京清真寺文化与北京传统文化关系的界定。姚继德也是从伊斯兰教入滇与清真寺的建立、云南回族社区的兴衰与清真寺的消长等,以云南回族历史文化来研究清真寺的功能。

总之,学术界对清真寺的研究比较零散,对清真寺的宗教教育即经堂教育的研究方面成果较多,而对清真寺的政治功能、经济功能等很少涉及。所以,对清真寺的研究方面尚有许多空白之处。

清真寺在穆斯林社会中的地位及重要性是不言而喻的,尤其步入21世纪后,清真寺的社会功能也随着时代的变化而发生重大改变。当前,中国清真寺为伊斯兰教与社会主义社会相适应,为构建平等、团结、互助、和谐的民族关系,为构建和谐社会、和谐世界,促进世界宗教对话方面起着独特的作用。因此,对清真寺研究成果加以整理有助于研究伊斯兰文化,使其在中国更好地发展。中国清真寺千年来的沧桑历史真实地记录了中国穆斯林的历程,生动地体现了中国穆斯林的精神追求和情感世界。选择中国清真寺的社会功能作为研究的主要对象,由表及里作深入、系统的梳理,有助于全面了解一个民族及其历史文化和穆斯林世界深层的底蕴。

参考文献:

[1]杨永昌.漫谈清真寺[M]1 银川:宁夏人民出版社,1981。

[2]吴建伟主编.中国清真寺综览[M];中国清真寺综览续编[M].银川:宁夏人民出版社,1995。

[3]水镜君,玛利亚·雅绍克.中国女清真寺史[M].上海:生活·读书·新知三联书店,2002。

[4]佟洵编.伊斯兰教与北京清真寺文化[M].北京:中央民族大学出版社,2003。

[5]白寿彝.中国伊斯兰史存稿[M].银川:宁夏人民出版社,1983;中国回回民族史[M].北京:中华书局,2003。

[6]李兴华,秦惠彬,冯今源,沙秋真.中国伊斯兰教史[M].北京:中国社会科学出版社,1988。

[7]马明良.伊斯兰文化新论[M].银川:宁夏人民出版社,1997。

[8]冯今源.中国的伊斯兰教[M].银川:宁夏人民出版社,1991。

[9]冯今源.三元集(上册)[M].北京:宗教文化出版社,2002。

[10]勉维霖主编.中国回族伊斯兰教制度概论[M].银川:宁夏人民出版社,1997。

[11]李兴华,冯今源主编.中国伊斯兰教史参考资料选编[M].银川:宁夏人民出版社,1985。

[12]吴建伟主编.回回旧事类记[M].银川:宁夏人民出版社,2002。

[13]张中复.清代西北回民事变——社会文化适应与民族认同的省思[M].台北:联经出版事业公司,2001。

[14]刘宝明.清真寺的社会价值[J].阿拉伯世界,1989,(4)。

[15]姚复兴.清真寺研究漫话[J].回族研究,1992,(1)。

[16]尚劝余.清真寺在伊斯兰教历史上的地位和作用[J].世界宗教资料,1993,(3)。

[17]忽雪峰.浅论清真寺在回族文化传承中的作用[J].回族研究,2000,(2)。

[18]姚继德.清真寺与云南回族历史文化——对清真寺功能的文化人类学研究[J].西北第二民族学院学报,2002,(2)。

[19]王永亮.回族经堂教育的产生及早期形态[J].回族研究,1993,(1)。

[20]马明良.经堂教育之得失及其出路[J].回族研究,1998,(4)。

[21]马平.中国伊斯兰教寺院经济结构分析[J].回族研究,1992,(1)。

[22]罗莉.中国伊斯兰教清真寺经济的历史考察[J].青海社会科学,2005,(3);罗莉.我国伊斯兰教清真寺经济的现实分析[J].宁

社会科学,2004,(6)。

[23]马国利.清真寺与回族[J].黑龙江民族研究,1991,(3)。

[24][英]马歇尔·布鲁姆霍尔.中国伊斯兰教——一个被忽视的问题[M].银川:《中国回族古籍丛书》编委会刊印,1992。

[25] Maris Boyd Gillette. Between Meca and Beijing : Modernization and Consumption Among Urban Chinese Muslims[M]. Stanford University Press, 2000.

[26]迈克尔·布鲁斯. Localizing Global Islam: Mosque Architecture in Yunnan Provice[A].本土知识的全球化[M].文明对话国际学术研讨会, 2006。

[27]刘致平主编.中国伊斯兰教建筑[M].乌鲁木齐:新疆人民出版社, 1985。

[28]泉州海外交通史博物馆编.泉州伊斯兰教宗教石刻[M].银川:宁夏人民出版社, 1984。

[29]答振益,安永汉主编.中国南方回族碑刻匾联选编[M].银川:宁夏人民出版社,1999。

[30]李建彪.西安回族与清真寺[M].西安:三秦出版社,2004。

[31]马晴.中国回族穆斯林政治经济文化中心——清真寺[J].中国穆斯林,2000,(4)。

民国时期伊斯兰教汉文译著研究述略

马　景

伊斯兰教汉文译著就是中国穆斯林学者以伊斯兰教的视角为出发点，以中国传统文化为基础，翻译、解读、注释、编著的关于伊斯兰教义学、教法学、圣训学、天文历法、伊斯兰教史等方面的书籍，供中国普通穆斯林阅读，以此维持其信仰，传承其文化，也使非穆斯林对伊斯兰教有所了解和认识的文化活动。学术界一般认为中国伊斯兰教汉文译著活动兴起于明末清初，强盛于清中叶，因受“海富润事件”的影响，逐渐衰落，至马德新时期一度复兴，到清末结束，这一活动在中国伊斯兰教史上占有重要的地位。清末民国以来，中国穆斯林继承了明清时期汉文译著的传统，继续翻译和编著了大量的关于伊斯兰教的汉文译著。

清末以来，中国伊斯兰教汉文译著逐渐受到重视，刘智的《天方典礼择要解》被收到清代大型丛书《四库全书总目提要》中，这是第一本收录的关于伊斯兰教的书籍。后来随着中国汉族知识分子对伊斯兰教的了解和接触，对汉文译著的兴趣逐渐增加。民国以降，无论汉族学者还是中国穆斯林学者，对汉文译著的收集、点评和研究不断深入，出现了较有名气的著作或文章，构成这一时期伊斯兰教汉文译著研究的新动向、新特点。

一、清代文献对汉文译著的收录

自从明崇祯十五年(1642 年)王岱舆的《正教真诠》作为第一本中国伊斯兰教汉文译著刊印以后,受此影响,涌现出一批著名的汉文译著家和著作,汉文译著不断增多,至 1911 年止,大约有百种以上。尽管数额较大,大部分都在私人间秘密交流,流通并不广泛,甚至一部分书是作者去世以后才刊印的,所以从整体上来说,这些汉文译著的影响还是有限。但自从发生乾隆年间的"海富润事件",才引起清政府以及非穆斯林知识分子的注意。

乾隆朝时期编纂的大型丛书《四库全书》收录了刘智的《天方典礼择要解》一书的目录,并对该书做出这样的评价:

> 国朝刘智撰。智字介廉,江宁人,回回裔也。尝搜取彼国经典七十种,译为《天方礼经》。后以卷帙浩繁,复撮其要,为此书。首为《原教》、《真宰》、《识认》、《谛言》四卷;次为《五功》四卷,"五功"者,念真、礼真、斋戒、捐课、朝觐也,次为《禋祀》一卷;次为《五典》四卷,言五伦之事;次为《民常》四卷;次为《娶礼》、《婚礼》、《丧礼》,而附以《归正仪》。每事详为解释以自尊其教。回回教本僻谬,而智颇习儒书,乃杂援经义以文其说。其文亦颇雅赡,然根柢先非,巧为文饰无益也。①

自从《四库全书总目提要》问世以后,乾隆以后的官修书目,对汉文译著都沿袭这样的表述。最典型的是《皇朝文献通考》收录了刘智《天方典礼择要解》一书,其评语是:

> 刘智撰。智字介廉,江宁人,回回之裔。臣等谨案:智尝搜取回回经典七十种,译为《天方礼经》,复撮其要为此

---

① 《四库全书总目提要》卷一二五,子部杂家存目二,商务印书馆,1931 年。

编。盖智虽系回教，颇习儒书，文亦雅赡可观。然以僻谬之根柢，欲借文词以饰之，此不可得之数也。[①]

这清楚表明受“海富润事件”的影响，清政府有意贬低伊斯兰教汉文译著的价值，以阻止其传播。在维护正统意识形态的基础上，把伊斯兰教汉文译著排斥于中国正统文化之外。然而，至少从这个时期开始，在清代非穆斯林知识分子的记忆中，有了刘智这个人，而且著有大量作品，对后来的知识分子影响较大，魏源就是其中一个。

魏源编纂的《海国图志》中有《天方教考》[②]一节，是作者在参考其它关于伊斯兰教书籍的基础上，以刘智的部分书籍为蓝本而撰写的，书中对《古兰经》作了简单介绍，并对流传在穆斯林中的书籍进行概括性介绍，指出这些书籍不仅在阿拉伯世界流传，而且也流传到“东土”。对刘智做了一番简介：“康熙中，有金陵刘智者，彼教中人也，会通东西之文，译为《天方性理》、《天方典礼》二书。”尽管这时对刘智的态度有所转变，但在后文中魏源以儒家文化的视角为出发点对刘智的部分观点提出质疑、批评，而且比较尖刻。

《四库全书》主要是在清政府的官方意识形态下编纂的，对于不利统治的著作，进行抽毁、篡改、排斥不录，乃至禁毁。在涉及国内少数民族的部分提要时，表示了轻蔑。对伊斯兰教汉文译著的态度充分表明其“钦定”的特色。对于《四库提要》的偏颇，清代学者早已察觉，部分学者表示不满，但也“不敢置一词”。后来许多知识分子重新挑起来补充《四库全书》的重任，其中涉及到伊斯兰教汉文译著的文献有《续修四库全书总目提要》，属于版本目录的则有《贩书偶记》及《贩书偶记续编》。

《续修四库全书总目提要》（又简称《续四库全书提要》、《续修四库提要》）系继清乾隆年间修《四库全书总目提要》之后现存规模

---

① 《皇朝文献通考》卷二百二十七，子部十七经籍考，上海，鸿宝书局，1902 年。

② 魏源：《魏源全集》第五册，《海国图志》卷二十五，安徽：岳麓书社，2004 年影印本。

最大的中国古代文献解题目录。该目录对于宗教书籍专门立有《宗教类》,下分释道耶回四门,各门所收书籍也大大增加。回教一门中所收回教书是三种,列目如下:《回教考略》,加(加拿大)人格兰特撰,《回教考略》,英国季理裴译,《四教杂记》,英国梅益盛辑译。[①]这三本书都是西方传教士所译。《续修提要》对百余种明清伊斯兰教汉文书籍一种不收,只收三种外国人著译,不知何故?其原因尚需探讨。季理裴之书即是格兰特书之节略,不必重录。而且《回教考略》一书出版后曾引起中国穆斯林强烈的反对,甚至因为回应此书,而诞生了好几部著作,其中许友义的《回教辨真》一书最有代表性。可见清末民国初年传教士对伊斯兰教的诠释对中国穆斯林有深远影响。

《贩书偶记》作者为孙殿起(1894—1958),河北冀县人,初刻于1936年,所载之书,一般包括书名,卷数,作者姓名、籍贯、刊刻年代等项目。他自订体例:凡见于《四库全书总目》者一概不录,非单刻本不录。在这两本书中,作者收录了明清时期的伊斯兰教汉文译著13本。其中在《贩书偶记》第十一卷"杂说之属"中列举了"《天方性理五卷首一卷》,金陵刘智撰,康熙五十一年壬辰刊,乾隆二十五年京江谈氏重刊"[②]。在《贩书偶记续编》卷十一"杂学类"的"杂学之属(附诸宗教)"中,作者又收录了明至清末的汉文译著12本,内容包括作者、籍贯、版本类别、刊刻年代。这些书目包括:《清真教考群书□辑一卷补遗一卷》、《正教真诠二卷首一卷》、《正教真诠二卷》、《五功释义一卷》、《真功发微一卷》、《教款捷要无卷数》、《清真指南十卷》、《清真教渊源考录一卷》、《清真教考无卷数》、《四典要会四卷》、《清真释疑补辑无卷数》、《四教要括一卷》。[③]《贩书偶记》与《贩书偶记续编》是出色的版本书目,是记载清人文献大型书目中收

---

① 《续修四库全书总目提要》,宗教卷,中华书局,1993年。

② 孙殿起:《贩书偶记》,卷十一,杂家类,上海古籍出版社,1982年。

③ 孙殿起:《贩书偶记续编》,卷十一,杂家类,上海古籍出版社,1980年。

录伊斯兰教汉文译著最多的。

二、民国时期对汉文译著的收录与研究

民国以降,受近代教育救国思潮和新文化运动的影响,中国穆斯林知识分子有识之士继续著书立说,这一时期涌现出一批译著家和大量著作,构成了民国时期中国穆斯林新文化运动的重要组成部分。同时也刺激了这一时期对汉文译著研究、收录或评论的新现象。

国内最早研究汉文译著的学者是陈垣,他很早就打算编纂《中国回教志》一书,内容分为十部分,其中就有"经籍志"一卷,为此他收集了部分的伊斯兰教汉文著作。后来他曾经撰写了《回教汉文著述表》一文,可惜此文当时并未发表。[①] 据陈垣之孙陈智超说,这个著述表至少应有油印本,但这个油印本至今未见。[②] 笔者曾在收集资料的时候,发现了陈垣先生捐赠给国家图书馆的《回教辨真》一书,该书第一页就有陈垣先生的红色印章。

随着中国回族穆斯林与中国社会交往的不断扩大,尤其自从顾颉刚发表《回教的文化运动》一文后,激发了中国非穆斯林和穆斯林学者对伊斯兰教的研究兴趣。顾颉刚主编的《禹贡半月刊》回教专号中发表了赵振武的《三十年来之中国回教文化概况》[③]一文,该文对中国伊斯兰教汉文译著作了回顾,对民国时期的汉文著述作了详细的介绍。该文指出:"编译之风,始自明季,三百年来,名著极多。前贤如王岱舆、马文炳、刘介廉、马复初、伍子先、金北高等,其作品已不下数百种,大抵皆局部问题之译著,至回教基本典籍——《古兰经》之翻译,则近代之成就。"对于明清时期的学者及其著作,赵振武

---

① 陈垣:《回回教入中国史略》,《东方杂志》第25卷第1号,1928年。

② 杨大业:《伊斯兰教汉文译著书目简论》,《中国穆斯林》1989年第6期。

③ 赵振武:《三十年来之中国回教文化概况》,《禹贡半月刊》第7卷第11期,1937年。

的分析有道理,并一针见血地指出其存在的最大缺憾。接下来赵氏又指出当时已经翻译的三个版本的《古兰经》以及正在翻译的具体情况。而且他对“译著”作了解释,指出:译著之事,可分为翻译和著作两部分。在此分类的基础上,他列举了民国时期出版的23种汉文译著情况,包括书名、译著、著者、出版者和内容。其中翻译的作品有:《回教哲学》、《阿文论语》、《伊斯兰教》、《圣谕详解》、《回耶辨真》、《伟嘎业》、《中阿新字典》、《教心经》。著作主要有:《四教要括》、《中阿初婚》、《伊斯兰教概论》、《斋月演词》、《回语读本》、《中国回教史研究》、《回教与人生》、《礼法问答》、《清真要义》、《历源真本》、《阿文新文法》、《至圣实录纪年校勘记》和《西行日记》等。这些汉文译著在当时中国穆斯林社会中产生过重要的影响,甚至有些书籍至今仍然是穆斯林的普及读物。另外,作者还对当时的几个出版的机构诸如:上海协兴公司、上海回教书局以及成达师范出版部等作了简介。并且对民国时期穆斯林所创办的62种定期刊物的名称、创刊时期、地址和备考等作了详细介绍。总之,赵氏的这一文章并不是严格意义上的研究著作,但是资料价值很高,具有重要的启发意义。

与此同时,致力于殷墟甲骨文研究的回族学者金祖同,因读英国人强笃极斯的《中国伊斯兰书目》时,对伊斯兰教汉文译著产生浓厚的收藏和研究兴趣。他撰有《读伊斯兰志书》①一文,对明清之民国时期穆斯林学者和非穆斯林学者的28种著作详细地作了介绍:包括书名、译者或作者、具体内容以及评价。这些书籍包括:姬觉弥的《汉译古兰经》;刘智的《天方至圣实录》、《天方典礼》、《天方性理》、《天方三字经注解浅说》;马启荣的《西来宗谱》、王岱舆的《正教真诠》、《清真大学》;许友义的《回教辨真》;马复初的《四典要会》、马文炳的《清真指南》;马安礼的《天方诗经》;刘守信的《万化真宗》;李虞宸的《卜合提雅嘞传》、《天方奇异劝善录》、《圣谕详解》;马骏

① 金祖同:《读伊斯兰志书》,《人道》杂志第1卷第6-12期,1934年。

的《正教理论》、《清真要义》；马有林的《摘要注解杂学》；无名氏的《醒米录》；无名氏的《归信切要》；马伯良的《教款捷要》；马开科的《大化总归》；金天柱的《清真释疑补辑》；花湛露的《天方道程启径浅说》以及苏韬微的《回疆志》；日本学者桑原骘藏的《蒲寿庚考》；陈志良的《南疆变乱中之缠回民族》等。该文从整体上来说是一篇学术研究论文，是民国时期系统研究汉文译著的回族学者，在当时影响较大。作为考古学出身，作者有很大的抱负，希望能将民间的汉文译著收集起来，并进行系统研究，向教内教外介绍，加强文化上的沟通，但作者最终没有坚持下去。

王静斋在《发扬伊斯兰文化之必要》[①]一文中对汉文译著家及作品有精辟的论述，他指出："中国阿拉伯文学者，在一般所公认者，胡太师以后当以南京刘智（介廉公）为巨擘，此公生平之著作，不下七十余种，最得意且为本教、外教文人所称道者，为《天方典礼》、《天方性理》、《至圣实录》三种，介廉公以外，当推云南马复初先生为回教文化泰斗，此公著有《道行究竟》、《四典要会》、《大化总归》等书。再次为真回老人（王岱舆），此公著有《清真大学》。上列一切旧辑，各具特长，久已脍炙人口。其笔锋之苍老，理论之透彻，断非后学所能望其背项。"而对于常志美，王静斋认为是"波斯文的专家，当以清初时代的济宁常太师为鼻祖。此公著有《波斯文法》一书，迄今奉行全国。华人之读波斯语，皆以此书为门径。"对于民国初期的学者他也有精辟的概述，他说："至于今代之学者，当推天津杨敬修（仲明）为第一。杨氏著有《四教要括》、《中阿初婚》等书。此公富于国学，其文章较比其他学子另有独步。现在蛰居故都。……迁安李廷相（虞宸）不幸已于上年作古，著有《大化历史》、《圣谕详解》等书，已为海内同人所爱读。"在介绍完这些学者以后，他又对马坚、纳忠和海维谅三位年轻学者作了简介和肯定，他说："目前中国阿文界之新青年，当以留学埃及的云南人马坚、纳子嘉及湖南海维谅最为著名。

① 王静斋：《发扬伊斯兰文化之必要》，《回民言论半月刊》创刊号，1939年。

马有《回教哲学》、《回教真相》等译本，并已将《论语》译为阿文，在埃及印行问世。纳有《伊斯兰教》译本。海氏虽无专书贡献同人，然以读其散见各地中外报纸之文章，则知此人抱负不凡，异日归国，必有惊人的巨著。”从上述的文字来看，作者视角独特，见解深邃，评价中肯，代表了民间学者型阿訇的最高水平，其影响较为深远。

回族学者水子立在前人研究的基础上撰有《中国历代回教名贤事略汇编》[①]一文，主要介绍了唐宋元明清时期的回族著名人物，也算是最早的中国回族人物志。作者将王岱舆列为明代的人物，主要对他的家世、早期求学以及著作《正教真诠》作了简单介绍。最后作者提出“中国回教以汉文译经者，自岱舆始”。该书对后来白寿彝编撰《回族人物志》奠定了资料基础，《回族人物志》体例和整体框架结构都是来源该书。

刘凤五在《回教徒与中国历代的关系》[②]一文中提到了王岱舆，作者在介绍了王岱舆的家世后，指出：“岱舆世承家学，幼习经文，长读儒书，自六经、论语以及周、陈、张、朱之学，靡不博览贯通。著《正教真诠》四十篇，刊行于世，为清真教中第一册之汉文著作。”该文最早发表在《新亚细亚》第11、12卷，后收录在许崇灏主编的《伊斯兰教志略》[③]一书中，1944年由商务印书馆印行出版。

金吉堂的《中国回教史研究》[④]有《近代教民人才与著述》一节，主要对明清时期的汉文译著家的生平及其代表作作了简单的介绍。作者在文中写道：“中国学术，四千年来，至有清而称极盛。同时中国回教之宗教人才，亦蔚起于清代之前半叶：在吴下有张中；金陵先有王岱舆，继之有马忠信、伍遵契、袁汝琦、刘汉英，至刘智而集大成；

① 水子立：《中国历代回教名贤事略汇编》，《回民言论半月刊》第3卷，第1、2、12期，1940年。

② 刘凤五：《回教徒与中国历代的关系》，《新亚细亚》第11卷第4、6，第12卷1、2期。

③ 许崇灏：《伊斯兰教志略》，商务印书馆，1944年。

④ 金吉堂：《中国回教史研究》，成达师范出版部，1935年。

北平有米万济;湖北有马明龙;山东有李永寿、马伯良,又有二常(常志美和常杰),大常之门下有舍蕴善;在云南先有马注,后有马德新、马联元。乾隆间,甘肃有马来迟、马明新(心);南京有金天柱。”在此基础上,作者将这些译著家或者宗教家的家世、生平年月、籍贯、代表作等作了简单的介绍。在后文中,作者又介绍了民国初年马福祥将重印的汉文译著赠送法国的情形。“距今前十年(即1924年)法国殖民部回教事务主任博纳密来华,中国回教伟人马福祥,赠以汉文回经多种,博氏返国后,以所赠之《天方典礼》、《天方性理》、《天方至圣实录》、《清真指南要言》等,交由该国东方学者微席业译成法兰西(法文)文字。”另外作者在该书的前文部分还对民国时期研究伊斯兰教的基本著作,如《回教考》、《唐宋元中西交通史》、《中西交通史料汇编》、《中国回教史略》、《回回教入中国史略》、《中国回教史述略》等六本书作了分析和评论,具有独到的观点,是民国时期研究汉文译著较为系统的著作。

傅统先的《中国回教史》[①]一书中有《中国回教之学术》一节,对明清时期的汉文译著家及其作者给予很高的肯定与评价。作者指出:“回教自唐代传入中国,仅恃习俗之渲染,口头上之授受,血统上之遗传,阿拉伯文之讲解,以为传授之工具。故宋、元之时,犹无人以中国文字解说回教教义与礼节者。至明末,始有王岱舆著《正教真诠》等书;张时中著《归真总义》等书,但亦属凤毛麟角,绝无仅有之事。清代康熙乾隆之间,回教学者辈出,先后争辉。回教义理乃得大白于中国。先有马忠信、伍子先承王岱舆之后,有凿山开石之功绩;马文炳作清真修道指南针;继有刘智集天方性理典礼之大成;马复初大化四典之要旨;自后复有金北高之释疑,黑鸣凤之注释。实为回教徒以中国文字阐扬回教学术之开端。”在此基础上,作者又把伍遵契、常志美、舍蕴善、马注、米万济、刘智、金天柱、马德新、马联元等人的字号、籍贯、求学经历、代表作、刊印时间等作了较为详细的叙述与

① 傅统先:《中国回教史》,商务印书馆,1940年。

评论。同时还提到“武昌马明龙著《认己醒悟》,济水马伯良著《教款捷要》,石城袁汝琦散篇作品亦颇多。马、袁均为刘智之师,兼通中阿文字。清源黑鸣凤注释刘智之《天方性理》,以一武人而能以清通之文字解述精深之性理,尤属难能可贵。”另外作者在该书中还对民国时期已经出版的、正在出版和正在翻译的《古兰经》情况作了概括性介绍。

马以愚的《中国回教史鉴》[①]一书,尽管没有专门论述汉文译著,但对明清时期的四大汉文译著家的生平作了介绍。“王涯,字岱舆,江宁人,顺治初,清兵下金陵,乃北上,寓北平,著《正教真诠》两卷,葬在北平三里河。马注,字文炳,号仲修,保山人,明永历时,官锦衣侍御。及清兵定滇,乃僻阴,教读,…… 著《清真指南》。刘智,号一斋,江宁人,雍正间,北上谒孔陵,历齐鲁,莅都门,至西秦,抵粤东。晚岁,归寓清凉山,潜心著述。至圣实录年谱一卷,其言均粲然可观,然性理于回教之道有未书,典礼纪回教事迹多遗,推其用心,未可非已。马德新,字复初,大理人,两朝麦加,著《四典要会》、《大化总归》、《天方春秋》、《道行究竟》、《寰宇述要》、《天方蒙引歌》、《指南要语》。咸同间云南□作,从容就义。”除此之外,作者还对民国时期的重要人物马邻翼及其《伊斯兰教概论》作了介绍,并对哈德成阿訇也作了介绍。

白寿彝的1944年出版的《中国回教小史》[②]和1946年出版的《中国伊斯兰史纲要》[③]两书中对中国伊斯兰教汉文译述作了研究,不过两书对汉文译著的研究基本大同小异。作者指出:“汉文译述的发表,始于明末。真正能自成体系,立论正确的译述,从王岱舆开始。岱舆后,张中、伍遵契、马注、刘智都是很重要的译述者。”在此基础上,作者较为详细地介绍了上述几位译述家的家世、生平、求学

① 马以愚:《中国回教史鉴》,商务印书馆,1940年。

② 白寿彝:《中国回教小史》,商务印书馆,1944年。

③ 白寿彝:《中国伊斯兰史纲要》,商务印书馆,1946年。

经历、著作以及刊印情况。接着对马德新做了研究。作者指出:"刘智死后,好久没有宗教著作家出来。一直到同治年间,才有马德新的大量译述出世。"对此,作者对马德新的生平,求学经历,著作情况及被杀的原因作了分析。接着对云南穆斯林学者马联元的生平、著述等作了较为详细的介绍。最后作者得出结论:"大致来说,汉文译著的发表,可分为两个阶段。王岱舆至刘智,是一个阶段。马德新、马联元是一个阶段。第一阶段,译述和发表的地域以金陵为主,内容或专译一经或专述一理论的体系,其兴趣几乎全限于宗教哲学和宗教典制的方面。第二个阶段,译述和发表的地域以云南为主,内容方面较广,已由宗教哲学、宗教典制扩及到天文历法、地理和《古兰经》的汉译了。"另外白寿彝还在《中国伊斯兰之发展》[①]一文对汉文译著的特征作了分析,他说:"王岱舆著书,尚敢抨击儒家学说。清之著作家,如马注、刘智等,均以'回儒'相标榜,以为伊斯兰之道全与儒合,就不敢抨击儒家了。他们如此审慎,亦并不为当道者所宽容,刘智若非早死,且不免因著《天方至圣实录》而招致莫名的灾祸。"值得注意的是作者对民国时期汉文译著、译著家和刊印机构也作了介绍。作者指出:"回教书籍除北平、上海、昆明、成都、镇江、广州随时用旧有木板印刷或用铅石印翻印旧书及外国来的新书外,中国回教人之新著也在随时增加中。在老辈的经师中,如杨仲明,如王静斋,都是译经的健将。仲明的细密,静斋的多产,都是很难得的。青年人中,马坚最有希望。他译述的东西,既忠实,又谨严,和杨、王的作品又有所不同。"白寿彝的《中国回教小史》、《中国伊斯兰史纲要》等书中关于汉文译著的研究对后来李兴华、冯今源等编写《中国伊斯兰教》一书关于汉文译著的章节产生了重要的影响,其中有部分内容就是白寿彝的观点。

---

① 白寿彝:《中国伊斯兰之发展》,《回教青年》第5卷第8、9合刊,1943年。

另外值得注意的是日本学者桑田六郎的《明末清初之回儒》[①]一文也是这一时期日本学术界研究中国伊斯兰教汉文译著较为系统的论著。由安穆陶翻译，刊登在《月华》杂志上。该文是作者在二十世纪三十年代对中国伊斯兰教汉文译著调查的基础上所完成的。作者首先指出明清鼎革之康熙年间，乃是中国穆斯林的文化自觉阶段，“翻译回教经典及仪律之举甚盛”。他把这一阶段界定为“中国回回史上之文艺复兴时期”。而作者又认为基督教“在中国传道之态度与方法”对这次文化复兴“有莫大”的影响。自然在作者看来南京人王岱舆是这次“文艺复兴之先驱”。在这一观点的基础上，作者对明清时期的汉文译著家诸如：王岱舆、张中、马明龙、马君实、伍子先、孙可庵、马注、刘智、金天柱等人的籍贯、著作、成书年代、特点作了简单介绍。作者还认为康熙后期的袁国祚以及道光年间的马大恩“皆有大书特书的价值”。而且认为马复初也是值得肯定的译著家。另外，作者还列举了余浩州的《真功发微》以及著者不明的《回回原来》一书。最后作者还简要说明了法国学者诸如蒂埃桑特（Thiersent）、微席业（Vissiere）、德弗里亚（Deveria）、哈特曼（Hartmann）、多伦调查团（D´ollonne），英国圣公会传教士马歇尔布鲁姆霍尔（Marshall Broomhall）（汉语名海恩波）等人的著作中对中国伊斯兰教汉文译著研究的情况。作者进一步对传教士欧格菲（Charles L. Ogilvie）和瑞美尔（Samuel Zwemer）两人的合著《中文及中阿文回教分类书目》（A Classified Bibliography of books on Islam in Chinese and Chinese - Arabic）[②]一文作了核实，认为该文涉及到的汉文译著名称以及人名错误甚多。

① （日本）桑田六郎著，安穆陶译，《明末清初之回儒》，《月华》第9卷第14期，1937年。

② Charles L. Ogilvie, Samuel Zwemer: A Classified Bibliography of books on Islam in Chinese and Chinese - Arabic, The Chinese Recorder, 1918(3).

三、小　结

综上所述,可以看出,清末以来的官方文献中对汉文译著的收录并不多见,主要是“海富润事件”以及乾隆年间哲赫忍耶起义的影响,清政府对中国穆斯林的态度从此转变,这样就限制了汉文译著的进一步发展,而且开始排斥伊斯兰教,从《四库全书》的收录就可以看出,而且这种意识对后来编撰丛书产生很重要的影响,就连在民国时期编纂成书的《续修四库全书总目提要》中所列举的书目全部是传教士对伊斯兰教的诠释,可以看出,这批知识分子对伊斯兰教的排斥仍然很明显。然而,正因为此事,也引起汉族知识分子对汉文译著的关注,其中魏源就是典型代表。直到孙殿起,伊斯兰教汉文译著才得到知识分子的重视,也就是在此基础上,对汉文译著的收集、研究开始兴起,在以陈垣、顾颉刚为首的汉族知识分子的牵头下,在中国穆斯林知识分子白寿彝等人的紧密配合和努力下,这一时期对汉文译著的研究成果显著。然而,这一时期从严格意义上来说,许多学者的著作还算不上真正意义上的研究,大多数是对汉文译著家及著作做了简单的介绍,而且重复现象也清晰可见。当然在当时那样的社会背景下,这些研究成果代表了那个时期的研究水平,也算是基础性的研究。为后来新中国成立以来,尤其改革开放以来我国学术界研究汉文译著提供了一手的研究资料和视角。尽管这些研究文章短小,学术性不强,但一些学者除了对明清时期的汉文译著家及其著作介绍、研究的同时,也对民国时期的部分汉文译著家及其著作作了开山研究,这是值得重视的现象。时至今日,对于民国时期的伊斯兰教汉文译家及其著作在学术界仍然是一个空白,除了对个别译著家的研究外,从整体上来看基本没有超越民国时期的研究水平。因此继续挖掘新资料或用新的视角研究明清时期汉文译著及其蕴含的思想外,还应该加强对民国时期的汉文译著家及其著作的研究,这是学术界今后应该重视的一个研究领域。

2007－2008年中国伊斯兰教研究综述

吕耀军

我国学术界对中国伊斯兰教的研究,近两年来涌现出新的学术成果和观点,传统研究领域问题不断深化,新的研究领域在不断扩展,研究的论题渐趋于现实性。据统计,2007－2008年关于中国伊斯兰教研究专著有30余部,在各种刊物上发表的学术论文150余篇。本文以中国伊斯兰教研究的主要论题为主线,对已发表或出版的学术研究情况做一综述。

一、中国伊斯兰教民族社区变迁研究

近两年来,关于穆斯林生活社区的形成、现状、发展进程、文化模式、存在问题的探讨研究,出现了新的研究成果。对于传统穆斯林社区研究的有郭龙岩的《夏庄回族社区的变迁调查》①,王建兵、王文棣《西部民族贫困社区生活状况分析—东乡族、撒拉族和回族民族社区的实证研究》②,白建灵《回族村落城市化过程中的文化适应和反思——以宁夏吴忠市利通区古城乡红星村为调查个案》③,马东平

① 《宁夏社会科学》2007年第4期。

② 《甘肃社会科学》2008年第6期。

③ 《西北民族研究》2008年第2期。

《城市化进程中的回族社区》[1],赵越的《浅析社区变迁与中国穆斯林的宗教社会化》,该文认为,随着城市化的发展与流动人口的增加,城市之中呈现穆斯林城市社群—家庭并举的宗教社会化模式;在原住地则出现以女性为主的家庭教育—教坊社区并重的宗教社会化模式。值得关注的是,虚拟的穆斯林网络社区问题也纳入到学者视野。在这方面,已有专家初步涉足。如黄少华《虚拟穆斯林社区的社会网络》[2]。周爱华、丁明俊《国内伊斯兰网站的发展及存在问题初探》[3]。

在社区变迁研究中,城市社区变迁及文化的保存尤为明显和突出。城市化致使穆斯林社区特殊的社区组织、经济结构被打破或削弱,穆斯林社区文化面临变迁和重构。学者分别以不同城市为个案,探析伊斯兰文化的保存与发展问题,代表作有李安辉的《关于武汉市伊斯兰教信仰现状的调查研究》[4],张建芳、王丽宏《城市化进程中回族伊斯兰文化的调适和发展—以宁夏回族自治区吴忠市为例》[5],周传斌《宁夏河西地区的城市化与回族社区变迁—— 以银川市和石嘴山市为例》[6],高永久、张小蕾《对天穆社区不同社会群体宗教生活状况的分析》[7],白友涛《大城市传统回族社区的社会文化结构研究——以南京市七家湾回族社区为个案》[8],高占福《大都市回族社区的历史变迁——北京牛街今昔谈》[9],郭成美《当代番坊的崛起——义乌穆斯林社区发展历程的初步调查》[10]。

---

① 《回族文学》2008 年第 3 期。

② 《兰州大学学报》2008 年第 1 期。

③ 《西北第二民族学院学报》2008 年第 3 期。

④ 《中国穆斯林》2008 年第 6 期。

⑤ 《回族研究》2007 第 1 期。

⑥ 《西北第二民族学院学报》2007 年第 2 期。

⑦ 《回族研究》2007 年第 1 期。

⑧ 《西北第二民族学院学报》2007 年 3 期。

⑨ 《回族研究》2007 年第 2 期。

⑩ 《回族研究》2007 年第 2 期。

城市社会变迁表现之一，就是穆斯林的社会流动，这带来诸多社会问题。有学者认为，流动穆斯林进入城市，客观上促进了回族社区的发展。白友涛，陈赟畅的《流动穆斯林与大城市回族社区——以南京、上海等城市为例》[①]认为，流动穆斯林大量进入城市，增加回族社区宗教氛围，为清真寺职能发挥提供物质支持，协助实现有效的社会管理，解决"清真饮食难"问题，改善文化结构，促进城市经济社会发展。马强的《回族特色人才的迁移就业及城市适应——广州市宁夏籍阿拉伯语从业者田野调查》[②]，以广州市流动穆斯林为例，认为广州从事阿拉伯语翻译工作的宁夏籍回族，依靠乡土情谊和浓厚的伊斯兰文化认同，在大都市中生存。在沟通厂家和客户的过程中，他们扮演着掮客的作用，其积累的经验对宁夏地区的社会和经济发展有益。黄达远的《伊斯兰教在城市化进程中的若干趋势—以西北民族社区为例》[③]认为，从西北民族社区来看，伊斯兰教在城市化进程中，表现出很强的开放性、包容性和适应性。表现于穆斯林妇女积极适应城市化带来的新变化，清真寺适应城市化进程更加开放，伊斯兰教在城市化进程中充分发挥其适应社会、服务社会的积极作用，青年穆斯林适应城市化进程，积极融入现代文明。

有些学者以城市穆斯林社区变化现状为据，对这种变化的影响及发展态势作出分析，提出了"文化自觉"的概念。杨文炯著的《互动调适与重构：西北城市回族社区及其文化变迁研究》[④]一书，提出"以文化自觉的方式实现自身传统的现代化，是城市中回族穆斯林族群生存和发展的必由之路"。周传斌、杨文笔《城市化进程中少数民族的宗教适应机制探讨——以中国都市回族伊斯兰教为例》[⑤]提出，"在城市化过程中，城市少数民族宗教生活的不适应问题较为突

---

① 《回族研究》2007 年第 4 期。

② 《西北第二民族学院学报》2007 年第 3 期。

③ 《中国宗教》2008 年第 3 期。

④ 民族出版社，2007 年版。

⑤ 《西北第二民族学院学报》2008 年第 2 期。

出。解决这一问题需转变政府对城市少数民族宗教工作的管理思路和模式”。有的学者认为,回族社区的变迁,并不代表着伊斯兰文化的失落,因为决定文化传承的还有其它因素。马平的《中国回族穆斯林的社会网络结构》[①]认为,历史证明,文化上的某些趋同并没有带来族群间差异的消失,回族穆斯林群体在地缘和血缘之外还存在着一种由共同信仰和民族文化而形成的族群关系网,以地缘、血缘、族缘、业缘和教缘多种集聚黏合形式体现。中国回族穆斯林的情感认同、族群意识有不断强化的趋势,其社会内部网络建构也会持续。这一观点,也体现于胡青、马良灿《回族家谱的三个维度:族源、族规与人伦——以云南昭通回族谱牒为例》[②]一文中,该文认为族源、族规和人伦是回族家谱的核心要素,是确定家族边界的基本尺度,更是回族家族共同体认同的标志。从族谱中,可以认识到家族认同、民族认同与国家认同这三者之间的同构关系。

二、中国伊斯兰教清真寺及经堂教育研究

1.清真寺研究

作为信仰伊斯兰教穆斯林的宗教活动场所,清真寺在伊斯兰文化的传播和文化传承方面,有着特殊的地位和作用,近两年关于清真寺研究涉及到各个方面。对清真寺历史概况介绍的有:刘鹏《北京的伊斯兰教与清真寺》[③],滕静茹、朱文一《北京历史上的清真女寺》[④],黄定福《伊斯兰文化与月湖清真寺》[⑤];介绍清真寺建筑、文化特色有马乾的《灵动之美心灵之邀——伊斯兰教清真寺的建筑美学

---

① 《回族研究》2008 年第 1 期。

② 《回族研究》2007 年第 2 期。

③ 《北京档案》2008 年第 10 期。

④ 《北京规划建设》2007 年第 6 期。

⑤ 《三江论坛》2008 年 2 期。

文化意蕴》[①]，赵海春《中国传统清真寺的建筑文化——以化觉巷清真寺为例》，王东平《北京三里河清真寺〈重修清真寺碑记〉笺证》[②]。分析清真寺寺院经济的有佟洵《浅析北京清真寺管理体制和经济与伊斯兰教良性互动关系》[③]，王希隆《西北城市清真寺经济结构浅析——以兰州市清真寺为例》[④]，王平《试析中国伊斯兰教宗教经济的社会适应与调整——关于兰州市清真寺经济管理状况的调查与思考》[⑤]；对清真寺社会功能研究的有：马丽蓉《清真寺的慈善功能与伊斯兰教的"关爱弱势"思想》[⑥]，魏寒梅、马海陆《试述中国清真寺在对外交往中的重要作用》[⑦]，该篇论文认为，中国清真寺随着社会发展的需要，对外交往作用也发生着重要变化。从最初唐宋时期的招揽蕃商到元代为西域来华穆斯林提供接待服务，从明清时期的政治、文化交流到近代的抗日救国。随着改革开放的不断深化，清真寺在对外交往中的窗口作用日渐凸显出来，具有隐形的"外交"效果。

2. 经堂教育及其历史研究

伊斯兰教经堂教育是伊斯兰文化传承的重要形式，是伊斯兰文化生生不息的纽带。近两年，关于经堂教育研究，逐渐向深层次发展。马强的《伊斯兰经学的流布方式及其本土转型——以滇粤经学的互动为例》[⑧]认为，历史上新旧经学思潮之间的博弈，是经学面临全球语境必须经历的阵痛。滇粤经学的关系以及广州回族本土经学的形成，说明伊斯兰普世思想面对地方语境时，回族的精神社区会对其进行选择性重塑。王伏平的《海思福对中国伊斯兰教经堂教育的

---

① 《中国穆斯林》2008 年第 3 期。

② 《回族研究》2008 年第 1 期。

③ 《中国穆斯林》2008 第 1 期。

④ 《回族研究》2008 年第 4 期。

⑤ 《西北第二民族学院学报》2007 年第 5 期。

⑥ 《回族研究》2008 年第 1 期。

⑦ 《江南社会学院学报》2008 年第 4 期。

⑧ 《云南社会科学》2008 年第 2 期。

贡献》[1]，对清末民初我国著名的回族伊斯兰教经文家、翻译家海思福作了研究，其一生抄写、注解、翻译伊斯兰教经卷多部，对中国伊斯兰教经堂教育作出积极贡献。任红《维吾尔族伊斯兰教经堂教育的历史及其影响》[2]，研究了维吾尔族伊斯兰教经堂教育的历史。认为在历史上，经堂教育不仅是维吾尔族教育的主要方式，也是推动伊斯兰教在新疆传播和发展的重要力量。刘菊华、李德文《云南伊斯兰经堂教育改革初探》[3]，分析了云南伊斯兰经堂教育自创立以来，为克服自身弱点，适应社会发展，经历了一连串的改革。包括理念上"中阿并授"，体系构建上涵盖经堂大、中、小学，内容调整上强调学以致用，注重方法更新和教材建设。周传斌所著的《薪火相传的回族教育》[4]，依据历史线索，探析回族教育在中国的发展过程，解读回族教育独特的教育样式和成功经验。对回族教育发展过程中起到重要作用的回族教育家，如胡登洲、海东阳、海二先生等作了介绍。

随着时代发展，经堂教育的式微，经堂教育与世俗教育的关系问题，成为学者研究此类问题的重点。此类论文有杨德亮《试探中国穆斯林宗教教育与国民教育的历史演进》[5]，丁明俊、马俊华《伊斯兰教对民族教育的影响—以临夏回族自治州为例》[6]，任红《伊斯兰教对当代新疆维吾尔族教育的影响》[7]，薛三让《论新式回族教育文化运动的蓬勃发展》[8]，松本真澄著、王冬梅译《正规教育和非正规教育中的性别与女性的发展——一项关于伊斯兰女学的问卷调查分析》[9]，王平《试论伊斯兰经堂教育与当代中国社会发展相适应——

---

① 《回族研究》2007 年第 4 期。
② 《中国穆斯林》2008 年第 3 期。
③ 《玉溪师范学院学报》2008 年第 7 期。
④ 宁夏人民出版社，2008 年版。
⑤ 《中国穆斯林》2008 年第 5 期。
⑥ 《西北第二民族学院学报》2008 年第 5 期。
⑦ 《科教文汇》2008 年第 2 期。
⑧ 《回族研究》2007 年第 2 期。
⑨ 《回族研究》2008 年第 1 期。

甘肃省临夏市经堂教育的田野与思考》[1]，该论文指出，临夏在中国伊斯兰发展历史上，曾是中国伊斯兰经堂教育的中心之一，随着临夏社会经济文化的不断发展，传统的经堂教育呈现出一些新的发展趋势，同时也显现出一些不足和缺陷，对临夏的经堂教育进行创新和改革是必要的。

三、中国伊斯兰教教派门宦研究

作为伊斯兰教苏非神秘主义中国化的产物，门宦有其独特的内在机制，彰显了西北穆斯林族群发展史。敏文杰的《二十世纪中国伊赫瓦尼教派维新运动回眸》[2]，对产生于 19 世纪末、20 世纪初伊赫瓦尼维新运动及其基础上形成的伊赫瓦尼教派作了分析。就 20 世纪上半叶中国伊赫瓦尼维新运动的产生与发展阶段与鼎盛阶段，以及各地方的代表人物作了一番梳理。马志丽的《伊斯兰文化与中国传统文化融合与适应的典范——以西道堂为例》[3]，分析了西道堂的历史发展，认为西道堂作为一种文化现象，是伊斯兰文化与中国传统文化相摩相荡、互相融合的产物。它受到中国传统文化的影响与整合而带上了中国文化特质，是中国多元文化的重要组成部分。西道堂是以伊斯兰教义作为指导，以群体合作精神为基础，全面推进经济、道德和教育三者的协调发展。西道堂以它强烈的伊儒相结合、独特的集体生活形式、发展商业的入世思想、以及大力发展文化教育和务实进取的宗教变革思想等特点，在伊斯兰教与社会主义社会相适应的道路上做出了积极的探索。

马平的《"文化借壳"：伊斯兰文化与中国传统文化有机结合的

---

① 《世界宗教研究》2007 年第 4 期。

② 《宁夏社会科学》2008 年第 2 期。

③ 《青海民族研究》2008 年第 3 期。

手段——关于嘎德忍耶门宦九彩坪道堂的田野考察》①,对嘎德忍耶门宦作了重点分析。该文认为,文化的多样性导致人类社会的矛盾与冲突,但是文化的相互交融与渗透也是人类社会发展规律性标志。中国伊斯兰教嘎德忍耶门宦九彩坪道堂的"文化借壳"现象引人注目,外来的伊斯兰文化在这里与中国传统文化的接轨,成为文明对话在中国的成功范例之一。"文化借壳"体现出嘎德忍耶门宦九彩坪道堂及其穆斯林教下在恪守伊斯兰教信仰根本的前提下,对"主流文化"、"国家文化"的认同,这种认同,促进了西北地区多民族杂居中的文化交流,减少了文化冲突。杨桂萍的《从西北地区的清真寺和道堂经济看伊斯兰教教派与门宦的组织模式》②,认为历史上,在民族、宗教上层的大力支持下,西北地区各大清真寺和道堂都拥有包括土地、房屋在内的雄厚的"瓦克夫"(宗教寺产),以维持清真寺的各项开支,并开展相应的公益事业。建国以后,由于国家政治制度的改造及社会领域的科层化发展,当前西北地区的各大清真寺和道堂举办宗教活动和建筑维修等各项开支,主要依靠在市场经济中崛起的民族工商业者的支持和广大信教群众的自愿奉献。这种情况,导致清真寺经济和道堂经济总体水平较低、经济基础薄弱、依赖性强,普遍缺乏开展社会慈善福利事业的能力。在另一篇有关门宦论文《宁夏吴忠市伊斯兰教教派、门宦关系调查研究》③中,杨桂萍对宁夏吴忠的门宦作了介绍和分析。曹庆锋《清代西北穆斯林抗清视域中的伊斯兰教门宦制度》④,从历史角度着手,通过回顾清时回变,力图梳理门宦制度与穆斯林抗清事件内在关联,厘出缘何门宦成为穆斯林抗清重要力量的原因。

---

① 《西北第二民族学院学报》2007 年第 4 期。

② 《回族研究》2008 年第 4 期。

③ 《中国穆斯林》2008 年第 3 期。

④ 《青海社会科学》2008 年第 4 期。

四、伊斯兰教在中国历史活动研究

1. 中国伊斯兰教的历史传播

“蕃客”是中国历史上特殊的外籍群体，因商业贸易、使团互访等原因来华，部分落籍中国，成为中国回族重要的组成部分。来媛媛、刘曼《中国最早的穆斯林——初探海南外籍穆斯林由来》[①]，分析了海南回族的族源，指出海南回族由三部分群体组成：波斯、阿拉伯人为主体的外籍穆斯林（俗称“蕃人”、“蕃客”、“番人”），信奉伊斯兰教的越南占城地区的土著居民，从大陆迁过来的回族。波斯、阿拉伯人为主体的海上迁入的穆斯林和越南占城地区的穆斯林构成了海南外籍穆斯林，成为中国最早的穆斯林。黄友贤《海南“蕃客”——中国最早之穆斯林考》[②]，从史料记载、前人研究观点出发，考证了“蕃客”最初进入中国的路线及最早落籍的地点。对伊斯兰教地区性传播研究的，包括胡云生著《传承与认同——河南回族历史变迁研究》[③]，王伏平著《宁夏回族史话》[④]，该著作对宁夏回族历史上各期发展作了专题式的阐述，包括灵州回回的传说，西夏境内的回回先民，阿难答与宁夏回族，宁夏回民起义等。陆芸《元代伊斯兰教在中国东南沿海的传播与发展》[⑤]，从中国东南沿海地区的清真寺在元代建造、扩建的情况，以及清真寺内保存的碑文，探讨了元时伊斯兰教在中国沿海地区传播情况。李付兵《试论伊斯兰教在西域的勃兴及其兴起的文化本质》[⑥]，马建武、宋绮辛《伊斯兰教在中国的本土化探

---

① 《法制与社会》2007 年第 10 期。

② 《海南大学学报》2008 年第 6 期。

③ 宁夏人民出版社，2007 年版。

④ 宁夏人民出版社，2008 年版。

⑤ 《西北民族大学学报》2008 年第 6 期。

⑥ 《呼伦贝尔学院学报》2007 年第 4 期。

析》[①],皆对中国伊斯兰教传播做了分析。在其它相关著作中,也涉及伊斯兰教在中国的传播问题,如王建平著《露露集——略论伊斯兰教与中国的关系》[②],研究中国伊斯兰教和中国穆斯林民族的历史、文化和社会特点,包括元代穆斯林移民与云南社会,明清时期云南回回社团的宗教网络系统,灵明堂与巴布派的历史接触,当代中国伊斯兰文化刊物的兴起,等等。金宜久主编的《当代中国宗教研究精选丛书:伊斯兰教卷》[③],探讨了伊斯兰教在中国的地方化和民族化、世界屋脊上的伊斯兰文化、伊斯兰教在中国的地方化和民族化,萨图克布格拉汗与天山地区伊斯兰化的开始,伊斯兰教传入库车辨析,中亚纳合西班底教团与我国新疆和卓、西北门宦,苏非主义与明清之际的中国伊斯兰教等。

关于伊斯兰教在各城市的传播和发展主要有:虎有泽《张家川回族研究》[④],张艳丽《明清时期北京地区伊斯兰教研究》[⑤],白润生《伊斯兰教在上海》[⑥],吴钰《天水回族史略》[⑦]。值得注意的是,李兴华研究员2007年—2008年间,在《回族研究》发表的关于中国名城名镇研究的系列论文,颇具学术性,包括《银川伊斯兰教研究》、《西宁伊斯兰教研究》、《太原伊斯兰教研究》、《济南伊斯兰教研究》、《同心伊斯兰教研究》、《韦州伊斯兰教研究》。对这些城市中伊斯兰教传入的时间、历史沿革、著名清真寺、经堂教育、历史人物、碑刻牌匾、教派门宦等做了详述和分析。

2. 中国穆斯林政治活动

姜歆的《论宋代在华穆斯林的法律地位——兼论伊斯兰教在宋

---

① 《青海社会科学》2007年第5期。

② 宁夏人民出版社,2007年版。

③ 民族出版社,2008年版。

④ 兰州大学出版社,2007年版。

⑤ 《社会科学论坛》2008年第5期。

⑥ 《上海市社会主义学院学报》2008年第2期。

⑦ 甘肃人民出版社,2008年版。

时的传播与发展》[①]认为，宋代大批穆斯林的来华与在华居住，促使宋朝法典包含大量有关穆斯林政治权利、刑事处罚、民事处理、财产优待等具体法律措施，规范了在华穆斯林的权利与义务，构成了在华穆斯林明确的法律地位。李占魁《再探元代穆斯林地位优越的原因》[②]，从元时穆斯林的经济才能、科技才能、军事才能等方面，论述了元朝穆斯林地位优越的原因。杨虎德、张钟月《清朝伊斯兰教政策探析》[③]认为，清政府在顺治、康熙、雍正及乾隆前期，对伊斯兰教还是采取了较为宽容的政策。但是，清王朝在对待伊斯兰教的不同派别和教派矛盾的处理上，其政策的重心由宽容保护转向严苛的政治管制和军事高压，这在处理甘青地区伊斯兰教派斗争中尤为突出。徐干、李建生《关于清代新疆伊斯兰教政策的现实思考》[④]认为，清代新疆的伊斯兰教政策包括尊崇保护和管理限制两个方面。这些政策对于新时期新疆的民族宗教工作有许多可资借鉴之处。陈敏华《国情、心态与政策——对唐宋元明清伊斯兰政策的若干思考》[⑤]一文认为，唐宋两朝政权与穆斯林群体基本上是合作的“伙伴”与“朋友”；元明两朝政权以半信半疑的心态对待穆斯林，互相认知为“对手”；清朝政权对伊斯兰教和穆斯林的态度前期与中后期不同，政策上也发生了明显的转变。双方都将对方视为难以和平相处的“敌人”。马建春《辽与西域伊斯兰地区交聘初探》[⑥]认为，10 世纪以来，中国出现辽、宋两个北南对峙的政权，两者都与西域伊斯兰诸国保持着长期的使聘关系。与宋朝不同的是，辽主要依靠陆上通道与西域地区进行交往。这一时期，西域的波斯、阿拔斯王朝、伽色尼王朝和喀喇汗王朝均与辽建立了政治联系，相互间有着较为密切的接触。晁天

① 《宁夏社会科学》2008 年第 4 期。

② 《西北民族研究》2008 年第 1 期。

③ 《青海师范大学民族师范学院学报》2008 年第 2 期。

④ 《实事求是》2008 年第 3 期。

⑤ 《回族研究》2007 年第 2 期。

⑥ 《回族研究》2008 年第 1 期。

义《论历史时期中国回族抗争活动的文化根源》[①]认为,中国回族在形成和发展中曾经历了漫长的抗争历史。这些抗争活动的文化成因有三种,包括儒家文化与伊斯兰文化的属性与价值观,儒家文化与伊斯兰文化的普世性理想,儒家文化与伊斯兰文化的偏狭性。

3. 中国穆斯林经济活动研究

姜歆著的《中国回商:回族民间商业文化》[②],从回族民间商业类型及成因、招幌文化、招徕市声、报刊广告、商标标识、牙行、商帮与行会、交易行为、有影响的商号等方面,对中国回族历史上的民间商业文化进行了初步的探究。马燕、田晓娟著的《四通八达的回族商贸》[③],以专题形式叙述了回族商贸发展的历史轨迹,展现了商业经济在回族形成、发展过程中发挥的巨大作用。周伟洲著《西北少数民族地区经济开发史》[④],从新的视角,以新疆维吾尔等少数民族地区为研究的范围,论述了西北少数民族从远古到近代,地区经济开发的历史。丁士仁的《穆斯林的商业道德和经商之道——以临潭回族商人的商业行为为例》[⑤],研究了临潭商业道德和经商之道,认为临潭回族商人为甘南藏区的经济文化发展做出贡献,这得益于伊斯兰教重视商业、提倡积极入世的价值理念。刘斌、胡铁球《失之东隅收之桑榆——近代以来中国西北地区回族商业发展述略》[⑥],认为近代以前,中国西北商业被回族商人和山西商人所垄断,但同(治)光(绪)朝之后,形势发生了戏剧性的变化。从整体上而言,回族商业势力受到沉重打击,但甘南地区回族商业却得到了迅速发展。蔡杰华《试析伊斯兰教的传播对新疆钱币的影响》[⑦],认为由于新疆地理

---

① 《西北民族研究》2008 年第 2 期。

② 宁夏人民出版社,2008 年版。

③ 宁夏人民出版社,2008 年版。

④ 中国社会科学出版社,2008 年版。

⑤ 《西北第二民族学院学报》2008 年第 6 期。

⑥ 《青海民族研究》2008 年第 1 期。

⑦ 《新疆金融》2007 年第 5 期。

位置的特殊性，东西方经济、文化、思想交流汇聚于此，这一点在新疆钱币上体现的非常明显。纵观新疆钱币发展史，可以感受到自古至今新疆的多元文化。陈化育、荣宁的《西北地区信仰伊斯兰教人口较少民族经济发展问题研究》[①]，认为西北地区伊斯兰文化圈人口较少民族必须从当地落后的生存环境出发，通过转变经济增长方式，积极发展特色经济，促进民族经济的腾飞。朱琳《回族经济思想研究的意义和构想》[②]，以回族经济思想为例，阐释对该思想研究的意义、现状、内容和史料等问题。王平《"识宝回回"的历史传统与时代创新》[③]一文，从历史着眼，认为回族由于善于识宝，又善于经营珠宝，在明代就获得了"识宝回回"的美称。该文依据田野调查资料及文献记载，考述了"识宝回回"的起源以及沿革，并详细记述了当代回族珠宝玉石业的情况、经营活动的演变及特点。

五、中国伊斯兰教历史人物及其思想研究

海正忠主编的《古今回族名人》[④]，以元、明、清、近代、现代、当代六个时期为时间段，收集了总计百余回族名人的资料。包括人物姓名、字号、生卒年、籍贯、身份及生平事迹等，涵盖历代回族政治、军事、科技、经济、法律、社会科学、宗教、文学、艺术、体育等各界名人。2007 年—2008 年间，杨大业在《回族研究》相继发表了《明清回族进士考略》八至十五部分，考证了明清时期陕西、四川、甘肃、福建、广东、广西、贵州、云南所属州县进士的生平、事迹及其家世。马明达、陈彩云《元代回回人沙可学考》[⑤]，对元代回回人沙可学进士作了考释，认为其应是回回沙姓的先民之一。该人有较高的汉文化修养，与

① 《青海民族学院学报》2008 年第 4 期。
② 《贵州民族研究》2008 年第 2 期。
③ 《回族研究》2008 年第 4 期。
④ 宁夏人民出版社，2008 年版。
⑤ 《回族研究》2008 年第 4 期。

温州士大夫交游密切,是值得注意的元代华化西域人物之一,并对沙可学的仕绩和交游作了考证。

关于穆斯林学者刘智、王岱舆、马德新思想的研究,仍在继续。这方面的文章和著作,包括吴艳华、司律《从诗联看马启西对刘智宗教思想的吸收——兼论中国伊斯兰哲学中的儒家成分》[1],该文通过对马启西16幅对联的分析,认为马启西对刘智思想的吸收,体现在马启西对伊斯兰教修养之路——教乘、道乘以及真乘的理解之中,反映了中国伊斯兰哲学浓厚的儒家思想色彩。梁向明《略论回族学者王岱舆的伊斯兰道德修养观》[2],着重从明末清初著名回族伊斯兰学者王岱舆"习学"、"三品十条"和"正心"等方面,讨论了伊斯兰道德修养观及其修养方法。金宜久著《王岱舆思想研究》[3]一书,全面、系统探讨和阐述了王岱舆从事学术活动的时代背景、生平及其师承关系,王岱舆与中国传统文化,伊斯兰思想对王岱舆的影响,王岱舆的著作及其思想结构,王岱舆"真一"、"数一"、"体一"的宗教哲学体系。阿里木·托和提《王岱舆和刘智在儒伊文化基础上对伊斯兰哲学的贡献》[4]认为,明清之际中国穆斯林学者,王岱舆和刘智是做出过极大贡献的伊斯兰学家。在伊斯兰哲学的基础上,同时也在中国儒学的影响下,创造了我国一个新的学说体系——中国伊斯兰哲学,证明了伊儒两种文化之间的密切关系。朱小军《清初回族学者刘智"真一说"探论》[5]指出,清初回族思想家刘智从伊斯兰教教义学的立场出发,广泛吸取前辈学者思想,对"真一说"进行了深度阐发,建构了以"真一说"为理论基石的有中国特色的伊斯兰哲学基本骨架。杨桂萍《幽明与会归——回族学者马德新论伊斯兰教的后世与复生

---

① 《哈尔滨学院学报》2008年第10期。

② 《中国穆斯林》2007年第1期。

③ 民族出版社,2008年版。

④ 《新疆大学学报》2007年第6期。

⑤ 《昭通师范高等专科学校学报》2008年第6期。

思想》[①]，探讨了清朝后期享誉云南的伊斯兰学者马德新的幽明与会归思想，后世与复生信条。幽明说和会归说的思想根源和现实意义，在于引导人们超越死亡、追求永恒。钱黎勤《照明学派及其对汉文伊斯兰教著述的影响》[②]，研究了公元 9 至 13 世纪存在的苏菲神秘主义哲学学派照明学派的思想，及其对汉文伊斯兰教著述的影响。指出照明学派的神光思想丰富了中国伊斯兰哲学的内容，成为早期汉文伊斯兰教著述家阐释性理之学的主要内容，形成了汉文著述家所认为的信仰之光返照论等思想，为 17 世纪汉文著述的出现奠定了基础。敏贤麟《明清时期回儒哲学思想沟通浅探》[③]从“文明对话”的角度，对明清时期回、儒哲学思想的沟通情况作了探析。

六、中国伊斯兰教宗教文化研究

伊斯兰宗教文化的核心是宗教，其影响中国各民族社会生活的各个方面，涵盖面十分广泛，在中国的文化背景下，具体说来，主要包括信仰、法律、伦理、建筑、艺术、丧葬、语言、文学、饮食、婚姻、服饰等。

1. 回族宗教文化典籍及概述

中国伊斯兰宗教文化的综合性图书《回族典藏全书》[④]，可谓中国少数民族的四库全书。在钩沉索幽、广搜博采的基础上，《回族典藏全书》选编了从五代至 1949 年间，数百位回回作者的著译 500 余部，搜集整理回族诞生至民国典籍 539 种，3000 余卷。分为宗教类、政史类、艺文类和科技类四类，全套 235 册。学者余振贵评价道，“这是一份蕴藏极其丰富的回族文化遗产，也是传承与创新回族文

① 《回族研究》2007 年第 2 期。

② 《黑龙江史志》2008 第 22 期。

③ 《回族研究》2008 年第 4 期。

④ 甘肃文化出版社，2008 年版。

化的一个重要基础。”[①]王建平主编的《中国伊斯兰教典籍选》[②],收录了晚清至民国期间中国伊斯兰教的汉文典籍52种。其中既有介绍伊斯兰基本教义知识的读物,也有学习阿拉伯文的回文课本,以及研究伊斯兰教理论的学术著作。比较全面地反映了中国伊斯兰教在晚清以来的基本状况,以及与世俗社会和其他宗教融合的情况。《回族文献丛刊》[③]收录五代、宋元明清及民国29位作者,38种回族文献,内容涉及伊斯兰教义、诗文、科技和谱牒等。其中多刻本、稿本,有的为孤本,史料价值很高。其中《清真教考群书汇辑》,犹如回族文献艺文志;元乃贤《河朔访古记》则是历史考古资料,探明历史遗迹;《回回原来》、《西来宗谱》则概述伊斯兰教在中国的传播简史,等等。探讨回族宗教文化的论文,包括高占福《伊斯兰教与中国穆斯林社会的宗教文化》[④],李兴华《浅淡回族文化》[⑤],丁俊《中伊合璧,文脉不绝——回族文化的核心理念探析》[⑥],马晓琴《回族文化中的生态价值研究——以宁夏南部山区为例》[⑦],马东平《临夏八坊回族民俗文化中的伊斯兰文化特质及建构》[⑧]。

2. 伊斯兰法文化研究

王银梅的《回族婚姻习惯法与国家婚姻法的冲突与调适》[⑨],认为回族婚姻习惯法是伊斯兰宗教法关于婚姻问题的规制积淀,融化在穆斯林民众的心理后在具体婚姻生活中的一种客观表现。长期以来,回族婚姻习惯法已经被回族民众普遍接受,并成为其生活准则的重要组成部分。随着社会的变革和时代的变迁,回族婚姻习惯法与

---

① 《回族研究》2008年第3期。
② 上海古籍出版社,2008年版。
③ 上海古籍出版社,2008年版。
④ 《西北第二民族学院学报》2008年第6期。
⑤ 《回族研究》2007年第4期。
⑥ 《回族研究》2007年第4期。
⑦ 《回族研究》2008年第1期。
⑧ 《西北民族研究》2008年第2期。
⑨ 《宁夏社会科学》2008年第5期。

国家制定法之间存在着种种差异。正确看待和不断消除这些差异，有利于促进国家法在民族地区的顺利实施。韩得福、东文寿《伊斯兰教法对撒拉族道德观和习惯法的影响》[①]指出，伊斯兰教对撒拉族社会产生了很深的影响，正确阐述伊斯兰教法同撒拉族道德观和习惯法之间的关系，有助于引导其发挥维护社会秩序的积极作用，促进少数民族地区的和谐稳定发展。

3. 伦理研究

刘景华《伊斯兰教伦理道德观对回族传统道德文化的影响》[②]认为，回族传统道德文化的形成，融入了儒家伦理道德观和本民族的传统道德思想。伊斯兰教伦理道德对回族传统道德文化的影响深远，表现在回族传统道德的职业道德、社会公德、家庭伦理道德和生态道德等方面。杨华著《回族伦理及其在当代的变迁》[③]，全面论述了回族伦理的演变、含义和特征及其社会作用，回族的社会伦理和行为伦理，经济伦理和商贸伦理，回族的生态伦理、教育伦理、婚姻家庭伦理，回族的人学伦理、审美伦理、健康伦理和养生伦理。在她的另一篇文章《论回族伦理的起源和演变》[④]中，阐述了回族伦理的起源和演变，论述了回族伦理与伊斯兰伦关系，回族优秀思想家及汉文译著家对回族伦理的贡献，以及回族伦理在现代的运用和发展。梁向明的《略论回族传统家庭伦理思想》[⑤]，认为回族传统家庭伦理思想是在伊斯兰教伦理思想和中国儒家纲常伦理学说双重影响而形成的。其主要内容包括：以“爱”和“敬”为主要道德规范的夫妇之伦，以“慈”与“孝”为主要内容的父子之伦，以“宽”与“忍”为核心的兄弟之伦。赵杰《论回族二元一体的道德律——由回族二元一体的文化

① 《青海民族学院学报》2008 年第 1 期。

② 《青海社会科学》2008 年第 5 期。

③ 甘肃民族出版社，2008 年版。

④ 《回族研究》2007 年第 1 期。

⑤ 《回族研究》2007 年第 1 期。

结构所想到的》[①],以“回族二元一体文化结构是对伊斯兰文化的发展”为出发点,分别从“内功与外功”、“真理与伦理”、“心法与宗法”三方面分析伊儒相通、德德相济的二元结构。

4. **宗教建筑研究**

陈育宁、汤晓芳的《回族古代宗教建筑的文化艺术特征》[②],通过对以清真寺、拱北为代表的回族宗教建筑的考察,研究了回族古代建筑文化的演进过程及艺术特征。认为中国古代回族清真寺、拱北等建筑及装饰特征,经历了从初期的阿拉伯风格到中国传统殿宇式建筑风格的变化。证实了在回族形成过程中伊斯兰文化中国化的演变。燕宁娜的《析中国伊斯兰教建筑的礼拜场所特征》[③],通过对伊斯兰教建筑的礼拜场所的产生、外部环境特征、礼拜场所的配置、礼拜空间及其相关宗教活动的分析,挖掘伊斯兰教建筑的礼拜场所是如何将自然环境与人造环境相结合而组成有意义的整体,研究其礼拜场所具有的独特魅力。杨沐春涓《临夏的伊斯兰建筑》[④],李维建《漫谈中国伊斯兰教的拱北》[⑤],金宏伟《上海的伊斯兰建筑》[⑥],李群《新疆伊斯兰建筑古典风格探微》[⑦],从各自角度,探讨了中国伊斯兰建筑的历史特点。

5. **舞蹈、音乐研究**

马守途、安晓春《伊斯兰教与回族舞蹈艺术》[⑧]和《伊斯兰教与回族舞蹈》[⑨],探讨了伊斯兰教对回族舞蹈艺术的影响。余媛媛《浅析

---

① 《回族研究》2007 年第 4 期。

② 《西北民族研究》2007 年第 4 期。

③ 《四川建筑科学研究》2008 年第 6 期。

④ 《西部大开发》2008 年 6 期。

⑤ 《世界宗教文化》2007 年第 3 期。

⑥ 《中国穆斯林》2008 年第 1 期。

⑦ 《装饰》2007 年第 11 期。

⑧ 《中国宗教》2007 年第 4 期。

⑨ 《世界宗教文化》2007 年第 1 期。

伊斯兰教在回族舞蹈及维族舞蹈中的渗透》[1]一文，认为虽然回族与维族同样是信仰伊斯兰教的两个民族，在不同程度上受伊斯兰教的影响和制约，但是综观两个民族舞蹈的历史发展及现状，不论在舞蹈的表演形式上，还是在舞蹈的风格特点上，二者都呈现出诸多不同，原因在于两个民族的地域环境、文化背景不同。牛建强《伊斯兰音乐：回族传统音乐的渊源》[2]，以伊斯兰音乐为背景，论述了伊斯兰音乐对回族传统音乐的形成的作用。从回族的族源、分布特点，伊斯兰教与回族，伊斯兰宗教音乐对回族传统音乐的影响等方面，对伊斯兰音乐对回族传统音乐的影响作了阐述。郝军《元代回回国所进乐器论略—— 兼议伊斯兰音乐文化之东流》[3]，分析回回国曾向元朝进贡过兴隆笙、火不思、胡琴等乐器。在元代，伊斯兰乐人、音乐也传入中国，并产生了一定的影响。

6. 丧葬墓碑研究

武洹宇的《海南穆斯林古墓群双墓碑现象研究》[4]，研究了海南省三亚市和陵水县境内分布着 6 处古代穆斯林墓葬，呈现奇特的"双墓碑"现象。论文就海南回族古墓群独特双墓碑现象的来源和含义进行了探索。李华英《沁阳回回古碑考——旁及古碑所在地水南关的今昔》[5]，2006 年河南沁阳清真寺地下发掘出了古代阿拉伯文碑后，作者考察历史，鉴别碑石，联系现实民俗，认为此碑为回回大将曷思麦里驻守此间所立，沁阳古碑揭开了这一地区回回民族的历史源头。

7. 语言文学研究

杨德亮《语言禁忌与族群话语——回族语言禁忌民俗研究的族

---

① 《科技创新导报》2008 年第 25 期。

② 《齐齐哈尔师范高等专科学校学报》2008 年第 1 期。

③ 《江西科技师范学院学报》2008 年第 6 期。

④ 《海南大学学报》2007 年第 3 期。

⑤ 《回族研究》2008 年第 1 期。

群视角》[1]一文认为,禁忌作为一种民俗,是人类普遍具有的文化现象,与语言有着紧密的联系。回族语言及其禁忌是族群和族群意识构建需要的结果,反过来又作用着族群和族群意识的构建和整合,体现了回族人强烈的自我表述愿望和族群话语的努力。许钟宁的《回谚民族风格的语言文化释读》[2],认为谚语是人类传承认知成果的一种言语艺术。由于各民族文化的差异,谚语在托物言事、陈情述理时,受制于不同的语言文化心理,显示出不同的语言选择,进而形成了不同的民族风格。钟亚军、刘民《回族民间文学学科界说》[3],对回族民间文学学科的界定作了思考,认为回族民间文学不是单纯的某一学科的概念,它应是一个从民间文学学科本体出发的复合型概念,即含有民族的属性特征、民间文学的本体论特征、文学的审美属性特征和生活属性特征。

8. 历史文物研究

张进海主编的《宁夏历史文化遗存和文物古迹》[4],按照历史发展脉络,对宁夏历史文化遗存和文物古迹作了描述,探讨了宁夏著名文化、文物保护单位,包括水洞沟旧石器遗址、菜园新石器遗址、贺兰山岩画、秦长城遗址、固原古城墙等重点文物、遗存的历史与保护。雷润泽《回族文物的认定、流传与保存状况》[5],指出回族文化遗产是回族二元一体特质的结晶和载体,抢救保护和发掘研究回族文化遗产有着重大意义。作者在深入揭示回族文物属性的基础上,将近几年抢救征集和弘扬利用回族文物实践中的经验,进行了系统总结。谈谭《论明代青花瓷的伊斯兰文化成因》[6],指出青花瓷的出现,是中国瓷器生产传统的重大转变,虽然元青花瓷已经能够批量生产,但明

---

① 《西北民族研究》2007年第4期。

② 《宁夏大学学报》2008年第5期。

③ 《回族研究》2008年第4期。

④ 宁夏人民出版社,2008年版。

⑤ 《回族研究》2008年第1期。

⑥ 《西北民族大学学报》2008年第5期。

代才将青花瓷确定为宫廷用瓷，景德镇御窑厂专门烧造。明青花瓷的造型、种类和纹饰一开始就具有典型的伊斯兰风格，带有阿拉伯文或波斯文装饰的“回回瓷器”，从洪武到正德时期不断出现，其中很可能存在精神或宗教层面的推动因素。汤晓芳、陈育宁编著的《中国回族文物》[①]，立足全国各地回族聚居区，在大量的实地考察和广泛合作的基础上，按照建筑、瓷器、金属器、雕刻、文献、碑刻、绘画、书法与匾额进行分类，对每一类中所选具有典型性的文物，在展示实物图片的同时，逐一予以文字介绍，说明其时代、形状、质地、装饰纹案等。

9. 民俗民艺研究

民俗学方面的代表作有王正伟著《回族民俗学》[②]，该书从回族的宗教信仰、礼仪、饮食、禁忌、服饰、居住、卫生、婚姻、节日、姓氏、丧葬、物质生产、经商、工艺美术、武术体育、语言文字、游艺、家族亲族等习俗入手，阐述了民俗的来源，回族民俗的主要内容与特点。有关民艺方面的论文有，董波《伊斯兰“天园理想”及其在中国穆斯林造物艺术中的表现》[③]，贾永华《伊斯兰艺术对长沙窑装饰风格之影响》[④]，王莲喜《宁夏回族剪纸艺术及其传承》[⑤]、吴世宁《伊斯兰文化背景下新疆少数民族装饰纹样的寓意和审美取向》[⑥]、何建美《试比较中国和伊斯兰古典园林中的书法艺术》[⑦]、刘伟《回族雕刻艺术》[⑧]，以及由洪梅香、刘伟合著的《回族雕刻艺术》[⑨]一书，该书对全国各省市有影响的清真寺、拱北、道堂、民居及回族民间遗存的古建

---

① 宁夏人民出版社，2008年版。
② 宁夏人民出版社，2008年版。
③ 《苏州大学学报》2008年第5期。
④ 《艺术与设计》2007年第5期。
⑤ 《宁夏社会科学》2008年第5期。
⑥ 《装饰》2008年第7期。
⑦ 《科技信息》2008年第18期。
⑧ 《回族研究》2008年第3期。
⑨ 宁夏人民出版社，2008年版。

筑中的雕刻作品作了研究,整理了不同历史时期和不同地区有代表性的雕刻艺术,再现了回族雕刻艺术史的全貌。

10. 养生饮食文化研究

刘勇《伊斯兰教影响下的我国穆斯林养生文化》[①]一文,对我国穆斯林的养生文化作了阐述,认为穆斯林养生文化虽有宗教禁忌色彩,但它所倡导的养生方式在许多方面与现代保健医学相一致,应正确认识并发扬穆斯林的传统养生之道。张晓静《伊斯兰文化在西北地区的传播及其对少数民族养生健身行为的影响》[②],认为伊斯兰文化作为西北地区主导性的宗教文化和中国传统文化的重要组成部分,在西北地区的发展大致经过了唐、宋、元、明、清几个阶段,对西北地区的民族及其养生健身行为产生了强烈影响。袁同凯《穆斯林饮食文化中的象征意义——以中国新疆哈萨克游牧民为例》[③],以新疆哈萨克草原上的游牧民为例,探讨了族群饮食文化中深层潜在的象征内涵。

通过以上的综述可以看出,2007 - 2008 年中国伊斯兰教研究成果颇丰,内容涉及民族社区变迁、清真寺、经堂教育、教派门宦、伊斯兰教在中国历史活动,历史人物及其思想、宗教文化等方面的内容,这为今后研究奠定了良好的基础。与此同时,我们也发现,从研究内容和研究方法来看,近两年的中国伊斯兰教研究存在一些不足,主要表现在:首先,翻译和介绍国外学者关于中国伊斯兰教的研究成果,特别是比较经典的著作较少。努力借鉴国外学者的研究成果,从不同视阈出发,研究中国伊斯兰教问题,对于提升学者研究水平,扩展研究内容,不无裨益;其次,关于中国信仰伊斯兰教其他民族研究的成果较少。中国信仰伊斯兰教的民族包括回、东乡族、保安族、撒拉族、维吾尔族、哈萨克族等十个民族,近年来研究成果多集中于对回

---

① 《中国穆斯林》2008 年第 6 期。

② 《甘肃联合大学学报》2007 年第 5 期。

③ 《西北民族研究》2007 年第 4 期。

族的研究，缺乏对其他各民族多方位、多视角研究；再次，关于西北地区伊斯兰教派、门宦研究显得薄弱。教派门宦作为中国伊斯兰教在西北地区特有的宗教组织，对于西北地区社会稳定、经济发展意义重大。加强对各教派门宦历史沿革、组织结构、地域分布和发展情况研究，具有重要意义。最后，研究方法缺乏多样性，实证研究和比较研究较少。研究成果中历史梳理性文章较多，提出观点性的研究较少。因此，应在历史学、宗教学理论的基础上，全面、系统、多视角对中国伊斯兰教加以研究，加强中国伊斯兰教哲学、经济学及其它有关边缘学科的研究。这对拓宽中国伊斯兰教研究水平，促进学术繁荣都是有益的。

基督宗教研究

20 世纪 90 年代以来中国大陆学者有关中国基督教现状研究情况综述

唐晓峰

20 世纪 90 年代以来，中国大陆学者有关中国基督教现状的研究呈现出研究成果骤增、研究队伍扩大、研究手段丰富、研究内容广泛而深入等特征。据笔者不完全统计，90 年代以来，大陆学者在海内外公开出版的学术刊物上共发表相关论文 200 余篇，这个数量是自建国以来至 1990 年之前所有公开发表的相关论文数量的 30 倍；在 1990 年以来的此类研究中，发表于 2000 年之后的成果占了绝大部分，在所有成果中有近八成之多。在我们所能阅读到的有关中国基督教现状研究的专著中，发表于 2000 年之前的更是凤毛麟角。显而易见，该领域的学术研究自建国后，尤其是 20 世纪 90 年代以来，呈现日益繁荣之势。以下，我们就分别从个案区域研究、不同群体研究、问题研究、总体现状概述等五个方面对大陆学者有关中国基督教现状的研究状况进行综述。

一、个案及区域研究

由于国土广袤、地域差别、文化多元、民族多样等因素的影响，中国的基督教不可避免地会呈现出殊异的地域及文化特征，对于中国的基督教现状做一“大而全”的描述及概括是一项浩大工程，非个别学者花几月、甚至几年的时间便可完成的任务。相反，对于一个省、一个地区、一个村子、甚或一个教堂进行深入的个案剖析，便是一件短时间内具有可操作性，而且具有某种程度上“一叶知秋”功能的捷径。尤其是最近几年随着社会学、人类学方法在宗教学研究领域的普及，及基督宗教研究热潮的兴起，这种以个案追踪作为对中国基督教现状进行研究手段的做法并不足为奇。在这些研究成果中，较具系统性及代表性的有浙江大学陈村富教授对浙江省平阳等地区基督教的调研、中国社会科学院世界宗教研究所高师宁研究员对北京地区基督教和基督徒的调研以及杨学政、韩军学等云南当地学者对云南各地区，尤其是云南少数民族地区基督教进行的研究等。陈村富教授在2005年出版的《转型期的中国基督教—— 浙江基督教个案研究》一书是他于2000年后，对浙江省基督宗教现状进行调研的成果汇编。虽然这部著作中的大部分内容在成书前均已发表，但结集出版后仍引起学界的普遍关注，这部书甚至成为中国大陆境内罕见的公开出版的关于中国基督宗教现状研究的专著。在该书第一部分“市场经济条件下浙江天主教研究报告”中，作者通过发放调查问卷、个案访谈等形式，对平阳、温岭及浙西山区的若干天主教会进行考察，分析了浙江省天主教徒20年来在职业上的变化、教徒生活及思想观念的变化，进而提出了“在新兴城市中正在形成的市民身份基督教徒的构成、特征和地位”、“农村教徒的历史命运和社会地位如何?”、处境神学的根基是什么、“天主教会如何适应新形势”、天主教为何比基督新教在面对社会转型这同一背景下反应迟钝等问题。[①] 在第二部分“温州市平阳县基督新教研究报告—— 现代化、世俗化下的当代中国基督新教”中，作者通过对浙江省温州市平阳

① 陈村富:《转型期的中国基督教—— 浙江基督教个案研究》，北京:东方出版社，2005年版，第28－29页。

县不同城镇的4个新教教堂(即永平堂、上埠堂、永源堂、池马堂)的问卷调查及个案调查,总结出市场经济条件下平阳县基督新教的若干变化,比如,教徒经济地位及社会身份的改变、教会资产的增加、"老板基督徒"的兴起、教徒宗教生活的世俗化、教徒素质的提高和社会观念的改变等。作者在此分析的基础上,提出宗教世俗化的双面功能,并主张对其负面功能加以抑制。[1]

在大陆学者撰写的有关中国基督宗教现状个案研究的成果中,另外一部在国内外学界具有一定影响力的专著是由中国社会科学院世界宗教研究所高师宁研究员撰写的《当代北京的基督教和基督徒——宗教社会学个案研究》一书,该书由香港道风书社于2005年出版。这部著作可以看作是作者自2000年以来,对北京多所基督教教堂、聚会点进行考察,并通过访谈、调查问卷等形式获得的各种一手资料基础上形成的总结分析报告。其中穿插着各种宗教社会学的理论说明,使这份报告既有"深入"的理论分析、又有"浅出"的现象描述,实为最近几年中国内学界出现的最系统的关于中国基督教现状个案研究的学术报告。该书在其调研所获各种一手数据的基础上,从信仰原因、信仰虔诚度、信仰影响、信仰认同等几个方面对北京市基督徒的信仰状况进行了客观深入的分析和解读,并在此基础上,对于宗教的定义、关于人的宗教性、关于信仰与道德的关系、关于城市教会与农村教会的不同地位、关于基督教参与当代中国社会建设、关于中国基督教的改革等问题做出了基于理论与实践基础上的再思考。

当然,提到对于中国基督教现状的研究工作,应该说开展最早、且较系统的当属云南社会科学院宗教研究所的杨学政、韩军学等人所进行的研究工作。韩军学早于2000年便出版了《基督教与云南少数民族》一书;2004年3月,由杨学政、邢福增主编的《云南基督教传播及其现状调查研究》(香港建道神学院出版)一书共收录云南当地

---

① 参阅上书,第45－72页。

学者撰写的有关云南基督教的论文30篇，其中关于现状研究的便有近20篇之多，同时，由云南大学出版社出版的，由杨学政、熊胜祥主编的《2003－2004云南宗教情势报告》(2004年版)及《2004－2005云南宗教情势报告》(2005年版)中，亦载有多篇涉及到社会转型中基督教、基督教与少数民族文化的关系以及对于基督教管理方面的分析及对策多个主题的论文。据不完全统计，自90年代以来，大陆学者有关云南基督宗教现状方面的研究成果，共有论文近40篇，可谓大陆地域基督宗教现状研究开展最为深入、全面的省份，这其中云南边疆少数民族地区的基督教信仰成为研究的重点。

此外，大陆有多所高校也致力于从个案研究的角度对中国基督教现状进行描述、考察。这其中较有影响力的有中山大学人类学系、中央民族大学宗教学系、上海大学社会学系等。

二、特殊群体研究

以分类方式对中国某一群体的基督教信仰状况进行研究虽然同属个案研究领域，但鉴于其与地域及具体堂点研究的不同特征及其关注内容的重要性，我们这里不妨单列一节进行综述，大陆学者较为关注的信仰群体主要有：农村信徒群体、城市信徒群体、大学生信徒群体及“老板或精英基督徒”群体等。

1.对农村基督教信仰的研究

对农村基督教群体的关注与研究是中国大陆学者对中国基督教现状研究的重要领域之一，它往往与前面我们所列举的个案及区域研究重叠在一起。早在20世纪90年代初期，大陆学者发表的有关中国基督教现状研究的论文便多集中于“农村基督教热”这个话题上，其中以中国社会科学院农村发展研究所常永青撰写的《河南省农村基督教活动情况调查》、福建南平建阳县宗教事务局赵宪撰写的《对农村"基督教热"的思考》[①]和北京大学青年学者杨宏山撰写的《皖东农村"基督教热"调查与思考》[②]为代表。以常永青的论文为例,1990 年 3－4 月间,常永青在河南省南部的信阳、确山、遂平三县考察了农村基督教活动情况,并对此进行了总结、分析。根据调研所得的各种数据,他认为基督教信仰之所以在农村地区得到传播,是因为它的社会适应性较强,容易满足信教群众的精神需求,可以因陋就简地开展宗教活动。而谈到信徒信仰原因时,他将其归为:(1)有病求医而久治不愈;(2)遇天灾、人祸、家庭不和睦等困难无法克服;(3)出于好奇心想进一步了解;(4)生活贫困需要精神和物质上的帮助;(5)自幼受信教家庭影响。另外,就信徒的构成问题,常永青总结了农村信徒的"三多三少"现象,即在年龄结构上,中青年少,老年人多;在性别结构上,男人少,女人多;在文化结构上,文化程度高的人少,文化程度低的人和文盲多。而谈到信徒信仰的深层原因时,他认为这来自于以下几个方面:(1)历史遗留下来的传统信仰不断发生影响;(2)自然异己力量尚未完全消失;(3)社会主义经济与政治体制以及各种法治还不健全;(4)宗教政策贯彻不力,思想政治工作出现薄弱环节。针对基督教的未来发展趋势,常永青认为其不会出现较大规模发展,因为当地群众的无神论倾向仍占主流地位,认真贯彻宗教政策的基层干部仍占多数。[③]

大陆学者之后对于农村基督教状况的研究,基本上没有超出总体概述、信徒信仰成因、信仰表现形式、信仰的正负面影响及如何对待农村基督教发展问题这些主题,只不过这种研究呈现出以下两种倾向:第一,由最初的"泛泛而论"到目前的"专门化研究",比如对于农村基督教的社会功能的分析、农村邪教问题的研究、对于基督教信

① 该文载《福建省社会主义学院学报》,1994 年第 1 期。

② 该文载《江淮论坛》,1994 年第 4 期。

③ 参阅常永青:《河南省农村基督教活动情况调查》,载《社会学研究》,1991 年第 3 期。

仰与民间信仰的关系研究等。第二种研究倾向是由控制为主的管理立场到对其社会功能进行客观分析的学者立场的转变,比如对于基督教在新农村建设过程中应起的作用的研究,对于基督教在乡村秩序建设中的作用的考察,甚至基督教对于民间直接借贷行为的影响也得到了学者们的关注。①

2.城市基督徒研究

比起农村基督教研究的兴隆景象,将城市基督徒作为一个群体来关注的学者,在大陆学界并不多,高师宁研究员是其中成果最为突出的一个,她认为中国的城市基督教与农村基督教有不同的特点,而且两方面相互关联甚少。城市基督教有教会多元化、信徒结构改善、教会活动丰富等特点。以北京地区为例,因为原有的教堂只有8座,它们远不能满足信徒增长的需要,所以同时又出现了众多聚会点,这些聚会有的以行业为主、有的以群体为主、有的以单位为主、有的以家庭朋友聚会为主。同时城市基督徒的人口结构并不同于农村教徒所具有的"三多"(老人多、妇女多、文盲多)特征,其中年轻人、高学历者、男性明显占有较大比重。此外,教会活动内容除了每周日的3－4场礼拜外,还有圣经学习会、青年聚会、妇女聚会、祷告会、各种团契活动等众多信仰内容。而各种"实用性"的聚会点的活动更加丰富多彩,除了唱诗、证道、读经、祈祷外,还有见证与代祷等内容。另外,在信徒信仰形成的因素上。比起农村信徒来,生活在城市中的基督徒,其信仰形成的主要原因已不再是奇迹的发生,而是家庭的影响、生存中的苦难、不幸与挫折,他人的影响以及精神的追求。②

除高师宁研究员在此方面的研究外,黄剑波、杨凤岗合撰的题为《北方某沿海城市基督徒的家庭伦理和工作伦理》的调查报告在学

---

① 参阅万江红、王时珍:《基督教对农村民间直接借贷行为的影响—— 基于对瑞安农村的个案透视》,载《商场现代化》,2006年3月(下旬刊)。

② 高师宁:《从北京看中国城市基督徒的信仰》,载罗明嘉、黄保罗主编:《基督宗教与中国文化:关于中国处境神学的 中国－北欧会议论文集》,北京:中国社会科学出版社,2004年版,第292－304页。

界也颇有影响,两位学者以北方某沿海城市的信仰场所及群体为个案,描述了该城市的教堂结构、聚会种类及人员构成,并进一步以众多信仰者的个案,说明了他(她)们处理与社会环境及周围关系的方式、信徒所持守的家庭伦理、工作伦理模式,并在这些客观描述及记录的基础上提出了如下几个针对城市基督教信仰及基督徒群体的反思性问题:1、实用主义的信仰在多大程度上影响基督徒的日常生活以至神学?2、信徒结构如何变化才能改变社会对基督教和基督徒的普遍印象?3、中国基督徒如何在双重社会张力下过一个与信仰相符的生活?4、基督教伦理能为当前中国的伦理建设做些什么?[①]

值得一提的是,城市中的外来务工人员的基督教信仰问题得到诸多学者的关注,其中之一便是这些信徒的信仰归属问题,因农民信徒在城市中较大规模的教会中很难得到具体的属灵关怀及群体认同感,而遭到边缘化;城市中另外一些家庭教会(比如传统的家庭教会和新兴的知识分子教会)因为文化背景、生活背景等方面的因素,也同样无法成为这些城市中务工人员信徒的栖身之处。最终,在城市中,农村信徒不得不建立自己专门的民工聚会。这种聚会往往因为老乡关系介绍及共同的文化、社会背景,很容易吸引到更多的打工者加入其中,从而发展壮大。据有的学者分析,“都市里的乡村教会”一方面来自于农民信徒信仰上的需求,另一方面是乡村大型教会有意识进行城市宣教和植堂的结果。这些乡村教会在城市的发展,首先导致的是农村教会在人数及人才上的萎缩。其次,城市中的乡村教会自身也面临着更为紧张的生存方式、更为个体性的生活方式、更为理性化的信仰方式等方面的挑战。[②]

---

① 黄剑波、杨凤岗:《调查报告:北方某沿海城市基督徒的家庭伦理和工作伦理》,载《基督教文化学刊:神学的公共性》(第11辑),北京:中国人民大学出版社,2004年版,第326－354页。

② 参阅黄剑波:《城市化进程中的中国基督教》,载余国良编著:《拆毁了中间隔断的墙》,北京:宗教文化出版社,2007年版。

3. 对大学生信徒群体的研究

最近几年,学界出现了多篇关于大学生信徒这一特殊群体的研究文章,其中左鹏所撰写的《象牙塔中的基督徒—— 北京市大学生基督教信仰状况调查》①及华桦撰写的《大学生信仰基督教状况调查——以上海部分高校大学生为例》②这两篇调研报告最具影响力。左鹏通过他所回收的 82 份有效调查问卷及 12 份个案访谈材料,对北京市大学生信徒的整体状况进行了分析。针对大学生信仰者的特征,他认为大学生信徒以女性居多,占 64.6%;另外,63.4% 的大学生基督徒是在进入大学以后信教的;同时,根据他的调查,大学生基督徒在总体上并无大学生中弱势者的特征,他(她)们的信仰更多的是出于求知欲和好奇感,出于对终极意义的自由追求,出于对世界本源及生命价值的探索。在这篇调查报告中,左鹏还分析了大学生信仰者的宗教观念和宗教活动特征。通过他的分析,近六成的大学生基督徒已经把基督教作为一种观念内化到自己心灵深处,具有虔诚的信教态度和行为倾向。其中,84.1% 的大学生经常参加"家庭聚会",65.6% 的人选择了"教堂礼拜"。这个数字表明大学生基督徒虔诚的宗教观念已经很自然地转化成了频繁的宗教活动。在谈到大学生信徒皈依宗教的原因时,左鹏认为吸引大学生接近基督教,成为慕道者的最主要原因,一是"身边基督徒的道德品质和精神面貌",二是"父母家人的信仰",两者均被 60% 以上的被调查者选中。此外,"听到别人所传的福音"、"教堂里唱诗、证道、祷告的氛围"、"信徒间宽松、和谐的人际关系",这三项的中选率都在 40% 以上。对于,大学生基督徒信仰基督教的内因,通过调研,左鹏认为,基督教的宗教魅力是大学生选择基督教的最主要动因。另外,实利主义的追求也是大学生选择基督教的另一主要动因。在这份调研报告中,作者还指出,作为一种信仰的基督教,不仅已经内化到大学生基

① 发表于《青年研究》2004 年第 5 期。

② 发表于《青年研究》2008 年第 1 期。

督徒的心中，而且对其价值观念和行为模式产生了深刻影响。

与对北京地区大学生基督徒信仰状况的调研相应，上海地区部分高校大学生信仰基督教的状况也得到了学者们的关注，这其中以华桦的研究最具代表性。他的研究思路与左鹏的上述研究十分相近，只是样本数较后者明显扩大。研究者通过调研认为，大学生中，信仰基督教的人数为4.7％，远远高于上海市基督徒1.07％的比例。大学生基督徒的信教时间多发生在进入大学后，同时大学生基督徒并非弱势群体。调研结果还显示大学生接触基督教的途径主要有人际关系、家庭信仰及书籍阅读三种；对于信仰者的特征，研究者归纳了以下四点：1、偶发性的困境是接触基督教的最初动因；2、大学生基督徒的信教过程伴随内心的激烈斗争；3、大多数大学生基督徒能恪守教义，具有虔敬的宗教信仰；4、基督徒身份还会限制他们事业选择的范围；与左鹏的上述研究不同的是，华桦还关注了大学生中非信仰群体对基督教和基督徒的态度问题，通过分析，他认为这些学生了解基督教的兴趣较高、认知度高，并对基督教的本质持理性态度。在调查报告的最后部分，研究者还总结了影响大学生信教热出现的主要原因：1、青年过渡带来的身份危机；2、地域共同体解体带来的归属感缺失；3、传统信仰断裂带来的信仰真空；4、大学教育功能弱化。

4.“精英基督徒”群体研究

大陆学界对“老板基督徒群体”进行系统研究的第一人，当属浙江大学的陈村富教授。根据他多年的调查，他认为“老板基督徒”这个群体正在崛起。其实就目前情况来看，一个公司或企业的老板是基督徒，这种现象在中国社会中尤其在沿海经济发达地区或众多外资企业中并不罕见。但值得关注的问题是这些老板基督徒个人所拥有的信仰经常被“带进了公司和企业，并且成为了公司、企业的重要经营理念。”[1]有的企业在招聘员工时，明显表现出信仰优先的原则，有的公司一进门便可感受到浓浓的基督教文化。有的公司或企业则直接以“天心”、“神和”、“神信”、“迦南”等基督教传统术语命名。[2]很多公司的周会与基督徒的聚会程序基本无异。于建嵘在2008年底北京大学的演讲中提到的“在山东，韩国的传教士比较多，他们很厉害，他们一边办工厂，一边传教，许多工人都变成了信徒”[3]这种现象在国内很多大城市中都存在。随着老板基督徒及基督徒企业的增多，在有些地区甚至还成立了基督徒企业的联谊会或工商团契，规模较大的甚至有上百位基督徒老板参加。[4]

对于基督徒群体的研究，除了以上我们所列举的城市基督徒、农村基督徒、大学生基督徒、老板基督徒等群体外，有些研究者还分别对小城镇基督徒、青年基督徒、中年基督徒群体进行过专门研究，由于这类研究只属于个案，在学界并不具有广泛影响力，这里也就不加以赘述了。

三、有关中国基督教现状之问题研究

与以上研究多为在校学生、或刚刚步入研究岗位的青年学者所做不同，此类研究多为对中国社会问题有着深入了解、对中国的政府

---

① 参阅2008年北京大学“中国宗教与社会高峰论坛”上，李向平教授有关中国“基督徒企业”的演讲稿。

② 同上。

③ 参阅于建嵘在北京大学12月11日题为《为基督教家庭教会脱敏》的演讲（未刊稿）。

④ 中国地产界精英王石在其博客中，就曾讲述过他偶然参加一次这种联谊会的经历:2008年初，接受朋友邀请参加福建的一个企业家春鸣会，到会才知道是一个信基督教的企业家的聚会。有海归、也有文化程度初中的，有当地出名企业家、亦更多是小企业主和企业白领。活动是第二天举行，当晚聊天至凌晨3点，话题就是劝说老王感受主的荣耀。大意是，圣经上预言基督教将在东方发扬光大，这个东方难道不是指的中国吗？我没有被开化，但翌日春鸣会上唱颂我主耶稣的开场却令人感动。

管理决策有所关心、并对宗教问题有所研究的学者所做。这些成果固然不多,但却在本文所关注的研究领域中有着深入的影响。这类研究可以中国社会科学院农发所于建嵘研究员和上海大学李向平教授最近几年的研究为代表。于建嵘研究员通过他一年多时间里,在全国多个省份的调研所撰写的两篇关于中国家庭教会的访谈录,即《基督教的发展与中国社会稳定—— 与两位"基督教家庭教会"培训师的对话》和《中国基督教家庭教会向何处去—— 与家庭教会人士的对话》(载北京大学"中国宗教与社会"高峰论坛论文集)一经发表,便得到社会各界的广泛关注,之所以有这么大的影响力,不外乎他首先关注的是家庭教会这一颇为敏感的学术兼具政治意味的话题,更何况这些论证资料是其不畏艰辛,通过多年亲身入户调研所获得的一手材料的总结;而且更为重要的是,这两份访谈报告在貌似客观描述的同时,还隐含了众多来自学界及基督教信众层面的政策性建议。在两份报告中,中国基督徒的人数、基督教的发展原因及趋势、家庭教会的组织形式、家庭教会与"三自"教会的关系、基督教与中国传统文化的关系、家庭教会与政府的关系、家庭教会与社会稳定、基督徒对于邪教问题的看法、教会人士对于政府、教会、教徒的期望,家庭教会的合法地位等问题,通过几位家庭教会培训师的话和盘托出。不可否认,这些出于重要"当事一方",即基督的认信者、家庭教会成员的观点因其亲身体验与经历,而有其不可替代参考价值。同时,至少在这两篇报告中还隐含着调研者的如下主张:中国的基督教,尤其是农村的家庭教会因为中国社会转型及农村固有的弊端,而造成其发展的无可避免性,而且这种发展可能还将持续下去。对于这种发展的局面和趋势,传统的管理模式可能失去其效力,而且要求所有家庭教会必须通过"三自"教会进行登记的做法更不可取。事实上,家庭教会对于政府的管理来说,并非洪水猛兽,传统的团队式的、秘密结社的家庭教会形式日渐式微,取而代之的是更为民主、开放的教会形式,因而这些教会的合法化及公开化,无论对政治还是对社会发展来说,都是利大于弊的。毕竟这可以解决政府管理家庭教会问题无法可依的局面，也可以杜绝境外势力及政治异议分子对于家庭教会的利用以及教会内部的财务及秘密结社化的风险。

与于建嵘等人关心家庭教会这一敏感话题相反，上海大学李向平教授最近几年的研究主要集中在中国合法教会的组织结构及运作模式的研究上，他认为当代中国的基督教及其教会组织虽然因为中国社会的改革而拥有了一定的活动空间，但与日益扩大的社会空间对比起来其社会功能仍受到某种限制。即在“与社会主义社会相适应”的宗教政策框架下，教会组织容易成为国家管理机构之内的社会团体，成为执行国家宗教管理事务的自治组织及其重要的代理人，但同时中国基督教的教会组织又拥有团体自治的法律基础，政府只是管“政治”、管“非法”，而不是管“合法”、管“教务”，教务本身的事情，教会可自行决定。教会与国家似乎可以存在职能上分隔的可能。但事实却是教会作为一个开放的系统，常常受到制度环境的影响，因而为了获得其合法性的存在，其组织结构必须适应制度规范以利于组织的生存和延续。“所以，中国基督教两会组织的制度设置，采用了合法性机制所加以强调的结构形式，迫使中国基督教两会组织必然要获取它们在外部环境中应当具有的合法性组织结构。”①进而基督教的教会或者堂点虽呈现为一种社会性的行动方式，在一定程度上出离了国家权力直接控制的框架，但又无法不在国家权力的框架之中。教会组织的群体行动逻辑只能服从教会合法性的公共选择，而无法直接出于教会组织本身的利益考量，这也决定了中国基督教徒的行动方式。基督教教会组织的内在结构及行为模式的限定同样影响到了其社会性的参与活动，进而无法表达其公共价值观，中国基督教的堂－点模式因为缺乏一种独立的强有力的社会组织形式，因而缺乏一种直接进入社会的制度机制。对于中国的基督教来说，其人数、教堂、聚会点、宗教活动场所的增减问题似乎比其社会内涵要大得多。中国基督教要进入社会，必须要通过行政与教务双重关系

① 李向平：《中国当代宗教的社会学诠释》，上海：上海人民出版社，第148页。

来加以表达,而堂－点模式基本上并不具备这样的社会进入功能,社会性及公共性自然便无法建构。①

除家庭教会、教会运转模式等话题外,教会财产、聚会场所登记等具体问题也得到了学者们的关注,这里就不一一赘述了。

四、中国基督教整体发展概述

对中国基督教现状的全貌进行描述,这项工作对学者们来说并非易事,暂不说中国地域、文化间的差别造就的中国基督教的多样性,光是材料的收集工作便颇费工夫,所以此项工作鲜有人问津。但在这为数不多的研究成果中,上海社会科学院宗教研究所主办的《当代宗教研究》上发表的系列文章和在中央统战部工作的李平晔博士发表的多篇相关论文堪称其中的代表作。

《当代宗教研究》在2007年第1期发表了罗伟虹研究员撰写的《中国基督教发展的现状和趋势》一文,在文章中,她首先分析了近30年来中国基督教的发展概况,认为信教人数持续增长、基督徒结构呈多元状态、宗教需求多元化是30年来中国基督教发展的主要特征。另外,罗伟虹还对基督教在中国未来的发展作出以下几点预测:一、信教人数继续增长。原因主要有:(1)宗教赖以生存的土壤和环境仍旧存在;(2)中国大多数民众无固定宗教归宿,但普遍持有神论思想;(3)基督教是适应社会的宗教;(4)基督教组织和信徒的传教热情较高。二、基督教发展继续呈不均衡及多元状态。就发展趋势看,基督教在城市中将会有较大发展,而在农村的发展将趋于平稳,甚至呈下降趋势。信徒结构分层将会保留,但会发生一定变化,同时,基督教的活动形式也会多样化。三、基督教发展将面临中国传统宗教和信仰的挑战。作者认为中国的儒家文化传统和佛道教、民间

---

① 李向平:《当代中国基督教的“堂－点模式”刍论——宗教的社会性与公共性视角》,在“基督宗教与公共价值”学术研讨会上的学术报告(2007年12月)。

宗教和信仰占据了中国民众的大部分信仰领域,留给基督教的发展空间并不多。"中国传统宗教和民间信仰的发展,对基督教发展会产生什么影响,是在一定程度上抑制了基督教的发展,还是出现因互相竞争而推进各宗教快速发展的局面,值得宗教社会学者关注和研究。"①

李平晔博士则以其管理者的视域、详尽的材料收集工作及深入的观察分析,从 1999 年到 2004 年间,发表了多篇关于中国基督教发展状况的报告,对中国的基督教现状从整体上进行了描述、分析、评价。在 1999 年发表的《90 年代中国基督教发展状况报告》一文中,她对 90 年代中国基督徒的信教人数及地域分布、信教成分与神职队伍、基督教院校与神学建设、国际交往及其世俗化的角色、教派意识以及以"基督教"为旗号的邪教组织等问题,以精确的数据加以剖析、阐释,并对基督教在中国未来的发展趋势及面临的问题进行了总结归纳,虽然此文未涉及未注册聚会点及地下教会问题,但亦为中国大陆较早发表的有关中国基督教整体发展状况的论文。在 1999 年 11 月发表的《90 年代中国宗教发展状况报告》一文中,李平晔博士同样以基督教为例说明了 90 年代中国各宗教发展的新情况,与前一篇论文相比,这篇论文进一步补充了对于个别省份基督徒总数、信徒文化程度及年龄结构上的统计数字,对信徒信教的原因进行了深入分析,并着力说明了宗教世俗化、国际化倾向等问题。2000 年,她还发表了《中国宗教的历史特点及基督教在中国的发展》一文,该文除了分析中国宗教的从属性、包容性、多样性、入世性、自主性等特点外,还从中国文化特质、基督教自身特点(随意性、入世性、简朴性、灵活性等)及中国社会转型期这一特征三个层面对基督教在当代中国的快速发展原因进行了剖析。在以上研究的基础上,李平晔博士在 2004 年发表了《当代中国基督教发展透视》一文,从理论上对中国基督教何以在转型期的中国赢得信众基础进行了探讨,这个原因

① 同上,第 6 - 7 页。

既有以儒家为主导的传统文化的瓦解、亦有市场经济带来的生存压力、心理压力等重负,而另一方面基督教又恰恰是“随着近代社会的出现而形成和发展起来的宗教”[①],能够满足人们的精神需求。同时,她在该文的第七点中还指出城市基督徒与农村基督徒的不同特征,认为城市基督徒知识分子的信仰动机更多的是理性思考的结果,较少随意性、盲目性和功利性。他们的信仰方式更为个体;而且,城市基督徒中也有受传统文化影响较深,以“儒家的务实和道家的洒脱”来信仰基督教的信徒与“人文功底较浅”,且“较为传统、封闭、保守,拘泥于经典或教条,看重外在的崇拜形式”[②]的信徒的分殊问题。

综上所述,大陆学界对于中国基督教现状的研究工作虽然起步较晚,但却成果丰硕,这些成果集中在区域研究、群体研究、问题研究、整体研究等多个方面。而且,随着宗教社会学、人类学方法在宗教学界的进一步普及,以及基督教在中国社会中的积极作用和影响得以进一步彰显,此类研究必将进一步扩展、深化下去,这无疑有助于中国基督教现状的客观呈现、有利于中国基督教的良性发展、有益于决策者对于基督教的管理工作。

---

① 李平晔:《当代中国基督教发展透视》,载《基督宗教研究》(第七辑),北京:宗教文化出版社,2004年版,第417页。

② 同上,第418－419页。

2008年大陆学界基督宗教研究综述

——兼及2000年后中国基督宗教研究概况

唐晓峰

进入21世纪以来，随着宗教问题在国际、地区事务及人们日常生活中的影响日益凸显，加之我国高等院校及学术研究机构学科门类的逐步发展完善，以及各种有关基督宗教研究的国内、国际学术交流活动的广泛开展，基督宗教研究已经逐步走出低谷，成为一门显学，并构成中国人文社会科学研究中不可或缺而又颇具特色的组成部分。这种变化在2008年度及近几年来大陆学界有关基督宗教的研究活动及成果中充分体现出来。

一、2008年大陆学界基督宗教研究综述

2008年，大陆学者有关基督宗教的研究成效显著，这主要表现在相关学术会议频仍、调研活动深入及研究成果丰硕三个方面。在学术会议举办方面，中国社会科学院世界宗教研究所及中国社会科学院基督宗教研究中心起到了平台与纽带作用，由其主办、参与主办、承办或协办的相关学术会议主要有5月31日至6月1日在北京中国社会科学院举行的“宗教与法治”国际学术研讨会、6月26－28日在福建泉州举办的“宗教文化与经济社会发展”学术研讨会、10月8－10日在北京大学召开的中国宗教与社会高峰论坛暨第五届宗教社会科学国际研讨会、10月15－17日在北京召开的“当代世界中的

宗教"国际学术研讨会、11 月 18－21 日在北京召开的"基督宗教在当代中国的社会作用及其影响"学术研讨会、12 月 11－13 日在北京召开的"基督宗教与社会转型"学术研讨会,其中后三次会议是有关基督宗教的专题研讨会,而前几次研讨会中亦有大量关于基督宗教研究的主题发言。2008 年度与基督宗教研究相关的学术会议还有 6 月 20－22 日,由甘肃省委统战部组织召开的"全球化宗教问题"学术研讨会、11 月 21 日至 22 日,由中国国务院发展研究中心民族发展研究所与北京普世社会科学研究所于北京昌平联合举办的旨在探讨中国家庭教会问题的题为"基督宗教与社会和谐"的研讨会、2008 年 12 月 8－9 日,由北京天主教与文化研究所在北京举办的天主教研究青年学者论坛等。

2008 年,随着基督宗教问题在中国社会领域的凸显及宗教社会学、人类学方法在基督宗教研究领域的运用,有关中国基督宗教现状的调研活动得到了广泛而深入的开展,其中较有影响的有 2008 年下半年,由中国社会科学院世界宗教研究所"基督教现状专项调研"课题组在云、湘、赣等省开展的抽样及重点调研活动;零点研究咨询集团于 2007 年 5 月开展的"中国居民精神文化生活调查研究项目"中也涉及基督宗教信仰人数问题,这一数据于 2008 年 10 月北京大学举办的"中国宗教与社会高峰论坛"上,由其负责人予以首次披露;另外,中国社会科学院农村发展研究所于建嵘研究员也在 2008 年相继发表了其一系列有关中国家庭教会调研的文章,在社会各界引起较大反响。在这一系列调研活动中,以高校大学生基督宗教信仰状况方面的调研最为热门,其中包括中国人民大学开展的题为"当代中国大学生对基督教信仰的理解特征"的调研、"高校学生思想信仰情况调查"课题组在众多高校开展的研究工作以及上海社科院、武汉市委统战部等科研单位、部门及学者开展的各项调研活动。

2008 年,大陆学界发表、出版了众多有关基督宗教研究方面的著述,这些成果涉及基督宗教史、当代基督宗教、基督宗教神哲学、跨宗教学科研究、圣经研究、文献整理等多个方面,并表现出中国当代基督宗教研究、跨学科研究、中国基督宗教区域史、中国近代基督宗教事工考证等多个热点研究领域。具体研究情况如下：

(一)基督宗教历史研究

基督宗教史研究与基督宗教神哲学思想研究始终是大陆学者研究基督宗教的两块主要阵地,以往基督宗教神哲学思想的研究一般占据主导地位,但在 2008 年这种格局略有改变,虽然有关基督宗教史研究的系统之作并不多见,但在该领域发表的学术论文却有百余篇,内容几乎涵括了基督宗教史研究的方方面面。这其中以中国基督宗教史相关研究最为兴旺,而此间又以中国基督宗教区域史及基督宗教在近代中国各项事工的发展研究最为突出,在区域史研究方面,基督宗教在近代甘肃、西藏、广东、广西、云南、吉林、内蒙古、山西、江苏、贵州、陕西、浙江、河南、台湾等省地的传播状况均得到学者介绍、考证,这其中以宝贵贞、宋长宏撰写的《蒙古民族基督宗教史》(北京:宗教文化出版社,2008)一书较具代表性。而有关基督宗教在近代中国各项事工开展的研究成果中,以教会大学和基督宗教教育方面的研究最为典型,这方面除了许多教会学校的个案研究外,学者们还探讨了教会学校的中国化、基督宗教教育对中国教育的影响等主题。除基督宗教教育事工外,其慈善事业、医疗事业、妇女事工、青年事工、儿童事工、文字事工也是学者们研究的重点。这方面的代表作为赵晓阳撰写的《基督教青年会在中国:本土和现代的探索》(北京:社会科学文献出版社,2008)一书。除此之外,传教士及其活动研究以及相关历史事件的考证也是此领域学者们关注的重点,此类著作主要有罗义贤的《司徒雷登与美国(战后—1949 年)对华政策》(北京:中国文史出版社,2008)、王文兵著《丁韪良与中国(中国与世界:16—19 世纪)》(北京:外语教学与研究出版社,2008)、王立新著《美国传教士与晚清中国现代化》(天津:天津人民出版社,2008),译作有雷孜智著《千禧年的感召——美国第一位来华新教传教士裨治文传》(桂林:广西师范大学出版社,2008),同时亦有关注关东地区传教士及英国传教士柏格理的论文发表。此外,非基运动、乡村建设运动、各种教案事件中人事、物事环节亦是学者们重点考证的对象。在中国基督宗教史研究领域,中国古代基督宗教史的研究是较为重要,但在现实中却较为薄弱的研究环节,2008年在此方面的研究起色并不大,除了牛汝极著《十字莲花——中国元代叙利亚文景教碑铭文献研究》(上海:上海古籍出版社,2008)外,只有少数几篇关注及考订洛阳景教经幢版《大秦景教宣元至本经》的文章发表;2008年度,在中国基督宗教通史研究方面略有突破,由陈钦庄等人合著的《基督宗教简史》于2008年年初与读者见面(北京:人民出版社,2008)。

与中国基督宗教史的研究对比起来,世界基督宗教史方面的研究略显薄弱,2008年度学界对此的关注主要集中在早期基督宗教的起源、发展及对古罗马、拜占庭帝国的影响上,同时学者们还关注了五世纪神学论辩、基督宗教与英国奴隶制、欧洲高等教育、宗教改革等基督宗教史上的重大事件。这里值得一提的是由胡斯都·L.冈察雷斯著、陈泽民等人翻译的《基督教思想史(第1－3卷)(南京:译林出版社,2008)以及由保罗·蒂利希撰写、尹大贻翻译的《基督宗教思想史》(北京:东方出版社,2008)等著作于2008年度问世。

(二)当代基督宗教研究

当代基督宗教研究在2008年较往年有升温之势,随着上述基督宗教现状调研活动的开展及各研究机构、学者对基督宗教现状问题的关注,有关此方面的著述亦有所增加,虽然2008年没有相关专著问世,但众多对宗教问题、民族问题加以关注的书籍中均有大量篇幅对此问题加以探讨,这其中较具代表性的是卓新平研究员的《"全球化"的宗教与当代中国》(北京:社会科学文献出版社,2008)一书,该书基于对古今中外宗教发展的比较来分析宗教与政治、宗教与法治、宗教与社会的多层关系,其中涉及了有关基督宗教的管理、立法等问题。陈晓毅在《中国式宗教生态——青岩宗教多样性个案研究》(北京:社会科学文献出版社,2008)一书中,以人类学的方法,对贵阳市花溪区青岩地区的宗教多样性进行了剖析,书中很多内容均涉及了青岩地区的基督教现状，比如该书的第五章“宗教生态论视野下的青岩宗教信徒纷争”便以青岩基督教堂发生的一次争吵作为研究对象，说明青岩基督教堂内部生态系统的平衡与失衡问题。另外在何林的《阿怒人——同一屋檐下的不同宗教信仰》（昆明：云南大学出版社，2008）及张桥贵主编的《云南跨境民族宗教社会问题研究（之一）》（北京：中国社会科学出版社，2008）中均有许多章节介绍了云南少数民族的基督宗教信仰现状问题。除这些专著外，2008年度，大陆学者还发表了众多基督宗教调研及探讨当代基督宗教问题的学术论文。其中研究个案广布于山东、贵州、湖北、甘肃、青海、陕西、新疆、河南、广西、云南、上海、北京、福建等多个省份，而青年人群体、中年人群体、农村留守儿童群体、大学生群体、农民群体、高校教师群体的基督宗教信仰状况也得到了专题研究；同时，当代基督教“灵恩运动”对中国的影响、当代中国基督教的“堂—点模式”、中国基督宗教问题的引导与管理、基督宗教的社会工作开展等热门话题也进入学者视域。

学者们对当代基督宗教的研究还具备海外视角，虽在此方面的著述不多，但新基督教右翼、福音派对美国社会的影响、基督宗教对韩国社会作用、移民的基督教信仰等论题还是多出现在学者的文章中。在此方面，由美国普渡大学杨凤岗教授撰写的、默言翻译的《皈信·同化·叠合身份认同——北美华人基督徒研究》（北京：民族出版社，2008）一书颇具代表性。

（三）基督宗教神哲学思想

基督宗教哲学与神学思想研究始终为中国学者研究基督宗教的重要维度，但在2008年度，这一领域的研究与基督宗教史、当代基督宗教，甚至与基督宗教相关的跨学科研究相比，却显得有些冷清。但其在系统研究方面的优势仍很突出，这主要表现在专著出版的数量上，其中较有代表性的有乐峰撰写的《东方基督教探索》（北京：宗教文化出版社，2008）、黄裕生撰写的《宗教与哲学的相遇——奥古斯丁与托马斯·阿奎那的基督教哲学研究》（南京：江苏人民出版社，

2008)、周伟驰撰写的《彼此内外——宗教哲学的新齐物论》(北京:宗教文化出版社,2008)、徐弢撰写的《托马斯·阿奎那的灵魂学说探究》(上海:上海人民出版社,2008)、王俊撰写的《生态与拯救:约翰·科布生态思想研究》(北京:宗教文化出版社,2008)、谢志斌撰写的《公共神学与全球化:斯塔克豪思的基督宗教伦理研究》(北京:宗教文化出版社,2008)、李枫撰写的《探究英国近代浪漫主义神学诗人的神学——柯勒律治的浪漫主义思想》(北京:社会科学文献出版社,2008)、胡自信撰写的《大家精要:斯温伯恩》(昆明:云南教育出版社,2008)、张新樟撰写的《诺斯、政治与治疗——诺斯替主义的当代诠释》(杭州:浙江大学出版社,2008)、谢炳国编著的《基督教仪式和礼文》(北京:宗教文化出版社,2008)、林子淳撰写的《多元性汉语神学诠释》(北京:宗教文化出版社,2008),此外奥古斯丁的《恩典与自由》(南昌:江西人民出版社,2008)、安德鲁·J.德洛里奥的《道德自我性的基础——阿奎那论神圣的善及诸美德之间的联系》(北京:中国社会科学出版社,2008)、罗明嘉的《奥古斯丁〈上帝之城〉中的社会生活神学》北京:中国社会科学出版社,2008)等著作得到了译介。而在发表的相关论文中,基督教思想家的理论仍是学者们探究的重点,比如奥古斯丁的神学范式、其史学观、华兹华斯的自然观、马丁·路德的死亡观、尤西比乌的历史观等,同时基督宗教伦理思想、科学观、文化观、原罪观也是学者们探讨的重点。

(四)天主教与东正教专题研究

在上述研究领域,多涉及天主教和东正教方面的研究成果,但以天主教和东正教作为专题的研究,在国内学界却略显薄弱。在2008年度,此两个领域之研究有突破,但整体上仍显萧条。在天主教研究领域,中国天主教史及当代天主教研究方面均取得一定进展。虽然在中国天主教史研究方面没有专著问世,但却有大量论文探讨了这一主题,其中涉及清前期排教、晚明天主教特征、晚明天主教与佛教对话、晚清时期天主教恩宠信仰、徐光启的基督宗教信仰、天主教中学、天主教医疗事业、明清之际天主教女信徒、抗日战争时期的天主教、明末清初天主教与儒学的关系以及天主教在近代桂林、中国东北、四川、福建、河北、河南、内蒙古、台湾地区的传播等诸多论题。此外，由裴晓亮翻译的《走近中国基督教徒》一书由宗教文化出版社出版，该书讲述了法国主教大会主席罗杰·艾切卡雷三次来中国的回忆录，实为研究中国天主教史不可多得的资料。在国外天主教史研究方面，学者们探讨了十六七世纪天主教在日本的"慈善传教"、耶稣会教育与天主教的复兴、格利高里七世改革对罗马天主教会影响等话题。值得一提的是，中国社会科学院世界宗教研究所段琦研究员撰写的《梵蒂冈的乱世抉择(1922－1945)》一书可谓大陆学界公开出版的有关梵蒂冈研究的开山之作。该书以翔实的材料，对二战期间梵蒂冈的所作所为进行了深入挖掘及客观评价。除此之外，学者们在论文中还探讨西方天主教新自然法理论、罗马天主教与普世教会运动等内容。在中国当代天主教研究方面，青海、广东、辽宁等地的天主教传播、社会服务工作等问题也得到学者关注。另外，在2008 年发表的有关天主教研究的论文中，还有个别有关天主教神学思想方面的研究文章，但并不多见。

东正教研究在 2008 年度，仍然保持一种边缘化的研究态势，但由世界宗教研究所乐峰等人撰写的《俄国宗教史》(上、下卷)(北京：社会科学文献出版社)在年初的出版，无疑为此领域今后的研究奠定了基础。另外，在 2008 年度，学者们还就东正教发表了 30 余篇学术论文，其中多集中在东正教与俄罗斯的关系上，研究主题涉及东正教与俄罗斯政治、外交、文学、哲学、民族、教育、旅游等诸多方面。东正教的教堂、绘画、圣像艺术也是学者们热衷的话题。另外，东正教在中国新疆塔城地区的历史及现状也得到学者关注。

(五)跨学科研究

2008 年度，和基督宗教相关的跨学科研究呈现繁荣之势，这其中当首推基督宗教文学研究领域。这个领域的专著有谷裕撰写的《隐匿的神学——启蒙前后的德语文学》(上海：华东师范大学出版社，2008)、齐宏伟撰写的《文学·苦难·精神资源：百年中国文学与基督宗教生存观》(南昌:江西人民出版社,2008),同时围绕基督宗教文学方面,共有近60余篇学术论文发表。其中一部分探讨了基督宗教文化对中国文学,比如在其浪漫主义色彩、小说的叙事意向、人道精神、现代转型等方面的影响,学者们还以冰心、林语堂、老舍、萧乾、许地山、巴金、张晓风、曹禺、北村等人的作品作为例证考证了这种影响的存在。另一部分论文探讨了国外文学作品及文学家们的基督宗教情怀,比如莎士比亚戏剧、毛姆的小说、安徒生的童话作品、哈代的《苔丝》、远藤周作的《海与毒药》和《沉默》等。除基督宗教文学外,基督宗教与法律、政治之间的关系也是学者们着力探讨的问题。比如西欧中世纪法、罗马法复兴、英国衡平法、欧美宪政文明的确立与基督宗教信仰之间的潜在关联等方面的问题都得到了学者的阐释。基督宗教与艺术也是众多学者关注的热门话题,基督宗教对西方音乐及中国个别地区音乐的影响(代表作为杨民康著《本土化与现代性:云南少数民族基督宗教仪式音乐研究》)、基督宗教对各种视觉艺术(电影、绘画、雕刻等)的影响、基督宗教对建筑风格的影响均得到学者们不同程度的研究,由刘光耀、杨慧林主编的《神学美学》(第2辑)(上海:上海三联书店,2008)也于2008年初出版。在与基督宗教相关的跨学科研究中,基督宗教与医学、语言学、体育、经济学、心理学等方面的话题均得到个别学者的探讨。

(六)基督宗教与其他文化对比研究

基督宗教思想与其他宗教、文化之间进行对比探讨的著述在2008年度仍是学者们热衷的话题。虽然在此方面无专著问世,但却有大量相关论文发表,其中儒耶对话这个传统话题仍为重中之重,比如两者在人性观、博爱、创造力、婚爱观等方面的异同及契合;另外,学者们还多从宏观角度对中国文化与基督宗教文化进行对比。2008年,有关基督宗教与其他宗教间对话方面的论文并不多,主要集中在耶佛与耶道之间,在耶佛对比这个问题上,学者们探讨了耶佛在中国的不同发展历程及两者的创世理论,另外,费雷德里克的《佛教徒与基督徒》(北京:宗教文化出版社,2008)和约翰·B.科布的《超越对话:走向佛教——基督教的相互转化》(杭州:浙江大学出版社,2008)被翻译出版;而耶道之间的对比主要围绕着两者不同的生命观之上。

(七)圣经研究

圣经研究始终是大陆基督宗教研究领域的薄弱环节,2008 年此领域研究略有起色,有两部有关圣经研究的专著出版,一是陆扬、潘韩伟撰写的《〈圣经〉的文化解读》(上海:复旦大学出版社,2008)。一是美国华裔学者陈俊伟撰写的《旧约导论》(北京:宗教文化出版社,2008)。另外,由上海人民出版社出版的“当代西方圣经研究译丛”也于今年问世,其中包括梅琴的《新约文献与历史导论》、麦慈格(Metzger,B. M.)的《新约正典的起源、发展和意义》、亚历山大(Alexander,T. D.)的《摩西五经导论:从伊甸园到应许之地》(第 2 版)以及布鲁斯(Bruce,F. F.)的《圣经正典》,有关圣经研究的论文在 2008 年度并不多,只有个别探讨圣经工作观、财富观、自然观及中文圣经译本的作品发表。

(八)资料及辞书工作

2008 年学者们还就基督宗教的研究编写、整理了一些文献和辞书,其中包括卓新平主编的《当代中国宗教研究精选丛书:基督宗教卷》(北京:民族出版社,2008)和《基督宗教小辞典(修订本)》(上海:上海辞书出版社,2008),秦和平、申晓虎主编的《四川基督教资料辑要》(成都:巴蜀书社,2008),解成编著的《基督教在华传播系年(河北卷)》(天津:天津古籍出版社,2008)。中国近代基督教思想家吴雷川的《基督宗教与中国文化》一书也得到了整理再版。还有学者总结了我国基督宗教会史研究状况、近些年基督宗教研究状况、美国华人基督宗教研究情况等问题,这其中以中国社会科学院世界宗教研究所主编的《中国宗教学 30 年(1978 - 2008)》(北京:中国社会科学出版社,2008)一书中,对改革开放 30 年来大陆学界基督宗教研究状况的总结最为系统,这些努力无疑为学界今后的研究奠定了文献基础。

此外,在2008年度出版的有关基督宗教研究的以书代刊类书籍有卓新平、许志伟主编《基督宗教研究》(第十一辑)、刘光耀、杨慧林主编的《神学美学》(第二辑)、张庆熊、徐以骅主编的《基督教学术》(第六辑)、许志伟主编的《基督教思想评论》(第七、八辑)等。

二、2000 - 2007 年中国内地学界基督宗教研究状况概述

以上,我们对2008年度大陆学界基督宗教研究状况进行了总结。事实上,该年度的研究成果是2000以来大陆学界所作的此类研究成果的继承和发展,而本文对2008年度研究特点和发展趋势的判断也是参照2000年以来的研究状况而言的,因此,这里有必要对2000 - 2007年内地学界基督宗教研究概括作一简要总结:

(一)对基督宗教思想史及国外基督宗教的研究

2000年以来,大陆学界对基督宗教思想史及国外基督宗教思想进行了较之以前更为广泛而深入的译介、研究。大量关于基督宗教神学思想、教会历史、圣经研究、发展趋势、新兴派别、哲学思潮的著作被翻译介绍进来,其中"历代基督宗教经典思想文库"、"当代基督宗教译丛"、"历代基督宗教学术文库"、"基督宗教文化译丛"等丛书在学界颇具影响,基督宗教哲学、神学美学、圣经文学、生态神学等专题均有相关译作问世;在基督宗教史研究领域,教会制度史、教义史、神学思想史、中世纪基督宗教文化史、中古欧洲基督宗教、韩国基督宗教历史、德意志基督宗教历史等方面均有专著问世;同时,有关基督宗教的礼仪节日及基本知识的著作亦不少见,比如段琦等人撰写的《基督教学》、康志杰撰写的《基督教的礼仪节日》等。国外主要神学家及神学派别的思想亦受到不同程度的关注和探讨,有关斐洛、奥利金、奥古斯丁、尼撒的格列高利、祁克果、尼布尔、普兰丁格等西方著名神学家、思想家的研究专著也在近年陆续出版;而且当代一些热点及现状问题同样未逸出学者们的视野,美国新基督宗教右翼运动、基督宗教锡安主义、福音派运动、基督宗教与生态伦理、基督宗教与

女性主义、基督宗教教会发展等问题都成为学者们着力探讨的对象，并有多部专著发行；在圣经研究领域，有多部专著从文学、艺术、思想文化等领域对圣经文本进行了解读；学者们对基督宗教中一些重要范畴（比如原罪、爱、慈善等）的研究已经在一定程度上摆脱了文本研究的限制，开始与个体幸福、社会价值、政治格局、文化交流等现实的社会关怀相联结；以前较少有人问津的亚非拉美神学思想也得到了部分学者的关注，除发表多篇介绍相关主题的论文外，还有《当代亚非拉美神学》、《解放神学：当代拉美基督宗教社会主义思潮》等具代表性的专著飨世。

（二）对中国基督宗教的研究

最近几年，大陆学界对中国基督宗教的研究取得了蔚为可观的成绩。在继续进行历史文献的搜集、考订的同时，也对中国神学的构建、中国神学家的思想、中国境内基督宗教现状进行了深入阐释与解析。在资料收集与编订方面，学者们取得初步进展。一部囊括中国基督宗教历史及重要研究文献的《东传福音》（二十五卷）在 2005 年出版。由中华续行委办会调查特委会在 20 世纪 20 年度主编的《中华归主》（现名《中国基督宗教调查资料（1901 - 1920 年）》）得到再版；《赵紫宸文集》（1 - 3 卷）也陆续得到整理并与读者见面。另外，与在华传教士、中国神学家、近现代中国基督宗教运动相关的资料文献也得到初步收集与整理；在此基础上，学者们对传教士、著名基督徒知识分子，以及中国近代基督宗教运动进行了客观公正的介绍与研究，赵紫宸、谢扶雅、吴雷川、诚静怡、吴耀宗、余日章、吴贻芳、丁光训等多位基督教思想家纷纷进入学者们的研究视域，同时也出现多部研究非基运动、本色教会运动、乡村建设运动、基督宗教教育方面的专著，部分有代表性的传教士，如丁韪良、卫三畏、司徒雷登等人的思想和活动都得到了建基于历史事实上的学术探讨；在基督宗教地区史研究方面，学者们取得了丰硕成果，北京、上海、内蒙古、陕西、广东、云南、贵州、福建、广东、四川、香港、台湾等地的基督宗教传播史均得到系统追溯；在中国基督宗教通史方面，虽有几部专著问世，但均以简介为主,非系统之作。此外,“田野中的基督宗教”成为近几年学界关注的话题,在这种社会学方法的指导下,学者们调研了多个省市地区的基督宗教信仰状况,这些个案分布于全国大部分省份。在这种现状研究中,中国基督宗教神学思想的建构、基督宗教与中国社会相适应、中国基督宗教的社会责任等话题也倍受学者青睐,基督宗教的社会性与处境化特征尽显其中。

(三)学科间交互性的研究

在过去五年中,陆续有学者从文学、音乐、美学、法学等角度对基督宗教进行考察,形成了基督宗教文学、基督宗教法学、基督宗教音乐、基督宗教艺术等多个研究视角。在基督宗教文学方面,从西方的莎士比亚、哈代、狄更斯、雨果、卡夫卡、普希金、陀思妥耶夫斯基等文学泰斗,到中国的林语堂、巴金、曹禺、冰心、许地山、周作人、老舍等中国当代著名作家,他们的基督宗教情怀及其作品中蕴含的基督宗教元素都得到深入阐释。基督宗教对于诗歌、小说创作的影响,基督宗教与女性文学的关系等理论问题也得到深入剖析。比如在基督宗教文学方面的专著有卞昭慈撰写的《天路·人路:英国近代文学与基督宗教思想》、肖四新撰写的《莎士比亚戏剧与基督宗教文化》、陈伟华撰写的《基督宗教文化与中国小说叙事新质》、肖霞撰写的《日本近代浪漫主义文学与基督宗教》,莫运平撰写的《基督宗教文化与西方文学》等。在基督宗教音乐方面,学者们探讨了基督宗教与音乐、歌剧发展间的关系,基督宗教音乐的内在属性及社会意义等问题,其代表著作有陈小鲁著《基督宗教音乐史》、杨周怀著《基督宗教音乐》等;在基督宗教美学方面,基督宗教美学的特征、东正教圣像的神学含义、基督宗教艺术的象征意义、巴尔塔萨的神学美学、中国特色基督宗教艺术方面的研究都取得突破性进展。湖北襄樊学院神学美学研究所也于近年成立。此外,一些来自政法学界的学者们的研究还涉猎了基督宗教与宪政理念、基督宗教与国际法、刑法的关系等问题。其中以程乃胜著《基督宗教文化与近代西方宪政理念》为代表。

(四)对当代天主教与东正教的研究

作为基督宗教的一部分,天主教的发展历史、在华传播史及一些教父神学家的思想在前面我们已经有所涉及。但对于近现代天主教尤其是中国天主教现状的研究却没有引起学界的普遍重视。最近几年这种研究现状略有改观,部分学者开始了这项颇有意义的研究工作,一些介绍天主教基础知识的著作得以出版,比如晏可佳著《中国天主教简史》、任延黎著《天主教知识读本》等。国外的天主教现状、天主教修会、中梵关系及天主教的妇女观、爱德观、文化观、生命伦理观等问题都得到初步阐释,这其中以顾卫民撰写的《中国与罗马教廷关系史略》、戚印平撰写的《远东耶稣会史研究》为代表。同时,通过学者们的考察,人们对吉林、黑龙江、陕西、河南、云南等地天主教的早期传播情况也有了初步了解,甚至在近几年学者们还出版了多部中国天主教编年史及地区天主教发展史方面的专著,比如周萍萍著《十七、十八世纪天主教在江南的传播》。另外,天主教与公民道德建设的关系、天主教发展与和谐社会的建立、天主教的中国化、天主教的社会责任与社会关怀等问题也被学者们提到议事日程上来;同时,田野调查的方法也被引进到天主教的研究中,天主教在布依族社会中的发展、在滇藏交界处的村落中的传播等问题均得到深入调研。此外,由北京天主教与文化研究所主编的《天主教研究论辑》为国内天主教研究提供了学术信息交流的平台。

最近几年,中国学界对东正教的研究已经基本上走出关注东正教文化、介绍东正教知识的阶段,转而开始探讨东正教与俄罗斯哲学及政治的内在关联性、东正教的罗斯化、现代性视域中的东正教、东正教修道理念、救世观等颇具深度的学术问题。2000 年以来,还有多部有关东正教神学、东正教哲学方面的译著、专著出版或再版,其中有影响力的有《俄国东正教会与国家(1917 ~ 1945)》、《俄国东正教会改革:1861 ~ 1917》、《俄罗斯东正教哲学》、《当代东正教神学思想》、《东正教神学导论》(译著)《东正教:教会学说概要》(译著),它们使东正教研究逐步为学界所认识、关注。

(五)对基督宗教与其他宗教及文化间对话的研究

自2000年起,大陆学界已经召开多次有关基督宗教与其他文化及宗教间对话交流方面的学术会议,其中较具规模的有2003年11月在西安举办的“佛教与基督宗教对话国际学术研讨会”、2005年12月在北京召开的“基督宗教与跨文化对话”学术研讨会、2006年11月在上海举行的“和合共生—— 上海基督宗教与伊斯兰教交流和对话”研讨会。同时,与此相关的专著、期刊、杂志、著作更是层出不穷。其间取得的丰硕成果充分表明,对于基督宗教与其他宗教及文化间的对话交流的研究已经不再局限于它们之间起源、教义、礼仪、制度等层面异同之比较上,宗教对话理论的研究、基督宗教与其他宗教和文化间的互动关系、历史上曾有的对话交流、本土化及传播经验的借鉴都成为学者们关注的内容,甚至一些学者还针对现实问题,如生态问题、生命伦理问题等,将基督宗教与其他宗教的解决方案加以对比,并提出互鉴、互补、合作的可能性,这其中有毛丽娅撰写的《道教与基督宗教生态思想比较研究》、赖品超主编的《佛耶对话:近代中国佛教与基督宗教的相遇》等著作。

2000以来,大陆学界还出版了多部以书代刊类基督宗教研究书籍,比如卓新平、许志伟主编《基督宗教研究》、卓新平主编《宗教比较与对话》、许志伟主编《基督宗教思想评论》、中国人民大学基督宗教文化研究所主编《基督宗教文化学刊》、刘小枫主编《基督宗教文化评论》、张庆熊、徐以骅主编《基督宗教学术》、刘光耀等主编《神学美学》以及上述北京天主教与文化研究所主编的《天主教研究论辑》等,在辞书编写方面以卓新平主编的“宗教研究词典丛书”为代表,其中包括卢龙光主编《基督宗教圣经与神学词典》、雷立柏编《古希腊罗马及教父时期名著名言辞典》等有关基督宗教研究的辞书类作品。

综上分析,中国内地的基督宗教研究在2000年以来,除在数量上有所增多外,研究的格局也日益多样化、丰富化、深刻化。针对国外基督宗教,从之前以译介为主要内容的研究局面,逐渐过渡到介绍与研究并重阶段;而且,随着宗教学方法、宗教比较与对话视域的引入,对于中国语境中的基督宗教的研究也相应地呈现出多元及发展态势。同时,基督宗教研究在向各个学科领域延伸的同时,开始关涉到人类的生存、发展问题,从而使这种研究不再囿于书斋中的构想,而具有了现实意义。这些研究成果让我们坚信,中国的基督宗教研究在不久的将来必将出现一个译、介、研、创齐头并进的合理格局,出现一种百花齐放、万物并育的盛大景观。

近20年中国基督宗教史研究综述

李天纲

一、从“边缘”到“中心”的中国基督宗教历史研究

近20年来，中国基督宗教历史的研究取得了长足的进步。此前，基督教在中国大陆是一个讳莫如深的话题。即使有所撰述，也都是为了“大批判”的需要。为了回避意识形态，“文革”前的一般非主流学者很少涉及这方面的研究，有关中国基督宗教的历史，鲜有成果。比较特殊的是50年代侯外庐先生主编《中国思想通史》[①]的时候，把《明末天主教输入什么‘西学’？具有什么历史意义？》列为一章。虽然总的基调仍是以“批判”，但史料收集充分，梳理颇费工夫，观点比较完整，是主流学术中极少比较客观公正的研究之一。有鉴于此，80年代的年轻学者们，是抱着打破“禁区”的心态来开拓“中国基督宗教研究”的。从此意义上来说，中国大陆的“基督宗教研究”，是“文革”以后一代学者新开创的，是一门“开放”后“拨乱反正”的学问。

当前的“中国基督教历史”还有一个特点：它是大学和社科院系

① 侯外庐主编的《中国思想通史》（北京，人民出版社，1960年）第四卷第二十七章，由“诸青”执笔，何兆武先生在本章中用近70页篇幅全面评价了在华天主教耶稣会士对西方神学、哲学、思想方法、科学技术的介绍，以及他们对中国传统思想的评价。

统的"学术研究"的一部分。在香港、台湾和欧美国家，"教会史"传统上主要由教会机构内的学者们从事，因此更重视教会内部事务，他们的研究，可称是教会"内史"。八十年代起步的中国大陆"中国基督宗教历史"研究，缺乏这样的教会背景，从事者多半是些受过史学、文学和哲学训练的世俗学者，和本地教会也没有密切的联系。虽然他们同情基督宗教在中国的遭遇，对曾经是由基督教会代表的西方文化持开放态度，有时也被称为"文化基督徒"①，但是他们的主要兴趣确实是发展"学术研究"，把"中国基督宗教研究"看作是中国文化研究的一个分支。他们更多关心基督宗教与中国社会的关系问题，这样的研究可以称之为是教会"外史"。"内史"与"外史"当然不是绝对的，但从两种不同倾向来看，我们可以发现：中国大陆的"基督宗教研究"一直是中国文化研究的一部分，它关心中国社会的变化，在"文革"后承担起一种文化"反省"的职能。"开放"和"反省"，都是目前中国基督宗教研究的重要特色。

经过二十多年的培育，"中国基督宗教研究"已经形成了很好的传统。在"开放"的大背景下，80年代后的两代学者眼界大开，心胸辽阔，具有了"全球化"的意识。他们的外语能力（包括本专业必须的英语、法语、葡萄牙语、西班牙语、拉丁语等）有很大提高；他们在很多国家的图书馆、档案馆（包括像巴黎国家图书馆、罗马耶稣会档案馆、里斯本阿儒达档案馆等）里找到了前辈学者很难看到的新资料；一大批当代著名欧美学者（包括像许理和、谢和耐、柯文、史景迁、卜正民、马爱德、钟鸣旦、孟德卫、魏扬波、裴士丹等）都尽力地帮助中国学者；在此过程中，基督宗教的"普世性"也深深地影响了他

---

① 参见丁光训《向母校汇报》，有说："中国的'文化基督徒'，这些和欧洲的'基督教的有文化的藐视者'正相反的一群。他们欣赏基督教的信仰，因此是我们（教会）的重要同路人。"（《丁光训文集》，南京，译林出版社，1998年，第148页。）显然是从教会立场上肯定"文化基督徒"现象。不过，丁先生最近的看法有所改变，他说："我们并不反对他们研究宗教，但是因为他们不信仰宗教，所以我们觉得他们研究不出多少名堂来。"（丁光训：《什么是神学院》，载《金陵神学志》，2003年，第3期，第11页。）

们，使得他们对西方的宗教传统有了很多“同情性理解”。

如果说“开放”给中国学者带来了“全球化”(Global)价值倾向的话，那么80年代中国学者普遍持有的“反省”意识，则将“中国基督宗教研究”引向了“本土化”(Local)的内在思考。中国学者一开始就明白,“基督宗教研究”并不是为在中国传播基督宗教服务，它是中国学术界必须发展的学问。通过基督宗教借鉴西方,反省中国历史，了解中国文化的困境，理解中国人的处境，从而关心本土的根本问题，这是许多大陆学者的出发点。1987年夏天，哈佛大学费正清研究中心的柯文教授在复旦大学访问时不解地问笔者：西方学者正在反省“冲击－反应”模式的片面性，已经不太关心“传教史”的研究，为什么中国学者却对“中西文化交流”表示出浓厚的兴趣？当时的回答是：中国学者不会真正陷入“西方中心主义”的窠臼，因为我们已经是天然的“中国中心主义”。相反，如果没有“西方”的参照，还是用自我中心的“民族主义”观点看问题，反而不能看清中国问题，所谓“不识庐山真面目，只缘身在此山中”。[①] 从后来的学术发展中，我们可以看到：当代中国的基督宗教研究确实结合了“开放”和“反省”的时代精神，既有“全球”价值，又有“本土”意识。比较同时期兴起的许多其它学科，比如“新儒学”、“新左派”、“后殖民”中的某些片面主张,它是一个不好走极端，思想方法比较均衡的学科。

越来越多的学者加入这项研究，给大陆学术界带来了许多意想不到的成果。每年一度的中国基督宗教研究学者盛会，已经在中国社会科学院世界宗教研究所的主持下延续了十多年；每年暑期有好多个“讲习班”(Seminar)、“工作坊”(Work Shop)在各大学举行；

---

① 1998年在哈佛大学费正清研究中心再一次见到柯文教授，他的《在中国发现历史》(林同奇译，中华书局，1989年)中的“中国中心主义”已经在中国产生很大影响。他第一句话就兴奋地说：十几年前你的担忧不幸而言中，我现在被中国读者看作是“民族主义者”。怎么可能？你们才是真正关心中国文化的学者。我们西方学者不过是想正确理解中国罢了。

每年还都有不少年轻学者加入这个研究领域，这导致大量著作和论文的出版，以致我们已经有鱼龙混杂、泥沙俱下感觉。现在我们把"基督宗教研究"看作是当代中国学术中的一门"显学"，这并不夸张过分。但是，平心而论，基础还不深厚的"中国基督宗教研究"仍然有很多缺陷。最大的问题,还是在于如何把"基督宗教研究"有机地融入中国学术体系，让相关的学者们了解到："基督宗教研究"是中国学术不可或缺的一环。大陆的"主流"学术界仍然把"基督宗教研究"看作是一门"非主流"学科，在历史学界、哲学界都是如此。这种看法，有时候是一种偏见，有时候则是一种鞭策和期待。我们真的应该提升研究层次，贡献出更优秀的成果，把这门学科从"边缘"引向"中心"。

要实施中国基督宗教研究从"边缘"到"中心"的转移，西方学者的经验可以借鉴。20 世纪前期，欧美的大学和研究院也曾经有意无意地回避"传教"研究。持反教会立场的法兰西学院，不太愿意延续早期"法国汉学"中的耶稣会传统。"学院派"曾经轻视利玛窦以来的宗教文化交流成果，"汉学"的传统领地—— 中国基督宗教历史，"汉学家"不愿耕耘，20 世纪的"中国基督宗教研究"多数是由"教会派"从事。哈佛大学费正清研究中心的柯文教授曾说："论述十九世纪在中国的基督教布道会的书籍数量很多，可是这类著作的绝大部分是传教士自己写的，所以不难理解其总的观点就是传教士们所持的观点。"[①]鲁汶大学汉学系的钟鸣旦教授也说："直到 1960 年代初期，（西方）学者们主要关心的问题还是诸如：'传教士是怎样把当时的基督宗教介绍给中国的？'因为研究者都是布道会的人员，通常就只是对传教士们的功绩感兴趣，并主要是使用西文文本（书信、报告和行记等），从而研究中不乏有辩教的目的，比如

① 柯文对中国基督教传教研究的书目介绍，见费正清编，中国社会科学院历史研究所编译室译：《剑桥中国晚清史（1800 - 1911）》（上卷），北京，中国社会科学出版社，1985 年，第 660 页。

在中国礼仪之争的时候为各自的修会或教派辩护。”[1](p.IX)

最近几十年里，教会人士的研究学术化，世俗学者的看法客观化，欧美关于中国基督宗教的研究出现融合趋势。像“尚蒂依”①和“利氏学社”②的合作方式不在少数。20世纪的西方社会已经不再象18、19世纪那样“教学对立”，当代世界“教会派”和“学院派”呈现出合流的趋势。欧美中国基督宗教研究主流化的趋势，使得西方学者的撰述愈形突出，其成果受到西方学术界的广泛重视。谢和耐的《中国和基督教》、史景迁的《利玛窦的记忆之宫》、孟德卫的《莱布尼茨和儒学》、钟鸣旦的《杨廷筠：明末天主教儒者》等③，都是被欧美学者广泛阅读和参考的重要著作，有的还进入了畅销书的排行榜，成了引导西方读者进入中国文化之门的钥匙。欧美同行的研究成果，能够左右本国人民的“中国观”；欧美主流学术界不断吸纳“汉学家”的观点，最近英语世界最重要的哲学家查尔斯·泰勒以“天主教现代性”为题发表演讲，其中把利玛窦作为人类实施“多元文化主义”的典范，甚至概括为“利玛窦主义”(Riccian Approach)加以推广。[2] 西方学者在融合“教会派”和“学院派”，将“传教

① 尚蒂依位于巴黎郊区，法国耶稣会所属的一个学术中心原坐落于此。该中心自1974年起，每三年一次举办“国际汉学研讨会”(Colloque International de Sinologie de Chantilly)，谢和耐、詹嘉玲等教外学者经常出席。1983年、1986年、1989年、1992年、1995年的会议论文集已经由巴黎、台北和旧金山的利氏学社编辑出版。

② 目前全球有五个有教会背景的并以利玛窦名字命名的研究机构：旧金山大学利玛窦中西文化历史研究所(The Ricci Institute for Chinese－Western Culture History at University of San Francisco)、巴黎利氏学社(Institut Ricci de Paris)、台北利氏学社(The Ricci Institute,Taipei)、澳门利氏学社(Instituto Ricci de Macau)和马切拉塔利氏中心(istituto matio ricci per le relazioni con l' oriente, Macerata)。它们都和大学、研究院的学者开展广泛合作。

③ 这些著作的最新中文译本有：谢和耐《中国与基督教》(耿升译)，上海，上海古籍出版社，2003年；史景迁《利玛窦的记忆之宫》(陈恒、梅义征译)，上海，上海远东出版社，2005年；孟德卫《莱布尼茨和儒学》(张学智译)，南京，江苏人民出版社，1998年；钟鸣旦《杨廷筠：明末天主教儒者》(圣神研究中心译)，北京，社会科学文献出版社，2002年。

史”带回主流方面，已经先行一步。

二、中文文献是中国基督宗教研究的基础

在中国，倘若要把基督宗教研究从“边缘”引向“主流”，需要做的工作更多。秦汉以来儒家独尊后形成的宗教偏见需要破除，20世纪中国社会特有的政治意识形态还存在压力。然而，我们和西方同行更重要的不同还在于：中国的基督宗教研究的根基很浅。二千年来，基督宗教在西方的资料文献汗牛充栋。四百年来，欧美各国有关中国基督教会传教的史料和著作也是数不胜数。在中国，基督宗教占据了“中西文化交流”的中心地位才数百年，和历经千年的儒、道、佛教相比，明清以来“基督宗教研究”的基础还相对薄弱。到目前为止，中国学者要了解基督宗教，主要是依靠西文文献，读原文，或者就干等着翻译成中文。中国基督宗教研究差不多还是一门“西学”，这确实是一件比较尴尬的事情。

曾经向一位中国哲学史专家建议，请他更加重视一点明清以来的“西学”。得到的回答是反问：耶稣会士和中国基督徒到底留下了多少中文文本？这个时候，我们固然可以批评主流学者固步自封，不愿意多看西文著作。但是，这个问题确实是点中了要害。中国基督宗教研究的进步，一定要突破一个瓶颈，这就是把“西学”变成“中学”，把“教会史”的研究，融合到近 20 年复兴起来的“中国文化史”学术大背景里来。迄今的人文学科，还有着明确的“民族”或“语言”边界，不同国家和民族的哲学、神学、文学、历史研究，都还有许多不同的传统和特点，学者们要求把一门学科建立在本民族的语言文献基础上，这无可厚非，确实需要我们从事基督宗教的学者们认真思索。若要在主流学术中获得一席之地，必须在中文文献的整理和研究方面做更多的扎实工作。从某种意义上来说，这是一个学科的“本体论”问题，在中国尤其如此。

其实，明末清初和清末民初两个阶段，天主教和新教会留下的

中文文献并不少。以涉及明清耶稣会士的中文著述为例，在耶稣会成立四百周年(1940)的时侯，徐宗泽(1886－1947)神父统计出三个中文书目，其中《华谛冈图书馆所藏明末清初耶稣会士及中国公教学者译著书目》数量较少,《徐汇书楼所藏明末清初耶稣会士及中国公教学者译著书目》收405种,《巴黎国立图书馆所藏明末清初耶稣会士及中国公教学者译著书目》收731种。[3]徐神父的《巴黎书目》,其实是法国国家图书馆东方文献部中文处的《库朗目录》(Catalogue de Courant)中明清天主教中文著述专册的摘录，实际数量更多。因有重复和版本的问题，详细的数目现在还无法统计，但是据学者间保守的估计，明末清初的有关天主教的中文著述，应该不少于1000种。

20世纪后半叶，明清天主教的中文著作整理成就很大。1960年代，大陆迁台的学者发掘了一批珍本善本书,影印排印出版，功不可没。台湾学生书局影印出版由方豪、吴相湘先生编辑的《天主教东传文献》(初编、续编、三编)38种,《天学初函》20种。这批文献来自罗马教廷图书馆、巴黎法国国家图书馆、"中央研究院"史语所图书馆、金陵大学图书馆等，很多都是百多年来第一次和学者见面。笔者本人正是看到这批中文文献后，才真正感到讲明清思想文化，再也不能绕过"西学"。停歇了一段时期后，明清天主教中文文献的整理出版工作在新千年前后又取得更大成果。1996年，欧洲学者钟鸣旦、杜鼎克和台湾学者黄一农、祝平一编辑的《徐家汇藏书楼明清天主教文献》五册37种，由台湾辅仁大学神学院出版。2002年，钟鸣旦、杜鼎克编辑的《罗马耶稣会档案馆明清天主教文献》十二册近百种，由台北利氏学社出版。钟鸣旦等人整理的文献选择精当，史料价值高，大多数是孤本，于学界大有裨益。大陆出版界呼应了钟鸣旦等人的整理活动。北京图书馆将利玛窦《辩学遗牍》等7种文献编为《明末清初天主教史文献丛编》(周弭芳编校,北京，北京图书馆出版社，2000年)；在马爱德神父的帮助下，北京大学宗教研究所收集、编辑和出版了《明末清初耶稣会思想文献汇编》(

2000）五卷60种。该《汇编》未正式出版，在排印、标点、整理和考订方面有待改进处颇多，却还是为学者使用提供了方便。朱维铮先生主编的《利玛窦中文著译集》（香港城市大学、复旦大学出版社，2003年）精心校勘，大大方便读者。有了以上这一系列的中文文献，徐宗泽神父三个目录（徐汇、巴黎、梵蒂冈收藏）中的主要著作可以窥见一斑了。

自民国初年有中国基督宗教研究始，学者就知道要说服学界接受这一门有强烈西方背景的新学问，必须拿出中文方面的相应证据。对此，陈垣先生深有体会："吾人习性，富于保守，语以西史所载，则曰于吾国典籍无徵。示以故书雅记所遗，则前日之疑团顿释。"[4]（p.55）1914年，马相伯和英敛之在北京筹办天主教文教团体"辅仁社"，曾悬赏四道题目，要求利用中文文献考证：一，上古基督教；二，唐代景教；三，元也里可温教；四，明清天主教。其实，这就是中国学者试图用中文文献来写作一部"中国基督宗教历史"的最初努力。最后，年轻学者陈垣的《元也里可温教考》（1917）最为出色，"此书之目的，在专以汉文史料，证明元代基督教之情形。"[4]（p.2）从此，马相伯、英敛之便委托陈垣整理天主教中文文献。从今天留存的通信来看，马相伯替陈垣在徐家汇藏书楼借录善本，仅1915年就向书楼管理人张渔珊神父函索有《天学初函》、《名理探》、《景教碑》、《开封犹太碑》、《利先生行迹》、《辩学遗牍》等十余种。①陈垣先生协助马相伯等人，在徐家汇土山湾重印了一批耶稣会士中文著述。他还整理出版了《康熙与罗马使节关系文书》（北平，故宫博物院，1932年），在利用中文文献考证景教、也里可温教和明清天主教方面作出了开创性的贡献，并因此成就在辅仁大学成

① 参见陈智超编注：《陈垣往来书信集》，上海，上海古籍出版社，1990年。陈垣对马相伯引导的学术道路非常感激，视为父执。在《黄钧选先生暨罗夫人七十双寿序》（1923）中说："垣游京师十年，父事者二人，曰丹徒马先生相伯，曰梅县黄先生钧选。……"

立后获聘为首任校长。

陈垣先生不懂外文，但是他对于中国传统的“四部”(经、史、子、集)学问非常熟悉。平生服膺“乾嘉学派”大师钱大昕，常常能够在字缝和纸背见人所未见，发人所未发。在他之前，基督宗教完全不作为中国历史的一部分。经过他的考证，学者必须正视这段历史，重视这门学问。陈垣先生开创使用的中文文献考研中国基督宗教历史的方法，贡献巨大。有一个例子可以说明明清耶稣会“西学”是如何为民国“主流”学术界承认的。民国初年，马相伯曾把徐家汇藏书楼收藏的一本《名理探》(抄本。傅泛际、李之藻译，原本为1611年出版葡萄牙高因盘利大学教材“亚里士多德辩证法概论”，1631年杭州刻版印行。)抄录后赠与好友英敛之。陈垣又从英敛之处录得副本，章士钊和胡适再从陈垣处录得副本。胡适读过后诧为惊世之作，在自己的《中国名学史》中介绍，并在伯希和、徐宗泽的帮助下，将徐家汇、巴黎的藏本对校合刊，1935年交由王云五主持的商务印书馆印行。从此，民国主流学术界方才得知西哲亚里士多德早在明末已经进入中国，稍加论述。此例可见“西学”从“边缘”到“主流”之艰难，必要有确凿中文，方为信史。后来，方豪先生主张无论中文考据，还是外文翻译，都可以用作证据。他说：“近年我国学者论及明末清初国人信教者，必中西文均有史料可资证明，始肯采信。实则中文史料，如属可信，不必借助于西文史料。西文史料，如确为当时人记当时事，则必可信，亦无庸求证于中文史料也。”[5](p.286)这样中外文史料兼信的方法，当然是可以的，其它学科大多如此。但是对于中国基督宗教研究来说，存疑的人很多，要求特别严格。为了打消他们的疑虑，由马相伯、英敛之和陈垣等人提倡的中外文献互证的“双重证据”方法还是应该努力坚持。

对中国学者来说，为中国基督宗教研究发掘中文文献，并不是件轻松容易的事情。由于历史的原因，中国当代的各类各级教会，大多没有系统地保存过自己的档案。还有，中国基督宗教的历史研究是由利玛窦、金尼阁、理雅各、赖德烈这样的来华传教士奠定的。

此后,"传教士汉学"①进入欧美牛津、剑桥、伦敦、耶鲁、哈佛、伯克利、哥伦比亚、华盛顿等大学。西方学者已经有几百年的中国基督宗教研究历史,积累了大量的档案、史料、书目和方法,为本领域的学术打下了扎实的基础。除了上述巴黎、罗马、里斯本等地的档案馆、图书馆有系统的中国天主教中文文献收藏之外,1807年以后形成的基督新教的传教文献,由于1949年以后中国大陆传教的中断,大多数文献也辗转集中在欧美国家的有关机构。例如,新教传教先驱马礼逊的图书档案,集中收藏在英国伦敦大学亚非学院图书馆,仅《马礼逊藏书目录》中包括的中文图书就有1500册;著名翻译家傅兰雅的著作收藏在加州大学伯克莱分校,内中有很多中文著作;1949年前大陆教会的档案收藏在香港浸会大学图书馆,包括了3400卷宗的日记、书信、手稿和图书等。

耶鲁大学神学院收藏有一大批传教文献,由全美基督教委员会发起征集,其中包括美部会(American Board of Commissioners for Foreign Missions)、美浸会(Baptist Missionary Society)、美监理会(Methodist Missionary Society)、美长老会(Presbyterian Church in the U.S.A.)、英长老会(Presbyterian Church of England)、中华基督会(Church of Christ in China)、世界传教大会(Council for World Mission)、世界基督教学生联盟(World Student Christian Federation)、广学会(United Christian Literature Society)、亚联董(United Board for Christian Higher Education in Asia)、岭南大学基金会(Lingnan Foundation)的档案,还有三百位传教士个人档案。档案中有藏书、手稿、日记、书信、报告、照片、地图等,其中不少是中文资料。全美基督教有关中国教会的档案目录,最完整地收录在1989年开始由美国纽约夏普出版社(M. E. Sharpe, Inc.)出版的《中国基督教》(

① 关于传教士对西方各主要大学的"汉学"贡献,参见拙著:《美国的"传教士汉学"形成及其特征》,载徐以骅主编《宗教与美国社会》(二),北京,时事出版社,2004年。

Christianity in China, A Scholars' Guide to Resources in the Libraries and Archives of the United States)一书中。从档案文献上来说，欧美机构的收藏远远超过中国，学者研究也较我们方便。套用当年"敦煌在中国，敦煌学在欧洲"的说法，到目前为止我们还不得不遗憾地承认："基督宗教已经来了中国，基督宗教研究还留在西方"。

但是，中国学者必须克服以上的困难，发挥自己在语言和理解上的优势，尽可能地发掘使用中文文献。这既是前面谈到的确立自己学科合法性的需要，也是给予西方同行的必要支持，是中国学者一项义不容辞的工作。自陈垣、徐宗泽、冯承钧、王重民、向达、张星烺等先生30、40年代在海内外图书馆、档案馆收集基督宗教中文文献之后，这项工作在大陆方面停顿了40年。方豪先生迁台后，独力维持，发扬光大，至黄一农、古伟瀛、李东华、李奭学、祝平一、张永堂、徐光台等一批学者起而继承这项工作，卓有贡献。最近20年里，大陆学者奋起，在编辑整理中文文献方面也有了不少贡献，显出后来居上的态势。80年代后，中国第一历史档案馆主编了《康熙朝汉文朱批奏折汇编》(北京，档案出版社，1984年)、《雍正朝汉文朱批奏折汇编》(南京，江苏古籍出版社,1989年)、《康熙朝满文朱批奏折全译》(北京，中国社会科学出版社，1996年)、《雍正朝满文朱批奏折全译》(合肥，黄山书社，1998年)。第一历史档案馆还和旧金山大学利玛窦研究所合作，出版了四大册《清中前期西洋天主教在华活动档案史料》(北京，中华书局，2004年)。这些文献均在"明清宫中档案"之列，民国学者曾经将它与"甲骨文"、"敦煌文书"并称为20世纪初史学界的"三大发现"，它们的披露，大大丰富了来华耶稣会士活动的中文文献。有了这样过硬的第一手中文档案，西文文献—— 得到了印证。举例来说，《清中前期西洋天主教在华活动档案资料》中的第一件《汤若望奏明刊历自有职掌微臣揣分难胜任奏本》，记载顺治元年八月十九日(1644年9月19日)汤若望抱怨钦天监守旧派不服管理,在监内滋事，因而要辞职的故事，和魏特著《汤若望传》(杨丙辰译，上海，商务印书馆，

1949 年）所据西文史料符合。这就是中国学者发掘中文文献能够给中国基督宗教研究带来的独特贡献。这批文献公布后，又一次推动了明清宫廷“西学”的研究。吴伯娅的《康雍乾三帝与西学东渐》（北京，宗教文化出版社，2002 年），主要利用这些史料，把“西学”纳入清朝“正史”来叙述，其中许多内容不为《清史稿》所载，是将来叙述“清史”必要补充的。

近年来，在大陆学界的中国基督宗教研究热潮推动下，中文文献的整理工作还有不少。例如：《明清时期澳门问题档案文献汇编》（中国第一历史档案馆、澳门基金会、暨南大学古籍研究所合编，北京，人民出版社，1999 年出版）收录了中国第一历史档案馆的有关澳门天主教的文献；《中国教会文献目录》（上海档案馆、美国旧金山大学利玛窦中西文化历史研究所合编，上海，上海古籍出版社，2002 年出版）收录了上海档案馆的教会类档案、资料、图书和杂志目录；继台湾书商影印了最重要的新教报刊《万国公报》（台北，华文书局，1968 年，有卷期和页行缺漏）之后，上海学者也选编整理了《万国公报文选》（李天纲编校，香港、北京，三联书店，1998 年出版）；新教早期重要传教刊物《东西洋每月统纪传》（哈佛燕京学社藏本，黄时鉴整理，北京，中华书局，1997 年）、《遐迩贯珍》（松浦章等整理，上海，上海辞书出版社，2005 年）也已经影印出版。

三、中文文献的应用和研究视域的拓展

视域的开拓，有利于学科的发展。在自然科学中，新的经验现象的发现，直接导致了“新学科”的诞生。在社会科学和人文学科中，常常也有这种情形：新文献的使用，会产生新的“论域”，甚至可以助长学科的分立和成长。中国学者常说做学问要出“三新”（新观点、新课题、新文献）。其实，要想提出“新观点”、“新课题”，离不开“新文献”。没有甲骨文的出土，中国古文字学和商周考古学不可能发达；没有敦煌石室文献的发现，唐代西域的佛教和中外文

化交流根本不会成为重要学科。近年来明清基督宗教研究中许多新课题、新观点的提出，都和大量新文献的使用密切相关。在中国基督宗教研究中更多使用中文文献，会有一些重要效应，其中很主要的一条是可以拓展传统的研究领域，推动学科发展。

近年来“中国礼仪之争”研究领域的突破，就和罗马耶稣会档案馆收藏的一大批中文文献的开发使用有很大关系。“中国礼仪之争”是一个古老话题，四百多年来西方教会和学术界广泛谈论，耶稣会、多明我会、方济各会、罗马教廷，还有哲学家如伏尔泰、孟德斯鸠、莱布尼茨、康德、黑格尔、理雅各、缪勒都有很多论述，产生了一大批论著。但是，传统西方学者关心的焦点，一直在于“儒家是否宗教”的判教议题，这是西方学者对儒家的定性判断，影响巨大。许多相关的议题，如“中国宗教不发达”、“中国形而上学不及希腊”、“中国科学长期停滞”等等,都和西方对于儒家的定性研究相关联。说“儒家不是宗教”，是当初耶稣会士同情儒家，设法在教会内部给予中国文化以“合法性”的说法。为了宽容儒家，按基督宗教的标准，把它说成是一种世俗学说，不是宗教。但是，这样的掩饰，最后便掩盖了儒家的“宗教性”，用基督宗教的标准来判断中国宗教，难免是“基督教中心主义”和“欧洲中心主义”。但是，在现有的西文语境中，很难摆脱西方人的视野局限，换成中国人的角度来看问题。在这个时候，由于罗马耶稣会档案馆的中文文献的公布，由于这群文献的作者们都是中国人，其中天然包含中国文化的本位立场，有着中国信徒的利益诉求，正好可以用来帮助构建一个全新的“中国视域”（Chinese Perspective）。看这些中文文献，不仅懂得了明清中国天主教徒的切实感受,也明白了它与当时环境的密切关系，甚为难得。

罗马耶稣会档案馆的中文文献(ARSI, Jap - Sin）在80年代末开始为欧美学者应用，90年代初中国学者也得以阅读。马爱德（Edward Malatesta）、陈伦绪（Albert Chan）、鲁保禄（Paul Rule）、孟德卫（David Mungello）、钟鸣旦(Nicolas Standaedat）等西方学者先期开发中文文献Jap - Sin。李天纲、林金水、黄一农、韩琦等中国学者也先后跟进了研究。研究各有侧重，但是共同的成果都会把这批中文文献有机地融入明清中文语境中去。大家查找明清文献中的相关资料，努力把"中国礼仪之争"变成中国传统学术的一部分。从此，四百年的"中国礼仪之争"研究有了一个新的视域。单单使用西文文献的"中国礼仪之争"研究，只可以说是西方视域下的西方观点，中文文献的运用则能够兼顾不同视域。美国学者孟德卫说："(西方）学者们忽视这批中文文献，表明'中国礼仪之争'的中国人的一面还没有被全部发掘出来。"[6](p.8）有了新近的以中文文献为基础的研究，"中国礼仪之争"中"中国人的一面"被发掘出来。现在的中国学者，无论是研究"明史"、"清史"、"中国文化史"、"中国思想史"和"中国哲学史"，再也没有理由以"门户之见"，把"中国礼仪之争"拒之门外了。

主流学者轻视中国基督教会史的原因之一，是认为它缺乏独创性，说它是一门翻译的学问。"文革"以后，顾长声用当时的政治标准和叙事框架，译编了《传教士与近代中国》、《从马礼逊到司徒雷登》[7]，虽然给了中文读者不少信息，受到书界的欢迎，但确实是一种翻译加评论。随着更多史料的翻译出版，书中提供的信息显得肤浅，观点则人云亦云。显然，深入的研究，在于发掘教会史信息与其他中文文本的关联性。比如说，关于李提摩太的生平资料，通过翻译就可以得到。但是，理清李提摩太和翁同龢的关系，以及他和戊戌变法群体的关系，就要通过查找《翁同龢日记》，考证同时期的其他中外文献，才能有更多的发现和独创。从这个意义上来讲，王树槐先生的《外人与戊戌变法》(台北，台北"中央研究院"近代史研究所专刊12，1965年）的价值高很多。比"译编"更加等而下之的"研究"是"编著"。近年来，受中国基督宗教研究热潮的裹挟，很多仓促加入的撰述者或者借用别人的翻译，或者从他人的论著中挖角。明明是二、三手的资料，有的资料甚至还连带着原作者的观点和理论，却被掩去了原文出处，冒称是第一手的资料，原创性的思想。

中国基督宗教的研究，离不开西文资料的翻译，但更要的是发掘中文文献。中西文兼修，国内外并重，学术界称之为“两条腿走路”。林金水协助翻译《利玛窦中国札记》(北京，中华书局，1982年) 的时候，注意考订其中涉及的明代士绅，并从此注意用中文史料证实利玛窦的行迹，遵循的就是这种方法。经过近 20 年的努力，大陆的中国基督宗教研究已经全面开展，阵容蔚为大观。现在提倡“两条腿走路”，不单单是像陈垣先生那样，用中文文献证实西文文献的确凿可靠。发掘中文文献，还是为了拓展自己的研究领域，拓展学科空间。汤开建等人编辑的《明清时期澳门问题档案文献汇编》(六)，从明清地理方志、奏议公牍、野史笔记、文集诗抄中辑录了许多有关天主教活动的记载，征引书目达到 368 种，说明澳门“西洋人”与中国本土主流社会密不可分。李天纲的《中国礼仪之争》联系清初学者与耶稣会著述的关系，韩琦的《中国科学技术之西传及其影响》(石家庄，河北人民出版社,1999 年) 重视耶稣会士与康熙朝宫廷之关系，徐海松的《清初士人与西学》(北京，东方出版社，2000 年)，钩沉了顾炎武、黄宗羲、王夫之、陆陇其、陆世仪等主流思想家与耶稣会士的思想关联。事实上，中西文士之间的这类联系非常重要，但在一般的西文著作中很难找见。钩沉这类文献，不仅补充了西文文献的不足，而且可以让读者看到了一个中国士大夫眼中的“西洋教士”。以前的明清思想史是可以不谈“三大家”与“西学”之关系的，现在我们再也不能忽视明清教会生活了。

从明清文人著述中发现中国基督宗教活动的线索，这样的工作还远远没有做完，还有许多文献没有钩沉出来。据笔者查验，近年来影印的《四库全书》(文渊阁藏本,台北，台湾商务印书馆，1986；文渊阁藏本，上海，上海古籍出版社，1989 年；北京，文津阁藏本，商务印书馆,2005 年)、《四库全书存目丛书》(北京，北京大学出版社，1994 年)、《续修四库全书》(上海，上海古籍出版社，1995 年)、《四库未收书辑刊》(北京，北京出版社，1997 年)、《四库禁毁书丛刊》(北京，北京出版社，1999年)中，还有很多中国基督徒和与传教士有交往的士大夫的作品。民国初年马相伯、英敛之和陈垣等先生从《四库全书》中钩沉天主教史料的倡议绝非泛泛而言。《四库全书》等中的不少作品可以补充中国基督宗教的"内史"不足，对基督宗教与中国文化之关系，即所谓"外史"，作用更大。① 试举一例，中国哲学史的主流学者会问：耶稣会士这一套东西到底影响了多少人？偶尔在清初贵公子纳兰性德(1654－1685)的文集《通志堂集·渌水亭杂识》中检得一条笔记，很可以证明西方天文学对"理学"宇宙观的冲击。纳兰性德记录说："中国天官家俱言天河是积气，天主教人于万历年间至，始言气无千古不动者。以望远镜窥之，皆小星也，历历可明。"程朱理学把银河看作是玄之又玄的"气"。"气"和"理"相互作用，派生世界，乃至人心。伽利略发明使用天文望远镜后，分明可见银河中都是物质性的"恒星"，本不是什么"气"、"理"或"太极"。无论如何，经过耶稣会士的介绍，"理学"宇宙观必须为此做出解释。中国哲学在明清之际面临一个"宇宙观"和"本体论"上的大危机，需要一个大调整，纳兰性德等人的内心已经很清楚了。

台湾学者黄一农继承陈垣、方豪先生的治学方法，在发掘罕见中文文献以证实中国基督宗教人物事迹方面做出了突出贡献。他在利用明人文集查证瞿汝夔的入教原因、瞿的"家难"丑闻，以及天主教徒王徵、魏裔介、许缵曾、韩霖、佟国器等因纳妾而生的信仰困扰等问题上，用确凿的史料，令人信服地说明了"明末清初的第一代天主教徒"的心路历程。黄一农不满于两岸史学界均有的史料上转述剿袭，观点上陈陈相因的恶习，以自然科学的细密严谨态度从事研

① 历来不断有学者试图根据《四库全书总目提要》的线索，研究明清天主教著述。有王任光《〈四库提要〉之论西学》(《上智编译馆馆刊》3卷1期，北平，1948年)；梁子涵《〈四库全书〉中载耶稣会士译著汉文书籍》(《新铎声》4卷22期，台北，1959年)；计文德《从〈四库全书〉探究明清间输入之西学》(汉美图书有限公司，台北，1991年)等。但是在方法上，大多停留在简单摘录和叙述，深入研究不够，其间还有大量工作要做。

究，提出不要“仍旧安于文献的摘引、叙述和排比”，要“在扎实的传统史学基础上，进一步运用资讯工具以强化梳理和钻研史料的能力。”[8](自序 p. x) 按其作品的品格论，可谓以身作则。欧洲学者钟鸣旦很早就自觉使用中文资料来研究中国天主教徒。他在《杨廷筠：明末天主教儒者》公布四类资料，其中三类(“官方资料”、“书信、诗文、颂歌、墓志铭、日记”、“《杨淇园先生超性事迹》”) 均属中文文献，只有第四类耶稣会士书信，属于“西方的资料”。[9](p. 4) 钟鸣旦注意到：“中国的官方人物传记，经常不提个人的宗教信仰。”[9](p. 125) 确实，为贤者讳的缘故，中国“正史”常常讳言传者的天主教身份。但是，研究证明：通过民间史料的发掘，借助西方史料的佐证，我们完全可以揭示出中国信徒的本来面目，理清真相。

中国基督宗教历史研究的优秀传统之一，就是它非常重视一般正史学者常常忽视的民间文献。在人类学、社会学的实证方法传入为中国之前很久，中国学者就开始在官方文献之外查找资料。明末发现《大秦景教流行中国碑》,清初就把它列为“碑学”来研究。继徐光启、李之藻之后，钱谦益、钱大昕、杭世骏等学者大量查证碑刻、方志和诗文中间的“景教”记载，在“金石录”中翻检，为此项研究奠定了一个重视民间文献的良好传统。民国以后,陈垣、冯承钧、方豪等老一辈学者在使用“四库”、“四部”的时候，相当用工地发掘一般学者不重视的碑刻、文书、家书、家谱、笔记和口传资料，发扬了这个传统。近几十年来，学术界开始使用近代报刊、杂志、日记、回忆录、机构档案和口述史资料等等民间文献，开展人物、事件、思潮研究，取得很大突破，而这一点上，中国基督宗教研究的学者也都是领先于时的。

基督宗教教会都渴望接近基层民众，基督宗教的传教在本质上是一个“下层运动”。天主教各修会中，耶稣会喜欢走上层路线是个特例。来华的天主教其它修会(如多明我会、方济各会、奥斯丁会等) 和新教各差会都好走民众路线。基督宗教的“下层运动”的本质，决定了它们的文献以民间形态为主，以账簿、口供、通知、文告、笔记、日记、游记、回忆录……的形式存在于世间。因此，研究基督宗教应该尽量使用民间文献，才能更靠近事实。民间文献不容易保存，能够幸而躲过水火兵祸，存在世间的非常稀少。唯其如此，我们更应该重视民间文献。罗马耶稣会档案馆、巴黎外方传教会、里斯本阿儒达档案馆等权威机构有关"中国礼仪之争"的收藏，主要来自福建、江西、广东、澳门等地方教会，其中有大量教徒口供、书信和笔记，它们和陈垣《康熙与罗马使节关系文书》整理的故宫官方文献相比，是相当基层的文献。例如，罗马耶稣会档案馆收藏的中文文献中，有不少严谟的作品。严谟是福建漳州的贡生，属于地方士绅，基本上没有全国性的缙绅地位。① 虽然地处偏僻，位居边缘，但严谟身上暴露出来的"儒家天主教徒"的身份困惑，在18世纪中欧交往中具有典型意义，实为20世纪同类难题的先声，值得后世学者给予充分的认识。[10](p.156)

李天纲的上海徐家汇耶稣会社区研究，汤开建的澳门天主教社区研究，张先清的福建福安天主教社区研究，刘家峰的全国基督教乡村重建研究，康志杰的湖北磨盘山天主教社区研究，吴义雄的广东地区基督新教研究，秦和平的基督教西南传教研究，胡卫清的粤

---

① 生平考证参见 Lin Jinshui, Chinese Literati and the Rites Controversy, The Chinese Rites Controversy, Its Hitory and Meaning, San Francisco, 1994. p.66 和 Nicolas Standaert, S. J., The Fascinating God, Roma, 1995, p. 9。诸青（何兆武）先生在《中国思想通史》（四）（侯外庐主编，人民出版社，北京，1960年，第1220页）提到严谟的三本经学著作《诗书辨错解》、《周易指疑》和《存朴编》，都不见于罗马耶稣会档案馆的收藏。

东潮汕地区基督教研究,①都大量使用了地方文献和民间资料。当代学术需要在"地方性知识"(Local Knowledge)的基础上,建立起一个整体性中国基督宗教研究,已经成为学者的共识。张先清的博士论文《官府、宗族与天主教:明清时期闽东福安的乡村教会发展》在这方面的成绩最为突出。因为使用了人类学的方法,从方志、族谱、口述历史、文史资料和田野调查中大量占有地方文献资料,论文成功地将视域转移到下层,指出了宗族在福安地区的乡村教会中的作用。由于中外学者的共同努力,教会大学的研究在近 20 年里成为基督宗教研究的重要方面。值得一提的是,学者在利用原始档案方面做出突出成就。吴梓明的岭南大学研究,史静寰的辅仁大学研究,徐以骅的圣约翰大学研究,王立诚的沪江大学研究,王薇佳的震旦大学研究,都运用了第一手的档案资料。

四、"全球化"的"中国中心"范式

最近 30 年的世界学术思潮是在欧美学者反对"形而上学",反省"西方中心主义"的大背景下走过来的。福柯、德里达等法国哲学家率先解构西方哲学,破除主流话语,反对"逻各斯中心主义",主张在具体事实中寻找蕴涵着的真理。美国人类学家格尔兹提出"地方性知识",主张在民族志式的"深描"(Thick Description)中,对别

① 见李天纲《新耶稣会士与徐家汇文化事业》(载《基督教与近代文化》,上海,上海人民出版社,1994 年);汤开建《委黎多〈报效始末疏〉笺正》(广州,广东人民出版社,2004 年);张先清《官府、宗族与天主教:明清时期闽东福安的乡村教会发展》(未刊博士论文,厦门,厦门大学,2003 年);刘家峰《乡村牧区:1930 年代中国基督教会乡建理念的追寻》(香港,香港中文大学宗教与中国社会研究中心,Occasional Paper,第六期);康志杰《湖北磨盘山教民村信仰特征分析》("基督教来华与中西文化交流"会议论文,武汉,华中师范大学,2001 年);吴义雄《在宗教与世俗之间》(广州,广东教育出版社,2000 年);秦和平《基督宗教在西南民族地区的传播史》(成都,四川民族出版社,2003 年);胡卫青《近代潮汕地区基督教传播初探》(《潮学研究》,汕头,汕头大学出版社,2001 年)。

的文化进行内在深入的理解。还有，文化评论家赛义德提出“后殖民”理论，批评西方看待东方的时候，有一种“东方主义”的文化偏见，把东方视为一个“他者”。正是在这种“西方深入东方”的理论背景下，在美国“中国学”中出现了柯文教授总结的“中国中心主义”。也还是在这种“世界理解中国”的风气下，著名法国“汉学家”谢和耐教授提出了不能用西方传教士的眼光看待中国人,要尊重东方文化的差异，把中国人看成是和西方人不同的人。因此，谢和耐教授的《中国与基督教：中西文化的首次撞击》主要利用了中文资料《破邪集》，试图从中国人的立场揭示中国文化独有的人生观、宇宙观、逻辑和语言特征。

谢和耐教授充分重视中西语言文字之不同，最早提出要在西方人过分熟悉的传教士西文文献之外，尽量使用中文文献，观察中国人对于基督教的反应。他说：“资料有的来自耶稣会士们自己用西文撰写的书简、回忆录和论著。也有他们在中国文人的帮助下用汉文撰写的大量著作。”[11](p.1)欧洲学者中，谢和耐先生最早提倡使用中文文献来研究中西文化交流，他通过明末士大夫反教文献《破邪集》，认为基督宗教无法进入中国的原因，是根植于汉语言文字之中的中国式思维方式。谢和耐先生从语言差异解释文化差异的方法，和福柯的《词与物》，德里达的《论文字学》的主张有异曲同工之妙。他们是同时期的法兰西学院院士，交往切磋，思想上互相影响和激发。巴黎法兰西学院这群富于原创精神的思想家，开启了一个西方学术的新时代，中国基督宗教研究领域也出现新变化。

对于这个学术新变化，钟鸣旦总结说：“二十世纪后半叶，在明末清初基督宗教研究领域发生了一个重要的‘范式转换’(Paradigm Shift)。总的来说，人们可以把这个转换表述为从‘传道学的和欧洲中心主义的’(Missiological and Europe - centred)方法，到‘汉学的和中国中心主义的’(Sinological and China - centred)方法。但是，范式转换不单引起方法论和研究者背景的不同，而且还给研究题目带来变化。"①确实,"范式转换"不单是思想方法的变化,它同时带来了"视域"的扩展,也对文献资料提出更新更高的要求。以前西方学者较少使用中文文献,并不全是出于偏见,而是语言训练不够。正如钟鸣旦教授说:新的范式,"通常是受过良好'中国学'训练的不同学者们开始提出"的。也正如柯文教授所说:"只是在最近的几十年学者们才开始使用中文资料,并从中国史的角度认真考察基督教的传教会。"[12](p.660)

在"全球化"的时代,民族、国家、文化、习俗、语言、文字和宗教等等各种各样的边界都不再是不可逾越的障碍,"地球村"里的全人类越来越多地发现潜在着的普遍人性,也正如他们越来越懂得尊重各自的差异,深入理解对方一样。这是一个各自怀抱着传统,却又相互走近的过程。对西方人来说,他们反省18、19世纪的"殖民心态",努力摆脱"欧洲中心主义"。对中国人来说,也有一个超越"帝国心态",克服20世纪"悲情情结"的心理成熟过程。所谓"全球化",既是"世界走向中国",也是"中国走向世界"。既然西方学者提倡"中国中心主义",投桃报李,呼应对话,中国学者自然也应该应之以一种"普世主义",而不是抬出任何形态的"民族主义",更不应该将"冷战"时期形成的"意识形态"激活,重新制造对抗。

在当今"全球化"的时代,中国学者应该继续坚持"开放"和"反省"意识。前几年,当"后现代"、"后殖民"、"中国中心主义"等等概念进入中国,在学术界发生"范式转换"之际,一些从事"文化批评"的学者将中国基督宗教研究拿来"重新审视",重新将传教士和汉学家拿来批判,他们认为"汉学家与殖民者合谋,精心虚构了中国的形象:专制、落后、愚昧、肮脏,与西方的开明、进步、理性、高贵、完美形成鲜明的对照,从而为西方对中国进行殖民寻找合法性和正当理由。"[13]其实,这种说法在历史和观念两个层面上都很难成立。

① 钟鸣旦(Nicolas Standaert)在《中国基督宗教手册》(Handbook of Christianity in China)的"导言"(Introduction)。

四百年来，哪怕是出于职业的偏好，利玛窦以来的来华传教士和汉学家都在赞美中国，甚至有夸张掩饰之嫌。说“汉学家与殖民者合谋进行殖民”，更是子虚乌有。就算是对中国文化有所偏见的马克思，也强烈谴责鸦片贸易，在华传教士们则一贯反对向中国输入鸦片，甚至有“万国禁烟大会”（1909，上海）召开。20世纪的传教士们确实指出了一些中国文化的弱点，例如美国公理会传教士明恩溥（Arthur Henderson Smith，1845－1932）说中国政治专制，人心因循，保守旧物，但就他的《中国人的特性》（Chinese Characteristics，1892）看，全书仍是关切中国人的遭遇，不失同情，更不要说它切中时弊，许多地方一语中的。①

我们要把学术上的“范式转换”与全球“意识形态重建”严格区分开来，否则中国的基督宗教研究和民族意识都有倒退回到二十世纪五十年代的危险。西方“汉学”和中国基督宗教研究中确实有需要反思的，但不能为了“理论”需要，随意否定400多年来中西文化交流的积极历史。“后学家”们轻率地提出一些“新话语”，能够获得一些暂时的“话语权”，但回避中国文化的近代困境，将责任完全推给西方承担，对真正地解决中西方政治、经济，以及文化冲突，真实地提升中国人的自信心并没有任何帮助。

中国学者从事的基督宗教研究，确实也面临着类似于西方同行的“范式转换”。考虑到中国文化的独特传统，中国学者的特殊语境，我们的“范式转换”与西方同行毕竟有所不同。西方学者研究“汉学”、“中国学”，固然坚持着客观的学术标准，但他们也承担了向西方读者诠释中国的使命，畸轻畸重，不免带有选择和诠释的主观性，这样才有利于西方接受中国。比较而言，当代中国学者的任务主要还是在中国，向中文读者诠释中国文化。为此我们需要把

① 明恩溥《中国人的特性》传递的“中国形象”是否客观友好，参见拙著：《美国的“传教士汉学”形成及其特征》（载《宗教与美国社会》（二），北京，时事出版社，2004年）的分析。

“西学”的话语环境，转移到“中学”的语境中来。我们的主观选择，在于要给中国文化铺就一条世界之路，让国人了解世界，理解“西学”。换句话说，西方学者用“中国中心观”看中国，是帮助西方人理解中国；中国学者用“普世主义”看中国，是帮助中国人理解世界。这是一场在东西方两端进行，双方共同来消除各自“他者”偏见的自我战争。中国学者基本上不应该在西方学者猛烈“自我批评”的时候，再横加“批评”。相反，我们应该保持“开放”和“反省”的意识，仍旧实施“自我批评”，同时虚怀若谷地接受他人的“批评”。这些道理并不高深，其实只是“己所不欲，勿施于人”的基本准则。

我们提倡重视基督宗教的中文文献研究，最终是要在世界范围内确立中国基督宗教研究的“主体性”。李炽昌教授在英国剑桥大学主持“亚洲神学研究所”，致力于“亚洲神学”的建立，他说：“对于基督宗教在中国的传入、流播和发展，以往的研究主要是考察西方传教士在中国的活动以及他们所撰写的著作，这一研究进路反映了两个倾向：一是重视基督宗教在中国的历史研究；二是习惯使用西方人的宗教文化观念看待中国处境下的基督教。这必然产生很多问题，其中一个较为严重的后果即是：基督教一直被视为一个‘西方的、外国的宗教’，而不是像佛教那样成为中国宗教传统的主要组成部分。”[14](p.1) 这里的担忧和针砭是完全正确的。无论是中国的基督宗教，还是中国的基督宗教研究，都必须要有“中国”、“中文”和“中国人”包含其中。

但是，本文在主要论证这种本土“合法性”的同时，同时也强调“西学”的“重要性”。因此，最后还能够补充论述的是：为了解决“洋教”不能融入中国文化的教会困境，以及学术界“西学”不能融入中国学术主流话语的困境，我们不但需要发掘自身的“本体性”，培植自己的文化之本，同时还需要保持“开放”。绝对不能偏废的是，为了把“洋教”和“西学”引入中文文献的汉语语境，我们还需要保持80年代以来的正确做法，取“西学”之精华，内化为中国文化的一部分。朱维铮先生在80年代就提出要用“走出中世纪”[15]的思路来看待耶稣会士利玛窦、汤若望等人，张隆溪先生也一贯主张在中国近代文化的各项研究要“走出文化封闭圈”[16]。平衡“主体”与“客体”，“中国”与“西方”，“内学”与“外学”、“边缘”与“主流”，这些都需要我们用一种不带偏颇，不走极端的方式来处理，或许这就是美国南监理会传教士林乐知首先提出的“中学为体，西学为用”口号的涵义。

“西学”本土化的工作，自利玛窦、徐光启以来没有中断过。中国的有识之士，不断审视“西学”，留下大量著述。他们在中文著述中留下了思想遗产，给我们今天的学科建设作了铺垫。“文革”以后，“开放”初期的年轻学者有过一阵好走极端的“全盘西化”倾向，但很快意识到中国学术思想需要自己的主体性。1993 年刘小枫和杨熙楠在香港道风山筹办神学翻译出版机构的时候，冠名“汉语基督教文化研究所”，以后又设立“徐光启著作奖”、“艾香德翻译奖”，还三次举行“汉语神学圆桌会议”（1996 年，1998 年，2005 年）。“汉语神学”、“亚洲神学”等方案的提出，从学术上配合了基督宗教的“本土化”（indeginizatino）、“处境化”（contextualization）运动。

从诠释学的角度考虑，中国的基督宗教研究之所以要重视中文文献，是因为中国作者用中文写作，里面包含有西文文献中不太容易包含的主体身份意识。比如我们注意到：当“中国礼仪之争”发生以后，由严谟、夏大常、丘晟、张星曜等中国儒家天主教徒撰写的辩辞，和“西洋”耶稣会士在罗马、巴黎替中国信徒所作的辩辞是有区别的。从这些中文文本中，我们强烈感受到的他们身上的儒家气息，他们的身份感，他们的责任心，这些都是中国的，同时他们又都是“西学”的接受者。由此看见：“基督徒”和“士大夫”的双重身份，“神学”和“经学”的两种学问，“西洋教”和“中国人”的复合人格，都是有可能综合起来的。研究他们的著述，分明能够感到一种“普世化”和“地方性”的有机结合，这就是中国基督宗教研究之所以能够吸引我们的独特魅力。

中国基督宗教研究是一门涵盖广泛，方法复杂，难度很高的重要学问，经过几十年的酝酿和发展，它从50年代的“大批判”对象，到现在的文史哲界的“显学”，正在经历一场持续的发展，也经历着从“边缘”向“中心”的地位转换。民国初年，南北学界重视新史料的发现。当初的“三大发现”中，“甲骨学”和“敦煌学”已经经过了一个极盛时期。而隐匿在“明清档案”的中国基督宗教研究，因为种种原因，一直没有健康发展起来。相信有了二十多年的铺垫，再有几十年的持续努力，中国基督宗教的研究会有一个繁荣时期，与“甲骨学”、“敦煌学”并驾齐驱或可期待。

参考文献：

[1] Nicolas Standaert, Introduction for Handbook of Christianity in China, Vol. 1, Koninklijke Brill NV, Leiden, Netherlands, 2001.

[2] Charles Taylor, Catholic Modernity, Oxford University Press, 1999.

[3] 徐宗泽. 明清间耶稣会士译著提要(卷十)[M]. 上海：中华书局，1939.

[4] 陈垣. 元也里可温教考[A]. 陈智超编注. 陈垣往来书信集[C]. 上海：上海古籍出版社，1990.

[5] 方豪. 中国天主教史人物传[M]. 北京：中华书局，1988.

[6] David Mungello, ed., Chinese Rites Controversy, Its Hitory and Meaning. Monumenta Serica XXXIII, 1994.

[7] 顾长声. 传教士与近代中国[M]. 上海：上海人民出版社，1981；顾长声. 从马礼逊到司徒雷登[M]. 上海：上海人民出版社，1985.

[8] 黄一农. 两头蛇：明末清初的第一代天主教徒[M]. 新竹：台湾清华大学出版社，2005.

[9] 钟鸣旦. 杨廷筠：明末天主教儒者[M]. 鲁汶：鲁汶大学中国欧洲研究中心，1987.

[10] 李天纲. 严谟的困惑：18世纪儒家天主教徒的认同危机[A]. 李炽昌，李天纲，孙尚扬主编. 文本实践与身份辨识：中国基

督徒知识分子的中文著述1583 - 1949[C]. 上海: 上海古籍出版社, 2005.

[11] 谢和耐. 中国与基督教: 中西文化的首次冲撞[M]. 耿升译. 上海: 上海古籍出版社, 2003.

[12] 费正清编. 剑桥中国晚清史(1800 - 1911) (上卷) [M]. 中国社会科学院历史研究所编译室译. 北京: 中国社会科学出版社, 1985.

[13] 张松建. 殖民主义与西方汉学: 一些有待讨论的意见[J]. 浙江学刊, 2002, (4) .

[14] 李炽昌. 前言[A]. 李炽昌主编, 李天纲, 孙尚扬副主编. 文本实践与身份辨识: 中国基督徒知识分子的中文著述(1583 - 1949) [C]. 上海: 上海古籍出版社, 2005.

[15] 朱维铮. 走出中世纪[M]. 上海: 上海人民出版社, 1986.

[16] 张隆溪. 走出文化封闭圈[M]. 香港: 商务印书馆, 2001.

50 年来中国天主教研究的回顾与前瞻

荆世杰

基督教是世界三大宗教之一。公元 7 世纪传入中国，大规模传入是在 1840 年鸦片战争后。基督教包括天主教、新教与东正教三大教派，在我国主要是天主教和新教传播广泛一些。基督教各教派有同有异，在某些方面差别还很大。以往的基督教研究中，新教显然更受重视，对天主教的研究颇为薄弱，甚至学术综述也极少见到。本文拟对建国后天主教的研究状况稍作梳理，失当之处，望方家指正。

1949—1978 年：从史学控诉、政治批判到研究中断

中国天主教研究从明末清初天主教会再度来华就开始了[①]。来华的传教士与本土士大夫之间就天主教与中国文化发生了激烈争论。焦点在天主教基本教义的阐释和中西文化冲突上。双方围绕天主教和中国传统文化关系的“耶儒”之论、“正邪”之分、“华夷”之谈、以及“礼仪之争”和“神名之辩”等发生了激烈的论争，内容上牵涉到对天主教的不同层面、不同观点的研究和评价。但总的来说是

① 有关内容可参考钱国权：《天主教在华传播史的研究状况概述》，《甘肃社会科学》2005 年第 3 期。

成果不大,流布不广[①]。1720 年,清朝全面禁教后,研究中止。清末民初,受义和团运动和"非基督教运动"影响,天主教研究又两度振兴。民国年间,贡献最大的研究天主教史的学者是陈垣(1880—1971)。陈垣先后发表多篇天主教研究方面的论著,开创了天主教研究的新局面。当时研究中西交通史的学者如张星烺、向达、冯承钧,也都在明清天主教传华史方面着力不少。天主教神父徐宗泽的《中国天主教传教史概论》,对明清传教士的论述尤详。新教史学家王治心所著《中国基督教史纲》,是中国基督教第一部通史或全史,至今仍有参考价值。本时期研究的特点是以明清天主教传华史为主,教会史家著史则以推动宣教为目的。天主教理论研究较少。

1949 年后,外国传教士被限期离境。在 1952 年的院系调整中,教会大学消失,不仅宗教学系不复存在,就连有点关系的哲学系也只保留了一个北大哲学系。大学里也不再开设宗教的有关课程。

在特定的政治背景下,建国前的天主教研究传统中断。当时,毛泽东关于"帝国主义和中国封建主义相结合,把中国变为半殖民地和殖民地的过程,也是中国人民反抗帝国主义及其走狗的过程"的论断,成为中国近代史研究的指导思想。在这种背景下反洋教和义和团研究的主要目的是论证该运动反对帝国主义的革命性质[②]。在 1949—1965 年,共发表反洋教的论文 95 篇,专著以人民日报出版社的《帝国主义怎样利用宗教侵略中国》(1951 年)、李时岳的《近代中国的反洋教运动》(1958)为代表。报刊上发表的大量小文章,主题也是揭露帝国主义利用天主教进行侵略,宗教是麻醉人民的鸦片。传教士被毫无保留地认为是披着宗教外衣的帝国主义分子。所办的文化教育医疗事业,也被认为是文化侵略。这些文章的作者,许多是教会内部的人士,和宗教、宣传部门的工作人员,对资料的占有、分析

---

① 何光沪:《基督宗教研究对中国学术的意义》,《中华基督宗教研究中心通讯》创刊号,2001 年。

② 刘天路、苏位智:《50 年来义和团研究述评》,《文史哲》2003 年第 6 期。

都显不足。正如有人评论的:“这一时期的某些成果与其说是学术论文,毋宁说是政论文章,反帝的义愤和革命的激情超越了理性的分析和历史的求证。在其余一些相对说来较具学术性的论著中,极“左”思潮的影响和学术政治化的现象也十分明显,这种倾向发展到‘文化大革命’时期达到极端的地步,义和团的确被神话化,被赋予了太多的现实政治动员的内容,被利用为现实斗争的工具。”[①]这种研究范式,实际上是近代史研究中“三大高潮、八大运动”革命史框架在天主教史研究的一个投射。“文革”开始后,传教士问题遂成为学者不敢踏足的禁区。“文革”十年中,天主教、基督教会本身被当作四旧而被清扫批斗,就是连意识形态化的天主教研究也无从谈起。

80 年代到 90 年代中期:
教案研究的复苏到传教史的研究的转换

70 年代末 80 年代初,教案研究率先复苏。1982 年起举行了多届反洋教运动及近代中国教案学术研讨会,开辟了教案问题研究的新局面。第一届会议论文收入《近代中国教案研究》(1987);第三届会议论文收入冯祖贻等主编《教案与近代中国》(1990),影响都很大。还出现了教案研究的集大成式的《中国教案史》(张力、刘鉴唐, 1987)。当时“对反洋教斗争的反侵略性质是没有疑问的”。[②]对于教案的起因,比较一致的看法是中华民族和帝国主义的矛盾不断激化的产物,但不能只讲民族矛盾而忽视其它重要因素,如基督教与中国封建礼俗的矛盾、中西文化的差异和冲突等。[③] 有人认为,反

① 刘天路、苏位智:《50 年来义和团研究述评》,《文史哲》2003 年第 6 期。

② 李时岳:《反洋教斗争的性质及其它》,《近代史研究》, 1985 年第 5 期。

③ 持此观点的主要有覃光广、冯利《关于中国近代教案研究方法的反思》;吴金钟:《近代中国教案史研究综述》,两文均见四川省哲学社会科学联合会编:《近代中国教案研究》,四川省社会科学院出版社 1987 年版。

洋教斗争既具有反侵略性质,也具有农民革命的性质。[①] 另一些人认为,参加反洋教斗争的社会力量非常广泛,而地主阶级人物往往充当倡导者。因此,不能称之为农民革命。而且,反洋教运动虽以反侵略为主流,但免不了盲目排外的举动,是以封建主义的文化意识去对抗资本主义的文化意识,它又始终带有反进步的因素。[②] 同样的分歧也出现在对义和团的评价上。一些人指出,义和团盲目"杀洋仇教",反对先进科技,对一切资本主义新事物统统采取横扫的态度。[③] 有研究者指出,反帝与排外是有联系但性质不同的概念,反帝应该肯定,排外带有很大的盲目性,是愚昧落后的标记。但对它既不能苛责,也不能辩护。[④] 教案与义和团研究的一个直接后果就是培养了一批从史学角度切入的基督宗教研究者,成为 90 年代宗教研究的推动力。

与此同时,宗教政策得到落实,各种宗教迅速复苏。天主教与基督教,以令世界惊诧的速度迅猛发展。这种"宗教信仰热",也引起了知识分子的关注,从而兴起了一种前所未有的"宗教学术热"。在随后围绕马克思的"宗教是人民的鸦片"这一著名论断发生了激烈的争论,实际上这是一场没有输家的争论,因为双方实际上都反对过去那种对经典论断的极左理解,从而为宗教信仰自由,为全面理解宗教的社会功能提供了新的论证。这场论争,既是宗教学术领域思想

---

① 牟安世:《中国人民反对外国教会侵略的斗争和中国近代史的主要线索》,《社会科学研究》1985 年第 4 期;《再论中国人民反对外国教会侵略的斗争和中国近代史的主要线索》,《近代史研究》1990 年第 2 期。

② 李时岳《反洋教斗争的性质及其它》,《近代史研究》1985 年第 5 期;覃光广、冯利《关于中国近代教案研究方法的反思》,见四川省哲学社会科学联合会编:《近代中国教案研究》,成都,四川省社会科学院出版社, 1987 年。

③ 王致中:《封建蒙昧主义与义和团运动》,《历史研究》1980 年第 1 期;张玉田:《应当全面看待义和团运动》,《辽宁大学学报》1979 年第 1 期。

④ 丁名楠:《义和团运动评价中的几个问题》,载路遥编《义和团运动》,巴蜀书社, 1985 年。还可参考《五十年来的中国近代史研究》,上海书店出版社, 2000 年。

解放的产物,也为思想的进一步解放作了准备。[1] 接下来,在整个社会的"文化热"中,"宗教是文化"的观念受到社会公认,对传教运动的研究从一概抹杀发展为"政治活动加文化交流"两分法,出现了向中西交流或所谓文化传播范式的转移的迹象。在不到几年的时间里,大陆教会史的研究已有迅速发展,甚至有从"险学"到"显学"的夸张说法。有人称大陆的教会史研究进入"重新诠释"阶段。重要成果除顾长声《传教士与近代中国》(1981)外,还有中国社会科学院世界宗教所组织翻译的《中华归主》)(1985),江文汉《明清间在华的天主教耶稣会士》(1987),顾裕禄《中国天主教的过去和现在》(1989)、曾巨生译《中国教会大学史》(1987),耿升译《中国和基督教》(1991),许明龙主编《中西文化交流先驱》(1993),高时良主编《中国教会学校史》(1994)。不少著作都试图对传教运动的文化因素进行重新评价。顾长声《传教士与近代中国》引用了大量当时国内罕用的外文资料,并跳出了集中讨论教案的套路,令人耳目一新。全书论述了自17世纪初利玛窦来华传教到1949年基督教传教士在华活动的全过程;顾氏仍强调传教士及其活动具有帝国主义侵华性质,确立了传教史研究中的"文化侵略"范式,但他能具体地对待传教士的文化事业,从而为重新评价在华传教士起了带头作用。《中国天主教的过去和现在》是目前天主教著作中唯一写到80年代的,拓宽了天主教史研究的范围。

这个阶段的研究,显然还只能算是起步。当时"基督教历史研究已初具规模,出版了几部简史和断代史,但通史研究仍是空白。教会史特别是中世纪和近现代教会史的研究也很薄弱。基督教神学思想探讨正处于起步阶段。虽然已有一些涉及某一主题或思想的专著或散论问世,但却没有系统的基督教思想史著作。"[2]

---

① 吕大吉:《中国现代宗教学术研究一百年的回顾与展望》,《江苏社会科学》2002年第3期。

② 曹中建主编:《中国宗教研究年鉴1996》,北京,中国社会科学出版社,1998年。

90 年代中期以来：专业的宗教学者“正”军突起，研究向深广发展

上世纪 90 年代中期以后，各省社科院有十多家建立了宗教研究所。十余家名牌大学也建立了宗教研究机构或中心，有几所大学开办了宗教学系。中国天主教和基督教协会也都设立了研究机构，如中国天主教研究中心（北京），光启社（上海），再加上全国及省级的天主教神哲学院 11 所、修女院 10 所。国家宗教事务管理机关和中共中央党校也创建了自己的研究机构。此外，一些政府允许的宗教组织也开始关注和投入这种研究。因此，天主教研究的专业人员大大增加。这就改变了以前的历史及哲学研究人员为主的宗教研究队伍成分。各机构还纷纷创办刊物，以社科院《世界宗教研究》为代表的专业性刊物增至十几家。在研究兴趣上，教案研究逐渐转向对基督宗教的全面研究。研究成果在数量和质量上都已远远超过前 30 年间，研究的领域也已大为拓展，除了历史课题的研究，在资料整理、天主教神哲学、教育、文学艺术、天主教现状的实证研究方面取得了不菲的成绩。

（一）天主教史研究论著

90 年代天主教史方向的研究学术性进一步增强，理论上有新的突破性进展，基本完成了从单一的文化侵略到文化侵略和文化交流合一的两分法，再到基本肯定的以现代化范式为代表的研究范式的转变。重要成果有孙尚扬《利玛窦与徐光启》（1993）、李若兰《汤若望传》（1995）、林金水《利马窦与中国》（1996），王立新《美国传教士与晚清中国现代化》（1997）、张铠《庞迪我与中国》（1997），李天纲《中国礼仪之争》（1998）、孙尚扬《基督教与明末儒学》（1994）、胡卫清《普遍主义的挑战：近代中国基督教教育研究》（2000）、郭卫东《中土基督》（2000）、晏可佳《中国天主教简史》（2001）、徐以骅等著《教会大学史研究丛书》（1999），钟鸣旦（比利时）、孙尚扬《一八四

○年前的中国基督教》(2004)等30多部；孙尚扬前书对天主教与儒学的交流和冲突的关键做了重点阐发，很有新意。与钟鸣旦的合著是近几年来一部较出色的天主教专史。顾卫民卓然崛起，这个时期共出版4部专著:《基督教与近代中国社会》(1996)、《刚恒毅在中国》(1998，意大利文版)、《中国与罗马教廷关系史略》(2001)《中国天主教编年史》(2002)。《基督教与近代中国社会》以大量事实为基础，坚持论从史出，既指出传教士在不平等条约保护之下做过错事，又评价了他们在近代西学东渐及维新或改革中起的积极作用，不再将西方与中国、中国人与基督徒对立起来。这是一个很大的突破，应属文化侵略和文化交流范式的代表作。《中国与罗马教廷关系史略》，论述了罗马教廷与蒙古帝国、明清朝廷的关系，中国"礼仪之争"，20世纪初期中国天主教的本地化，抗战与内战时期中国与教廷的关系。本书为国家社会科学基金项目，是大陆第一部论述此问题的学术专著。由于中梵之间的特殊关系，梵蒂冈研究是一个热点问题，对国家安全、社会稳定、宗教工作都有极大的意义，但它又是天主教研究的一个难点。顾书的价值自不待言。王立新的《美国传教士与晚清中国现代化》虽然主要是一部新教研究著作，但却是整个基督宗教传教史方面现代化范式研究的代表作。这种范式的转换是与近代史领域里的范式转换相一致的，但在近代史领域也有一些不同的声音。如由中国基督教会主要领导人罗冠宗、曹圣洁等撰写的《前事不忘，后事之师——帝国主义利用基督教侵略中国事实述评》(宗教文化出版社，2003)就是这样一部代表性的作品。胡卫清在基督教在华传播史的定性研究上取得突破，指出传统的"文化侵略论"自然是站不住脚，"现代化论"也未必切合实际，于是乃从普遍主义——基督教文化信仰的深层实质上进行考察研究。就基督教与世俗化运动，与现代化的矛盾冲突来看，该书立论并非标新立异。

在明清之际天主教在华传教活动的研究方面，学者们的研究方向过往大都集中在来华的耶稣会方面，忽视了同时期来华传教的方济会、道明会等托钵修会的研究。2006年，崔维孝出版的《明清之际西班牙方济会在华传教研究(1579—1732)》(北京,中华书局)对明清之际来华方济会从1579到1732年这一百五十多年的传教活动进行了分析与论述,填补这一研究领域的研究空白。

最新的关于教案和义和团的研究是相蓝欣的《义和团战争的起源跨国研究》(华东师范大学出版社,2003),作者是改革开放后出国留学的年轻历史学家。确实这不是一部寻常的历史著作,不仅是作者的国际政治学背景,还有近十年、十个国家的史料,使得作者站在所有的研究者之上。作者不满于迄今的所有中外著作的文化上的偏激观点——传统的黄祸论和受萨义德东方主义影响的中国学者,这都使各方缺乏一种超脱、公平的视野和心态。作者认为义和团战争的起因之一当然是外国教士与中国人民的矛盾加深,但将战争起源完全归罪于教士是不公平的。研究义和团起源也不能说明这场战争,因为义和团本身不能说明这场战争的起源。作者将分析重点放在帝国主义在华争夺势力范围的竞争在甲午后的加剧,尤其是后起的德意起来挑战脆弱的英美体系上,从而从国际关系的角度令人信服地说明了这场宗教战争的"偶然性"发生。这项研究的意义还不是它本身成就有多么巨大,而是显示出在未来的天主教研究中,全球性的眼光是必要的。

(二)基本文献资料的搜集整理、翻译出版

北京外国语大学海外汉学研究中心研究西方汉学和中国天主教的基本文献《西方早期汉学经典译丛》(2001年1月起出版);福建师范大学宗教文化研究所基督教研究室与中国第一历史档案馆合编《清末教案》。《清末教案》前三册为中文档案,由第一历史档案馆负责选编,后三册为英国、美国、法国议会文件。目前已经出版1—5册。为大陆学者提供了不易查找和阅读的宝贵外文资料。

2000年,北京大学宗教研究所内部印发了《明末清初耶稣会思想文献汇编》,共计57册,多半是以前没有重印过的,收入的原始数据主要来自法国国家图书馆和梵蒂冈教廷图书馆。选取的主要是明清之际天主教与儒家思想、佛教思想及民俗信仰之间护教辩论色彩较浓的、较有代表性的中文数据。原作者既有西方传教士,也有中国信徒。编者对选定的每部著作加上标点,附一题解,并尽量按照原作者的思路分段,加上小标题,为研究者带来了极大的方便。值得一提的还有两部小书:一部是朱静编译的《洋教士看中国朝廷》(上海人民出版社,1995),选译了法国耶稣会士的书信36件,是一部简明可读的史料书。另一部是沈保义、顾卫民、朱静合译的《中国礼仪之争西文文献一百篇》(上海古籍出版社,2001),该书是从已出版的罗马教廷传信部和其它有关机构的原始文献中选录、编辑、翻译而成的。其时间跨度从1645年到1941年。该书对明清历史、中西文化交流史的研究会有所补充和促进。

2000年以来,教案和义和团运动方面的数据工作,比较重要的有黎仁凯主编《直隶义和团调查资料选编》(河北教育出版社,2001年),路遥主编《山东大学义和团调查资料汇编》(山东大学出版社,2000年)。前者主要是一些过去的调查材料及一些有关文献。后者以口述采访为主,内容是各地社会背景及教民教会情况为主,范围不仅包括今天山东,也有部分直隶义和团的内容。

在最近几年的修志热中,宗教志的修纂成为一个重要的方面。上海、山东、四川等省都有专门的宗教志。1992年,上海人民出版社出版阮仁泽、高振农主编《上海宗教史·天主教史》。这些专门性的方志为研究各地天主教提供了一些基本的资料。另外,各地政协的《文史资料》,也都陆续刊发相关的回忆性及研究性文章,推动了天主教研究的开展。

书目方面,社科院世界宗教研究所王子华用十几年心血编著《中国宗教研究百年书目(1900—2000)》,所收书目还包括了大陆收藏的港澳台研究中国天主教的成果。目前作者正在从事该书目的姊妹篇《中国宗教研究论文索引(1900—2000)》的编写工作,我们也期待索引的早日问世。边晓利等的《中国基督教史论文索引(

1949—1997 年）》,著录了建国后 50 年的基督教史研究文献。[①] 另外，1996 年以后每两年出版的《中国宗教研究年鉴》,不仅有各个领域的研究述评,而且也有上两年的论文索引。另外有徐海松和张先清关于明末清初耶稣会士与中西文化交流的论著目录。

（三）海外天主教、天主教神哲学、天主教文化研究

全球天主教发展的通史、断代史、神学思想发展、各修会与教皇史等领域,都是已经展开的研究领域。除了几本译本以外,中国人自己写的天主教方面的通史还远远不能满足人意。对各国天主教的国别史也罕有探讨。

外国论著方面:刘小枫主编的《历代基督教学术文库》(三联书店）,已经有 10 余种问世,如:《历史与社会中的信仰》(1996）,《论隐秘的上帝》(1996）,《神秘神学》(1998)。1988 年起,由何光沪主编的《宗教与世界丛书》(四川人民出版社)已经超过 30 种,其中大多数与基督教有关:《当代美洲神学》(1990)、《论“神圣”》(1995)、《神学与形而上学》(1997)、《谈论上帝》(1997)、《晚明基督论》(1999)、《现代基督教思想》(1999)、《基督教与文化》(1989)、《全球伦理:世界宗教议会宣言》(1997)等。

从译介外国研究成果始,中国天主教神学、哲学思想研究从无到有逐步发展起来。尹大贻 1987 年出版《基督教哲学》(四川人民出版社)。这是 1949 年以来大陆第一部基督教哲学论著,开风气之先。90 年代中期后,系统介绍西方神学、哲学思想的专著多起来:有赵敦华的《基督教哲学 1500 年》(1994）,卓新平所著《当代天主教神学》(1998）,周伟驰《记忆与光照:奥古斯丁神哲学研究》(2001)等。其中《基督教哲学 1500 年》的影响力度超出了宗教学界,被视为我国社科领域中的补阙之作。《当代天主教神学》被视为中国当代西方天主教神学研究的一大突破。《记忆与光照—— 奥古斯丁神哲学研

---

① 见卓新平、许志伟主编《基督宗教研究》第一辑,北京,社会科学文献出版社,1999 年,第 245 页。

究》(2001),是近年来该领域研究最有学术价值的专著之一。杨慧林《基督教的底色与文化延伸》(2002)重点论述了基督教神学的人文学视野、西方文学与基督教资源、文化论说中的基督教主题,着重展开了中国文化语境中的基督教阐释及"伦理化"的汉语基督教、基督教在中国社会转型时期的文化功能及其局限等论题。几种专门学刊推动了天主教神哲学的研究。有刘小枫创办的《基督教文化评论》(1990年)、《汉语基督教文化研究丛刊》(1995年),卓新平主编的《宗教比较与对话》、《基督宗教研究》,许志伟、赵敦华主编的《基督教思想与中国文化》、《冲突与互补:基督教哲学在中国》,杨慧林主编的《基督教文化评论》。还有武汉章开沅、马敏主编的《基督教与中国文化》丛刊,杭州陈村富主编的《宗教文化》。这些学术刊物刊发了相当数量的神哲学方面的文章,推动天主教研究向深度和广度拓展。①

还有一些是与天主教文化相关的著作。王亚平《修道院的变迁》(1998)是对西欧中世纪修院研究的专著。王晓朝《基督教与帝国文化》(1997)原为英文写成,在国外发表,后又译成中文在大陆发表。该书第一部分论述拉丁教士与希腊罗马文化,涉及基督教与罗马帝国的冲突,基督教与希腊罗马文化的和解等问题;第二部分为全书重点,论述中国基督教护教士与中国文化,涉及耶稣会在中国的传教及其成果、徐光启的宗教著作、中国护教士的论著;第三部分为比较与结论,涉及基督教与民族文化,基督教的本土化等问题。其结论指出了基督教本土化的必然性和实现的途径,及本土化完成的标准——基督教与民族文化的调和。其它类似专著还有林仁川、徐晓望的《明末清初中西文化冲突》(1999)。

中国学者不但关注因基督教来华引起的"西学东渐"现象,同时

---

① 曾传辉:《中国大陆基督教研究的现状、影响与趋势》,见2004年台湾真理大学举办"第六届'宗教与行政'学术研讨会"参会论文:http://www.au.edu.tw/ox_view/edu/religious/all2in2one26th.htm.

也开始研究传教士如何向西方介绍东方文明。1998 年 8 月,河北人民出版社出版了季羡林主编的“东学西渐”丛书,包含中国科学技术的西传及其影响、中国文化对欧洲的影响、中国文化对美国的影响、中国哲学对欧洲的影响、中国军事对西方的影响、中国法律制度对西方的影响多个专题,其中不乏传教士的活动。张国刚等著的《明清传教士与欧洲汉学》(2001),介绍了明清时期来华西方传教士对中国的赞美,是一部力作。2001 年 8 月,张西平出版了《中国与欧洲早期宗教和哲学交流史》(东方出版社)。全书分上下两编,上编论述欧洲宗教和哲学在中国早期的传播,下编论述中国宗教和哲学在欧洲早期的传播。该书参考了大量中文和西文数据,内容丰富,有论有述。这种双向研究力图将 16—18 世纪“西学东渐”和“中学西传”放在同一平台上,对当时中、欧之间的文化互动有一个全面的了解,视角独特。

近两年在一些生僻的领域也有可观的成果。如教会法学,它以天主教会法典和法律史为研究对象。在这个历来较少着墨的领域,彭小瑜《教会法研究》(2003)作出了突破性的成就。2005 年,在香港道风山汉语基督教文化研究所举办的“第四届道风学术奖”的评选中,彭小瑜的著作《教会法研究》荣获“徐光启学术著作奖”,评委会认为此书突出具体法例的说明,为学界提供了大量珍贵的第一手材料。基督教文化与艺术也是研究的热点。有杨周怀的《基督教音乐》(2001)、梁工主编的《基督教文学》(2001)、顾卫民的《基督教宗教艺术在华发展史》(2003)等问世。

在圣经研究方面:改革开放以来,中国总计印行圣经 2000 多万册。对圣经的研究也成为基督宗教研究的共同课题。国内学界的圣经研究与国外不同,更侧重于从文化的视角研究圣经的历史、演变、文学、艺术、翻译及研究。新时期以来国内学者真正意义上的圣经研究仍然相当少,成果以译著和圣经本身、圣经知识背景介绍为主,还出版了多种不同版本的圣经故事书籍和少数圣经工具书。代表作有骆振芳《新约导论》(1990)、许鼎新《旧约导论》(1991)。卓新平主编的《基督教小词典》(2002)，收词约3000条，总字数约45万字。包括基督教总论，教派、组织、机构、人物，教义、神学，经籍书文，圣经人物和词汇，历史事项，教制、教职，礼仪节日，教堂、圣地等十大类。圣经文化影响空前，一些以圣经文化为题的书籍与文章都在社会上广为流传。

天主教神哲学及历史与文化的深度研究，提升了国内天主教研究的理论水平，开拓了视野，必将进一步推动中国本土天主教的研究。

(四) 以教会学校史研究为代表的专题研究

第二次鸦片战争以后，天主教与基督教凭借不平等条约不断扩充在华传教事业，为此大力兴办各式教育。义和团运动及晚清新政促使西方基督宗教，扩展其高等教育事业。不过这些学校以新教为主，只有少数几所天主教大学。近代中国教会学校，以往一向被视为传教士文化侵略的工具。80年代初，徐以骅率先提出重新研究和评价教会学校的问题。[①] 1988年，曾巨生翻译了Jessie G. Lutz撰写的《中国教会大学史》(China and Christian Colleges, 1850—1950)。1994年，高时良著《中国教会学校史》，是中国大陆第一部全面论述教会学校历史的专著，作者提出："对待教会学校，既要将它本身的运行过程同帝国主义对华侵略行径联系起来考察，又要从教育的相对独立性、教育自身的客观规律来考察。"教会大学的研究最大的推动来自80年代后期中美合作的"在华中西合办大学研究"计划。自1989年开始，中国教会大学史的国际学术讨论会已先后举办多届。首届在华中师范大学的讨论会编辑了《中西文化与教会大学》(章开沅、林蔚主编，1991年)论文集，考察了教会大学的起源，与中国民族主义运动的关系、教会大学的历史地位及有关的著名人物。1992年，华中师大成立了中国教会大学史研究中心，并与香港崇基学院联合主办《中国教会大学史研究通讯》。在中外共同的推动下，教会大

① 徐以骅:《基督教在华高等教育初探》,《复旦学报》,1986年第5期。

学史成为独立的研究领域。1994 年 12 月，由顾学稼、林蔚和伍宗华编辑的《中国教会大学史论丛》出版。其中有些专题研究甚至已达到细致入微的程度，如董黎的《中国教会大学建筑研究》①，即是对过去无人论及的教会大学中西合璧式建筑的演变特点作了较全面的论述。2000 年，胡卫清的《普遍主义的挑战：近代中国基督教教育研究（1877—1927）》出版。本书作者以基督教教育哲学为立论起点，广泛运用多学科的知识和方法，征引丰富的中英文历史文献资料，构建新颖的立论模式和写作框架，对晚清到民国年间的基督教教育作了实证性的考察和论辩性的评析。据不完全统计，大陆学者还发表研究教会大学史的论文约五六十篇，内容涉及教会大学的历史地位及其评价、教会大学与中国教育现代化、与中西文化交流、与中国知识分子、与中国民族主义与民族运动的关系等多方面重要问题，取得了相当可观的进展。

此外，传教士与西学的传播、传教士与近代出版、传教士与近代中国的慈善与医疗等专题研究都开展起来。

（五）区域研究及现状的实证研究

二次世界大战以后，西方学术界重视区域研究。20 世纪 70 年代后，部分西方学者提出了中国中心观，倡导以中国为出发点，深入精密地探索中国社会内部的变化动力与形态结构。内容之一是把中国按“横向”分解为区域，以展开区域性与地方史的研究。近年来，国内外关于中国历史研究的重点，有从沿江沿海转向内地，从经济发达地区转向落后地区，从全国性转向区域性转移的趋势。在此基础上，试图对中国整体状况进行把握。中国天主教史研究也顺应了这一趋势。陈支平与李少明合著《基督教与福建民间社会》（厦门大学出版社，1992），论述唐代至现代基督教进入福建民间社会的发展及影响，偏重于近现代；林金水承担了国家社科基金项目“八五”规

---

① 此书系章开沅主编的《中国教会大学史研究丛书》中的 1 种，珠海，珠海出版社，1998 年。

划"福建基督教史"的研究,被认为是"很有价值的研究和探讨,填补了空白"。师从于陈支平教授的张先清以《官府、宗族与天主教:明清时期闽东福安的乡村教会发展》(2003年6月获学位),于2005年荣获全国优秀博士论文。文章从区域社会文化史的角度,对明清时期闽东福安县的乡村天主教发展进行系统研究。认为明清时期当地乡村宗族对天主教信仰的皈依,是天主教能够深入福安乡村社会传播、发展的根本原因。正是由于一些乡村宗族的天主教化,天主教信仰得以依附在这些宗族中,依靠地方宗族的力量不断发展壮大,直至成为对当地民间社会生活具有深刻影响的一种区域性主流宗教。此外,数以百计的论文对中国西南、西北、东北各地区以及陕西、河北、内蒙、四川等区域天主教发展有论述。

近年来对天主教的实证研究与调查也呈上升态势。有一些是重大课题研究,如社科院世界宗教研究所的《天津市农村天主教现状与思考》(1989)、《闽浙两省宗教问题的调查与思考》(1991)、《河南省宗教现状调研报告》(1991)。上海社科院宗教研究所主办的《当代宗教研究》经常发表有关基督宗教的实证研究报告。郭大松、田海林主编的《山东宗教历史与现状调查资料选》(上、下)(韩国新星出版社,汉城,2005)是对山东宗教历史与现状的一个全面调查;复旦大学哲学系刘平《家庭教会及其世俗的政治秘密》在调研的基础上探讨了当代家庭教会的活动形式、发展阶段、阶级及运作特点;河北省社科院徐麟《世俗化处境中的河北基督宗教》,根据对河北省宗教教务人员的访谈及问卷调查,分析了当代青年宗教徒思想的"世俗化"特点。①

吴飞著《麦芒上的圣言—— 一个乡村天主教群体中的信仰和生活》(香港,道风书社,2001)。作者以华北一个天主教村庄的田野调查为基础,重新理解韦伯在《新教伦理与资本主义精神》中提出的

---

① "世俗化处境中的基督宗教"学术研讨会,见曹中建主编《中国宗教研究年鉴2001—2002》,北京,宗教文化出版社,1998年。

宗教社会学命题,指出问题的症结并不是宗教能否促进现代化,而是宗教究竟是否可能影响到伦理生活。新教的独特之处在于它以一套有效的技术改变了日常生活的伦理;而作者所研究的这个天主教村庄中,天主教没有形成这样一套技术,只是在仪式和组织上形成了天主教群体、一个亚群体、一个身份群体,并未在伦理层面使天主教徒有异于普通农民。教徒因为天主教的特殊身份而在义和团、“文革”中遭受特殊的待遇,于是又引发作者对苦难问题的关注。天主教的群体认同很大程度上就是在对苦难的叙述中形成的。作者详细讨论了教友们的记忆、叙事等技术,触及了人们对恶与受苦的态度,以及与神义论相关的一些问题。

吴梓明、陶飞亚、赵兴胜等著《圣山下的十字架:宗教与社会互动个案研究》(香港道风书社, 2005 年)作者主要以泰安地区的几个基督宗教教会为主进行研究,试图“理解宗教与当地社会文化、民间风俗、其他宗教、教外人士及地方政府的关系”。尤其关注“基督教是如何受到中国社会文化、尤其是传统宗教文化及政治的影响,从而产生了更具体的互动和改变。”作者回溯了满庄天主教会与当地社会冲突适应的历史,认为当地的天主教徒的国家民族认同趋势也比较明显,与其他宗教信仰间的关系也较和谐。对满庄天主教徒信仰的宗族性传递,也作出了合理的解释。作者在书中还大胆尝试使用了国际前沿的“理性选择理论”(Rational Choice Theory)。实际研究中运用了社会学及人类学上的观察及参与方式,并与大量的档案材料相结合。在这个课题里,当代西方新兴的宗教社会学理论,人类学与口述史学的跨学科的交叉研究模式有了很好地运用。

康志杰长期研究湖北磨盘山天主教信仰情况,通过对当地天主教徒历史、信仰、礼仪的观察,阐发了天主教与当地村民的互动,认为天主教已与当地社会发生了良性的互动。[①] 她还详细考察鄂西北乡村天主教的丧葬礼仪,认为教会礼仪与中国传统文化的优秀因子产生了整合。[②] 这种长期追踪现状研究正是以史学考证与理论见长的天主教研究界缺乏的。

陈村富《转型期的中国基督教:浙江基督教个案研究》(东方出版社, 2005 年 12 月)是最新推出的一项个案研究。作者以浙江省温州市和浙西地区的基督新教和天主教为典型个案,通过问卷调查的方式,用大量真实可靠的第一手资料详尽地介绍了在社会主义市场经济条件下,中国基督教的新特点和新趋势以及发展中所面临的新问题,并对城市化和世俗化潮流中的当代中国农村基督教进行了横向和纵向的剖析,重点研究了转型期对中国基督教的特殊影响。这对党和政府及相关部门及时掌握宗教动态、了解宗教变化、调整宗教政策,具有一定的现实意义和参考价值。本书把田野调查和数据分析的方法引入到中国基督宗教的研究中,突破了传统的论述方式,既可供宗教研究者参考,又可作为普通读者了解当代中国基督教的一个平台。

以上是最近几年的几项区域个案研究,作者的这些探索显然对当今天主教研究有着方法论上的启示意义。

台港澳及海外的中国天主教研究

近年来,中国大陆、台湾、香港的天主教研究虽然都有长足的进步,但各地的起点不一样,社会和学术环境也各不相同,因此形成了各自不同的特点和优势。台港地区天主教研究继承了大陆 1949 年

---

① 可参考《论当代天主教礼仪文化的若干特点》,载赵建敏主编《天主教研究论辑》第一辑,北京,宗教文化出版社, 2004 年。还可参考:《关于湖北磨盘山神权社会的考察》,《世界宗教研究》2004 年第 3 期。

② “现状与走向”国际学术研讨会综述: http //: www. philosophyol. com. htm

之前的传统。曾问学于陈垣的方豪就被认为是陈垣的学术继承人。方豪的作品有 1955 年著《中西交通史》(五册),1966 年著《李之藻研究》,1967 年著《中国天主教史人物传》(三册),1969 年编成《方豪六十自定稿》。此外还有穆启蒙编著、侯景文译的《中国天主教史》(台北光启社,1981 年再版),李志刚《基督教早期在华传教史》(台北商务印书馆,1985 年),林治平《近代中国与基督教论文集》、吕实强《中国官绅反教原因(1860—1874)》等。今天台湾的天主教研究以黄一农的明清天主教传华史的研究最有特色。黄是出身理工科的无线电博士,以自己在逻辑推理和搜集资料方面的长处,成功地进入天文学史和天主教传华史等多个领域,在国际上建立起了一定的声望。近些年台湾的大陆天主教研究因为受资料及政治环境的限制有些衰落,但仍有不菲的成果问世。刘鸿凯主编的《教会与中国》分各个专题,从独特的角度审视了中国教会的发展史;台湾本地天主教实证性个案研究非常兴盛,成果颇丰。

香港在基督宗教史研究上具有得天独厚的条件,她邻近大陆,是中西学术交汇之地,加之研究资金充沛,且有高等学府宗教系和神学院校的学术支撑,又有较强的神学研究传统,故始终能保持较高的学术水平,并能采用较前沿的研究进路,在某种程度上帮助确立了汉语中国基督教史研究的学术标准和规范。近年来,香港学者的中国天主教研究,取得相当的研究成果。梁家麟著成《改革开放以来的中国农村教会》(1998),吴梓明与大陆学者合作的《圣山下的十字架》,大陆学者吴飞在香港出版的《麦芒上的圣言》关注的都是当下天主教的状况。目前,两岸三地的基督宗教文化交流活动越来越频繁,大陆学者的研究成果经常先在港台发表,香港学者的书也常拿来内地出版。这种情况加强了三地学者的合作,大大开阔了大陆学者的视野,促进了大陆学者采用新的理论和研究路径,当然也取得了很多合作成果。

最后,海外学者的研究以美、法等国为主。1929 年,在王治心之前,美国著名宣教史家、曾在中国担任教会教育事工的耶鲁大学教授赖德烈(Kenneth Scott Latourette)出版《基督教在华传教史》(A History of ChristianMissions in China)一书,直到今天仍是无法超越的鸿篇巨制。全书共分30章,有930页,涵括景教、也里可温教、东正教、天主教及新教来华宣教的千年历史,为海外中国基督教史的研究奠定了基础。但它对华人的宗教经验无法充分地把握,故侧重外国传教士的在华活动。上世纪五六十年代以来,哈佛的一代汉学宗师费正清(John K. Fairbank)和他的同事及门生,开创从以西方为中心的"宣教史"到以本地教会为中心的"教会史"的中国基督教史研究模式,继续引领海外中国基督宗教的研究潮流,当前国外、大陆和台港不少从事中国基督宗教研究的新锐学者受其影响很大。[①]

法国汉学家史式徽的《江南传教史》(中译本1983)论述精到,是研究区域史的杰作;沙百里所著《中国基督徒史》(中译本,1998)则引人注目的将研究中心从热点的传教士转向了向来被人们所忽视的本土信徒,开创了新的学术领域。谢和耐的《中国和基督教——中西文化的首次撞击》是被视为完成天主教在华传播史研究范式转移的名著。意大利因是梵蒂冈的所在地,有着得天独厚的条件,故能写出《魂牵雪域—— 西藏最早的天主教传教会》[②]这样区域天主教研究的作品。主要论述17世纪初期,葡萄牙耶稣会安东尼奥·德·安东德神父为首的天主教传教士,从印度北部进入我国西藏开教及其失败。连我们的东邻韩国也有人开始关注中国的天主教研究。李宽俶的《中国基督教史略》[③]内容虽然不深也不新,但作为教会中人和一个与中国遭遇同样被侵略命运的国家的人,有着难得的同情与理解。

中国的天主教研究是一门国际性的学问,放眼港台与海外及时

---

① 有关台港及海外的教会史研究可参徐以骅:《教会史研究之今昔》,香港,《恩福杂志》,总第16期。

② [意]G. M. 托斯卡诺著,伍昆明、区易炳译,北京,中国藏学出版社,1998年。

③ [韩]李宽俶:《中国基督教史略》,北京,社会科学文献出版社,1998年。

了解最新的学术理论与方法,至为重要。近年来有影响的研究者如卓新平、刘小枫、陶飞亚、彭小瑜、章雪富、吴飞等,很多都有海外及港台学习经历。在这块园地里如果充耳不闻,只能是坐井观天了。

中国天主教研究前瞻

在天主教研究中,范式的转换一直是非常重要的。自 20 世纪 80 年代以来,传教史的研究经历"文化侵略"、"文化交流"和"现代化"范式的转换,从 80 年代后期成为中国近代史和宗教研究中的显学。但是进入 21 世纪,三大范式的转换之后,现代化范式已露出疲态,急需建构新的研究范式。王立新认为爱德华·萨义德等人提出的后殖民理论,特别对"东方主义"的批判会为基督教在华传教史的研究提供新的视角和解释框架。后殖民理论认为仅仅在现代化取向下关注对传教士在华文化活动与中国新文化的建构之间的关系是不够的,还需运用民族主义话语剖析传教运动对中国传统文化和信仰的解构性影响。这就向研究者展现了一个广阔的研究领域,可以成为传教史研究的一个重要取向。[①] 相对于王立新指出的范式危机,在天主教研究方面方法论上的转型可能更为急迫。中国传统宗教的研究中有根深蒂固的历史学倾向,对此,思想史家葛兆光表示出了忧虑,他认为研究者怎样弥补史料的不足和穿透过去史料上的重重迷雾,"恐怕人类学的田野发掘是一个必要的手段。"[②]而这种被预期的中国宗教研究范式实际上在西方已是一种习惯范式。他们不仅在本国宗教研究中使用这种范式,而且很早就在中国宗教研究中运用此范式。像较早的 Groot 的《中国宗教制度》(The Religious System of

---

① 王立新:《后殖民理论与基督教在华传教史研究》,《史学理论研究》,2003 年第 1 期。

② 葛兆光:《中国宗教史研究百年回顾》,载《中国宗教研究年鉴(1997—1998)》,北京,宗教文化出版社,2000 年。

China)六卷本就使用了此范式,至今西方的中国宗教研究者都习惯用这一范式。中国的天主教研究中却有浓厚的史学倾向,厚古薄今现象较重,对建国以来的天主教尤其是当代天主教研究的欠缺,即是一个明证。

天主教史的研究,这是中国天主教研究最成熟的方向,有着几十年的资料积累,而怎样切入1949年以后的当代天主教史研究,仍是一个极大的挑战。传统的以历史学、宗教哲学为擅长的研究队伍,在宗教社会学研究方面处于失语状态。未来天主教研究可能涉及天主教与其它宗教的比较与对话,天主教与我国少数民族地区的经济与社会发展,中国天主教的历史与现状,天主教与区域社会的发展,天主教与当代中国的社会经济发展,基督徒的终极关怀与现实生存,中国天主教发展的分析、展望与预测等热点问题。对此,各个学科的单打独斗显然已无法满足天主教研究的需求。转换视角,吸纳新理论新方法,摆脱驾轻就熟的传统典范,走跨学科多途发展的路才能提升研究的层次。也就是说如何把宗教学、历史学和社会学及人类学及社会心理学等相关学科不断进行整合,坚持跨宗教的对话,从而把中国天主教研究不断推向深入。虽然已经有不少的学者在此方面作出了成功的努力,但现在这个范式的转移才不过刚刚开始。

对中国天主教研究的意义,卓新平先生曾这样指出:中国基督宗教研究因其存在与发展存在一定的特殊性和惟一性,使中国的基督宗教研究具有独特的、不可替代的意义,在世界基督宗教研究的学术论坛中占有重要的一席之地。[①] 著名宗教学家何光沪认为:基督宗教研究"有助于中国学术界观察与反思世俗社会制度,从中获取有益的思想和教训。也有助于国人破除传统的天人合一观,恢复上下

① 参见卓新平:《当代中国基督宗教研究》,见《基督宗教研究》第1辑,北京,社会科学文献出版社,1999年。

之分,认识到人本身及与其它造物的相互依存平等关系”。[①] 这个论述应该引起我们的关注。中国已经加入 WTO,伴随经济全球化的同时,必然是宗教文化交流的日益频繁,中国社会将更为开放多元,信仰包容度将进一步增大。显然,中国天主教的发展已进入新时代,对天主教的学术研究提出了更大的挑战。搞好跨学科整合,探索新的研究范式,在关注历史研究的同时不断增强现实关切性,应是今日中国天主教研究发展的方向。

① 何光沪:《基督宗教研究对中国学术的意义》,《中华基督宗教研究中心通讯》,创刊号(2001 年)。

其 它

近 10 年来(1997 - 2007)国内犹太研究的特色

张倩红 尚万里

近十年来(1997 - 2007)我国的犹太研究取得了很大进展,新的研究成果不断问世,共出版或发表学术著作 60 余部、译著 70 余部,学术文章 400 余篇。本文就犹太思想与文化研究、犹太历史研究、“大屠杀”研究、中国犹太人问题以及当代以色列国家研究等五个研究重点进行梳理总结,以期推动犹太研究的深入发展。

一、犹太思想与文化研究

犹太思想与文化一直是国内犹太研究的热点。傅有德主编的“汉译犹太文化丛书”已出版 10 本[①],这些选自犹太学者的经典作品,均在西方学术界产生过重大影响。该丛书与 20 世纪 90 年代前

① “汉译犹太文化丛书”由山东大学出版社出版,丛书包括海姆·马克比的《犹太教审判》、大卫·鲁达夫斯基的《近现代犹太宗教运动》、摩西·远蒙尼德的《迷途指津》、亚伯拉罕·科恩的《大众塔木 德》、塞西尔·罗斯的《简明犹太民族史》、利奥·拜克的《犹太教的本质》、马丁·布伯的《论犹太教》、摩迪凯·开普兰的《作为一种文明的犹太教》、弗郎茨·罗森茨维格的《救赎之星》、亚伯拉罕·海舍尔的《觅人的上帝》。

期顾晓鸣主编的“犹太文化丛书”①以及徐新、凌继尧主编的《犹太百科全书》(中文版),[1]已经成为国内学界从事犹太学习与研究的入门书与工具书,有筚路蓝缕之功。朱维之是中国学界犹太文化研究的开启者,他的《希伯来文化》[2]不仅全面描述了圣经时期希伯来人在神话、宗教、律法、诗歌、史学等领域所取得的一系列成就,还阐述了希伯来文化对东、西方文化的影响。他的《古犹太文化史》[3]侧重于研究希伯来神话传说、语言文字、宗教律法、史传诗歌的起源,并将希伯来文明与希腊文明进行比较研究,还专门阐述了犹太教与基督教的关系问题。徐新的《犹太文化史》[4]以时间为脉络描述了圣经文化、塔木德文化、犹太启蒙运动以及犹太复国主义运动,比较详细地介绍了犹太文化的基本表象。潘光、陈超南等合著的《犹太文明》[5]以犹太文明从古至今一脉相承的民族主体精神为宗旨,总结了犹太文明的三大支柱:“以犹太文化传统为主体的民族认同感”;“以犹太教为纽带的共同信仰和价值观”;“以家庭为基础、犹太会堂为核心的社团网络”。作者还论述了犹太文明与希腊罗马文明、阿拉伯伊斯兰文明以及日耳曼、斯拉夫文明接触与交融的历史,并系统地阐述了启蒙运动以来犹太文明的演进过程。刘洪一的《犹太文化要义》[6]不仅梳理了在犹太文化沿革中具有典型性及关键性的史实,还系统地阐释了犹太文化的流程与结构、犹太人的思想方式与生存机制、犹太民族的宗教精神与审美文化等重要范畴。刘洪一主编的“犹太名人传丛书”②收录了世界历史上百余名有贡献、有

① “犹太文化丛书”由上海三联书店出版,丛书包括查姆·伯曼特的《犹太人》、欧文·豪的《父辈的世界》、罗伯特·M.塞尔茨的《犹太的思想》、沃尔特·拉克的《犹太复国主义史》、托克耶·马文的《河豚鱼计划》、J. B.加百尔的《圣经中的犹太行迹》、克劳斯纳·约瑟夫的《近代希伯来文学简史》、克兰茨勒·戴维的《上海犹太难民社区 1938－1945》、克雷夫茨·杰拉尔德的《犹太人和钱》、陈超南的《犹太的技艺》、徐新的《反犹主义解析》、林太的《犹太人与世界文化》、朱威烈的《1990 年中国犹太学研究总汇》、唐培吉的《上海犹太人》。

② “犹太名人传丛书”由河南文艺出版社于 2002 年出版,包括“思想家卷”、“政治家卷”、“文学家卷”、“艺术家卷”、“科学家卷”、“商业家卷”等五种。

影响的犹太名人,有助于读者从不同视角了解犹太历史与文化。此外,徐向群的《沙漠中的仙人掌:犹太人素描》[7]、肖宪的《犹太人:谜一般的民族》[8]、张倩红的《犹太人》[9]等著作也都着力描述了犹太文化的表现与文化物质以及犹太文化对犹太民族性格的塑造等方面的内容。

除了通论性著作外,国内学者还对犹太文化进行了比较深入的专题研究。张倩红的《困顿与再生:犹太文化的现代化》[10]以欧洲、美国及以色列犹太社会为背景,以传统社会向现代社会的转变为视角, 运用现代化理论,审视了面对现代化的挑战,犹太文化如何发挥自身的兼容能力、应变能力,从而不断地调适自我、改变自我、更新自我、完善自我,并发展成为一种融"现代性"与"犹太性"为一体的现代民族文化的变迁过程。黄天海的《希腊化时期的犹太思想》[11]、梁工、赵复兴的《凤凰再生:希腊化时期犹太文学研究》[12]、章雪富的《斐洛思想导论:两希文明视野中的犹太哲学》[13]以及《圣经和希腊主义的双重视野》[14]J 都比较深入地探讨了希腊化时期"两希文明"交汇与融合的过程,内容涉及希腊化大背景下的犹太历史、宗教、哲学、文学等。

近年来,一些学者还着力于翻译、介绍犹太元典文化,其中张平翻译的《阿伯特:犹太智慧书》[15]、《天下通道精义篇:犹太人处世书》[16]介绍了犹太思想的基本要义与伦理准则。浙江大学外国哲学研究所组织翻译的"两希文明经典哲学译丛"选译了斐洛的《论律法》[17]、《论凝思的生活》[18]、《论摩西的生平》[19]等系列著作,展示了希腊化时期犹太民族在哲学、神学以及伦理学方面的成就。作为北京大学基督教文化译丛之一的《约瑟夫著作精选》[20],摘译了西方史学界公认的研究新、旧约之间历史的权威性著作—— 弗拉维斯·约瑟夫的《犹太古史》、《犹太战记》,极具学术价值。①

犹太宗教及哲学思想研究是近年来国内学者关注的另一热点。黄陵渝的《世界犹太教与文化》[21]、《犹太教学》[22]、《当代犹太教》[23]等系列专著记述了犹太教产生与发展的历史,阐释了犹太教的基本教义、伦理道德、律法体系、经典文献、礼仪习俗等。其中《犹太教学》回顾了百年来国内犹太教学术研究的发展轨迹;《当代犹太教》则着重探讨了犹太教在当今以色列、美洲、欧洲、俄罗斯、亚洲、非洲及大洋洲等地的传播情况。周燮藩主编的《犹太教小辞典》[24]是国内同仁协力编撰的一部犹太教工具书,收录相关词条1500多个。傅有德的《现代犹太哲学》[25]一书比较系统地评析了现代犹太哲学的主要代表人物科恩、拜克、罗森茨维格、布伯、海舍尔和开普兰等人的宗教哲学,清晰地勾勒出了现代犹太哲学的基本脉络,揭示了现代犹太哲学试图调和理性与信仰、科学与宗教的根本特征。另外,傅有德的新作《犹太哲学与宗教研究》[26]收录了作者10多年来的研究成果,记载了作者学术思想的发展历程。

中国学者还发表了一系列有关犹太思想与文化的论文,其中傅有德的《试论犹太哲学及其根本特征》[27]明确了犹太哲学的定义与思想范畴;他的《东方与西方之间:犹太哲学及其对中国哲学的意义》[28]则在犹儒哲学对比的基础上对中犹文化进行了对比研究;其另一篇文章《开普兰的犹太文明述评》[29]则梳理了当代犹太教精神领袖之一的开普兰的思想精华及其对犹太文明的独到见解。潘光的《美国犹太人的成功和犹太文化的特征》[30]侧重研究美国犹

① 国内学者还翻译出版了一些近现代思想家的名著。如《犹太教》(诺曼·所罗门著,赵晓燕译,辽宁教育出版社,1998年);《理性之光:阿哈德·哈姆与犹太精神》(高乔克著,徐新译,内蒙古人民出版社,1999年);《犹太教神秘主义主流》(G. G.索伦著,涂笑非译,四川人民出版社,2000年);《犹太教史》(安德烈·舒拉基著,吴模信译,北京商务印书馆,2001年);《塔木德四讲》(埃马纽埃尔·勒维纳斯著,关宝艳译,商务印书馆,2002年);《希腊化世界中的犹太人:斐洛思想引论》(罗纳尔德·威廉逊著,徐开米,林庆华译,华夏出版社,2007年)。

太群体,并认为美国犹太文化具有“较强的兼容性”、“超乎寻常的传统意识”、“强烈的自由主义色彩”、“特别活跃的政治参与机制”等特征。张倩红在《犹太文化的几个特征》[31]中指出,宗教是保证犹太社会一体化和协调化的不可或缺的文化工具。犹太文化是一种典型的民族文化,它以弘扬民族性为主旋律;世界性既是犹太文化的特征与表象,也是犹太文化不断超越自我并以顽强的生命力长期影响世界文化的保证;而正是宗教性、民族性与世界性这三方面的特征从内部孕育了犹太文化的凝聚力、兼容性与更新机制。徐向群、徐新、余建华、宋立宏、张礼刚、汪舒明、艾仁贵等围绕着犹太民族传统、世界犹太人信仰等问题提出自己的见解。

二、犹太历史研究

犹太历史研究是近年来学者们用力较多并取得卓著成绩的领域。

古代犹太史研究方面,王立新的《古代以色列历史文献、历史框架、历史观念研究》[32]是一部研究古代以色列历史的专著,时间跨度从以色列民族起源、到希伯来《圣经》正典化的完成,内容涉及三个相互关联的方面,即历史文献的考察、塔木德时代以色列古史的框架以及古代以色列民族的历史观念。该书的特点是比较详尽地总结了有关研究成果,综合运用历史学、考古学、语言学、宗教学和民族学等多学科的研究方法,提出了一些重要看法。王立新的《论以色列君主制发展的三个阶段》[33]、和王敦书合写的《试论古代以色列民族的历史观:从资料构成、史书编集到观念的形成》[34]等系列论文研究了古代以色列的政治及史学成就,是国内犹太研究中较早深入论述古代以色列民族历史,并从史学意义上进行考辨的学术论文。宋立宏的《谁是“犹太人”—— 关于“Ioudaios”的札记》[35]指出,西方现代语中的“犹太人”来自希腊文的“Ioudaios”。在该文中,宋立宏通过对相关文献、铭文和纸草的考察认为,“Ioudaios”在犹太人、异教徒和基督教徒那里呈现出不同的内涵和侧重点，它们既生动地折射出犹太人与希腊罗马世界的互动，又有助于澄清“谁是犹太人”这个问题的历史脉络。宋立宏的其他论文如《希腊罗马人对犹太教的误读》[36]、《犹太战争与巴勒斯坦罗马化之两难》[37]、《古代的犹太铭文》[38]、《罗马的犹太政策》[39]等，集中阐述了古希腊罗马时期犹太人政治、经济的变迁以及犹太民族宗教、文化面对种种劫难与限制所做出的调整。陈贻绎的《希伯来语圣经——来自考古和文本资料的信息》[40]是以希伯来语圣经文本为基础，结合巴勒斯坦地区的最新考古资料，对记载于希伯来语圣经中的早期以色列历史做了全面、综合的阐述。余建华的《早期犹太文明与希腊、罗马文明的交融碰撞》[41]则从文化交往的角度记述了希腊化时期犹太文化的变革。张倩红的《圣经时代以色列人的国家观念》[42]探讨了古以色列人君主制的特殊性及其特有的国家观念对后世犹太人的影响。

中世纪犹太史研究方面，赵立行在《试析中世纪西欧对犹太人的多重态度》[43]中探讨了中世纪主流社会对待犹太人态度的差异性与矛盾性，以及这些政策形成的复杂背景。在《中世纪西欧犹太人在文化交流中的地位》[44]一文中，赵立行论述了犹太人在中世纪西欧的文化地位，及其在东西方文化传播过程中的桥梁作用。张倩红的《伊斯兰世界犹太人与阿拉伯人的交往》[45]梳理了公元7－14世纪的犹太人与阿拉伯人以及犹太教与伊斯兰教的关系，阐述了在阿拉伯伊斯兰政权的宽容政策下，西班牙等地犹太社团发展繁荣的状况。张淑清的《中世纪西欧犹太社团及其历史作用探析》[46]分析了中世纪西欧犹太社团的司法自治及犹太社团的历史作用。王本立的《英国中世纪的反犹现象演变及其特征》[47]以中世纪英国的反犹现象作为当时欧洲反犹的范式，从民间、王权、教会三个层面揭示了中世纪西欧反犹主义的演变情况。

近代犹太史方面，近代东欧犹太移民潮是学术界极为关注的话题之一。王本立的《1881至1914年的东欧犹太移民潮与英国社会》

[48]以及李爱慧的系列论文《论19、20世纪之交东欧犹太移民在美国的群体互助》[49]、《论早期东欧犹太移民在美国的文化适应》[50]、《东欧犹太移民的涌入与美国反犹太主义的激化(1880－1920)》[51]等探讨了19世纪东欧犹太人大规模移民潮的形成、移居国出现新反犹主义以及犹太移民社团经济、教育发展等方面的问题。罗衡林的《马丁·路德与犹太人问题》[52]论述了马丁·路德在宗教改革中对犹太人态度的变化,作者认为,路德创造的"金融犹太人"形象恶化了犹太人的生存环境,客观上影响了19世纪晚期以来德意志的反犹主义运动。张倩红的《从〈论犹太人问题〉看马克思的犹太观》[53]一文,以马克思的《论犹太人问题》为切入点,注意到马克思主张从世俗角度探讨犹太问题,并把对犹太教特性的揭露上升到对资本主义本质的批判,但由于青年马克思的唯物史观还处于形成阶段,因而对犹太问题的看法还存在一定的局限性。此外,张礼刚的《论17、18世纪德意志地区的宫廷犹太人》[54]重点分析了欧洲及德意志地区犹太人的特殊经历以及宫廷犹太人的影响、地位与作用。张庆海的《旧制度末期法犹太人的本土化》[55]阐述了大革命前法国境内塞法尔迪与阿什肯纳兹犹太人不同方式的本土化进程,以及法国政府和民众对犹太人的接受态度在随后犹太人解放运动中所起到的作用。

现代犹太史方面,犹太复国主义及其运动一直是学者们研究的重点。潘光、余建华、王健合著的《犹太民族复兴之路》[56]以充足的史料叙述了犹太复国主义及其运动的产生、发展及犹太人返回巴勒斯坦的过程。王铁铮在《犹太复国主义与阿以关系》[57]中指出,现代犹太复国主义同早期的犹太宗教文化存在各种内在联系,并赋予犹太教中的返乡复国观念以时代内涵,而以色列建国后的犹太复国主义却又受到各种新思潮影响,以至于其基本特征和价值观都受到了挑战。张倩红的《犹太复国主义运动的现代审视》[58]认为,犹太复国主义作为一场旨在推动犹太人回归巴勒斯坦的世俗运动,是在西方民族主义思想的孕育下兴起的,因此具有无可置疑的现代性。

犹太复国主义试图塑造现代人格,培养"犹太新人",实现犹太文化的现代化,并在世俗主义、集体主义以及民主、自由等现代理念的基础上重 新构建犹太社会。前苏联境内犹太人的问题也引起 了学者的注意,发表的论文主要有张建华的《简论苏联犹太人的问题》[59]、白玉广、宋正的《试析苏联犹太移民的形成与影响》[60]、张倩红、葛淑珍的《简论苏联政府对其境内犹太人的政策和态度》[61]等。李工真重点考察了纳粹时期德国犹太人的移居问题,并发表《德意志犹太人向巴勒斯坦的移居》(1933－1945)》[62]和《纳粹德国流亡科学家的洲际转移》[63]两篇文章。前者主要阐述1933－1945年间德意志犹太人移居巴勒斯坦的历史背景、移民的手续与条件、移居前的职业培训、财产转移以及非法偷渡的历史过程;后者则侧重纳粹德国的文化清洗运动促成的人类历史上前所未有的大批科学家流亡美国的高素质移民浪潮,作者称之为"20世纪世界科学、文化中心的洲际转移"。另外,宋全成的《欧洲犹太移民潮与以色列国家的移民问题》[64]着力于以色列建国前的欧洲犹太移民的历史背景与进程,以及以色列国内的移民社会问题研究。

三、"大屠杀"研究

纳粹德国对犹太人的迫害和屠杀被称为"大屠杀"(Holocaust)。国内学者对大屠杀的研究始于20世纪90年代初。近十年来,国内出版相关著作(包括译著)20余部,发表学术论文50余篇。

大屠杀幸存者的口述与回忆是后人了解大屠杀罪行及大屠杀之后犹太族群思想、意识与文化倾向的最直接的史料。中国学者翻译出版了一些在以色列、欧洲乃至世界各地产生过重大影响的犹太幸存者回忆录,其中包括《抵抗者:一个真实的故事》[65]、《地窖里的耳环》[66]、《奥斯威辛之路》[67]等。

除了继续探讨大屠杀的原因及经过外,国内学者的研究领域进一步拓宽,越来越多的人开始关注大屠杀对犹太民族及人类历史的影响。潘光在《试论纳粹大屠杀及其对犹太民族和文明的影响》[68]一文中指出,纳粹大屠杀对整个犹太民族和犹太文明造成了巨大冲击,使犹太文明中心发生转移,即由“欧洲中心”转向了美国和巴勒斯坦,“为犹太民族国家重建和犹太文明复兴进程注入了强有力的催化剂”;同时也为犹太民族不断进行自我教育和增强民族凝聚力留下了永存的反面教材。时春荣的《“大屠杀”对以色列犹太人的影响》[69]聚焦于大屠杀对以色列犹太人、以色列社会及以色列文化心态的影响。张倩红的《后大屠杀时代:纳粹屠犹的社会后果分析》[70]主要探讨源于大屠杀并影响到后大屠杀时代的种种社会现象,通过对幸存者的心理磨难、对纳粹屠犹的神学反思、犹太意识的强化以及西方社会的“遗弃”对犹太人的精神打击等问题的研究,来反思大屠杀事件对犹太人社会心理的重大影响。

罗衡林的专著《通向死亡之路:纳粹统治时期德意志犹太人的生存状况》[71]在充分运用德文资料的基础上,对德国纳粹统治时期德意志犹太人的生存状况进行了全面、系统和深入的研究。张庆海的《维希政府迫害犹太人问题研究》[72]探讨了二战时期德国占领区傀儡政权辅助纳粹集团屠犹的历史。林国明则特别注意到犹太人对纳粹德国的战争索赔问题,并在《犹太人世界对德国的民间索赔—— 以“要求赔偿联合会”为中心》[74]两篇文章中,分别从世界犹太人组织“要求赔偿联合会”和以色列政府的视角,分析了二战后犹太世界对联邦德国的民间索赔与政府索赔的交涉问题,认为犹太社团的积极活动为犹太受害者寻求个人赔偿奠定了重要的法律基础,而以色列政府则利用战后微妙的大国政治关系,通过谈判使德国政府承担了战争赔偿的全部责任,并由战争赔款获得了国家急需的发展资金。

近年来,不少学者还以纳粹屠犹为鉴,反思中国历史,写出了不少学术论文。比如徐新的《论犹太人铭记大屠杀的方式》[75]借用犹太人的经历,来思索中国人的灾难意识与灾难教育等问题。

四、中国犹太人问题

中国犹太人问题一直受到犹太社会与西方学界的高度关注,国内学者也发表了一系列研究成果。

在开封犹太人问题上,近年来学者们聚焦的热点是开封犹太人同化原因的考辨。其中张倩红的《从犹太教到儒教:开封犹太人同化的内在因素之研究》[76]认为,开封犹太人同化的根本动力来自犹太 社团内部思想观念上的转变,即犹太人对犹太教信 仰的逐步淡化和对儒教的深层次认同,犹太教的儒化过程正是开封犹太人的同化过程。文章试图以儒家思想造就的文化氛围为宏观背景,探讨犹太教与儒教的文化交往与涵容,并阐释了开封犹太人认同儒教的种种表象及其原因。另外,开封犹太人遗存的史料也成为近年来学者们关注的对象之一,张倩红、刘百陆的《从遗存碑文看开封犹太社团的社会生活》[77]通过研究开封犹太社团的碑文,指出犹太人大约在宋代入住开封后,一直享受与主体民族平等的社会地位和自由发展的文化环境,但由于开封城市经济和生存环境的持续恶化以及战乱的冲击,人口不断外迁、社团不断萎缩并走向消亡。徐新的《开封犹太人社团史研究文献举要》[78]、耿昇《西方汉学界对开封犹太人调查研究的历史与现状》[79]都从不同角度展现了开封犹太人的历史。卓新平的《基督教·犹太教志》[80]从犹太教在中国的传播、中国犹太教石碑遗物及经典文献的考证等方面分析了犹太教在开封和中国其他地区的兴衰过程。

在近代来华犹太人的研究方面,潘光的《来华犹太人的国籍和法律问题(1840－1945)》[81]分析了1840年后来华犹太人的三大群体:塞法迪犹太人、俄国犹太人以及欧洲犹太难民的来华概况及其法律地位,特别是国籍问题。在《俄国犹太人来华之潮流和哈津沪俄犹社团的形成与发展》[82]一文中,潘光叙述了19世纪80年代起俄国犹太人逐渐成为来华犹太人中坚力量的过程,并总结了来华俄国犹太人群体的三个明显特点:经过艰苦拼搏,逐渐成为中产阶级;希望在中国长期居留,并努力融入中国文化;社团意识强、社区活动积极。潘光、王健合著的《一个半世纪以来的上海犹太人——犹太民族史上的东方一页》[83]是对一个半世纪以来上海犹太人的历史 及其与上海城市发展关系全方位的探讨和评价。房建昌研究了近代以来,来华犹太人在中国华北的流 散情况,其《本世纪三四十年代中国各地犹太人概貌》[84]一文归纳了近代哈尔滨、大连、奉天、天津、青岛以及上海等地的犹太社团经济及文化教育状况。另外,黄定天的《关于近代来华定居犹太人的几个基本问题》[85]考察了从19世纪末至20世纪中叶,欧洲犹太人在上海、哈尔滨、天津、北京、大连、沈阳、青岛等地的定居情况,分析了犹太移民的来源与去向、移民的人数与分布、职业与组织等问题。

五、以色列国家研究

近十年来,国内有关以色列国家的研究也取得了很大成绩,研究领域涉及以色列政治、经济、文化、外交、军事等诸多方面。

在以色列政治研究方面,肖宪翻译了《以色列现 代史》[86]、《中国与犹太— 以色列关系100年》[87]等有影响的著作,并出版了《中东国家通史:以色列卷》[88],这是由国内学者撰写的第一部以色列通史著作,对以色列历史进行了全面、宏观的描述。安维华的《以色列议会》[89]系统地介绍了以色列议会的职能、构架与组织形式。李伟建等人合著的《以色列与美国关系研究》[90]叙述了以色列建国以来,美以政治、经济、军事关系的发展演变及文化差异对美以关系的影响,并探讨了美国在阿以冲突与中东和平进程中的角色与作用。殷罡主编的《阿以冲突:问题与出路》[91]从民族、家族、宗教、教派、国家和国家集团等角度分析了阿以冲突中的诸多因素,并突出了阿以冲突的核心问题,即巴勒斯坦问题。

在以色列经济研究方面,杨光的《中东的小龙:以色列经济发展研究》[92]、赵伟明的《以色列经济》[93]、张倩红的《以色列经济振兴之路》[94]等都从历史与现实的角度对以色列建国以来经济发展的轨迹进行了较为系统的阐述。

在社会文化方面,虞卫东的《当代以色列社会与文化》[95]全面介绍了以色列的自然地理状况、社会及文化生活。钟志清则在当代以色列文学研究上取得了突出成就,她不仅介绍翻译了包括阿摩司·奥兹在内的当代以色列著名作家的文学作品,还出版了《当代以色列作家研究》[96]一书,填补了国内相关研究领域的空白。陈藤华的《为了一个民族的振兴:以色列教育概览》[97]是国内第一部研究以色列教育的著作,为我们了解以色列教育立国、科技兴国的政策提供了重要参考。

六、研究中存在的问题

犹太研究是一个非常有发展空间的科研生长点,可以交叉很多学科,渗透于多种领域。虽然近十年来我国学术界在犹太研究方面确实取得了令人瞩目的成绩,奠定了学术研究的基础,但是可以开垦的"学术空地"还很多,存在的问题也非常明显,具体表现在以下几个方面。

第一,专门研究人员匮乏,学术队伍薄弱。与其他人文社科领域相比,从事犹太学研究的专职人员非常有限。据笔者统计,近十年来博士生、硕士生发表的论文数量占研究成果总数的1/3左右。多种原因所致,很多学生在学业结束后不再从事犹太研究,因此亟须扩大专职研究人员队伍,建立相对稳定的学术群体。另外,国内学界很有必要建立全国性的学术机构,以凝聚学术力量,促进学术交流与合作。同时,相关研究者及研究机构还应大力拓宽渠道,积极争取研究资金,并加强文献资料建设,逐步实现资料共享。

第二,现有成果的学术性不强、原创性不足。犹太研究在国内学界越来越成为热点,虽然说成果数量不断增加,但肤浅、拼凑、雷同之作甚多,学术品位高、具有“自得之见”的成果偏少。因受语言功底与知识水平的限制,很多学者还不能真正展开原创性研究。即使是关于中国犹太人问题的研究也与外国学者存在着较大差距,表现在不能全面消化、吸取外国学者的现有成果,研究深度不够,缺乏犹太视觉等。整体而言,国内学者在占有新资料、获取前沿信息方面还远远滞后于国际学术界,选题老化、资料陈旧、研究结论过时等现象普遍存在。例如,关于“大屠杀”的研究,国外学术界早已把研究视野从受害者本身转向幸存者的后代以及施暴者与旁观者,并利用档案资料与幸存者的证言,从社会学、心理学、信息学等角度进行了非常系统、深入的专题研究,而我们的绝大多数相关成果仍局限在对“大屠杀”的表象性阐述,不断重复着西方学术界在20世纪50－60年代已经得出的一些结论。

第三,因对犹太教、犹太历史与文化缺乏最基本的理解,造成现有研究成果中存在许多知识层面的错误,如一些名人传记中把非犹太人说成是犹太人;一些著述中把基督教的一些内容与话语转嫁到犹太教身上;有些成果为了迎合读者的好奇心或者追求商业效益,一味地夸大犹太人的神奇、犹太文化的奥妙之处。个别著作甚至照搬很早以前就流行于西方的反犹太主义措辞,制造“犹太人操纵世界商业”、“犹太人控制人类精神”等虚幻的氛围。尽管国内相关学者的动机与期望都是善意的,并且往往是带着赞赏与羡慕的语气来描述犹太话题,但仍然引起犹太人的不安。耶路撒冷犹太民族政策规划研究所(JPPPI)的沙洛姆·所罗门·瓦尔德博士对中国的犹太研究做了这样的分析:目前的中国十分关注贫困现象,关注民生问题;中国民众虽然羡慕犹太富人,但是他们并不了解犹太人获得财富的深层次根源;中国的在校大学生,包括一些知识分子也还都在重复着那些曾经流行于西方的陈词滥调,如犹太人占有股市、拥有银行、操纵世界贸易等等,这显然是对犹太人理财智慧过于简单化、肤浅化的解读;他们恰恰忽略了这样的重要事实:犹太人在经济领域的成功,无论过去还是现在都是依靠本民族间广泛的联系与合作、对世界经济的敏锐观察及对国际市场的驾驭能力等。在对中国的犹太学研究进行了深入调研与评估之后,瓦尔德博士用“学术基础薄弱但前景广阔”做了很精准的概括。总之,国内的犹太研究还有待于进一步深化、提高,与国际犹太研究接轨的道路还很漫长。

参考文献:

[1]徐新,凌继尧.犹太百科全书[z].上海:上海人民出版社,1993.

[2]朱维之.希伯来文化[M].杭州:浙江人民出版社,1988.

[3]朱维之,韩可胜.古犹太文化史[M].北京:光明日报出版社,1997.

[4]徐新.犹太文化史[M].北京:北京大学出版社,2006.

[5]潘光,陈超南,余建华.犹太文明[M].北京:中国社会科学出版社,1999.

[6]刘洪一.犹太文化要义[M].北京:商务印书馆,2004.

[7]徐向群.沙漠中的仙人掌:犹太人素描[M].北京:新华出版社,1997.

[8]肖宪.犹太人:谜一般的民族[M].上海:上海人民出版社,1997.

[9]张倩红.犹太人[M].西安:三秦出版社,2003.

[10]张倩红.困顿与再生:犹太文化的现代化[M].南京:江苏人民出版社,2002.

[11]黄天海.希腊化时期的犹太思想[M].上海:上海译文出版社,1999.

[12]梁工,赵复兴.凤凰再生:希腊化时期犹太文学研究[M].北京:商务印书馆,2000.

[13]章雪富.斐洛思想导论:两希文明视野中的犹太哲学[M].北京:中国社会科学出版社,2006.

[14]章雪富.圣经和希腊主义的双重视野[M].北京:中国社会科学出版社,2005.

[15]张平.阿伯特:犹太智慧书[M].北京:中国社会科学出版社,1996.

[16]张平.天下通道精义篇:犹太人处世书[M].北京:北京大学出版社,2003.

[17][古罗马]斐洛.论律法[M].石敏敏译.北京:中国社会科学出版社,2007.

[18][古罗马]斐洛.论凝思的生活[M].石敏敏译.北京:中国社会科学出版社,2004.

[19][古罗马]斐洛.论摩西的生平[M].石敏敏译.北京:中国社会科学出版社,2007.

[20][美]保罗·梅尔.约瑟夫著作精选[M].王志勇译.北京:北京大学出版社,2004.

[21]黄陵渝.世界犹太教与文化[M].北京:中央民族大学出版社,1999.

[22]黄陵渝.犹太教学[M].北京:当代出版社,2000.

[23]黄陵渝.当代犹太教[M].北京:东方出版社,2004.

[24]周燮藩.犹太教小辞典[z].上海:上海辞书出版社,2004.

[25]傅有德.现代犹太哲学[M].北京:人民出版社,1999.

[26]傅有德.犹太哲学与宗教研究[M].北京:中国社会科学出版社,2007.

[27]傅有德.试论犹太哲学及其根本特征[J].哲学研究,1999,(5).

[28]傅有德.东方与西方之间:犹太哲学及其对中国哲学的意义[J].文史哲,2003,(5).

[29]傅有德.开普兰的犹太文明述评[J].文史哲,1999,(2).

[30]潘光.美国犹太人的成功和犹太文化的特征[J].美国研究,1999,(3).

[31]张倩红.犹太文化的几个特征[J].西亚非洲,2003,(2).

[32]王立新.古代以色列历史文献、历史框架、历史观念研究

[M].北京:北京大学出版社,2004.

[33]王立新.论以色列君主制发展的三个阶段[J].南开学报,1999,(1).

[34]王立新,王敦书.试论古代以色列民族的历史观:从资料构成、史书编集到观念的形成[J].史学月刊,2001,(2).

[35]宋立宏.谁是"犹太人"——关于"Ioudaios"的札记[J].历史研究,2007,(2).

[36]宋立宏.希腊罗马人对犹太教的误读[J].世界历史,2000,(3).

[37]宋立宏.犹太战争与巴勒斯坦罗马化之两难[J].世界历史,2002,(1).

[38]宋立宏.古代的犹太铭文[J].历史研究,2005,(6).

[39]宋立宏.罗马的犹太政策[J].学海,2006,(1).

[40]陈贻绎.希伯来语圣经——来自考古和文本资料的信息[MJ.北京:昆仑出版社,2006.

[41]余建华.早期犹太人文明与希腊、罗马文明的交融碰撞[J].同济大学学报(社会科学版),1998,(4).

[42]张倩红.圣经时代以色列人的国家观念[J].世界历史,2007,(2).

[43]赵立行.试析中世纪西欧对犹太人的多重态度[J].求是学刊,2006,(1).

[44]赵立行.中世纪西欧犹太人在文化交流中的地位[J].山东社会科学,2006,(1).

[45]张倩红.伊斯兰世界犹太人与阿拉伯人的交往[J].世界历史,2006,(6).

[46]张淑清.中世纪西欧犹太社团及其历史作用探析[J].世界历史,2006,(6).

[47]王本立.英国中世纪的反犹现象演变及其特征[J].历史教学,2004,(4).

[48]王本立.1881至1914年的东欧犹太移民潮与英国社会[J].世界历史,2006,(6).

[49]李爱慧.论19、20世纪之交东欧犹太移民在美国的群体互助[J].史学月刊,2006,(6).

[50]李爱慧.论早期东欧犹太移民在美国的文化适应[J].世界民族,2007,(1).

[51]李爱慧.东欧犹太移民的涌入与美国反犹太主义的激化(1880－1920)[J].历史教学,2005,(2).

[52]罗衡林.马丁·路德与犹太人问题[J].世界历史,2003,(3).

[53]张倩红.从《论犹太人问题》看马克思的犹太观[J].世界历史,2004,(6).

[54]张礼刚.论17、18世纪德意志地区的宫廷犹太人[J].世界历史,2006,(6).

[55]张庆海.旧制度末期法国犹太人的本土化[J].世界民族,2007,(1).

[56]潘光,余建华,王健.犹太民族复兴之路[M].上海:上海社会科学院出版社,1998.

[57]王铁铮.犹太复国主义与阿以关系[J].西北大学学报(社会科学版),2006,(1).

[58]张倩红.犹太复国主义运动的现代审视[J].河南大学学报(社会科学版),2003,(5).

[59]张建华.简论苏联犹太人问题[J].当代世界与社会主义,2003,(2).

[60]白玉广,宋正.试析苏联犹太移民的形成与影响[J].史学月刊,2002,(4).

[61]张倩红,葛淑珍.简论苏联政府对其境内犹太人的政策和态度[J].世界民族,2007,(3).

[62]李工真.德意志犹太人向巴勒斯坦的移居(1933—1945)

[J].历史研究,2004,0).

[63]李工真.纳粹德国流亡科学家的洲际转移[J].历史研究2005,(4).

[64]宋全成.欧洲犹太移民潮与以色列国家的移民问题[J].文史哲,2003,(2).

[65][以]沙洛姆·约冉.抵抗者:一个真实的故事[M].孔佳芳等译.上海:华东师范大学出版社,2005.

[66][以]拉海尔·伯恩海姆·弗里德曼.地窖里的耳环[M].孟振华译.昆明:云南人民出版社,2005.

[67][瑞典]弗里德.奥斯威辛之路:一位大屠杀幸存者的生活记录[M].张倩红等译.香港:华夏出版社,2005.

[68]潘光.试论纳粹大屠杀及其对犹太民族和文明的影响[J].世界历史,2000,(2).

[69]时春荣"大屠杀"对以色列犹太人的影响[J].西亚非洲,2003,(2).

[70]张倩红.后大屠杀时代:纳粹屠犹的社会后果分析[J].史学月刊,2005,(9).

[71]罗衡林.通向死亡之路:纳粹统治时期德意志犹太人的生存状况[M].北京:人民出版社,2005.

[72]张庆海.维希政府迫害犹太人问题研究[J].世界历史,2006,(6).

[73]林国明.犹太人世界对德国的战争索赔政策[J].世界历史,2005,(3).

[74]林国明.犹太社团对联邦德国的民间索赔[J].东北师大学报(社科版),2005,(5).

[75]徐新.论犹太人铭记大屠杀的方式[J].南京社会科学,2006,(10),

[76]张倩红.从犹太教到儒教:开封犹太人同化的内在因素之研究[J].世界宗教研究,2007,(1).

[77]张倩红,刘百陆.从遗存碑文看开封犹太社团的社会生活[J].河南大学学报(社会科学版),2006,(6).

[78]徐新.开封犹太社团史研究文献举要[J].河南大学学报(社会科学版),2001,(1).

[79]耿昇.西方汉学界对开封犹太人调查研究的历史与现状[J].西北第二民族学院学报,2004,(2).

[80]卓新平.基督教·犹太教志[M].上海:上海人民出版社,1998.

[81]潘光.来华犹太人的国籍和法律问题(1840 - 1945)[J].社会科学,2006,(2).

[82]潘光.俄国犹太人来华之潮流和哈津沪俄犹社团的形成与发展[J].社会科学,2005,(5),

[83]潘光,王健.一个半世纪以来的上海犹太人—— 犹太民族史上的东方一页[M].北京:社会科学文献出版社,2002.

[84]房建昌.本世纪三四十年代中国各地犹太人概貌[J].近代史研究,1997,(6).

[85]黄定天.关于近代来华定居犹太人的几个基本问题[J].人口学刊,2005,(5).

[86]诺亚·卢卡斯.以色列现代史[M].肖宪译.北京:商务印书馆,1997.

[87]高斯坦.中国与犹太——以色列关系100年[M].肖宪译.北京:中国社会科学出版社,2006.

[88]肖宪.中东国家通史:以色列卷[M].北京:商务印书馆,2005.

[89]安维华.以色列议会[M].北京:中国财政经济出版社,200S.

[90]李伟建等.以色列与美国关系研究[M].北京:时事出版社,2006.

[91]殷罡等.阿以冲突:问题与出路[M].北京:国际文化出版

公司,2002.

[92]扬光. 中东的小龙:以色列经济发展研究[M]. 北京:社会科学文献出版社,1997.

[93]赵伟明. 以色列经济[M]. 上海:上海外语出版社,1998.

[94]张倩红. 以色列经济振兴之路[M]. 开封,河南大学出版社,2000.

[9S]虞卫东. 当代以色列社会与文化[M]. 上海,上海外语教育出版社,2006.

[96]钟志清. 当代以色列作家研究[M]. 北京,人民文学出版社,2005.

[97]陈藤华. 为了一个民族的振兴:以色列教育概览[M]. 上海,华东师范大学出版社,2005.

资　料

ZI　LIAO

中国宗教学者撷英(四)

沁　平

丁培仁　1953 年 5 月生于四川成都,籍贯江苏东台。1982 年 9 月毕业于四川大学历史系以后,到四川大学宗教学研究所(今道教与宗教文化研究所)任教。嗣后一直在该所从事宗教研究与教学工作,现任教授、硕士研究生导师。

上世纪 80、90 年代参加国家社科重点研究项目《中国道教史》四卷本第一、二卷(四川人民出版社版)和《中国道教》四册(知识出版社沪版)的著述工作,为主要执笔人之一,并参与编写《中国大百科全书·宗教》卷、《道教大辞典》、《古今中外宗教概观》(佛教)等七部书。自著《道教典籍百问》(16 万余字,今日中国出版社 1996 年版)、《求实集》(43 万字,巴蜀书社 2006 年版)、《增注新修道藏目录》(58 万余字,巴蜀书社 2007 年版),译著《中国近世道教的形成》(23 万余字,中国社会科学出版社 2005 年版),又点校《中华道藏》537 页。主要代表论文有《关于早期正一道的几个问题》、《全真道散论》、《全真道入蜀考》、《〈金盖心灯〉卷一质疑》、《道书分类法之我见》、《关于〈上清经〉》、《三清、玉皇原起考》、《〈灵宝毕法〉功法四题》、《〈灵宝毕法〉再研究》、《道教与中国画略论》、《道教戒律书考要》、《基督教与道教比较论纲》等数十篇。

习五一　女,1951 年 9 月 29 日生,祖籍湖北省丹江口市。1981 年毕业于北京师范大学历史系。同年,进入北京市社会科学院工作,曾任历史所副所长、研究员。期间,1991 年至 1992 年应日本外务省国际交流基金邀请,赴日访问讲学,被聘为日本冈山大学文学部客座研究员。2002 年 5 月调入中国社科院世界宗教研究所,现为宗教学理论研究室研究员、研究生院宗教研究系教授。兼任中国无神论学会副理事长兼秘书长、中国宗教学会理事、中华人民共和国史研究会理事、中国古都学会理事等。长期从事中国近现代史研究,目前研究方向:当代宗教、新兴宗教、民间信仰、科学无神论。主要著作有:《北京通史》第九卷(合著)(1999年国家社会科学基金项目优秀成果三等奖)、《中华民国史》第二编第五卷(合著)、《北京的庙会民俗》等。宗教学主要论文有:《邪教释义》、《解析近代北京寺庙的类型结构》、《简论当代福建地区的民间信仰》、《社会主义者是实践的无神论者》等。

王仲尧 1953年7月生,籍贯浙江省杭州市。1970年入南京军区浙江生产建设兵团,任战士等近十年,1978年参加高考,翌年入学。1995年在武汉大学中国哲学专业师从萧萐父教授、唐明邦教授攻读佛教哲学方向研究生,1998年获哲学博士学位。现为浙江工商大学教授,宗教研究所所长,浙江宗教研究中心副主任、秘书长,兼任美国伯克利大学、西方大学等大学访问教授。研究领域:佛教,佛教文化与艺术史,易学。主持国家社科基金及省部级政府基金项目6项,主要有《南宋佛教制度文化研究》(国家社科基金办公室,2007-2009年)等。曾多次应邀到美国等20余个国家及港台地区的高校和学术机构访问、讲学、主持和参加国际学术会议。2001年9月在日本东京大学被授予“亚洲学术奖”。主要学术论著:出版个人学术专著15部,主要有《隋唐佛教判教思想研究》(巴蜀书社2000年)、《易学与佛教》(中国书店2001年)、《中国佛教与周易》(台湾大展出版社2003年)、《佛教财富观》(宗教文化出版社2004年)、《东西方宗教美学和艺术》(中国书店2003、2009年)等。在国内外发表中英文学术论文120余篇,主要有《中国人间佛教的思想先驱》(《世界宗教研究》2004年)、《1900年以来的佛教判教研究》(《中国宗教研究年鉴1997-1998》,宗教文化出版社2000年)、《Wood-block Printing in the Yangtze Rive Drainage Area: With A Special Focus on Buddhist Images in the South-Song Dynasty (1127-1279)》(《His Lai Journal of Humanistic Buddhism》, Vol. 8, 2006, LA, USA.)、《智顗的“不定教”概念与天台宗思想结构》(《宗教哲学季刊》1999年)、《智顗〈摩诃止观〉之三十六兽说考论》(《佛学研究》2004年)、《中国罗汉造像艺术的诞生及其特征》(《装饰》2006年)、《在传统与现实交织的风景中前行——谈当前中国佛教道风建设与僧人社会公众形象问题》(《香港文汇报》2007年9月11日整版)等。

王宏刚 1949年5月21日出生,上海市人。1969年下乡到吉林省珲春县,1972 年毕业于延边大学中文系,1980 - 2000 年在吉林省社会科学院文学所;2000 年 4 月至今任上海社科院宗教所研究员、阿尔泰民族宗教文化研究中心主任。

自 1981 年以来,在中国东北、内蒙古、新疆等地进行了萨满教的田野调查,参与拍摄《满族火祭》、《鄂温克奥米那楞祭典》等萨满教专题片十余部;主持全国艺术科学规划重点课题《萨满教艺术研究》(2002 年)、国家社科基金课题《民间信仰的历史与现状研究》(2007 年)等国家课题,出版《满族与萨满文化》等著作 12 部(包括合著),发表《萨满教女神神系与欧亚大陆的史前"维纳斯"》等论文 120 余篇,其中《满族萨满教女神神话》等十余篇论文在美国、日本、韩国发表,著作《萨满教舞蹈及其象征》(与荆文礼、于国华合著)获 2004 年上海市政府第七届哲学社会科学优秀著作二等奖、2006 年文化部全国艺术研究优秀著作三等奖。曾经到俄罗斯圣彼得堡科学院、韩国汉阳大学、日本千叶大学、加拿大渥太华大学等国外 20 余所大学讲学。

王晓朝 1953 年 6 月生,籍贯安徽桐城。哲学博士(英国利兹大学),清华大学哲学系教授,清华大学道德与宗教研究中心主任,兼任教育部高等学校哲学学科教学指导委员会委员、中华外国哲学史学会常务理事、秘书长,全国宗教学学会理事,北京大学外国哲学研究所研究员、北京师范大学教授、香港汉语基督教文化研究所特邀教授。2008 年 4 月起任浙江大学基督教与跨文化研究中心特聘教授。主要研究领域为希腊罗马哲学、教父学、宗教伦理学、基督教文化研究。已出版著译《希腊宗教概论》、《基督教与帝国文化》、《神秘与理性的交融》、《罗马帝国文化转型论》、《教父学研究—— 文化视野下的教父哲学》、《传统道德向现代道德的转型》、《希腊哲学简史—— 从荷马到奥古斯丁》《宗教学基础 15 讲》、《柏拉图全集》、《西塞罗全集》、《上帝之城》等,论文 150 余篇。

尤西林 1947 年 11 月生,祖籍陕西榆林,汉族。1982 年毕业于陕西师范大学中文系,现任该校文学院教授、校宗教研究中心学术委员会主任、校基督教文化研究所所长、中国宗教学会理事、香港汉语基督教文化研究所学术委员会委员及其《基督教文化评论》编委、耶稣会澳门利氏学社《神州交流》学术顾问、清华大学道德与宗教研究中心研究员、《中国天主教研究》编委、洛杉矶"基督教与中国研究中心"研究员。致力于以基督教与中国现代化关系为中心的研究与教育。著有相关论文数十篇,其中数篇被国外学术刊物译为英文与德文。同时为中国基督教教会举办基督教研究班,并主持"基督教文化讲坛"十余年,成为协调当代基督教学术与神学及其教会内外交流的重要平台。

毛国庆 1938年6月生,山东省潍坊市人。山东省社会主义学院教授,中国宗教学会理事。1962年7月山东师范大学历史系毕业。先后从事普通国民教育、党校教育、干部院校教育和社会主义学院教学与科研工作,其间曾任中共济南市历城区委党校分管教学与科研工作的副校长,山东省社会主义学院教务处长、研究室主任等职。教学与科研涉及宗教学、民族学、哲学、历史学、教育学及科学社会主义等领域。宗教学方面主要从事宗教学原理和当代宗教问题研究。出版著作10余种,发表论文近200篇。主要有:主编《马克思主义宗教理论与政策概论》、《统一战线与中华民族凝聚力》、《中国特色社会主义原理简明读本》等著作;发表《毛泽东对马克思主义宗教观继承发展问题研究》、《论邓小平对宗教工作理论与实践的历史性贡献》、《第三代中央领导集体对马克思主义宗教观的继承发展》、《农村宗教事务管理问题研究》、《城市宗教问题研究》、《"三个代表"重要思想与党的宗教工作》、《关注基督教神学思想建设》、《新一代宗教界代表人士培养教育问题研究》、《科学发展观与党的宗教工作》、《宗教社会作用二重性与党的宗教工作研究》、《论促进宗教关系和谐》、《党的宗教工作基本方针形成与发展问题研究》等论文。著作与论文多次获奖,因教学与科研成绩突出,曾5次被授予记大功奖励。

邓子美 1951年12月生,江苏无锡人。1989年获华东师大历史学硕士学位,导师为著名佛学家苏渊雷教授。同年任教于江南大学,2003年被聘任该校教授,兼任江南大学学术委员会委员、宗教社会学研究所所长、无锡宗教与社会研究中心主任、中国宗教学会理事、中国社会学会社会思想史专业委员会理事,四川大学宗教学博士生导师,中国佛教文化基金会学术顾问、上海大学历史系硕士生导师等多职。任教宗教社会学、中国哲学史与法理学专题研究诸课程。主要领域是传统文化现代转型研究,尤以中国近现代佛教与运用社会学理论方法研究佛教居国内领先地位,并在海内外产生了一定影响。

历年出版专著10余部,发表论文70余篇,代表作《传统佛教与中国近代化》、《二十世纪中国佛教》被多所高校选为中国近现代佛教史教材或推荐参考书。《超越与顺应:宗教社会学视野下的佛教》运用宗教社会学理论与方法,对佛教史上许多疑难问题作出了新的阐释。《当代人间佛教思潮》系首部当代佛教思想史专著,以海峡两岸三地佛教界代表人物为中心,系统论述了他们思想脉络与事业,曾获多项省部级哲社优秀成果奖。

汤开建 生于1949年9月,湖南长沙人。1981年获得兰州大学历史系硕士学位后,从1982至1985年在西北民族学院工作,曾以研究西夏史及安多吐蕃部落史蜚声学界。其主要著作包括《宋代吐蕃史料辑校》、《党项西夏史探微》以及《宋金时期安多吐蕃部落史研究》,皆以竭泽而渔的史料搜集能力、扎实细密的考据工夫著称。1986 年调入暨南大学工作,开拓了别具风格的港澳历史文化研究,并与海内外多所研究机构取得长期稳定的合作关系,其中包括澳门基金会、香港中文大学崇基神学院、葡萄牙里斯本中葡研究中心、澳门理工学院中西文化研究所、比利时南怀仁文化协会以及北京外国语大学海外汉学研究中心等。同时还在澳门成立了以研究澳门史和中国基督教史为主的"澳门历史文化研究会"。汤教授在长期研究澳门史的基础上,逐渐开拓了以澳门为中心的早期中西文化交流史的研究,又以早期基督教在华传播史为重点展开了细致而深入的宗教史研究。代表作有《明清之际中国天主教会传教经费之来源》,《顺治时期天主教在中国的传播和发展》等等。2008 年 9 月,被聘为澳门大学历史系教授。研究方向为明清史, 中外关系史, 中国边疆民族史和港澳史。

刘鼎寅　1950 年 3 月出生于云南省昆明市,祖籍贵州兴义。1969 年 3 月毕业于昆明冶金工业学校,分配到昆明钢铁公司炼铁厂,当过高炉炉前工人,宣传干事、工会干事。后毕业于云南民族学院历史专业,1984 年 9 月经考试进入云南省社会科学院宗教研究所至今,现为云南省社会科学院宗教研究所研究员。主要从事云南少数民族宗教和地域基督宗教史研究。主要成果有:《云南宗教知识丛书 · 云南天主教》、《云南宗教系列专史之一:云南天主教史》、《昆明基督教史》、《昆明天主教史》和《云南宗教系列专史之三:云南基督教史》等。2005 年 12 月,"云南宗教知识丛书"被评为"云南省第九次(2004 年度)哲学社会科学优秀成果(专著)一等奖"。此外,还参加过《中国原始宗教百科全书》、《云南少数民族概览》、《云南百科全书》、《意断家园—— 从云南摩梭人民居看摩梭文化》等著作、词典的撰写,多次完成国家社科基金项目、云南省哲学社会科学规划项目的课题,先后参加过四川大学、南京大学等举办的国际学术讨论会,完成论文多篇。

吕锡琛　女,1953 年 8 月生,湖南邵阳人,1982 年 1 月于湖南师范大学历史系毕业,分配至湘潭师范学院任教,1992 年调入中南大学,先后担任中南大学哲学系主任、宗教文化与道德建设研究中心主任、伦理学研究所所长等职,教授、博士生导师、博士后流动站指导教师。兼任全国"老子道学文化研究会"副会长、中国宗教学会理事、香港道教学院客座教授等职。主要研究领域为道家、道教的政治思想、伦理思想、养生保健思想、道学心理保健与西方心理治疗学的互动等。出版《道家与民族性格》、《道家道教与中国古代政治》、《道德经纬》、

《道学通论》(合著)、《王船山历史观与史论研究》(合著)、《道学健心智慧》(主撰)等专著,在《哲学研究》、《世界宗教研究》等杂志上发表论文百余篇。主持"道家与民族性格"、"道家哲学与西方心理治疗学的互动研究"、"道家生命伦理思想研究"等国家级、省部级科学研究项目多项。

杜斗城 1951年11月生,甘肃省灵台县人。毕业于北京大学历史系考古专业。现任兰州大学敦煌学研究所教授、博士生导师;兰州大学历史文化学院考古及博物馆学系主任;中国社会科学院佛教研究中心研究员(兼)、中华宗教研究学院(台湾)教授(兼);中国宗教学会理事、甘肃敦煌学学会副会长等。主要从事考古学、宗教学及敦煌学的教学与研究。先后主持了《河西佛教史》(国家社科基金项目)、《甘肃散见佛教石刻造像的调查与研究》(2005年教育部人文社会科学重点研究基地重大项目)等研究课题,并主编了《考古及博物馆学系列教材》(普通高等教育"十一五"国家级规划教材,"985"工程资助项目)。有《陇右高僧录》、《敦煌本〈佛说十王经〉校录研究》、《敦煌五台山文献校录研究》、《白话贤愚经》、《北凉佛教研究》、《正史佛教资料类编》、《炳灵寺石窟内容总录》(合著)、《考古学通论》(合著)、《河西佛教史》(合著)等著作正式出版。并且在《世界宗教研究》、《民族研究》、《光明日报》等国内外学术刊物上发表论文六十余篇。

李　刚 生于1953年8月,山西省汾阳人。1986年毕业于四川大学宗教研究所,获哲学硕士学位。现为国家重点学科、教育部人文社会科学重点研究基地—— 四川大学道教与宗教文化研究所所长、教授、博士导师,国务院学位委员会第五届、第六届哲学学科评议组成员,国家社科基金宗教学评审组副组长,中国宗教学会副会长,《宗教学研究》杂志副主编。主要从事中国道教的研究和教学。

已出版《重玄之道开启众妙之门—— 道教哲学论稿》、《何以中国根柢全在道教—— 道教哲学论稿之二》、《汉代道教哲学》、《魏晋南北朝宗教政策研究》、《劝善成仙—— 道教生命伦理》、《道教与中国传统文化》(合著)、《大道》(合译);主编《古今中外宗教》、《道教与宗教文化研究论丛》、《道教研究自选集丛书》。发表学术论文一百余篇。

参与撰著的《中国道教史》获国家社科基金二等奖、教育部社科研究一等奖、四川省政府哲学社会科学一等奖;《道教与中国传统文化》获四川省政府哲学社会科学二等奖。由于"为发展我国高等教育事业做出的突出贡献",获得中华人民共和国国务院颁发的"政府特殊津贴"。

李进新 1948年1月生于新疆喀什,籍贯山东济南。新疆社会科学院宗教研究所研究员,硕士生导师。1966年于新疆塔城第三中学高中毕业,1969~1973年在塔城县阿西尔公社别尔塔木大队和塔城地区直属农场糖厂劳动。1976年毕业于新疆大学历史系。1976~1980年在新疆中共塔城地委党校任教员,1980~至今在新疆社会科学院宗教研究所工作,1993在俄罗斯圣彼得堡文学院进修一年。主要从事新疆宗教历史和宗教问题研究。出版的主要学术著作有《新疆宗教演变史》、《新疆伊斯兰教汗朝史略》、《中国新疆地区伊斯兰教史》(合著)、《丝绸之路宗教研究》(中国文库)、《泛伊斯兰主义、泛突厥主义研究》(合著)、《新疆维吾尔族契约文书资料选编》等,并参与《中国伊斯兰百科全书》,《新疆百科全书》等多部辞书的撰稿,发表论文50余篇。其中,《中国新疆地区伊斯兰教史》,《新疆宗教演变史》等分别获得新疆维吾尔自治区人民政府颁发的社科优秀成果一、二等奖以及其他奖项多项。

李远国 1950年10月生。籍贯四川成都。1981年考入四川省社会科学院,从事中国哲学、中国道教研究。现任四川省社会科学院哲学研究所副所长、宗教文化研究中心主任,研究员、教授、硕士生导师,为四川省学术与技术带头人。多次访问日本、美国、法国、德国、欧洲及我国台湾、香港,进行学术交流,举办学术讲座,参加国际性道教学术、中国宗教研讨会。先后编著出版学术著作三十部,主要有《道教气功养生学》、《中国道教气功养生大全》、《道教与气功:中国养生思想史》(日文版)、《道教法印秘藏》、《神霄雷法:道教神霄派沿革与思想》、《中华道藏》第18册、第33册、第34册、第35册、第39册、第40册、第41册。在《世界宗教研究》、《道教学探索》、《道家文化研究》、《哲学》、《宗教学研究》、《中国宗教文化》、《中国道教》、《宗教哲学》、《中国史研究》、《东洋文化》(日本)、《道教源泉》(美国)等学术刊物,发表论文百余篇。

李明友 1945年3月生,浙江玉环人。1968年毕业于北京大学哲学系,此后长期在皖浙矿区工作。1978年考入中国社会科学院研究生院宗教学系,1981年毕业。后任浙江大学哲学系教授,浙江大学宗教研究所副所长,中国思想文化研究所副所长、所长,兼任中国宗教学会理事。多年从事中国传统儒佛道哲学思想研究,撰有学术著作《一本万殊》、《太虚及其人间佛教》及《广弘明集与隋唐初期三教论争》等论文多篇。《中华大藏经》续编工作启动后,兼任编委,承担部分整理标点任务。自2003年起参与《儒藏》编纂、校点工作。

李建生 1945年10月生,山西翼城县人。1975年毕业于安徽劳动大学政治系,现任新疆师范大学法学院教授、硕士研究生导师,中国宗教学会理事,新疆宗教学会、民族学会副会长。多年从事新疆宗教与民族问题研究,潜心于新疆地区宗教学重点学科建设和人才培养。2000年建成宗教学专业硕士点,2003年又将宗教学与民族学一起建成自治区的重点学科。主持和参加了各类课题10余项,发表学术论文60余篇,主编和参编著作10部。所主编《科学无神论教程》是新疆地区高校统编地方性公共课教材;受自治区教育厅委托完成的《坚持教育与宗教相分离,坚决抵制宗教对学校的渗透和影响》一书获全国高校德育研究会二等奖,自治区人民政府教学优秀成果二等奖。主要著作还有:《引导宗教与社会主义社会相适应的理论与实践》、《坚持正确五观,强化四个认同读本》等,多项成果获中央统战部,自治区人民政府、自治区统战部、政协和教育厅奖励。

李荣昆 1952年2月生,籍贯贵州遵义。1969年2月到滇西德宏芒市插队务农,1974年10月被易门铜矿招为井下矿工,1983年7月毕业于云南大学,获哲学学士学位,并分配到云南省社会科学院人事教育处工作,1985年7月调宗教研究所从事研究工作至今。曾任研究所办公室负责人,第一研究室主任,现任云南省社会科学院宗教研究所研究员。此外,还担任云南省反邪教协会理事、云南省宗教学会理事。自进入宗教研究领域,发愤攻读,深入做田野调查,虚心求教。确定以区域宗教为研究方向,长期研究云南伊斯兰教,在云南基督教、少数民族宗教研究方面亦有造诣,发表了一些有一定价值的专(合)著和论文,得到学界和社会的肯定好评。截止到2008年,撰写专(合)著14部,论文百余篇。还完成十余项热点问题研究课题。获省部级社科成果优秀奖十余(项)次。主要学术论著有:《云南伊斯兰教》、《云南伊斯兰教史》、《世界三大宗教在云贵川地区传播史》、《云南省志·宗教志》、《云南回族乡情调查—— 现状与发展研究》、《对云南少数民族宗教的思考》等。

何光沪 1950年9月生于贵州。1968年下乡务农。1977年考入贵州师范大学,1979年考入中国社会科学院研究生院,1982年获哲学硕士,1989年获哲学博士,在中国社会科学院世界宗教研究所任研究员,2001年起在中国人民大学任教授,博士生导师。研究领域为宗教学理论、宗教哲学、基督教研究。著有《多元化的上帝观》(首次提出宗教哲学作为宗教学与哲学分支和交叉学科应有的学科结构)、《何光沪自选集》(其中的"中国宗教改革论纲"论证了中国宗教改革的必要性、可能性和方向)、《百川归海》(以儒佛道和印度教、犹太教、基督教和伊斯兰教七大宗教哲学中的共同因素为依据,论述了它们相容互通、对话共处的基础,论证了人类生活之整体性、精神性和全球化的依据)、《有心无题》、《天人之际》、《月映万川》等；一些论文被国外学者译为英、德、法、俄、西、意、日、丹麦等文字发表。译有《20世纪宗教思想》、《现代基督教思想》、《全球伦理》等；编有“宗教与世界”丛书，“宗教学译丛”、“基督教经典译丛”等，曾担任《中国大百科全书·宗教》卷、《宗教大词典》、《宗教词典》、《中国大百科全书》第二版等的撰写并担任宗教学或基督教分支学科主编。

佟　洵　女，满族，1945年6月生，北京市人，1969年毕业于北京师范学院历史系，现为北京联合大学民族与宗教研究所所长，北京联合大学历史学教授，硕士生导师，享受国务院特殊津贴的专家，北京市道教协会监事长，中国宗教学会理事. 于2002年10月创建了北京市属市管高校第一所“民族与宗教研究所”。研究方向：中国近代史，北京宗教与文化等。主持完成了国家课题“首都宗教与社会主义和谐社会建设”、北京市哲学社会科学重点项目“北京宗教文化研究”及 北京市教委课题多项，目前正主持北京市哲学社会科学重点项目“北京宗教史”的研究。主要成果有《宗教·北京》，《北京宗教文化研究》，《佛教与北京寺庙文化》，《基督教与北京教堂文化》，《伊斯兰教与北京清真寺文化》，《道教与北京宫观文化》，《当代北京宗教史》，《北京宗教文物古迹》等。近年来曾两次获北京市哲学社会科学优秀成果二等奖，其中《伊斯兰教与北京清真寺文化》荣获第十四届中国图书奖。

邹昌林　1948年4月生，原籍湖南。中学毕业于北京景山学校，插队6年，当过4年中学教师。1978 – 1981年在北京首都师范大学历史系就读，获历史学学士学位。1982 – 1984年在中国社会科学院研究生院历史系读硕士，师从尹达先生，获历史学硕士学位。1985 – 1987年在中国社会科学院研究生院教务处工作，任处长和讲师。1987 – 1991年在中国社会科学院研究生院宗教学系读博士，师从余敦康先生，获哲学博士学位。1991年至今，在中国社会科学院世界宗教研究所儒教研究室工作，任研究室副主任、研究员，2008年底退休。专研中国古代历史、哲学、宗教，主攻方向是《三礼》。学术专著有：《中国古礼研究》、《中国礼文化》、《中国古代国家宗教研究》（此书获2006年中国社会科学院世界宗教研究所成果一等奖，2007年中国社会科学院第六届社会科学优秀成果三等奖）。主要代表论文有：《晋文公的大分封与晋国中期贵族土地所有制的变化》、《从〈老子〉对待文明的态度看儒道的异同及其现代意义》、《儒家〈春秋〉大一统思想政治历史文化功能试探》、《中国文化研究中的“宗教”释意问题》、《中国古代宗庙祭祀制度的起源及其在商周的演变》、《一个谜的揭示—— 儒学对于中国古代宗教理性化的作用和意义》、《中国古代至上神—— 天帝的起源》、《〈月令〉成书时代新探—— 兼及〈逸周书〉与〈周礼〉成书问题》、《试论祭天与中国宗教生态平衡的重建》等。

陈建明 1953 年 9 月生,重庆市人。博士学位。中国宗教学会理事,四川大学道教与宗教文化研究所研究员,博士生导师,“四川大学 985 工程”宗教与社会研究创新基地学术骨干,《宗教学研究》常务副主编。1977 年 10 月毕业于四川大学,留校任历史系中国近代史教研室教师、秘书。1984 年至 1987 年攻读硕士研究生期间开始从事中国基督教研究。毕业后长期从事城市史和基督教史研究。2000 年任四川大学基督教研究中心主任。曾参与三项国家哲学社会科学重大规划项目,成果三次获得省部级奖励。主持完成国家社会科学基金项目“近代基督教在华出版事业研究”;承担教育部重大研究项目“中国基督教文字事业编年史”。独立完成专著 2 部,主编著作 4 部,合作著作 11 部,合译著作 3 部。其中有著作《激扬文字 广传福音—— 近代基督教在华文字事工》,译著《福建协和大学》。曾受邀到美国、加拿大、英国、韩国、泰国,以及中国香港、台湾地区的大学和研究机构访问,参加学术会议,或发表学术演讲。

张 化 女,生于 1953 年 3 月,籍贯江苏省江都市。1969 年插队,1978 年入复旦大学中文系求学,1982 年毕业,入上海市宗教事务局工作,其中 8 年具体负责编修《上海宗教志》;1995 年调上海市委统战部,任研究室副主任;2008 年退休。1995 年至今为中国宗教学会理事,1997 年至今为上海市宗教学会副秘书长,2004 年至今为上海统战理论研究会副秘书长。研究领域:上海宗教史,中国(侧重)上海宗教现状、趋势及对策调研。主要著作:《上海宗教通览》、《上海通志 · 民族宗教卷 · 宗教部分》。宗教学术论文有《近代上海天主教及其特点》、《中国基督教早期三自的历史考察》、《中国耶稣教自立会述评》、《试论上海地方政府和教会的关系》、《三十年来宗教工作领域执政理念与施政方式的演进》等 41 篇,38.4 万字。

张庆熊 1950 年 12 月出生,上海市人。1973 年至 1979 年复旦大学哲学系学习,1979 - 1983 年复旦大学哲学系任教;1983 年至 1993 年在瑞士留学和工作,先后获瑞士弗莱堡大学文学硕士学位和哲学博士学位;1993 年 11 月回国,在复旦大学哲学系任教;1998 年 - 1999 年德国波茨坦大学访问学者、德国开姆尼茨大学客座教授;1999 年 - 2000 年美国耶鲁大学访问学者;,现任复旦大学哲学系教授,博士生导师,博士后流动站站长,基督教研究中心主任。研究领域:基督教哲学,现象学,分析哲学。主要著作有:《熊十力的新唯识论与胡塞尔的现象学》(上海人民出版社,1995 年),《自我、主体际性与文化交流》(上海人民出版社,1999年),《基督教神学范畴——历史的和文化比较的考察》(上海人民出版社,2003年),《二十世纪英美哲学》(张庆熊、周林东、徐英瑾,人民出版社,2005年), Xiong Shilis Neue Nur－Bewu? tseins－Theorie: Vom Yogacara－Buddhismus zum neuen Konfuzianismus, Bern: PETER LANG, 1993。编有:《西方宗教哲学文选》(胡景钟、张庆熊主编,上海人民出版社,2002年),《基督教学术》(第1－6辑)(张庆熊、徐以骅 主编,上海古籍出版社,2002－2008年)。

张松辉 1953年3月生,河南省唐河县人。先后获得文学硕士学位和哲学博士学位,教授,博士生导师。现任职于湖南大学岳麓书院。"四川大学'985工程'宗教与社会研究创新基地"访问客座教授。主要从事中国宗教史、中国文学史教学科研工作。

已出版《老子研究》、《庄子疑义考辨》、《庄子考辨》、《〈论语〉〈孟子〉疑义研究》、《先秦两汉道家与文学》、《汉魏六朝道教与文学》、《唐宋道家道教与文学》、《元明清道教与文学》、《儒释道与文人》、《十世纪前的湖南宗教》、《人生儒释道》、《致中和》12部学术专著,出版《老子译注》、《老子导读》、《新译冲虚至德真经》、《新译庄子》、《新译无能子》、《新译坐忘论》、《新译妙法莲华经》、《新译杜牧诗文集》8部译著。发表《重评老子的"小国寡民"思想》、《谈道家对先秦楚辞的影响》、《老子的循环论是正确理论》等学术论文100余篇,其中多篇被《人民日报》(海外版)、《新华文摘》、《文摘报》、《人大复印资料》等刊物摘登或全文转载。

主持的科研课题有"元明清道教与文学"(1999年国家社科课题)、"宗教典籍(主要是道教)整理"(1999年全国高古委社科课题)、"三维人生(谈儒释道人生观对中国文人的影响)"(1999年湖南省教委社科课题)、"早期全真教文学研究"(2005年湖南省社科课题)。还参加了国家重点课题"中国道教思想史"。

张 总 1953年生于咸阳,甘肃敦煌人。曾先后在西安美术学院工艺系进修班、陕西师范大学政教系本科,中央美术学院美术史论系佛教美术研究生学习,85年毕业留校,90年调入中国社会科学院世界宗教研究所至今,现为宗教文化艺术研究室副主任,研究员。专业领域为佛教美术,研究中国石窟、铜石造像与造像碑塔、石刻佛经、敦煌写经与图绘艺术及佛教宗派、疑伪经典、菩萨信仰等,撰有《永恒的寺庙——石窟艺术》、《青州龙兴寺佛教造像艺术》(合作)、《中华名寺》、《说不尽的观世音》与《地藏信仰研究》;写过《六世纪佛教艺术之中心—— 青州》、《阎罗王授记经缀补研考》等论文,译有《万物——中国艺术中的模件化与规模化生产》。主持过中德合作项目—— 中国佛教石经(山东),任德国海德堡大学东亚艺术史系客座教授、美国芝加哥大学访问学者,应邀出访瑞士、美国、韩国等国家及中国香港的大学与博物馆。论文被译为德文、英文、日文发表,成果在国际上有一定影响。

张禹东 1953年11月出生,福建惠安人。1982年2月毕业于厦门大学哲学系。现为华侨大学副校长、教授、博士生导师、国务院侨办和福建省重点学科带头人、华侨大学学报(哲学社会科学版)主编。主要社会兼职有:中国宗教学会理事、福建省哲学学会、宗教研究会理事等。研究领域主要为宗教学理论和华侨华人宗教文化。已在《世界宗教研究》、《宗教学研究》、《华侨华人历史研究》等刊物发表论文30余篇,主要有:《东南亚华人传统宗教的构成》、《特性与发展趋势》、《华侨华人传统宗教的世俗化与非世俗化》、《现代普世伦理吁求与多元宗教对话》、《宗教与文化关系的几点思考》等;出版的著作主要有:《宗教现象的文化学研究》(独著)、《宗教与社会》、《宗教与哲学》和《宗教与文化》(合著)等;主持国家社会科学基金项目2项、省部级社会科学基金项目6项;2003年以"宗教文化研究"为主讲课程获福建省首届高校教学名师奖;2007年获福建省第七届社会科学优秀成果三等奖。

张新鹰 1952年3月生于北京,祖籍河北丰润。北京大学图书馆学系专修科毕业,中国社会科学院管理干部研究生班结业。编审。1978年4月进入中国社会科学院世界宗教研究所,历任图书资料室副主任、主任;科研处处长;所长助理兼科研处处长;党委副书记、副所长,分管科研、学会等工作。2008年11月就任中国社会科学院计算机网络中心主任,继续担任中国宗教学会常务副会长,全国台湾研究会理事。

在中国佛教古籍特别是刻本大藏经版本目录研究方面着力较早,先后发表论文、资料十余篇,其中《陈宁其人及回鹘文〈八阳经〉版刻地》曾被宿白教授等多位学者征引。后因工作需要转向台湾宗教、新兴宗教、宗教政策理论研究等领域,撰有《台湾宗教识略》、《台湾的新兴宗教》、《台湾新兴民间宗教存在意义片论》等多篇学术资料和研究论文。在宗教政策理论、民间信仰、膜拜团体研究等方面发表论文若干,并主持或参与有关调研项目,完成包括国家社科基金重大项目子课题在内的一系列内部报告。目前担任"马克思主义基础理论研究与建设工程"课题"马克思主义宗教理论若干重大问题研究"的子课题负责人。

参加编纂《中国佛教丛书·禅宗编》、《敦煌大藏经》;2007年起担任《中华大藏经(汉文部分)·续编》副主编。主持编写2000—2006年《中国人文社会科学前沿报告》各年度"宗教学"热点问题报告。主编《宗教研究四十年—— 中国社会科学院世界宗教研究所成立40周年纪念文集》;中国宗教学会会刊《中国宗教学》第一、三辑。任《中国宗教研究年鉴》副主编,负责各卷终审定稿;该年鉴2006年获中国社会科学院优秀科研成果三等奖。

郑伟宏 1948年生于江西会昌,祖籍广东兴宁。1970年毕业于复旦大学哲学系,留校工作至今(1975年曾在人民日报国际部工作一年)。在哲学系从事逻辑教学工作多年,现任复旦大学古籍所研究员、兼职哲学学院、博士生导师、任中国逻辑学会因明专业委员会副主任、上海逻辑学会副会长、中国宗教学会理事。现专职从事因明(佛教逻辑)研究。1991年应印度华侨佛教总会邀请赴印度进行学术交流。曾撰写国家六·五重点项目《中国逻辑史》现代因明部分,并被中国社会科学院哲学所逻辑室特邀编写国家项目《逻辑百科词典》因明条目。有学术专著《佛家逻辑通论》、《因明正理门论直解》(均为复旦大学版)和1999年国家社科基金项目《汉传佛教因明研究》(中华书局版),分别获教育部和上海市社科著作奖。三本书在理论上有独立创新之见解。已经完成上海市社科基金项目《因明大疏校释、今译、研究》。目前主持撰写2006年教育部重大项目《佛教逻辑研究》。

钟国发 1945年2月生于四川金堂。西南师范学院历史系1966届本科毕业,1969年遣往新疆生产建设兵团农一师接受"再教育",历经农工、文教、工宣队员、给养员、中学教员、炊事员等岗位。1978年考取武汉大学中国古代史专业研究生,师从唐长孺教授。1981年毕业,获硕士学位,分配新疆师范大学,参与创建历史系,负责建立世界史教研室;结合教学进行研究,涉世界史、新疆地方史、民族史、宗教史诸领域。历任至副教授、系主任,自治区政府哲社规划领导小组历史专家组成员。1996年应聘入上海社会科学院宗教研究所,分工研究道教学。先后获选为上海市宗教学会理事、中国宗教学会理事。2004年晋为研究员。2005年退休,旋受聘为本院传统中国研究中心研究人员,任该中心学术委员会委员、《传统中国研究集刊》编委。现主要研究中国宗教史。已发表论文80余篇,著作《茅山道教上清宗》、《神圣的突破—— 从世界文明视野看儒佛道三元一体格局的由来》、《陶弘景评传(附寇谦之、陆修静评传)》、《恍兮惚兮—— 中国道教文化象征》(二人合著)。

姚南强 1948年9月生于上海市松江县。1968至1974年下乡在黑龙江建设兵团32团21连,1978年考入华东师大政教系,1982年本科毕业,1990年在该校哲学系研究生毕业,获硕士学位,现为华东师范大学人文社会科学学院社会学系教授、硕士生导师,并任上海外贸学院、上海师范大学等校的兼职教授。

主要研究因明、佛学和宗教社会学。著有《宗教社会学》(东华大学出版社,2004年7月),《因明学说史纲要》,(上海三联书店,2000年8月),该著获第三届高校人文社会科学著作奖;;《禅与唐宋作家》(江西人民出版社,1998年1月)、《超凡入圣——佛教戒定观》(宗教文化出版社,2002年11月)、主编《因明辞典》(上海辞书出版社,2008年3月),主编《佛学经典命题》(江西人民出版社2009年7月),《中国佛教逻辑史》(沈剑英主编,本人为第二作者,华东师大出版社,2001年12月)等专著。另在海内外发表论文百余篇,多次获省、部级优秀论文奖。现任中国宗教学会理事,中国社会学会社会思想史专业委员会理事,中国逻辑学会因明专业委员会秘书长、上海市宗教学会理事等。

高师宁 女,1950年2月生于贵州贵阳。1968年下乡务农。1977年考入贵州师范大学,1985年考入中国社会科学院研究生院,获哲学硕士;现任中国社会科学院世界宗教研究所研究员;研究领域为宗教社会学。是改革开放以来首批从事宗教社会学领域的学者,其专著《马克思主义宗教观及其相关动向》和《新兴宗教初探》,是国内最早关注此两个主题的著作,《当代北京基督教与基督徒》也是用社会学方法和理论研究中国基督教现状的开拓之作;《宗教与当代中国社会》中的"天主教篇"首次撰写了中国天主教当代史,而《宗教社会学》(合著)也是国内首次系统介绍此学科的著作;译有《宗教的未来》、《宗教社会学史》、《神之简史》、《神圣的帷幕:宗教社会学的基本要素》、《天使的传言》、《狱中书简》等十多部名著;发表学术论文五十余篇,近年来的论文更多地关注中国宗教现状(尤其是基督教的现状)与中国社会的关系。

班班多杰 藏族,1952年7月12日生,青海省湟中县人。现任中央民族大学哲学与宗教学系教授、博士生导师,兼任中国宗教学会理事,中国西藏文化保护与发展协会理事。入选北京市首届跨世纪"百人理论工程",系中央民族大学学科带头人,享受国务院政府特殊津贴专家,专攻领域为藏传佛教及藏族文化。

1974年从中央民族学院政治系毕业后留校任教至今,师从东嘎·罗桑赤列活佛、法尊法师、观空法师、郭元兴居士、方立天先生等研习古藏文、藏传佛教思想。上世纪90年代初以来,班班多杰开始发表论著,如《藏传佛教思想史纲》、《拈花微笑—— 藏传佛教哲学境界》、《宗喀巴评传》等。其中《藏传佛教思想史纲》一书获得了1993年国家民委社会科学优秀成果一等奖,《拈花微笑——藏传佛教哲学境界》一书获教育部第二届高校优秀科研成果三等奖。此外,在《中国社会科学》《哲学研究》等杂志发表了多篇关于藏传佛教与藏族文化方面的论文,有些被《新华文摘《中国社会科学文摘》转载、摘录。曾任藏学系主任、藏学院院长等职,多次应邀赴瑞士、英国、加拿大等国家参加国际藏学会和讲学。

徐　麟　又名解成,生于1947年11月,江西省南昌市人。1963年9月考入河北山海关一中高中,毕业后于1968年7月到山海关高建庄公社务农。1978年10月考入河北师范大学。1980年10月考入中国社会科学院,被分配到河北省社会科学院工作。历任研究实习员、助理研究员、副研究员、研究员。2007年9月退休。1995年始任中国宗教学会理事。2005年始任中国无神论学会理事。还是河北省人民政协理论研究会理事、河北省统一战线学会理事、中国法学会董必武法学思想研究会理事。

曾主持完成国家社会科学规划基金资助项目《改革开放中的河北省天主教地下势力问题调查》(内部研究报告),获中共中央统战部1999年优秀研究成果二等奖。另一合作研究报告《化消极因素为积极因素 进一步做好新形势下的天主教工作》获该部2006年优秀研究成果二等奖。1990年、2002年和2008年先后出版专著《颜元哲学思想研究》(合作)、《弃绝邪教"法轮功"》和编著《基督教在华传播系年(河北卷)》。累计发表涉及多个学科的学术论文百余篇。

梁　工　1952年8月生于河南省开封市。现为河南大学教授、博士生导师、圣经文学研究所所长、河南省外国文学学会会长、中国外国文学学会东方文学研究会副会长、中国宗教学会理事、享受国务院特殊津贴专家、学术辑刊《圣经文学研究》主编。多年来致力于圣经文学研究,在《外国文学评论》、《世界宗教研究》、《外国文学研究》、《国外文学》等刊发表论文60余篇,在商务印书馆、中华书局、人民文学出版社、宗教文化出版社等社出版著译10余部。主持完成4项国家及教育部社科规划项目,多次赴美国、德国、以色列、中国香港、中国台湾出席国际学术会议。主要著译包括《圣经叙事艺术研究》、《凤凰的再生:希腊化时期的犹太文学研究》、《圣经文学导读》、《耶稣的一生》、《圣经纵览》、《圣经中的犹太行迹:圣经文学概论》等,主编《西方圣经批评引论》、《莎士比亚与圣经》、《圣经视阈中的东西方文学》、《基督教文学》、《圣经百科辞典》,以及"圣经文化解读书系"(6卷)、"圣经文化丛书"(3卷)等。

黄陵渝　女,1950年8月生于重庆市,山东沂水人,中国致公党成员。1968年—1975年黑龙江生产建设兵团军垦战士,1976—1979年3月北京广播器材修造厂工人,1979年考入中国社会科学院世界宗教研究所,任外事秘书,后被聘为实习研究员、编辑、助理研究员、副研究员、研究员,硕士研究生导师,中国世界民族学会理事。自2003年起,兼任中国社会科学院研究生院宗教系副教授、教授。1994 年获得北京师范大学文学学士学位。1994 年秋至 1995 年秋,作为中国国家教委派赴以色列研修犹太教的第一位访问学者,在耶路撒冷希伯来大学攻读研究生项目(Graduated Student Programm),学习希伯来语、犹太教及中东历史文化。2004 年作为中国国家留学基金委派赴立陶宛研修该国宗教文化及犹太教史的第一位高级访问学者,在立陶宛维尔纽斯大学研修,并学习意第绪语。2005 年—2006 年,应捷克、斯洛伐克、波兰、匈牙利、斯洛文尼亚科学院邀请,作为高级访问学者,在上述国家进行东欧宗教文化与犹太教历史调研。主要研究领域:犹太教、当代宗教。主要学术成果:独著:《世界犹太教与文化》、《犹太教学》、《多难之路—犹太教》、《当代犹太教》、《犹太教》(中国社会科学院研究生重点教材)。与他人合著:《世界大通史》、《当代亚太地区宗教》、《今日中国宗教》、《俄国宗教史》、《当代佛教》、《中国伊斯兰教百科全书》等十余部学术专著和工具书,并发表二百多万字的宗教学术文章,主要有:《犹太教研究在中国》(《世界宗教研究》1999/04,德国《华裔学志》转载于该刊第 46 期)、《论犹太教伦理的核心观念》(《世界宗教研究》2001/01)、《论美国犹太教》(《犹太研究》创刊号,2002 年)。

葛兆光 1950 年 4 月生于上海,原籍福建,1977 年考入北京大学中文系古典文献专业,1984 年同专业研究生毕业。曾在江苏扬州师范学院历史系任教。1992 年起,任北京清华大学历史系教授,并先后应邀担任香港浸会大学、日本京都大学、香港城市大学、比利时鲁汶大学、台湾大学、台湾暨南国际大学客座教授。2006 年底,出任复旦大学文史研究院(国家哲学社会科学创新基地)院长,历史系教授,博士生导师。

主要研究领域是中国宗教、思想和文学。主要著作有:《禅宗与中国文化》(上海人民出版社 1986)、《道教与中国文化》(上海人民出版社 1987)、《汉字的魔方——中国古典诗歌语言学札记》(香港中华书局. 1989,辽宁教育出版社,1997)、《中国经典十种》(香港中华书局,1993,修订本,北京中华书局,2008)、《中国禅思想史—— 从 6 世纪到 9 世纪》(北京大学出版社,1995,增订本,上海古籍出版社,2008)、《葛兆光自选集》(广西师范大学出版社,1997)、《中国思想史》两卷本(复旦大学出版社,1998,2001)、《中国宗教与文学论集》(清华大学出版社,1998)、《域外中国学十论》(复旦大学出版社,2002)、《屈服史及其它:六朝隋唐道教的思想史研究》(三联书店,2003)、《古代中国文化讲义》(三民书局,台北,2005,复旦大学出版社,2006)、《西潮又东风—— 晚清民初思想宗教与学术十论》(上海古籍出版社,2006)、《古代中国的历史、思想与宗教》(北京师范大学出版社,2006)、《中国宗教、学术与思想散论》(香港三联书店,2008)等。曾获第一届中国图书奖、第一届长江读书奖、第三届与第五届国家图书奖提名奖等。

董小川 1951年10月14日生,东北师范大学历史文化学院教授,历史文化学院教授委员会委员,世界史系系主任,博士生导师。兼任中国世界近代现代史研究会副会长、中国宗教学会理事、中国美国史学会理事。研究方向:西方文化史(宗教史)。1989年11月16日—12月21日访问美国南伊利诺伊大学;1996—1997年作为美国富布莱特基金项目研究学者访问美国密歇根大学;2003年7月—2004年1月,获得国家留学基金项目,作为高级访问学者访问美国威廉玛丽学院。主要专著和教材10部:1.《美俄关系史研究(1648—1917)》,专著,东北师范大学出版社1999年版(30万字);2.《儒家文化与美国基督新教文化》,专著,商务印书馆1999年版(20万字);3.《世界史纲》(下卷主编之一)(教育部"面向21世纪"教材),上海人民出版社1999年版(40万字);4.《家庭的进化》(《人类文明史图鉴》丛书之一,译著),吉林人民出版社2000年版(15万字);5.《世界文化史》(主编)(教育部师范司专升本"面向21世纪"函授教材),高等教育出版社2002年版(47万字);6.《20世纪美国宗教与政治》,专著,人民出版社2002年版(25万字);7.《美国文化概论》,专著,人民出版社2006年版(30万字);8.《现代欧美国家宗教多元化的历史与现实》,专著,上海三联出版社,2008年版(30万字);9.《现代欧美国家民族同化与排斥》,论文集,主编,上海三联出版社,2008年版(30万字);10.《巴黎城市史》,东北师范大学出版社,译著,2008年版(40万字)。此外,在《历史研究》、《世界历史》、《光明日报》、《美国研究》等刊物发表论文70余篇。

韩金科 1946年8月生,祖籍陕西省扶风县法门镇,研究员职称。1964年参加工作,任扶风县共青团、新闻、理论干事、县委宣传部副部长兼县文化局长、县委办公室主任兼研究室主任到1988年。从1985年起,组织、参与领导了扶风县对法门寺明代残塔的拆除、文物保护;组织、参与领导了法门寺塔基清理、唐代地宫发掘和文物保护;组织、参与领导了法门寺博物馆的筹建和法门寺对外开放。1988年至2006年任法门寺博物馆馆长,组织、领导了法门寺博物馆扩大建设、法门寺文化研究十多次国际学术讨论会和法门学的创立、法门寺大文化区的规划及法门寺影视文化事业。2001年起任陕西省人民政府参事。2006年至今任西安佛教文化研究中心常务副主任、西安大唐茶文化研究中心常务副主任、秘书长。

三十多年来从事中国哲学史、思想史和佛教史的学习,先后出版专著《法门寺》(三种)、《法门寺文化史》、《从佛指舍利到法门寺文化》、《法门寺文化与法门学》。主编《法门寺文化研究》(历史卷、佛教卷、考古卷、文学艺术卷)、《法门寺文化研究通讯》(二十九期)、《法门寺文化研究丛书》(三十九卷)。出版合著《法门寺地宫唐密曼荼罗之研究》。发表《法门寺与法门寺文化》、《法门寺当代建设的文化意义》等论文三十多篇。

潘明权 1947年2月生,祖籍江苏南京。中国宗教学会理事、上海宗教学会理事。曾任上海财经大学讲师,后调任上海市宗教事务局佛道教工作处副处长、曾任局研究室主任、上海市民族和宗教事务委员会政策法规处处长,长期从事佛、道教和宗教法规、政策的工作和研究,参加执笔起草《上海市宗教事务条例(草案)》、参加讨论起草国家《宗教事务条例(草案)》等工作。2007年退休,仍从事有关的研究和写作。发表过《上海宗教现状和近中期情况预测》、《宗教现象和我们的宗教观》、《道教和宫观管理》、《上海宗教网站的现状和管理的对策》、《上海宗教活动场所的社会定位和社会管理刍议》、《构建和谐社会中宗教活动场所的社会作用》、《宗教立法和宗教执法实践中几个问题的思考》、《宗教事务地方立法问题刍议》、《对当前佛教寺庙的自养经济的几点看法》等有关佛道教、和宗教政策、宗教立法等方面的论文数十篇。著有《上海佛教寺院纵横谈》、《上海佛寺道观》、《上海佛教碑刻文献集》(与柴志光合编)、《上海寺庙楹联对联集》、《上海宗教之旅》、《世界佛教邮票欣赏》,《道教邮票欣赏》,《基督教邮票欣赏》、《伊斯兰教邮票欣赏》、《各国宗教邮票欣赏》和《佛经故事》等,及参加主编《上海宗教志》、《上海佛教寺素斋》,及大型丛书《中国佛教名寺古刹》等书。

濮文起 1951年1月生,天津市人,北京大学历史系毕业,天津社会科学院研究员,曾任天津社会科学院宗教文化研究所所长、哲学研究所所长,现任中国宗教学会理事,兼任天津公安警官职业学院宗教研究所名誉所长、特聘教授。自1980年代始,从事中国民间宗教、世界新兴宗教和佛教文化研究,著有《中国民间秘密宗教》、《民间宗教与结社》、《秘密教门:中国民间秘密宗教溯源》、《河北民间宗教史》、《普世价值的实践:马来西亚创价学会的和平、文化、教育运动》(合作),主编《中国民间秘密宗教辞典》、《关帝文献汇编》(笔名鲁禺)、《中国历代观音文献集成》、《中国会党史料集成》、《民间宝卷》、《识佛丛书》,参与主编《宝卷初集》、《中国火灾大典》、《中国消防通史》,在《世界宗教研究》、《文史哲》、《南开学报》、《天津社会科学》等杂志发表论文近百篇。承担2007年度国家社会科学基金重点项目《当代中国民间宗教调查与研究——以河北民间宗教现实活动为例》。

部分宗教学著作简介

曹　平

现代欧美国家宗教多元化的历史与现实

董小川著,上海三联书店,2008年3月,313页,28万字。

本书为教育部重点研究基地东北师范大学世界文明史研究中心2003年重点项目“现代欧美人口迁移与宗教多元化”的最终研究成果之一。分为3部分共10章。其中第一部分为西欧、南欧和北欧国家宗教多元化,共5章,包括英国、法国、德国、西班牙、葡萄牙、比利时、瑞士、意大利、奥地利、希腊、瑞典、挪威、芬兰、冰岛、丹麦、荷兰等国家;第二部分为俄国与东欧国家宗教多元化,共2章,包括俄国、苏联加盟共和国和东欧国家(捷克、斯洛伐克、南斯拉夫、波兰、保加利亚、罗马尼亚、阿尔巴尼亚等国家;第三部分为美洲国家宗教多元化,共3章,包括美国、加拿大、巴西、古巴、哥伦比亚、阿根廷以及其他一些拉美国家。

该书从各国历史上宗教信仰多元化的起源与发展、现在宗教多元化的表现和基本状况、宗教多元化的特点分析等方面进行了比较详尽的历史追述和现实分析。书中引用了英文、俄文、中文的大量政府部门公开的文献数据、原始资料和最新的网上数据。可以为专业学者和学生提供研究参考,也可以为普通读者增加了解欧美国家宗教状况提供帮助。

宗教与近代广东社会

赵春晨著,宗教文化出版社,2008年3月,531页,40万字。

全书分为九章二十七节,依据大量原始档案以及旧报刊、旧教会图书等文献资料系统论述了近代(1840—— 1949年)广东宗教活动的情况、宗教同世俗社会的互动关系,以及地方政府的宗教对策与宗教管理上的得失利弊等。其中第一章是对近代广东宗教活动历史渊源与社会背景的概述,第二至第第六章分别论述了近代佛教、道教、伊斯兰教、天主教、基督新教在广东的活动与社会影响,第七章是对近代广东地方政府宗教对策和宗教管理情况的考察分析,第八章论述近代广东的涉教案件与处理,第九章专论1922—— 1927年间广东的非基督教运动及其社会影响。书中所述史实与论列的问题,以往学术界甚少关注,是国内外首部系统研究近代广东的宗教活动及其与世俗社会相互关系的学术专著。

中国式宗教生态:青岩宗教多样性个案研究

陈晓毅著,社会科学文献出版社,2008年4月,544页,42.1万字。

本书据博士学位论文修订而成,是中国宗教多样性研究方面的第一部专著,其贡献主要有三。其一,基于对中国宗教生态系统层级的整体认识,本书在杨庆堃对中国宗教二分的基础上,综合考虑制度化宗教之间的差异性因素,提出青岩宗教生态系统的"三层楼结构"—— 底层(苗族、布依族、汉族的民俗宗教)、中层(儒、释、道等传统宗教)、第三层(基督教、天主教等一神教)。其二,本书建构"宗教生态范式"来阐释青岩多元宗教共存、交涉、混融的规律,阐述"宗教生态系统"、"宗教生态平衡"、"宗教生态失衡"等概念,深入剖析"宗教生态"在宏观、中观和微观三个层面的涵义,并归纳出"宗教生态学"的三种学科分支及其研究对象。其三,本书见微知著,对经济全球化带来的宗教多样性困境进行思考,提出多元异质宗教要共存共荣,必然历经常态的接触、交流、对话和非常态的冲突来增进共识,以达到"和而不同"的共生境界,这是中国传统宗教文化实践为世界宗教冲突问题提供的解决良策,也是世界多元宗教互相竞争交涉、共同繁荣发展的必由之路。

本书共8章。第2章介绍青岩基本情况及其多元宗教建筑景观。第3章以时间为线索,描述青岩宗教生态系统的形成与嬗变,并归纳出青岩宗教生态系统的结构特点。第4章以清朝咸同年间爆发的青岩教案为例,描述和分析宗教之间矛盾冲突引起青岩乃至整个中国的宗教生态失衡问题以及各方力量为恢复宗教生态系统的平衡而做出的努力。第5章以青岩基督新教为例,透视市场经济背景之下青岩宗教信徒内部发生的利益争夺及其引起的局部宗教生态失衡现象,呈现市场经济时代青岩宗教内部生态的运作现状及其规律。第6章以鬼节、丧葬仪式、神榜等为例论述青岩宗教互动交涉、混融共生的现状及其规律。第7章回顾、总结青岩宗教多样性,对宗教生态范式进行理论建构。第8章是关于宗教生态论的拓展讨论,首先从宗教生态论角度回顾中国宗教生态系统底层、核心、主干和全球化样式的形成与嬗变,其次对亨廷顿的"文明冲突论"

做出批判性回应，第三对社会主义中国宗教的存在问题进行讨论，最后提出构建中国特色社会主义宗教生态系统的设想并对其未来走向做简明扼要的讨论。

宗教论　第二卷

李申著，中国社会科学出版社，2008 年 5 月，376 页，44 万字。

本书第一卷《神祇论》论的是"宗"的对象，本卷《事神论》论的就是如何"宗"，并且论如何"教"，论述与"宗"和"教"过程本身直接相关的种种问题。目的在于向读者展示："宗教是什么"。

本书第一章论述宗教的发展和分类；第二至第三章论述事神的最初方式：献祭和礼仪；第四第五章论述德行和出离德行的事神方式；第六章论述事神的目的；第七章至第九章论述神意的载体；第十至第十一章论述事神群体即宗教组织以及其组织的世俗性质；第十二章总论宗教群体的盛衰和演变，十三章论述宗教的心理和情感。最后总结了宗教嬗变的规律、新兴宗教及其前途。

宗教管理学

杨玉辉著，人民出版社，2008 年 9 月，525 页，41.2 万字。

本书是一部运用管理学和宗教学的理论和方法，全面系统地阐述各种宗教管理问题的开创性著作。全书由宏观宗教管理和微观宗教管理两大部分组成，宏观宗教管理讨论以政府宗教事务管理为核心的社会宗教管理问题，内容涉及宏观宗教管理的基本概念、基本方法、组织机构、管理者，社会宗教政策，宗教组织的社会治理，宗教组织的社会行为规范，宗教组织的慈善公益活动管理等；微观宗教管理阐述宗教组织自身的各种管理问题，内容包括微观宗教管理的基本概念，宗教组织，宗教组织的决策、计划、领导、控制、协调，教职人员与信众的组织管理，宗教组织人员的激励，教产管理、宗教组织的财务管理，宗教活动的管理，宗教组织的事业管理，宗教教育管理，宗教宣传及出版与法物流通管理等。该书内容丰富全面，结构完整系统，理论联系实际，是一部具有重要理论价值和实践应用价值的宗教管理著作，适合各类宗教管理人员阅读，其他人士亦有重要参考价值。

宗喀巴佛学思想研究

朱丽霞著，中国社会科学出版社，2007 年 4 月，248 页，25 万字。

宗喀巴是藏传佛教发展史上的集大成者，他的佛学思想对后世西藏佛教产生了深刻的影响。本书按照佛教的境、行、果三个方面来构建宗喀巴的思想。其中，境的方面，主要阐述他的认识论方面的思想，包括对"缘起性空"理解方面存在的问题进行解析和纠正。他既批判了摩诃衍的“无分别说”,也批判了清辨“名言有自性”的观点,认为龙树思想的核心是“缘起义即自性空义”。同时,宗喀巴还对唯识宗的主要观点进行了批判的吸收,继续推进从印度佛教后期开始的“空”“有”结合的进程。行的方面,主要阐述了宗喀巴的实践论,也就是“三士道”的修行次第。果的方面,主要关涉的是宗喀巴的解脱论思想,包括他对佛性和佛果的认识。在详细阐述宗喀巴佛学思想的基础上,本书还将宗喀巴的佛学思想放在印藏、汉藏佛教的大背景中进行考察,凸现了其总体特征及在整个佛教思想史上的地位和作用。

晚明佛教思想研究

陈永革著,宗教文化出版社,2007年5月,529页,42万字。

本书基于佛教思想史的阐释与疏理,从宗教社会学理解宗教世俗化问题的理论构设出发,对晚明佛教思想进行共时性的阐释,并兼顾明末佛教的历时性演进,结合晚明所处社会时代环境的思潮变迁,提出现实圆融与历史还源为晚明佛教复兴思潮的两大基本主题,并以此诠释晚明佛教改革丛林、复兴佛教的演历过程。从具体内容结构上,则较为全面而系统地探讨晚明丛林的禅学中兴现象、对净土信仰的全面皈依及其普世取向、佛教戒律复兴及其伦理诠释、晚明居士佛教的思想特质及其社会效应、晚明佛学与明代儒学的相互交涉及其对佛教经世这一思潮转向的影响、晚明佛学与阳明心学及其流变之间的思想异同、晚明佛教丛林对道家及道教的批判、对天主教思想的驳难等等。最后,试图从对晚明佛教思想脉络的具体疏理、辨析中,阐释晚明佛教复兴思潮的内在困境之所在。

晋唐时期南海道求法高僧群体研究

何方耀著,宗教文化出版社,2008年3月,244页,25万字。

本书是对晋唐时期海路佛教僧人传教活动所做的专题研究,共由六部分组成。第一部分,从宏观的角度对晋唐五百年间往来于南海道之中、西佛僧群体之结构和前后变化情况进行分析、研究,比较中、西(印)两个僧人群体传教活动之不同特点、分析来华西僧之国属构成,研究赴印求法华僧之留归存亡情况、分析中国求法僧之籍贯情况;第二部分,探讨南海道佛僧与商人之间的关系,分析僧、商之间相互依存,有时又相互冲突的互动关系;第三部分,考察赴印求法僧梵语文学习活动背后的文化心理,指出中国佛门的“边地意识”是推动华僧学习梵语进而赴印求法的重要文化心理因素;第四部分,分析中国求法僧发起的梵语学习活动对中国文化及中国社会产生的影响;第五部分,具体分析中国僧人赴印求法途中携带汉本佛典的原因、作用及其文化意义;第六部分,从佛教经典传译的角度对整个海路佛僧群体的传教活动做一总体评述。

西北佛教历史文化地理研究

介永强著,人民出版社,2008 年 4 月,340 页,30 万字。

本书从文化地理学视角出发,广泛搜集历史文献,充分利用考古成果,综合运用多学科研究方法,主要从佛教寺院的地理分布、佛教石窟的地域特色、佛教学术文化的弘扬、佛教主要流派的传播四个方面提纲挈领地论述了历史时期佛教文化在西北地区波澜壮阔的发展历程,从时间和空间两个维度复原出历史时期西北地区佛教文化景观的一个个横断面,展示出历史时期西北地区佛教文化的全套图景,阐明了历史时期佛教文化主要要素在西北地区的分布状况和地域特征。全书最后对历史时期的西北佛教文化区域进行了科学划分,探析了西北地区佛教文化重心的历史变迁,揭示了当代西北地区佛教文化格局的历史成因。本书开辟了区域历史宗教地理研究的新园地,对于推动历史宗教地理研究的深入开展、对于完善宗教学学科体系具有积极的学术意义。

密教传持与唐代社会

夏广兴著,上海人民出版社,2008 年 4 月,418 页,32.7 万字。

密教东渐,至唐而极,成为刺激和影响大唐文化的活跃因素。本文的绪论部分全面、系统、深入地描述了密教的特征、形成及发展。绪论之外,共设九章。第一章“唐代密教之流播与发展”,对印度密教传入中土后在唐代的传播与衍变作了细致的分析,梳理了唐密发展的脉络和规模。第二章至第六章,分别从密教与咒术、密教与儒道及诸宗派、密教与唐代民俗风情、密教与唐代社会生活进行了论述,印证密教在唐代流播过程中对中国传统思想观念的消化与吸收,及对社会生活各方面的影响。第七、八、九章则分别从密教与唐代文学创作及密教与唐代宗教艺术等方面,以宗教与文学及艺术的交融互汇这一文化现象为对象,从观念、题材两方面着手,就密教在咒语、祭祀、仪轨、神变等方面的影响进行论述,从而梳理出密教对唐代诗文、小说等文学创作影响的轨迹,特别就密教祭祀、咒语等的运用,结合中土传统敬天祀鬼观,进行细致的个案研究,使唐代文学中密教的意象、观念、仪轨、题材等凸现出来。

圣俗之间—— 西双版纳傣族赕佛世俗化的人类学研究

龚锐著,云南出版集团公司云南人民出版社,2008 年 6 月,331 页,35 万字。

本书共分为十二章,第一章西双版纳傣族南传佛教与赕佛消费,第二章西双版纳傣族赕佛消费的类型及赕佛的功能,第三章西双版纳傣族赕佛消费与佛寺,第四章西双版纳傣族赕佛消费的时间与空间,第五章西双版纳傣族赕佛消费的主体与客体,第六章西双版纳傣族赕佛消费中的行为与仪式,第七章西双版纳傣族赕佛消费体系的运作机制,第八章西双版纳傣族赕佛消费与社区经济发展的关系,第九章西双版纳傣族南传佛教与原始宗教在赕佛消费中的交融,第十章西双版纳傣族赕佛消费世俗化倾向在跨境宗教交往方面的表现,第十一章德宏傣族赕佛消费世俗化现象,第十二章现代背景下西双版纳傣族南传佛教赕佛消费世俗化现象前瞻。

智慧与解脱—— 禅宗心性思想研究

牟永生著,中国社会科学出版社,2008年10月,260页,21万字。

修禅即修心,禅悟即心悟。禅宗也就被称为"心宗",传禅也称"传心",解脱的境界就是心的开悟。该书运用历史与逻辑相统一、文献学和比较研究等视角与方法,从追索禅宗心性思想形成的文化资源,考察禅宗心性思想形成与发展的演变过程入手,将禅宗丰富的心性思想梳理和概括为心性空无观、心性本体观、心性价值观、心性修养观、心性觉悟观、心性解脱观和心性境界观七个层面,且七个层面之间相互联系,彼此融摄,构成禅宗心性思想的核心价值系统。认为无论从纵向,抑或从横向上看,禅宗心性思想都是一种基于心性本体的智慧解脱论。这样的安排,既揭示了禅宗心性思想逻辑结构的丰富与深厚,也表现出作者独具的匠心,具有较高的学术价值。

汉译佛教经典哲学

杜继文著,江苏人民出版社,2008年11月,1400页,115万字。

本书对浩如烟海的佛教典籍在中国古代的传译和扬弃情况,进行了前所未有的探索。分上卷"原始佛教与部派佛教的基本教义和经典",主要分析佛教早中期形成的"因缘"、"无常"、"业报"、"涅槃"等基础教义、基本概念及四部《阿含经》等经典;下卷"大乘佛教思潮和大乘佛教经典",主要分析"菩萨行"等大乘思潮及对中国佛教影响深远的《维摩诘经》、《妙法华经》、《华严经》、《大般涅槃经》及《大乘起信论》、《楞严经》、《圆觉经》等大乘经典。

该书着重考察"对中国思想和佛教哲学影响重大的经论"和"经论中具有普遍哲学意义的部分",深究"汉文译籍承载的意识与中国固有意识间的一些交涉",通过解析中国佛教对于佛典译籍的取舍损益情况,揭示了中国佛教与域外佛教在观念上的异同和沿革。

该书已被评定为国家社科基金项目中“在研究思路和方法上完全是创新的”、“迄今为止此类研究中最有分量的一项成果”，堪称佛教研究史上里程碑式的鸿篇巨制。

贝叶上的傣族文明——云南西双版纳南传上座部佛教社会研究

吴之清著，人民出版社，2008年11月，259页，28万字。

佛教竭力主张开发人类潜在的清净、纯洁之智慧，摒弃人们思想中丑陋、污秽的成分，且运用“如实知见”的般若智慧观照世间，凭慈悲心以乐拔苦，靠行八正道严以律己。佛教在中国的传播过程中，通过不断的自我调适，日益与中国社会的政治、经济、文化、人文、民俗相融合，形成颇具中国特色的佛教，表现出有别于印度佛教的特殊精神面貌和底蕴深厚的中国传统文化特征。就云南南传上座部佛教来说，除其内容保持了大量原始佛教遗风之外，还与当地民俗文化碰撞、融合，形成了浓郁乡土气息的傣族佛教。在元明之际，巴利语系小乘上座部佛教以惊人的速度传入我国云南傣族聚居区；小乘佛教的传入，极大地推动了云南傣族社会文明的进程。该书全面介绍了佛教对西双版纳傣族社会的影响，说明佛教促进了傣族文化的发展；同时，小乘佛教在“化傣族”的过程中为适应傣族社会而被“傣族化”。

道教生态思想的现代解读——两汉魏晋南北朝道教研究

白才儒著，社会科学文献出版社，2007年4月，339页，19.6万字。

本书旨在通过解读两汉魏晋南北朝大量道经来阐明道教生态思想的渊源和内在逻辑。道教生态思想发源于上古神道传统，吸纳了春秋战国时期理性革命的成果，是二者的综合。道教生态宇宙观揭示了宇宙自然的有机性和内在的神圣秩序，道教生态伦理思想阐明了成仙必须遵循的生态伦理规范，道教生态控制思想阐明了如何去维护、恢复和控制自然秩序。因而，秩序是道教生态思想的核心概念，道教生态思想旨在建构和维护人与自然的和谐关系、人与人的和谐关系，最终目的是修道成仙。

《太平经》研究——以生命为中心的综合考察

姜守诚著，社会科学文献出版社，2007年7月，版，527页，49万字。

本书主要围绕生命这一主题，分别从成书过程、命论思想、房中观念、生育礼俗、有关疾病的认识与治疗、死后世界等角度，深入地演绎和分析了《太平经》所蕴涵的丰富见解。这一研究手法既抓住了《太平经》的精要，也同时把握住道教文化的主旨，使我们能更全面地了解道教与中国文化的关系。

在行文中，作者将《太平经》放入一个宏观的历史背景下讨论，结合先秦、两汉及魏晋时社会文化及道家道教的发展脉络，力图对该典籍加以深层解读。作者本着史论结合的学风，既追求形上的思辨分析、也注重史料的钩沉稽考。文中论断多以翔实的第一手资料为立论基础，援引传世文献和地下出土实物材料的同时，亦配合运用语源学、统计学等方法，以期对《太平经》予以系统和全面的诠释和把握。

敦煌道经写本与词汇研究

叶贵良著，巴蜀书社，2007 年 9 月，816 页，58 万字。

该书共分十章，是国内第一部将敦煌文献与道教词语结合起来研究的学术著作，全面阐述了敦煌道经写本和道经词汇的研究情况，系统梳理了富有哲学思维的道教词汇体系，从崭新的角度给我们提供了看待"三教"融合的研究方法。作者把词汇与道教生活的各个方面联系起来加以考察，辩证地注意到词汇的继承和发展，考其源，溯其流，探索语词的得义缘由，对研究汉语词汇史是大有裨益的，也使我们对道教词汇系统有比较清楚和全面的认识。该书"针对道经词汇的特色，作者在研究方法、观察角度上却下了一番工夫，借助历史、文化、思想视角，在道经词语研究上构建了一个基本框架，对以后的研究可资借鉴"(曹广顺语)，该书"不仅具有填补研究'盲点'的性质，而且对整个道教文献语言的研究也有着深远的意义"(汪维辉语)。

增注新修道藏目录

丁培仁编，巴蜀书社 2007 年 11 月，728 页，58 万字。

研究道教，不能不阅道藏。从南朝宋道士陆修静的《三洞经书》算起，历史上曾编修过多部道藏，但大多早已亡佚，现存的只有明刊道藏。明道藏收书 1473 种(加上附录，一计 1487 种)，且归类混乱，按照今日的观点来看有种种缺陷。笔者认为：仅仅重修明道藏，而且因袭早已过时的三洞四辅十二部分类法，价值不大；如果能把明道藏以外的道书都搜集起来，与明道藏合为一体，用新的分类法编成一部新的道藏，那将是一项功德无量的壮举。在做这项工作之前，首先应编一部搜书目录，这目录应有较为科学的一套分类法作为框架，以便完全涵盖一切现有的和历史上曾经存在过的道教典籍，将它们组织成一个有序的体系。然而,卷帙浩繁的道书特别是题为"经"的典籍往往没有著者、编著年代等信息。为此,本书参考历代书目,从现存与道教相关的文献及其称引中,爬梳剔抉,录出近6000种道书,是明道藏的4倍,悉数纳入编著者新的分类体系之中,予大多数道书加以断代,系统地考证主要道书的著者、编著年代、内容、传承、流变等著述情况。继承和发扬传统目录学"辨章学术,考镜源流"的精神,除了设计大的分类框架之外,还以类为经,以时代、流派和人物为纬,并以"存目"一例酌情收入已佚或编者所未经见的道书,旨在给研究者提供一件关于道书流变的草图。大的分类是按照道教本身的性质特征和内部结构对道书重新加以区分。

书末附有"参考文献"和论文《道书分类法之我见》。

云南道教史

萧霁虹、董允著,云南大学出版社,2007年11月,380页,30.4万字。

云南道教史研究之难,在于史料不多。民国时期,方国瑜先生编撰《新纂云南通志·宗教考》,他不写道教,是因为道教"资料尤为罕觏,本多闻阙疑之意,暂为从缺";之后编纂的《续云南通志长编》直接就说"道教无可述,故从缺"。新中国建立后,有关云南道教的专题研究论文和专著也是屈指可数。

《云南道教史》是在前人研究的基础上,通过爬梳云南地方志、各类史籍、档案和碑刻资料,并进行实地调查,进一步广征史料,考证道教于东汉末年传入云南以来的一千多年的历史,理清云南道教史的发展脉络,阐述云南道教的地方特色和民族性特色。从全书的内容看,具有三方面的主要特点:1、该书是迄今为止的第一部贯通古今的云南道教通史著作,系统地记述了东汉末道教初传入滇至21世纪初约1800年间,云南道教在各个历史时期的演变、发展情况,对云南地方及少数民族文化的影响,历史时间跨度漫长,全书内容丰富。2、该书吸纳、整合了前人对云南道教的有关研究成果,并有自己新的探索研究和学术创见;是对以往云南道教历史文化研究成果的总结与拓展,并以边疆民族特色的道教研究新成果,生动地丰富了中国道教史的研究。3、该书的又一特色,是它包含了地方志书、碑刻文物、历史档案、社会田野调查、学术研究等多层次,全方位的云南道教历史的有关资料。丰富的史料,使之具有了深厚的基础。

全书力求史料准确,融学术性、史料性于一体,具有一定的学术价值。

文化传播与仪式象征——中国西南少数民族宗教与道教祭祀仪式比较研究

张泽洪著,巴蜀书社,2007年12月,540页,42万字。

宗教学研究中的信仰与仪式密切相关,信仰与仪式始终是宗教的两个重要范畴。本书以文化传播视野下的信仰与仪式为中心,具体探讨中国西南少数民族与道教的关系,比较分析原始宗教与神学宗教融摄互补的文化意义。本书充分吸取比较宗教学的理论方法,运用西方人类学的文化传播理论、象征理论,对中国西南少数民族宗教与道教的祭祀仪式进行实证研究。本书在道教传入西南少数民族地区的历史,南诏大理时期的道教,梅山教的源流,西南少数民族宗教的坛场科仪,西南少数民族与道教的法师及其威仪,西南少数民族祭祀的科仪格式,西南少数民族法师的禹步、掐诀、存想、符咒、科仪文书,瑶族度戒仪式道教化的宏观、微观考察,西南各民族宗教的传度仪式,西南少数民族宗教与道教的超度仪式,西南少数民族民俗活动的道教色彩等诸多方面,都有作者新的思考与见解。本书以中华民族多元一体的文化观为指导,通过道教在西南少数民族中的传播影响,来探索中国文化大传统与小传统相互结合的路径,以有力说明少数民族文化是中国传统文化的组成部分。本书以资料翔实,立论严谨、分析深入、文笔流畅而独具特色。

王岱舆思想研究

金宜久著,民族出版社,2008年4月,448页,40万字。

王岱舆(16世纪末/17世纪初—— 约1657年)是中国伊斯兰宗教哲学体系的奠基者,著有《清真大学》、《正教真诠》、《希真正答》。该书对他的思想进行系统的梳理、探讨,向人们揭示他写作的时代背景、思想之纲、思想模式、概念体系,以及他的“三一”(真一、数一、体一)思想、教道思想、慎修思想的丰富、新颖。以往有关王岱舆思想的研究,很少涉及他与国外伊斯兰思想、特别是苏非神秘主义的关系。本书从源头上阐述他的思想虽源于外部世界,但在同时又汲取中国传统文化的滋养,它既非外来伊斯兰思想的再现,又非儒释道思想的复述,形成具有中国特色、中国风格、中国气派的中国伊斯兰思想。明清以来的中国伊斯兰宗教哲学思想是中国少数民族之一的回族思想的精华,也是中国文化思想不可分割的一个重要组成部分。他以后的马注、刘智、马复初等回族穆斯林著名学者的著作,都受到他的思想的重要影响。

西域苏非主义研究

韩中义著,中国社会科学出版社,2008年6月,526页,43万。

本书内容主要分为三部分:第一部分(1－6章)主要考察了公元十世纪到

近现代西域苏非主义的发展史,大致厘清了其沿革、变化脉络,以及在特定的时期对社会的影响,从而对其有一个线性的了解。第二部分(7-12章)主要探讨了西域苏非主义的思想发展,内容包括禁欲、爱主、奇迹、灵魂、知识等观念。第三部分(13-20章)主要阐述了西域苏非主义与圣徒崇拜、麻扎朝拜、地方文化、尊号名称、政治关系、经济类型、教理制度、世系传承等内容。此外,该书还有一个绪论,主要大致介绍了什么是苏非主义,以及在世界各地发展。该书的附录部分有参考文献和苏非派常用词汇,以便学者进一步研究作参考。"后记"大致介绍了撰写该书缘起和遇到的问题。

当代东南亚伊斯兰:发展与挑战

许利平著,时事出版社,2008年8月,311页,28万字。

东南亚伊斯兰问题是当今学术界的一个难点,同时也国际社会所关注的一个热点。本书是国内第一部全面介绍和深入分析当代东南亚伊斯兰发展的学术著作。

作为一种外来文化,当代东南亚伊斯兰经历了一个本土化和现代化的过程,虽然面临着一些极端主义的威胁,但是当代东南亚伊斯兰还是走向了一条自我调节、自我发展的道路。本书从历史、政治、宗教等多学科角度,剖析了当代东南亚伊斯兰的产生、发展以及在当代社会所面临的挑战。

全书共分七章。第一章,东南亚伊斯兰的历史与传统,阐述了伊斯兰在东南亚的本土化过程。第二章,东南亚各国政府对伊斯兰教的政策,介绍了东南亚十一国政府对待伊斯兰教的具体政策。第三章,当代东南亚伊斯兰非政府组织与市民社会,阐述了当代东南亚非政府组织的作用和影响。第四章,当代东南亚伊斯兰与政党、政治,主要论述了伊斯兰在印尼和马来西亚政党、政治中的独特作用与影响。第五章,当代东南亚伊斯兰发展的困境,主要分析了伊斯兰极端主义的影响。第六章,当代东南亚与现代化,阐述了东南亚伊斯兰独特的发展模式。第七章,国际热点与当代东南亚伊斯兰世界,主要阐述了国际热点对东南亚伊斯兰世界的影响。

本书引用的资料,一部分是作者在东南亚实地考察的结果,另一部分则是英文、印尼文、马来文、越南文和缅甸文等多语种的资料,具有较强的权威性。

总而言之,本书主要对当代东南亚伊斯兰世界所面临的一些热点、难点进行了多层次的分析,具有重要的学术意义和重大的现实理论意义。

阿奎那自然神学思想研究

翟志宏著,人民出版社,2007 年 11 月,426 页,30 万字。

托马斯·阿奎那(Thomas Aquinas,1225－1274)是西方中世纪著名的哲学家和神学家,他在对哲学和神学进行全面整合基础上所建构起来的系统化的自然神学思想,不仅将西方历史上有关理性与信仰关系的探究推进到了一个新的水平,而且也对随后哲学和神学思想的发展产生了深远的影响。本书从自然神学的早期历史源流、阿奎那自然神学的理论背景与基本特征、形而上学存在论、本质论与否定方法、属性论与类比方法、世界的本质与特征、人的本质与属性、阿奎那自然神学思想的地位与影响等方面,对托马斯·阿奎那自然神学思想的内涵、特征、历史影响和现代意义进行了多维度的探究,并就其包含的形而上学特征、认识论方法、"理性"的意义和价值、"存在"的形上架构与神学内涵等问题做了深入的分析,是一部较为全面阐释阿奎那自然神学思想的论著。

俄国宗教史

乐峰主编,社会科学文献出版社,2008 年 1 月,1151 页,117 万字。

自 1949 年中华人民共和国成立以来,我国学者先后撰写了俄国历史、文学史、哲学史等著作,但还没有一部俄国宗教史。由乐峰教授主编的《俄国宗教史》一书,是目前国内第一部研究俄国宗教历史与现状、史论结合的全方位著作。本书是用马克思主义宗教观和历史唯物主义观点撰写的,有较高的学术价值,有开拓创新、填补空白、建立新学科的意义,被国家社科规划办鉴定为优秀研究成果.本书涵盖面广,内容丰富,资料翔实,涉及俄国多神教、东正教、天主教、基督新教、犹太教、伊斯兰教、佛教、萨满教及新兴宗教(含邪教),并着重研究了俄国宗教的多元化,宗教的地位和作用,宗教与国家的关系,宗教与民族的关系,宗教与科学、文化、艺术的关系,新兴宗教以及东正教在中国的传播等问题。

本书特别指出,苏联解体后,在俄国,资本主义取代了社会主义,国家的意识形态发生了根本性变化,取消了马克思主义信仰,宗教教育取代了无神论教育,出现了信仰危机,邪教乘隙而入,给俄国国家和社会造成了危害,这种情况,对一些社会主义国家,不无警示作用。

在当今世界,宗教与民族问题在国际关系中显得十分突出而重要。俄罗斯与我国相邻,关系良好,而这一研究成果对于我国有关部门处理国际事务,特别是针对俄罗斯及其车臣问题,具有参考咨询价值和现实的意义。

基督教青年会在中国:本土和现代的探索

赵晓阳著,社会科学文献出版社,2008年10月,351页,37万字。

本书是国内第一部从全国范围内研究中国基督教青年会的专著,以国内外广泛丰富的史料为基础,运用宗教学和历史学的理论和方法,对它在中国近代宗教史、文化史、社会史上的作用与局限,进行了系统、深入的分析和研讨。

全书分上下两编13章,上编叙述了青年会的创建、发展,在基督教新教世界传教运动环境中创建的中国青年会以及基本构成和工作方式在组织机构之演变,以及中外著名青年会人物。下编集中讨论了青年会积极促成北美地区的学生志愿传教运动,并以其为载体扩大世界传教运动的力量,改变传教士来源的性质;以社会福音神学为依据,面对社会发展的新问题。中国基督教青年会以中国社会现实出发,从"社会服务"发展为"社会改造",开展了影响全国的公民教育、平民教育、体育运动、学生救济、军人服务、劳工社会福利等活动,为基督教在中国的本土化进展、中国近代社会的转型做出了努力。

十字莲花—— 中国元代叙利亚文景教碑铭文献研究

牛汝极著,上海古籍出版社,2008年11月,318页,30万字。

本书是国内外学术界首此系统全面地将中国发现的元代叙利亚文景教碑铭和文献做系统研究的专著,具有极高的史料价值、语言学价值和文字学价值。本书章目:第一章:中国叙利亚文景教碑铭文献的发现和研究;第二章:敦煌发现的两件叙利亚文景教写本残片;第三章:阿力麻里发现的叙利亚文景教徒碑铭;第四章:百灵庙和王墓梁叙利亚文碑铭;第五章:白塔和赤峰发现的景教徒铭文;第六章:扬州发现的叙利亚文和拉丁文碑铭;第七章:泉州叙利亚文和回鹘文景教碑铭。书后附录一:基督教在中亚和远东的早期传播;附录二:敦煌、吐鲁番文献所记突厥和粟特基督徒;附录三:丝绸之路上的基督教艺术;附录四和五是2篇英文文章。书后附有中外文参考文献和缩略语。全书约有120余幅图版。

中国北方民族萨满出神现象研究

郭淑云著,民族出版社,2007年4月,275页,27万字。

本书将中国北方民族萨满出神现象置于多学科的视域下,运用心理学、宗教社会学等理论对这种现象作综合考察和研究。一方面,将这种现象置于其所属的传统社会中进行考察,与该社会成员共有的信仰观念、民俗心理、深层意识等"集体表象"相关照,探讨萨满心理与群体的互动关系以及集体意识对萨满个人精神心理层面的影响与作用,另一方面,考察了萨满个体生理心理特质的特殊作用。即从社会因素和萨满的个人因素及其相互作用方面考察萨满出神现象。全书由引言和6章共7部分构成,第一章,萨满与出神现象综论。第二章,萨满出神的类型。第三、第四章,是将萨满出神这种特殊的精神现象和宗教文化现象作为一个整体来考察。第三章,萨满出神的成因,从萨满的个体因素、社会因素及其相互作用等方面讨论了萨满出神的成因。同时,具体分析了萨满出神的诱发因素。第四章,萨满出神的功能。第五章,萨满出神的特征。第六章,萨满出神特异现象解析。

本书是对中国北方民族萨满出神现象进行的系统的专题研究,这在国内外萨满教研究史上还没有先例。同时,积极回应了国际萨满教学界关于萨满出神及相关问题的讨论,提出并解决了一些学术问题,阐发了一些新的认识。

壮族布洛陀信仰研究:以广西田阳县为个案

时国轻著,宗教文化出版社,2008年4月,208页,16.5万字。

该专著是根据作者博士论文修改而成的,而该论文亦是中央民族大学的优秀博士论文。论文主要研究了壮族布洛陀信仰的历史、现状及其重建过程,并对布洛陀信仰内容及其重建的背景、特点和前景做了初步的探索。

该论著以深入的田野调查为依据,所分析的大部分材料来自作者的亲自考察,这些材料是真实的、珍贵的,如实地反映了当代中国社会发展背景下发生在广西田阳县的壮族民族民间信仰的恢复和重建状况;该论著通过对壮族民族民间信仰恢复和重建的分析,说明了中国民间信仰现代发展中带有某些规律性的普遍现象,为学界充分理解和认识类似现象,提供了有价值的思考途径,在对民间信仰发展这一当代问题的揭示上,也包含了某些十分重要的学术启示。

民国山东教门史

梁家贵著,人民出版社,2008年12月,242页,29万字。

该书主要是对民国时期山东教门的发展概况、演变过程,以及组织结构、教理教仪和社会政治活动进行梳理和论述。整体而言,民国时期山东教门的发展轨迹呈一个不断上升的曲线,各个阶段呈现出不同的特征,并形成了两个高潮。

山东教门历史悠久,明清时期经历了产生、初步发展的过程。民国初期,山东教门受社会政治背景的影响有了较大的发展,不仅在原有基础上进一步扩大规模,而且出现了一批新的教门。但整体上看,这一时期的山东教门大多处于“拓荒”阶段,教理教仪也未完全成型。

20世纪20、30年代,山东教门发展迅猛、活动异常活跃,种类多、范围广、影响大、教理教仪成熟,形成了发展史上第一个高潮。同时,由于中国共产党和国民党的影响逐步扩大,这一时期山东教门的活动又具有了明显的政治色彩。

抗日战争时期是山东教门发展史上的第二个高潮,不仅发展迅猛,而且由于中国共产党、国民党和日本侵略者三大政治军事力量的吸引,出现了历史上前所未有的大分化、大组合,对山东抗战的进程产生了一定影响。

民国后期的山东教门尽管仍有发展,但由于三大政治军事力量鼎足的格局已经消失,生存空间大大缩小,无论是发展势头还是发展规模均已远逊前一时期。同时,这一时期的山东教门投靠国民党,反对中国共产党领导的人民解放事业,政治上走向了全面反动,1949 年 8 月山东解放后遭到全面取缔。

2007－2008年我国7种宗教研究专业刊物篇目

程　利

世界宗教研究(季刊)

2007年第1期(总第109期)

建设现代宗教文明 积极引导宗教与社会主义社会相适应/范鹏

《祖堂集》中的“西来意”/方广锠

文轨及其《因明入正理论疏》/沈剑英

十斋日补说/尹富

宋代僧人省亲作品的佛学观念初探/张培锋

明代云南的真武信仰——以武当山金殿铜栏杆铭文为中心/梅莉

碧霞元君封号问题的新考辨/闫化川

跨文化对话:中国基督宗教史的现代化解读——以章开沅的中国基督宗教史研究为例/陈才俊

西南基督教教会“不吸鸦片”戒律探讨/东人达

浅析泛伊斯兰主义对我国穆斯林的影响/马福元

清末上海清真寺董事会的内外关系、样板作用及借鉴意义/王建平

从《三宝垄华人编年史》看伊斯兰教在印尼的早期传播/廖大珂

从犹太教到儒教:开封犹太人同化的内在因素之研究/张倩红

摩尼教传入温州考/林顺道

关于回鹘摩尼教史的几个问题/杨富学

“基督宗教与和谐社会”学术研讨会综述/杨华明

中国宗教学会第六次全国会议暨“科学发展观与宗教研究”学术研讨会综

述/杨健

世界宗教研究所举办第三届青年论坛/纪华传

第三世界神学研究的里程碑—— 评《当代亚非拉美神学》/王志成

禅宗优秀文化与构建和谐社会学术研讨会综述/方广锠

对中国经堂教育的历史、现状和未来的思考和展望—— 中国经堂教育发展问题研讨会综述/王平

《当代北京的基督教与基督徒》介绍/黄剑波

本期主要文章英文提要/辛岩译

2007年第2期(总第110期)

《〈黑格尔法哲学批判〉导言》不是马克思主义宗教观的奠基之作/陈荣富

理解信仰问题的主要视角/吾淳

民国佛教刊物所见当代韩国佛教史料摭议/黄心川

晚唐五代宋初敦煌佛教信仰特点初探/党燕妮

论熊十力对佛教唯识学的批评/郭齐勇

藏传佛教寺院内部管理体制的演进/尕藏加

斯宾诺莎宗教概念研究/徐瑞康

李西月内丹双修理论及其科学依据/霍克功

闽东"咸水"妈祖与"淡水"妈祖—— 以霞浦沿海渔村和福安沿江集市为例/蓝炯熹

福建省莆田市仙游县三一教信仰状况田野调查/何善蒙 王廷婷

试论韩国新宗教的教理思想特征/金勋

明清之际河州基层社会变革对穆斯林社会的影响/武沐 于彩贤

论法门门宦两份阿拉伯文苏菲传教凭证的文献价值及信息/马效佩

雍乾禁教时期的华籍天主教神职人员/宾静

理雅各的儒教一神论/王辉

"社科'九五'规划委托研究重大项目"最终成果《当代基督宗教研究丛书》近日出版发行/唐晓峰

民国知识分子对待外来宗教的立场—— 评杨天宏著《基督教与民国知识分子》/邓杰

人能弘道,道藉人弘—— 评黄夏年《中外佛教人物论》/李嗣承

唯识古学研究的一座高峰—— 圣凯的《摄论学派研究》出版/刘立夫

"中国基督宗教研究进展资源"国际学术研讨会综述/杨华明

首届大理佛教文化研讨会召开/印前

“伏牛山云岩寺佛教文化研讨会”召开/施言

广东“礼佛文化论坛”举行/黄夏年

本期主要文章英文提要/辛岩译

2007年第3期(总第111期)

中国化的马克思主义宗教观研究/何虎生

“宗教多元性”、“宗教多元观”与“宗教多元论”——试论“Religious Pluralism”的三重含义/李林

詹姆斯的宗教心理学思想新探/陈永胜 沈洋

佛教在印度兴起的思想文化背景——沙门思潮论/李建欣

十七、十八世纪岭南与越南的佛教交流/谭志词

日本“批判佛教”的最新进展及其理论意义/孙晶 张文良

论欧美佛教研究的分期与转型/李四龙

援儒革道 叶落归根——金代医家张从正道医思想辨析/程雅君

陕西耀县药王山南庵道教壁画初探/高明

民国时期广东的道教政策论析——以广东地方政府查禁广州“喃呒道馆”事件为中心的考察/郭华清

基督教神学与生活领域:从凯珀到斯塔克豪思/谢志斌

阿奎那立场:应对知识合理性问题的一种古典表达形式/翟志宏

人存在的自由与神恩之境——对比马克思与阿奎那关于人的哲学思考/刘素民

伊朗政治进程中宗教领袖地位的演进/蒋真 韩志斌

《西来东去——中外古代佛教史论集》述评/周义轩

探赜思想发展历程 寻绎宗教未来走向——评《中国佛教与儒道思想》刘聪

道教文化所含蕴的地域特色/葛壮

宗教研究所学者赴青海调研/杨健

“第二届法尊法师学术思想研讨会”在五台山广宗寺召开/于光

“宗教对话与和谐社会”学术研讨会综述/马桂芬 张建龙

本期主要文章英文提要/辛岩译

2007年第4期(总第112期)

宗教定义的理论研究/周国黎

"宗教渗透"概念辨析/孙浩然

试论明太祖的佛教政策/何孝荣

儒释之辩新解/张忠义 张晓翔

以武演禅:少林功夫的宗教内涵分析/刘泽亮 田青青

历史上中国南传上座部佛教的组织制度与社会组织制度之互动——以云南西双版纳傣族地区为例/郑筱筠

印顺与拉纳的人本主义思想比较/徐弢

和谐之音吹拂着道教信仰的渐变——兰州市道教教团信仰调研分析报告/张广才

中国传统文化现代转型下的陈撄宁/刘延刚

闽侯县农村居民的宗教信仰与宗教体验——兼与全国汉族地区调查数据比较/甘满堂

畲族巫术文化中的陈靖姑信仰——以福州、宁德畲族乡村为例/蓝焰

再谈洛阳唐朝景教经幢的几个问题/罗炤

基督教人性观在当代的发展/孙毅

伊朗古代钱币的宗教内涵/程彤 吴冰冰

论回族伊斯兰教界在构建和谐社会中的积极作用/张世海

试论伊斯兰经堂教育与当代中国社会发展相适应——甘肃省临夏市经堂教育的田野与思考/王平

追寻长安佛教之发展轨迹——评《长安佛教史论》/张淼

佛教心学的智慧——评《佛教心理学》/张海滨

评《日据时期的台湾佛教》/黄夏年

《印度古代观音信仰研究》评述/王雪梅

气象深弘 析论精微——读《宋代士大夫佛与文学》/冯国栋

系统研究 深入考察——读《宋代理学与道家、道教》/李玉用

"道教与民间资料的认知与编撰"学术研讨会综述/林巧薇

科学、宗教与社会及经济发展——巴哈伊教为和谐社会做贡献的思考与实践国际学术研讨会召开/龙飞俊

本期主要文章英文提要/辛岩译

2008 年第 1 期(总第 113 期)

论犹太教对马克思的影响/王志军

辜鸿铭:中西文明比较视野中的孔教观/韩星

《刘师礼文》中礼拜法初探/方广锠
论佛教对中国古代文学体裁的影响/高华平
论儒佛孝道观的歧异/朱岚
北水陆法会修斋仪轨考/戴晓云
天心正法与两宋道教的斋醮之变/李志鸿
《老子》“王亦大”考辨/李小光
和合神考论/崔小敬
中国基督宗教艺术的历史/顾为民
耶稣会教育与天主教的复兴/胡玲 何日取
晚明来华耶稣会士的经济伦理及其对儒学的调适/林中泽
19世纪传教士中文报刊的历史演变及其近代化进程/赵晓兰
马哈蒂尔的伊斯兰教理念与实践评析/范若兰
哈贝马斯后期宗教思想论析/铁省林 傅永军
史料、民族意识与瑜伽教——《云南与巴蜀佛教文化研究论稿》评介/海波
2007年民族宗教问题高层论坛学术研讨会综述/赵国军
山西临汾市举行“法显学术座谈会”/黄夏年
纪念太虚大师圆寂60周年研讨会在上海举行/圆乘
纪念中印文化使者摄摩腾与竺法兰驻锡南宫暨普彤塔、普彤寺肇建1940周年学术研讨会综述/李明
“宗教与法制——宗教组织的管理”学术研讨会综述/刘康乐
“基督宗教与公共价值”学术研讨会综述/孙艳燕
世界宗教研究所第四届青年论坛召开/李志鸿
本期主要文章英文提要/辛岩译

2008年第2期(总第114期)

“礼失求诸野”义疏/卢国龙
佛教史视野中的“圣”和“隐僧”/马德邻
乾隆朝废除度牒的原因新论/杨健
永觉元贤《鼓山志》及其文献价值/纪华传
敦煌莫高窟第257窟壁画《鹿王本生》新读/崇秀全
试析青州龙兴寺造像贴金彩绘并非均系北朝装饰/李森
“北斗八女”考——另附汉译密教佛经中南斗北斗之汉化分析/吴慧
试论王重阳的“全真”思想/熊铁基

论基督教文化与中国现代文学的人道精神/杨剑龙

近代来华新教传教士与闽台方言字典/周典恩 王邦虎

明末传教士与西方演绎逻辑的传入/孙波

日本"南蛮时代"探析/赵德宇

胡门门宦的宗教思想及其礼仪特点/马桂芬

玉门吾艾斯拱北的历史解读/李宗俊 董知珍

简论当代福建地区的民间信仰/习五一

韩国基督新教鸟瞰/黄奎

也谈唐代佛教寺院分布的辑补—— 兼析敦煌文书《诸山圣迹志》的史料价值/张伟然 聂顺新

学者看宗教—— 读《当代中国宗教研究精选丛书》/刘海涛

评何孝荣博士新著《明代北京佛教寺院修建研究》/濮文起

浅评乐峰先生主编《俄国宗教史》/高莽

布袋弥勒文化与构建和谐社会——"第二届中国弥勒文化学术研讨会"综述/高永旺

2008年中国佛学及佛教艺术研究工作座谈会暨学术讨论会综述/黄敏 朱旭泰

"太子灵踪文化研讨会"在山东汶上举行/黄夏年

"全真道与老庄学"国际学术研讨会在武汉召开/于光

宗教伦理与和谐社会的理论探讨—— 第二届基督宗教商业伦理与管理学术会议综述/陈建明

宗教与法治国际学术研讨会在京举行/宗科

本期主要文章英文提要/辛岩

2008年第3期(总第115期)

我国宗教立法的回顾与思考/王作安

谈王崇仁藏佛舍利五重宝塔/温玉成

费隐通容《五灯严统》的毁版与日本重刻/林观潮

甲午战后日本佛教传入台湾的动机与效果分析/王志平

明清时期的神乐观与王朝礼仪—— 道教与王朝礼仪互动的一个侧面/刘永华

《大丹直指》非邱处机作品考/戈国龙

碧霞元君封号问题的再考辨—— 与闫化川先生商榷/周郢

多明我会士黎玉范与中国礼仪之争/张先清

宗教改革时期新教木刻宣传版画中所反映的路德形象/周施廷

蒋湘南与伊斯兰哲学/问永宁

西非的苏非主义:历史、现状与新苏非教团/李维建

论古代埃及阿玛纳宗教中王权的本质和职能/郭丹彤

东南亚那伽信仰的起源与嬗变——语言民族学视角的分析/吴圣杨

冯特的宗教心理学思想研究/陆丽青

早期儒家"礼"的宗教思想/普慧

生道合参与世化,老骥伏枥犹壮年——卿希泰先生《道教文化与现代社会生活研究》读后/盖建民 朱展炎

西安穆斯林的民俗流变与特色——对《西安回族民俗文化》的品读与思考/韩志斌

一部中国天主教历史文化研究的创新之作——评《上主的葡萄园:鄂西北磨盘山天主教社区研究(1636—2005)》/玉德

近代中外宗教文化交流研究的新平台——评《中西文化交流的先驱和桥梁——近代山东早期来华基督新教传教士及其差会工作》/崔军伟

"中国民间信仰:历史学研究的方法与立场"学术研讨会综述/皮庆生

"海峡两岸慈航法师佛教思想学术研讨会"综述/黄夏年

"无锡灵山书院、江南大学宗教社会学研究所成立仪式暨第二届世界佛教论坛筹备工作座谈会"圆满举行/铂净

"关爱生命 构建和谐社会"学术研讨会召开/印前

寒山子暨和合文化国际学术研讨会综述/何善蒙

本期主要文章英文提要/辛岩译

2008 年第 4 期(总第 116 期)

再论宗教－文化观的方法论意义/张志刚

构建"人文佛教"平台 努力探索和践行现代寺院管理模式/释印顺

试论九定与解脱的关系——依说一切有部的观点/惟善

融合中的变化:传统史学与中国佛教方志的发展/曹刚华

谭嗣同《仁学》与基督教思想/张天杰 肖永明

岭南近代基督教堂建筑艺术/董黎

基督教信仰与乡村教育理念的融合——《田家半月报》评析/陈建明

大方气象 道家情怀——盛唐道教美学思想刍论/潘显一等

《问答宝卷》解析—— 江南无为教觉性正宗派的传世经卷/刘正平

中国古代民间祭祀组织“社”与“会”初探/车文明

试论阿富汗尼对宗教教条主义的批判/王建平

新疆地区穆斯林社会心理的实证分析报告/贺萍

试论摩尼教消亡的时间/李树辉

论宗教信仰与宗教行为的分离—— 以“中国汉民族宗教体验调查”为例/吴俊

宗教旅游的类型、特点和开发/张桥贵 孙浩然

历史记忆与区域信仰—— 范正义《保生大帝信仰与闽台社会》略评/东井玉

中国第一部宗教蓝皮书出版/黄陵渝

“汉学研究与中国社会科学的推进”国际学术研讨会“民俗文化与乡村社会”论坛综述/金泽

“梦与中西文化学术研讨会”述评/盖建民 何振中

深化区域道教的微观研究/孔令宏 韩松涛

“当代世界中的宗教”国际学术研讨会综述/孙艳燕

纪念七塔禅寺建寺 1150 周年庆典暨“都市寺院与和谐社会学术研讨会”隆重举办/铂净

“佛教与生态”学术研讨会在上海举行/黄夏年

广西“西山论坛·佛教文化暨巨赞大师诞辰百年学术研讨会”召开/思言

本期主要文章英文提要/辛岩译

世界宗教文化(季刊)

2007 年第 1 期(总第 49 期)

卷首语:宗教与后现代思潮

“以道风建设为中心,以慈善和文化为两翼”—— 弘法寺未来发展设想的解读/铂净

对当代新兴宗教的思考—— 兼谈新兴宗教在中国/黄夏年

伊斯兰教的自然观与构建社会主义和谐社会/庚荣

罗马天主教在美国的发展/张书元

伊斯兰教与回族舞蹈/什木逊·马守途 安晓春
基督宗教音乐是欧美音乐发展的基础/刘智强
晏阳初与基督教的不解之缘/薛伟强
从神性走向人性—— 达·芬奇《最后的晚餐》解读/崇秀全
古斯塔夫·杜雷其人其画/梁工
顾恺之《洛神赋图》中的道教神仙意蕴/张明学
加拿大宗教信仰自由的法律保护/张明锋
深为普京总统赞赏的少林"混元三教九流图"/戴继诚
小议广州怀圣光塔寺初创年代/宋欣
面对上帝,我们怎么办/杨慧
印度果阿访问记(二)—— 旧果阿的好耶稣教堂/顾卫民
吴哥窟:失落的文明/丁海霞
一念逾新罗 刹那含永劫—— 苏轼《百步洪》诗赏析/郑子运
黛玉的机锋—— 浅论《红楼梦》中禅宗文化一例/曹晓虎
异域圣城风情 帝国学者视角—— 评英国伯顿的《走向圣城》/石云龙
世界宗教研究所第三届青年论坛召开/纪华传

2007 年第 2 期(总第 50 期)

卷首语:宗教和谐·民族和谐·社会和谐
关于某市 A 寺土地回收的调查/铂净
跨文化交际中的宗教因素/王智玲
羌姆的历史渊源及其文化内涵/裘亚萍
晚清图书市场中的佛教文献/曹刚华
赤山法华院与中日韩佛教文化交流/王公伟
从"老子"题材绘画作品诠释道教信仰/张明学
传统悠远的宣礼歌—— 认识伊斯兰教音乐/李文红
圣索菲亚大教堂的建筑艺术与宗教功能/赵克仁
一尊完美的苦行佛陀像—— 巴基斯坦拉合尔博物馆观感之一/黄夏年
书禅禅书透禅幽—— 昌明禅书三昧/黄超
长生不死 羽化登仙—— 道教生死观涵蕴之初探/崔俊
儒家生死观与道德价值/徐加胜
佛教的生死观与命运观/杨维中
阿巴斯的一千零一夜/陈博

印度果阿访问记(三)—— 果阿的主教座堂和圣卡杰坦教堂/顾卫民

李煜与佛教/张胜珍

莎士比亚创作的基督教语境/肖四新

增进教学两界良性互动 共建社会主义和谐社会—— 中国佛教文化研究所新春茶话会综合报道/即青

追求内心和谐学术研讨会举行

2007 年第 3 期(总第 51 期)

卷首语:做朋友与做贡献

走进青海:中国社会科学院世界宗教研究所考察团侧记/铂净

当代佛教寺院经济发展的外在环境和内在矛盾/王彦玲

近年我国圣经读物出版扫描/张迎迎

从韩国人质危机看当代伊斯兰极端主义/李群英

西夏流传过景教吗?/陈广恩

从耶稣的家谱看上帝的普世拯救/王屹

中年佛陀的成熟魅力—— 塔克希拉考古博物院佛陀像赏析/夏年

禅宗和文人画/孙照金

茶灵/肖黎民

千年古刹唐慈恩塔院—— 兴教寺/祁今燕

中世纪基督教会与大学的诞生/白虹

"熊"与"能"的认同与变异/荆云波

巫师之痛—— 中世纪基督教猎巫之原因浅析/李瑞虹

维真学院里的"诗意道说"/李枫

奥林匹克运动与宗教/张俊

印度果阿访问记之(四):一块基督教石刻/顾卫民

美国安宁岭本教静修中心/李涛

浅谈基督教与太阴历/马月兰

漫谈中国伊斯兰教的拱北/李维建

执大象 天下往—— 读陈莲笙道长《道风集》增订本有感/詹石窗

"佛教与社会建设"专题座谈会在北京举行

2007 年第 4 期(总第 52 期)

卷首语:宗教关系和谐的几个要素—— 学习十七大精神随感

护国即是护教 救人即是自救—— 从慈云寺僧侣救护队看宗教与现实社会

的契合/杨孝容

伊斯兰教麦加朝觐活动见闻/敏贤良

中国嵩山少林寺三坛大戒新戒状况数据分析/温金玉等

浅谈宗教工作与反宗教渗透/张桥贵

现代土耳其伊斯兰复兴运动思想家—— 赛义德·努尔西/李艳枝

宗教理想主义音乐家李斯特/刘智强

中世纪西欧的什一税/雍正江

什叶派宗教领袖发展轨迹—— 从十二伊玛目派谈起/王丽

童话中的神学世界——《狮王、女巫和魔衣橱》蕴涵的基督教思想/汪咏梅

《墉城集仙录》的分析心理学解读/高颖

"宗教"不是外来语/李申

道医文化略论/宇汝松

古罗马的维斯塔贞尼/王悦

素质、道风与形象/徐文明

永恒的金字塔/段立生

滇西全真坤道名观—— 腾冲朝阳观/汪桂平 谢诚济

杏花香古寺/许圣义 释性体

《尘埃落定》与藏传佛教文化/李建

锡克人的丧葬仪式/张占顺

"道教与民间宗教资料的认知与编撰"学术研讨会在北京举行

"宗教与世界和谐"—— 2007 年中国宗教学会年会在浙江大学召开

2008 年第 1 期(总第 53 期)

卷首语:大雪,牵动了每一个中国人的心

胡锦涛要求充分认识做好新形势下宗教工作的重要性

美国伊斯兰媒体的发展概况/敏敬

发挥宗教在构建社会主义和谐社会中的积极作用/倪培强

伊拉克教派大搏斗/韩志斌

三重文化视野下的苏雪林/王玉鹏

净影慧远/高永旺

佛教看生命世界的构成/张爱林

犹太教的利未婚/张淑清

佛陀的智慧:经济学发展的理论之源/贺汉魂 廖鸿冰

基督教的产生与文学审美本质的丧失/肖四新

宗教艺术 世俗渗透—— 米开朗基罗《摩西》赏析/马月兰

《圣经》中的人体献祭/龚伟英

走下神坛的圣母—— 谈基督教艺术作品中圣母形象的审美演变/曹铁铮

苏州道教音乐:中国传统艺术中的一朵奇葩/苏勇军

久历残学复病觉—— 台风过后/林安梧

圣徒与情人节/王永海

趣话孔庙/江南

基督教的产生与文学审美本质的丧失/肖四新

禅与俳句/李桂红

北美基督教二三印象—— 2006年暑期宗教学术交流之旅拾零/三一居

在曼谷,走马观花拜佛庙/刘少才

道教人物的文学舞台—— 黄景春《中国古代小说仙道人物研究》评介/游红霞

《宗教词典》修订工作启动

2008年第2期(总第54期)

卷首语:人的生命重于泰山

汶川地震重灾区四日见闻—— 深圳市佛教协会赈灾纪实/常兴

古代奥运会起源与美丽的神话传说/路光辉 刘秀瑛

古犹太民族的和谐社会理想—— 以《路得记》为例/梁工

苏菲派的特点/王宇洁

中国社会科学院图书馆馆藏民国时期天主教中文期刊中的西北天主教资料概述/杜玉梅

罗马天主教与普世教会运动/李瑞虹

印度圣哲 精神大师—— 室利·阿罗频多/默生

道教皇帝明世宗/黄霞平

利玛窦与晚明佛教三大师/戴继诚

明清之际天主教三位女信徒/周萍萍

一休哥,休息,休息一下/任小玫

中西宗教文化的差异与“死亡”委婉语表达的不同/梁志坚

道教与玉文化/江南

宗教与临终关怀/吴素香

民间宗教劝善书《救生船》辨析/楚丽霞

2000－07年美国道教研究成果评介/曾传辉

宗教人类学知识谱系的独特叙述—— 评苏奥纳·鲍伊的《宗教人类学导论》/荆云波

寒山子暨和合文化国际学术研讨会在浙江天台举行/于光

2008年第3期(总第55期)

卷首语:爱国爱教 服务奥运

中国佛教界“五·一二”四川汶川大地震赈灾活动的联想/黄夏年

《圣经》伦理和我国和谐社会建设的内涵/郭连法

天主教生命伦理的困惑/学宗

宗教和谐:圣雄甘地对世界宗教的不朽贡献/张来仪

他们的名字与敦煌同辉/林泉

赵紫宸与《系狱记》/王翔

把印度瑜伽介绍到西方的第一人—— 著名哲学家辨喜/谢宝富

中世纪修女院戏剧/雷若欣

伊斯兰妇女戴面纱原因初探/蒋义友

爱默生的宗教意识和文学灵感/隋刚

印顺法师在台湾创建的四大道场的历史和现状/圣凯

不同空间观下的佛教壁画空间表现—— 中、印佛教壁画空间表现探析/杜爽

《敦煌宝藏》中的彬县大佛/瓦哈浦·吐尔逊

贝鲁特:冲突中的彷徨/马强

《巨赞法师全集》出版感言/朱哲

海峡两岸宗教文化与经济社会发展学术研讨会在华侨大学召开

2008年第4期(总第56期)

卷首语:用科学发展观指导宗教研究工作

“5·12”大地震后的穆斯林自救—— 以四川省“伊协”为考察中心/张中奎

慈心无碍 同体大悲—— 汶川大地震之际回顾当代佛教对中日交流的贡献/嘉木扬凯朝

巴基斯坦归来话苏非/晏琼英

纪伯伦与阿布杜巴哈/许宏

僧一行:佛教龙象,科技泰斗/郭可悫

辽金律宗发展大势/温金玉

十六世纪欧洲宗教改革/殷筱 曾晓祥

本是同根生,枝叶异时荣—— 话说大小乘佛教起源先后问题/张爱林

从埃及亡灵画到拜占庭圣像画/褚潇白

清真文化/马明良

腾冲神马/贾志伟

密教助产经咒摭谈/阿依先

《清静经》思想的当代意蕴/申喜萍

中道与和谐/徐文明

青山无处不道场—— 珞珈山与中国观音文化/麻天祥

蓬莱仙境清水岩/施言

一部关于元朝大都、上都和运河的真实记录—— 读初刊元《楚石大师北游诗》/鲍翔麟

花间词人的道教情怀/赵丽 邓福舜

古埃及一对神灵夫妻的居所—— 埃及的埃德福与旦德拉神庙遗址/张赫名

“人类宗教与社会发展:心灵与世界公民”学术研讨会在香港举行

广西“西山论坛·佛教文化暨巨赞大师诞辰百年学术研讨会”召开

河南佛教学院教育研讨会在桐柏召开

中国宗教(月刊)

2007年第1期(总第86期)

2007年中国宗教工作会议举行 回良玉出席会议并发表重要讲话/本刊记者

实现社会和谐 共享世界和平/傅铁山

中国佛学院50周年院庆暨新校舍奠基仪式在京隆重举行/李革 赵红宇

时代呼唤人才—— 与中国人民大学“爱国宗教界人士研修班”学员谈心/叶小文

学习社会管理知识 提高依法行政水平—— 五论“发挥宗教在促进社会和谐方面的积极作用”/本刊特约评论员

宗教教职人员备案方法(国家宗教事务局令第3号)

宗教活动场所主要教职任职备案方法(国家宗教事务局令第4号)

"以戒为师"与中国佛教的未来/叶小文等

中国宗教学会第六次全国会议举行/本刊

和谐世界 以道相通——"国际道德经论坛"首次新闻发布会举行/田悦阳

中国基督教神学思想建设与构建社会主义和谐社会/曹圣洁

引导宗教为构建和谐社会服务的理论思考/张新鹰

淘尽狂沙始见金——访北京大学宗教学系主任赵敦华教授/张秀秀 张伟慧

通脱之心论古今——任继愈先生访谈/余葶

"请关注《道德经》"——冯其庸先生如是说/杨君

中国与伊斯兰世界友好往来的历史见证——评《伊斯兰世界文物在中国的发现与研究》/冯今源

在绘画中追寻神性世界——基督教画家何牛的艺术之境/安静

中国画中优美独特的禅意/孙照金

爱心是和谐的基石——上海玉佛寺关爱癌症患者的一次特殊爱心活动/朱良镅

仙鹤飞来 清白流芳——扬州清真古寺仙鹤寺/傅桂明

寒流九曲环山响 古树千年露殿阴——道教名山武夷山/周进

百年苍桑史册载 麦粒落地起新生——记天津望海楼天主堂/勒依·王伟

《道德经》倡导的人性理念/冯正伟

发挥宗教界在新农村建设中的积极作用/司法臣

知耻是信仰的一部分/杨淑丽

制度成就管理 服务促进和谐——浙江省积极探索宗教活动场所规范化管理新模式/胡绍皆

文摘

国际动态

国内动态

2007年第2期(总第87期)

贾庆林与全国性宗教团体负责人举行迎春座谈/本刊

中国宗教界关于建设"和谐宗教、和谐寺观教堂"倡议书

扬玄奘志业 续中印胜缘——玄奘纪念堂修复完善竣工庆典在印度那烂陀

隆重举行/冷子

深化认识 实化举措 强化领导—— 六论发挥宗教在促进社会和谐方面的积极作用/本刊特约评论员

建设和谐宗教 中国宗教的时代使命—— 七论发挥宗教在促进社会和谐方面的积极作用/本刊特约评论员

2007 年宗教界人士迎春茶话会在京举行/余葶

阐释《道德经》弘扬和谐精神—— 访中华宗教文化交流协会副会长兼秘书长齐晓飞/本刊

建设和谐教会 促进社会和谐/方建平等

奥海禅风颂和谐——“广东禅宗历史文化长廊系列活动”圆满成功/胡绍皆 王鸣明

准确把握宗教在构建和谐社会处境下的历史方位/陈宗荣

论宗教间的和谐与交流/赖品超

明悟佛法 开启真源—— 记当代高僧明开法师/江元舟

玄珠光耀—— 国际道德经论坛开办在即感赋/詹石窗

去留无意 宠辱不惊—— 漫谈《菜根谭》的禅宗意境/桑榆

伊斯兰文化之美—— 以阿拉伯古典名著《一千零一夜》为例/马建龙

独具特色的民间信仰:“三一教”/林俊雄

少林缘 中国禅/李阳泉

凤凰于飞 杭城揽胜—— 访杭州凤凰寺/余葶

愿随夫子天坛上 闲与仙人扫落花—— 访道王屋山/程上

畅游大兴善寺随想/张启忠

理和·制和·人和—— 谈基督教在构建社会主义和谐社会中的任务和作用/敖立功 于涛

重视宗教建筑遗产在城市历史风貌中的价值/牛颂

大力加强行政执法主体建设/朝阳市宗教事务局

文摘

国际动态

国内动态

2007 年第 3 期(总第 88 期)

贾庆林与全国政协宗教界委员座谈/新华社

以科学发展观统领宗教工作—— 国家宗教局与全国政协宗教界委员举行

座谈/本刊编辑部

宗教的独特贡献—— 八论发挥宗教在促进社会和谐方面的积极作用/本刊特约评论员

正确的理论 成功的实践—— 九论发挥宗教在促进社会和谐方面的积极作用/本刊特约评论员

盘点:《宗教事务条例》实施两周年/叶小文 王作安等

中印友好交流的新篇章—— 齐晓飞、金铁木、湛如畅谈重修玄奘纪念堂工程

佛泽共沐 友深谊长—— 记斯里兰卡总统向中国赠送佛像/谭晶晶 魏武

国际道德经论坛新闻发布会在香港举行/刘学文

儒家文明影响下的中国伊斯兰教与基督教/伍贻业

行藏适止 吐味幽深—— 访著名东方学专家黄心川先生/胡绍皆 张伟慧

西方古典绘画中的基督教伦理意蕴/张明学

生为第一 生道合一—— 道教的生命观/强昱

朝游北海暮苍梧—— 梧州佛教之风气/李晓宏

从祖图看畲族的宗教信仰/马晓华

朝觐漫记/敏昶 马永花

十架高耸 屋檐翘角—— 杭州基督教思澄堂/陈伟

春风秋雨九十年—— 记上海小桃园清真寺/金宏伟

弘法为家务 利生为事业—— 永宁古寺的盛世新生之路/郭坚 荣能

五教同光 共构和谐宗教文化/赵建敏

穆斯林如何以勤劳赢取两世吉庆/王项托

济人利物 养性修真—— 佛教与生态平衡/濮文起

治人事天莫若啬—— 老子崇俭思想的现代解读/张全晓

遵从圣经教导 践行“八荣八耻”/吕德志

文摘

国际动态

国内动态

2007 年第 4 期(总第 89 期)

五教携手同光 共建和谐宁夏—— 宁夏回族自治区隆重举行宗教界为建设和谐宁夏作贡献经验交流暨表彰大会/本刊

共建和谐宗教 促进社会和谐/叶小文

和谐世界 以道相通/任法融等

道和:通往和谐之路/牟钟鉴

和谐社会 法道而行/许抗生

花开正满枝—— 记佛学大师马一浮居士/楼达人

今生无悔/单渭祥

读《道德经》让我心平气和—— 王蒙先生访谈/弋杨 杨君

典籍缱绻 信仰流长—— 闽台民间信仰文献内涵与价值解读/黄建铭

西方基督教早期对华出版事工/陈名实

伊斯兰教与回族舞蹈艺术/马守途 安晓春

佛教声乐艺术探源/都本玲

喜看新花又一枝—— 读《北京宗教文化研究》/王道成

那烂陀寺祭/樟叶

气摄太行半 地辟幽州先—— 北京潭柘寺揽胜/李革 罗安

宝兴邓池沟天主堂与大熊猫之缘/王怀茂

见证友谊 传承信仰—— 德州苏禄王墓与北营清真寺/王建峰 魏燕利

《道德经》与现代管理/黄信阳

科学发展观与宗教研究/学诚

由道向德——《道德经》和谐思想的四个进阶/裘梧

发挥自身优势 促进社会和谐/陈建明

基层宗教工作值得关注的五个问题/潘友明

文摘

国际动态

国内动态

2007 年第 5 期(总第 90 期)

沉痛哀悼全国人大副委员长傅铁山 胡锦涛吴邦国温家宝曾庆红等到八宝山送别/新华社

傅铁山副委员长生平/新华社

探求和谐之道 共建和谐世界/刘延东

盛世华章—— 国际道德经论坛在西安和香港举行/本刊

佛教教育的“一个根本 三个借助”/叶小文

千年古禅寺 神州大佛塔—— 江苏常州天宁宝塔落成庆典隆重举行/赵世平

华严妙韵 情动东南亚—— 大型佛教交响乐《神州和乐》赴东南亚三国访问演出纪实/赵迟

哀思共勉遵遗训—— 各界人士深切怀念傅铁山主教/本刊

一息尚存 爱国爱教—— 写在傅铁山主教弥留之际/叶小文

追忆傅铁山主教/王作安

杰出的宗教领袖、卑微的仆人、忠诚的爱国者—— 沉痛悼念敬爱的傅铁山主教/刘元龙

《道德经》对宗教和谐的贡献——《道德经》与《圣经》比较/卓新平

宗教心理与社会和谐/李利安

《圣经》中的伦理教化思想/郭连法

宗教与艺术杂谈/任继春

俯望碧海浸 超然十洲仙—— 新崂山道士侧记/韩吉绍

归元无二性 方便有多门—— 记武汉归元禅寺/余莩

丝绸之路上的宗教胜迹/吴景山

重光名胜泰州城隍庙/赵克俭 戴峻翔

积极有效地开展宗教对外交流/李寒颖

构建和谐社会与中国伊斯兰教—— 以西安回族穆斯林为例/王超

《道德经》与现代宫观管理/黄至安

基督教与伊斯兰教婚姻观比较/谢炳国

文摘

国际动态

国内动态

2007 年第 6 期(总第 91 期)

珍视《道德经》的深广智慧/许嘉璐

发挥宗教在促进社会和谐方面的积极作用/叶小文

一衣带水法缘久 共创未来写新章/曰生

访日诗札/叶小文

“中国教会圣经事工展”赴德展出/马宇虹等

香港穆斯林庆祝香港回归祖国十周年/唐爱华

名家论道/巩德顺等

担当时代使命 促进世界和平—— 赵朴老“世界和平与佛教”思想综述/常大林

中西方宗教事务管理方式不同原因之探讨/陈宗荣

毕生为国 千古光辉—— 海外华人缅怀傅铁山副委员长/任兴亮

贯彻《条例》重在抓实 全心尽力服务宗教界—— 访云南省宗教事务局局长熊胜祥/毕迎春

爱国爱教 阿訇典范—— 纪念马良骏大阿訇归真 50 周年/敬军

阿拉伯—伊斯兰医学及其对中国传统医学的影响/纳光舜

佛教慈善思想的内涵/郑碧强

生活在贺兰山下的天主教徒/李昕

后来的荣耀必然大过先前的荣耀—— 武汉市基督教荣光堂/胡凯明

文化交融 自在圆通—— 昆明圆通寺/段玉明

陇上明珠—— 天水后街清真寺/乜文建

挖掘宗教文化资源 服务和谐湖南建设/陈树林

传统坚守与境界超越—— 国际道德经论坛给中国道教带来的影响/孙波

浅论基督教的荣辱观/李汶道

文摘

国际动态

国内动态

2007 年第 7 期(总第 92 期)

深化不同信仰对话 促进和平、发展与和谐—— 第三届亚欧会议不同信仰间对话会议在南京举行/本刊记者

诚恳相待 平等对话 世代友好 共创未来/叶小文

构筑和美的教会关系——“中国教会圣经事工展”赴德展出反响热烈/马宇虹等

从比较宗教学的视野看中国宗教文化模式/牟钟鉴

关于我国民间信仰问题的理论政策思考/张剑

对话促进和谐/叶小文等

两种制度 同一个根—— 回归十周年访港侧记/李寒颖

中韩佛教一家亲 法乳一脉情谊长—— 韩国天台宗代表团访华记实/田悦阳

建设和谐宗教 共建平安场所—— 浙江省召开创建平安宗教活动场所现场会/马跃

宗教与公益—— 首届宗教与公益事业论坛在京举行/余葶

读万卷书 行万里路 学者眼中的玄奘精神/徐文明

中国古代的放生文化/明成满

信仰与爱国之旅—— 缅怀董光清主教/崔庆琪

黄金纽带可融冰—— 方立天教授谈中日佛教文化交流/张伟慧 余葶

昔年青葱今成乔木—— 天主教南充西山本笃院/王怀茂 杨君

藏经楼记/刘立峰

文明对话与族群和谐的典范—— 新加坡复兴清真寺和谐中心/于晓南

嵩高维岳 峻极于天—— 中岳庙参访记/程上

入林无机事 出世有道情—— 记雍和宫僧人生活/王艳

关于宗教对话的人类学探索/叶荫茵

弘扬道教优良传统 服务和谐社会建设/尹志华

文摘

国际动态

国内动态

2007 年第 8 期(总第 93 期)

中国天主教爱国会举行成立五十周年庆祝大会 贾庆林出席并会见与会代表/新华社

中国天主教爱国会五十年的成就与经验/刘柏年

五台山上赠“五言”—— 与五台山佛教界人士座谈/叶小文

尊重活佛转世传统 保障宗教信仰自由—— 写在《藏传佛教活佛转世管理办法》颁布之际/国家宗教局政法司

藏传佛教活佛转世管理办法

伊斯兰教与和谐社会/马云福

宗教信仰与道德自觉/任建东

宗教公益:共建和谐的有益方式/方立天等

斯人虽逝 风范长存—— 缅怀宗怀德主教/金沛献等

愿行甚远是吾师—— 怀念恩师昌明法师/释隆印

基督教音乐在中国的传播/卓新平

“哲学谜语”与禅门公案/牛颂

宗教文物的特点与价值/戴继诚

在巴基斯坦过圣纪/马效佩

红色之都的千年古刹—— 记遵义湘山寺/袁珂

风雨“圣堂”—— 上海浦东三林崇福道观/游红霞

“召城”里的清真古寺—— 呼和浩特清真大寺/魏铎

伊协组织如何在构建和谐社会中发挥积极作用/伍贻业

执行宗教政策 促进社会文明/沈瑞卿

“以戒为师”及其时代意义/张春蕾 夏和生

道教女性伦理的和谐启示/张芮菱

文摘

国际动态

国内动态

2007 年第 9 期(总第 94 期)

中国道教协会举行成立五十周年庆祝大会 贾庆林出席并会见与会代表/新华社

“和谐宗教论”研讨培训班在京举办叶小文作“宗教七日谈”/本刊编辑部

和平钟声到台湾—— 苏州寒山寺赠佛光山“兄弟和合钟”仪式暨万人“祈求两岸和平人民安乐大法会”在台湾隆重举行/裴勇

宗教院校设立办法

加强自身建设 办好佛教教育—— 山西省佛教协会暨五台山佛教协会成立五十周年/李明

同奏和谐之曲 共鸣盛世华章—— 慈航菩萨圣像回归祖庭暨海峡两岸和平与发展祈福大法会系列活动在闽举行/林青 单嵘

供佛斋僧沾法喜 法乳一脉话亲情—— 大陆佛教代表团访台侧记/雷春芳

感恩祭祖 祈福和谐—— 海内外佛教界公祭炎帝祈福世界和谐大典在湖南株洲举行/唐子建 袁平

培训:为宗教工作提速/本刊

民族道德与宗教道德/熊坤新

我的舅舅董致平/赵丽宏

文化传承是关键—— 访少林寺方丈释永信/本刊

旧约圣经诗歌韵律/林培泉

曹植与梵呗音乐/释永悟

“境”由心生“形”随意动—— 扬州大明寺罗汉造像的艺术特征/孔锦

茶倚夜风逸馨香 心沐禅意取清凉—— 第十五届柏林禅寺生活禅侧记/卫菲

回民解放的先声 民族团结的丰碑—— 宁夏同心清真大寺/杨学

天高近接太清宫/闫广君 陈东振

俯瞰齐州烟九点 踏寻崖窟佛多尊—— 访济南千佛山兴国禅寺/尹雁

建设和谐道教 重在人才素质/王书献

清真寺社会功能初探/谭全万

发挥宗教积极作用 共建和谐社会/林希玲

积极发挥宗教胜迹传播和谐文化的作用/刘沛林

文摘

国际动态

国内动态

2007 年第 10 期(总第 95 期)

叶小文接受中外记者集体采访

弘扬两岸四地佛教合作精神 办好“第二届世界佛教论坛”/齐晓飞

中国道教协会 50 年的成就与经验/张继禹

群贤毕至 高端研讨—— 首届朝阳佛教文化研讨会成功举行/本刊编辑部

总结经验 乘势而上—— 国家宗教局 2007 年信息通联工作会议在贵阳召开/田悦阳

和风和韵满潇湘——“湖南省宗教界首届文艺汇演暨书画艺术展”圆满成功/罗方 陈晓燕

佛教对中华民族历史和文化的贡献/王尧等

中国宗教哲学思维模式的理论探索/麻天祥

民族先驱 历史人证—— 纪念中国伊协原主任张杰归真 20 周年/余振贵

日暮行雨 春深著花—— 记中国基督教音乐家杨旅复/孙贵元

海上丝绸之路与宗教文化的交流/陆芸

《西游记》与道教文化/隋国庆

宗教文化的和谐思想及其现实意义—— 以佛、道教为例/蔡亚志

道教的施食科仪—— 放焰口/周作奎 张全晓

荣耀的记忆 永恒的辉煌—— 记福州基督教天安堂/岳清华

水清云更淡—— 丽江指云寺札记/孙云霞

黑河清真寺:东北边陲的清真古寺/邱齐龙

平等 · 宽容 · 团结 · 和平—— 伊斯兰教和谐观的社会学解读/牛喜霞

藏传佛教文化对生态环境的积极影响/唐铭

辩证看信仰/释悟凡

文摘

国际动态

国内动态

2007 年第 11 期(总第 96 期)

纪念赵朴初诞辰 100 周年座谈会在京举行 贾庆林出席座谈会/本刊

第十次中韩日佛教友好交流会议在京举行 贾庆林会见与会主要代表/本刊

赵朴初的“无尽意”/叶小文

全面贯彻党的宗教工作基本方针—— 国家宗教局副局长王作安答本刊记者问

文化的回归与超越/叶小文

学习赵朴老总揽全局 开拓创新的卓越品格/方立天

高水准的学术交流 深层次的心灵沟通—— 中日临济宗学术研讨会在京举行/即青

促进传统友谊 拓展学术交流—— 圣公会环南大会主教代表团访华纪实/薛春梅

绿水长流法乳脉 青山常在中韩情—— 北京灵光寺与首尔观门寺缔结友好寺院系列活动在京举行/陈冠桥

多视角看伊斯兰教朝觐事务管理/马劲

《大秦景教宣元至本经》全经的现世及其他/冯其庸

盛世修藏 继往开来——《中华大藏经(汉文部分)·续编》正式启动/胡绍皆

河图·洛书的道教文化内涵/章伟文

冬至阳生春又来—— 记上海真如寺冬至法会/游红霞

当时明月在 应照彩云归—— 高野山纪游/张文良

百载踏雪迎春 今朝更显华美—— 沈阳天主教南堂/尹光云

江楚名迹长春观/任宗权

从促进宗教关系和谐的高度审视和做好宗教工作/张宝岩

做好新形势下城市宗教工作的探索与思考/金塔明

联系实际解经义 循序渐进求发展/从恩霖

宗教在新农村建设中的作用—— 以温州上村为例/任映红

文摘

国际动态

国内动态

2007 年第 12 期(总第 97 期)

胡锦涛在中共中央政治局第二次集体学习时强调 全面贯彻党的宗教工作基本方针 积极主动做好新形势下宗教工作/新华社

中国藏语系高级佛学院建院 20 周年庆祝大会在京举行/本刊

昔日金乔觉 只身到九华 今朝地藏王 众护归故里—— 叶小文率团护送金乔觉·地藏王菩萨像赴韩供奉侧记/陈冠桥

以积极的态度看待宗教—— 国家宗教局副局长王作安答本刊记者问(续)

宗教伦理:和谐社会的一种支持性资源/王文东

学习贯彻十七大精神笔谈/陈宗荣等

中国基督教圣经印刷五千万册庆典在南京举行/本刊

藏族为中华文明做出了重大贡献—— 访著名藏学家王尧先生/杨君

圣经与西方民间习俗/郭连法

梁武帝与素食新探/李晓虹

道教名家张伯端的教育思想/史冰川

茶道与禅道的文化意蕴/吴言生

犹如莲花 不着于水—— 走进闽南佛学院女众部/依陀

云麓宫漫游/张松辉

宝光寺:新都城中离垢地/唯喜

月湖西畔的清真古寺—— 记宁波清真寺/雷莉

信仰与现实的兼顾—— 浅议中国穆斯林在构建和谐社会中的作用/马开贤

以爱国爱教的精神推进和谐福传事业/王怀茂

老子道法自然思想的现代解读/朱光磊

文摘

国际动态

国内动态

2008 年第 1 期(总第 98 期)

全国宗教工作系统表彰大会暨 2008 年全国宗教工作会议在京召开/本刊编辑部

中国基督教第八次全国代表会议在北京隆重举行/马宇虹等

宗教工作基本方针进入党章—— 一论在宗教工作中深入贯彻落实科学发展观/叶小文

宗教工作的“脊梁”/本刊编辑部

赞佛新曲岂非禅——《神州和乐》奏响国家大剧院/本刊记者

同出一源 以桥相通/叶小文

中国能为世界做出很多贡献/艾曼纽·科利尼

2007影响世界的宗教热点问题/熊坤新

关于发挥宗教界人士和信教群众在促进经济社会发展中积极作用的若干思考/蒋坚永

中国特色社会主义宗教理论的新发展/杨曾文

抓住机遇 推动宗教研究的创新发展/卓新平

不断开拓 更好地发挥宗教学界的思想库功能/牟钟鉴

逆向思维与道家的教育智慧/张桂敏

从佛经翻译看中国文化的和合精神/袁朝云

传统与现代意识的融合—— 冰心与宗教文化/周超飞

大都市里的巴扎/金宏伟

托起大山里的希望/王宛馨

苍山翠谷中的乡村教堂—— 记庐山天主堂/范兴海

道德脉脉通玄静 太清熠熠耀奉天—— 记沈阳太清宫/卫菲

我国宗教财产法律保护刍议/梁迎修

现代僧制建设管窥/贾翠萍

加强管理 适应需求 扎实做好涉外宗教事务管理工作

文摘

国际动态

国内动态

2008年第2期(总第99期)

贾庆林与全国性宗教团体负责人举行迎春座谈/新华社

美美与共 共致和谐—— 在美国乔治威大学的演讲/叶小文

全面把握宗教工作基本方针的科学内涵—— 二论在宗教工作中深入贯彻落实科学发展观/叶小文

温暖的心是冻不住的—— 宗教工作部门暨宗教界抗击雨雪冰冻灾害纪

实/本刊编辑部

从七对关系把握我国的基本宗教政策/陈宗荣

论丁光训主教的神学思想建设与和谐宗教理念/高英

同心合意 开创中国教会更加灿烂的明天—— 访新当选的中国基督教三自爱国运动委员会主席傅先伟、中国基督教协会会长高峰/本刊记者

道教圆融观的文化内涵/李玉用

宗教建筑的定位、地位与保护/赵匡为 王宜峨

宗教文化对我国少数民族服饰的影响/任平

继续农禅旧家风—— 云居山真如禅寺/释悟凡

艺术之乡 文化奇葩—— 热贡及热贡艺术/徐中林

雷台探古/杨君

从宗教的人治、法制到法治—— 学会遵循社会主义法治理念处理宗教事务/吕晋光

对农村民间信仰的几点思考—— 以关中等地农村老人“朝庙子”现象为例/王习明

有为才有位—— 无锡宗教工作的探索与实践/无锡市民族宗教事务局

文摘

国际动态

国内动态

2008 年第 3 期(总第 100 期)

共致和谐 始于对话—— 叶小文率团访问美国侧记/本刊特约记者

“以人为本”深入宗教—— 三论在宗教工作中深入贯彻落实科学发展观/叶小文

加强国家文化软实力建设/学诚

在宗教工作中深入贯彻落实科学发展观—— 国家宗教局负责人与“两会”宗教界代表、委员座谈/赵迟

春天里的畅想—— 全国“两会”部分宗教界代表、委员访谈/杨君 张华

“书斋与道场·道教文物展”在香港举行/李明 王宜峨

盛世和谐 以心相通—— 苏州宗教界参与构建和谐社会的探索与实践/普仁等

宗教他者与宗教对话/王志成

难忘的记忆 永远的激励—— 怀念纳忠教授/国少华

启迪智慧 促进和谐—— 王雷泉教授谈禅悟人生

教堂建筑艺术漫谈/卓新平

儒家思想:中国宗教的文化基础/李明

参军戏与禅宗/潘苇杭

一碗粥的千年故事/圣凯

远方飘来的彩云—— 记云南楚雄州苗族山民合唱团/龙文德

朝阳北塔与隋初梵幢寺塔/杨曾文

依旧是那座殿—— 访福州基督堂/岳清华

扶桑禅林觅禅踪/钟慧城

直依人生 增进成佛—— 太虚人生佛教的伦理观/董群

自利与利人的互动/沈红波

伊斯兰教在城市化进程中的若干趋势—— 以西北民族社区为例/黄达远

强化执行力 构建新格局/江西赣州市民族宗教事务局

文摘

国际动态

国内动态

2008 年第 4 期(总第 101 期)

既为公民 当守国法 既为佛子 当行慈悲—— 佛教界谴责西藏发生的严重暴力犯罪事件/本刊编辑部

倡导"讲经说法"之风/叶小文

求真务实写新篇—— 专访安徽省宗教局局长黄荣华/本刊

保护佛教文化载体 弘扬优秀传统文化——"全国佛教寺庙文物保护培训班"在北京举行/本刊

宗教院校教材建设要体现鲜明的中国特色—— 全国经学院宗教课统编教材教学工作座谈会在郑州召开/本刊特约记者

上善若水 济世利人—— 道教界为北京市大兴区礼贤镇儿童福利院筹资捐款记实/本刊

安徽宗教工作的亮点与启示/本刊

深刻理解与把握宗教与社会主义社会相适应的时代内涵/崔波

他用一生的行动书写爱国爱教的真谛—— 深切缅怀傅铁山主教/叶小文

中国最早的奥运裁判—— 基督教长老舒鸿的奥运情缘/陈伟

禅之静境与东方园林/肖和忠

宗教文化的和谐与新丝绸之路的繁荣/王超

"无极图"、"太极图"的道教文化内涵/章伟文

寂寞生灵—— 图说宁夏西海固地区回族穆斯林生活/王征 石舒清

仙馆三峰上 道风百年同—— 道教胜地西武当/张华

雪窦山与弥勒信仰/张爱林

中国基督教会的文化任务/阚保平

宗教界开展社会公益慈善事业的优势与空间/裴勇

宗教院校在构建和谐宗教关系中的作用/从恩霖

管理是船 引导是帆—— 引导发挥宗教在促进经济社会发展中积极作用的体会/湖南省衡阳市南岳区文化文物宗教局

文摘

国际动态

国内动态

2008 年第 5 期(总第 102 期)

古风悠韵 情传千载—— 胡锦涛主席参访日本奈良法隆寺、唐招提寺/新华社

加强不同信仰间的对话 为世界和平贡献力量/许嘉璐

星月朗朗 云水悠悠—— 星云长老北京纪行/刘威等

藏传佛教的爱国主义传统/本刊

面对灾难 我们守望相助—— 各地宗教界援助地震灾区纪实/本刊

以信为本 以戒为师—— 江苏省佛教界扎实有效开展加强道风建设活动/余葶

爱国爱教的旗帜 长垂史册的贡献—— 纪念傅铁山主教逝世一周年/刘柏年等

发挥宗教界人士和信教群众在促进经济社会发展中的积极作用—— 广东省宗教界参与和兴办社会公益慈善事业调研报告/中央党校省部级干部进修一班调研组

佛学是一座博大精深的人类思想宝库—— 访问赖永海教授/觉群

少林寺古本佛经保护记/翁连溪 李阳泉

道教生态理念与绿色奥运/王博识

念念戒定真香 供奉十方三世诸佛—— 佛教与梵香/严小青

道教之源鹤鸣山/赵志龙

两岸共奉 普济群生—— 记厦门青礁慈济宫/霍克功

历史沧桑 人文鼎盛—— 记镇江山巷清真寺/薛龙和

现代佛教讲经说法需要常讲常新/陈冠桥 赵俊伏

宗教与体育关系刍议/刘勇

当代基督教“灵恩运动”及其对中国的影响/徐弢

慷慨的人接近真主—— 伊斯兰教的施舍节约思想/敏文杰 马英花

全面推进宗教教职人员素质教育—— 上海培养爱国宗教力量的重要举措/上海市民宗委

道教教职人员认定办法

道教宫观方丈住持任职离职办法

文摘

国际动态

国内动态

2008 年第 6 期(总第 103 期)

浮云游子意 落日故人情—— 叶小文赴宜兴参加国民党访问团为汶川大地震灾区祈福法会札记/本刊特约记者

拉萨事件后的余音/叶小文

让爱心落到实处—— 国家宗教局积极协调慰问台湾佛教慈善团体赴川赈灾记略/哲一 李明

宗教界也是抗震救灾的一支重要力量—— 专访四川省宗教局局长王增建/胡绍皆 张华

我是来学习的—— 葛培理布道会代表团访华侧记/任继春

月在卫塞圆 慈光普天照——“2008 联合国卫塞节国际佛教大会”在越南河内隆重举行/胡晓娟

大爱深慈—— 海内外宗教界援助 5·12 汶川大地震灾区纪实/本刊

伊斯兰与西方:文明冲突与对话/吴云贵

悲智双运 行笃愿深—— 怀念祖父王恩洋先生/王荣益

从汶川大地震看宗教在现代社会的作用/高师宁

生命的感叹—— 大地震带来的思考/许水文

我们悲伤 却不放弃坚强/刘源

悲悯之心 大爱至行—— 一位普通沙弥尼的日记/释如幻

唐风洋溢奈良城—— 鉴真精神论坛侧记/徐飞

修身之厦 义在清真—— 清真寺建筑群的宗教内涵/敏承华

基督教与中国文化之关系—— 简述赵紫宸“本色基督教”神学思想/王丽

顽石点头处 古寺唱梵音—— 灵岩寺的塔林与宋塑/逯元玲 公维章

世守良规 爱国崇真—— 苏家冲清真古寺/马亮生

青岛市宗教界开展创建“四型”宗教团体活动/青岛市宗教局

国际动态

国内动态

2008 年第 7 期(总第 104 期)

听其言 观其行/宗亦文

异音说佛法 同心为和谐—— “2008 佛教外语交流会”侧记/贾玉梅

慈善结出硕果 爱心汇成力量—— “广东省佛教界抗震救灾慈善募捐晚会”成功举行/本刊

谨遵经训,走有组织朝觐之路—— 中国伊协启动“参加有组织朝觐宣传月”活动/本刊

让大爱与圣火同行—— 宗教界奥运火炬手传递圣火侧记/本刊

对“基督教的中国化”历程中所折射的若干问题的思考/傅先伟

论道教在全球化时代的发展/孙亦平

爱之花在废墟上绽放—— 河北省宗教界抗震救灾先进事迹回眸/朱宇杰

慈悲喜舍 空门不空—— 记什邡罗汉寺的救灾善举/钟克勋 黄宝松

我的朋友廖东凡—— 写在“廖东凡西藏民间文化丛书”出版之际/叶小文 弋杨

大地飞歌—— 谱写奥运会备选歌曲的回族农民词作家张宝城/刘根社 陈娜

奥运期间涉外礼仪中的宗教禁忌/本刊

基督教青年会与中国近代体育事业/陈名实

道教神性论及其对中国传统文化的影响/闵丽

百年教堂瞬间逝 记忆长存教友心—— 四川白鹿镇领报修院/王怀茂

拜首自修身 称颂满金城—— 兰州西关清真大寺/姜涛

刍议我国宗教关系的若干特点/胡绍皆

死亡:也许是生命的凯旋/孙恪廉

建立机制 造就队伍 形成梯队—— 江苏省积极推进基督教人才培养工作/江苏省宗教局

文摘
国际动态
国内动态

2008 年第 8—9 期(总第 105、106 期)

奥运咏叹调(三章)/叶小文
那一夜 中国文化感动世界—— 观奥运开幕式有感/宗亦文
服务奥运 奉献奥运—— 五大宗教团体负责人谈奥运宗教服务/学诚等
优质的宗教服务:为人文奥运添彩/苏伟星等
从人生佛教到人间佛教/惟贤
开展多元宗教对话 共建和谐世界/学诚
服务型政府与宗教工作/陈宗荣
公私领域的划分对当代中国宗教的理论意义/王晓朝
四川举行“纪念地震遇难同胞百日百僧祈福”活动/张正尤
陈广元大阿訇:宗教对话是历史发展的必然趋势/余葶 杨君
王治心:中国基督教本色化运动的先锋与杰出的教会史学家/王兴
以宗教视角关注全球—— 访中国人民大学哲学院何光沪教授/李烜
闪耀在“中国记忆”中的宗教瑰宝/赛勤
庄子的神仙思想与道教思想体系的形成/王威威
宗教生态关怀的三个基本向度/王雪梅
儒家与基督教伦理中的“诚信”与人格/褚潇白
颜真卿的道教情缘/蔺熙民
沧海梵影/何方耀
同心追逐同一个梦想—— 上海基督教迎奥运侧记/谢炳国
雍和宫里的奥运故事/李立祥
“榴乡”纪事:走在致富路上的穆斯林/黄达远
都市庙宇 现代僧人—— 上海玉佛寺僧人的生活/贾玉梅
古寺新貌—— 记北京德外清真寺/文刀
怀中所抱识其宠 掌上所持知厥能—— 河北省大明县宠爱之母教堂/侯志华
三教融通 与时并进—— 陕西佳县白云观/康治祥
万杉古寺又生辉—— 记江西庐山万杉寺/查勇云
和谐世界的缩影—— 印度佛教圣地鹿野苑佛寺纪行/李涛

增进了解 促进和谐—— 赴马德里参加“世界宗教对话会议”有感/张继禹

为了同一个梦想—— 关于宗教与奥运关系的几点思考/毛国庆

西部农村宗教组织从事公益事业的地域特征—— 以陕北农村庙会组织为例/秦燕

浅议“悟”的特征/赵霞

和合文化与我国的宗教政策/杜仕菊

终极关怀的哲学断想/李士菊

对宗教文化及其发展趋势的思考/张华

天主教在构建和谐社会中的作用/杨舜涛

创新思维 深入调研 积极引导—— 江西省充分发挥爱国宗教团体的作用/江西省民族宗教事务局

文摘

国际动态

国内动态

2008 年第 10 期(总第 107 期)

仲秋时节话和谐——“发挥宗教界人士和信教群众积极作用研讨会”在包头市召开/本刊

对 30 年改革开放的最好纪念/叶小文

千头万绪中的硬道理/叶小文

分享有益 沟通无限—— 中国中青年宗教领袖代表团访美纪行/裴勇

今日中国宗教情况—— 宗教容忍、宗教自由和宗教实践/王作安

多宗教信仰的对话与交流—— 中青年宗教领袖谈访美之旅/高峰等

宗教学术研究:三十年来的历程与辉煌/牟钟鉴等

国家宗教局深入学习实践科学发展观活动正式启动/黄志辉

盛情相通 事业相联—— 国家宗教局 2008 年信息通联工作会议在沈阳召开/本刊

探求合乎东亚文化传统的宗教学研究理论/楼宇烈

中国特色社会主义宗教理论及其体系建构/龚学增

爱国爱教的光辉一生—— 纪念巨赞法师诞辰一百周年/朱哲

我与宗教工作三十年/董银锁

与奥运相关的日子—— 记中国伊斯兰教经学院新疆回族班的奥运志愿者/穆卫宾

大乐与天地同和——《神州和乐》传递的核心理念/魏新民
儒、道、佛和谐共生的文化路径/王孺童
道教文化:中国人的精神家园/李冈原
访泰三章/李革 罗安
洪水泉清真寺之美/罗惠翾
稽古南朝留胜迹 烁今左海萃高僧—— 福州瑞峰林阳寺/黛木
依法加强宗教事务管理 扎实推进社会和谐—— 以福海县为例/库丽努
学习实践科学发展观 开创江苏宗教工作新局面/江苏省宗教局
辽宁省积极开展县级宗教工作干部培训工作/辽宁省宗教局
文摘
国际动态
国内动态

2008 年第 11 期(总第 108 期)

道可道 今有益/叶小文
中国基督教神学思想建设十周年纪念大会在南京隆重召开/本刊特约记者
神学思想建设是中国教会新的亮光/王作安
科学与佛教的现代对话——“科学视野中的佛教”研讨会在太原召开/朱宇杰
继续加强神学思想建设 努力办好中国教会
中国宗教的“黄金时期”/学诚等
互访以存谊 求同以存异—— 国家宗教局代表团访问荷兰纪实/李良贺
讲经论道仙山处 古人来者皆可期—— 记 2008 中国崂山论道暨首届玄门讲经/贾玉梅
道法自然 关注环境—— 中国道教界开展道教宫观生态保护活动/潘存娟 刘惠
一个佛教徒的科学观/学诚
从“精神鸦片”到“社会资本”—— 改革开放三十年中国宗教的基本变迁/李向平
慈悲济世 知恩图报—— 中国佛教协会会长一诚长老访谈录/杨君 悟凡
我国穆斯林养生文化的现代价值/刘勇
身与心的观照—— 宗教信仰与生命和谐/吴蓁蓁
《神州和乐》歌行韩国散记/弋杨

畅游异域圣堂/岳清华

绚丽多彩的玫乡明珠—— 平阴胡庄天主教堂/张之涛

善导功德耀古今 人间净土香积寺—— 陕西西安香积寺/樊建武

刍议当代佛教寺院建设的规范—— 兼论楼宇烈先生的"三境"/徐文明

从社会交换理论谈佛教之中国化/肖尧中

浅谈民间信仰的传播特点/曹智频 盛艳

在改革中创新发展 在开放中强化管理—— 山西省忻州市民族宗教工作的探索和实践/杜春林

文摘

国际动态

国内动态

2008 年第 12 期(总第 109 期)

展现 30 年中国宗教之变—— 国家宗教局代表团访美纪行/本刊特约记者

变与不变:宗教发展的中国模式/叶小文

"香格里拉"的变与不变—— 与美国人谈"西藏问题"/叶小文

路遇"弥勒文化"/叶小文

弘扬"三和" 践行"三好"/王作安

改革开放与宗教工作 30 年

和谐世界 众缘和合—— 第二届世界佛教论坛系列筹备活动综述/田悦阳 陈萌

弘扬禅宗优秀文化 共建和谐美好社会—— 广东省隆重举办 2008 年禅宗六祖文化节活动/本刊编辑部

中国道教协会办公会所暨中国道教学院校舍建设奠基仪式在白云观举行/周国军

佛教:科学之友/方立天

艰辛的历程 卓越的实践—— 改革开放 30 年党的宗教理论创新/陈宗荣

我们帮助宗教发掘古老的生态智慧—— 专访世界宗教与环境保护基金会秘书长彭马田/杨君

弥勒信仰的基本特征及其现代意义/何劲松

道教的人文关怀与人文科技精神/宇汝松

铃木大拙的神学风骨/申秀逸

巴基斯坦斋月见闻/马效佩

中国僧众的时代身影—— 全国“佛教英语培训班”侧记/袁清湘
静静运河边 悠悠古寺情—— 济宁清真东大寺的昨天与今天/徐中林
浙东古刹 七塔禅寺/王志宏 赛勤
浅议《圣经》中的慈善思想/毛丽娅
培养僧才 续佛慧命—— 重庆大力加强佛教寺院建设的探索与经验/张勇
文摘
国际动态
国内动态

宗教学研究(季刊)

2007 年第 1 期(总第 74 期)

道教/(法)马伯乐(Henri Maspero)著 胡锐译
试从考古材料看《女青鬼律》的成书年代和流行地域/白彬 代丽鹃
《老君戒经》及《老君音诵诫经》中的道乐史料研究/蒲亨强 关孟华
试析清代的《西游记》道教评点本/胡淳艳
明代贵州道教简论/邢飞
杜光庭《道德真经广圣义》“身国同治”的生命政治学/李刚
论道家思想的曲折发展及其现代意义—— 以儒佛道三教关系为视角/洪修平
论中古文学创作论对道教卫生学的融摄/万德凯
身即腾腾处世间 心即逍遥出天外—— 唐代道教山水悟道诗的审美之乐/田晓膺
重返社会舞台的努力——“道教文化国际论坛”综述/李小光
《四库全书总目》释家类、道家类补正/周录祥 胡露
宋末诗僧道璨与士大夫交游考略/黄锦君
对朱国祯《达观始末》一文的辨正—— 兼驳利玛窦对紫柏的有关评述/戴继诚
论唯识宗佛性思想的特征—— 识体理性与生佛两界/杨维中
论唯识学的第八识及其种子/陆沉
马祖道一禅学思想探析/黄德昌

论汤用彤佛学研究的特色/张淼

藏传佛教宁玛派传承见地略论—— 兼论土观大师对藏传佛教宁玛派传承见地之评介/孙悟湖

佛教与道教人学观之比较/杨玉辉

保罗神学中的恩典与律法/查常平

晚清新教传教士的中国佛教观/李新德

维吾尔族的灶崇拜/海热提江·乌斯曼

云南梁河阿昌族原始宗教中的巫蛊信仰/朱和双

中国化马克思主义宗教价值观研究/何虎生

亚洲社会文化背景下的宗教变迁与对话/包蕾萍

论神仙思想的起源地/李晟

正一道天师传承制度初探/肖云忠

岭南黄大仙考辨—— 以罗浮山野人传说为中心/阎江

六朝蒋子文信仰探微/陈圣宇

张三丰的道与身思想/梁巧英

试论道教哲理对太极拳的影响/张俊

《达摩宝传》与清末民初民间宗教派别—— 以其对“祖师西来意”的理解为中心/侯冲 杨净麟

南传佛教禅法中的观呼吸法/(斯里兰卡)乌多拉

从“南无阿弥陀佛”的字音说起/孟万春

白居易从法凝所学为南宗禅法考论/肖伟韬

试述《大乘起信论》与大乘佛法之修行/陈勇

原始佛教的心理思想/高颖

从生理的角度看宗教需求的产生/马骁

《希伯来圣经》中的神人约—— 仪式、性质及团体意识/王宏选

“全球伦理”与“文明的冲突”/罗孙可

2007 年第 2 期(总第 75 期)

唐前道教仪式史纲(一)/吕鹏志

葛洪卒年考/丁宏武

西夏全真教佚词十一首考释/汤君

宋元明清时期江西全真道发展述论/陈金凤

《太平经》道论解析/杜洪义

浅析道教“仙话”《续仙传》的伦理美学思想/李裴

对明清小说中神仙形象复杂性问题的研究/苟波

《指空和尚禅要录》研究/段玉明

试论《牟子理惑论》之真伪/吴勇

失译《杂譬喻经》之《六牙象王本生》考证/陈开勇

《南海寄归内法传》校注拾补/谭代龙

谢灵运与“黑衣宰相”慧琳/姜剑云

杨亿佛门交游考/冯国栋 车轩

天台智顗丑学流程解构/赵平等

佛教故事“延州妇人”在宋元佛教史著述中的书写/刘方

言语道断 回头是岸——片论佛教禅宗与拉康派精神分析的实践风格/尹立 申荷永

藏传佛教造像量度经/康·格桑益希

论加尔文对律法功用的阐述/孙毅

内地会传教士与反鸦片运动——以《中国亿兆》一文为中心/(韩国)卢在轼

论信、信念、信仰、宗教信仰的特征及意义/罗中枢

论政教关系的层次与类型/张践

论儒学对民间神明信仰的影响——以闽台民间神明信仰为例/徐朝旭

中国北方民族萨满文化所体现的生态伦理价值观念/陈旭

韩愈与道教——兼论其对现代道教发展的意义/成守勇

道、佛二教思想对中国古代科学影响的思考/周波

峨眉山蒲公传说及其相关问题/张妙

三生石故事考辨/严春华

试论藏族成文习惯法规的历史渊源与藏传佛教戒律之间的内在关系/索南才让

西藏铜币上佛教纹饰研究/金普军 凌雪

西藏西部早期佛教绘画中的波罗艺术风格考论/张长虹

藏族传统聚落形态与藏传佛教的世界观/张雪梅 陈昌文

基督教关于成圣的思想及方法/吴瑞龙

从近代福州基督教会看女信徒的教会地位/徐炳三

自我控制——中国宗教的情感修行模式/江峰

2007 年第 3 期(总第 76 期)

六朝灵宝经中的葛仙公(上)/(日)神塚淑子著 钦伟刚译

唐前道教仪式史纲(二)/吕鹏志

《灵宝毕法》再研究—— 附论钟吕金丹派的丹书与西部区域性/丁培仁

尹志平对全真心性思想的继承和发展/詹石窗 张欣

刘一明丹道论中的性与命/刘宁

论葛洪的"君道"思想/赵芃

李明彻考评/甄鹏

句曲洞天:公元四世纪上清道教的度灾之府/赵益

从守门与镇墓之制看汉唐丧葬文化中的道教因素/尹夏清

论部派佛教一切有部的实有涅槃说/单正齐

方便与空义:印顺对"如来"和"藏"的词义研究/蒲长春

《净土十要》的信心论/何松

玄奘与《说无垢称经》的传译/何剑平

萨班对摩诃衍遗教的批判/尹邦志

灌注了佛教词义的道教词语试析/杨同军

五代吴越国崇佛的原因及其影响/曾国富

佛教对当代心理学发展的影响/任俊

不思善恶,本性自现—— 禅宗的心性思想与罗杰斯的心理治疗理论之比较/王求是 刘建新

传统信仰与基督宗教的冲突与融会:张店镇个案研究/刘志军

基督教在华西的中文期刊——《希望月刊》/陈建明

彝族灵魂观念研究/杨甫旺

中国少数民族婚礼驱邪仪式中的象征符号/瞿明安

地域社会变迁与民间信仰区域化的分异形态—— 以近 800 年来福建民间信仰为中心/林拓

衡阳市农村邪教调研—— 邪教的文化学分析/贺汉魂等

推陈出新:一本中国宗教通识教育的佳作/朱展炎

中国宗教政策研究的标志性成果—— 读《中国的宗教政策》/冉光荣

李昌龄注《太上感应篇》之臣民政治伦理思想管窥/向仲敏

试论道教内丹术与命门水火概念的变迁/何振中

禅宗本体与严羽"以禅喻诗"/周和军

《小品》传译及与《道行》的关系/郑勇

图像中的信仰与信仰中的图像——藏传佛教六道轮回图释义/唐小蓉

谈我国佛教石窟迦叶造像/崇秀全

“缘起性空”说中的怀疑主义情结及其圆融——当代西方知识论对缘起有难题的语境主义解答/解翼凌

藏族本教与纳西族东巴教祭司的比较研究/廖玲

论约纳斯在《奥斯威辛之后的上帝观念》中的上帝观/张礼刚

论犹太教末世论/饶本忠

古希腊宗教与经济思想/侯典芹

2007 年第 4 期(总第 77 期)

六朝灵宝经中的葛仙公(下)/(日)神塚淑子著 钦伟刚译

唐前道教仪式史纲(三)/吕鹏志

杨仁山笺释道书考/龚鹏程

“服食”新诠/黄永峰

论清代《养真集》的养生思想/张钦

老庄、黄老、仙道——《抱朴子》思想的再认识/刘玲娣

道教自然山水思想管窥/申喜萍 许孟青

从文本中的吕洞宾形象看唐末五代道教的审美追求/李裴

道教内丹诗词的美学分析/袁合川 雷晓鹏

当代道教的生存处境——岭南道教宫观调查/李大华

敦煌本《坛经》相关问题考辨/蒋宗福

普贤延命菩萨考/张子开 杨欣

圭峰宗密对禅宗的判释/韩焕忠

从梁武帝看“素食”制度的颁行/李晓虹

《妙法莲花经》与民间信仰中的文殊菩萨/任远

清代诸帝与文殊师利菩萨/周祝英

“心”、“意”、“识”略诠/李海波

西藏宗教中的“替罪羊”观念及侣贡杰布仪式/孙林

近代安多藏区寺院型城镇成因与特征初探/黄达远 牟成娟

试论台湾佛教四大道场崛起的原因/何绵山

《现代僧伽》杂志述评/房奕

找回无画的画史——评王卫明著《大圣慈寺画史丛考》/段玉明

文化传播视野下的信仰与仪式—— 以中国西南少数民族与道教关系为例/张泽洪

威廉·梅尔的婚姻家庭观/林庆华 张秋梅

《启示录》的象征语言与永恒时间观/查常平

明末天主教对中国传统道德观念的文化渗入:以反对纳妾为例/田海华

一份面向青年的基督教刊物——《青年问题》/周蜀蓉

“佛本之争”后的本教/朱丽霞

宋代道观经济简论—— 以南北宋两京道观经济为主/杨燕

魏华存夫人信道原因考/张芮菱

《太平经》的和谐思想浅议/何立芳

教育学视角下的王重阳道教义理解读/白娴棠

文化整合与交融—— 试评楚山绍琦禅学思想的特质/李湖江

简论韩愈、柳宗元与佛学的关系/任树民

传承与嬗变—— 明末僧诤问题的反思/刘正平

传教士与中国近代女子教育/任春艳

四川大学文科杰出教授卿希泰先生八十华诞庆典/蜀之

2007 年度卿氏奖学金颁奖

2008 年第 1 期(总第 78 期)

宋元社会与阴丹术的流行/朱越利

唐前道教仪式史纲(四)/吕鹏志

伍守阳的内丹术探微—— 以“三关修炼论”为例/丁常春

“山中宰相”辨/李超

丘处机的三教合一思想/杨善友 车轩

古代杭州的佛道教医药学/朱德明

试论文化道教/谢清果

《周易参同契》作者地望的文献学初探/汪启明

上海浦东散居道士现状调查/龙飞俊

从汉学“三统”看道教传承/徐新建

成都平原的树崇拜与道教关系探奥/曾维加

当代韩国圆佛教实学特性考述/李虎

摄论学派与早期华严宗的形成/圣凯

楚山绍琦禅师事迹考辨杨耀坤

从僧睿《大品经序》看今存汉文佛典用语/顾满林

中晚唐时期四川地区的密教信仰/黄阳兴

真心与妄心之辨—— 以智旭为重点/龚晓康

论清代中叶巴黎外方传教会对四川天主教徒的管理和改造/郭丽娜 陈静

内在三一和经世三一—— 论卡尔·巴特和 T. F. 托伦斯的三位一体神学/石敏敏

创造论:一个不容忽视的思想议题—— 创造论思想逻辑与意义初审/刘光耀

文化多样性与宗教认同—— 民和三川地区土族宗教的多样共存性考察/祁进玉

凉山彝族送灵归祖仪式的序曲—— 咒鬼法事/蔡富莲

中国化马克思主义宗教观探析/何虎生

2006 年度国内宗教美学研究综述/皮朝纲 李华林

地方神明建构脉络之解读—— 以陈靖姑信仰为中心/蒋俊

道教“贵柔守雌”思想对贾平凹小说的影响/程亮

离乱与哲思语境下的《南华真经义海纂微》/李雄燕

张三丰内丹功法浅说/张涛

《祖堂集》校读札记一则—— “王莽篡位”辨/梁嘤之

弥勒信仰衰落原因简论/吴先核

论汉魏六朝时期佛教的地狱思想/侯慧明 赵改萍

王阳明与蕅益:论晚明佛儒文化的冲突与融合/郝晓晨

慧远大师念佛思想所依据的主要经典考辨/杨净麟

早期佛教的业报轮回与无我/邓曦

川西麦洼寺藏传佛教考察述略/陈运 陈昌文

试论因明论式中的“喻”/高艾华

苗语圣经翻译传播及其社会文化影响/王再兴

彝族生活中的“火”信仰/陈自升

《宗教学研究》2007 年总目录/今雨

简讯

2008 年第 2 期(总第 79 期)

俞琰生年卒年考/钦伟刚

略论玄教门人朱思本的地图科学思想/盖建民

灵修和性命双修—— 试比较基督教与道教内丹的内炼思想/傅凤英

葛洪的汉学倾向—— 兼论葛洪与魏晋玄学的关系/丁宏武

道教存思术及其养生价值/张崇富

刘一明论内丹修炼三原则/刘宁

道教与五代吴越国历史/曾国富

神奇宝镜的背后——“风月宝鉴”的宗教思想文化蕴含/刘艺 许孟青

僧教育欤？俗教育欤？—— 关于僧才培养的现代性思考/段玉明

南岳慧思师承考辨/刘朝霞

同品、异品蠡测/郭桥

格义探微/白欲晓

《释门正统》与《佛祖统纪》成书旨趣之差异再探/秦瑜

唐释彦悰与隋释彦琮考辨/李普文

论王梵志诗富含理趣的说理方法/李振中

方东美佛学思想及其现代精神/李安泽

《六祖坛经》与道家、道教关系考论/张培锋

《圣经》的生态思想/毛丽娅

广州基督教青年会抗战前活动述评/卢海标

网络宗教生活对基督徒的宗教性影响—— 以长沙市在线基督徒的宗教生活为实证研究基础/唐铭辉

天主教新自然法学派论结果主义伦理学/林庆华

纳西族驱瘟疫鬼仪式分析/和颖 李例芬

客家萨满的通灵途径、仪式及与台湾的比较/徐义强

2000 年以来国内宗教学理论研究述评/闵丽

从“灵魂不死”到“肉体不死”—— 从思想之嬗变看道教神仙信仰之兴起/彭磊

财神“五通”论/杨宗红

简论香港至和坛的脉源、信仰及现状/吴景星

论元代道教戏剧对道教乐生思想的图解/廖敏

读《文心雕龙》创作理论中的儒道思想背景/贺阳

王重阳平等思想探析/史冰川 孔又专

宗教伦理在当代中国社会发挥作用的机制—— 必然的困境与可能的机遇/王媛媛

论朱熹的山林诗与禅情结/周静

中国现代佛教入世途径及其现代启示/刘聪

基督教会与晚清台湾的教育事业(1860—1895)/刘凌斌

神圣与凡俗:二分法建构的宗教生活—— 涂尔干《宗教生活的基本形式》的宗教起源研究/周树华

晚明社会秩序变迁与话本小说的宗教化思想/林开强

此岸与彼岸:文学人类学视域中的文学与信仰/荆云波

道教戒律中的生态伦理思想探析/殷明

道教典籍与《封神演义》“阐教”词语关系考/李建武

试论境花水月在佛教中的象征意义/刘艳芬

宗教体验及神经基础的研究/韩惠娟 刘昌

论宗教境界的人生价值/马晓燕 赵继伦

宋之问的佛道诗歌略论/张海鹏

韩国宗教现状简述/(韩国)崔仙任

卿希泰先生新著《道教文化与现代社会生活研究》读后/陈庆优

2008 年第 3 期(总第 80 期)

道观经济研究的回顾与思考/罗争鸣

从六朝上清经看佛教对道教用语的影响/周作明 夏先忠

曹丕的宗教意识与文学观念/刘敏

姬志真的美学思想刍议/申喜萍

墨家“鬼察鬼罚说”与道教“除算减年说”/郑杰文

通俗文学中神仙形象的“人性化”与道教的世俗化/苟波

尊道溯源于真 立教导人达善—— 祖天师张道陵开立道教历史意义探溯/张继禹

“鬼道”、“仙道”与“正一盟威之道”/李远国

鹤鸣山水,玄妙微观/薛永新

如何在社会竞争中养生/苏士雄

早期天师道斋法的美学研究/苏宁

道教养生术门外谈/钟国发

略论华严宗判教思想对唐君毅“心灵九境”理论建构的影响/李玉芳等

禅者之思:现代科学在南怀瑾佛学思想中的回响/王萌

佛学缘起法则对企业社会责任的规范/宋跃华

道教思想及民间信仰对佛教疑伪经的影响/刘辉萍 张淼

异熟概念的道德哲学意蕴/常峥嵘

从新约的历史逻辑审视汉语神学与圣经神学/查常平

职场与宗教:清前期天主教的行业人际网络/张先清

基督宗教对海外华人移民活动的影响—— 近代福建地区的三次集体移民活动述评/朱峰

云南傣族封建法律文明源于外来宗教的影响/吴之清

土家族傩祭仪式的空间象征/陈玉平

彝族“伙头制”与宗教信仰—— 以云南省永仁县中和乡直苴村调查为中心/陈永香

土家族还傩愿与祭虎/黄柏权

城市社区现代代进程中的宗教问题/何清

中国古代民间火神崇拜与灭火意识/王立

河南王屋山民间香会巫术治疗调查/吴效群

伊斯兰文明中的人文思想/吴云贵

清乾嘉时期白莲教“襄阳教团”的地理分布/江田祥

印度教生命论/蔡枫

张伯端的《悟真篇》与密宗拙火定范畴之比较/刘正平

白玉蟾道教美学思想简论/查庆 雷晓鹏

唯识学与荣格人格发展理论的比较研究/张海滨

何道全养炼思想及方法浅述/魏周琳

浅析元代道教思想对倪云林艺术之影响/杨德明

《许长史旧馆坛碑》略考/李静

《焦氏易林》与汉代宗教文化构建/李昊

北魏宗教管理体制初探/刘康乐 韩琳

《回诤论》中“量论”之探讨/吴永珍

印顺批判熊十力《新唯识论》之深层分析/陈芷烨 徐孙铭

美国学生海外志愿传教运动与中华基督教学生立志传道团/赵晓阳

道教养生智慧的全景式解读—— 评《道教与中国养生智慧》/林俊雄 于国庆

视野弘博通古今,心思缜密探究竟—— 评历史语境中的《〈周易禅解〉研究》/张丽娟

2008年第4期(总第81期)

我和道教文化研究——为纪念改革开放三十年而作/卿希泰

三丹田的生理学解读/张钦

朱道朗与青云派/郭武

道教旅游文化与道教文化旅游辨析/胡锐

李筌《阴符经》注疏的美学思想/李裴

青州全真修真宫考/赵卫东

《老子想尔注》与《老子指归》之关系/马承玉

先秦两汉道家哲学对中医学生命观的影响/程雅君

熊十力"乾坤一元"论探微/车轩 刘正平

民国时期民间佛教信仰的失落——以新繁县周氏家族与僧法钲庙产纠纷案(1935—1939)为中心/里赞 王有粮

吐蕃时代佛经翻译考辨/朱丽霞

禅籍"驴胃""驴肓""驴肘"辨/雷汉卿

禅宗语言的种类/张子开 张琦

释道安与魏晋玄学/韩国良

四川基督教自立运动的激进团体——中华基督教改进会/陈建明

斯宾诺莎对圣经的历史批判与诠释/田海华

宋代女性祟病的民间疗法——以《夷坚志》为中心/方燕

土家族原始宗教文化的生命意识及其现代启示/郑英杰

阿昌族民间的月经禁忌与信仰习俗/李金莲

佤族宗教的特质及其文化意义/张泽洪

大地震中的宗教关怀——来自"5·12"四川大地震重灾区/刘宁

中国宗教思想史(上)/(日)福永光司著 钦伟刚译

"绝地天通":论中国古代宗教多神性格之源/李小光

论陈抟老学思想/孔又专

道教存神养生与系统科学/张帆

明朝龙虎山天师府建置与易学思想片论/吴保春

儒道会通如何可能?——葛洪思想之"内道外儒"说解析/余玥

陈景元《庄子注》中的道论/肖海燕

净影慧远与嘉祥吉藏的判教思想及其意义/高永旺

简析《河东记》中的神仙形象/游東東

类比与象征:托马斯宗教语言观及其当代沿革/鲍建竹

试论1949年前山西天主教徒对教会发展的作用/刘安荣

试谈萝特的生态女性主义思想/张秋梅

汉魏六朝佛诞节仪考述/李童

保唐无住禅法与《大乘起信论》渊源试论/王大伟

道德德性:人类学以及实践认知的维度/(德)马丁·赖恩海默著 赵俭译

本教圣地黄龙风景名胜区的藏文化考察/同美

试论网络视域中的宗教传播—— 以佛教网站为例/肖尧中

"基督教与中西文化交流"学术研讨会综述/梁思慧

辨章学术,考镜源流之佳作——《增注新修道藏目录》评介/杨光文

石竹山道院"梦与中西文化学术研讨会"述评/雷宝 黄永锋

当代宗教研究(季刊)

2007年第1期(总第66期)

中国基督教发展的现状与趋势/罗伟虹

"和而不同"与"多样性之统一":中国传统思想与巴哈伊教比较研究的一个侧面/吴晓群

当代宗教运动的两种取向—— 兼析新兴宗教运动与宗教复兴运动/张龙华

在杭高校大学生宗教信仰的调查分析和研究/王康

中国东正教的现状/唐戈

中国化马克思主义宗教本质观概述/何虎生

中国基督神学思想建设回顾与展望/成祖明

庄子蒙人考(续)/王振川

2007年第2期(总第67期)

民工教会近距离:一个现象的考察/刘琪等

内地与香港宗教界对社会事务参与的比较与思考/李平晔

实名制等政策对高校BBS宗教研究类版面的影响试析—— 以基督教研究版面为例/罗琤

关注下层民众的所思所想—— 民间宗教调查琐记/濮文起

香港宗教跑马观:经历社会转型的华人传统信仰习俗/钟国发

试论当代台湾佛教界对青少年学生的影响/何绵山

宗教市场论在中国/高艳华

佛藏研读的梯航—— 略论佛经研究与佛经词典的编纂/徐时仪

2007年第3期(总第68期)

"基督下乡"的实践逻辑—— 基于皖北C村的田野调查/陈占江

天主教平信徒培育方面的思考—— 以一个堂口的信徒委案例/刘丽

吐鲁番地区维吾尔族伊斯兰教现状调查与研究/王伟等

庚子事变平议(一)/钟国发

陈独秀"五四"时期宗教认识评述/郭文深

道教文化所蕴含的地域特色/葛壮

锡克教与印度教的分离/张占顺

宗教体验及其神经基础的研究/韩慧娟 刘昌

和谐世界 以道相通—— 国际《道德经》论坛(西安·香港)纪实/王常云

2007年第4期(总第69期)

上海正月初五接财神习俗的衰落与复兴/黄景春

关于发挥上海民族宗教资源为世博会服务的若干建议/王宏刚

赵朴初居士与新中国佛教经典文献事业—— 纪念赵朴初居士诞辰100周年/罗琤

另一种视角:19世纪下半叶来华西人眼中的老子—— 以The Chinese Recorder为中心/许俊琳

1949年以前《天风》的办刊方针与立场/王翔

庚子事变平议(二)/钟国发

从"人质事件"看韩国教会的海外宣教及其反思/顾梦飞

从圣坛走入电视—— 美国电视传教初探/邱凌

小布什总统与宗教——《美国的神权统治》平装版序言摘译/(美)凯文·菲利普斯(Kevin Phillips)著 吴研雷译

2008年第1期(总第70期)

泗县基督教现状调查报告/赵东

刍议现代宗教的类科学取向/姚南强 余俊伟

近十年来民间信仰功用问题研究述评/苏全有 葛风涛

宗教自由保护的国内法与国际法比较/孙恪廉

论僧肇的时间观/蒋洁

隋唐的宗教政策及其社会效应/葛壮

从《瀛涯胜览》所载神话看伊斯兰教在南亚的传播/杨军

儒学儒教的"孝"与基督教伦理的"孝"之比较/李海亮

小布什总统与宗教——《美国的神权统治》平装版序言摘译(下)/凯文·菲利普斯(Kevin Phillips)著 吴研雷译

格雷斯·戴维的"欧洲宗教例外论"/李玉婷

综罗历代版本 解析千部佛经—— 最新佛学工具书《大藏经总目提要》出版/罗颢

2008 年第 2 期(总第 71 期)

改革开放三十年中国基督教"三自"理论建设/成祖明

天地门教现实活动的某些特点/濮文起

湄洲岛民间妈祖进香、谢恩仪式的田野调查/唐毓

陈方恪先生与金陵刻经处/罗琤

元代社会政教关系之管窥/葛壮

敦煌寺学与敦煌佛教入门读物之关系探析/杨发鹏

早期禅学之"神通"观念探微/郭文

一个"海洋岛国"的神灵世界—— 嵊泗列岛古庙宇及岛神信仰/金涛

基督宗教的价值取向与现代西方社会工作/张可创

2008 年第 3 期(总第 72 期)

三十年来中国知识分子宗教观念变化览观(上)/刘仲宇

淋浴改革春风,开创上海佛教崭新局面—— 纪念改革开放三十周年/觉醒

试论改革开放中的上海道教宫观/丁常云

解放思想 执政为民—— 见证宗教工作三十年发展之管见/朱良镅

30 年来财神信仰及其研究状况概述/黄景春

宗教学:回顾与展望—— 研讨会综述/张靓

赋诗二首/吴孟庆

一年来法轮功内幕管窥(上)/金钟

关于民国前期基督教新教发展历史背景的评析/甄铭荫

2008 年第 4 期(总第 73 期)

三十年来宗教工作领域执政理念与施政方式的演进/张化

三十年来中国知识分子宗教观念变化览观(下)/刘仲宇

佛教在和谐社会建设中的路径—— 都市寺院三题/刘元春

察布查尔锡伯族宗教信仰历史与现状考察之一—— 锡伯族的藏传佛教信仰/胡方艳等

"温州经济模式"中的当地基督教初探/陈桂照 姚民权

一年来法轮功内幕管窥(下)/金钟

中国内地会宣教事业里的中国同工/张靓

试析莫卧儿帝国时期伊斯兰教神秘主义与印度教神秘主义的融合/高健龙

五台山研究(季刊)

2007 年第 1 期(总第 90 期)

宏图更起清凉界 无限风光在五台—— 在 2006 年年终工作会议上的讲话/梁有升

《金刚经》研究述评/杜正乾

佛教哲学中的"是"/林晓辉

支娄迦谶是汉地最初传译大乘经典的著名译师/肖雨

清凉澄观的三圣圆融观/韩焕忠

浅谈五岳的文化整体性/王运 李江海

慧能禅与全真道之心性论比较/李玉用

临济"四料简""四照用"略论/王荣益

五台山佛俗民情年落幕/高峰毅等

2007 年第 2 期(总第 91 期)

关于宗教的社会功能与构建和谐社会/匡永琼

佛教哲学与德里达解构主义/郭延成

中国佛教戒律及其伦理意义/袁升祺

赵朴初是中国佛教现代化历程的开拓者/李霞

大同华严寺大雄宝殿佛名考辨/曹彦玲

杜顺是文殊菩萨化身/竹音

清凉胜境中的禅茶—— 五台山茶文化/崔涛

无限慈悲的观音菩萨/达亮

五台山生态环境存在的问题及对策研究/陈新凤

评《宋代临济禅的发展演变》/崔正森

2007年第3期(总第92期)

庐山慧远的佛教发展策略/梁民政

皈依佛教的精神超越之旅——宗炳的佛学活动及其对晋宋之际佛学思想的诠释/杨遇青

文殊菩萨化身——宗喀巴大师/邓来送

总结经验 加快发展/崔正森

求实创新 团结奋进/李玉明

深入研究 努力开创新局面/白清才

研究会的工作意义重大/李留澜

锐意开拓 共创和谐/梁有升

五台山地质的突出普遍价值/田永清

五台山研究会章程

五台山研究学术规划大纲

五台山研究会第三届理事名录

五台山研究会第三届常务理事名录

五台山研究会第三届顾问名录

五台山研究会第三届领导名录

新的历程——五台山文化研讨会暨五台山研究会第三届会员代表大会综述/玉卿

2007年第4期(总第93期)

如来藏本有义与空性之关系略述/聂伟荣

试论佛教戒律对构建和谐社会的积极作用/竹音

宗宝本《六祖坛经》"止恶行善"论析/何小平

禅宗的发展以及在中国佛教史上的作用/崔玉卿

寒山是文殊菩萨的化身/肖雨

关于李通玄的籍贯、著作、安葬处/王乃积 郭华荣

百丈怀海禅法思想研究/丁希勤

谢灵运的山水诗与佛学因缘/张二平

五台山地貌特征及其旅游价值/胥勤勉 林晓辉

中日第三届五台山佛教文化研讨会综述/闫孟祥

佛教节日——能戒

五台山研究2007年总目录

2008年第1期(总第94期)

《护生画集》的创作理路及其现代启示/王振钰

中国佛教的当代抉择—— 浅谈赵朴初居士《佛教常识答问》的历史意义/韩焕忠

发乎道德,应乎福祸—— 佛教因果报应思想的精神与特色/牛延锋

一念空明澄彻——《坛经》的“一念之谛”的解读/马寄

印度的文殊信仰/肖雨

关于五台山三个问题的考辩/赵慧 崔增磊

体验尼众的净土生活/周祝英

佛教“四大”与维吾尔医学/杨富学

佛教圣地与旅游胜地/武高寿

宗教信仰研究方面学术范式的个性塑造—— 以《印度古代观音信仰研究》为例/内江

2008年《五台山研究》征稿、征订启事

2008年第2期(总第95期)

佛教哲学中的语言学转向/林晓辉

能海法师“六和合”的和谐思想研究/刘兴恩

僧肇的名实之论/李新玲

生存与超越—— 论《金刚经》之终极关怀/韩传强

佛教对宋朝火葬盛行的影响/王宇

美国国会图书馆藏《五台山圣境全图》略述/田萌

敦煌与五台山—— 文殊信仰的互动/冯永昌

清代山西五台县的僧官制度/杨健

晋南民间“三昼夜法事”仪式初探/杨永兵

黛螺顶佛教/史玉卿

苏东坡的佛教思想特色/达亮

昌善法师小传

佛教生态观研究现状述评/陈红兵

2008年第3期(总第96期)

民国佛教的义学创新/韩焕忠

僧肇《物不迁论》的哲学思想/项运良

"人间佛教"转型与禅宗在中国近现代佛教中的地位和作用/印顺
唐五代宋初敦煌佛教入门读物初探/杨发鹏
《金刚经》的叙述方式和修行次第及其意义/李海峰
东汉时期印度佛教民间化的历史嬗变/宇恒伟 李利安
弘一大师与佛教/余清
石窟造像中文殊菩萨形象的演变/陈霞
佛外说法—— 读经漫言/国风
诗歌与禅宗的会通观/徐向阳
日语译《中国佛教的印象》序/邢东风
世界遗产专家圆满结束五台山实地考察/高峰毅 焦瑾琦

2008 年第 4 期(总第 97 期)

论宗教的人生关怀价值/贺彦凤 杨晓东
民间信仰中的烧头香/麦小宇
浅析中国佛教的传播方式与特点/戴继诚
对《大乘起信论》修行方式的初步思考/李明
略论弥勒信仰/余清
文殊信仰的兴起和流布/文奎
论禅门神通和因果说的清净义/韩凤鸣
"参究念佛"与"禅净双修"之辨/龚晓康
敦煌莫高窟第 61 窟中的《五台山图》研究/肖雨
佛光寺唐代弥勒彩塑/竹音
文殊应体 清凉真容—— 记塔院寺清凉国师澄观行实并图像碑/高明和
五台山研究 2008 年总目录

佛学研究(年刊)

2007 年(总第 16 期)

卷首语:继承赵朴初居士的精神,将中国佛教的事业推向前进
学习赵朴老总揽全局、开拓创新的卓越品格/方立天
赵朴初的佛学思想—— 纪念赵朴初居士诞辰 100 周年学术座谈会发言摘要/纪华传

最辉煌的十五年—— 赵朴老诞生百年纪念/邓子美

赵朴初与当代中日佛教的友好交往/张琪

鲸涛千里传梵典　隔海相望欣同风—— 纪念中日佛教文化交流 1400 周年/杨曾文

在中日临济宗学术研讨会开幕式兼《东瀛禅语》发行纪念会上的致辞

国家宗教事务局局长、中华宗教文化交流协会会长叶小文致词

中国佛教协会会长一诚法师致词

日本妙心寺灵云院住持则竹秀南法师致词

中国人民大学佛教与宗教学理论研究所所长方立天教授致词

中国佛教协会副会长兼秘书长学诚法师致词

中国社会科学院世界宗教研究所副所长张新鹰教授在闭幕式上的致词

妙心寺的开山、临济宗日本化的重要奠基人—— 纪念无相大师圆寂 650 周年/杨曾文

关山慧玄禅师无相大师的禅风/(日)则竹秀南

关山慧玄禅风略论/徐文明

关山慧玄无相大师和妙心寺教团/(日)栗原正雄

论关山慧玄的禅法—— "关"/圣凯

关山慧玄无相大师和妙心寺/(日)竹贯元胜

关山慧玄无相大师的禅风/(日)土井克彦

慧远传的变迁—— 关于《庐山远公话》/(日)牧田谛亮

略论昙鸾大师在净土宗史上的重要地位及评价/明生

中国初期净土教再探/(日)齐藤隆信

慧远大师的念佛法门/向学

庐山慧远的念佛结社/(日)稻冈誓纯

论昙鸾净土思想"二道"说/理净

论昙鸾大师的以持名为主、观想为辅的念佛方法/禅慧

昙鸾的佛教与道教/(日)宫泽正顺

慧文与天台法统/徐文明

略论湛然大师的教学/普正

吉藏三论学之方法论探析—— 渐舍/张利文

唐代三高僧对"真唯识量"的疏解/刚晓

宗密论"圆觉"/潘桂明

读《万善同归集》/孔繁

宗杲论看话禅中的决定志与决定信/伍先林

佛、道"有无"观略辨/吕有祥

本迹史观视野中佛法的源流与兴衰/宋道发

清代保甲制度与基层僧众管理/杨健

近代佛教文化的复兴与杨文会及金陵刻经处/洪修平

证严思想与慈济事业/毛勤勇 邓子美

关于李通玄的籍贯、著作和安葬处/王乃积 郭华荣

安阳修定寺塔建造年代考/董家亮

《湖隐方圆叟舍利铭》考释/黄夏年

朝阳北塔—— 五世同堂宝塔/杜斌

大足临济宗始祖元亮与师至福考—— 探述大足临济派的弘传与衰落/陈明光

"随方毗尼"与社会的和谐互动—— 以印度、中国和日本戒律观的演变为中心/温金玉

略说松本史郎对于"禅"的误解/孙劲松

高丽义通与宋初天台宗之中兴/张风雷

大觉义天之天台佛学思想初探/张风雷

圣德太子—— 实像与虚像之间/(日)末木文美士

日本的达磨宗与中国禅宗/张文良

20 世纪以来的鉴真研究及今后的构想/葛继勇

法然和日本净土宗—— 纪念日中友好净土宗协会成立 30 周年/杨曾文

缅斯两国佛教的相互依存和发展/惟善

菩萨的生涯/圆慈

彼此之间:文殊三昧与一行三昧—— 以《文殊师利所说摩诃般若波罗蜜经》为中心/肖黎民

佛教的和谐思想及其服务于和谐社会的途径/清远

《中国贝叶经全集》及其翻译校勘中的若干问题/周娅

增进教、学两界良性互动关系,共建社会主义和谐社会—— 中国佛教文化研究所新春茶话会综合报道/即青

中日临济宗学术研讨会综述/纪华传

中国佛教文化研究所的外事活动/杰原

“佛教与现代化——纪念太虚大师圆寂 60 周年”研讨会在上海举行/铂净

“第五届吴越佛教文化与社会暨纪念弘一法师圆寂六十五周年学术研讨会”在杭州召开/圆乘

“无锡灵山书院成立仪式暨第二届世界佛教论坛筹备工作座谈会”圆满举行/黄夏年

倪强《赤子佛心赵朴初》出版/元参

2008 年(总第 17 期)

卷首语:再接再厉,为促进经济社会发展和社会和谐做出新贡献

在越南国际卫塞节大会上的致词/叶小文

千头万绪中的硬道理/叶小文

必须坚决抵御境外利用宗教进行的渗透/叶小文

让佛教的价值观放声于世界文化的体系中——第十一次中韩日佛教友好交流会议基调发言/学诚

日本净土宗祖法然及其判教学说/杨曾文

从“善导净土变”到“二河白道图”的展开/(日)成田俊治

中日净土信仰和现代人生意义的探寻——以释净嵩(李元松)由禅皈净为例/邓子美

善导“二河白道”譬喻在日本的展开/(日)广川尧敏

印光大师对净土宗的贡献/圆慈

净土宗的“二河白道”信仰/(日)稻冈誓纯

禅净兼修中的圆融型佛教——以文殊院念佛堂为例/宗性

佛教和谐思想的诠释及其当代意义/杨曾文

中国天台宗的和谐思想及其现代诠/释容通

赵朴初居士和中国的人间佛教/正澄

中国佛教构建和谐社会的理论探索与实践/纪华传

爱国爱教,可歌可泣的光辉一生——谨以此文纪念巨赞法师诞辰一百周年/朱哲

古代讲经杂考/杨维中

三教关系视野下的玄佛合流、六家七宗与《肇论》/洪修平

毗昙学派与南北朝佛学大乘意识的树立/圣凯

菩提达摩形象的建构/邱高兴

南朝士族的佛教信仰与佛教文化/孙昌武

仁寿舍利的“感应”分析/李四龙

《三论玄义》之内容、架构及其思想/悟实

探不空所译《梵本般若波罗蜜多心经》/圆慈

略论中国汉地佛塔的价值与定义—— 以陕西关中隋唐佛塔为例/王亚荣

唐代内尼稽考/周玉茹

寒山子的唯识体证/吕真观

东林志恩大师略考/徐文明

略说弥勒菩萨中国化及其精神内涵/吕有祥

延寿一心六度说述评/孙劲松

宋初孤山智圆《四十二章经》正义/韩剑英

北宋临济宗真净克文之禅法思想/戒毓

略论宗杲的思想发展历程/伍先林

“理障”说述评/潘桂明

中国佛教对《法华经·见宝塔品》的诸解释—— 以宝塔出现与二佛并坐的意义为中心/(日)菅野博史

辽代佛教的基本情况和特点/魏道儒

辽朝佛教与其周边/(日)吉田睿礼

辽金佛教政策与律学发展/温金玉

浅议朝阳梵幢寺出土银棺佛陀涅槃像—— 兼谈中国南北两地与中印涅槃像的比较/黄夏年

辽行均《龙龛手镜》杂考/王孺童

烧身供养与舍利信仰/林鸣宇

舍利的历史与象征/麻天祥

佛牙考察/汪海波

曹洞宗史上阙失的一环—— 以金朝石刻史料为中心的探讨/李辉

论佛教思想对全真道的影响—— 以马钰倡导的“清净无为”为例/孙亦平

太虚大师唯识学思想探微/金易明

中国近现代的曹洞宗法脉传承/纪华传

日本关于辽代佛教的研究/(日)松森秀幸

略述印度佛教自原始佛教至大乘佛教的发展/象本

日本凤潭与中国禅宗/张文良

战后日本新宗教参与政党政治的方式、动因及其认识/邵宏伟

日本“宗教法人”之现状/(日)雨宫真也

“家庭精舍”:中国当代“佛化家庭”研究/陈坚

佛光山文教事业考察报告/觉多

中日第十二次佛教学术交流会议在无锡取得圆满成功/邓子美

朝阳市辽金佛教文化研究会成立/德闻

群贤齐聚龙翔地,众口共议舍利塔—— 中国朝阳第二届佛教文化论坛成功举办/温金玉

纪念雪峰义存禅师圆寂 1100 周年禅宗文化学术研讨会在福州举行/纪闻

中韩第一届佛教学术论坛在韩国首尔举行/闻如

纪念七塔禅寺建寺 1150 周年庆典暨“都市寺院与和谐社会学术研讨会”隆重举办/铂净

“佛教与生态”学术研讨会在上海举行/黄夏年

广西“西山论坛·佛教文化暨巨赞大师诞辰百年学术研讨会”召开/施言

云居山禅宗文化传承与云居山未来发展研讨会综述/欧阳镇

纪念如净禅师示寂 780 周年法会暨天童禅寺曹洞宗文化研讨会在宁波举行/张华

《佛语连珠》出版/王丽心

2007－2008 年我国宗教学及宗教类新版图书简目

曹　玉

宗教学及宗教通论

诸神的争吵—— 国际冲突中的宗教根源/辛旗著.华艺出版社,2007.1/167 页

中国历代民族宗教政策/张践,齐经轩著.宗教文化出版社,2007.3/345 页

世界宗教寻踪/(德)汉斯·昆(Hans Kung)著;杨煦生等译.三联书店,2007.4/387 页

二十世纪宗教与文明新探/史作柽著.宗教文化出版社,2007.4/451 页

中国五大宗教知识读本/中国社会科学院世界宗教研究所等主编.社会科学文献出版社,2007.5/450 页

宗教信仰与民族文化 第 1 辑/何星亮主编.社会科学文献出版社,2007.5/453 页

神之变:女性主义和传统宗教/李静,高翔编译.民族出版社,2007.5/148 页(西北少数民族学术研究文库)

宗教问题怎么看 怎么办/叶小文著.宗教文化出版社,2007.6/594 页

20 世纪宗教观研究/张志刚主编.北京大学出版社,2007.8/539 页(北京大学宗教学文库)

文学与宗教:孙昌武教授七十华诞纪念文集/张培锋等著.宗教文化出版社,2007.8/683 页

青少年无神论教育读本/共青团新疆维吾尔自治区委员会等编.新疆青少年出版社,2007.9/180 页

宗教信仰与民族信仰的政治价值研究/彭时代著.民族出版社,2007.9/216 页

乡村都市化与宗教信仰变化:张店镇个案研究/刘志军著.社会科学文献出版

社，2007.9/340 页（中山大学人类学文库）

生命理境与形而上学：方东美哲学的阐释与批评/李安泽著.中国社会科学出版社，2007.9/340 页

当代世界宗教问题/国家宗教局研究中心编.宗教文化出版社，2007.9/552 页

科学与宗教的对话/（美）梅尔·斯图尔特，郝长墀编；郝长墀等译.北京大学出版社，2007.10/259 页（北京大学宗教学文库）

从"神圣"到"努秘"——鲁道夫·奥托的宗教现象学抉微/朱东华著.宗教文化出版社，2007.10/266 页（基督教文化丛书）

超越宗教：在传统宗教之外构建个人精神生活/（美）大卫·艾尔金斯（David Elkins）著；顾肃等译.上海人民出版社，2007.10/352 页

闽南宗教/陈支平，徐泓主编.福建人民出版社，2007.10/311 页（闽南文化丛书）

岳麓山宗教史话/罗军强主编.海南出版社，2007.10/341 页（岳麓山宗教历史文化丛书）

宗教文化赏析/秦学颀编著.旅游教育出版社，2007.10/221 页（导游知识丛书）

宗教与民族 第 5 辑/牟钟鉴主编.宗教文化出版社，2007.11/395 页（国家民委民族问题研究中心论丛）

宗教七日谈/叶小文著.宗教文化出版社，中共中央党校出版社，2007.11/500 页

信仰与觉醒：生存论视域下的信仰学研究/黄慧珍著.人民出版社，2007.11/290 页

自然宗教与启示宗教之类比/（英）巴特勒著；闻骏译.武汉大学出版社，2007.12/317 页（"自然神"译丛）

解释、理解与宗教对话/王志诚著.宗教文化出版社，2007.12/259 页（第二轴心时代文选）

托马斯·里德的常识哲学研究/张晓梅著.上海人民出版社，2007.12/188 页（维真基督教文化丛书）

中国宗教通史/牟钟鉴，张践著.一修订版.中国社会科学出版社，2007.12/2 册

当代中国宗教研究精选丛书 马克思主义宗教观与当代中国宗教卷/吕大吉，龚学增主编.民族出版社，2008.1/409 页（阅读中国）

当代中国宗教研究精选丛书 宗教学理论卷/吕大吉主编.民族出版社，2008.1/384 页（阅读中国）

宗教中的理性/（美）桑塔亚纳著；犹家仲译.北京大学出版社，2008.1/253 页

（未名译库）

探索宗教/牟钟鉴著. 宗教文化出版社,2008. 1/628 页(宗教与民族研究丛书)

宗教经验种种/(美)威廉·詹姆斯(William James)著;尚新建译. 华夏出版社,2008. 1/397 页

宗教经验之种种:对人性的研究/(美)威廉·詹姆斯(William James)著;蔡怡佳,刘宏信译. 广西师范大学出版社,2008. 1/396 页

不可能的爱/(英)唐·库比特著;王志成,王蓉译. 四川出版集团四川人民出版社,2008. 1/154 页(宗教与世界丛书)

我们的头顶是天空/(英)唐·库比特著;王志成,王蓉译. 宗教文化出版社,2008. 1/177 页

知识·信念与自然主义:第十届中美哲学和宗教学研讨会论文集/赵敦华等主编. 宗教文化出版社,2008. 1/388 页

当代宗教与极端主义/金宜久主编. 中国社会科学出版社,2008. 1/634 页(中国社会科学院文库·哲学宗教研究系列)

俄国宗教史/乐峰主编. 社会科学文献出版社,2008. 1/2 册(中国社会科学院文库·哲学宗教研究系列)

丝绸之路宗教研究/李进新著. 新疆人民出版社,2008. 1/528 页

宗教理论与宗教政策/熊坤新主编. 中央民族大学出版社,2008. 2/418 页(21 世纪全国民族地区院校协编教材)

中国思想与信仰讲演录/张荣明著. 广西师范大学出版社,2008. 2/321 页(大学名师讲课实录)

科学与宗教引论/(英)阿利斯科·E. 麦克格拉思著;王毅译. 上海人民出版社,2008. 3/240 页

百川归海:走向全球宗教哲学/何光沪著. 中国社会科学出版社,2008. 3/374 页

反纯粹理性:论宗教、语言和历史文选/(德)赫尔德著;张晓梅译. 商务印书馆,2008. 3/ 页(保守主义思想译丛)

仪式与信仰:当代文化人类学新视野/王霄冰主编. 民族出版社,2008. 3/230 页(新疆少数民族民间信仰与民族社会研究丛书)

中国宗教学 第 3 辑/中国宗教学会秘书处编. 宗教文化出版社,2008. 3/586 页

现代性与中国宗教/戴立勇著. 中国社会科学出版社,2008. 3/567 页

宗教与近现代广东社会/赵春晨等著. 宗教文化出版社,2008. 3/531 页(广州人文历史丛书)

现代欧美国家宗教多元化的历史与现实/董小川著.上海三联书店,2008.3/313页(世界文明史研究丛书)

马克思主义宗教观的形成与变迁/魏琪著.宗教文化出版社,2008.4/269页

宗教学是什么/张志刚著.北京大学出版社,2008.4/345页(人文社会科学是什么丛书)

民族宗教心理学纲要/(德)威廉·冯特著;陆丽青,刘瑶译.宗教文化出版社,2008.4/497页

历史的启示与转向/赵林,杨熙楠主编.广西师范大学出版社,2008.4/337页(西方学术与汉语思想前沿丛书)

神秘与反思/赵林,杨熙楠主编.广西师范大学出版社,2008.4/286页(西方学术与汉语思想前沿丛书)

比较神学与对话理论/赵林,杨熙楠主编.广西师范大学出版社,2008.4/253页(西方学术与汉语思想前沿丛书)

人神之际/赵林,杨熙楠主编.广西师范大学出版社,2008.4/339页(西方学术与汉语思想前沿丛书)

中国式宗教生态:青岩宗教多样性个案研究/陈晓毅著.社会科学文献出版社,2008.4/544页(中山大学人类学文库)

宗教论 第二卷 事神论/李申著.中国社会科学出版社,2008.5/376页

图说世界宗教文化/王德才,王浩编著.吉林人民出版社,2008.5/207页

中国宗教研究年鉴·2005－2006/曹中建主编.宗教文化出版社,2008.5/855页

后现代宗教哲学/(英)唐·库比特著;朱彩虹,王志成译.浙江大学出版社,2008.6/157页

终极关怀:信仰及其传播/赵建国著.中国传媒大学出版社,2008.6/221页(社会科学前沿)

英国自然神论:起源和结果/(美)约翰·奥尔著;周玄毅译.武汉大学出版社,2008.6/362页("自然神论"译丛)

宗教与美国社会:宗教非政府组织/徐以骅等主编.时事出版社,2008.6/540页

心坛撷英/齐志军著.宗教文化出版社,2007.6/227页

中国宗教报告:宗教蓝皮书(2008)/金泽,邱永辉主编.社会科学文献出版社,2008.7/285页

神圣的存在:比较宗教的范型/(美)伊利亚德著;晏可佳,姚蓓琴译.广西师范大学出版社,2008.8/459页(学术文库·西方宗教学名著丛书)

宗教研究新方法/(英)唐·库比特著;王志成,朱彩虹译.宗教文化出版社,2008.8/181页

彼此内外:宗教哲学的新齐物论/周伟驰著.宗教文化出版社,2008.8/278页

宗教对话与和谐社会/陈声柏主编.中国社会科学出版社,2008.8/412页

康德的信仰——康德的自由、自然和上帝理念批判/赵广明著.江苏人民出版社,2008.8/215页

宗教行为与心理治疗/赵文著.宗教文化出版社,2008.8/234页

宗教思想史论集/孙昌武,陈洪主编.南开大学出版社,2008.8/272页(中国思想与社会文丛)

国际文书有关宗教条款汇编/国家宗教事务局政策法规司编.宗教文化出版社,2008.8/205页

多元文化中的云南宗教/王爱国著,宗教文化出版社,2008.8/251页(宗教与民族研究丛书)

对话经:诸宗教的相遇/(印)潘尼卡著;王志成译.四川人民出版社,2008.9/180页(宗教与世界丛书)

宗教管理学/杨玉辉主编.人民出版社,2008.9/525页

学苑跬步:上海市社会科学院宗教研究所论文精选/上海市社会科学院宗教研究所编.上海市社会科学院出版社,2008.9/234页

当代中国宗教问题的文化研究/贺彦凤著.吉林大学出版社,2008.9/160页(人文学科文化探索研究系列)

哲学与宗教 第2辑/李申,陈卫平主编.上海古籍出版社,2008.10/307页

中国宗教学30年/卓新平主编.中国社会科学出版社,2008.10/419页

当代中国社会信仰论/荆学民著.人民出版社,2008.10/411页

中国宗教百年书目(1900－2000)/王子华主编.中国文化出版社,2008.10/969页

科学与宗教:二十一世纪的对话——英美四名家复旦演讲集/徐英瑾,(美)梅尔威利·斯图尔特主编;徐英瑾等译.复旦大学出版社,2008.11/262页

南宋宗教史/杨倩描著.人民出版社,2008.11/390页(南宋史研究丛书)

宗教与社会:华侨华人宗教、民间信仰与区域宗教文化/张禹东等著.社会科学文献出版社,2008.11/391页

中国宗教公益事业的回顾与展望/张士江,魏德东主编.宗教文化出版社,2008.11/347页

“全球化”的宗教与当代中国/卓新平著. 社会科学文献出版社,2008.12/437页
宗教价值与公共领域:公共宗教的中西文化对话/江丕盛等编. 中国社会科学出版社,2008.12/362页(基督宗教与公共价值丛书)
科学与宗教对话在中国/江丕盛等编. 中国社会科学出版社,2008.12/258页(基督宗教与公共价值丛书)
流派·宗教卷/(英)加布里埃尔,吉维斯著;高师宁,周齐译. 三联书店,2008.12/158页
小文百篇/叶小文著. 人民出版社,2008.12/414页

佛教

佛教伦理与和谐社会/觉醒主编. 宗教文化出版社,2007.1/502页
拈花笑佛/梁启超著. 陕西师范大学出版社,2007.1/279页
佛喻人生智慧/韩建萍,魏峰编著. 民主与建设出版社,2007.1/466页
中国禅宗史/印顺著. 江西人民出版社,2007.1/323页(东方文化丛书)
洗心禅/王溢嘉著. 国际文化出版社,2007.1/271页
禅的人生与艺术/李哲良编著.—2版. 四川美术出版社,2007.1/344页
密宗—— 藏传佛教神秘文化/尕藏加著. 中国藏学出版社,2007.1/349页
圣殿中的莲花:度母信仰解析/德吉卓玛著. 中国藏学出版社,2007.1/242页
心悟转法华:智顗“法华诠释学”研究/陈坚著. 宗教文化出版社,2007. 2/385页
心如莲花:感物佛学中的人生智慧/泓逸编著. 新世界出版社,2007.2/304页
北韵佛曲/道坚主编. 宗教文化出版社,2007.2/238页(华岩文丛)
中国名寺高僧/《中国名寺高僧》编委会编. 中国旅游出版社,2007.2/511页
中国禅学思想史/洪修平著. 中国人民大学出版社,2007.3/324页(禅意思想丛书)
中国禅宗思想史略/麻天祥著. 中国人民大学出版社,2007.3/488页(禅意思想丛书)
禅心映天成 显密照石经:纪念楚山禅师诞辰600周年,能海上师诞辰120周年学术研讨会论文集/素慧主编. 宗教文化出版社,2007.3/522页
破山海明禅师语录/释道坚校注. 宗教文化出版社, 2007.3/2册
心理禅:东方人的心理疗法/徐光兴著. 文汇出版社,2007.3/293页
虚云老和尚说法/虚云著. 陕西师范大学出版社,2007. 4/247页
20世纪中国佛学问题/麻天祥著.—修订本,武汉大学出版社,2007.4/378页

(三宝斋学术著作四种)

宋代士大夫佛学与文学/张培锋著. 宗教文化出版社,2007.4/300 页(礼佛文丛)

佛教与回鹘社会/(德)茨默著;桂林,杨富学译. 民族出版社,2007.4/228 页(敦煌学研究文库)

唐代西方净十礼忏研究:以敦煌莫高窟西方净土信仰为中心/杨明芬著. 民族出版社,2007.4/344 页(敦煌学研究文库)

吴越佛教 第 2 卷/杭州佛学院编. 宗教文化出版社,2007.4/344 页

中国禅宗思想发展史/麻天祥著. —修订版. 武汉大学出版社,2007.4/579 页(三宝斋学术著作四种)

佛教禅宗与唐代诗风之发展演变/胡遂著. 中华书局,2007.4/278 页(静一学术论丛)

宗喀巴佛学思想研究/朱丽霞著. 中国社会科学出版社,2007.4/248 页

越过喜马拉雅—— 西藏西部佛教艺术与考古译文集/张长虹,廖旸主编. 四川大学出版社,2007.4/345 页(西藏考古与艺术丛书)

佛陀纪事:告诉你一位真实的释迦牟尼/朱岩著. 吉林出版集团有限责任公司,2007.5/225 页(佛教往事实录)

太虚大师说人生佛教/太虚著;明立志,潘平编. 团结出版社,2007.5/347 页

中日佛教交流史:战后五十年/(日)额贺章著;刘建译. 宗教文化出版社,2007.5/394 页

晚明佛教思想研究/陈永革著. 宗教文化出版社,2007.5/529 页(觉群佛学博士文库)

佛光菜根谭/星云大师著. 现代出版社,2007.5/400 页(觉悟人生系列丛书)

佛度有心人:闲适人生彼岸的灯火/徐敏主编. 中国物资出版社,2007.5/292 页

佛心智慧悟人生/望岳编著. 中国三峡出版社,2007.5/254 页

偷禅:豁然开窍的最方便法门/雾满拦江著. 陕西师范大学出版社,2007.5/290 页

东瀛禅语/(日)泽竹秀南著;刘建等译,宗教文化出版社,2007.5/237 页

吐蕃佛教:宁玛派前史与密宗传承研究/尕藏加著. 社会科学文献出版社,2007.5/296 页

三种《华严》及其经典阐释研究/桑大鹏著. 华中师范大学出版社,2007.6/238 页("求索"语言文学学术文库)

佛教伦理与中国禅学/董群著.宗教文化出版社,2007.6/470 页(宝庆讲寺丛书·中国佛教学者文集)

佛教与三至十三世纪中国史/严耀中著.宗教文化出版社,2007.6/332 页(宝庆讲寺丛书·中国佛教学者文集)

中国佛教与社会探论/道坚著.宗教文化出版社,2007.6/479 页(宝庆讲寺丛书·中国佛教学者文集)

随弘一大师学佛/李汶娟,李莉娟编.天津人民出版社,2007.6/243 页

活佛说佛:佛教理论框架及其发展导读/多识仁波切著.甘肃人民出版社,2007.6/269 页

明清汉传佛教众神全像/潘建国编著.西泠印社出版社,2007.6/278 页

诸佛菩萨像画集/邹阳著.宗教文化出版社,2007.6/85 页

云水禅心/泓逸编著.新世界出版社,2007.6/304 页

天台教制史/心皓法师著.厦门大学出版社,2007.6/530 页

三论宗佛学思想研究/李勇著.宗教文化出版社,2007.6/274 页(觉群佛学博士文库)

佛典辑要/赖永海著.中国人民大学出版社,2007.7/355 页(禅意思想丛书)

金刚经集注/(明)朱棣集注;一苇校点.齐鲁书社,2007.7/208 页

庄圆法师讲金刚经/庄圆法师著.陕西师范大学出版社,2007.7/367 页(庄圆法师讲佛经丛书)

庄圆法师讲因果经/庄圆法师著.陕西师范大学出版社,2007.7/447 页(庄圆法师讲佛经丛书)

《正理滴点论》解/释刚晓著.宗教文化出版社,2007.7/182 页

佛教与科学:基于佛藏文献的研究/马忠庚著.社会科学文献出版社,2007.7/379 页(聊城大学博士文库)

中国佛教文化论/赖永海著.中国人民大学出版社,2007.7/333 页(禅意思想丛书)

南怀瑾说佛/李志军著.湖北人民出版社,2007.7/347 页(名家说佛系列)

中国禅宗通史/杜继文,魏道儒著.江苏人民出版社,2007.7 页/669 页

星云禅话 2/星云著.现代出版社,2007.7/218 页(觉悟人生系列丛书)

读禅阅世/苏曼殊著.陕西师范大学出版社,2007.7/271 页

禅之旅/南怀瑾指导,古道著.陕西师范大学出版社,2007.7/158 页

禅:通向绝对本体/岳明著.陕西师范大学出版社社,2007.7/359 页

禅的生活/(日)玄侑宗久著;施小炜译.南海出版公司,2007.7/180页

禅语禅心人生禅——渐悟禅学中的人生智慧/梁齐编著.哈尔滨出版社,2007.7/237页

藏传佛教哲学思想资料辑要/刘俊哲,罗布江村著.民族出版社,2007.7/589页

应天诗钞/佛智著.巴蜀书社,2007.7/228页

留云十方/慧禅主编.上海人民出版社,2007.7/241页(上海云翔寺文化书系)

佛陀和他的十人弟子/明旸著;本性译.厦门大学出版社,2007.7/245页

佛骨舍利/北京大陆桥文化传媒编译.重庆出版社,2007.7/241页(神秘文化典藏系列)

中日韩达摩造像图典/金实秋主编.宗教文化出版社,2007.7/605页

圣地峨眉——文化与自然/汤明嘉编著.四川人民出版社,2007.7/212页

佛教大藏经研究论稿/李际宁著.宗教文化出版社,2007.8/237页(宝庆讲寺丛书·中国佛教学者文集)

止观讲义/正果著.中国人民大学出版社,2007.8/214页(正果法师佛学三书)

憨山大师佛学思想研究/夏清瑕著.学林出版社,2007.8/251页

听佛学大师谈人生/胡卫红编著.新华出版社,2007.8/255页

佛教知识学习问答/道坚编著.宗教文化出版社,2007.8/238页

舍利与修行/曾琦云著.宗教文化出版社,2007.8/200页(辽宁大学永惺佛学研究中心文库)

天竺与佛陀/钱文忠著.上海书店出版社,2007.8/186页

宋僧著述考/李国玲编著.四川大学出版社,2007.8/709页

禅宗文化大学讲稿/麻天祥著.中国人民大学出版社,2007.8/273页(文理通识大课堂)

禅宗大意/正果著.中国人民大学出版社,2007.8/224页(正果法师佛学三书)

箭术与禅心:一位西方哲学家的禅悟经验/(德)赫立格尔著;鲁宓译.广东师范大学出版社,2007.8/127页

花间一枝禅:禅意中的人生智慧/释然著.陕西师范大学出版社,2007.8/280页

少林问禅/蔡志忠等著.上海人民出版社,2007.8/197页

无·有:禅与诗/郑茜著.宗教文化出版社,2007.8/197页

实相宝藏论详释/隆钦燃绛巴尊者著;刘立千译.民族出版社,2007.8/167页(刘立千藏学著作译文集)

敦煌艺术哲学/穆纪兴著.商务印书馆.2007.8/410页

华严文汇 常惺·南亭·成一/范观澜著.宗教文化出版社,2007.8/767 页

佛家妙语/朱瑞玟编著.团结出版社,2007.8/339 页

百喻经释义/王孺童校译.中国人民大学出版社,2007.9/303 页(王孺童佛学论著集)

因明正理门论研究/巫寿康著.中华书局.2007.9/179 页(真如·因明学丛书)

中国佛教心性论研究/杨维中著.宗教文化出版社,2007.9/532 页(觉群佛学博士文库)

佛教信仰与社会变迁/李向平著.宗教文化出版社,2007.9/608 页(宝庆讲寺丛书·中国佛教学者文集)

法海一得/业露华著.宗教文化出版社,2007.9/501 页(宝庆讲寺丛书·中国佛教学者文集)

中国佛教文化常识/商景桂编著.中山大学出版社,2007.9/273 页

学佛次第入门读本/宽见编著.西藏人民出版社,2007.9/238 页

图解佛教/田灯燃编著.陕西师范大学出版社,2007.9/317 页(图解经典系列)

佛蕴禅思/荆三隆,邵之茜著.太白文艺出版社,2007.9/232 页

开悟:证严法师的生活禅心/证严著.九州出版社,2007.9/277 页

禅院行/吴尚清等著.中信出版社,2007.9/262 页

藏传佛教活佛转世制度研究论文集/嘎·达哇才仁主编.中国藏学出版社,2007.9/455 页(藏传佛教与社会主义社会相适应研究丛书 2)

图画佛传及释迦如来成道记注疏/阿边著.宗教文化出版社,2007.9/355 页

赤子佛心赵朴初/倪强著.宗教文化出版社,2007.9/485 页

金陵大报恩寺塔志/张惠衣撰.南京出版社,2007.9/150 页(南京稀见文献丛刊)

妙法莲华经观世音菩萨普门品浅释/宣化法师讲述.宗教文化出版社,2007.10/215 页(宣化法师经典浅释系列)

大方广佛华严经贤首品浅释/宣化法师讲述.宗教文化出版社,2007.10/425 页(宣化法师经典浅释系列)

地藏菩萨本愿经浅释/宣化法师讲述.宗教文化出版社,2007.10/522 页(宣化法师经典浅释系列)

佛教基本知识/正果编述.中国人民大学出版社,2007.10/436 页(正果法师佛学三书)

儒士视域中的佛教——宋代儒士佛教观研究/李承贵著.宗教文化出版社,

2007.10/595 页(觉群佛学博士文库)

一口气读完佛教史/谢路军著.九州出版社,2007.10/261 页

慧心净语:证严法师谈人生/释证严著.九州出版社,2007.10/306 页

持平常心修生活禅/行者著.海南出版社,2007.10/227 页

韩国天台宗圣典/韩国天台宗总务院编.宗教文化出版社,2007.10/418 页

烦恼即菩萨——天台"性恶"思想研究/陈坚著.宗教文化出版社,2007.10/327 页(觉群佛学博士文库)

游禅/妙华著.宗教文化出版社,2007.10/227 页

宁玛派教史/堪布·贡觉丹增著.宗教文化出版社,2007.10/ 页

释迦牟尼佛传/星云著.海南出版社,2007.10/294 页

蓝眼睛与菩萨树/马明博主编.金城出版社,2007.10/365 页

在少林寺遇见他们:49 位少林人的故事/李阳泉著.人民出版社(东方出版社),2007.10/246 页(嵩山论禅丛书)

金刚经·心经·坛经/陈秋平,尚荣译注.中华书局,2007.11/302 页(中华经典藏书)

心经奥义/觉云居士著.宗教文化出版社,2007.11/190 页

品读坛经/史原朋主编.光明日报出版社,2007.11/255 页(三教圣典)

五灯会元/(宋)普济著.辽海出版社,2007.11/1200 页

如来藏二谛见:不败尊者说如来藏 三/谈锡永,邵颂雄著译.中国藏学出版社,2007.11/290 页

佛教文化与佛教教育/理净法师著.宗教文化出版社,2007.11/360 页

中国佛教文化传说/商景桂编著.中山大学出版社,2007.11/241 页

花雨满天悟禅机:李叔同的佛心禅韵/李叔同著.陕西师范大学出版社,2007.11/323 页

梵香花雨/龙晦著.宗教文化出版社,2007.11/342 页

禅的人生观/刘惠著.陕西师范大学出版社,2007.11/228 页

指如兰花心如莲/泓逸著.朝华出版社,2007.11/306 页

吉祥果聚塔缘起及佛塔浅论:见而获益希奇莲花乐园/嘉木扬·图布丹著;卓日格图,嘉木扬·凯朝译.民族出版社,2007.11/94 页

唐卡中的天文历算/琼那·诺布旺典著.陕西师范大学出版社,2007.11/271 页(藏密文库系列)

学佛之友/肖景林著.宗教文化出版社,2007.11/216 页

元音老人/《元音老人》编委会编. 宗教文化出版社,2007. 11/404 页
莲心禅韵/(印)奥修著;谦达那译. 陕西师范大学出版社,2007. 12/262 页
格鲁道次第/克珠杰·格勒巴桑著. 宗教文化出版社,2007. 12/168 页
藏传佛教·因明·文献研究/黄明信著. 中国藏学出版社,2007. 12/580 页(黄明信文集)
佛传——《释迦如来应化事迹》注释/王孺童注释. 中国人民大学出版社, 2007. 12/548 页(王孺童佛学论著集)
观音与中国佛巡礼/马元浩著. 上海古籍出版社,2007. 12/300 页
观音造像仪轨/李翎辑著. 宗教文化出版社,2007. 12/393 页
佛教寺塔/张驭寰著. 宗教文化出版社,2007. 12/255 页
快乐百喻经/周靖等编著. 中国文史出版社,2008. 1/249 页
有一种快乐叫觉悟:心经心得/曾琦云编著. 线装书局,2008. 1/363 页
觉源/释海空著. 巴蜀书社,2008. 1/396 页
当代中国宗教研究精选丛书 佛教卷/楼宇烈主编. 民族出版社,2008. 1/565 页(阅读中国)
佛法在世间:人间佛教与现代社会/陈兵著. 中国时代经济出版社,2008. 1/329 页
问学散论/宗性著. 宗教文化出版社,2008. 1/421 页(宝庆讲寺丛书·中国佛教学者文集)
佛教十二讲/(日)梅原猛著;雷慧英,卞立强译. 四川人民出版社,2008. 1/185 页(宗教与世界丛书)
话佛 93 章/洪丕谟著. 陕西人民出版社,2008. 1/220 页
佛家金言/刘良琼编著. 安徽人民出版社,2008. 1/289 页
近代中国人宗教的信仰:安庆的寺庙及其崇拜/(西)J. K. 施赖奥克著;程曦译. 安徽大学出版社,2008. 1/182 页
佛教与现代化:太虚大师圆寂六十周年纪念文集/觉醒主编. 宗教文化出版社, 2008. 1/702 页
佛教常识/王德才编著. 吉林人民出版社,2008. 1/206 页
星云大师谈幸福/星云大师著. 上海人民出版社,2008. 1/155 页
星云大师谈读书/星云大师著. 上海人民出版社,2008. 1/157 页
星云大师谈处世/星云大师著. 上海人民出版社,2008. 1/197 页
佛学百年/麻天祥编. 武汉大学出版社,2008. 1/529 页

中国佛教史/黄忏华主编. 人民出版社(东方出版社),2008.1/290 页/(民国学术经典中国史系列)

汉传佛教概论/李尚全著. 东方出版社,2008.1/332 页

朝阳佛教史/朝阳佛教史课题组编著. 社会科学文献出版社,2008.1/330 页

慧灯无尽:在家学佛的第一本书/体恒著. 陕西师范大学出版社,2008.1/264 页

大慧书/(宋)宋杲撰;吕有祥,吴隆升校注. 中州古籍出版社,2008.1/220 页(中国禅宗典籍丛刊)

大觉寺藏清刻禅宗典籍/大觉寺管理处编. 北京燕山出版社,2008.1/2 册

马祖语录/邢东风辑校. 中州古籍出版社,2008.1/329 页(中国禅宗典籍丛刊)

禅源诸诠集都序/(唐)宗密撰;邱高兴校释. 中州古籍出版社,2008.1/279 页(中国禅宗典籍丛刊)

赵州录校注集评/吴言生撰. 中国社会科学出版社,2008.1/2 册

生活禅钥/净慧著. 三联书店,2008.1/307 页

我心我佛:释永信方丈禅语录/释永信著. 华龄出版社,2008.1/201 页

你的生活可以很禅/明慧编著. 中国三峡出版社,2008.1/251 页

只为与你心心相印:凉亭读禅/张晓明著. 重庆出版社,2008.1/307 页

禅的诗书画/南北编著. 重庆大学出版社,2008.1/208 页

公案百则/陈耳东著. 中华书局,2008.1/244 页(禅的智慧丛书)

处处是禅机/徐在斯,徐慧慧著. 浙江文艺出版社,2008.1/231 页

宋代华严思想研究/王颂著. 宗教文化出版社,2008.1/298 页

李叔同的凡世禅心/华业编著. 石油工业出版社,2008.1/215 页(感悟大师文丛)

如何安心如何空/杨海鹰著. 中国时代经济出版社,2008.1/150 页

阿弥陀佛是一声问候/南北编著. 重庆大学出版社,2008.1/204 页(南北人生丛书)

云门宗史话/冯学成著. 南方日报出版社,2008.1/425 页

藏传文化中的佛教象征符号/扎雅·罗丹西饶著;丁涛,拉巴次旦译. 中国藏学出版社,2008.1/113 页

宁玛派源流/堪珠·贡觉丹增著;克珠群佩译. 宗教文化出版社,2008.1/600 页

佛泽:影象中国佛学文化/张望著. 浙江摄影出版社,2008.1/177 页

佛家经典智慧故事全集/梁素娟,金望久编著. 中国时代经济出版社,2008.1/226 页(儒释道智慧故事系列)

走进北京寺庙/金磊著. 天津大学出版社,2008.1/192页

佛教禅学与东方文明/陈兵著. 中国时代经济出版社,2008.2/471页

与佛有缘:佛度有缘人/有慈编著. 朝华出版社,2008.2/242页

和谐社会与道风建设:2007中国佛教公众形象主题论坛文集/闽南佛学院编. 宗教文化出版社,2008.2/349页

韩国佛教史/何劲松著. 社会科学文献出版社,2008.2/542页(韩国研究文库)

禅里禅外悟人生/赵文明编著. 中国市场出版社,2008.2/320页

智慧的禅公案/杜松柏著. 海南出版社,2008.2/259页

禅是一盏灯/杜松柏著. 海南出版社,2008.2/216页

唐卡中的西方极乐世界/单增多杰编著. 陕西师范大学出版社,2008.2/255页

水晶明镜—— 却西仁波切传记/华旦朋措编著. 宗教文化出版社,2008.2/447页

栖霞寺史话/许廷长,濮小南编著. 南京出版社,2008.2/100页(文化南京丛书)

藏文《大藏经》概论/扎呷编著. 青海人民出版社,2008.3/214页(藏学文库)

叶曼说净土三经/叶曼著. 宗教文化出版社,2008.3/143页

佛教三字经汇解:含《金刚经述义》《正信录校注》/王孺童校注. 中国人民大学出版社,2008.3/471页(王孺童佛学论著集)

持戒:佛经中的做人道理/孙玥编著. 北京工业大学出版社,2008.3/193页

内学杂谈/王孺童著. 中国人民大学出版社,2008.3/499页(王孺童佛学论著集)

闽南佛学 第五辑/闽南佛学院编. 宗教文化出版社,2008.3/428页

晋唐时期南海求法高僧群体研究/何方耀著. 宗教文化出版社,2008.3/244页

契嵩佛学思想研究/陈雷著. 宗教文化出版社,2008.3/327页

从心开始/妙华著. 宗教文化出版社,2008.3/229页

禅是细微处的光明/王少农著. 线装书局,2008.3/199页

因明辞典/姚南强主编. 上海辞书出版社,2008.3/341页

佛语连珠:佛珠品类与鉴赏/觉真著. 北京美术摄影出版社,2008.3/189页

佛·法·僧/星云著. 上海辞书出版社,2008.4/184页(星云大师佛学著作集)

佛教·世俗/星云著. 上海辞书出版社,2008.4/188页(星云大师佛学著作集)

佛教义理/星云著. 上海辞书出版社,2008.4/166页(星云大师佛学著作集)

佛教常识/星云著. 上海辞书出版社,2008.4/205页(星云大师佛学著作集)

佛教历史/星云著. 上海辞书出版社,2008.4/221页(星云大师佛学著作集)

往事百语 二/星云大师著.现代出版社,2008.4/197页

往事百语 三/星云大师著.现代出版社,2008.4/168页

佛学入门/圣严法师著.陕西师范大学出版社,2008.4/199页(学佛三书)

正信的佛教/圣严法师著.陕西师范大学出版社,2008.4/135页(学佛三书)

学佛群疑/圣严法师著.陕西师范大学出版社,2008.4/153页(学佛三书)

释迦的本心/(日)大川隆法著;弘诚译.宗教文化出版社,2008.4/229页

西北佛教历史文化地理研究/介永强著.人民出版社,2008.4/340页

写给妈妈的佛法书/(澳)娜塔莉著;偶值译.中国人民大学出版社,2008.4/180页

楞严学与人类生命健康之研究/黎文松著.东方出版社,2008.4/359页

永明延寿禅师全书/(五代)延寿著;刘泽亮点校整理.宗教文化出版社,2008.4/3册

禅理学修心 道中学做人/陶涛编著.地震出版社,2008.4/229页

心海禅舟—— 宋明心学与禅学研究/赵伟著.人民出版社,2008.4/380页

圣严说禅/圣严法师著.内蒙古大学出版社,2008.4/246页(传统宗教文化丛书)

禅门/圣严法师著.内蒙古大学出版社,2008.4/220页(传统宗教文化丛书)

禅与诗学/张伯伟著.—增订版.中国人民大学出版社,2008.4/328页(中国古典文学研究丛书)

如实生活如是禅:一个禅者的生活智慧/林谷芳,孙小宁著.山西人民出版社,2008.4/270页

不笑烟花只笑禅/泓逸编著.新世界出版社,2008.4/306页

禅之花/马建勋著.河南文艺出版社,2008.4/215页

身边禅/闻章著.中国发展出版社,2008.4/258页

答问青壮年参禅者/南怀瑾讲述.上海人民出版社,2008.4/267页

密教传持与唐代社会/夏广兴著.上海人民出版社,2008.4/418页

如何契入大圆满/曹越著述.宗教文化出版社,2008.4/359页

中国第一比丘尼净检传/赵荣珦著.宗教文化出版社,2008.4/318页

金刚经心释/太虚大师等著.陕西师范大学出版社,2008.5/268页

南华经解/(清)宣颖撰;曹基础校点.广东人民出版社,2008.5/220页

佛经故事/正堃编.内蒙古人民出版社,2008.5/2册

《佛说盂兰盆经》与佛教孝慈之道/释昌莲著.宗教文化出版社,2008.5/225页

佛学基础/杨卓编撰;宗和点校.北京图书馆出版社,2008.5/428 页

巨赞法师全集/朱哲主编.社会科学文献出版社,2008.5/8 册

中国佛教史论/王荣国著.宗教文化出版社,2008.5/343 页(宝庆讲寺丛书·中国佛教学者文集)

超越千载的追思——纪念慧远大师诞辰 1670 周年/释大安主编.宗教文化出版社,2008.5/326 页

虚云法师与鸡足山佛教——中国宾川鸡足山佛教文化论坛论文集/印顺主编.宗教文化出版社,2008.5/584 页

溯流徂源——毗卢寺与中国近现代佛教/传义法师主编.宗教文化出版社,2008.5/2 册

中国佛教与禅宗/纪华传著.宗教文化出版社,2008.5/418 页(宝庆讲寺丛书·中国佛教学者文集)

佛修心 道修身/三石编著.当代世界出版社,2008.5/217 页

心与禅/李叔同著.陕西师范大学出版社,2008.5/304 页

读禅悟人生/蔡少恒编著.当代世界出版社,2008.5/303 页

生与死的禅法/谈锡永著.华夏出版社,2008.5/203 页

中国密宗神/马书田著.团结出版社,2008.5/228 页

花出青嶂/赵跃辰,释传明著.陕西师范大学出版社,2008.5/362 页

听老和尚讲故事/赵宁编著.新世界出版社,2008.5/304 页

密宗名相/谈锡永著.华夏出版社,2008. 5/279 页

弥勒圣地/王舜祁著.宁波出版社,2008.5/187 页(溪口旅游文化丛书)

怎样读懂佛经:从文字到般若/一行著.陕西师范大学出版社,2008.6/268 页

七大缘起论/孟晓路著.宗教文化出版社,2008.6/352 页

佛语照心象/(韩)性徹大师著.宗教文化出版社,2008.6/197 页

中国佛教研究史/梁启超著.中国社会科学出版社,2008.6/334 页

学佛百年/麻天祥主编.武汉大学出版社,2008.6/529 页

台湾佛教史论/阚正宗著.宗教文化出版社,2008.6/454 页(宝庆讲寺丛书·中国佛教学者文集)

圣俗之间:西双版纳傣族赕佛世俗化的人类学研究/龚锐著.云南人民出版社,2008.6/331 页(当代中国人类学民族学文库)

宋元俗文学叙事与佛教/陈开勇著.上海古籍出版社,2008.6/236 页(文史哲研究丛刊)

观音信仰的渊源与传播/李利安著. 宗教文化出版社,2008.6/460 页
佛家宗派/谈锡永著. 华夏出版社,2008.6/361 页
禅宗图文百科 1000 问/杜一心编著. 陕西师范大学出版社,2008.6/591 页
生活问禅—— 禅理小故事中的大智慧/寒山居士著. 东方出版社,2008.6/204 页
禅是心中一盏灯/曹军编著. 河北大学出版社,2008.6/164 页
密教论考/吕建福著. 宗教文化出版社,2008.6/537 页(宝庆讲寺丛书·中国佛教学者文集)
密宗百问/谈锡永著. 华夏出版社,2008.6/321 页
佛养心 道养性,心中有佛人自安/宋天天编著. 新世界出版社,2008.6/304 页
走近神秘高僧/《神秘中国》创作组编著. 吉林文史出版社,2008.6/185 页
佛国悬疑探秘/《神秘中国》创作组编著. 吉林文史出版社,2008.6/187 页
李叔同《晚晴集》讲记:百部佛经菁华录/李叔同集选;熊逸之评注. 陕西师范大学出版社,2008.7/255 页
藏外佛教文献 第二编 总第十辑/方广锠主编. 中国人民大学出版社,2008.7/471 页
藏外佛教文献 第二编 总第十一辑/方广锠主编. 中国人民大学出版社,2008.7/454 页
藏外佛教文献 第二编 总第十二辑/方广锠主编. 中国人民大学出版社,2008.7/473 页
魏晋南北朝文与汉文佛典语言比较研究/陈秀兰著. 中华书局,2008.7/302 页
中国佛教的多民族性与诸宗派的个性/杜继文著. 中国社会科学出版社,2008.7/253 页
清王朝佛教事务管理/杨健著. 社会科学文献出版社,2008.7/636 页
禅学指归/胡适著. 陕西师范大学出版社,2008.7/268 页
文坛佛影 续集/孙昌武著. 宗教文化出版社,2008.7/320 页
佛说做人的道理/朱彤著. 中国广播电视出版社,2008.7/158 页
解脱论—— 禅宗解脱哲学研究/韩凤鸣著. 宗教文化出版社,2008.7/609 页
禅遇/马明博著. 中国发展出版社,2008.7/239 页
枕边的禅:禅宗公案趣说 101 篇/南北编著. 齐鲁书社,2008.7/279 页
禅偈百则/洪修平,张勇著. 中华书局,2008.7/205 页(禅的智慧丛书)
中国名寺/韩欣著. 东方出版社,2008.7/232 页

金刚般若波罗蜜经浅释/宣化法师讲述.宗教文化出版社,2008.8/254页(宣化法师经典浅释系列)

般若波罗蜜多心经非台颂解/宣化法师讲述.宗教文化出版社,2008.8/233页(宣化法师经典浅释系列)

普贤行愿品浅释/宣化法师讲述.宗教文化出版社,2008.8/269页(宣化法师经典浅释系列)

八戒说禅:《六祖坛经》新释/熊逸著.广西师范大学出版社,2008.8/310页

佛经故事/潘明权,李叔严编著.天津古籍出版社,2008.8/256页(走进佛教文化丛书)

佛教生死学/郑志明著.中央编译出版社,2008.8/313页

入山捉猴:佛教安般念研究/覃江著.巴蜀书社,2008.8/271页

佛教的中国化/许抗生著.宗教文化出版社,2008.8/358页(宝庆讲寺丛书·中国佛教学者文集)

圣道指归/陈泉州著述.宗教文化出版社,2008.8/649页

星云大师谈智慧/星云大师著.上海人民出版社,2008.8/159页

佛也有烦恼/王月星编著.新世界出版社,2008.8/213页

妙谭观音/莫振良编著.天津古籍出版社,2008.8/190页(走进佛教文化丛书)

中国禅宗清规/黄奎著.宗教文化出版社,2008.8/265页(弘法文库)

入禅之门/净慧著.宗教文化出版社,2008.8/268页

禅宗公案/陈继生著.天津古籍出版社,2008.8/396页(走进佛教文化丛书)

因明学的起源与发展/(日)武邑尚邦著;杨金萍,肖平译.中华书局,2008.8/335页

心如莲花3:佛学楹联中的人生智慧/泓逸编著.新世界出版社,2008.8/304页

高僧传奇/陈笑呐,陈英呐编著.天津古籍出版社,2008.8/355页(走进佛教文化丛书)

解惑录/刚晓著.宗教文化出版社,2008.9/392页

六祖坛经讲话/星云大师著.新世界出版社,2008.9/470页

了凡四训/(明)袁了凡撰;尚荣,徐敏评注.中华书局,2008.9/134页

佛陀真言:星云大师讲当代问题/佛光星云著.上海辞书出版社,2008.9/3册

佛法与自由/李广良著.宗教文化出版社,2008.9/438页(宝庆讲寺丛书·中国佛教学者文集)

禅宗简史/证悟,翟飚著.华龄出版社,2008.9/255页

禅宗智慧/释延佛编著. 中国致公出版社,2008.9/296页

佛心·禅意/檀丽著. 花城出版社,2008.9/170页

大莲花之卦光:莲花生大师秘密传记注/空行彭嘉措著;丹明编译. 甘肃民族出版社,2008.9/195页

百喻经:心灵的明镜/尊者僧伽斯那著;周容注释;刘春杰绘. 华东师范大学出版社,2008.10/195页

中国佛教哲学/徐文明著. 宗教文化出版社,2008.10/353页(宝庆讲寺丛书·中国佛教学者文集)

梁启超谈佛学/梁启超著. 长征出版社,2008.10/402页(领导干部读经典)

以戒为师/一诚著. 宗教文化出版社,2008.10/2册

感悟/李叔同著. 华夏出版社,2008.10/237页(佛法无边)

觉悟/(明)袁了凡著;释德禅编译. 华夏出版社,2008.10/205页

悟禅/(清)藕益大师著. 华夏出版社,2008.10/245页

智慧与解脱:禅宗心性思想研究/牟永生著. 中国社会科学出版社,2008.10/259页

禅宗智慧书/雷铎著. 东方出版中心,2008.10/160页

此刻是一枝花:日常生活中的正念禅修/(美)乔恩·卡巴金著; 润秋译. 文汇出版社,2008.10/220页

糊涂禅/浩田编著. 中国商业出版社,2008.10/230页

草根禅/赵立琦著. 中国长安出版社,2008.10/222页

禅诗百首/姜剑云著. 中华书局,2008.10/235页(禅的智慧)

七塔寺人物志/贾汝臻主编. 宗教文化出版社,2008.10/679页

以出世之心做入世之事/宋天天编著. 新世界出版社,2008.10/301页

学佛要从学做人开始/龚宇华编著. 中国商业出版社,2008.10/318页

佛度有缘人/王宇主编. 中国物资出版社,2008.10/290页

俗眼观佛门:慈济的世界/航鹰,李玉材著. 中国社会出版社,2008.10/207页

名人与佛教/慧禅主编. 上海人民出版社,2008.10/2册(上海云翔寺文化书系)

汉译佛教经典哲学/杜继文著. 江苏人民出版社,2008.11/1400页

潮音永辉:纪念太虚大师示寂60周年文集/释怡藏,温金玉主编. 宗教文化出版社,2008.11/468页

听弘一大师讲佛/郭林生编著. 中央编译出版社,2008.11/184页

贝叶上的傣族文明:云南西双版纳南传上座部佛教社会研究/吴之清著. 人民出

版社,2008.11/259 页

中国净土思想的黎明:净影慧远的《观经义疏》/(美)肯尼斯·K·田中著;冯焕珍,宋婕译.上海古籍出版社,2008.11/165 页(觉群佛学译丛)

禅话:西方哲学的禅化/高小斯著.人民出版社,2008.11/481 页

藏传佛教研究/许德存著.宗教文化出版社,2008.11/583 页(宝庆讲寺丛书·中国佛教学者文集)

佛国记/法明著;田川译注.重庆出版社,2008.11/219 页

出世入世间:黄宗仰传论/沈潜著.上海人民出版社,2008.11/385 页

佛家的生活/洪丕谟著.陕西人民出版社,2008.11/278 页

给大忙人看的佛法书/吴正清编著.新世界出版社,2008.11/246 页

般若心要/曹越著.宗教文化出版社,2008.12/204 页

谈佛论道读人生/张春霞编著.中国商业出版社,2008.12/257 页

中国净土宗研究/释根通主编.宗教文化出版社,2008.12/354 页

初期唯识思想:瑜伽行派形成之脉络/释昭慧著.宗教文化出版社,2008.12/274 页(宝庆讲寺丛书·中国佛教学者文集)

人间与实践/星云大师著.上海辞书出版社,2008.12/227 页(人间佛教书系)

佛法与义理/星云大师著.上海辞书出版社,2008.12/235 页(人间佛教书系)

学佛与求法/星云大师著.上海辞书出版社,2008.12/217 页(人间佛教书系)

佛教与社会/星云大师著.上海辞书出版社,2008.12/221 页(人间佛教书系)

生死与解脱/星云大师著.上海辞书出版社,2008.12/252 页(人间佛教书系)

禅学与净土/星云大师著.上海辞书出版社,2008.12/217 页(人间佛教书系)

像佛陀一样生活/夏春瑞编著.现代出版社,2008.12/250 页

佛养心道养智/李浩然编著.中国商业出版社,2008.12/275 页

道教

道家哲学精神及其价值境域/朱晓鹏著.中国社会科学出版社,2007.1/284 页

道教心理健康指要/曹剑波著.宗教文化出版社,2007.1/210 页(石竹山道院文丛)

恍兮惚兮:中国道教文化象征/钟国发,龙飞俊著.四川人民出版社,2007.1/271 页(中国象征文化丛书)

昆仑紫气:全真道始于胶东历史探谜/王钦法,王涛著.齐鲁书社,2007.1/469 页

道学《抱朴子》悟语/高路著.中国言实出版社,2007.3/171 页(人生觉迷大智

慧)

道德内化论/胡林英著. 社会科学文献出版社,2007.3/302页

道教生态思想的现代解读:两汉魏晋南北朝道教研究/白才儒著. 社会科学文献出版社,2007.4/339页(东方古代哲学系列)

道海玄微/萧天石著. 华夏出版社,2007.4/555页

道家养生学概要/萧天石著. 华夏出版社,2007.4/409页

道教经史论丛/王卡著. 巴蜀书社,2007.6/530页

金代道教研究:王重阳与马丹阳/(日)蜂屋邦夫著;钦伟刚译. 中国社会科学出版社,2007.6/797页(海外道教学译丛)

丹道今诠—— 乐育堂语录注释/戈国龙著. 华夏出版社,2007.7/369页

道一编·闲辟録/(明)程敏政,程曈辑;张健校注. 安徽出版社,2007.7/286页

和谐世界以道相通:国际道德经论坛论文集/宗教文化出版社编. 宗教文化出版社,2007.7/2册

问道 第一辑/黄克剑主编. 福建教育出版社,2007.7/383页

新时期文学的道家话语/刘小平著. 中国社会科学出版社,2007.7/281页

玄门探珠/赵宗诚著. 巴蜀书社,2007.8/285页(道教与宗教文化研究论丛)

助天生物:道教生态观与现代文明/蔡林波著. 上海辞书出版社,2007.8/262页(上海城隍庙·现代视野中的道教丛书)

道教海上名山—— 东海崂山/高明见编著. 宗教文化出版社,2007.8/312页

敦煌道经写本与词汇研究/叶贵良著. 巴蜀书社,2007.9/816页

南宋金元时期的道教文艺美学思想/申喜萍著. 中华书局,2007.9/218页(中华文史新刊)

道教饮食养生指要/黄永锋著. 宗教文化出版社,2007.9/236页

《太平经》研究:以生命为中心的综合考察/姜守诚著. 社会科学文献出版社,2007.10/568页

混元仙派研究/李显光著. 中国社会科学出版社,2007.10/368页

伍柳天仙法脉/伍冲虚,柳华阳著. 宗教文化出版,2007.10/490页

道与庶道:宋代以来的道教民间信仰和神灵模式/(美)韩明士著;皮庆生译. 江苏人民出版社,2007.10/364页

明清时期武当山朝山进香研究/梅莉著. 华中师范大学出版社,2007.10/318页(道家道教文化研究书系)

一口气读完道教史—— 自许地山开创道教史写作以来最好读的道教通史/尹

梦飞著.陕西师范大学出版社,2007.11/330 页

崂山论道:"首届崂山论道学术研讨会"论文集/李宗贤主编.宗教文化出版社,2007.11/394 页

茅山道教志/杨世华,潘一德著.华中师范大学出版社,2007.11/423 页(道家道教文化研究书系)

出土文献与文子公案/张丰乾著.社会科学文献出版社,2007.11/308 页(东方历史学术文库)

云南道教史/萧霁虹,董允著.云南大学出版社,2007.11/380 页(云南宗教系列专史)

黄老道探源/金晟焕著.中国社会科学出版社,2008.1/335 页

道家金言/李季林编著.安徽人民出版社,2008.1/180 页

当代中国宗教研究精选丛书 道教卷/牟钟鉴主编.民族出版社,2008.1/562 页(阅读中国)

卿希泰论道教/段渝主编.上海科学技术文献出版社,2008.1/225 页(书馆考究丛书·大家论学丛书)

文化传播与仪式象征:中国西南少数民族与道教祭祀仪式比较研究/张泽洪著.巴蜀书社,2008.1/540 页(宗教与社会研究丛书)

道教史/许地山著.江苏文艺出版社,2008.1/186 页(北斗丛书)

中国道教史/傅勤家主编.人民出版社(东方出版社),2008.1/198 页/(民国学术经典·中国史系列丛书)

道教与北京宫观文化/佟洵编著.宗教文化出版社,2008.1/439 页

中国百神仙/徐彻编著.上海科学技术文献出版社,2008.1/259 页(书馆考究丛书·大家论学丛书)

中华神仙图典/刘秋霖等著.百花文艺出版社,2008.1/306 页

道教戒律学/任宗权著.宗教文化出版社,2008.2/2 册(蓬瀛仙馆道教文化丛书·道教科仪系列)

增注新修道藏目录/丁培仁编著.巴蜀书社,2008.3/728 页(国家"985 工程"二期四川大学宗教与社会研究创新基地丛书)

当代正一与全真道乐研究/胡军著.华中师范大学出版社,2008.4/350 页(道家道教文化研究书系)

葛洪研究二集/杨世华主编.华中师范大学出版社,2008.4/322 页(道家道教文化研究书系)

道家思潮与晚周秦汉形态/徐华著.华中师范大学出版社,2008.4/217页(道家道教文化研究书系)

道家文化研究 第23辑:“多元视野下的全真教”专号/陈鼓应主编.三联书店,2008.4/522页

钟吕丹道经典译解/沈志刚著.宗教文化出版社,2008.5/312页

陈撄宁仙学精要/胡海牙,赵国忠主编.宗教文化出版社,2008.5/2册

道教宫观文化概论/胡锐著.巴蜀书社,2008.5/192页(国家“985工程”二期四川大学宗教与社会研究创新基地丛书)

溯源·论道:走近道教圣典道德经/周高德著.宗教文化出版社,2008.6/193页(石竹山道院文丛)

道教与科学/李崇高著.宗教文化出版社,2008.6/351页

形神俱妙:道教造像艺术探索/胡知凡著.上海辞书出版社,2008.6/249页(上海城隍庙现代视野中的道教丛书)

养怡之福:道教与老龄社会/葛壮著.上海辞书出版社,2008.7/210页(上海城隍庙现代视野中的道教丛书)

道教生死学/郑志明著.中央编译出版社,2008.8/266页

道家“大一”思想及其表达式研究/顾瑞荣著.上海人民出版社,2008.8/369页

学步集:曾召南道教研究论稿/曾召南著.巴蜀书社,2008.8/332页(道教与宗教文化研究论丛)

无名集:石衍丰宗教研究论稿/石衍丰著.巴蜀书社,2008.8/361页(道教与宗教文化研究论丛)

墉城妙韵:八大女仙的风采/刘晓艳著.宗教文化出版社,2008.8/214页(蓬瀛仙馆道教文化丛书·神仙传记系列)

中国道家道教教育思想史(先秦至隋唐卷)/陈德安主编.社会科学文献出版社,2008.9/1028页

道教戒律建设与宫观管理:2007年长三角地区道教论坛/张凤林主编.宗教文化出版社,2008.9/303页

汉末魏晋南北朝道教与社会分层关系研究/钟玉英著.四川大学出版社,2008.10/246页(四川大学哲学社会科学学术著作出版基金丛书)

新编张三丰先生丹道全书/陈全林点校.团结出版社,2008.11/333页(唐山玉清观道学文化丛书)

道教健心智慧:道学与西方心理治疗学的互动研究/吕锡琛等著.中国社会科学

出版社,2008.12/313 页

道教常识问答/张振国,吴忠正著.上海人民出版社,2008.12/227 页

伊斯兰教

平凉西寺志/李树生著.甘肃民族出版社,2007.1/394 页

《古兰经》在中国/林松著.宁夏人民出版社,2007.3/467 页

伊斯兰文化哲学史/王家瑛著.宗教文化出版社,2007.5/530 页

伊斯兰教邮票欣赏/潘明权著.宗教文化出版社,2007.5/103 页

全球背景下的伊斯兰极端主义/李群英著.中国政法大学出版社,2007.7/445 页

《古兰经》诵读学简明教程/全国伊斯兰教经学院统编教材编委会编.宗教文化出版社,2007.11/171 页(全国伊斯兰教经学院专业课统编教材)

清真长明—— 中国伊斯兰教/杨桂萍,马晓英著.宗教文化出版社,2007.11/372 页

中亚的第二次机会/(美)玛莎·布瑞尔·奥卡特著;李维建译.时事出版社,2007.12/338 页

露露集:略谈伊斯兰教与中国的关系/王建平著.宁夏人民出版社,2007.12/302 页

《古兰经》基础简明教程/全国伊斯兰教经学院统编教材编委会编.宗教文化出版社 2008. /261 页(全国伊斯兰教经学院专业课统编教材)

伟嘎耶教法经解/(伊拉克)赛·沙·欧拜杜拉编著;马正平译注.宗教文化出版社,2008.1/2 册

当代中国宗教研究精选丛书 伊斯兰教卷/金宜久主编.民族出版社,2008.1/476 页(阅读中国)

当代宗教与极端主义/金宜久主编.中国社会科学出版社,2008.1/634 页

伊斯兰文化 第 1 辑/丁士仁主编.甘肃人民出版社,2008.2/232 页

简明圣训学/丁士仁著.宗教文化出版社,2008.3/165 页

伊斯兰教社会功能研究—— 以几个穆斯林社区的对比调查为例/罗惠 著.中央民族大学出版社,2008.3/285 页

当代伊斯兰问题/金宜久著.民族出版社,2008.3/128 页

伟嘎耶教法经解/(伊拉克)赛·沙·欧拜杜拉编著;丁秉全,师明学译.中国社会科学出版社,2008.4/562 页(伊斯兰文化丛书)

伊斯兰文明/秦惠彬著.—修订插图版.福建教育出版社,2008.4/354 页

王岱舆思想研究/金宜久著. 民族出版社,2008.4/448 页

伊斯兰文化前沿研究论集/马明良,丁俊主编. 中国社会科学出版社,2008.6/632 页(伊斯兰文化丛书)

西域苏非主义研究/韩中义著. 中国社会科学出版社,2008.6/526 页(西北民族研究丛书)

心灵的良丹/(安达卢西亚)尕迪·安雅德著;马效佩译. 中国社会科学出版社,2008.7/568 页(伊斯兰文化丛书)

伊斯兰的历程/秦惠彬等著. 上海文艺出版社,2008.8/203 页

月华·第五册·第六卷:中国伊斯兰历史报刊萃编/余振贵,杨怀中主编. 宁夏人民出版社,2008.8/840 页

当代东南亚伊斯兰:发展与挑战/许利平等著. 时事出版社,2008.8/311 页

古兰经故事/杨宗山著. 宗教文化出版社,2008.9/240 页

古兰经韵译注释荟萃/杨振业编集. 宗教文化出版社,2008.10/878 页

伊斯兰教教法简明教程/全国伊斯兰教经学院统编教材编委会编. 宗教文化出版社,2008.11/204 页(全国伊斯兰教经学院统编教材)

中国伊斯兰教发展简明教程/全国伊斯兰教经学院统编教材编委会编. 宗教文化出版社,2008.11/187 页(全国伊斯兰教经学院统编教材)

正统哈里发传/(埃及)穆罕默德·胡泽里著;孔德军,马明良译. 宗教文化出版社,2008.11/265 页

信仰笔记/哈吉·穆萨·金宏伟著. 宗教文化出版社,2008.12/283 页

基督宗教

基督教学术 第 5 辑/张庆熊,徐以骅主编. 上海古籍出版社,2007.1/380 页

基督教文化学刊 第 15 辑神学的事件/中国人民大学基督教文化研究所主编. 宗教文化出版社,2007.1/277 页

莎士比亚戏剧与基督教文化/肖四新著. 四川出版集团巴蜀书社,2007.1/324 页

选择穷人:基督教文化学刊 第 16 辑/中国人民大学基督教文化研究所编. 宗教文化出版社,2007.2/317 页

汉语神学术语辞典/雷立柏编. 宗教文化出版社,2007.2/419 页(宗教研究辞典丛书)

圣经视域中的东西方文学/梁工等著. 中华书局,2007.3/474 页

基督徒的激情/(丹)克尔凯郭尔(Soren Kiekegaard)著;鲁路译. 中央编译出版

社，2007.3/208页（诗与思文丛）

传教运动与中国教会/中国基督教三自爱国运动委员会，中国基督教协会编.宗教文化出版社，2007.3/502页

中国基督教史纲/王治心撰.上海世纪出版集团，2007.3/289页

昆明天主教史/昆明市宗教事务局编.云南大学出版社，2007.3/292页

圣经修辞学——希罗文化与新约诠释/（美）杨克勤著.宗教文化出版社，2007.4/440页（北京大学基督教研究丛书）

基督教文化的演进/赵林著.人民出版社，2007.4/273页（赵林作品系列）

和在爱中：和好 和谐 和平/潘兴旺主编.宗教文化出版社，2007.4/278页

基督教圣经与神学词典/卢龙光主编.宗教文化出版社，2007.5/819页

圣经通识手册/罗庆才，黄锡木主编.学林出版社，2007.5/564页

末世与盼望/（美）杨克勤著.宗教文化出版社，2007.5/441页（北京大学基督教文化研究丛书）

基督教与陕西/王雪著.中国社会科学出版社，2007.5/311页

史料与视界：中文文献与中国基督教史研究/张先清编.上海人民出版社，2007.6/491页

远藤周作——日本基督教文学的先驱/路邈著.宗教文化出版社，2007.6/176页

护教篇/（古罗马）德尔图良著；涂世华译.上海三联书店，2007.7/184页（上海三联人文经典书库）

福禾甘露——洪光良牧师讲道集/（加）洪光良著.宗教文化出版社，2007.7/1099页

英国复兴领袖传/（英）莱尔（J. C. Ryle）著；梁曙东等译.华夏出版社，2007.7/378页（新教著名人物传记译丛）

圣经一百句/李天纲解读.复旦大学出版社，2007.8/137页（阅读经典小丛书）

100名画：《旧约》/（法）德布雷著；张延冈译.广西师范大学出版社，2007.8/219页

巴尔塔萨神学美学思想研究/宋旭红著.宗教文化出版社，2007.8/323页

斯拉夫——东正教的风貌/于沛，戴桂菊著.上海文艺出版社，2007.8/286页（世界文明图库）

论摩西的生平/（古罗马）斐洛著；石敏敏译.中国社会科学出版社，2007.8/218页（两希文明哲学经典译丛）

中国天主教史人物传/方豪著.宗教文化出版社,2007.8/698页

圣经 旧约东方解/董子竹著.湖北人民出版社,2007.9/281页

从"神圣"到"努秘"—— 鲁道夫·奥托的宗教现象学抉微/朱东华著.宗教文化出版社,2007.9/266页(基督教文化丛书)

一种生态时代的世界观:莫尔特曼与科布生态神学比较研究/曹静著.中国社会科学出版社,2007.9/277页(宗教学研究文库)

圣经汉译文化研究/任东升著.湖北教育出版社,2007.10/450页(中华翻译研究丛书)

全球责任与基督教信仰/(美)保罗·尼特著;王志成译.宗教文化出版社,2007.10/256页(第二轴心时代文丛)

谢扶雅的宗教思想/唐晓峰著.宗教文化出版社,2007.10/309页

十七、十八世纪天主教在江西的传播/周萍萍著.社会科学文献出版社,2007.10/297页(社会史研究文库)

古希腊罗马及教父时期名著名言辞典/雷立柏编.宗教文化出版社,2007.10/311页(宗教研究辞典丛书)

1949年以来基督宗教研究索引/金以枫编著.社会科学文献出版社,2007.10/616页

图说圣经故事/马荣道编著.宗教文化出版社,2007.11/214页

基督教研究第10辑"基督宗教与和谐社会"学术研讨会论文集/卓新平,许志伟主编.宗教文化出版社,2007.11/462页

阿奎那自然神学思想研究/翟志宏著.人民出版社,2007.11/426页(经院哲学与宗教文化研究丛书)

当代西方社会与教会/段琦著.宗教文化出版社,2007.11/294页

拆毁了中间隔断的墙:中美基督教十五年回顾与思考/余国良编著.宗教文化出版,2007.11/546页

图解基督教:认识西方文明之源/傅宏基编著.陕西师范大学出版社,2007.11/317页

台山洋教/谭国渠,胡百龙主编.中国华侨出版社,2007.11/93页(台山历史文化集)

托马斯·阿奎那的灵魂学说探究:从基督教哲学角度的一种解释/徐弢著.上海人民出版社,2007.12/190页(维真基督教文化丛书)

柏拉图的神学/(古罗马)普洛克罗著;石敏敏译.中国社会科学出版社,2007.

12/607页(两希文明哲学经典译丛)

契合与转化:基督教与中国传统文化之关系/庄祖鲲著.陕西师范大学出版社,2007.12/179页

基督教文化学刊 第17辑 汉学与神学/中国人民大学基督教文化研究所主编.宗教文化出版社,2007.12/346页

基督教文化学刊 第18辑 诗学与神学/中国人民大学基督教文化研究所主编.宗教文化出版社,2007.12/381页

神学美学 第2辑/刘光耀,杨慧林主编.上海三联书店,2008.1/289页

基督教思想评论 第7辑/许志伟主编.上海人民出版社,2008.1/358页

当代中国宗教研究精选丛书 基督教卷/卓新平主编.民族出版社,2008.1/580页(阅读中国)

我的第一本祈祷书/李斯凯著.陕西师范大学出版社,2008.1/351页

波兰新式教堂之美/(波)库查·库茨斯基,默罗克著;赵刚,(波)约翰译.宗教文化出版社,2008.1/218页

圣经智慧全集/白山编著.中国物资出版社,2008.2/361页

欧洲所藏雍正乾隆朝天主教文献汇编/吴旻,韩琦编.上海人民出版社,2008.2/291页(中西交流史料与研究丛书)

守约:《圣经》中的做人道理/孙玥编著.北京工业大学出版社,2008.3/191页

上帝之城:驳异教徒 中/(古罗马)奥古斯丁著;吴飞译.上海三联书店,2008.3/330页(思想与社会)

生态与拯救—— 约翰·科布生态思想研究/王俊著.宗教文化出版社,2008.3/253页(第二轴心时代文丛)

欧洲大教堂/朱子仪著.上海人民出版社,2008.3/250页

图画圣经/(法)多雷原图;俞萍编写;跃格文彩绘,人民文学出版社,2008.4/270页

公共神学与全球时代:斯塔克豪思的基督教伦理研究/谢志斌著.宗教文化出版社,2008.4/309页(基督教文化丛书)

千禧年的感召:美国第一位来华新教传教士裨治文传/(美)雷孜智(Lazich,M.C.)著;尹文涓译.广西师范大学出版社,2008.4/365页(基督教传教士传记丛书)

圣血与圣杯/(英)亨利·林肯等著;李永成等译.世界知识出版社,2008.5/408页

本土化与现代性:云南少数民族基督教仪式音乐研究/杨民康著.宗教文化出版社,2008.5/271页

灵知派经典/(美)罗宾逊,史密斯编;杨克勤译.华东师范大学出版社,2008.6/722页

现代语境中的上帝观念/(德)卡斯培著;罗造民译.华东师范大学出版社,2008.6/518页

基督教图文百科1000问/雷上理编著.陕西师范大学出版社,2008.6/599页

基督教思想史:从其犹太和希腊发端到存在主义/(美)保罗·蒂利希著;尹大贻译.东方出版社,2008.6/497页

圣神光照中国教会——中国天主教爱国会成立五十年来的辉煌足迹/中国天主教爱国会,中国天主教主教团编.宗教文化出版社,2008.6/461页

直观的信仰:欧洲中世纪抄本插图中的基督教/龚缨晏,石青芳著.山东画报出版社,2008.6/265页

东方基督教探索/乐峰著.宗教文化出版社,2008.7/572页

基督教小辞典/卓新平主编.—修订版.上海辞书出版社,2008.7/705页

旧约导论/(美)陈俊伟著.宗教文化出版社,2008.8/521页(圣经研究丛书)

圣灵降临的叙事/刘小枫著.华夏出版社,2008.8/290页

基督教仪式与礼文/谢炳国编著.宗教文化出版社,2008.8/266页

圣号论衡:晚清《万国公报》基督教"圣号论争"文献汇编/李炽昌主编.上海古籍出版社,2008.8/305页(基督教与中国研究书系)

蒙古民族基督宗教史/宝贵贞,宋长宏著.宗教文化出版社,2008.8/369页(宗教与民族研究丛书)

走近中国基督教徒/(法)罗杰·艾切卡雷著;裴晓亮译.宗教文化出版社,2008.8/96页

主体的迁变:从德国传教士到留德学人群/叶隽著.上海外语教育出版社,2008.8/229页(中德文化丛书)

新约正典的起源、发展和意义/(美)麦慈格著;刘平,曹静译.上海人民出版社,2008.9/239页(当代西方圣经研究译丛)

新约文献与历史导论/(美)梅琴著;杨华明译.上海人民出版社,2008.9/317页(当代西方圣经研究译丛)

摩西五经导论:从伊甸园到应许之地/(美)亚历山大著;刘平,周永译.上海人民出版社,2008.9/352页(当代西方圣经研究译丛)

图解圣经故事 新约/傅宏基编著. 陕西师范大学出版社,2008. 9/319 页

图解圣经故事 旧约/傅宏基编著. 陕西师范大学出版社,2008. 9/319 页

夏娃、大地与上帝/杨克勤著. 华东师范大学出版社,2008. 9/325 页

基督教思想评论 第 8 辑/许志伟主编. 上海人民出版社,2008. 9/386 页

汉语学术神学:作为学科体系的基督教研究/黄保罗著. 宗教文化出版社,2008. 9/563 页(基督教文化丛书)

教会事工管理/王俊编著. 宗教文化出版社,2008. 9/338 页

远东耶稣会史研究/戚印平著. 中华书局. 2008. 9/705 页

圣经故事/马银春编著. 中国物资出版社,2008. 10/364 页

上帝、关系与言说—— 批判神学与神学的批判/曾庆豹著. 华东师范大学出版社,2008. 10/596 页

耶稣的真实王朝/(美)詹姆斯 · 泰伯著;薛绚译. 江苏人民出版社,2008. 10/262 页

基督教青年会在中国:本土和现代的检索/赵晓阳著. 社会科学文献出版社,2008. 10/351 页

皈信 · 同化 · 叠合身份认同:北美华人基督徒研究/(美)杨凤岗著;默言译. 民族出版社,2008. 10/324 页

四川基督教资料辑要/秦和平,申晓虎编. 巴蜀书社,2008. 10/628 页

赐我甘露:德兰修女嘉言品读/华姿著. 上海三联书店,2008. 10/299 页

天主教研究论辑 第 5 辑/赵建敏主编. 宗教文化出版社,2008. 11/427 页

十字莲花:中国元代叙利亚文景教碑铭文文献研究/牛汝极著. 上海古籍出版社,2008. 11/317 页

圣经的故事/(美)亨德里克 · 威廉 · 房龙著;晏榕译. 陕西人民出版社,2008. 12/264 页

基督宗教研究 第 11 辑/卓新平,许志伟主编. 宗教文化出版社,2008. 12/450 页

其它

皇极经世书/(宋)邵雍著;卫绍生校注. 中州古籍出版社,2007. 1/533 页

游心于佛道/戈国龙著. 华夏出版社,2007. 1/324 页

台湾神灵/严安林等编著. 九州出版社,2007. 1/263 页

巫术的一般理论:献祭的性质与功能/(法)莫斯等著;杨渝东等译. 广西师范大学出版社,2007. 1/293 页(现代人类学经典译丛)

神话学概论/王智永著. 中国社会科学出版社,2007.2/359 页

追寻一己之福:中国古代的信仰世界/蒲慕州著. 上海古籍出版社,2007.3/295 页(早期中国研究丛书)

中国少数民族宗教音乐研究 云南卷/张兴荣主编. 宗教文化出版,2007.4/917 页

中国北方民族萨满出神现象研究/郭淑云著. 民族出版社,2007.4/275 页(中国少数民族非物质文化遗产研究系列)

现代儒学与佛学/徐嘉著. 宗教文化出版社,2007.5/289 页(觉群佛学博士文库)

犹太哲学与宗教研究/傅有德著. 中国社会科学出版社,2007.7/420 页

非常道非常儒/周作人等著;周渔编. 团结出版社,2007.7/320 页(归去来书坊)

博伽梵歌原意/(印)帕布帕德编著;嘉娜娃译. 宗教文化出版社,2007.7/536 页

盘古国与盘古神话/覃乃昌等著. 民族出版社,2007.8/407 页

摩奴法论/蒋忠新译. 中国社会科学出版社,2007.8/269 页(社科学术文库)

诸神的起源/何新著. 北京工业大学出版社,2007.9/286 页

周易和谐学/邵伟华著. 珠海出版社,2007.9/456 页(中国古代传统哲学解读文丛)

周易文化大学讲稿/杨军著. 中国人民大学出版社,2007.9/255 页

大易识阶/米鸿宾著. 新世界出版社,2007.9/256 页

易经新解/何新编著. 北京工业大学出版社,2007.9/348 页

修养·境界·审美:儒道释修养美学解读/王建疆著. 中国社会科学出版社,2007.10/420 页

儒教与民族国家/刘小枫著. 华夏出版社,2007.10/282 页

儒家思想讲演录/方尔加著. 东方出版社,2007.10/206 页

上古天书与日常生活:易经中的大智慧/沙野编. 东方出版社,2007.10/232 页

周易:追寻失落的文明/兰丁著. 人民出版社,2007.10/368 页

民间信仰文化探踪/王继英著. 民族出版社,2007.11/418 页

中国自然崇拜/何星亮著. 江苏人民出版社,2007.11/416 页

心灵超越的儒道禅游/夏剑军编撰. 天地出版社,2007.11/151 页

儒家文化哲学研究/朱人求著. 安徽人民出版社,2007.11/346 页

周易探源/宋多魁著. 广西师范大学出版社,2007.11/104 页

易经解析与致用/王以雍著. —修订本. 九州出版社,2007.11/255 页(易学丛

刊）

易图明辨/（清）胡渭撰；谭德贵等点校．九州出版社，2007．11/243 页（易学丛刊）

耶路撒冷：论宗教权利与犹太教/（德）门德尔松著；刘新力译．山东大学出版社，2007．11/87 页（汉译犹太文化名著丛书）

神话意象/叶舒宪著．北京大学出版社，2007．11/221 页（美学散步丛书）

希腊诸神传/（希）索菲娅·N·斯菲罗亚著；（美）黛安·舒加特英译；张云江译．国际文化出版公司，2007．11/316 页

圣经的文学性与希伯来精神的探求/刘锋著．北京大学出版社，2007．12/228 页（文学论丛·北大欧美文学研究丛书）

太谷学派生命哲学研究/江峰著．东方出版社，2007．12/451 页（国学新知文库）

周易全书/林志满主编．北方文艺出版社，2007．12/900 页

六爻详解/李顺祥著．珠海出版社，2007．12/356 页（中国古代传统哲学解读文丛）

中国方数文化：思想方法研究/马保平著．中国社会科学出版社，2007．12/270 页

当代中国宗教研究精选丛书 民间宗教卷/马西沙主编．民族出版社，2008．1/381 页（阅读中国）

当代中国宗教研究精选丛书 原始宗教与萨满教卷/孟慧英主编．民族出版社，2008．1/539 页（阅读中国）

易图象与易诠释/郑吉雄著．华东师范大学出版社，2008．1/292 页（儒学与东亚文明研究丛书）

图腾与中国文化/何星亮著．江苏人民出版社，2008．1/613 页

德川时代日本儒学史论集/张宝三，徐兴庆编．华东师范大学出版社，2008．1/212 页（儒学与东亚文明研究丛书）

塔木德/赛妮亚编译．重庆出版社，2008．1/272 页

神话：远古记忆的重述与解读/李贞颖著．华东师范大学出版社，2008．1/176 页

风水应该这样看/洪丕谟著．陕西人民出版社，2008．1/256 页

鬼学/徐华龙著．北岳文艺出版社，2008．1/339 页

活着的女神/（美）金芭塔丝（Gimbutas，M）著；叶舒宪等译．广西师范大学出版社，2008．2/292 页（斯芬克司译丛）

西部现代化境域中的四川少数民族宗教问题研究/闵丽著．巴蜀书社，2008．3/172 页（宗教与社会研究丛书）

帝国的隐喻:中国民间宗教/(英)王斯福著;赵旭东译. 江苏人民出版社,2008.4/395 页(凤凰文库·海外中国研究系列)

中国民间门神艺术史话/王树村著. 百花文艺出版社,2008.4/287 页

壮族布洛陀信仰研究:以广西田阳县为个案/时国轻著. 宗教文化出版社,2008.4/208 页

济源邵原创世神话群/济源市邵原镇人民政府,济源邵州文化教育研究会编著. 河南人民出版社,2008.4/230 页

人生儒释道/张松辉著. 岳麓书社,2008.5/329 页

嵩山儒道释/刘恪,苗梅玲著. 中国工人出版社,2008.5/147 页

犹太研究 第 6 辑/傅有德主编. 山东大学出版社,2008.5/291 页

中国神话学/潜明兹著. 上海人民出版社,2008.5/574 页(名家名著丛书)

金沙之光:往西来今的太阳故事/王仁湘,张征雁编著. 四川人民出版社,2008.5/209 页

超越对话:走向佛教—基督教的相互转化/(美)约翰·B. 科布著;黄铭译. 浙江大学出版社,2008.6/146 页

从巫术到数术:上古信仰的历史嬗变/陶磊著. 山东人民出版社,2008.6/242 页

四神:起源和体系形成/王小盾著. 上海人民出版社,2008.6/220 页

锡克教与锡克群体的变迁/张占顺著. 世界知识出版社,2008.6/322 页(国际问题丛书)

神灵降临/廖东凡著. 中国藏学出版社,2008.6/232 页(廖东凡西藏民间文化丛书)

雪域众神/廖东凡著. 中国藏学出版社,2008.6/303 页(廖东凡西藏民间文化丛书)

神秘占星术/北京大陆桥文化传媒编著. 重庆出版社,2008.6/191 页(神秘文化典藏系列)

祭祀政策与民间信仰变迁:近世浙江民间信仰研究/朱海滨著. 复旦大学出版社,2008.7/253 页

民间信仰与民俗生活/邢莉主编. 中央民族大学出版社,2008.7/462 页

中国早期思想与符号研究:关于四神的起源及其体系形成/王小盾著. 上海人民出版社,2008.7/2 册

犹太研究在中国:三十年回顾(1978－2008)/潘光主编. 上海社会科学院出版社,2008.8/370 页(犹太·以色列研究论丛)

佛教徒与基督徒/(美)詹姆斯 L·弗雷德里克著;王志成等译.宗教文化出版社,2008.8/194 页

闽南民间信仰/连心豪,郑志明主编.福建人民出版社,2008.8/197 页

诸神的起源 第一卷 华夏上古日神与母神崇拜/何新著.中国民主法制出版社,2008.8/318 页

诸神的起源 第二卷 论龙与凤的动物学原型/何新著.中国民主法制出版社,2008.8/293 页

神谕—— 东西方《易》卜术揭秘/(英)罗伯特·坦普尔著;徐俊培译.上海科学教育出版社,2008.8/334 页

中国当代儒学批判/刘东超著.社会科学文献出版社,2008.9/332 页

靖江宝卷研究/陆永峰,车锡伦著.社会科学文献出版社,2008.9/445 页

摩尼教与古代西域史研究/马小鹤著.中国人民大学出版社,2008.10/633 页(西域历史语言研究丛书)

台湾汉人通俗宗教的空间与环境/潘朝阳著.厦门大学出版社,2008.10/237 页

宋代民众祠神信仰研究/皮庆生著.上海古籍出版社,2008.10/397 页

天意解码:关帝签新观察/高友谦著.团结出版社,2008.10/292 页

图说中国祈福神/大乔编著.中国社会科学出版社,2008.10/226 页

全像福寿财神/马书田,马书侠著.江西美术出版社,2008.10/278 页

世界宗教的经济伦理:儒教与道教/(德)韦伯著;王容芬译.广西师范大学出版社,2008.12/322 页

佛耶对话:近代中国佛教与基督教的相遇/赖品超编.宗教文化出版社,2008.12/338 页

民国山东教门史/梁家贵著.人民出版社,2008.12/242 页

2007—2008 年国内部分报刊宗教论文、资料目录

于　光　辛之声　郁　丽

无神论;宗教政策;宗教事务;宗教学通论

中国的社会主义者应当是温和的无神论者/牟钟鉴/中国民族报/2007.1.16
中西无神论比较的文化意蕴/丁郁/中国民族报/2008.4
从西方文化的历史发展看科学与宗教的辩证关系/赵林/文史哲/2007.2
真实的虚拟与虚拟的真实—— 利科对宗教的解读/刘开会/文史哲/2007.2
试述宗教与科学关系的复杂性/李小花/科学技术与辩证法/2007.3
对科学与宗教关系的知识社会学分析/刘啸霆/河北学刊/2007.3
科学与宗教的对话/余瑶/成都大学学报/2007.7
论信息技术对宗教文化的影响—— 以对美国 OFC 的分析为例/倪钢/自然辩证法研究/2007.8
宗教和技术发凡/吴宁,蔡曙光/湖南文理学院学报/2007.4
清教与现代科学/本一大卫/科学文化评论/2007.5
宗教与科学关系探析/胡春风/南京社会科学/2007.12
科学与宗教关系探析/马莉/聊城大学学报/2008.1
论康德"理性"哲学中科学与宗教之间的联系/李龙波/保定学院学报/2008.1
近代数学兴起中的宗教因素/王幼军/上海师范大学学报/2008.3
试论宗教与科学在认知机制上的融通/宇汝松/济南大学学报/2008.4
从公众选择角度看科学与宗教的关系/杨新宇/中国民族报/2008.11.18

从对立到宽容:和谐视角下科学与宗教新关系诠释/赵丽玲/理论导刊/2008.10

理性光环背后的上帝幽灵—— 试论近现代西方科学发展中的宗教情结/徐俊/天中学刊/2008.6

宗教对青年马克思恩格斯的影响—— 兼及宗教与社会主义的关系/王珍/中央社会主义学院学报/2007.2

马克思主义宗教观的人文意蕴及当代价值/贺彦凤,赵继伦/理论探讨/2007.2

马克思主义创始人与宗教的文化价值/黄力之/黑龙江社会科学/2007.2

马克思主义宗教观教育的新视角/粟迎春/新疆师范大学学报/2007.2

中国化马克思主义宗教适应观研究/何虎生/西北民族研究/2007.2

马克思主义宗教理论中国化的最新成果/陈立明/江苏省社会主义学院学报/2007.4

论马克思主义信仰与宗教信仰的区别/姚从军/湖南科技学院学报/2007.5

对马克思主义宗教观涵义的阐释/陈荣富/浙江社会科学/2007.3

执政党与宗教—— 兼论中国化马克思主义宗教观/赵世臣,王德华/北华大学学报/2007.4

马克思主义宗教观的当代思考/吴之清,常虹/云南师范大学学报/2007.5

超验追求与意识形态批判—— 追踪马克思宗教思想的演进轨迹/刘彦涛/绥化学院学报/2007.5

由"宗教批判"到"政治批判"再到"经济批判"—— 马克思创立科学无神论的艰苦历程/李士菊/马克思主义研究/2007.11

马克思、恩格斯的宗教世俗化理论—— 兼论伯格的"非世俗化"理论/陈荣富/学术月刊/2007.10

论青年马克思宗教思想的视角转变/王晓榕/中共南京市委党校南京市行政学院学报/2007.5

马克思的宗教批判:理解模式与实质/王志军/现代哲学/2007.6

马克思主义宗教观及其当代意义/刘向荣/山西高等学校社会科学学报/2008.2

论"类生活"视阈下马克思宗教观的变革/叔贵峰/社会科学战线/2008.3

马克思主义宗教史学的历史名篇——《德国农民战争》与宗教问题/牛苏林/马克思主义研究/2008.2

正确释义马克思主义宗教观/陈荣富/中国民族报/2008.4

马克思的宗教异化思想/李桂花,张敏/西南民族大学学报/2008.11

论恩格斯的宗教观及其现实意义/刘东丽,黄云明/前沿/2007.11

全面把握与科学评价列宁的宗教观/龚学增/中共中央党校学报/2007.5

论当代中国共产党人宗教观的理论创新/蒲长春/科学社会主义/2007.2

新中国成立以来我党对马克思主义宗教观的继承发展与创新/刘德定/新疆社会科学/2007.3

宗教研究与创新意识/金泽/中国民族报/2007.6.26

从陈独秀对佛教的态度看其宗教观/王明佳/安庆师范学院学报/2007.2

李大钊宗教思想述论/赵秀丽/党史文苑/2007.10

李大钊马克思主义宗教观述要/孙秀民/马克思主义研究/2007.3

毛泽东的中国化马克思主义宗教观研究/刘德定/前沿/2007.10

论毛泽东宗教思想的理论创新及其意义/蒲长春/现代哲学/2008.3

毛泽东与邓小平宗教观的比较研究/陈学峰/理论界/2008.8

毛泽东对世界三大宗教的解读和研究/康志杰,陈思先/湖北省社会主义学院学报/2008.5

周恩来宗教观述论/余翔/广东党史/2007.4

浅谈周恩来的宗教思想/杨松/辽宁省社会主义学院学报/2008.3

邓小平的中国化马克思主义宗教观研究/刘德定/前沿/2007.11

试论邓小平理论宗教观的产生、形成与发展—— 纪念邓小平同志逝世10周年/许焕新等/中共济南市委党校学报/2007.1

改革开放以来中国共产党对马克思主义宗教理论的新贡献/刘仲康/新疆社会科学/2008.6

党的第三代领导集体关于宗教理论的创新/佟宝山/中南民族大学学报/2008.1

马克思主义宗教观与时俱进的新成果—— 解读《江泽民文选》的宗教观/蒲长春/中共石家庄市委党校学报/2007.3

江泽民关于民族宗教工作的思想/胡欣霞/实事求是/2007.3

试论江泽民对马克思主义宗教观的创新与发展/张颢/井冈山学院学报/2007.7

江泽民宗教观述论—— 学习《江泽民文选》中《论宗教》等篇目/余翔/广东省社会主义学院学报/2007.3

江泽民的中国化马克思主义宗教观研究/刘德定/前沿/2008.3

论江泽民对马克思主义宗教理论的创新与发展/陈学峰/哈尔滨党校学报/2008.4

李瑞环对新时期宗教工作的重大贡献/张静,陈辅逵/广州社会主义学院学报/2007.2

李瑞环同志对新时期宗教工作的贡献/黄娥娇,陈辅逵/中央社会主义学院学报/2008.5

胡锦涛对党的宗教理论政策的新贡献/许立坤/中国特色社会主义研究/2008.5

众说纷纭话宗教—— 20世纪20年代关于宗教本质和定义的争论/张晓林/兰州大学学报/2007.6

论共同体的宗教本质/陈涯倩/江海学刊/2007.3

宗教本质的探寻—— 重释“宗教是人民的鸦片”/黄传根,张秀华/哈尔滨学院学报/2008.10

思考中国宗教本质问题的若干视角/吾淳/学术界/2008.2

文化哲学视域下的宗教与比较宗教学研究/何保林/学术论坛/2007.1

宗教学研究的“入乎其内”与“出乎其外”—— 读段德智教授之《宗教概论》所思/杨异之,刘素民/东岳论丛/2007.1

中国宗教学应加强宗教实践技术的研究/段玉明/云南社会科学/2007.3

领会十七大精神,推动中国宗教学研究/牟钟鉴/中国民族报/2007.10.20

定位明确 针对现实 创新探索——《宗教若干理论问题研究》评介/龚学增/中国统一战线/2007.1

宗教多元主义与一然的和谐思想/(韩)曹洙东/延边大学学报/2007.1

宗教起源论之我见/秋然/赤峰学院学报/2007.1

迪尔凯姆的宗教起源理论/曹月如,孙浩然/广东广播电视大学学报/2007.3

宗教起源与商人图腾崇拜再论/常玉芝/中国史研究/2008.1

论罗素的启蒙思想/单纯/东方论坛/2007.3

从“异化宗教批判”转向“尘世批判”/孙力,张士清/社会科学辑刊/2007.3

关于“宗教思想”的研究/孙昌武/南开学报/2007.3

普列汉诺夫宗教思想研究简要述评/郝瑞斌,郝保英/牡丹江教育学院学报/2007.5

休谟的宗教思想/刘厚田、阳渊源/宜宾学院学报/2007.8

论尼采宗教批判的力度与局限/卫弥夏著;瞿旭彤译/中山大学学报/2007.6

信仰和知识之间的宗教—— 德里达与宗教/杜小真/学海/2007.1

宗教、公共生活与全球化—— 访普林斯顿公共神学家马克斯·斯塔克豪思教授/谢志斌/国外社会科学/2007.2

哈贝马斯公共领域的宗教意蕴—— 一种基于诠释学立场的解读/铁省林/山东大学学报/2008.1

传统、宗教与道德——论哈耶克的宗教观/马云驰/现代哲学/2008.1
斯宾诺莎的宗教批判/王利/云南大学学报/2008.1
严复宗教思想评析/熊乡江/求索/2008.1
“后世俗社会”的批判理论——哈贝马斯与宗教/童世骏/社会科学/2008.1
传统末世论的批判与超越——论别尔嘉耶夫的末世论思想/周来顺/学术交流/2008.2
心向上帝的旅程——普罗提诺宗教思想探析/寇爱林/人文杂志/2008.3
黑格尔辩证法的宗教前提/王福生/江苏社会科学/2008.2
杜威的宗教观/常宏/贵州大学学报/2008.1
约翰·胡斯对威克利夫宗教改革思想的继承和发展/霍红霞/阴山学刊/2008.3
论哈代的宗教观/万燚/宜宾学院学报/2008.4
弗洛伊德宗教观中的唯物性/周普元/河西学院学报/2008.3
基督教、伊斯兰教对非洲社会发展的影响——爱德华·布莱登的宗教思想透视/张宏明/西亚非洲/2007.5
逻各斯、塞诺芬尼与宗教学的萌芽/刘光耀/襄樊学院学报/2008.4
论柯尔律治宗教观的现代性/董琦琦/南昌大学学报/2007.3
李约瑟问题的宗教维度/郭延成,李建珊/社会科学/2007.12
俄罗斯宗教哲学视野下的西方哲学危机与拯救之途——索洛维约夫的完整哲学观念/车玉玲/浙江学刊/2008.6
丹尼尔·贝尔新宗教观新探/张东洁,李双印/保定学院学报/2008.3
神圣的社会——涂尔干的宗教观和莫斯的巫术理论/曹月如/甘肃联合大学学报/2008.6
论罗蒂的新实用主义宗教观/陈亚军/广东社会科学/2008.6
“宗教为道德之体,道德为宗教之用”——论贺麟的宗教思想/刘颖/北方论丛/2008.5
费尔巴哈宗教观解读/孙琥瑭/哈尔滨学院学报/2008.12
宗教对话与和谐理论的形成和发展/孙浩然,冯瑞国/广东教育学院学报/2007.2
叶小文:世界和谐需要宗教对话/叶小文/人权/2007.2
论宗教对话、世界和平与和谐社会/叶小文/北京大学学报/2007.1
阿部正雄的宗教对话理论初探/李宜静/现代哲学/2007.3
“宗教对话与和谐社会”学术研讨会综述/陈声柏,张永路/兰州大学学报/2007.

4

蒂利希"终极关怀"理论及其对宗教对话的启示/孙浩然/重庆工学院学报/2007.9

蒂利希"终极关怀"理论及其对宗教对话的启示/孙浩然,冯瑞国/苏州科技学院学报/2007.3

宗教对话与宗教他者/王志成/浙江社会科学/2007.5

哈贝马斯和拉辛格论理性与宗教对话的可能性和必要性/张庆熊/云南大学学报/2007.4

信仰多元化时代的宗教冲突、宽容与对话/顾肃/学术界/2008.6

只是"金规则"吗?—— 评宗教对话的一个误区/赵敦华/社会科学战线/2008.2

论《乌托邦》的宗教宽容/杨小莉/社会科学论坛/2008.7 下

宗教多元论的问题域及其意义之维/杨乐强/江汉论坛/2007.5

"我—你"关系中的人:"超越的存在"—— 20 世纪西方"人学"的宗教观/刘素民/学术研究/2007.8

体验抑或神圣—— 伊利亚德在《神圣与世俗》中的选择/何伙旺/重庆工学院学报/2007.8

论宗教理性选择理论/张路/社会科学论坛/2007.10

宗教是人类掌握世界的一种方式/刘丽/江西财经大学学报/2008.1

神圣,我们该怎样拥有/荆学民/人文杂志/2008.1

论宗教信仰的世俗价值/高锦泉/五邑大学学报/2008.2

宗教:虚拟的终极和内在的天堂/韩凤鸣/南京师大学报/2008.4

以人性的宗教创建和平/(日)池田大作/东方论坛/2008.4

宗教因子及相关问题辨析/何敦培/湖南师范大学社会科学学报/2008.6

对宗教历史作用的再认识/蔡志刚/呼伦贝尔学院学报/2008.5

深度信念以及信念和信仰的相对作用/乔治·E·德福/华中科技大学学报/2007.3

中西信仰观之辨/邓晓芒/东南学术/2007.2

信仰的冲突与共存/谢军华/兰州学刊/2007.12

宗教群体资格简论/方文/上海大学学报/2007.3.

现代宗教是理性选择的吗—— 质疑宗教的理性选择研究范式/范丽珠/社会/2008.6

试论人与宗教的关系/曹静/襄樊学院学报/2007.7
宗教:有限与无限、神圣与世俗及其他/倪南/中央社会主义学院学报/2007.4
宗教语言观的方法论意义论证考察/邓宏烈/贵州社会科学/2007.1
“历史镶嵌”:宗教权威分析的新视角/周利敏/中国矿业大学学报/2007.3
刍议古典社会学中的“现代性与宗教”论题/李峰/学术界/2007.6
宗教世俗化的中国式解读/杨凤岗/中国民族报/2008.1.8
世俗化与宗教的未来/高师宁/中国民族报/2008.1.15
宗教多元化与宗教之间的互动/黎志添/中国民族报/2008.4.15
宗教的结构化分析/翟艳春/青海民族研究/2008.4
宗教哲学与社会生活——何光沪教授访谈录/刘景钊,陈彪/晋阳学刊/2007.1
论实体论的宗教救赎思想——对希克多元论宗教哲学的思考/单纯/国外社会科学/2007.1
从上帝存在的证明视角看康德对宗教理性根基的内在转换/闻骏/云南社会科学/2007.2
佛教净土、基督教天国与非实在论宗教哲学/王志成/浙江大学学报/2007.4
哲学与宗教的永恒同盟——论谢林的宗教哲学思想/先刚/社会科学战线/2007.3
试论莱辛的宗教哲学思想和宗教宽容思想/谢素科/长沙大学学报/2007.4
“领悟”与“理想型”——论列欧的宗教现象学的方法论基础/朱东华/清华大学学报/2007.4
浅析宗教与唯心主义哲学的关系/马小红/黄河科技大学学报/2007.4
持续发展中的美学研究——2005年国内宗教美学研究概况/钱才英,邱明丰/四川职业技术学院学报/2007.1
论冯友兰哲学理性主义的宗教观/祝薇/求索/2007.10
论克尔凯郭尔宗教哲学的当代意义/翟鹏,李宏勇/中北大学学报/2007.1
宗教哲学对人的发展的理解/宋宁娜/南通大学学报/2008.1
孤独的个体之人——祁克果宗教生存哲学探析/李日容/经济与社会发展/2008.3
试析中西宗教精神的差异——以哲学本体论建构为视角/李韦/天中学刊/2008.3
30年的3次宗教哲学之争/段德智/中国民族报/2008.9.17
“全球宗教哲学的本体论”之争及其学术意义/段德智/浙江学刊/2008.5

冯友兰的"哲学代宗教"宗教思想述评/刘金鹏/理论月刊/2008.10

人道与神道—— 中西哲学宗教观之比较/杨芳,刘昆/贵州师范大学学报/2008.6

论中国思想传统中宗教与哲学互动的一般线索/陈怀松/新余高专学报/2008.6

论民族道德与宗教道德/熊坤新,常开霞/伦理学研究/2007.2

宗教道德对于构建和谐社会的积极作用探讨/张志蓬/理论探索/2007.4

试论宗教产生道德效应的途径与方式/曾广乐/中共福建省委党校学报/2007.11

宗教道德与公民道德建设和谐发展路径研究/司有和/南通航运职业技术学院学报/2008.2

宗教伦理在促进社会发展中的作用/吴春香/青海民族学院学报/2007.3

道德人性论:康德从道德宗教进展到道德神学的枢纽/闻骏/学术论坛/2007.12

伦理实践宗教对话之和谐意蕴/梁卫霞/山西师大学报/2007.4

论民族宗教伦理学学科的确立/王文东/西北民族大学学报/2007.4

"善"作为中国的宗教伦理/范丽珠/甘肃理论学刊/2007.6

伦理实践的宗教对话及其现实意义/梁卫霞/兰州学刊/2007.9

论宗教的人文价值关怀/陈宜轩,刘素民/重庆工学院学报/2007.9

文化视野中宗教伦理的生成逻辑与现世价值/刘登科/云南社会科学/2008.1

和谐世界语境中的宗教伦理/刘登科/青海社会科学/2008.1

宗教伦理何以可能?/孙长虹/云南社会科学/2008.5

高峰体验与人格完善—— 论马斯洛的宗教心理学/陈彪/晋阳学刊/2007.2

伊利亚德"神圣"观念的心理学阐释/周恒彩/成都大学学报/2007.3

宗教心理学研究方法的分歧与整合/万明钢,杨宝琰/民族教育研究/2008.2

宗教是民族文化的创造者,是人类心理活动的产物—— 威廉·冯特的民族宗教心理学简述/陆丽青/中国民族报/2008.6.17

中国人宗教心理的文学呈现/刘蓉/内蒙古电大学刊/2008.3

弗洛伊德关于宗教起源的心理分析/马前锋,曾蔚/青海师范大学学报/2008.5

试析宗教情结的需要动因/杨云鹏/安康学院学报/2007.5

研究中国宗教的社会学范式/金耀基,范丽珠/社会/2007.1

宗教与人的社会化/戴燕/山西师大学报/2007.1

作为力的宗教与社会/汪新建,王粟/南京社会科学/2007.3

宗教社会学研究在中国大陆的发展/高师宁/上海大学学报/2007.3

宗教与香港社会:个案与理论的反思/吴梓明/上海大学学报/2007.3
迪尔凯姆与韦伯的宗教社会学思想比较——原始宗教本质探源与资本主义精神寻根/朱文斌/社会科学论坛/2007.7下
从构建和谐社会的视阈谈宗教的社会正功能/何玲/青海民族学院学报/2007.3
中国传统社会与宗教相互关系的特点/王霞娟,赵世才/雁北师范学院学报/2007.1
世俗化理论的旗手 神圣化理论的鼓手——Peter Berger的宗教社会学理论/李顺华/新疆师范大学学报/2007.1
宗教社会学视角下的西北少数民族传统文化/娜拉,宋仕平/新疆师范大学学报/2007.1
专业的社会工作与宗教的社会服务——构建和谐社会的双赢模式/晏可佳/上海市社会主义学院学报/2007.1
和谐世界与宗教灵性/高长江/社会科学战线/2008.2
如何超越经典世俗化理论?——评宗教社会学的三种后世俗化论述/汲喆/社会科学研究/2008.4
一门走向成熟的学科——宗教社会学在中国/高师宁/中国民族报/2008.11.4
深度与广度:从社会学角度看宗教——中国宗教与社会高峰论坛暨第五届宗教社会科学国际研讨会综述/张广艳,吴艳/中国民族报/2008.10.14
西方宗教社会学"结构—功能"范式的演进/姚南强/华东师范大学学报/2008.1
当代宗教的社会意义及其生存发展条件/颜廷池等/重庆交通大学学报/2008.6
从现代休闲的发展看宗教的世俗化/何兰萍/中国民族报/2008.2.19
从现代休闲的发展看宗教的世俗化/何兰萍/青海社会科学/2007.3
全球化与宗教的世俗化/王仕国/中国民族报/2008.1.22
宗教与灾后社会重建——"社会慈善"的理念及其取向/李向平/中国民族报/2008.6.3
新疆周边民族宗教问题对新疆的影响/李先荣/实事求是/2007.3
民族与宗教关系述要/龚学增/西南民族大学学报/2007.1
为处理好世界民族宗教关系提供中国经验——中国宗教学会副会长牟钟鉴教授访谈录/牛志男/中国民族报/2007.2.4
宗教民族志的视角、理论范式和方法——现代人类学研究诠释/王建新/广西民族大学学报/2007.2
宗教应对:少数民族压力应对研究的新视角/植凤英,张进辅/广西民族研究/

2007.2
民族与宗教互动的欧洲经验/游斌/中国民族报/2008.5.6
宗教在民族文化形成和发展中的作用/王志捷/中国民族报/2008.6.24
论宗教与国族认同上的民族主义/顾肃/晋阳学刊/2008.5
走出人类的根本困惑—— 评曹兴《民族宗教和谐关系密码:宗教相通性精神中国启示录》/赵士林/中国民族报/2008.9.9
国际视野对于民族宗教学研究的价值/曹兴/中国民族报/2008.7.29
论宗教与民族政治/陈纪,高永久/新疆社会科学/2008.5
西部少数民族宗教的生态观与西部生态环境建设/王汝发/自然辩证法研究/2007.11
宗教生态关怀的三个基本向度/王雪梅/云梦学刊/2008.2
试论宗教信仰对生态维护的价值—— 以雷山格头村为例/吴声军/凯里学院学报/2008.5
论宗教资源在国际政治中的几个问题/许峰,傅菊辉/四川行政学院学报/2007.1
从基要主义到恐怖主义——全球化时代的宗教政治/刘义,陶飞亚/社会/2007.5
宗教与现代国际体系的起源/韦明/兰州大学学报/2007.4
《神圣的理由:从欧洲独裁者到基地组织的宗教与政治》评介/心远/国外社会科学/2007.2
现代社会宗教的政治参与及其对政治稳定的影响/梁丽萍/当代世界与社会主义/2007.2
宗教与现代民主政治/王景虹/中共山西省委党校学报/2007.6
“宗教渗透”概念辨析/孙浩然/江南社会学院学报/2007.1
“宗教渗透”概念辨析/孙浩然/青海民族研究/2007.3
宗教渗透特征探析/孙浩然/江南社会学院学报/2007.4
宗教渗透特征的政治分析/孙浩然/科学社会主义/2007.4
宗教渗透特征分析/孙浩然/贵州师范大学学报/2007.5
宗教渗透特征分析/孙浩然/安徽教育学院学报/2007.5
反宗教渗透综论/郭培清/中央社会主义学院学报/2007.6
试论宗教渗透的研究方法/孙浩然,翟艳春/西北民族大学学报/2007.5
关于宗教渗透的理论思考/孙浩然/济南大学学报/2008.1

宗教与社会政治问题的关系研究综述/李东清/江汉大学学报/2007.4
法律、政治与宗教/高全喜/太平洋学报/2007.5
宗教、民族与国家关系的历史视野/王欣田/西安政治学院学报/2007.6
宗教背景非政府组织初论/刘须群,胡新国/江西公安专科学校学报/2007.4
国际宗教极端主义的社会根源分析/张莉/社科纵横/2007.11
宗教极端主义的本质与危害/马品彦/新疆社会科学/2008.6
恐怖主义的宗教因素分析/李光钰/山东省青年管理干部学院学报/2008.6
宗教、冲突与国际政治/张战,李海君/江南社会科学院学报/2008.2
宗教与国际关系研究综述/汤伟/南京政治学院学报/2008.3
政教关系和谐的社会学思考/王光海/南京理工大学学报/2008.3
宗教对地区冲突和战争的负面影响/赵彦亮,张国刚/中央社会主义学院学报/2008.2
宗教与国际热点问题——宗教因素对冷战后国际热点问题和重大冲突的深层影响/张志刚/北京大学学报/2008.4
印巴克什米尔冲突中的宗教因素/唐孟生/北京大学学报/2008.4
达赖现象与世界宗教/单纯/粤海风/2008.5
论法律的宗教性——兼解读伯尔曼的《法律与宗教》/曹乔华/云梦学刊/2007.6
综观法律与宗教的互动模式/戴耀廷/太平洋学报/2007.7
广开资源 推进宗教与法治研究/金泽/中国民族报/2007.9.4
法律与宗教学术研讨会综述/曹培/太平洋/2007.8
世界三大宗教法之比较研究/谢冬慧/河北法学/2007.5
论宗教宽容的政治化和法律化/陈根发/环球法律评论/2007.2
西部宗教矛盾的法理与文化思考/孙恪廉/中共成都市委党校学报/2007.1
论神明裁判及其影响/叶英萍,李春光/法学家/2007.3
宗教立法在国外/黄文伟/中国民族报/2007.9.11
我国宗教立法论要/桑杰/攀登/2007.1
我国宗教法制建设初探/魏宏/中国民族报/2007.8.14
和谐语境下宗教对法治建设的影响力探析/李长健,曹俊/唯实/2007.6
法治与宗教/卡罗林·伊万斯/中国民族报/2007.8.21
宗教与法律互惠功能的研究/张俊明/湖北省社会主义学院学报/2007.5
全球化语境中宗教法制建设若干问题的思考/杨合理/苏州大学学报/2007.11

对宗教产业依法实行经济监管的思考/欧阳毛荣/九江学院学报/2007.1

论守法与宗教/罗忻全/广西青年干部学院学报/2008.2

关于宗教法制建设研究情况的综述/李五星,李士菊/河北省社会主义学院学报/2008.4

宗教立法之法理思考/姚俊开/西藏民族学院学报/2008.6

试论宗教对当代公共治理的影响/胡海燕/山西高等学校社会科学学报/2008.6

试论西方发达国家的宗教管理/孟迎辉/中国行政管理/2008.12

法治社会中的宗教秩序研究/李保平/宁夏社会科学/2008.6

宗教文化今天仍具积极意义/王光明/深圳商报/2007.5.10

宗教是一种社会文化形式/吕大吉/社会科学战线/2007.6

马克斯·韦伯的宗教文化互动问题解读/马秀梅/青海师专学报/2007.6

宗教文化类型—— 中国民族学·人类学理论新探/王建新/青海民族研究/2007.4

"深度透视"与宗教"灵修":文学人类学批评向度简论/杨晶,戈双峰/内蒙古农业大学学报/2007.2

中西方宗教文化之比较/李佑明/南昌高专学报/2008.2

宗教与社会文化和普世价值—— 访中国人民大学佛教与宗教学理论研究所何光沪教授/唐磊/中国民族报/2008.10.14

论宗教是一种文化/毛建儒/新疆社会科学/2008.5

论宗教的教育性/杨健吾/西北第二民族学院学报/2007.1

从西方宗教教育特性看我国德育/郭芙蓉/经济与社会发展/2007.9

宗教教育与20世纪中国文化现代化/郑东升/贵州社会科学/2008.1

宗教教育:宗教发展之本—— 访中国人民大学佛教与宗教学理论研究所所长方立天教授/吴艳/中国民族报/2008.9.2

儿童青少年宗教性研究述评/万明钢,杨宝琰/西北师范大学学报/2008.2

论宗教市场规制与和谐社会构建/陈占江/学习与实践/2007.7

宗教经济为和谐社会建设献力—— 以云南为例/杨志银/云南财经大学学报/2007.6

经济结构的信仰基础—— 一个基于历史视角的综述/方钦/东岳论丛/2007.3

20世纪以来中国宗教地理研究之概况/胡尧,雷达/知识经济/2008.1

卡尔·拉纳的神学"先验人学"述评/王新生/复旦学报/2007.1

试析托马斯·阿奎那的神学人性论/邓李赟,许春玲/西安石油大学学报/2008.

4

再论一神宗教的起源/吾敬东/华东师范大学学报/2008.3

道教与伊斯兰教关于生死问题的对话/程群/西藏民族学院学报/2007.2

两晋南北朝儒士排佛思想探微/奚刘琴/福建论坛/2007.4

试论《人物志》中的儒道名法兼综思想/张欣/鲁东大学学报/2007.1

求同存异—— 儒学与佛学"孝亲观"之比较/高卓群/喀什师范学院学报/2007.2

从明末清初佛教的复兴看近代佛耶对话—— 从佛教界对基督教的态度谈起/陈朝娟/理论界/2007.5

"回耶"对话的一次实践—— 马德新《据理质证》及其文明对话观/姚继德/西北第二民族学院学报/2007.3

张载之学与佛学/张刚/船山学刊/2007.2

魏晋南北朝时期儒学对道教的影响/伍成泉/中华文化论坛/2007.2

贵州佛道儒巫混杂的宗教文化现象因果论/王路平/贵州民族研究/2007.3

儒、释、道的报应观比较研究/张树卿,张洋/白城师范学院学报/2007.2

从人性论看基督教与儒家文化的可会通性/张彬/黎明职业大学学报/2007.1

"空"与"存在"—— 大乘中观学派与基督教的本体论之比较/解兴华/社会科学论坛/2007.4下

真理性与普遍性:道耶道德观的形上基础与品质/刘光耀/西南民族大学学报/2007.4

略论马一浮以禅宗自性观念会通三教/李国红/社科纵横/2007.3

论佛教的佛性说对二程心性思想的影响/高建立/郑州大学学报/2007.3

中国佛经翻译和西方《圣经》翻译的启示/王军/西北民族大学学报/2007.2

试析《易经》与《圣经》的文化分野/邓东/山东科技大学学报/2007.2

近代西方来华传教士的儒学观/俞祖华,胡瑞琴/齐鲁学刊/2007.3

从心性论看朱熹对佛学思想的吸收与融会/高建立/齐鲁学刊/2007.3

禅悟境界与仙道境界/余虹/哲学研究/2007.7

缘起与本根:佛教与道教宇宙观的冲突与调和—— 憨山德清《庄子内篇注·齐物论》研究/王红蕾/哲学研究/2007.4

晚唐以来的三教合一思潮及其现代意义/陈兵/四川师范大学学报/2007.4

中国传统伦理与新时期公民道德建设/杨曾文/忻州师范学院学报/2007.3

伍守阳的三教合一论/丁常春/西南民族大学学报/2007.2

略论西方传教士对儒家经典的研究/胡瑞琴/兰台世界/2007.8 下

儒佛关系与佛教孝道思想的中国化进程/张刚/玉溪师范学院学报/2007.7

“黑头虫”考辨—— 佛典、道藏及相关文献综理/陈开勇/文史/2007.第三辑

论隋唐道教“道性”论对于佛性思想的吸收/杨维中/人文杂志/2007.5

基督教与传统儒学在超越观上的比较/张华/东岳论丛/2007.1

《希真正答》和《牟子理惑论》比较研究/仇王军/西北第二民族学院学报/2007.1

从保罗与孟子的不同职分看基督教与儒学两种不同性质的真理/赵杰/文史哲/2007.1

“同始殊途”—— 基督教与佛教的对比/周翔/山西高等学校社会科学学报/2007.9

宋代以前的三教关系述论/聂士全/河池学院学报/2007.4

袁宏道与晚明“三教合一”思潮/孙浩然,翟艳春/商丘师范学院学报/2007.10

佛教、伊斯兰教和谐观之比较/马金虎/西北第二民族学院学报/2007.6

第二轴心时代与耶儒关系之变迁/王志成/浙江学刊/2007.6

基督教和道家生态伦理观对解决环境危机的启示/孙翀/中共济南市委党校学报/2007.4

佛教“阴美”对儒道“阳美”的补进功能/何长仁/佳木斯大学社会科学学报/2007.6

禅宗与基督教的自我意识比较—— 以慧能和克尔凯郭尔为例/杨玉昌/广西社会科学/2007.2

从诠释学方法看儒、道对佛教心性思想的影响/李晓婧,杨维中/徐州工程学院学报/2007.1

后现代:一种可能的观照维度—— 道、禅比较新探/李玉用,朱法贞/理论导刊/2007.11

俄罗斯东正教与中国儒学的比较/朱达秋/解放军外国语学院学报/2007.1

从基督教看儒学:19 世纪英语民族四个学者的看法/季理斐著;陶小路译/东岳论丛/2007.1

佛教与婆罗门教禅观念比较/姚卫群/北京大学学报/2008.1

儒、释、道的金钱观比较研究/张树青/聊城大学学报/2008.1

道教、儒教与佛教异同之辨析/吾敬东/探索与争鸣/2008.3

罗念庵与道教道家之关系/张卫红/中国哲学史/2008.2

藏传佛教与汉地儒教生死观之比较/杨丽/西藏大学学报/2008.1
冲突与接受:基督教文化与中国家族观念/杨剑龙/厦门大学学报/2008.2
《圣经》与《可兰经》:圣书之争/萧尧译/国外社会科学文摘/2008.5
"时"义解析及阴阳、道、儒相关思想之比较/葛志毅/淮阴师范学院学报/2008.2
佛教与婆罗门教的量论比较/姚卫群/西南民族大学学报/2008.4
试析儒家与基督教的人性观及道德实践/井春燕等/咸阳师范学院学报/2008.2
儒学、基督教与婚爱文化/周全德/齐鲁学刊/2008.1
佛教与婆罗门教的真理观念比较/姚卫群/社会科学战线/2008.6
儒释道三教中的心理学原理/郭齐勇/湖北大学学报/2008.3
墨家天鬼观与《圣经》上帝观之异同/弓磊/廊坊师范学院学报/2008.3
"承负"与"轮回"—— 道教与佛教两种果报理论的比较/徐明生/江苏科技大学学报/2008.2
论道教与基督教的生命观/毛丽娅/四川大学学报/2008.4
空性的三方会谈/张含峰等/管子学刊/2008.3
论儒学和基督教人性论与善的教化/张颖夫,曹照洁/兰州学刊/2008.3
阳明心学与九华佛学/谭甲文/池州学院学报/2008.4
儒、释、道的科技观比较研究/张树青/白城师范学院学报/2008.2
论佛道之相通/戈国龙/鲁东大学学报/2008.5.
人类中心主义、超人类中心主义和反人类中心主义—— 儒、道、佛学之生态伦理思想比论/任俊华,李朝运/理论学刊/2008.11
婆罗门教与佛教神观念比较/姚卫群/杭州师范大学学报/2008.5
魏晋时期玄学对佛学的影响/何婷立/兰台世界/2008.11下
儒家与基督教创造力观念之比较/(美)南乐山著;杨浩译/求是学刊/2008.6
佛教与婆罗门教的事物形态类别划分理论比较/姚卫群/南亚研究/2008.2
伍柳派内丹学的佛道融合思想/刘红梅/西南民族大学学报/2008.11
从炼丹活动看道教与新教的义理差异/张琼/白城师范学院学报/2008.5
佛教逻辑对宋明理学理论思维的促进/秦勃/陕西教育学院学报/2008.4
认知互动与文化偏见—— 试析西方文明与伊斯兰文明的社会互动/陈敏华/国际观察/2008.6
论儒道佛生态伦理思想/任俊华/湖南社会科学/2008.6
宋儒处理儒、佛关系的策略—— 叶适的一个检讨/李承贵/杭州师范大学学报/2008.6

佛教、基督宗教对生命本质和社会参与的比较思考/李平晔/中国民族报/2008.1.1

《西藏度亡经》对西方死亡观念的影响/林开强/西南民族大学学报/2008.2

“仁”与“爱”:孔子与耶稣伦理观之比较/陈超/井冈山学院学报/2008.11

评西方传教士《论语》翻译的基督教化倾向/杨平/人文杂志/2008.2

从宇宙观的角度看汉传佛教与中国道教思想的融合/耿会武/内蒙古电大学刊/2008.4

《新约》金规则与《论语》忠恕思想比较/蒋重跃/河北学刊/2008.2

荣格心理学与佛教唯识学思想之异同/林国良,管文仙/上海大学学报/2008.3

印光的儒释融通思想/乔宇/兰州学刊/2008.6

敬畏之心:儒家心论及其与基督教的差异/任剑涛/哲学研究/2008.8

从宗教角度看我国民族关系面临的挑战及解决思路/李小花/新疆师范大学学报/2007.1

促进宗教关系和谐 开创宗教工作新境界/毛国庆/重庆社会主义学院学报/2007.1

宗教信仰自由在我国的实践及其现实意义剖析/董朕/湖南科技学院学报/2007.2

深化与创新——《决定》是引导宗教参与和谐社会建设的纲领性文件/张新鹰/中国民族报/2007.3.27

和谐社会中的宗教及其走势/郭延成/中国民族报/2007.1.

论构建社会主义和谐社会中的宗教问题/胡尊东/菏泽学院学报/2007.1

促进宗教关系和谐 开创宗教工作新境界—— 学习十六届六中全会有关宗教关系和谐重要论述的体会/毛国庆/山西社会主义学院学报/2007.1

论促进宗教关系和谐—— 学习十六届六中全会有关宗教关系和谐的重要论述/毛国庆/中共济南市委党校学报/2007.1

探索宗教规律 服务和谐社会/滕德刚/山西社会主义学院学报/2007.1

正确对待信教群众日益增多的现象—— 新农村建设中多元文化的思考/中央党校社会发展第二课题组/文史博览/2007.4

中国共产党宗教政策的历史考察/陈文英/天中学刊/2007.3

宗教与社会主义和谐社会建设的契合点/赵伟/天府新论/2007.4

对中国伊斯兰教与社会主义社会相适应问题的思考/庚荣/山西高等学校社会科学学报/2007.7

从和谐社会的构建看我国宗教政策/邓亦武/孝感学院学报/2007.2
让宗教融入共建和谐/叶小文/瞭望新闻周刊/2007.3
从市民社会和政治国家的二元角度看宗教治理问题/高全喜/中国民族报/2007.8.3
浅谈积极引导宗教与社会主义社会相适应的途径—— 新疆哈密地区宗教工作探讨/祁先忠/广东省社会主义学院学报/2007.3
完善依法管理宗教事务的思考/李健/重庆三峡学院学报/2007.4
教在社会主义新农村建设中的作用探析—— 由台风“桑美”来袭后的心理干预引出的思考/刘君龙/丽水学院学报/2007.4
当前社会主义新农村建设中宗教问题的反思—— 以鲁南农村信教现象为例/张建成/青岛农业大学学报/2007.2
遏制新疆非法宗教活动的法律对策/金箴/新疆大学学报/2007.4
对构建和谐青海进程中宗教问题的思考/何启林/青海民族研究/2007.3
关于宗教团体登记制度的法理分析/魏宏/中国民族报/2007.9.18
落实江泽民宗教思想,做好新时期宗教工作/贺晓彬/探求/2007.4
我国建立宗教法人所有权制度刍议/华热·多杰/中国民族报/2007.9.25
首都宗教与社会主义和谐社会的构建/佟洵/北京联合大学学报/2007.3
宗教场所为构建和谐社区发挥积极作用/刘菲菲/重庆社会主义学院学报/2007.3
从中国伊斯兰教看宗教在构建社会主义和谐社会中的作用/敏生光/西北第二民族学院学报/2007.5
宗教信仰自由与和谐社会的构建/李桂树/呼伦贝尔学院学报/2007.2
问题及对策:对我国农村地区宗教发展的思考/赵琼/湖北教育学院学报/2007.6
中国宗教事务:管理和立法/张训谋/中国民族报/2007.10.2
网络宗教行为及管理对策浅析/左旭生,王斯琴/中国民族报/2007.10.9
西部少数民族传统宗教文化市场管理问题探微/来仪/青海社会科学/2007.4
浅谈社会主义新农村建设中的宗教工作/胡箚/河北省社会主义学院学报/2007.4
宗教在经济社会发展中可发挥积极作用/方立天/中国民族报/2007.11.13
宗教和睦与社会和谐/中共江苏省委统战部课题组/江苏省社会主义学院学报/2007.5

从中山市宗教工作的探索看当前宗教工作的新思路/刘明/广东省社会主义学院学报/2007.4

土地革命战争时期中共“信教自由”原则的确定与实践/陈始发/理论学刊/2007.10

加强新疆农村宗教管理工作的思考/艾尔西丁·阿木都拉,买买提·艾力/实事求是/2007.5

论宗教在促进社会和谐中的积极作用/陈兴龙/理论前沿/2007.22

构建和谐社会主义视野下的宗教/李晓红,杨石/新疆教育学院学报/2007.3

新中国成立初期我党宗教政策及其实践成就研究/张金桃/党史文苑/2007.10

深入研究中国特色社会主义宗教理论体系/龚学增/中国民族报/2007.11.27

全面贯彻落实党的宗教政策促进宗教关系的和谐/扎顿/西藏日报/2007.12.15

充分发挥宗教在构建和谐社会中的重要作用/马洪苍/云南经济日报/2007.12.11

赵朴初“宗教与社会主义相适应”论的创见/徐孙铭,陈芷烨/求索/2007.10

中国共产党处理宗教问题的回顾与反思/尹建军/重庆社会主义学院学报/2007.4

把握宗教工作为构建和谐社会服务的基本点—— 学习贾庆林同志对 2007 年全国宗教工作会议所做的重要批示/毛国庆/吉林省社会主义学院学报/2007.2

试论积极引导宗教与社会主义社会相适应/刘新宇/河北省社会主义学院学报/2008.1

发挥宗教在促进社会和谐中的积极作用当前要着力处理好的几个问题/王定国/宁夏社会科学/2008.1

试论宗教与社会主义社会相适应的基本保障/郭秀云/前沿/2008.1

正确认识克州的宗教问题 构建和谐克州/孙云凤/中共伊犁州委党校学报/2008.1

宗教新闻报道视点解读/牛丽红/西北民族大学学报/2008.1

宗教工作与贯彻党的十七大精神研究/毛国庆/重庆社会主义学院学报/2008.1

关于做好边疆地区宗教工作的几点思考/张兴堂/当代世界与社会主义/2008.2

农村基层社会稳定与民族宗教问题—— 门源回族自治县社会和谐发展个案调查/韩官却加,李颜莲/青海民族研究/2008.2

制定宗教政策基于的关系/何虎生/中国民族报/2008.7.15

以人为本的和谐宗教观—— 对“宗教与社会主义社会相适应”理论的新认识/刘亚明,胡敏燕/求索/2008.5

新中国成立以来党的宗教理论与政策演变探析/张俭松/新疆社会科学/2008.4

积极引导宗教文化与社会主义核心价值体系建设相适应/贾友军/新疆社会论坛/2008.3

试论引导宗教与构建和谐社会的本质要求相契合/安悦君,齐万良/新疆社会论坛/2008.3

以十七大精神为指导做好宗教工作/田忠福/新疆社会论坛/2008.3

和谐的宗教关系是和谐的民族关系的重要表征/李建生/新疆社会论坛/2008.3

论和谐宗教观及其构建/马玉堂/西北民族大学学报/2008.2

民族、宗教问题与和谐四川/杨健吾/阿坝师范高等专科学校学报/2008.2

马克思主义民族宗教法制化管理的重大意义研究/马成良/西北民族大学学报/2008.2

党的宗教工作基本方针的形成与发展/毛国庆/学习论坛/2008.11

中国共产党在改革开放新时期处理民族、宗教问题的历史经验/陈国裕,刘江海/乌鲁木齐职业大学学报/2008.3

解析宗教服务机构在构建和谐社会中的作用/张克祥/辽宁省社会主义学院学报/2008.3

城市社区现代化进程中的宗教问题/何清/四川省社会主义学院学报/2008.3

我国西部地区宗教政策法律问题研究/李功国/西部法学论坛/2008.3

关于宗教社会作用问题的辩证思考/毛国庆/广西社会主义学院学报/2008.4

宗教在构建社会主义和谐社会中的作用—— 兼谈河北省宗教与和谐社会的经济发展/课题组/廊坊师范学院学报/2008.5

党的宗教工作基本方针的形成与发展/毛国庆/中共济南市委党校学报/2008.4

城市社区现代化进程中宗教工作的特点及重点新探/陈鹏键/中共济南市委党校学报/2008.4

论全面贯彻党的宗教工作基本方针/陈立明/中央社会主义学院学报/2008.5

试论中国特色社会主义宗教理论体系/龚学增/西南民族大学学报/2008.11

论乌兰夫关于喇嘛教与社会民族发展相适应的宗教制度改革思想/李瑞/广播电视大学学报/2008.4

不同的信仰 共同的目标——“发挥宗教界人士和信教群众积极作用”研讨会综述/王瑛/中国政协/2008.12

新一代党中央宗教政策理论的佛教社会学释读/刘朝阳/求索/2008.11

新时期统一战线在发挥宗教促进社会和谐中的作用/谷茵/四川行政学院学报/2008.6

引导宗教在共建共享生活品质之城中发挥积极作用—— 关于做好新形势下我市宗教工作的调查与思考/课题组/中共杭州市委党校学报/2008.6

浅谈新农村建设中的宗教问题/周潞资/重庆社会主义学院学报/2008.4

发挥宗教界人士和信教群众的积极作用/杨必仪/重庆社会主义学院学报/2008.4

新时期宗教领域的问题、特点及对策研究/林希玲,贾依娜/中央社会主义学院学报/2008.6

从党的文献看新时期宗教政策 30 年/金以枫/党史研究与教学/2008.6

改革开放 30 年来党的宗教政策在新疆实践的基本经验/高学民/新疆社科论坛/2008.6

改革开放 30 年新疆民族宗教工作的基本经验与启示/蒋建华/新疆社科论坛/2008.6

宗教与文学艺术;宗教文物;宗教概况;宗教史

宗教与民间文学的互用/左尚鸿/中南民族大学学报/2007.1

从元好问看宗教与文学的互动关系/刘丹,宋国庆/长春工业大学学报/2007.4

人间与天国—— 中西宗教观的不同及在传统宗教建筑中的体现/戴孝军/阜阳师范学院学报/2008.5

基督教赞美诗与道教道诗中的“神”与“人”/余虹/四川师范大学学报/2007.1

佛教二谛思想与宫体文学理论/刘林魁/咸阳师范学院学报/2007.1

遁世方知闲里趣 耽诗不碍静中禅—— 浅议清初武夷山诗僧/邹义煜/南平师专学报/2007.1

佛教禅宗对王维山水诗的影响浅谈/宁雯/绍兴文理学院学报/2007.1

佛教宇宙观和生命时间观与南朝志怪小说/龚贤/江西财经大学学报/2008.1

《世说新语》与佛教/普慧/西北大学学报/2008.1

唐僧三个徒弟名字的佛学含义/李洪武/运城学院学报/2008.3

僧著地记:六朝佛教本土化的文学表现/王卫婷,祁刚/南京晓庄学院学报/2008.4

从佛教造像艺术看中国佛教的精神/顾光明,王忠林/南京航空航天大学学报/2008.1

道教山水悟道诗的宗教思想探源/田晓膺,阳淼/西南交通大学学报/2007.1

元代道教戏剧的大团圆结局/廖敏/西南民族大学学报/2008.5

元散曲与全真教/申喜萍/四川师范大学学报/2008.5

试论武当山道教建筑群的风水观念和环境意识/王少儒,冷勇/郧阳师范高等专科学校学报/2007.1

论苏菲主义及其对伊斯兰细密画和诗歌艺术的影响/王玉兰/南通航运职业技术学院学报/2008.3

原始基督教音乐述论/齐易,刘潇潇/保定师范专科学校学报/2007.1

基督教文化对现代中国浪漫文学的影响/孟沛/山西高等学校社会科学学报/2008.5

论社会主义制度下的宗教转型/刘聪/唯实/2007.3

论宗教当代发展的俗世情缘及其消极影响/李东清/重庆社会科学/2007.3

现代化与当代宗教复兴/杜洋,赵纯仁/白城师范学院学报/2007.1

世界宗教主义政党与组织的演进情况及发展前景/唐海军/中共石家庄市委党校学报/2007.5

现代国家、公民教育与宗教/德全英/新疆社会科学/2007.4

国际宗教非政府组织的国际参与刍议/李峰/山西师范大学学报/2008.1

国际宗教非政府组织的国际网络参与模式及其影响因素/李峰/学术交流/2008.11

美国宗教学者关于宗教与国家安全关联性的研究述评/刘骞/社会主义研究/2008.6

论我国宗教的特征、作用及发展趋势/耿相魁/哈尔滨市委党校学报/2007.1

宗教文化在我国现代化运动中的价值/何峰/西藏民族学院学报/2007.1

百神齐聚,五教共存—— 昭通五大宗教地名/傅奠基/昭通师范高等专科学校学报/2007.1

论宗教对新疆经济发展的影响/恩亚丽/中共伊犁州州委党校学报/2007.1

我国宗教发展趋势分析/张瑞琨,邱焕玲/中央社会主义学院学报/2007.1

少数民族地区青少年宗教信仰问题的思考—— 以滇西北贡山县丙中洛乡为个

案/毛计平,么加利/阿坝师范高等专科学校学报/2007.2

伊宁县宗教问题探析/李先荣/中共伊犁州委党校学报/2007.2

中国农村宗教信仰特点的微观分析——以铁村黄庄教徒信仰为分析对象/邱新有等/江西师范大学学报/2007.2

试析新一代中青年骨干教职人员的成长规律与培养路径/孙瑞华/攀登/2007.2

多元宗教与社会和谐——云南少数民族宗教信仰发展问题调查研究/高志英/云南行政学院学报/2007.4

当代中国宗教长期存在的原因探析/王令云/泰山学院学报/2007.4

我国宗教财产归属问题探讨/马卉,薛焱/武汉理工大学学报/2007.4

从美国宗教状况看我国宗教如何促进社会和谐/金刚/中央社会主义学院学报/2007.5

论大学生的宗教观教育/胡昂/安徽教育学院学报/2007.5

少数民族大学生宗教信仰状况的调查研究——以中央民族大学学生为主要对象的报告/王文东/民族教育研究/2007.5

也谈我国宗教旅游资源的开发——从古代佛寺、道观的功能入手/刘菊湘/宁夏社会科学/2007.6

新疆高校大学生党员宗教观现状调查与分析/李建生/新疆师范大学学报/2007.4

大学生宗教信仰探析及引导/何敦培/河北理工大学学报/2007.4

从大学生宗教信仰的角度论大学生信仰教育的对策/雷蕾/甘肃政法成人教育学院学报/2007.5

边疆少数民族地区教育的宗教影响及对策/徐则平/贵州民族研究/2007.5

大学生在宗教与风俗习惯关系问题上的模糊认识及其纠正/张欢/新疆教育学院学报/2007.1

赣北乡村寺庙神祇来源考索及宗教学分析/摩罗,杨帆/渤海大学学报/2008.1

论中国当代宗教的保守性与开放性——为少林寺一辩/魏德东/中国民族报/2008.2.5

论我国宗教当代发展的社会双重影响/李东清/齐齐哈尔大学学报/2008.3

宗教自由保护的国内法与国际法比较/孙恪廉/重庆社会主义学院学报/2008.1

论宗教对我国少数民族地区犯罪的社会控制/刘希/四川警察学院学报/2008.1

论中国的政教分离与宗教界人士参政议政/石亚洲,沈桂萍/思想战线/2008.3

我国宗教法制建设初探/魏宏/人权/2008.2

试析当代中国宗教的几个问题/胡昂,方章东/安徽农业大学学报/2008.2
转型期农村宗教流布状况分析/于进强/太原师范学院学报/2008.3
审视与对策:当代青少年的宗教信仰/濮文起/当代青年研究/2008.7
中国西南地区的宗教、社区与人类学的真实性/(挪威)科恩·威仑斯著;张宇译/西南民族大学学报/2008.8
建国初澜沧拉祜族基督教的调适活动/秦和平/西南民族大学学报/2008.7
当前宗教活动的复苏与发展—— 对社会政治稳定的消极影响分析/马振超/北京科技大学学报/2008.3
论宗教文化遗产的特殊性及其管理体制的建设/陆群/怀化学院学报/2008.10
大学生宗教信仰问题研究回顾与展望/孙琼如/中国青年研究/2008.11
贵州青岩宗教多元共存的社会功能探讨/郭娅/贵州大学学报/2008.5
宗教问题与西部民族地区社会稳定/吴永刚/大庆师范学院学报/2008.6
试论宗教因素对新疆族群稳定的影响/潘欣颂,龙群/黑龙江民族丛刊/2008.6
宗教救助,社会化养老的新补充? /石破/南风窗/2008.3
蕴藏德育力量的日本中小学宗教教育/王舟/民族教育研究/2008.1
印尼政治中的伊斯兰因素/王香菊,朱方晴/中共长春市委党校学报/2007.4
克什米尔冲突中的宗教因素/张四齐,唐孟生/南亚研究季刊/2007.1
论巴基斯坦宗教自由权—— 兼与《公民权利与政治权利国际公约》第18条比较/杨翠柏/南亚研究季刊/2007.1
当代伊斯兰复兴运动对巴基斯坦政治的影响/李俊璇,孙江/南亚研究季刊/2008.3
中东民族与宗教问题新动向/唐志超/现代国际关系/2007.8
伊斯兰教与中东国家现代化的基本特点/王铁铮/西亚非洲/2008.12
伊朗和美国关系中的伊斯兰因素解析/吕杨,桑碧桃/世界民族/2007.4
伊拉克教派冲突背后的宗教文化博弈及对地区形势影响/李伟建/西亚非洲/2008.3
从《走出非洲》看后殖民时代非洲宗教的特征/郑莉/甘肃社会科学/2008.2
苏联东欧国家处理宗教思潮的经验与教训/李渤/广州社会主义学院学报/2007.4
赫鲁晓夫时期苏联的政教关系/李渤,王建新/俄罗斯研究/2007.1
二战后英国宗教的世俗化/张伟伟,杨光/深圳大学学报/2008.2
宗教保守主义对布什政府外交的影响/杨卫东/现代国际关系/2007.2

浅谈宗教对美国政治的影响/李敏/沧桑/2007.1

美国社会中的科学、宗教与法律:“斯科普斯案”剖析/李亚宁,张增一/自然辩证法研究/2007.5

谈宗教与美国政治的不解之缘/王丽颖/辽宁师专学报/2007.3

政教分离与依法管理—— 美国处理宗教问题的模式/刘澎/中国民族报/2007.8.28

宗教对美国战略思维的影响/赵正国/河南大学学报/2007.5

社会资本:美国宗教团体兴盛的根本/承婧/河北理工大学学报/2007.4

宗教与当前美国外交政策/徐以骅/和平与发展/2008.1

宗教与美国外交政策研究综述/汤伟/宁夏党校学报/2008.2

美国人的宗教情结/姜守明/浙江学刊/2008.3

宗教对当代美国社会的影响/李其荣/学术界/2008.6

“秀骨清像”中的玄学“风度”—— 从佛教造像看魏晋玄学对佛教思想的影响/林伟/江苏社会科学/2007.1

佛本之争与佛道之争的比较/李明/西藏民族学院学报/2007.1

以史为训:佛儒关系的考察/阿尔伯特·威尔特著;程乐松译/中国文化研究/2007.1

从“三武灭佛”到“康熙禁教”/杨思远,仇静莉/河北师范大学学报/2007.2

宗教信仰的多元化与泉州回汉文化融合/丁玲玲/经济与社会发展/2007.5

中国古代政教冲突之引发要素/张晓华/东北师大学报/2007.2

兰陵萧氏宗教信仰转变与时代变迁互动关系初探/赵晨昕/北京理工大学学报/2007.3

后土信仰的嬗变及其生态意义/陈伟,樊淑敏/江西社会科学/2007.5

从六朝故事看道教与佛教进入地方社会的不同策略/吴真/河南教育学院学报/2007.3

贵州佛道儒巫混杂合流的原因探析—— 以德江傩仪为例/蔡贞明//2007.3

长江下游文明化进程中宗教信仰的变迁/曹峻/学术月刊/2007.7

呼和浩特各宗教的历史与现状/魏铎/广播电视大学学报/2007.3

论中国古代皇权统治下外来宗教文化的传播/曾绚琦/漳州师范学院学报/2007.3

从原始宗教到宗法性传统宗教/郑英杰/吉首大学学报/2007.6

论中亚摩尼教、基督教、佛教之关系—— 评《丝绸之路上基督教、诸斯替教和佛

教之碰撞》/孟格斯著;桂林,杨富学译/敦煌学辑刊/2007.3

恩施柳州城宗教文化的传承与消融/谭庆虎/湖北民族学院学报/2007.5

论我国西北佛教文化格局的历史变迁/介永强/中国边疆史地研究/2007.4

鲸涛千里传梵典 隔海相望欣同风—— 纪念中日佛教文化交流1400周年/杨曾文/中国民族报/2007.4.10

从中西比较的视角论说中国古代宗教信仰与历史关系/刘家和/河北学刊/2008.2

山东青州北城村满族信仰调查/刘明新等/满族研究/2008.1

社会变迁背景下外来宗教与乡村传统的共生/陈氚/内蒙古民族大学学报/2008.2

多元宗教信仰与各民族的和谐共生/张践/中国民族报/2008.5.1

青海蒙古族宗教信仰及文化习俗探析/库立君/青海师范大学学报/2008.2

端午与佛教/张应斌/船山学刊/2008.2

论中国传统信仰的时代功能与重构策略问题—— 从后现代科技文明角度看/刘魁/西北工业大学学报/2008.2

从宗教信仰的视角探析大理白族传统文化的多元融合/邹丽娟/贵州民族研究/2008.3

伦理—— 实践的宗教对话与中国宗教/梁卫霞/兰州学刊/2008.6

土尔扈特宗教信仰发展演变研究/郭文静/绥化学院学报/2008.3

中国宗教的巫术孑遗—— 韦伯论中国宗教与巫术的"亲和"关系/吾敬东/文史哲/2008.3

从北山古寺庙群的供祀格局看吉林地区满汉交融的宗教、文化特色/付宝仁/东北史地/2008.3

古代中国宗教的基本精神/吾敬东/上海师范大学学报/2008.3

伊斯兰文化视野中的吐蕃人文社会—— 8—16世纪阿拉伯、波斯文献记载的吐蕃/杨铭/西藏民族学院学报/2008.4

从"三武灭佛"看道教排佛/赵占清/开封教育学院学报/2008.2

中国宗法性传统宗教的历史源流和现世影响/王耕/保定学院学报/2008.3

峨眉山:从道佛并存到佛盛道衰/魏奕雄/中共乐山市委党校学报/2008.3

中国传统宗教的当代价值/马奔腾/湖南文理学院学报/2008.5

晋阳佛教文化三题/康玉庆/太原大学学报/2008.3

考古所见魏晋十六国时期的宗教信仰—— 以河西走廊为例/孙彦/南京晓庄学

院学报/2008.4

迁徙地客家文化及其本土化趋势—— 赣西北万载民间佛、道度亡醮仪式对比研究/杨永俊/江西社会科学/2008.10

汉族传统宗教与社会的和谐建构/胡锐/西南民族大学学报/2008.11

中国宗教:巫术与伦理或理性的对立和共存/吾敬东/南通大学学报/2008.6

封禅起源新探/侯艳/贵阳学院学报/2008.4

商代俗巫之活动考察/林贤东/长春师范学院学报/2007.1

殷周宗教思想嬗变初探—— 从甲骨文辞、《周易》谈起/崔波,周军玲/郑州大学学报/2007.3

先秦"巫史传统"蠡测/谭佳/绵阳师范学院学报/2008.12

周礼"禴"祭刍议/赵燕姣/长治学院学报/2007.1

北周通道观的设置及其影响/刘林魁,普慧/唐都学刊/2007.3

论周代战争中的巫术/王准/求索/2008.1

试论春秋自然崇拜/陈筱芳/西南民族大学学报/2008.12

战国至汉初神仙观念的演变/赵雷/西北民族大学学报/2007.4

先秦时期黄帝祭祀活动之微探/秦开凤,何炳武/管子学刊/2007.1

神、圣崇拜:汉代精神传统的形成及其渊源流变/王四达/江汉论坛/2008.5

汉初上帝信仰的演变及其原因/许富宏/青海民族学院学报/2008.3

汉代宗教结构的演变与意义/汪小洋,包艳/广播电视大学学报/2008.3

汉代方士信仰的民间性质辨析/汪小洋/南京大学学报/2008.4

孙吴统治者之尚巫及其对待道教、佛教之政策/王永平/江苏科技大学学报/2008.1

试论魏晋南北朝时期佛道关系/何晓进/徐州工程学院学报/2007.1

魏晋时期宗教思想中生存智慧的社会学阐释/谭贤楚,张明波/前沿/2008.7

从《世说新语》与《晋书》对东晋道佛二教的不同书写论曲笔/戴丽琴/史学史研究/2008.4

梁武帝舍道事佛考辨/刘林魁/学术探索/2007.5

论隋唐时期的宗教消费/介永强/思想战线/2008.4

论隋炀帝的三教观/李建华,钟翠红/宝鸡文理学院学报/2008.4

从唐代佛道二教之争分析国家在文化交流中的作用/宋立峰/唐山师范学院学报/2007.1

略论唐代巴蜀地区的佛道之争/陈艳玲/历史教学问题/2008.2

唐五代巴蜀地区神祇的地域分布/李文珠,任学亮/中华文化论坛/2008.1

唐宋湖南僧道移民考论/薛政超/邵阳学院学报/2008.5

《唐律》对僧道的法律规定及其特点/武宝宁,吴硕/延安大学学报/2008.5

三教影响下的宋代宁波人的生死、丧葬观/张如安/宁波党校学报/2007.3

宋代女性的拒巫活动/方燕/河北大学学报/2007.3

试论河湟区域民俗及宗教文化形态对北宋制夏的影响/杨文/青海民族研究/2008.2

有无相生,和而不同—— 试析宋代道教与儒、佛的文化互动/史冰川,潘显一/西南民族大学学报/2008.5

西夏的宗教法/邵方/现代法学/2008.4

宋代皇帝的占卜活动与占卜术的影响/郭友亮/求索/2008.6

宋代寺院宫观中的御书阁、本命殿/汪圣铎,王德领/河北科技大学学报/2008.4

元代宗教政策略论/任宜敏/文史哲/2007.4

论永乐帝时期宗教对明朝统治的作用/里功/北京社会科学/2007.3

“缘俗立教,加意诸羌”—— 明朝一项重要治藏治策研究/邓前程,邹建达/云南师范大学学报/2007.3

略论晚明天主教与佛教的冲突/王公伟/鲁东大学学报/2007.4

论明代宗教政策的宽容特色/陶明选/兰州学刊/2007.11

论明末佛教与天主教的文化交涉—— 以莲池袾宏为中心/刘红梅/辽宁行政学院学报/2008.11

浅论清代民族宗教政策/米娟婷/西北民族大学学报/2007.1

乾隆时期福建禁教考论/黄爱平/安徽史学/2008.1

皇太极佛教政策探研/刘庆宇/社会科学辑刊/2008.4

清代镇西“庙宇冠全疆”的社会史考察/黄达远/新疆社会科学/2008.6

清末广西宗教问题的特点分析/廖杨,付广华/广西民族研究/2007.2

清末民初云南回族社会对基督教传播的认知与回应—— 马联元《辨理明证语录》及其影响/马景,王建斌/西北第二民族学院学报/2008.1

多教对话:清末民国黔中古镇青岩四教并立的社会学解读—— 从基督宗教的视角/林芊/贵州文史丛刊/2008.1

宗教教育与20世纪中国文化现代化/郑东升/宁波广播电视大学学报/2008.1

北洋时期的宗教学校教育与中国文化现代化/郑东升/学术探索/2008.2

浅析晚清的宗教派别及其影响/王连华,刘慧轩/河北旅游职业学院学报/2008.

2

北洋时期的宗教教育研究/郑东升/南通大学学报/2008.2

南京国民政府的宗教管理政策论析/郭华清/广州大学学报/2007.2

日伪统治下的东北宗教侵略/王晓峰/江北史地/2007.4

陕甘宁边区军队民族宗教工作及其历史经验/马永超/西安政治学院学报/2007.5

北洋时期的宗教慈善事业研究/郑东升/昆明理工大学学报/2007.6

论近代民族地区宗教与城镇经济的互动发展/陈炜,黄达远/内蒙古社会科学/2008.1

民国时期马步芳家族与青海各宗教之间的关系/曾谦/宝鸡文理学院学报/2008.4

民国时期广西宗教问题的人类学分析/廖杨,付广华/广西民族研究/2008.3

日本国关于宗教组织民事法律地位的立法/华热·多杰/青海社会科学/2007.2

伊斯兰教与东南亚国家现代化关系刍议/范若兰/东南亚研究/2008.4

近20多年来国内新加坡宗教信仰问题研究述略/孟庆梓/甘肃社会科学/2008.1

论菲律宾穆斯林群体的性质和影响/彭慧/东南亚研究/2007.4

从古印度宗教观念的发展看理性和信仰的关系/方瑾,麻天祥/湖北社会科学/2007.1

析佛陀与毗湿奴造型的异中之同—— 以印度笈多时代的造像为范例/李朗宁/湛江师范学院学报/2007.5

论印度政治现代化进程中的宗教问题/张世均/西南大学学报/2008.4

认同的困境—— 印度印穆教派冲突原因分析/张高翔/思想战线/2008.6

印度民族认同与宗教认同/欧东明/南亚研究季刊/2008.4

印度宗教与社会经济发展的关系/吴永年/南亚研究/2008.2

文化认同的传承与创新:印度加尔各答华人的多元化宗教信仰研究/张幸/华侨华人历史研究/2008.4

中东国家政教关系的变化对民主实践的影响(上)/王林聪/西亚非洲/2007.6

中东国家政教关系的变化对民主实践的影响(下)/王林聪/西亚非洲/2007.7

宗教极端势力与中亚多民族国家的政治融合/侯万锋/贵州师范大学学报/2007.6

宗教宽容政策与波斯帝国的统治/周洪祥/兰州学刊/2007.8

早期两河流域的宗教与社会——对雅各布森研究的检索与反思/王献华/河北学刊/2008.2
伊朗现代化进程中的世俗政治与宗教政治/哈全安/史学理论研究/2008.3
论伊朗政治与宗教关系的特征/冀开运/商洛学院学报/2008.3
沙特阿拉伯宗教政治初探/吴彦/西亚非洲/2008.6
尼日利亚宗教问题对国家民族建构的不利影响/李文刚/西亚非洲/2007.11
17世纪俄罗斯宗教分裂运动溯源/敬菁华/西伯利亚研究/2007.2
蒙古统治罗斯初期政教关系的变化/杨翠红/社会科学战线/2007.5
伊凡四世时期的俄罗斯教会与百章会议考略/李丹/内蒙古农业大学学报/2007.4
试论19—20世纪初沙俄对中亚伊斯兰教的政策/刘丹/鲁东大学学报/2007.4
早期罗马宗教传统的特点/杨共乐/河北学刊/2008.2
国家稳定的一个步骤:论伊丽莎白一世的宗教宽容政策/朱孝远/学海/2008.1
试论英国都铎王朝的政治状况/裴亚琴/云南大学学报/2008.2
宗教文化与英国高等教育的变迁/易红郡/现代大学教育/2008.3
宗教争论与18世纪法国的政治转变/洪庆明/上海师范大学学报/2008.2
中古后期法国宗教政策与王权危机/丰华琴/南京晓庄学院学报/2008.1
论宗教对北美殖民地时期美国高等教育发展的影响/邓和刚/四川师范大学学报/2008.3
使命感与美国外交理念——一种宗教视角的分析/杨卫东/东北师大学报/2007.2
美国的宗教与宗教渗透/孙浩然/中国党政干部论坛/2007.5
美国宗教多元主义:历史与现实/郭长刚,陈竞哲/兰州大学学报/2007.4
论美国宗教与政治/张惠玲/东华大学学报/2007.2
文化与美国外交:一种宗教视角的分析/杨卫东/求是学刊/2008.3
美国社会中的宗教因素分析/刘美岩,翟芳/西北工业大学学报/2008.4
治学有如登山 登高方能望远——记中国宗教学奠基人、著名宗教学家吕大吉先生/肖雁/社会科学战线/2007.6
钱穆黄帝观的宗教意识/张思齐/烟台大学学报/2008.1

神话;原始宗教及其残余;民间信仰

试论中西方宗教与神话中的女性地位异同/吴婷/牡丹江教育学院学报/2007.2

论现代神话/颜翔林/社会科学/2007.12
水神感生神话的原型与生成背景/向柏松/中南民族大学学报/2007.2
试析中国古典神话的道教化现象/宁胜克/郑州大学学报/2007.2
解读苗族蚩尤神话—— 与汉文献中蚩尤神格之比较/杨薇/思茅师范高等专科学校学报/2007.1
中国古代自然崇拜与自然神话的历史考察/张文安/东北师大学报/2007.3
鄂温克族创世神话类型探析/汪立珍/呼伦贝尔学院学报/2007.2
华夏水神的原型及其讹变/周克庸/浙江传媒学院学报/2008.4
广东连阳地区莫瑶的盘王传说及其信仰/林为民/文化遗产/2008.1
是是非非话盘古:近代以来盘古神话研究述评/侯红良/广西民族研究/2008.1
湘鄂川(渝)黔边界始祖神话初探/巫瑞书/湖南大学学报/2008.2
中国远古感生神话探析/郭敬宇/长春工程学院学报/2008.2
女娲神话的原型研究/霍志军/天水行政学院学报/2008.4
论廪君与盐水女神/邓晓/重庆师范大学学报/2008.
从日本神话看日本人的信仰/刘巍/黑龙江教育学院学报/2008.8
天依阿那演婆海神传说及其意义述略/于向东/东南亚纵横/2008.10
论古代埃及神话对基督神话的影响—— 关于奥西里斯和基督的比较研究/郭丹彤/史学理论研究/2007.1
略论北欧地区的神话/宋晓梅/内蒙古大学学报/2007.3
俄狄浦斯神话的社会与政治隐喻—— 象征主义视角下的神话意义阐释/马敏/辽东学院学报/2008.4
浅论图腾崇拜的特点及影响—— 兼论图腾崇拜向祖先崇拜的演变/张畅/创新/2007.6
试论原始宗教意识与象征思维/刘雁/山东师范大学学报/2008.2
巫术起源论评议/詹鄞鑫/华东师范大学学报/2008.5
原始社会神与人关系初探/赵自勇/巢湖学院学报/2008.5
先秦时期蜀人为何崇拜象牙/刘道军/中华文化论坛/2007.1
娲神论/李智信/青海民族研究/2007.1
永州道县鬼仔岭巫教祭祀遗址考/易先根/湖南科学院学报/2007.2
论拓跋鲜卑的动物崇拜遗存/杨永俊/求索/2007.1
古蜀人为何崇拜蟾蜍/刘道军/内蒙古社会科学/2007.2
中越生殖崇拜俗信文化阐释/吴盛枝,陈彦/广西师范学院学报/2007.2

宗教对我国西部少数民族习惯法的影响/王存河/兰州大学学报/2007.3
乌龟考辨/张艳梅/重庆重庆科学/2007.7
云南人口较少民族原始宗教社会功能变迁研究/李晓斌,段红云/黑龙江民族丛刊/2007.3
楚地水神研究/杨华/江汉论坛/2007.8
太阳崇拜与三星堆文化的造型艺术/李社教/黄石理工学院学报/2007.2
古代宗教祭祀用食物类祭品的构成及其形态特征/李金平/湖北广播电视大学学报/2007.1
多元与交融—— 西南少数民族的土主信仰/张泽洪/中国民族报/2007.4.3
“亞”形与灵龟信仰/罗凌/成都理工大学学报/2007.1
东北地区与青藏地区原始宗教比较研究/宋立民等/东北史地/2007.2
试论鲜卑早期的宗教信仰及其转变/邵正坤/东北史地/2007.2
丰产巫术:原始宗教的一个核心—— 新疆考古新发现的史前丰产巫术遗存(上)/刘学堂/新疆师范大学学报/2007.2
丰产巫术:原始宗教的一个核心—— 新疆考古新发现的史前丰产巫术遗存(下)/刘学堂/新疆师范大学学报/2007.3
浅论颛顼时代的原始宗教礼制改革/李龙/黄河科技大学学报/2007.3
天神信仰与黄帝/陈筱芳/社会科学研究/2007.4
古代先民的水崇拜及其民俗透视/刘雅杰/山东工商学院学报/2007.4
夏禹为巫祝宗主之谜与名字巫术论/王晖/人文杂志/2007.4
中国古代“树文化”概说/王爱文,李胜军/洛阳师范学院学报/2007.3
“龙崇拜起源”研究述评/徐永安/长江大学学报/2007.3
论先秦两汉时期的荆楚巫术文化/罗运环/鄂州大学学报/2007.4
中国古代蛇图腾崇拜刍议/赵生军/思茅师范高等专科学校学报/2007.4
论客家巫术文化的源流/赖祥亮/温州大学学报/2007.5
傩仪:从图腾到戏剧—— 以云南双柏彝族虎傩为个案/杨甫旺,蒋星梅/楚雄师范学院学报/2007.7
浅谈客家巫术文化的源流/赖祥亮/寻根/2007.5
祖先神崇拜成因初探/龚世学/哈尔滨学院学报/2007.9
“玄鸟生商”—— 商族人原始崇拜的内涵及演变/朱凤祥/商丘师范学院学报/2007.10
红山诸文化“神鸟”崇拜与萨满“鸟神”/王其格/大连民族学院学报/2007.6

广东原始宗教源自中原考/刘雪河/河南科技大学学报/2007.5

历史时期洪洞水神信仰问题初探/袁钰/太原师范学院学报/2007.6

试论宗教文化在《格萨尔》艺术中的体现/措吉,平措/西藏大学学报/2007.4

论傩公傩母信仰与传说/陈玉平/怀化学院学报/2007.12

中国的原始宗教及其演变/倪文敏/山西社会主义学院学报/2007.4

云南少数民族民居灵物的人类学研究/桂榕/青海民族研究/2008.1

民间祭祀的世俗与功利"精神货币"需求/张琪亚/贵州民族学院学报/2008.6

论中原地区狮崇拜的起源及演变/林移刚/求索/2008.1

闽地祖先崇拜习俗的西方映像/李颖/闽江学院学报/2008.1

闽越族蛇信仰的类型与意象解析/宋馥香/闽江学院学报/2008.1

生殖崇拜文化—— 淮阳太昊陵庙会文化的底色/程玉艳/周口师范学院学报/2008.1

云南少数民族死亡观的起源/陈艳萍/云南民族大学学报/2008.2

比较宗教学视野中的本教、祆教与萨满教的宗教观念/班玛更珠/西北民族大学学报/2008.1

藏族本教与北方民族萨满教民间巫术之比较研究/班玛更珠/西北第二民族学院学报/2008.2

古蜀石崇拜的文化内涵/罗建新/长安大学学报/2008.1

闽越人蛇图腾崇拜研究/魏苏宁/闽西职业技术学院学报/2008.1

湘南民间原始宗教的文化意义/胡师正,孟伟/船山学刊/2008.2

前佛教时期卓尼宗教信仰和生态文化述论/张海云,冯学红/西北民族研究/2008.2

关于羽人缘起、信仰及传播诸问题/邵学海/职大学报/2008.2

夏商神龙祐王的信仰以及圣王神子观念/郭静云/殷都学刊/2008.1

历史的神话化:谈祖先崇拜的原型意义/荆云波/宁夏大学学报/2008.3

犬戎北狄古族犬狼崇拜及神话传说考辨/那木吉拉/民族文学研究/2008.2

远古巫史与华夏先民的象线性符号/钟如雄/云南师范大学学报/2008.3

西王母神格升降之再探讨/刘勤/四川师范大学学报/2008.3

古代燎祭用物及其意义/许科/四川大学学报/2008.3

中国神灵观念的远古源头—— 从出土遗存看原始中国人的神灵观念/吾淳/徐州师范大学学报/2008.3

中国巫术观念的远古源头/吾敬东/南通大学学报/2008.3

太阳崇拜的历史演变及在郊祀仪式中的文学再现/张树国/中国文化研究/2008.2

原始巫术的社会整合功能初探/初益辰,付成波/山东省青年管理干部学院学报/2008.5

傩神的文化诠释与历史的选择记忆—— 江西南丰县傩神太子的考察/陈圣燕/南昌大学学报/2008.4

黑龙江流域诸民族的原始宗教信仰与舞蹈/范婷婷/黑龙江民族丛刊/2008.4

从猎王神崇拜看华南社会的土著文化因素—— 同安茬畲村的个案分析/彭维斌,洪文章/闽台文化交流/2008.9

古代葬礼中的开路神、显道神探源/张琦/四川大学学报/2008.5

道教对渝东南傩戏的影响—— 以秀山余家傩戏面具开光咒语为例/赵长治/重庆教育学院学报/2008.5

湘西少数民族原始宗教伦理的现代审视/郑英杰,郑迅/伦理学研究/2008.6

傩文化与乡村社会—— 以萍乡小枧傩庙和傩事活动为例/罗勇,凌焰/广西民族大学学报/2008.6

湘西原始宗教文化特质论/郑英杰,谷遇春/吉首大学学报/2008.6

肃北蒙古人的宗教信仰特征/特木尔巴根/内蒙古师范大学学报/2007.2

自愿、自治与平衡—— 关于白音敖包祭祀组织的考察/张曙光/内蒙古民族大学学报/2008.2

蒙古族的马崇拜及其祭祀习俗/苏日娜,闫萨日娜/内蒙古大学学报/2008.3

藏族的传统文化对藏民环境保护意识的影响/阿旺加措/甘肃高师学报/2007.1

西藏岩画与苯教仪轨文献研究/张亚莎/西藏大学学报/2007.1

藏族的原始信仰及其生态价值/李晓丽,张冀震/西南民族大学学报/2007.5

论藏族和纳西族狮崇拜的起源/林移刚/内蒙古社会科学/2007.5

川西北松潘漳腊地区苯教寺院历史与现状概述/洲塔,叶静珠穆/青海民族学院学报/2007.4

西藏传说时代的“绝地天通”事件与苯教的制度化/孙林/西藏民族学院学报/2007.6

李土司宗教的丧葬、祭祀活动述略/赵英/青海民族学院学报/2008.3

信仰与仪式中的文化、权力和秩序—— 隆务河流域“六月勒如”仪式发微/索端智/青海民族学院学报/2008.1

吐蕃“什巴苯”的历史及其价值建构/桑杰端智/青海社会科学/2008.3

西藏本土宗教"本"的语言学解读/同美/西南民族大学学报/2008.6
宗教学视阈下的藏族山神祭祀仪式研究/索南旺杰/西藏艺术研究/2008.1
藏族传统本教文化中的时空观/东·华尔丹/西南民族大学学报/2008.10
论藏民族的冈底斯神山崇拜/东·华尔丹/西北第二民族学院学报/2008.6
藏族苯教文化中的冈底斯神山解读/冯学红,东·华尔丹/中国边疆史地研究/2008.4
民俗调查:新龙之神山信仰/英珍/中华文化论坛/2008.4
藏族本教信仰与环境保护/张冀震,李晓丽/西北民族大学学报/2008.6
西藏首次发掘吐蕃时期苯教文献—— 访著名藏族学者巴採·巴桑旺堆先生/扎西达瓦/西藏大学学报/2008.4
浅论西藏苯教文化的价值/董希媚/康定民族师范高等专科学校学报/2008.6
维吾尔族 Yat 巫祝的观念初探/海热提江·乌斯曼/青海民族研究/2007.1
试述苗族的祖神崇拜和物神崇拜/张锦华/贵州民族学院学报/2008.4
苗族原始崇拜中的哲学社会思想萌芽/石朝江/西南民族大学学报/2008.7
苗族巫文化的原型与巫性略论/郑英杰,覃元/中南民族大学学报/2008.6
彝族土主崇拜研究/杨甫旺/云南师范大学学报/2007.1
巫傩逐疫—— 彝族虎节仪式的巫术文化研究/和晓蓉/学术探索/2007.1
彝族撒梅人西波宗教调查研究/蔡华等/西南民族大学学报/2007.5
彝族原始宗教再认识/张纯德/毕节学院学报/2007.3
彝族民歌中的原始宗教信仰/鲍惠新/云南财贸学院学报/2007.1
宗教与性别社会化—— 毕摩教在凉山彝族女性生命转折点中的作用/徐睿/云南社会科学/2007.3
彝族"咒语"研究/朱文旭,余丽丽/贵州民族研究/2007.4
"送白虎"—— 彝族生殖崇拜的巫术象征/姚霁珊/楚雄师范学院学报/2007.8
女性形象动态变迁的宗教镜像—— 对凉山彝族毕摩教反思的性别视角/徐睿/云南社会科学/2008.2
俚濮彝族原始宗教信仰调查—— 以啊喇么村为个案/刘忠良,邬明辉/攀枝花学院学报/2008.2
论彝族天神/李世康/楚雄师范学院学报/2008.8
彝族支系俚濮人的山神崇拜及其文化特征—— 对四川省攀枝花市仁和区啊喇么的调查/李仲先,邬明辉/西华大学学报/2008.4
浅论毕摩信仰对促进社会和谐的价值/郭娅/西南民族大学学报/2008.7

"伯乜观":万物生成的独特阐释——《布洛陀经诗》的性别哲学研究之一/罗志发/广西民族研究/2007.2

壮族节日巫术形态/黄燕熙/广西民族研究/2007.2

壮族祖先崇拜研究/李慧/河池学院学报/2007.6

从宗教学看壮族布洛陀信仰/牟钟鉴/中国民族报/2007.1.30

镇安故地壮族巫、麽、道信仰考察/黄桂秋,依兵/广西民族研究/2007.2

镇安故地壮族女巫盖帽仪式考察/黄桂秋,依兵/贺州学院学报/2007.3

镇安故地壮族巫、麽、道斋醮仪式考察/黄桂秋,依兵/广西师范学院学报/2007.3

镇安故地壮族巫信仰历史与现状考察/黄桂秋,依兵/百色学院学报/2008.1

走进曾被遗忘的角落——壮族原生型民间宗教调查/梁庭望/中国民族报/2008.4.29

文山壮族山神庙献祭活动和"竹筒签卦"调查——以平贵村壮族为例/李锦发/文山师范高等专科学校学报/2008.1

壮族花婆信仰与佛道思想的文化叠合/彭谊/文化遗产/2008.4

桂中上林县西燕镇壮族民间师公教基本要素的田野考察/杨树喆/文化遗产/2008.4

壮族麽教法事仪式的信仰文化特征/黄桂秋/文山师范高等专科学校学报/2008.4

清代宫廷祭祀的佛立佛多鄂谟锡妈妈/孟慧英/满族研究/2007.3

土族民间信仰中的神职人员探析/杨卫/青海民族研究/2007.2

土族民间宗教"勃"及其民俗功能分析/蔡秀清/西北民族大学学报/2007.3

土族宗教文化的多元性及其变迁原因分析/赵荽贞/青海师范大学学报/2007.5

论土族的"猫鬼神"崇拜/杨卫/青海民族学院学报/2007.4

仪式展演与象征意义:民间仪式中的多神信仰及其社会功能——三川土族"纳顿"节及多神信仰习俗的人类学考察/祁进玉/青海民族学院学报/2007.4

土族多元宗教信仰及其渊源——以互助县东沟乡念先村宗教信仰为例/徐长菊/青海民族学院学报/2008.1

土族民间祭祀圈与信仰圈/鄂崇荣/青海民族学院学报/2008.4

论哈萨克族民间信仰/木拉提·黑尼亚提,迪木拉提·奥迈尔/新疆社会科学/2007.2

浅谈锡伯族"喜利妈妈"崇拜/王恩春/西北第二民族学院学报/2008.6

瑶族宗教—— 作为生活方式的宗教/夏志前/中国民族报/2007.3.13

朵兮薄教:白族文化的原始基因/刘艳红/中国民族报/2007.2.6

大理白族本主信仰调查研究/王天鹏/民族论坛/2008.5

白族本主崇拜与“龙舟竞渡”初探/寸若标,和丽东/大理学院学报/2008.7

金平傣族民间信仰的形态与特点/刀洁,少英/中国民族报/2007.3.6

哈尼族非物质文化遗产《斯批黑遮》研究/王清华/云南民族大学学报/2007.1

红河哈尼族宗教祭祀调查与研究/马岑晔,杨六金/红河学院学报/2007.3

佤族魔巴的社会功能述论/周家瑜/思茅师范高等专科学校学报/2007.2

传统宗教与佤族疾病观/朱力平/思茅师范高等专科学校学报/2007.2

魔巴与佤族传统祭仪/李娅玲/楚雄师范学院学报/2007.5

论佤族原始宗教的历史作用/周家瑜/文山师范高等专科学校学报/2007.1

佤族魔巴简论/李娅玲/红河学院学报/2008.1

佤族虎豹祭的文化释读/李亚宏/思茅师范高等专科学校学报/2008.2

解读佤族“猎头祭鬼”习俗/左永平/思茅师范高等专科学校学报/2008.2

“黄佤”中柱崇拜和祭祀仪式的象征人类学解读/周家瑜/民族论坛/2008.4

近二十年佤族原始宗教研究综述/周家瑜/保山师专学报/2008.3

傈僳族女性信仰变迁与当代社会和谐/宋建峰/云南行政学院学报/2008.6

纳西族东巴教“署”崇拜性质新探/李鹤立/学术论坛/2008.3

纳西族宗教殉情死亡仪式解析/沈玉菲/贵州民族研究/2008.2

纳西文化中的路径崇拜—— 以祭天和丧葬仪式为例/习煜华/云南民族大学学报/2008.3

宗教运动与社会动员:木嘎拉祜族神话、历史记忆与族群身份认同/马健雄/思想战线/2007.1

拉祜族神灵信仰与占卜习俗初探—— 一个拉祜族村落的宗教人类学考察/张劲夫,温美珍/思茅师范高等专科学校学报/2008.4

梦魇、人鬼恋与独龙族砍鬼巫术的根源/阳清/黑龙江民族丛刊/2008.6

布依族原始宗教信仰及其哲学思想的产生/邱靖/黔西南民族师范高等专科学校学报/2007.4

侗族“萨岁”崇拜浅析/曹端波/西南民族大学学报/2008.10

土家族“犀牛”图腾崇拜体现的生命意识与儒家伦理思想研究—— 以渝东南湘鄂渝黔边区西水流域为例/白俊奎/重庆工商大学学报/2007.3

试析土家族的“犀牛”图腾崇拜/白俊奎/重庆社会科学/2007.8

祭礼、空间与象征—— 贵州土家族傩祭仪式的意义阐释/陈玉平/贵州民族学院学报/2008.6

论羌族独特的配偶神信仰/陈苹,李明泉/中华文化论坛/2008.1

羌族:以"白石"崇拜为表征的多神信仰/邓宏烈/中国民族报/2008.6.11

羌族宗教研究综述/马宁,钱永平/贵州民族研究/2008.4

羌人的神/(韩)李善河/西南民族大学学报/2008.8

羌族释比的神旗礼仪/才旦/西藏民族学院学报/2008.6

人类学视野下的黎族女巫问题/张太教/湖南大学学报/2007.2

黎族原始宗教的鬼神崇拜/江冰/沧桑/2007.4

海南黎族蛙崇拜溯源/黄友贤/广西民族研究/2008.4

布农族原始宗教浅析/熊南京/忻州师范学院学报/2007.1

台湾原住民泰雅族宗教信仰探讨/朱明珍/昆明理工大学学报/2007.2

"萨满"词源与词义考析/郭淑云/西北民族研究/2007.1

萨满教对北方民族风俗文化的影响/王洪军/佳木斯大学社会科学学报/2007.1

萨满教对努尔哈赤天命观的影响/薛洪波/满族研究/2007.2

论蒙古族萨满教生死观—— 蒙古族生态文化的历史考察/乌峰,吴丽红/内蒙古师范大学学报/2007.3

关于满族家祭和家萨满问题的几点思考/于学斌/黑龙江民族论坛/2007.2

论萨满教对满族生活习俗的影响/李岩/通化师范学院学报/2007.7

维吾尔乡村的萨满巫医/阿布力克木·斯迪克/西北第二民族学院学报/2007.5

黑龙江流域萨满神话的研究/王威/黑龙江社会科学/2007.5

当代哈萨克族的萨满教信仰:仪式及其变迁/迪木拉提·奥迈尔/新疆社会科学/2007.5

试论回纥萨满教原始信仰崇拜/李中和,祝辉/青海社会科学/2007.5

萨满信仰的文化学诠释/景超,景体渭/满族研究/2007.4

萨满教创世神话中的人本主义曙光/王宏刚/西北民族研究/2007.4

萨满教的英雄崇拜与北方民族的崛起/王宏刚/社会科学/2007.12

蒙古萨满的活动/赤松智城著;汪澎澜译/白城师范学院学报/2007.5

萨满信仰的文化核心—— 惧感文化论析/景超,景体渭/吉林师范大学学报/2007.6

清朝入关前的萨满教改革研析/姜小莉/通化师范学院学报/2008.1

满族石姓穆昆记忆中的萨满教信仰体系/苑杰/满语研究/2008.1

从八旗谱牒看满族萨满教与祭祀的关系/谭玉秀,崔婷婷/吉林师范大学学报/2008.4

北方民族萨满教的生态伦理关怀/杨晗/黑龙江民族丛刊/2008.4

俄苏学者关于西伯利亚萨满教的研究/黄秋迪/西伯利亚研究/2008.5

萨满教的社会性探析/乌仁其其格/黑龙江民族丛刊/2008.5

萨满教对满族岁时节俗的影响/李岩,张春阳/通化师范学院学报/2008.9

萨满教与达斡尔族传统文化/王洪志/齐齐哈尔大学学报/2008.6

麻扎朝拜中萨满文化的生存及原因探析/高琳/天津社会科学/2008.6

满族人生仪礼中的萨满遗俗/李岩/西藏民族学院学报/2008.6

蒙古族萨满教信仰的发展与变化/李云霞/满族研究/2008.4

对两例蒙古族萨满仪式的介绍/徐佳等/中国心理卫生杂志/2008.12

高句丽的祭祀/孙颢/东北史地/2007.4

古代两河流域月神崇拜的历史考察/张文安,张勃/西南大学学报/2008.3

女神文明:前父权制欧洲的宗教/马丽娅·金芭塔丝著;叶舒宪译/湘潭大学学报/2007.2

中国民间信仰的文化价值/马莉/中国民族报/2007.2.27

天保村的狐信仰/朱月/文化月刊/2007.1

解读客家民间的多神崇拜/赖伦海/中国民族报/2007.2.13

论扶灵瑶民间信仰特色及形成原因/廖翠荣/株州师范高等专科学校学报/2007.1

先秦时期的文化冲突与中国民间宗教特征的形塑/郭云涛/云南社会科学/2007.1

论明清以来儒者关于妈祖神性的定位/徐晓望/福州大学学报/2007.2

民间信仰研究的理论反思/范正义/东南学术/2007.2

民间宗教:亚哲学和超观念/蒋海怒/东南学术/2007.2

信仰虔诚 人神共居 中西融合—— 开平民间信仰文化的特色/梅伟强/五邑大学学报/2007.1

狐信仰兴衰原因的民俗学研究/翁小倩/安徽农业大学学报/2007.1

国家祀典与民间信仰:祭厉及其社会意义/刘方玲/内蒙古社会科学/2007.2

民间信仰面临的挑战与选择/金泽/中国民族报/2007.3.20

宋、元代神灵"崔府君"及其演化/王颋/社会科学/2007.1

紫霄真人成神与谭公信仰在马来西亚的传播/李天锡/华侨大学学报/2007.1

蚕神崇拜与桑林文化新论/谢伟峰/榆林学院学报/2007.1
土主庙价值探析—— 以楚雄土主庙为例/王翼祥/楚雄师范学院学报/2007.2
试论境主神的职权—— 以福建东南部为考察中心/陈金亮/闽台文化交流/2007.3
海龙王信仰与舟山渔民的双重心理/金涛/浙江海洋学院学报/2007.1
湖北麻城帝主信仰及其流传/梅莉/湖北师范学院学报/2007.2
民间宗教能否在促进社会和谐方面发挥作用/濮文起/中国民族报/2007.5.30
黄大仙民间传说与庙宇的考察—— 以粤港为背景/阎江/学习与实践/2007.5
老郎神信仰的民间考察/陈志勇/江西社会科学/2007.4
济宁商帮与金龙四大王崇拜/向福贞/聊城大学学报/2007.2
清至民国时期的东北民神/黄云鹤/北华大学学报/2007.3
清代皖江圩区的民间信仰/赵崔莉/古今农业/2007.1
岭南黄大仙溯源考—— 从黄野人到黄大仙/阎江/岭南文史/2007.1
汉族祖先崇拜探源—— 解析一种中国民间宗教的形成/朱雄君/企业家天地/2007.5
二郎神信仰在安多藏区传播历史的考察/李臣玲,贾伟/青海民族研究/2007.3
潮汕移民与台湾民间神灵崇拜/陈友义/寻根/2007.4
论民间神灵信仰的传播与接受—— 以掠剩神信仰为例/刘长东/四川大学学报/2007.4
马援崇拜的地理分布:以伏波庙为视角/范玉春/广西师范大学学报/2007.3
客家人的汉帝信仰—— 以赣南宁都县个案研究为例/邱浪平/嘉应学院学报/2007.2
略论清代至民国时期四川的天后信仰/谭世宝,胡孝忠/莆田学院学报/2007.4
论客家定光公信仰的形成与发展/俞如先/龙岩学院学报/2007.4
中国的庙宇建造与文化遗产/陈蒨/中国农业大学学报/2007.3
女性神灵与地方社会秩序:桂西南地区班夫人信仰探析/滕兰花/南宁师范高等专科学校学报/2007.3
变迁之神:白帝天王信仰流变与湘西社会/王爱英/中南民族大学学报/2007.5
多元与和谐:中国民间信仰的基本形态—— 一个村落民间信仰的实证调查/钟伯清/福州大学学报/2007.5
民间宗教信仰与现代生活/李莉/福建商业高等专科学校学报/2007.5
闽南顺正王信仰起源探析/何振良/闽台文化交流/2007.6

试论台湾的开漳圣王信仰/吴云山/闽台文化交流/2007.6
泰山娘娘与女性宗教信仰/张进/管子学刊/2007.3
论明清民间宗教的本质/丁希勤/淮北煤炭师范学院学报/2007.5
僧侣、士人与胡则信仰/朱海滨/复旦学报/2007.6
从百越巫鬼信仰到汉式佛道宗教—— 闽南民间信仰历史变迁的分析/彭维斌/福建师范大学学报/2007.6
民间信仰与历史记忆的形成—— 以闽台保生大帝信仰的祖宫记忆为例/范正义/华侨大学学报/2007.4
略论青山王信仰兴盛于宋代的原因/王炳庆/莆田学院学报/2007.6
试析农民香客朝奉黄堂宫的祈求/王建军/农业考古/2007.6
黄堂宫谌母信仰群体考察/李冬妮/农业考古/2007.6
城隍信仰的形成与流变/范军/华侨大学学报/2007.4
清代广西三界庙地理分布与三界神信仰探析/滕兰花,袁丽红/广西民族研究/2007.4
都城隍庙考/张传勇/史学月刊/2007.12
试论海神信仰的功能性特征/叶澜涛/广东海洋大学学报/2007.5
试论民间信仰的现实性—— 以漳州地区为个案/张晓松/漳州师范学院学报/2007.4
陈元光信仰与祖先崇拜/黄伟民/漳州师范学院学报/2007.4
关于“五道将军”研究的几个问题/张国静/陕西师范大学继续教育学报/2007.4
闽赣戏神“田公元帅”祭礼述源/章军华/江西社会科学/2007.12
关帝信仰在东山简论/智宇晖/闽台文化交流/2007.3
客家神灵和地域文化的多元视界——“客家民间信仰与地域社会”国际学术研讨会综述/周建新,刘宇/广西民族大学学报/2008.1
巍山民间宗教组织“圣谕坛”的人类学浅探/杜新燕/大理学院学报/2008.1
从印度走进中国—— 敦煌变文中的帝释/项楚/四川大学学报/2008.1
台湾云林口湖万善祠“牵水㽷”仪式及其相关传说/陈益源/大连大学学报/2008.1
略论门神信仰/孙发成/北京理工大学学报/2008.1
神灵入典与毁禁淫祠:略论国家对客家民间信仰的控制—— 兼论国家权力在客家文化形成中的作用/邹春生/赣南师范学院学报/2008.1
台湾义民庙与韩国义冢的文化意义比较—— 以台湾新竹枋寮“褒忠亭”与韩国

锦山“七百义冢”为重点的探讨/文智成/赣南师范学院学报/2008.1

日本客家民间信仰研究之我见—— 从“空间—场所”论的观点来看/河合洋尚/赣南师范学院学报/2008.1

近代广西民间信仰形成条件与发展趋势初探/廖玉玲/百色学院学报/2008.1

湘西苗疆边墙与白帝天王崇拜文化/明跃玲/怀化学院学报/2008.3

浅析新疆少数民族民间信仰中的性别意识/王思颖/伊犁师范学院学报/2008.1

中国民间宗教艺术初探/孔庆茂/江西社会科学/2008.2

武当五龙宫龙神崇拜初探/宋晶/郧阳师范高等专科学校学报/2008.1

元代的祠庙祭祀与江南地域社会—— 三皇庙与赐额赐号/(日)水越知/宋史研究论丛/2008.11辑

“乡神”的建构与重构:方志所见清代四川地区移民会馆崇祀中的地域认同/王东杰/历史研究/2008.2

闽台两岸民间信仰文化往来及其现实意义/苏振芳/闽台文化交流/2008.1

台湾民间祠祀关帝的特点及其地域风貌/刘海燕/闽台文化交流/2008.1

借名制:民间信仰在当代的生存策略—— 烟台营子村关帝庙诞生的民族志/王志清/吉首大学学报/2008.2

论述客家“三山国王”民间信仰之变迁—— 以台湾宜兰地区为例/邱荣裕/赣南师范学院学报/2008.2

明清之际粤东北地区的民间信仰与社会变迁—— 以大埔县白堠村为例/肖文评/赣南师范学院学报/2008.2

广东潮阳县灵威庙祀述考/钟东/文化遗产/2008.1

东海神的崇拜与祭祀/王元林,李华云/烟台大学学报/2008.2

江南周宣灵王信仰的发生及其演变/朱海滨/史林/2008.2

卡西尔神话理论与伍家沟故事中的民间信仰/卢玮/十堰职业技术学院学报/2008.2

论土族民间信仰象征/文忠祥/青海民族学院学报/2008.2

黑龙江满族民间信仰研究/郭天红/黑龙江民族丛刊/2008.3

新时期农村民间信仰管理/常大惠/档案与争鸣/2008.6

论佛山的水神崇拜/李小艳/忻州师范学院学报/2008.3

民间视野下的老郎神信仰考察/陈志勇/文化遗产/2008.2

悦城龙母:从传说到信仰/蒋明智/文化遗产/2008.2

神明信仰与边疆秩序—— 宋明时期广西伏波信仰研究/麦思杰/柳州师专学

报/2008.3

近世金龙四大王考—— 官民互动中的民间信仰现象/申浩/社会科学/2008.4

中国汉人自发的宗教实践—— 神仙教/石奕龙/中南民族大学学报/2008.3

不吃猪肉的神明—— 财神赵公明附回考释/回达强/湖北成人教育学院学报/2008.3

少数民族地区汉族民间信仰圈建构的实证研究—— 以临夏回族自治州康乐县苏集镇为个案/王希隆,李华龙/西北第二民族学院学报/2008.3

城隍信仰与明代社会考论/段建宏/求索/2008.6

漕运以兴废与水神崇拜的盛衰—— 以明清时期徐州为中心的考察/胡其伟/中国矿业大学学报/2008.2

安多藏区文昌神信仰的人类学研究—— 以赤噶尤拉颇章为例/看本加/西北民族大学学报/2008.2

非宗教运动与洹河流域的社会信仰变迁—— 兼论革命与民间信仰/杨涛/安阳师范学院学报/2008.3

论雷祖的诞生及其文化价值/何天杰/华南师范大学学报/2008.3

莆田民间张巡信仰研究—— 郊尾镇至灵宫、梅洋宫元宵祈年庙会个案分析/马建华/闽江学院学报/2008.3

厉鬼 · 瘟鬼 · 财神—— 论赵公明神格演变的轨迹/张富春/黄河科技大学学报/2008.4

泰山神化现象的生态文化价值探析/夏忠梅/山东社会科学/2008.11

中西女神信仰辨异—— 以中国民间的女神信仰与天主教的圣母崇拜为例/刘丽敏/桂海论丛/2008.6

云龙诺邓中元祭祖习俗调查/李珍明/大理学院学报/2008.9

对中国民间宗教要有一个新的认识/牟钟鉴/中国民族报/2008.11.11

明清时期江南泰伯信仰的儒家化—— 以苏、常二府为中心的考察/魏文静/东南大学学报/2008.5

漳城"三圣庙"寻踪/田丰/闽台文化交流/2008.9

中国民间宗教研究二百年/李天纲/历史教学问题/2008.5

民间信仰:推动宗教学理论研究/金泽/中国民族报/2008.10.21

论移民与蜀地民间偶像崇拜的历史变迁/朱丽/成都理工大学学报/2008.3

民间信仰研究的价值、成就与未来趋向/王守恩/山西大学学报/2008.5

明清民间宗教信仰嬗变及社会影响—— 以徽州为中心的考察/丁希勤/安庆师

范学院学报/2008.5

惠及凶神恶煞:一种民间宗教态度——“大理周城白族村田野调查系列”之一/朱炳祥/中南民族大学学报/2008.5

民间信仰与地域社会:对晋东南二仙故事的解读/段建宏/前沿/2008.11

试论客家民间信仰的传承与发展/张佑周/龙岩学院学报/2008.5

论海峡两岸一脉相承的敬字信仰——以福建客家地区为例/俞如先/龙岩学院学报/2008.5

无形的信仰与有形的现实:闽西传统村落妇女的神灵信仰/张燕清/福建论坛/2008.11

连接闽台的保生大帝信仰/石美莹/林区教学/2008.12

陈靖姑信仰的源流及在闽台的发展/黄新宪/福州大学学报/2008.6

藏区民间宗教信仰的地方组织及其社会性/孙林/西藏民族学院学报/2008.6

青海图巴营村的“交雨粮”仪式调查报告/霍福/青海民族研究/2008.4

临水夫人信仰中的民俗活动及其奥秘/林国平/闽台文化交流/2008.4

蒋帝信仰探微/赵超/华夏文化/2008.4

北京东岳庙香会组织研究/陈巴黎/北京文博/2008.4

论福建民间宗教信仰与和谐社会之构建/俞黎媛,谢金森/莆田学院学报/2008.6

一个客家村落的民间信仰和文化认同——赣南北部石城客家宗教仪式的人类学探讨/周云水/嘉应学院学报/2008.5

民间信仰与贵州民族民间文化/李猛/贵州民族学院学报/2008.6

民间信仰与乡村都市化——以华南地区K村客家人的五土龙神信仰为样本/刘军/内蒙古社会科学/2008.4

论马祖列岛的水神信仰与祖地福建/徐晓望/台湾研究·历史/2008.3

明代关羽信仰传播基础述论/包诗卿/河北师范大学学报/2008.5

社群边界内的“神明”:移民时代的新加坡妈祖信仰研究/曾玲/河南师范大学学报/2007.2

“妈祖八宝”与佛家八宝、仙家八宝之比较——兼论海洋人的信仰价值取向/姚文琦/闽台文化交流/2007.12

清代妈祖作为钦定护佑神的多重角色定位/高伟浓/东岳论丛/2007.1

妈祖信仰的发展、传播及融合——以中国、琉球、日本为中心/施敏洁/浙江万里学院学报/2007.1

妈祖信仰分布的地理特征分析/郑衡泌,俞黎媛/福建师范大学学报/2007.2

清初赐封妈祖天后问题新探/徐晓望/福建师范大学学报/2007.2

妈祖文化的精神内核和海峡西岸经济区建设/俞黎媛,彭文宇/莆田学院学报/2007.1

论清代福建妈祖信仰的兴盛及其原因/刘福铸/武汉科技大学学报/2007.2

妈祖信仰与钱妃信仰之比较/曾美香/莆田学院学报/2007.3

论元代的湄洲庙与妈祖信仰/徐晓望/莆田学院学报/2007.3

粤西的妈祖信仰渊源及现状/邓格伟/莆田学院学报/2007.6

青岛地区妈祖信仰与港口发展的互动/李海强/闽台文化交流/2007.9

论闽粤内陆的妈祖信仰与航运业及林姓的关系/石奕龙/莆田学院学报/2008.1

北京的妈祖信仰综考/刘福铸/中国海洋大学学报/2008.2

早期福建的海外移民与妈祖信仰/李金明/莆田学院学报/2008.4

福建涵江霞徐妈祖信仰调查/许莹莹/莆田学院学报/2008.3

莆田湄洲里社妈祖宫庙调查/王连弟,陈金海/莆田学院学报/2008.3

论泰国华人社会中的妈祖信仰/巫秋玉/莆田学院学报/2008.4

移植与嬗变:武夷山妈祖信仰考察/周典恩/福建省社会主义学院学报/2008.3

标准化与地方化—— 宋元以来广东的妈祖信仰研究/王芳辉/文化遗产/2008.3

连城县芷溪村的妈祖信仰初探/黄洁琼/闽西职业技术学院学报/2008.3

福康安征台与妈祖信仰传播/刘福铸/广东海洋大学学报/2008.5

妈祖信仰在台湾社会文化变迁中的影响力/樊如霞/闽江学院学报/2008.6

妈祖文化与海峡两岸民间信仰/王秀华/经济与社会发展/2008.11

南神北上的境遇—— 论明清时期山东的妈祖信仰/陶道强/康定民族师范高等专科学校学报/2008.6

试析莆田市妈祖宫庙的分布特点及宫庙特色/彭文宇等/莆田学院学报/2008.6

佛　教

写本藏经的分期与特点/方广锠/文史哲/2007.3

佛教经录编撰及其对汉译佛经传播的作用/陈文英/河南师范大学学报/2007.3

论佛经翻译的译场/徐天池/四川师范大学学报/2007.4

中古佛经词语考释/储小旵,张丽/安庆师范学院学报/2007.4

中国佛经翻译中的两种倾向:直译和意译/曾素英/武汉理工大学学报/2007.4

从多元系统理论看佛经翻译对魏晋文学的影响/喻杭/九江学院学报/2007.4

疑伪经对佛教思想的继承与超越/张森/北方论丛/2007.5

佛经汉译与佛教文化传播之历史考察/陈文英/华南师范大学学报/2007.4

汉译佛经中的偈颂与赞颂简要辨析/陈明/南亚研究/2007.2

论佛经中的孝亲观及其中国化/吴福秀/襄樊学院学报/2008.4

汉晋河西地缘政治与汉译佛经中心的转移/李智君/学术月刊/2008.12

简述隋代佛经目录的发展/牛卓丽/河北青年管理干部学院学报/2008.4

佛教在中国汉地文献传播史论/陈文英/许昌学院学报/2008.1

汉译佛典与唐代入冥故事/夏广兴,王伶/上海师范大学学报/2008.2

略论异译经在佛典校勘方面的作用—— 以《起世经》及其异译为例/陈祥明/泰山学院学报/2007.1

《法苑珠林校注》匡补/董志翘/古籍整理研究学刊/2007.2

敦煌本《十戒经》的形成及流传/朱大星/浙江大学学报/2007.3

中国国家图书馆藏西夏文《频那夜迦经》考补/聂鸿音/西南民族大学学报/2007.6

关于《佛说孝顺子修行成佛经》的若干资料/方广錩/南亚研究/2007.1

佛性与空—— 论印顺对《大般涅槃经》后分佛性的解读/蒲长春/青海师范大学学报/2007.2

唐宋文人对《金刚经》的接受/张海沙/人文杂志/2007.4

法身、真如、法空的原始义—— 以汉译《阿含经》为范围/哈磊/四川师范大学学报/2007.4

《维摩诘经》之维摩诘形象的现代解读/龚贤/重庆三峡学院学报/2007.4

《楞严》之诤与晚明佛教—— 以《楞严经》的诠释为中心/夏志前/中国哲学史/2007.3

从《楞伽经》看吐蕃僧诤/尹邦志,吴俊/西南民族大学学报/2007.8

《宿曜经》汉译版本之汉化痕迹考证/李辉/上海交通大学学报/2007.4

佛教和希腊文化的相遇—— 论《那先比丘经》的问答方法/蒲长春/重庆师范大学学报/2007.5

从《维摩诘经》看佛教对六朝志怪文学之影响/李璐/探索与争鸣理论月刊/2007.11

玄应《一切经音义》版本考/于亭/中国典籍与文化/2007.4

《地藏菩萨本愿经》综考/尹富/四川大学学报/2007.6

论《大唐西域记》所载佛说《毗摩罗诘经》遗址/孙尚勇/中国文化研究/2007.4

论《金刚经》中的“无住”思想/黄建陵/求索/2008.3

从《坛经》对“空”的悬置论“空”与般若之关系/朱钧/杭州师范大学学报/2008.2

回归与解蔽——《坛经》对主体认识的两重进阶/朱钧/青海社会科学/2008.2

论《坛经》的实行意识/朱钧/船山学刊/2008.2

福慧双修—— 论《维摩诘经·法供养品》的意义/蒲长春/四川文理学院学报/2008.3

无诤与圆融——《维摩诘经》的核心义理及其对宗教对话的贡献/刘朝霞/西南民族大学学报/2008.4

同经异译佛经人名管窥—— 以《法华经》异译三经为例/陈源源/西南交通大学学报/2008.3

论“格义”手法在《般若经》中的运用/买小英/宁夏大学学报/2008.3

从《心经》看佛教哲学建构的根本依据和逻辑理路/赵庙祥/泰山学院学报/2008.4

回鹘文《金光明经》研究—— 介绍拉施曼(S. Ch. Raschmann)博士的新著《回鹘文〈金光明经〉编目》/耿世民/新疆师范大学学报/2008.3

莫高窟《维摩诘经变》对《维摩诘经》的“误读”/吴文星/华南师范大学学报/2008.3

宋明楞严学与中国佛教的正统性—— 以华严、天台《楞严经》疏为中心/龚隽/中国哲学史/2008.3

略述《楞伽经》中如来藏“无我”义/聂伟荣/中国哲学史/2008.3

敦煌遗书中的早期《华严经》及其相关文献/李海峰/中国文化研究/2008.秋

西夏文《胜相顶尊总持功能依经录》再研究/段玉泉/宁夏社会科学/2008.5

《金刚经》外来词汇研究/孔祥珍/理论月刊/2008.12

回鹘文佛教文献《因萨蒂经》浅探/娣丽达·买买提明/新疆社科论坛/2008.6

从《俱舍论》看印度佛教由小乘向大乘的演进理路/何石彬/哲学研究/2007.8

意见与真理——《中观甚深精要论》的现代阐释之一/班班多杰/华东师范大学学报/2007.1

真如与存在:《大乘起信论》与存在主义本体论比较/许伟/广西大学学报/2008.1

《俱舍论》诸法假实问题探析/何石彬/晋阳学刊/2008.1

《十不二门指要钞》导论/曾其海/台州学院学报/2008.2

《净土十要》的念佛三昧思想/何松/西南民族大学学报/2008.4

《大智度论》对"菩萨禅"的论述/尹邦志/西北民族大学学报/2008.2

印顺与欧阳竟无的如来藏思想的差异——《大乘起信论》的争议/蒲长春/衡阳师范学院学报/2008.4

佛教"无明"观念探析——以《大乘起信论》为例/张理峰/船山学刊/2008.3

《大乘起信论》与中国禅宗的思想和修行/杜立婕/兰州学刊/2008.9

佛陀与罗摩的血缘关系——读《琉璃宫史》之一得/薛克翘/大连大学学报/2008.1

佛教戒律与社会的和谐互动/温金玉/中国民族报/2007.6.1

中古西北佛教戒律学考述——以梁、唐、宋《高僧传》为中心/介永强/敦煌学辑刊/2007.2

佛教戒律与刑法的交叉与结合/王菁梅/湖北成人教育学院学报/2007.5

述论中国佛教的居士戒律学/严耀中/上海师范大学学报/2007.2

山庄内外之盂兰盆会/孙东波/承德民族师专学报/2007.3

试论齐文的表演性/太史文/敦煌吐鲁番研究/2007

西夏佛教发愿文初探/段玉泉/图书管理与实践/2008.1

明代僧道度牒制度的变迁/赵轶峰/古代文明/2008.2

敦煌本"庄严文"初探——唐代佛教仪式上的表白对敦煌变文的影响/(日)荒见泰史/文献/2008.2

论齐梁皇族萧氏愿文/李秀花/甘肃联合大学学报/2008.3

赞体的演变及其所受佛经影响探讨/高华平/文史哲/2008.4

敦煌愿文中的地狱神考述/钱光胜/内蒙古社会科学/2008.5

论佛教身体曼荼罗/李南/南亚研究/2008.2

灌顶对"天台学"与"涅槃学"的融通/陈坚/台州学院学报/2007.1

天台宗在欧美世界的传播/项敏,赵平/台州学院学报/2007.1

摄论学派与智顗教观思想的形成/圣凯/中国哲学史/2007.3

"山家"辨/秦瑜/现代哲学/2007.5

浅论天台宗小止观的教理与实践/李贺梅/辽宁医学院学报/2007.2

天台宗知礼答日本国师问/曾其海/台州学院学报/2007.5

论天台总摄万法的圆融哲学/沈海燕/上海大学学报/2008.3

佛教唯识宗“对象”概念初探:以《成唯识论》为据/刘宇光//2007.4

再论“唯识”与“唯了别”/周贵华/上海大学学报/2007.4

“唯识”与“唯了别”辨析/陆沉/上海大学学报/2007.4

阿赖耶识、真如空性与如来藏心—— 大乘唯识学与如来藏思想辨微/吴可为/上海大学学报/2007.4

论华严宗以“十”为美的思想倾向/祁志祥/社会科学战线/2008.6

试论马祖弟子对马祖禅法的修正/陈金凤/四川大学学报/2007.1

禅宗与维特根斯坦语言哲学的语用诠释/陈海叶/四川大学学报/2007.1

明代洞宗法脉传承考/任宜敏/浙江学刊/2007.2

禅宗思想与冯友兰的“天地境界”说初探/胡成胜,何柳/船山学刊/2007.1

禅宗无相忏悔的理论与实践/冯焕珍/中山大学学报/2007.2

汉地禅宗退出藏区原因新说/李元光/西南民族大学学报/2007.2

禅宗的心灵之道/彭富春/哲学研究/2007.4

慧能创立禅宗与佛教中国化/方立天/哲学研究/2007.4

陈希迁及其前后南禅文化的创立和传续—— 看古代宗教如何培育和谐社会的精神资源/刘伟铿/肇庆学院学报/2007.1

海国曾经南少林—— 福建东山岛新发现南少林史迹史料考述/刘小龙/闽台文化交流/2007.3

南禅“因位自由”思想探微/陈洁/学术论坛/2007.5

禅宗的成因及六祖慧能的创新思想/刘洋,连佩娜/学术论坛/2007.6

《坛经》的“顿悟成佛”论/马寄/重庆科技学院学报/2007.3

试析禅宗修辞的非语言形式/疏志强/湛江师范学院学报/2007.2

禅宗棒喝及其教育旨趣/钟沈荣,张应斌/湛江师范学院学报/2007.2

从“顿渐之争”看禅宗在吐蕃的传播及发展趋向/周拉/青海民族学院学报/2007.3

六祖慧能·岭南文化·时代意义/林有能/南方日报/2007.8.30

论印顺法师对敦煌禅宗文献的研究/马格侠/社科纵横/2007.8

《坛经》“顿悟思想”小议/邱瑞祥/贵州大学学报/2007.2

菩提达摩与中国禅宗文化/许永生/黄河科技大学学报/2007.5

中国禅宗的正统史观述略/宋道发/河池学院学报/2007.4

借得佛胎育灵种 仙风道骨孕禅机—— 禅宗“心即真如”“悟真”理论的兴起及理论启示/邓红蕾/江汉论坛/2007.11

禅宗解脱:宗教经验的审美化/岑雪苇/浙江工业大学学报/2007.1
论南泉法系对马祖道一"平常心是道"思想的继承与发展/尹文汉/池州学院学报/2007.6
"只如今鉴觉":百丈怀海禅法的主要思想/丁希勤/池州学院学报/2007.6
敦煌《付法藏传》与禅宗祖师信仰/马格侠/敦煌学辑刊/2007.3
禅学的会通精神及其现代意义/赵旗/理论导刊/2008.1
试论汉地禅宗在藏区的传播和影响/李元光/西南民族大学学报/2008.2
禅宗思想对西方文化的影响/徐玲/广西青年干部学院学报/2008.2
禅的修习与心理辅导/杨曙明/南通大学学报/2008.1
禅僧大慧宗杲的"菩提心即忠义心"思想/杜寒风/湖南科技学院学报/2008.3
论中国神秀与朝鲜知讷佛教思想的特点及其关联/王振江/东疆学刊/2008.2
禅宗本体观的生活性和当下性/韩凤鸣/中州学刊/2008.3
晚明神学三系及其特质/戴继诚/河南师范大学学报/2008.3
从汉代禅经翻译看早期禅学在中土的开展/孔祥珍/河南师范大学学报/2008.3
宋代开福道宁禅法思想研究/丁希勤/池州学院学报/2008.1
试论唐代禅林经济/朱雄伟/湖南工业职业技术学院学报/2008.4
禅宗伦理与安身立命/张晶晶/金陵科技学院学报/2008.2
侨僧拙公和尚与"拙公禅派"的传承关系与思想/谭志词/八桂侨刊/2008.3
浅析神秀禅法及在禅宗史上的地位/汪祎,余萍/牡丹江大学学报/2008.10
《大慧语录》的编辑与版本系统/哈磊/西南民族大学学报/2008.9
论冯友兰的禅宗研究/黄敏/船山学刊/2008.4
本寂与曹洞宗的最后形成/周世泉等/东华理工大学学报/2008.3
语言与般若—— 禅宗语言哲学透视/韩凤鸣,王丽/河南师范大学学报/2008.5
论《坛经》的禅学体系/潘永辉/广西社会科学/2008.9
龟兹之密宗/季羡林/延边大学学报/2007.1
黄教在青海和硕特蒙古人中的民间化/孙金菊/卫拉特研究/2007.4
格鲁派初兴阶段与中央政权的关系/江晓乐/西藏民族学院学报/2007.1
清代的藏传佛教政策及其在蒙藏地区的实践/星全成/青海民族研究/2007.1
试论明代西海"流虏"对藏传佛教的护持/李文君/青海民族研究/2007.1
美国插手西藏问题的来龙去脉/程早霞/长春师范学院学报/2007.1
藏传佛教寺院教育中的辩经考试制度及其现代启示/王得忠/西北第二民族学院学报/2007.2

试论藏传佛教与丽江社会文化的整合/赵沛曦,许敏/红河学院学报/2007.1
性别角色与价值认同—— 甘南夏河藏传佛教尼僧价值认同调查/刘夏蓓/西北师大学报/2007.2
“藏传佛教寺院经济”正义/才让加/西南民族大学学报/2007.3
藏传佛教生态伦理试析—— 兼论藏传佛教生态伦理与儒、道及西方生态伦理之同异/刘俊哲/西南民族大学学报/2007.2
四川藏区藏传佛教的基本特点/杨嘉铭/西南民族大学学报/2007.2
宗教抱负与两性平权—— 甘南夏河藏传佛教尼僧宗教抱负的人类学调查/刘夏蓓/思想战线/2007.2
国民政府“班禅问题”得失谈/马守平,喜饶尼玛/西藏民族学院学报/2007.2
浅谈十三世达赖的新政措施/强俄巴·次央/西藏大学学报/2007.1
论当代藏传佛教的发展路向/杜永彬/西藏大学学报/2007.1
莫高窟“天王堂”初探—— 吐蕃统治敦煌时期的密教研究/寇甲,赵晓星/兰州大学学报/2007.2
藏传佛教和汉传佛教前宗派时期之比较/班班多杰/青海民族学院学报/2007.2
藏传佛教寺院经济及其社会影响/杨晨/青海民族学院学报/2007.2
藏文大藏经形成的历史概述/许红梅/敦煌学辑刊/2007.1
论藏传佛教的女性伦理观/刘玮玮/湖南工业大学学报/2007.2
试析国民政府支持九世班禅在内地活动的历史内涵/马守平,喜饶尼玛/西北民族大学学报/2007.2
西藏政教关系历史演变述略/阙成平/西藏民族学院学报/2007.3
达龙寺历任法座事略/张天锁/西藏民族学院学报/2007.3
藏传佛教萨迦派及其历史作用/袁升祺/内蒙古电大学刊/2007.3
论藏传佛教伦理对当代藏族伦理观发展的影响/吴春香/攀登/2007.3
关于十四世达赖喇嘛坐床典礼的若干问题/周伟洲/中国边疆史地研究/2007.2
章嘉活佛系统在清朝治理蒙藏地区中的作用/星全成/青海民族学院学报/2007.3
清代章嘉活佛的地位和影响/陈柏萍/青海民族学院学报/2007.3
试论清朝扶植章嘉呼图克图系统的原因/邓建新/青海民族学院学报/2007.3
中观与觉囊派判教/何杰峰/康定民族师范高等专科学校学报/2007.3
近代内蒙古地区蒙古人对藏传佛教认识的转变/乌云/内蒙古师范大学学报/2007.4

"成长为宗教徒"—— 论藏族儿童宗教信仰社会化的模式与机制/吴碧君,陈昌文/贵州民族研究/2007.4

藏传佛教爱国宗教力量在构建和谐社会中的特殊作用/杨泽明,王小卫/社科纵横/2007.8

藏传佛教世俗化研究中的几个理论问题探析/洲塔,齐德舜/甘肃社会科学/2007.5

寂护的判教与道次第思想/尹邦志/四川大学学报/2007.5

故宫藏传佛教研究的回顾与前瞻/郑欣淼/故宫博物院院刊/2007.5

清宫大白伞盖佛母信仰探析/马云华/故宫博物院院刊/2007.5

巴音郭楞蒙古自治州蒙古族藏传佛教信仰状况调查/妙学丽,刘仲康/新疆社会科学/2007.5

摩诃衍那禅思想的特点及其在西藏的传播/刘欣荣/西藏民族学院学报/2007.5

论宗喀巴的中观思想及其影响/徐东明/西藏民族学院学报/2007.5

略论藏传因明的特征及其逻辑意义/祁顺来/青海民族研究/2007.4

达赖、班禅活佛系统的建立/安允儿/卫拉特研究/2007.3

知恩报恩 慕乐祖国—— 藏传佛教的爱国主义光荣传统/竹堆才仁/西藏日报/2007.11.30

达赖制造"杰千修旦事件"意欲何为/言正/西藏日报/2007.11.26

弘法外衣下的祸教行径—— 评达赖以宗教为掩护的政治表演/石山/西藏日报/2007.11.19

西夏时期藏传佛教在凉州传播的原因及其影响/梁继红/西北民族大学学报/2007.5

保山市大理国至元代火葬墓碑阿吒力教现象探讨/张美安/玉溪师范学院学报/2007.9

藏传佛教慈悲伦理与生态保护/才让/西北民族研究/2007.4

佛教密宗女性神佛/李南/南亚研究/2007.2

自然崇拜意识中的藏族林卡艺术/祝后华/武汉工程大学学报/2007.6

论乃吉陀音一世在东部蒙古地区的传教活动及其历史意义/唐吉思/卫拉特研究/2007.4

论佛教密宗从印、藏传入云南时间无从考/王智汪/西藏大学学报/2007.4

唐卡背后的宗教与民俗/马志华/康定民族师范高等专科学校学报/2007.6

论佛教密宗从印度传入云南的时间不可考/王智汪/南亚研究季刊/2007.4

藏传佛教对西藏构建和谐社会的意义分析/王志强/西藏民族学院学报/2007.6

社会转型期藏区宗教生活中的若干新现象/班班多杰等/中国民族报/2008.2.26

藏传佛教信仰现状及发展趋势——以那曲县古露镇及其所属拔戎寺为例/周拉等/青海民族学院学报/2008.1

元代的藏传佛教宁玛派/蒲文成/青海民族学院学报/2008.1

略论西藏政教合一制度产生的思想渊源/李加东智/康定民族师范高等专科学校学报/2008.1

论藏传佛教与西域佛教的早期联系/班玛更珠/康定民族师范高等专科学校学报/2008.1

藏传佛教在热贡的传播及艺术表达/吕霞/青海民族研究/2008.1

律藏的来由及在汉地的流传与研究/郜林涛/西藏民族学院学报/2008.2

浅谈现代化背景下的藏传佛教世俗化问题/切排,杨燕霞/西藏民族学院学报/2008.2

p.t230R 号《天子赤沃松赞母子祈愿文》残卷解读及吐蕃末年史事考述/才让/西北民族大学学报/2008.1

五台山与藏传佛教圣迹/段晶晶/西藏大学学报/2008.1

藏传佛教的本地化及其早期特点/孙林/西藏大学学报/2008.1

拉萨扎基寺女神扎基拉姆形象初探/俞佳琪/河南教育学院学报/2008.2

萨班的因明思想及其传承/祁顺来/青海民族学院学报/2008.2

浅谈近代以来喇嘛教对东蒙地区思想文化的影响/齐建萍/赤峰学院学报/2008.6

拉卜楞地区藏族村落中的宗教信仰活动/才让/中国民族报/2008.5.27

民国时期藏传佛教在内地的流传/王川/西南民族大学学报/2008.6

藏传因明学研究历史与现状综述/贡保扎西/西南民族大学学报/2008.6

藏传佛教的见行哲学观/索南才让/西南民族大学学报/2008.6

自空他亦空——宗喀巴对“他空”见的批判/万全勇/西藏民族学院学报/2008.3

日本学者空海《声字实相义》研究/王一鸣/现代哲学/2008.3

乱花渐欲迷人眼——十评达赖喇嘛3个月来的言论/叶小文/中国党政干部论坛/2008.7

喜马拉雅地区藏传佛教建筑的分布及其艺术特征研究/周晶,李天/西藏民族学

院学报/2008.4

藏传佛教的生态哲学/文厚泓/西藏民族学院学报/2008.4

藏传佛教与临终关怀二题/孙娟/青海民族学院学报/2008.3

藏传佛教伦理的普世之途/李姝睿/青海民族学院学报/2008.3

宗喀巴与加尔文宗教改革的社会功能差异性比较研究/张涛/西藏大学学报/2008.2

牧区蒙古族藏传佛教情感状况调查研究——以巴音郭楞蒙古自治州为例/姚学丽,刘仲康/新疆师范大学学报/2008.3

真智译《佛说大白伞盖总持陀罗尼经》为西夏译本考/孙伯君/宁夏社会科学/2008.4

发挥藏传佛教和谐理念的积极作用/次仁娜姆/上海市社会主义学院学报/2008.4

六世班禅朝觐与清廷回赐文物存考/秦凤京/历史档案/2008.3

四川藏区藏传佛教寺院宗教经济思考/周兴维/西南民族大学学报/2008.8

试论藏传佛教的修道次第/班班多杰/青海民族学院学报/2008.4

宋代藏传佛教及其在青海的传播/朱普选/青海民族学院学报/2008.4

哲布尊丹巴系统在清朝治理蒙古地区中的作用/陈柏萍,洪军/青海民族学院学报/2008.4

蒙藏关系确立及藏传佛教传入蒙古地区史事考述/陈楠/古代文明/2008.4

试论西夏藏传佛教对元代藏传佛教之影响/陈广恩,陈伟庆/宁夏社会科学/2008.5

论产生活佛转世的思想基础/陈庆英/西藏民族学院学报/2008.5

历史上丽江民间藏传佛教信仰之变迁/杨福泉/云南社会科学/2008.5

明朝借助藏传佛教治藏策略研究——与元、清两朝相比较/邓前程,邹建达/思想战线/2008.6

浅析达赖亲政与活佛摄政/曾国庆/西藏民族学院学报/2008.6

藏传佛教对世界的时空阐释/东·华尔丹/西北民族大学学报/2008.6

桑耶寺的香火——《禅定目炬》和《拔协》对吐蕃宗论起因的不同叙述/尹邦志,张炜明/西南民族大学学报/2008.12

藏传佛教与社会主义社会相适应的历史考察/沈桂萍/中央社会主义学院学报/2008.6

藏传佛教的尊师理念及教育资鉴意义/华热·才华加/青海师范大学学报/

2008.6

浅析达赖转世的“常态”与“非常态”/曹寻真/赤峰学院学报/2008.6

近代蒙古族喇嘛教与民间无神论思想/魏苏旦，侯鹏/内蒙古民族大学学报/2008.6

明代佛门教行杰望—— 律宗/任宜敏/福建论坛/2007.5

净土宗的思想探析/傅坤/西藏民族学院学报/2007.1

敦煌净土歌赞《归去来》探析郑阿财//敦煌学辑刊/2007.4

净土宗对印度佛教“业报轮回”主体的改造—— 从“业报轮回”主体的发展看中印佛教的不同/傅坤/西藏民族学院学报/2008.2

南传佛教文化与傣族传统生育观/郭山/云南民族大学学报/2008.2

杭州慧因寺的元代白话碑/陈高华/浙江社会科学/2007.1

少林寺与禅文化/徐长青/黄河科技大学学报/2007.1

南北朝平民教育的主要承担者—— 佛寺僧人/喻进芳/武汉科技大学学报/2007.1

方兴未艾的台湾僧教育—— 台湾解严后佛学院所崛起原因初探/何绵山/福建省社会主义学院学报/2007.1

张掖大佛寺取经壁画的创作时间推证/王锐/河西学院学报/2007.1

抗倭僧兵:少林寺僧？少林派僧？/程大力，张卓/体育文化导刊/2007.2

藏传佛教格鲁派六大寺院及其管理/施东颖/西南民族大学学报/2007.2

南传佛教寺院经济略论/罗莉/西南民族大学学报/2007.3

苏州西园寺佛教文化研究/李尚全/南京晓庄学院学报/2007.1

三种南朝佛寺志书的编印源流及比较/许廷长/江苏地方志/2007.3

涿州云居寺初考/杨卫东/文物春秋/2007.3

20 世纪 80 年代以来大陆地区的敦煌寺院经济研究/明成满/文史哲/2007.3

达龙寺历任法座事略(续)/张天锁/西藏民族学院学报/2007.4.

明清时期云南少数民族地区的佛教寺院经济探析/黄海涛/昆明师范高等专科学校学报/2007.2

清代蒙古寺院劳动者—— 沙毕纳尔的生产生活状况/胡日查/内蒙古师范大学学报/2007.4

略谈福建佛教全国重点寺院的价值和地位/杨文棋/牡丹江师范学院学报/2007.4

佛教寺院经济及其影响初探/何蓉/社会科学研究/2007.4

伏牛山云岩寺初探/黄夏年/洛阳师范学院学报/2007.3

试论藏传佛教寺院教育的历史作用/周润年/西北第二民族学院学报/2007.5

大同华严寺元碑及其相关问题/白勇/文物世界/2007.5

藏传佛教五大教派寺院教育综述/周润年/西藏大学学报/2007.3

中国佛教寺院经济刍议/黄强/徐州工程学院学报/2007.9

汉晋佛寺考论/汤其领/徐州师范大学学报/2007.6

青海天门寺历史调查记/华热·才华加/青海师范大学学报/2007.6

张掖迦叶如来寺考探/吴正科/敦煌学辑刊/2007.3

隋唐时期幽州弘业寺藏舍利史事考/盛会莲/文物春秋/2007.1

从敦煌文书看唐五代佛教寺院的"唱衣"/刘进宝/南京师大学报/2007.4

清代佑宁寺在满蒙藏多边关系格局中的地位探微/秦才郎加,曹生龙/青海民族研究/2007.1

东部蒙古藏传佛教寺庙佑安寺考述/佟宝山/辽宁工程技术大学学报/2008.1

试论西夏寺院经济的来源/崔红芬/宁夏社会科学/2008.1

论清代喇嘛教寺庙经济收入的来源/贾原/前沿/2008.1

唐五代佛寺考补/马新广/西北大学学报/2008.1

藏传佛教寺院教育及其对现代教育的启示/韦理/内蒙古农业大学学报/2008.1

一部明代北京佛教寺院修建研究的力作/张德信/博览群书/2008.4

青州龙兴寺诸院初考/刘华国,徐清华/维坊学院学报/2008.1

旅游开发中的寺庙文化与佛教发展—— 以河南省罗山县灵山寺为例/辛岚/信阳师范学院学报/2008.3

简述外八庙殿堂内的曼陀罗/李建红/河北旅游职业学院学报/2008.2

圆通寺信仰文化现象的功能分析/冷琪雯/云南民族大学学报/2008.3

探索当代僧教育的新模式/李尚全/南京晓庄学院学报/2008.2

浅谈天祝县藏传佛教寺院的历史、现状及发展趋势/华锐吉,张吉会/西藏民族学院学报/2008.4

承化寺僧众迁徙述论/马云/新疆师范大学学报/2008.3

浅谈藏传佛教寺院的组织机构及其社会功能—— 以青海塔尔寺为例/斗改/康定民族师范高等专科学校学报/2008.4

大相国寺:僧俗之间展映出的宋代都市繁华/郑纯方/开封教育学院学报/2008.3

苏州灵岩山寺的佛教文化特征/孙勇才/苏州科技学院学报/2008.4

美岱召始建情况初探/姚旭/职大学报/2008.4

青海萨迦古刹结古寺/海宁,白玛措/青海民族研究/2008.4

青州龙兴寺院落考证/李森/中国文化研究/2008.冬

《高僧传》中有关定林寺记载的考述/孙蓉蓉/中国文化研究/2008.冬

北京寺庙社会信仰功能的演变/何岩巍/北京文博/2008.4

弥勒道场知多少—— 兼论梵净山弥勒道场/唐亚娟/贵州民族学院学报/2008.6

论北朝寺院经济的资源配置/李锋敏/西北师大学报/2008.3

汤用彤先生的佛学研究/高峰/湖南科技学院学报/2007.1

近二十年来的民间佛教研究综述/宇恒伟,肖文杰/康定民族师范高等专科学校学报/2007.3

大陆学术界的民间佛教研究综述/宇恒伟,肖文杰/忻州师范学院学报/2008.1

"现在"与"依他起"/常峥嵘,董中颖/船山学刊/2007.2

"批判佛教"的批判哲学/吕凯文/学术月刊/2007.6

论陈那和法称对因明学说的贡献/祁顺来/青海民族学院学报/2007.1

"阿赖耶识"即是"如来藏"—— 试论王船山对传统唯识思想的颠覆/杨勇,陈力祥/贵州社会科学/2007.1

论僧肇般若学的涅槃学说/单正齐/贵州社会科学/2007.1

朱熹视域中的佛教本体论—— 朱熹对佛教本体论的认知及误读/李承贵/福建论坛·人文社科版/2007.1

论船山唯识思想中的"阿赖耶识"问题/杨勇/船山学刊/2007.1

论说一切有部"实有"观念对慧远思想的影响/夏金华/华东师范大学学报/2007.1

佛教的人生欲望观/陈兵/兰州学刊/2007.3

性相融通理论内涵之演变/单正齐/兰州学刊/2007.3

朱熹视域中的佛教心性论/李承贵/福建论坛/2007.3

石峻先生与中国佛教哲学的研究/董群/中国哲学史/2007.1

玄奘及唯识学研究的回顾与展望/黄心川/西南民族大学学报/2007.3

法性与佛影—— 从《大智论抄序》的义理格局看《佛影铭》/刘丹/徐州工程学院学报/2007.3

佛教因果思想与和谐社会/袁升祺/社会科学论坛/2007.1 下

西方话语为何难以侵入中国佛学/陈坚/社会科学论坛/2007.3 上

《肇论》佛教哲理研究/宇汝松/唐都学刊/2007.2

论佛性意蕴的中国化与美学化/赵建军/中国石油大学学报/2007.1

早期佛教的基本教义与奥义书思想/姚卫群/北京大学学报/2007.2

佛教本体论承诺与终极关切/高永旺,郑素娟/南京社会科学/2007.6

近代知识精英与佛教述论/刘春华/江淮论坛/2007.3

对佛教中人性发展的哲学思考/莫梅虹/云南财贸学院学报/2007.1

试论晋宋时期中国佛学的法性与佛性之变——以《肇论》为个案的研究/朱丹琼/西安电子科技大学学报/2007.4

中国佛教的和谐理性模式——从"心"开始的功德本体论/李向平,王莹/上海大学学报/2007.3

空义的两个方面——论印顺对《新唯识论》的评破/蒲长春/湛江师范学院学报/2007.2

抑恶扬善:自度度人的佛教管理思想/张国胜/湖北教育学院学报/2007.5

恒有与无常:佛教运动观探析——以说一切有部为中心/何石彬/河北学刊/2007.4

南岳慧思心识论简析——以《随自意》、《安乐行》、《无诤门》为范围/刘朝霞/四川师范大学学报/2007.4

唯识论的知识可能性和可靠性思想探源/林国良/中国哲学史/2007.3

佛教的"如来藏"思想与婆罗门教的"我"的观念/姚卫群/西南民族大学学报/2007.8

略论佛教的生死观/朱志先/学术论坛/2007.8

佛教圆融思想的和谐道德智慧/刘亚明,胡敏燕/井冈山学院学报/2007.7

佛教的"房子"——一种对佛教思想框架形象的表述/高淮成/理论建设/2007.4

对"顿悟"、"体证"的哲学诠释/赖永海/学术月刊/2007.9

僧肇心学辨析/程平源/学海/2007.5

唯识研究及其现代意义——林国良研究员访谈录/哈磊,林国良/西南民族大学学报/2007.10

唯识学存在论及若干难题评析/林国良/西南民族大学学报/2007.10

真妄二维的简择:唯识学与西方哲学会通新探/袁经文/西南民族大学学报/2007.10

佛教轮回观的道德形上学意义/董群/东南大学学报/2007.6

论印度佛教逻辑的两个高峰/郑伟宏/复旦学报/2007.6

佛教中观派的“不生”观念/姚卫群/杭州师范学院学报/2007.5
僧肇的中观思想/居易/郧阳师范高等专科学校学报/2007.5
《鸠摩罗什》与《黄心大师》的佛学内涵分析/肖太云/沧桑/2007.5
阿摩罗识与本觉——摄论师的“阿摩罗识”思想/圣凯/敦煌学辑刊/2007.3
佛教的顿悟心理思想/马冰洁,商卫星/内蒙古师范大学学报/2007.6
涅槃“有”与般若“空”义理论争的发展——从庐山慧远到竺道生/刘剑锋/江西社会科学/2007.11
佛教中的“心性清净”与“如来藏”思想/姚卫群/南亚研究/2007.2
假玄立论 以无为归——释道安佛学思想探微/韩国良/青岛大学师范学院学报/2007.4
佛教论“意识”——以智旭为重点/龚晓康/贵州大学学报/2007.5
唯识学中“自证分”的基本意蕴/倪梁康/学术研究/2008.1
“无迹而神”的审美研究——“无迹而神”与佛教思想的契合/涂承日/河南大学学报/2007.6
汉藏佛教中观思想初传时期的不同特点/喻长海/社科纵横/2008.1
唐代因明研究与敦煌因明写卷/沈剑英/西南民族大学学报/2008.1
“慧能偈”与“神秀偈”/李志军/信阳师范学院学报/2008.1
“善”及其何以可能——关于几个佛学元伦理问题的讨论/程群/浙江学刊/2008.1
“神圣化”或“世俗化”的双重悖论——从人间佛教发展的基本问题谈起/李向平/中国民族报/2008.1.29
宗喀巴“智慧方便”双修思想的特质——与禅宗相比较下的探讨/朱丽霞/西南民族大学学报/2008.2
佛教“无我”哲学思想的形成和发展/梁劲泰/云南大学学报/2008.1
中国佛学中慈悲理念的现代价值探析/付俊亚/商丘职业技术学院学报/2008.1
创建和谐安乐的人间净土——宏印法师的人间佛教思想/陈卫华/湖北省社会主义学院学报/2008.1
从鬼神之教到人生佛教的转变——论太虚人间佛教的理论与特色/欧阳镇,舒建国/江西师范大学学报/2008.6
论龙树《中论》的中观思想及对藏传佛教的影响/徐东明/西藏民族学院学报/2008.2
论印顺法师的佛教人本思想/李树生/忻州师范学院学报/2008.1

“二谛”理论在中国佛学中的发展/吴丹/九江学院学报/2008.1
地狱观念的本土化与早期的地狱经变图/郑文,张方/新疆艺术学院学报/2008.1
简论地论师的判教思想/高永旺/船山学刊/2008.2
阿赖耶识缘起与一念三千/刘朝霞/上海大学学报/2008.3
僧肇佛学哲理探微与新知/郭晓锋/辽宁大学学报/2008.3
佛教的善恶观及其与世俗法律之善恶观的比较/杨荔薇/广东工业大学学报/2008.2
文殊精神与经典造像简论/张总/忻州师范学院学报/2008.3
般若“智慧”与佛教人生/蒋义友/枣庄学院学报/2008.3
宗教的文化学诠释——以道教为例/孔令宏/广州大学学报/2008.5
佛教圆融思想的和谐生态智慧/刘亚明,胡敏燕/江西社会科学/2008.5
如来藏与“寂”“觉”之辨——论印顺与吕澂来藏思想的差异/蒲长春/东方论坛/2008.2
魏晋时期涅槃意蕴的本土化进程/赵建军/宁夏大学学报/2008.3
佛教义理中国化的演绎历程/黄向阳/社科纵横/2008.5
舍勒的佛教现象学诠释及其限度/陈芷烨/湘潭大学学报/2008.3
宗教之可交换性与都市佛教研究/肖尧中/西南民族大学学报/2008.5
唯识学缘起思想刍议/郭应传/社会科学战线/2008.6
天台智者心意识论研究/刘朝霞/四川大学学报/2008.4
禅学要义与人心和谐/陈开华/广州社会主义学院学报/2008.3
论新因明的宗过/张晓翔/燕山大学学报/2008.2
佛学研究的内在诠释之路——以印度佛教瑜伽诠义思想为例/周贵华/华东师范大学学报/2008.4
护教学还是宗教学:汉语佛教研究方法的再反思/陈坚/华东师范大学学报/2008.4
“社会理性”:佛教研究的新视角——从对马克斯·韦伯的误解说起/李向平/华东师范大学学报/2008.4
历史学家缺席的中国佛教研究/张伟然/华东师范大学学报/2008.4
“学”、“证”之间——近代以来佛教研究方法的困境及其反思/唐忠毛/华东师范大学学报/2008.4
佛教“空”观思想及其现实意义/朱成实/邢台学院学报/2008.3

"大开圆解"解读/程群/中国哲学史/2008.3

析僧肇之解空/孙金波/江汉论坛/2008.8

中国佛学心性和谐思想要论/陈红兵/学术论坛/2008.7

人间佛教理论的思想渊源/胡启银/内蒙古电大学刊/2008.11

华严宗体用论及其对理学体用论的开启/张晓剑/学术月刊/2008.10

佛教中国化对马克思主义中国化的启示/姚洪越/深圳大学学报/2008.5

佛教的慈悲利他思想及对和谐社会建设的影响/李景平,薛晓敏/咸阳师范学院学报/2008.5

圭峰宗密的本末之辨/韩焕忠/苏州大学学报/2008.5

如何从"看"中回归"本质"的生活—— 现象学的直观与禅的直观比较/韩凤鸣/江淮论坛/2008.5

敦煌佛教研究的得失/李正宇/南京师大学报/2008.5

心性论:中国佛教哲学的核心—— 汉唐佛教心性论研究之一/乔根锁/西藏民族学院学报/2008.5

试论中国佛教文化的三元一体结构/王进/河南工业大学学报/2008.3

空观思想与时间的消解—— 论僧肇的时间意识/黄爱平、詹冬华/江西社会科学/2008.8

佛教修身观与和谐人生/邵之茜/甘肃理论学刊/2008.6

称名与十念—— 昙鸾念佛往生方法辨析/魏农/晋阳学刊/2008.6

唯识学中的"分别"概念之辨析/金刚/理论界/2008.12

佛教美学研究琐议/皮朝纲/西南民族大学学报/2008.1

溯近代佛学轨迹 展人间佛教精神——《当代人间佛教思潮》序/杨曾文/江南大学学报/2008.5

冯契中国佛学研究管窥/夏金华/华东师范大学学报/2008.2

现代佛教研究概论/刘宇光/历史教学问题/2008.3

2007 年中国佛教美学研究巡礼/皮朝纲,王虹/西南民族大学学报/2008.11

佛教的生态伦理思想与可持续发展/鄯爱红/齐鲁学刊/2007.3

佛教文化中的心理卫生与心理健康思想初探/刘俊明/湖北成人教育学院学报/2007.4

佛教生态哲学与现代生态意识/方立天/文史哲/2007.4

浅论和谐社会视域下的中国佛学伦理/戴素芳,杨伟波/湖南财经高等专科学校学报/2007.1

佛教伦理思想探析/朱志先/湖北社会科学/2007.3
自然的生命—— 佛教生态伦理观及其启示/陈世荣/思茅师范高等专科学校学报/2007.1
中国佛学伦理和谐之维与和谐社会初探/杨伟波,周玉锋/涪陵师范学院学报/2007.3
缅甸人的佛教伦理思想/王何忠/云南民族大学学报/2007.5
解析佛教的动物权利思想/徐昌文,徐晶/兰州学刊/2007.9
浅议佛家生态观与环境保护/方萍,蔡祺艳/湖北经济学院学报/2007.7
中国地狱传说与佛教伦理/范军/华侨大学学报/2007.3
汉传佛教的和谐伦理思想研究/董群/道德与文明/2007.6
探寻我国佛教生命伦理的当代价值/邓纯余/宿州教育学院学报/2007.6
佛教"众生"概念及其生态伦理意义/林伟/学术研究/2007.12
简论佛教生态观中的和谐思想/董西彩/传承/2007.5
试论佛教生态观的理论建构/陈红兵/深圳大学学报/2008.1
论佛教伦理的四大演进路径/刘登科/江淮论坛/2008.2
我国佛教生命伦理的体系建构与当代价值/邓纯余/延边大学学报/2008.2
论佛教道德及其现实意义/翟艳春/江南社会科学院学报/2008.2
现代生态运动中东方传统思想的价值与局限—— 龟山纯生论日本佛教生态思想的现代意义/冯雷/国外社会科学/2008.3
佛教伦理与和谐社会/王月清/江海学刊/2008.4
佛教伦理:朱熹的认知、偏失及其教训/李承贵/学术研究/2008.11
论佛教同体慈悲的生态伦理信念及其现实意义/何保林/湖北社会科学/2008.12
社会化,还是世俗化?—— 中国当代佛教发展的社会学审视/李向平/学术月刊/2007.7
两岸同烧一炷香—— 台湾解严后闽台佛教交流概述/何绵山/闽台文化交流/2007.12
"新佛教运动"、旅游经济与非营利部门—— 当代台湾佛教与社会关系研究述评/周利敏/河南师范大学学报/2007.5
佛教中孕育的人际和谐思想/马英霞/社会科学战线/2007.6
佛教在促进社会和谐方面的积极作用/黄世福/理论建设/2007.5
世俗化抑或大众化:宗教如何应对现代性—— 关于河北柏林禅寺的个案分析/

包胜勇/中国民族报/2008.7.22

现代社会的众缘和合/邓子美/江南大学学报/2008.5

浅析中国佛教文化的三元一体结构及其特证/王进/青海民族研究/2008.3

中国人的另一种信仰危机?——“少林寺现象”引发的宗教社会学问题/李向平/河南社会科学/2007.3

“佛教的发展”和“发展的佛教”—— 从当代“少林寺现象”看中国佛教的未来/俞学明/河南社会科学/2007.3

问题视阈中的少林文化/乔凤杰,李春龙/河南社会科学/2007.3

少林寺“世俗化”了吗?/杨凤岗/河南社会科学/2007.3

佛教如何加强自身建设为经济社会发展作贡献/道坚/中国民族报/2007.12.18

浅析什邡马祖文化旅游资源开发/邓兰/四川职业技术学院学报/2007.4

论佛源外来词世俗化的过程/张诒三/浙江万里学院学报/2007.3

从《论语义疏》看中古佛教词语的扩散/周先林,化振红/理论界/2007.11

试论佛教的医学科技观/马忠庚/自然辩证法通论/2007.4

泰国清迈、清莱佛教建筑文化研究/陆泓,王万英等/云南师范大学学报/2007.4

被遗忘的曼陀罗:唐代初传的金刚界曼陀罗/赖依缦/故宫博物院院刊/2007.5

宋代佛教造像的世俗化研究/肖屏/山东社会科学/2007.4

佛教目录研究八十年(1926—2006)述评—— 以中国大陆地区为中心/冯国栋/文献/2008.1

试论佛教的发展与文化的汇流—— 从《刘师礼文》谈起/方广锠/华东师范大学学报/2007.1

三大语系佛教的比较/史继忠,傅宏/贵州民族研究/2007.4

文化的多元与冲突—— 兼析《弘明集》、《广弘明集》中的三教关系/张煜/天津社会科学/2007.1

“达玛灭佛”与“会昌法难”比较研究/魏晓燕/青海民族学院学报/2007.1

佛教与唐代史学/吴海兰/廊坊师范学院学报/2007.1

陆路佛教传播路线西南转向与茶马古道的兴起/陈保亚/云南民族大学学报/2007.1

世俗化、庸俗化与当代中国佛教发展中的问题/陈卫星/云南社会科学/2007.2

九华山佛教传播中心与文化特质的形成及其历史意义/李霞/中华文化论坛/2007.2

盛唐以后莫高窟引入中印密教及唯识系经变思想关系研究/赖鹏举/敦煌学辑

刊/2007.1

佛教入华早期对本土神学依附的传播策略初探/夏凌/新疆师范大学学报/2007.2

“西天诸神”怎样来到中国/温玉成/中原文物/2007.3

从武当山元代碑刻看道教文化的流变/罗耀松/湖北社会科学/2007.6

从“格义”看佛教中国化/张申娜/河池学院学报/2007.3

中国早期地藏信仰状况考论/尹富/文史哲/2007.4

佛教对蒙古文化的影响/乔吉/内蒙古师范大学学报/2007.4

八至十世纪敦煌尼僧财产及处置/石小英/云南社会科学/2007.5

试析晋阳佛教文化的内涵、特色与开发利用/李利安/晋阳学刊/2007.6

试析汉、藏两地佛教的互动关系/周拉/西北民族大学学报/2007.5

西盟“三佛祖”溯源/董菊芬/今日民族/2007.9

中国古代僧侣管理制度浅析/苗雨/理论界/2007.12

论敦煌法会愿文的媚俗特征—— 兼与南朝法会愿文比较/李秀花/甘肃联合大学学报/2007.6

中国早期佛教艺术探源/廖明君,何志国/民族艺术/2007.4

浅析中土佛教的公益事业/关锋/内蒙古农业大学学报/2008.5

中国佛教史观研究导论/宋道发/西南民族大学学报/2008.1

试论少数民族内迁对陇东地区佛教传播的影响/王立新/陇东学院学报/2008.1

浅谈佛教在太原的演变/赵琳洁/文物世界/2008.2

佛教在通古斯民族与朝鲜族中的文化影响/王宏刚/东北史地/2008.2

千山佛教因革考/王林莉/辽宁师专学报/2008.1

佛教对大理国的影响概论/闫峰/前沿/2008.7

五台山历代山志编撰略考/冯大北/忻州师范学院学报/2008.3

佛教东传与中国的狮子文化/刘自兵/东南文化/2008.3

文明交往视野中的民间佛教若干问题探析/宇恒伟,邓龙奎/社会科学战线/2007.3

妙舟《蒙藏佛教史》评介/周霞/西藏大学学报/2008.2

中古佛教与王权的关系/郭玮/宁波工程学院学报/2008.3

佛教祖庭的文化意义/杜镇等/华夏文化/2008.3

德宏地区傣族佛教信仰的变化/项冰/云南电大学报/2008.3

国家规制与宗教组织的发展:中国佛教的政教关系史的制度分析/何蓉/社会/

2008.6

从宗教文化类型谈滇西北山地民族的基督教信仰—— 对独龙江、怒江流域独龙族的田野考察/周云水,吴成立/阿坝师范高等专科学校学报/2008.4

由文殊信仰的互动看佛教中国化进程/冯永昌/忻州师范学院学报/2008.6

试论魏晋南北朝佛教权威的谋求与确立—— 以《高僧传》中僧人神异事迹为中心/许展飞,陈长琦/河南师范大学学报/2008.2

汉唐之际佛教寺院经济与政权的关系/张小明,刘林魁/西安电子科技大学学报/2007.4

从人口性比例和疾病状况看西域在汉晋时期佛教东渐中的作用/高凯/史林/2008.6

论魏晋南北朝大乘佛教对妇女精神风貌的影响/张勇/中国社会科学院研究生院学报/2008.1

比丘尼:另类世界中的女性群体—— 魏晋南北朝时期的比丘尼生活/刘小平,冯小琴/甘肃高师学报/2008.6

试论康僧会与江南佛教的传播/杨容/中共郑州市委党校学报/2008.4

庐江何氏与东晋佛教/王永平,单鹏/扬州大学学报/2007.2

跨越隐蔽文化屏障—— 两晋时期佛教传播者的跨文化交际策略/张志芳/华侨大学学报/2007.4

北凉统治与高昌佛教/安阳/敦煌学辑刊/2007.4

西夏寺院僧人赋役问题初探/崔红芬/首都师范大学学报/2008.1

东晋荆州佛教崛起原因考/许展飞,陈长琦/学术研究/2008.4

两晋沙门敬不敬王者之争再考察—— 以儒佛关系的变迁为切入点/刘剑锋/北方论丛/2008.5

论前秦、后秦与关中佛教/郑文,张方/河南教育学院学报/2008.1

十六国时期佛教与民族大迁徙大融合/孙昌武/中华文史论丛/2008.3

略论南朝时期琅邪王氏与佛教文化之关系/王永平,姚晓菲/学习与探索/2007.1

论南北朝时期佛教与经学的相互渗透/焦桂美/北方论丛/2007.3

试论北朝家庭的佛教信仰/邵正坤/殷都学刊/2007.2

北周灭佛期间佛教徒的弘法活动/刘林魁/贵州社会科学/2008.1

“梁武帝崇佛亡国”说的历史回顾及后世小说之反动/钱汝平/绍兴文理学院学报/2008.3

南北朝时期佛教对法律思想的影响/李放/船山学刊/2008.3
论北魏灭佛之特点/张箭/徐州师范大学学报/2008.5
隋唐佛教的判教特点分析/何杰峰/西藏民族学院学报/2007.2
隋唐五代佛教的环境保护/明成满/求索/2007.5
试说《隋书·五行志》中的佛教史料/严耀中/中华文史论丛/2007.1
隋唐长安佛教义林与义学风尚/介永强/陕西师范大学学报/2007.2
隋唐时期佛教兴盛的表象及其原因探析/蔡光辉/四川教育学院学报/2007.10
隋唐帝王对佛教的态度与佛教传播/陈文英/天中学刊/2008.3
隋文帝与隋朝佛教/付玉贞/宁夏大学学报/2008.4
造像记:隋唐民众佛教信仰初探/李晓敏/郑州大学学报/2007.1
唐宋之际城市民众的佛教信仰/王涛/山西师大学报/2007.1
幽州镇与唐代后期人口流动——以宗教活动为中心/冯金忠/青岛大学师范学院学报/2007.1
盛唐长安与敦煌——从俄藏《开元廿九年(741)授戒牒》谈起/荣新江/浙江大学学报/2007.3
洛阳新出大秦景教石经幢校勘/赵晓军,褚卫红/河南科技大学学报/2007.3
唐代僧人习武事迹考析/张卓,程大力/首都体育学院学报/2007.3
唐代汉藏民间层面宗教文化交流/孙悟湖/青海民族研究/2007.3
论唐代扬州为鉴真东渡提供的社会基础/许凤仪/唐都学刊/2007.4
论会昌反佛之特点/张箭/广州社会主义学院学报/2007.3
从《入唐求法巡礼行记》看中晚唐的佛事饮食/陆宜玲/德州学院学报/2007.5
8至10世纪敦煌尼僧家庭地位/石小英/敦煌学辑刊/2007.3
武则天与佛教净土信仰/贾发义/首都师范大学学报/2007.6
晚唐五代敦煌佛教教团僧尼违戒——以饮酒为中心近探讨/郑炳林,魏迎春/敦煌学辑刊/2007.4
从"出家无家"到出家而有"家"——唐代僧尼孝道伦理现象略析/鲁统彦/临沂师范学院学报/2008.4
唐代国家对僧尼的管理——以僧尼籍帐与人口控制为中心/周奇/中国社会经济史研究/2008.3
达玛禁佛运动的根源探究/赵长治/康定民族师范高等专科学校学报/2008.4
唐代僧尼理想角色标准略析/鲁统彦/首都师范大学学报/2008.5
唐朝佛教对吐蕃佛教的影响/索南才让/西藏民族学院学报/2008.5

唐僧玄奘成都五年修习研究/祁和晖/西南民族大学学报/2008.12
五代后梁、后唐时期河北地区佛教/张郁萍,陈双印/敦煌学辑刊/2007.2
宋代僧人受戒制度研究/汪圣铎/中国史研究/2007.3
宋代潮州佛教的社会功能/陈泽芳/汕头大学学报/2007.4
宋代居士文化特点探微/罗凌,王作新/宁夏大学学报/2007.6
浅谈江西宋代佛教之流布/刘锡涛,肖开铣/井冈山学院学报/2008.3
论宋朝对佛教的保护与限制政策/高慎涛/洛阳师范学院学报/2008.1
北宋名僧对"三教一致"论的新发展/潘其光/湖北第二师范学院学报/2008.3.
北宋初期采取"隆佛"政策的原因与影响/潘其光,曹玉琴/开封大学学报/2008.2
佛教世俗化与宋代职业伦理建构——以俄藏黑水城文献《慈觉禅师劝化集》为中心/韦兵/学术月刊/2008.9
佛教发展道路的自我调适——宋代儒士佛教观于佛教之积极效应/李承贵/中山大学学报/2008.5
辽代佛教赈灾济贫活动探析/张国庆,阚凯/内蒙古社会科学/2007.3
佛教对辽朝社会的影响管窥/尤李/商丘师范学院学报/2007.5
辽代涿州地区的佛教邑会活动——永乐村石塔考略/杨卫东/文物春秋/2007.3
史料翔实的元代佛教研究——《中国佛教史:元代》读后/邱高兴/浙江社会科学/2007.5
元代五台山佛教再探——以河北省灵寿县祁林院圣旨碑为中心/张国旺/首都师范大学学报/2008.1
略论元代广东地区佛教的传播与发展/陈广恩/华南师范大学学报/2008.1
元"大开元一宗"初探/刘晓/中国史研究/2008.1
佛教在元大都传布的历史考察/佟洵/北京联合大学学报/2008.2
明代边地佛教述评/黄海涛,陈洁/云南民族大学学报/2007.2
明中后期的居士佛教初探/白文固/青海民族学院学报/2007.2
明代佛教信仰的变迁述略/夏邦/史林/2007.2
明清僧尼社会形象的文化透视/王绍欣/社会科学辑刊/2007.3
兴起于明代的云南佛教圣地鸡足山——兼论"鸡足山"名称之由来/傅云仙/昆明师范高等专科学校学报/2007.3
明清之交的岭南禅宗/袁首仁/岭南文史/2007.3
明代佛教政策析论/任宜敏/人文杂志/2008.4

藏区僧俗首领朝贡与明朝对藏主权问题辨析/邓前程/四川师范大学学报/2008.5

论明代留京藏僧的社会功用/陈楠/中央民族大学学报/2008.5

论明代的僧人群体及其法律规制/任晓兰/西南大学学报/2008.6

明代佛教方志及作者考——《全元文》补遗/曹刚华/黑龙江民族丛刊/2008.6

近代新教教会中文报刊的本色化/李雄燕/云南社会科学/2007.2

试谈清代的佛教与政治/崔玉卿/理论探索/2007.4

雍正与清初禅学之兴衰/麻天祥/湖北社会科学/2007.9

试论清代驻京喇嘛职衔及管理机构/陈晓敏/北京文博/2007.3

清代驻京喇嘛制度的形成与沿革/陈晓敏/满族研究/2007.4

清建国前女真人之佛教信仰/赵毅,刘庆宇/史学月刊/2008.9

近代汉地佛教宣教方式的演化/朱至刚/国际新闻界/2007.9

宗教文化大失忆:清末民初广西"庙产兴学"运动/许晓明/南方论刊/2007.12

民国时期推进汉藏佛教界文化交流的政策因素/王海燕,喜饶尼玛/西藏大学学报/2007.3

中国佛教界对民国政治的参与—— 以1927—1937年为中心的考察/陈金龙/贵州社会科学/2008.1

现代化建制对信仰空间的征用—— 以二十世纪初年的庙产兴学运动为例/沈洁/历史教学问题/2008.2

日据时期台湾佛教略论/吴敏霞/人文杂志/2008.4

浅论民国时期汉藏佛教文化交流/于洪娟,谭金隆/中国民族学类核心期刊/2008.5

作为民间慈善组织的近代居士佛教—— 以民国上海佛教居士林为例/唐忠毛/上海师范大学学报/2008.6

佛教文化在中国当代文化建设中的作用及其改造途径/蔡兰荣/潍坊学院学报/2007.3

家园的守护者与有意义的生活—— 对九溪妇女"佛事活动"的社会人类学考察/孙兆霞,张建/西南民族大学学报/2008.6

高句丽佛教礼拜对象辨析/李乐营/中国边疆史地研究/2008.2

论中国佛教宗派对朝鲜半岛、日本的传播和影响/周进,于涛/东疆学刊/2007.1

宋初"舍利建塔"对日本的影响/郝祥满/重庆社会科学/2007.6

论佛教传入日本的文化条件/罗玲/湖南文理学院学报/2007.3

江南佛教的日本初传/刘磐磐/宁波工程学院学报/2007.1
赴日唐僧与奈良佛教/葛继勇/郑州大学学报/2007.9
论隋唐时期佛教东传日本的必然及影响/张桂丹,顾兴斌/新余高专学报/2007.6
佛教的“和风化”问题浅析/曹崇/决策探索/2008.1
从早期日本佛教的传播与发展看其特点/邱磊/黑龙江教育学院学报/2008.9
论佛教传入日本的思想条件/罗玲/牡丹江大学学报/2008.12
泰国南传佛教的早期传播分析/吴圣杨/东南亚研究/2008.3
佛教在印度衰落的原因/陈晓阳/阴山学刊/2008.4
尼泊尔佛教的亮点(上)/马维光/南亚研究/2007.2
尼泊尔佛教的亮点(下)/马维光/南亚研究/2008.1
迦陵频伽在西夏王陵的象征意义/聂鸿音/宁夏师范学院学报/2007.1
辽代上京地区佛教发展述略/王平/白城师范学院学报/2007.1
地藏菩萨诞日的产生时代及其相关宗教民俗活动论述/尹富/中华文史论丛/2007.1
唐代小说中的阎罗王—— 印度地狱神的中国化/范军/华侨大学学报/2007.1
文殊—— 东方智慧的象征/邓子美/忻州师范学院学报/2007.3
文殊智慧中的和谐原理/肖黎民/忻州师范学院学报/2007.3
观音造像由男变女的文化阐释/龚钢/兰州学刊/2007.12
论《高僧传》的神异叙事/桑大鹏/湖南师范大学社会科学学报/2007.1
《高僧传》序录所论四本书考/刘飖/中国文化研究/2007.1
从严佛调、朱士行说中土的僧姓法名/严耀中/史林/2007.4
文本话语与行为规范:西藏宗教人物传记的史学史意义/孙林/史学史研究/2007.4
僧伽大师与无支祁的传说/刘荫柏/淮海工学院学报/2007.4
“敦煌高僧”刘萨诃的史实与传说/尚丽新/西南民族大学学报/2007.4
道安在中国佛教史上的贡献及地位/张平/现代哲学/2008.3
竺法护“世居敦煌”辨析/王惠民/兰州大学学报/2008.4
慧远佛学思想蠡探/韩国良/中华文化论坛/2008.4
道安“同愿生兜率”之人物考/王雪梅/阜阳师范学院学报/2008.1
竺道生的实相涅槃说/单正齐/江淮论坛/2007.2
南朝陇右籍高僧佛教活动述评/杨小敏/天水师范学院学报/2007.3

论梁武帝的"神明"观及其佛性思想/谭洁/江汉论坛/2007.5

论梁武帝崇佛之原因/张桂丹/江西教育学院学报//2007.2

鸠摩罗什"破戒"问题琐议/霍旭初/新疆大学学报/2007.4

智顗与陈、隋王朝关系新探—— 兼与潘桂明、董平相榷/包兆昌/台州学院学报/2007.5

刘勰的佛学思想与价值取向/高永旺/江苏社会科学/2008.2

刘裕与佛教高僧之交往及其对佛法之奖挹/王永平/南京晓庄学院学报/2008.1

智顗对弥陀净土信仰的判释/曾其海/台州学院学报/2007.1

云门文偃的禅学思想/万毅/现代哲学/2007.1

憨山德清注《庄》动机与年代考/王红蕾/北方论丛/2007.2

韩柳与佛学/毕宝魁,任树民/辽宁大学学报/2007.1

玄奘的四川之行/黄运喜/西南民族大学学报/2007.1

玄奘与西域佛教/刘元春/西南民族大学学报/2007.1

玄奘大师灵骨迁流分供的当代意义/侯坤宏/西南民族大学学报/2007.1

论契嵩佛学思想的入世归儒倾向及其对宋代士林风气的影响/高建立/湘潭大学学报/2007.2

西夏地区流传宗密著述及其影响初探/马格侠/宁夏社会科学/2007.3

慧能与神秀关系辨析/林有能/广东社会科学/2007.5

《法苑珠林》撰者"玄恽"之称非为避唐太宗讳考/吴福秀/中国文化研究/2007.1

《真定十方临济慧照玄公大宗师道行碑铭》浅谈/刘友恒,李秀婷/文物春秋/2007.5

李华与佛教关系考论/陈曙雯/西南民族大学学报/2007.12

鉴真弟子法进的东渡活动与《进记》/葛继勇/唐都学刊/2007.4

索真求实 时异日新—— 20世纪以来国内外鉴真研究的创获与思考/郝润华/唐都学刊/2007.4

鉴真东渡前的弘法活动与法进的出家受戒/葛继勇/扬州大学学报/2007.4

鉴真东渡与书籍之路/王勇/郑州大学学报/2007.9

专题:鉴真与中日文化交流研究关于鉴真东渡二题/杨曾文/郑州大学学报/2007.9

鉴真弟子法进的出身考论/葛继勇/信阳师范学院学报/2007.6

鉴真东渡及其影响/中村顺昭著;葛继勇译/唐都学刊/2007.6

鉴真大师的佛学思想/沈呈章/扬州职业大学学报/2007.4

荣睿、普照在鉴真东渡弘法中的重大作用/许凤仪/扬州大学学报/2008.2

《续日本纪·鉴真卒传》考释—— 兼与《唐大和上东征传》比较/葛继勇/图书馆杂志/2008.3

鉴真在日本/安藤更生著;陈正奇译/唐都学刊/2008.6

禅宗直指法门实践中的寒山与拾得/聂士全/中华文化论坛/2008.1

灵祐禅师佛学思想初探/王建星/福建省社会主义学院学报/2008.4

宗教情怀的形象倾诉——《西游记》作者笔下的唐僧形象新论/陈弦章/龙岩学院学报/2008.4

玄奘研究综述(1994—2007)(上)/白杨/新疆师范大学学报/2008.1

教内的融合:永明延寿佛学思想研究/张煜/社会科学研究/2007.4

梁武帝萧衍的佛学思想及宗教实行/陈伟娜/江南大学学报/2008.4

欧阳修与佛教—— 兼论欧阳修佛教观特质及其对北宋儒学的影响/李承贵/现代哲学/2007.1

张栻佛教观探微/李承贵/四川师范大学学报/2007.3

元代石屋清珙的茶禅一味论/丁希勤/池州师专学报/2007.2

石屋清珙禅法思想探论/蒋九愚/池州师专学报/2007.2

元初河西僧人简论/牛亚丽/重庆工学院学报/2008.2

蕅益智旭与天台宗美学/皮朝纲/四川师范大学学报/2007.1

袁了凡佛学思想析论/任宜敏/人文杂志/2007.4

袁宏道净土思想略论/任宜敏/学术界/2007.4

明清时期九华山高僧略论/尹文汉/池州师专学报/2007.4

杰出的佛教改革家—— 宗喀巴/赵宗福/西宁晚报/2007.12.27

从卫拉特到科尔沁—— 内齐托因一世的传奇人生/哈斯朝鲁/卫拉特研究/2007.4

明代不明嗣承高僧事迹考/任宜敏/浙江学刊/2008.1

浮山华严寺朗日本智禅师评传/黄夏年/江淮论坛/2008.2

曹学佺的佛教情结/陈超/福建师范大学学报/2008.3

明初遣日僧使考/任宜敏/江海学刊/2008.4

明末文化交融背景下的佛教戒律复兴—— 以莲池袾宏为中心/刘红梅/淮北煤炭师范学院学报/2008.6

清初广东籍侨僧元韶禅师之移居越南及相关问题研究/谭志词/华侨华人历史

研究/2007.2

二世哲布尊丹巴与多伦诺尔善因寺/郭美兰/内蒙古大学学报/2007.5

青海蒙古和硕特部王族高僧堪布诺门罕考略/扎扎/西北民族大学学报/2007.2

僧人时代的噶尔丹/王力/青海社会科学/2007.6

谭嗣同与近代佛教思想的变迁/柴国珍,薛亚玲/晋阳学刊/2007.2

清末维护北疆民族团结的藏族宗教人士—— 察罕呼图克图衮噶嘉勒赞简评/徐黎丽,冯学红/西北第二民族学院学报/2007.3.

魏源选择净土宗的动因及对近代居士佛学的贡献/李建光/求索/2007.6

佛学大师钢和泰男爵生平考(一)/王启龙,邓小咏/西南民族大学学报/2007.10

佛学大师钢和泰男爵生平考(二)/王启龙,邓小咏/西南民族大学学报/2007.11

佛学大师钢和泰男爵生平考(三)/王启龙,邓小咏/西南民族大学学报/2007.12

清末藏传佛教名僧贡噶坚赞活佛爱国事迹述评/邓慧君/青海社会科学/2008.6

二世策墨林诺们罕活佛圆寂日期与地点续考/周学军/西北民族大学学报/2008.1

杨仁山信佛缘由及思想根源探析/周佩东/池州学院学报/2008.2

魏源与佛教的因缘/胡光曙/邵阳学院学报/2008.4

印光大师与苏州现代佛教/孙勇才/河南师范大学学报/2008.5

寻找入世的真理—— 以章太炎、太虚与欧阳竟无的观点为例/李兰芬/现代哲学/2007.2

马一浮的般若会及其“知性佛学”取向/陈永革/杭州师范学院学报/2007.2

融合儒佛 力斥排佛—— 印光法师思想评介/辛雷乾/西藏民族学院学报/2007.3

谈俞大维的佛缘始末/高山杉/文汇报/2007.12.16

弘一大师与近代人间佛教略志/王仲尧/嘉兴学院学报/2008.1

废名佛学思想浅释/谢锡文/浙江学刊/2008.1

诺那呼图克图考/李果,喜饶尼玛/青海民族学院学报/2008.2

为中国统一而奔走的蒙古传教士—— 章嘉呼图克图/杨海英,乌拉特·E·布拉格著;苏利德译/西部蒙古论坛/2008.3

“始则转俗成真,终乃回真向俗”—— 析章太炎的佛学思想/张鸣祥,陈九如/天水师范学院学报/2008.4

略论赵朴初人间佛教思想的独特贡献/何保林/湖北社会科学/2007.3

佛教文化的传播者—— 记中国佛教文化研究所特约研究员胡建宁居士/石雨/

上海市社会主义学院学报/2007.3

赵朴初与中日佛教文化交流活动纪略/祝中侠/池州学院学报/2007.6

失民心者必败—— 析十四世达赖丹增嘉措其人其事/杨维周/西藏民族学院学报/2008.4

从蒙古贞葛根庙到沈阳黄寺—— 益西丹森活佛与召乌力吉喇嘛在黄寺/哈斯朝鲁/西部蒙古论坛/2008.3

五世嘉木样丹贝坚参活佛教育思想及实践评述/李静,戴宁宁/西藏民族学院学报/2008.4

铮铮铁骨一高僧—— 记爱国老人喜饶嘉措大师/降边嘉措/中国民族报/2008.10.31

唐朝时期日本留学僧译经大师灵仙考/高留成/船山学刊/2007.3

明洪武初中日僧人间的文化交往—— 以日僧绝海中津为例/牛建强/西南大学学报/2007.6

日僧圆仁途经青州路线考述/程少燕/中国海洋大学学报/2008.3

铃木大拙对西方禅佛教发展的影响/王欣,李利安/西北大学学报/2008.5

僧旻法师考略/管宁/日本研究/2008.3

越南闽籍侨僧拙公和尚出国的原因/谭志词/东南亚纵横/2007.5

德光律师考略/罗鸿/南亚研究/2008.2

略论十世纪前来华梵僧/陈寒/南亚研究季刊/2007.2

印僧实哩沙哩卜得啰与真觉寺修建考/何孝荣/北京社会科学/2008.4

道　教

论《华阳颂》与《真诰》的关系/李秀花/西南交通大学学报/2007.1

《太平经》作者考/陈卫星/中国文化研究/2007.1

论太平经的"和谐—— 美"思想/毛丽娅/长沙理工大学学报/2007.1

《老子想尔注》中的"道诫"/刘玲娣/湖北师范学院学报/2007.2

论《太上妙法本相经》的北朝特征—— 以对佛教因素的吸收为中心/刘屹,刘菊林/首都师范大学学报/2007.3

试论洞经暨保山洞经活动的基本形态/闵承龙/保山师专学报/2007.1

从《太平经》到《九幽忏》—— 简论道教忏仪思想及其心理意义/姚冰/四川师范

大学学报/2007.4

《太平经合校》标点拾误(三)/王柯/古籍整理研究学刊/2007.4

中古时期道教“三清”神灵体系的形成—— 以敦煌本《灵宝真文度人本行妙经》为中心的考察/王承文/中山大学学报/2008.2

“灵宝赤帝炼度五仙安灵镇神三炁天文”略考/田苗苗/中华文化论坛/2008.1

试论《太上洞渊神咒经》的乌托邦思想及其年代问题/卿希泰/四川师范大学学报/2008.5

民间仪式的统一与变异:以广东与香港太平醮为例/黎熙元/广西民族大学学报/2007.2

唐代道教的投龙仪式/张泽洪/陕西师范大学学报/2007.1

论赣西北客家佛教道士的度亡醮—— 以江西万载高城乡村佛教道士度亡醮为例/杨永俊/江西社会科学/2007.12

中国西南少数民族法师禹步的道教意涵/王进/康定民族师范高等专科学校学报/2008.4

元明时期道教道情的传播及其影响—— 以元明杂剧小说中的唱道情为中心/张泽洪/四川大学学报/2008.1

武当山朝香风俗的历史研究/梅莉/武汉大学学报/2008.3

道教镇墓中央真文的文化分析/徐菲/中华文化论坛/2008.3

道教善书的“和谐”观及其当代价值/郭文,李凯/南京林业大学学报/2008.2

道门威仪考/周奇/史林/2008.6

论三教融合背景下的正一道/杨军/云南社会科学/2007.4

张鲁北迁及五斗米道的发展与影响/周蜀蓉/四川大学学报/2008.5

从泰山石刻看泰山全真教的历史发展/白如祥/经济与社会发展/2007.5

三教合一与全真道/范玉秋/管子学刊/2007.3

论金元全真教经济生活方式的衍变/李洪权/史学集刊/2007.6

全真道教之文化底蕴初探—— 王重阳诗魂育全真评析/王树人/中国社会科学院研究生院学报/2008.4

全真道教史研究的另一种取向—— 读蜂屋邦夫《金代道教研究:王重阳与马丹阳》/程群/史林/2008.5

金元全真教的社会关怀/白如祥/鲁东大学学报/2008.6

全真南宗与重玄学/李延仓/青海社会科学/2008.6

全真道与老庄学国际学术研讨会综述/肖海燕/华中师范大学学报/2008.4

论太谷学派对道教生命思想的融通/詹石窗,江峰/厦门大学学报/2007.3
茅山宗与重玄学/张崇富/四川大学学报/2008.3
道院组织在华北地区的慈善活动述论/赵宝爱/社会科学家/2007.2
许昌天宝宫及其前期兴衰的宗教政治背景/史福岭/中原文物/2007.4
乡土社会的宗教信仰—— 一个全真派道观的人类学考察/梁国平/绵阳师范学院学报/2007.9
金元之际全真教道观的社会经济来源/李洪权/郑州大学学报/2008.2
道教宫观山志略说/刘永海,郝秋香/淮阴师范学院学报/2008.2
泰山玉女祠改名昭真观的缘由考辨/邓东/山东科技大学学报/2008.4
论道教之道的人生论意义/刘敏/中华文化论坛/2007.2
从道教的人的本质观看养生的基本原则和方法/杨玉辉/江西师范大学学报/2007.2
论葛洪的阴丹术/朱越利/西南民族大学学报/2007.7
论仙境信仰产生的思想根源/李晟/四川大学学报/2007.4
道教的宗教体验—— 以内丹修炼为例/魏小巍/现代哲学/2007.5
道教的和谐人生及其现实意义/程群/安徽大学学报/2007.2
析道教基本信仰的治道功能/程宇宏/安徽大学学报/2007.2
道教神仙信仰的俗世性特征/夏当英/安徽大学学报/2007.6
清代《道养全书》易学与道教融通思想论析/盖建民/杭州师范学院学报/2007.6
早期天师道奉道持戒的美学思想/紫芝/中华文化论坛/2007.4
伍守阳的生命观探析/丁常春/中华文化论坛/2007.4
一种哲学理论新形态的初步成熟—— 评王重阳内丹心性学说/王小蓉/中华文化论坛/2007.4
崔希范《入药镜》的内丹学/强昱/北京师范大学学报/2007.1
葛洪神仙思想的哲学根基探源/申喜萍/中华文化论坛/2007.1
司马承祯的修道思想/汤其领/河南科技大学学报/2007.1
首届“崂山论道”国际学术研讨会综述/韩吉绍/文史哲/2007.2
道家与道教人生观及人生实践之比较/崔文静/宜宾学院学报/2007.1
唐代重玄学派道论的特点/刘固盛/西南民族大学学报/2007.2
论道教“致太平”的政治理想及其思想特征/吕有云/广西大学学报/2007.1
葛洪《神仙传》创作理论考源—— 以《左慈传》为考察中心/何剑平/四川大学学报/2007.1

道教符图之星辰符号探秘/李俊涛/中华文化论坛/2008.1

中国道教研究三十年/刘仲宇/历史教学问题/2008.6

养生与养德—— 论王阳明中后期对道家道教的批评之一/朱晓鹏/中国哲学史/2008.2

天元术与道教思想关系考论/盖建民/中国哲学史/2008.2

“《黄书》过度仪式”与早期道教女性观/岳齐琼/四川大学学报/2008.2

汉画像中所反映的早期民间道教人格修炼方法及其哲学思想/刘克/中华文化论坛/2008.1

复归“绿色生命”—— 饮食、极关怀与生活方式的再启蒙/姜生/中共济南市委党校学报/2008.2

建设性后现代主义的有机论与道教科技研究/葛焕礼/中共济南市委党校学报/2008.2

略论道教生命繁殖与克隆人的主要差异/宇汝松/中共济南市委党校学报/2008.2

道家、道教与现代科学/韩吉绍/中共济南市委党校学报/2008.2

浅谈道教导引术的现代价值/魏燕利/中共济南市委党校学报/2008.2

道教宇宙演化观与大爆炸宇宙论之比较/胡化凯,吉晓华/广西民族大学学报/2008.2

论李道纯的道教易老学思想/章伟文,刘志英/保定学院学报/2008.4

道教生命观与自然环境/毛丽娅/西南民族大学学报/2008.8

三家四派丹法略讲/胡孚琛/西南民族大学学报/2008.8

论道家和道教的性别观/刘玮玮/湖南工业大学学报/2008.4

术道糅杂:道教上清派炼丹术的启示/张崇富/船山学刊/2008.3

“道”是不息的生命活力/牟钟鉴/中国民族报/2008.10.28

老子的道观与神学宗教的神性观/莫玉逢/宜宾学院学报/2008.8

论道教的人生哲学/郭敬宇/前沿/2008.11

谭处端《水云集》养生自然思想/赵芃/鲁东大学学报/2008.6

道教太极图与琵琶艺术“体圆和”之关联/蔡钊/西南民族大学学报/2008.12.

论道教人学之哲学思想/袁柯/东南大学学报/2008.增刊

试论宋代真武经典的伦理道德思想/宋晶/江汉论坛/2007.9

“女性原则”与道教的生态关怀/陈云/中华文化论坛/2007.4

道教伦理思想在和谐社会建设中的价值/周中之,汪志真/伦理学研究/2007.2

论武当道教孝道伦理思想/张明义,甘毅臻/郧阳师范高等专科学校学报/2007.1

论早期道教的社会伦理/李为香/辽宁师范大学学报/2007.2

两宋道教政治伦理思想研究/向仲敏/社会科学研究/2007.3

“道法自然”与“德及微命”—— 道家道教伦理思想的生态—生命向度/李玉用,李海亮/青海社会科学/2008.2

道教的生态伦理观/毛丽娅/自然辩证法研究/2008.4

试论道教戒律伦理观的践行方式/王进/郧阳师范高等专科学校学报/2008.2

老子“道法自然”的生态伦理观/李海亮,杨华祥/兰州学刊/2008.5

论武当道教诚信伦理思想/张明义/郧阳师范高等专科学校学报/2008.4

生态道观—— 道教界的环保新动向—— 访世界宗教与环境保护基金会何晓昕博士、陕西社科院樊光春教授/吴艳/中国民族报/2008.12.9

论道教在和谐社会建设中的角色承担/夏国玺/郧阳师范高等专科学校学报/2007.2

道教文化与唐代茶诗/温孟孚,关剑平/浙江树人大学学报/2007.4

“冢讼”的内涵及其流变—— 一种影响到丧葬习俗的道教观念/高朋/文化遗产/2008.4

“灵化二十四”考释—— 从宗教地理学的角度/孙亦平/杭州师范大学学报/2008.5

张清夜平淡无为的道教养生方法论/张爱萍/红河学院学报/2008.1

道教医学与中医学关系刍议/程雅群,程雅君/四川大学学报/2008.2

试析青海东部河湟地区民俗与道教—— 以民和、乐都两县民俗与道教为例/马婧杰/青海民族研究/2007.1

山东碧霞元君信仰的分布考证/黄丽萍/工会论坛/2007.3

北宋崇宁五年的泰山碧霞元君封号/邓东,曹贤香/齐鲁学刊/2008.4

论道教形态及衰落原因/张洁/大理学院学报/2007.1

羌族民间道教信仰浅析/邓宏烈/贵州民族研究/2007.3

我国历史上特有的道教/郭祝崧/成都大学学报/2007.3

道教与士大夫的人生哲学/周春兰,兰国庆/安康学院学报/2007.5

略论古羌族对道教神仙信仰的影响/李雄燕/贵州民族研究/2007.5

补充和换位:早期道教神祇发展中的一个环节—— 论西王母仙化和泰山神灵信仰的兴起/曾祥旭/湖北民族学院学报/2007.5

賨族与道教及大成国的关系探析/曾维加/中南民族大学学报/2008.1

“道”信仰的建立与早期道教的改革/许伟/云南社会科学/2008.2

道教仙传编纂之历史分期/刘云伟,刘永海/唐山师范学院学报/2008.1

汉中文化的道教渊源探析/向达,高铭/广州社会主义学院学报/2008.2

东岳庙在全国的传播与分布/周郢/泰山学院学报/2008.2

论道教在彝族社会中的传播和影响/杨甫旺/毕节学院学报/2008.1

武当道教与老子信仰/宋晶/湖北社会科学/2008.11

汉魏六朝道教的孝道/刘玲娣/南都学坛/2007.1

中古时代琅邪王氏之天师道信仰及其影响/王永平,姚晓菲/河南科技大学学报/2007.2

从两汉人名看汉代的神仙信仰/杨颉慧/西南大学学报/2007.1

试论汉初道家思想的宗教化/李夏/山东师范大学学报/2007.3

从人口性比例失调看汉魏时期道教的兴盛/高凯/史林/2007.5

佛玄合流及其理论建树—— 论玄学在东晋十六国时期的嬗变/谢丰泰/西藏民族学院学报/2007.5

老子国师说及其与南北朝的道教改革运动/刘玲娣/湖北师范学院学报/2008.1

北朝家庭的道教信仰/邵正坤/史学月刊/2008.12

隋唐五代帝王崇道活动述略/田晓膺/西南民族大学学报/2007.7

从墓志看唐代妇女崇道的原因/焦杰/江南文化/2008.3

从岱岳观碑看泰山道教与唐代政治/白如祥/经济与社会发展/2008.4

唐代的道举与崇玄学/周奇/学术界/2008.4

试论唐宋之际游方道士入城/王涛/忻州师范学院学报/2008.4

五代时期割据政权中道士受宠现象探因/曾国富/兰州学刊/2008.1

宋代江西道教发展状况/刘锡涛/井冈山学院学报/2007.1

道教与北宋政治/赵泽光/贵州社会科学/2007.7

两宋道教与君王政治伦理/向仲敏/云南社会科学/2007.6

论宋元道教的社会化存在形态/刘敏/社会科学研究/2008.1

北宋士大夫参与斋醮活动述评/鲍新山/船山学刊/2008.4

元代道教史籍体裁论略/刘永海/晋阳学刊/2007.4

论元代道教审美文化之雅/姚冰/安徽大学学报/2007.4

元代玄教与龙虎宗关系论/郭树森,陈金凤/江西社会科学/2008.5

论道教对士人的影响—— 以元代道教史籍为中心/刘永海/内蒙古电大学报/

2008.5

朱元璋道教政策初探/卢颐/广西教育学院学报/2007.6

明清时期武当山香客的祈求愿望/梅莉/郧阳师范高等专科学校学报/2007.2

明清广州道教的新态势/王丽英/广州社会主义学院学报/2008.3

王权膨胀与道教衰落—— 雍正与道教关系论析/张经久,张田生/西北民族大学学报/2008.2

德国道教学的历史发展及其特点/张思齐/西南民族大学学报/2007.12

陈抟生平事迹述论/胡晓/安徽史学/2007.5

明至民国北京东部碧霞元君朝拜圈研究/林玉军,岳升阳/北京社会科学/2007.5

玄天上帝信仰与和谐社会建设学术研讨会综述/杨华山等/郧阳师范高等专科学校学报/2007.5

论碧霞元君信仰的起源/叶涛/文史/2007.4

葛洪的罗浮情结与神仙道教的形成/王丽英/广州大学学报/2007.9

东晋的名士和道术—— 许迈与鲍靓交游考论/马晓坤/西南民族大学学报/2007.4

从泰山道教石刻看武则天的宗教信仰/王永平/东岳论丛/2007.3

论张道陵初创正一盟威道时四川地区佛教状况/刘用,王林森/理论界/2008.7

张三丰出生年代及名号新考/朱炳旭/郧阳师范高等专科学校学报/2008.2

仙道贵生 无量度人——《朝元仙仗图》主题新解/李明,袁姝丽/西南民族大学学报/2008.5

刘渊然与云南道教/萧霁虹/云南社会科学/2008.4

福州真武大帝信仰/黄清敏/福建师范大学福清分校学报/2008.3

略论明清时期广东地区的真武信仰/冀满红,吕霞/暨南学报/2008.5

关爱生命 挑战极限—— 葛洪笃信金丹追求长生原因新探/丁宏武/宁夏师范学院学报/2008.2

略论丘处机的历史贡献/安作璋/鲁东大学学报/2008.1

全真道士王道渊的“道论”与“人论”/张晓粉/四川师范大学学报/2008.5

陆西星《老子玄览》思想特色/谢正强/西南民族大学学报/2007.2

论朱熹的道教史观/杨燕/泉州师范学院学报/2008.1

伊斯兰教

《古兰经》人性思想的善恶两重性与穆斯林构建和谐社会/金贵/宁夏社会科学/2007.1

《古兰经》婚姻观中的积极因素/周琼/湖北民族学院学报/2007.3

《古兰经》的宗教和谐思想/张宗奇/中国民族报/2008.3.2

《古兰经》美学思想探析/贾一心/青海民族学院学报/2008.2

《古兰经》及早期伊斯兰社会伦理道德观初探/曹榕，杨晓峰/社会科学家/2008.8

伊斯兰经学的流布方式及其本土转型——以滇粤经学的互动为例/马强/云南社会科学/2008.2

《圣训》在我国的流传及汉文译本/赵国军，马桂芬/青海社会科学/2007.3

广州回族开经活动的人类学分析/马强/广西民族大学学报/2007.2

朝觐：穆斯林的一个"过渡礼仪"/周学忠，杨文笔/青海民族研究/2007.3

试论西北回族天课制度——以甘肃临夏木场社区为个案/马玉秀/青海社会科学/2008.1

都市环境中边缘群体的叙述：崇尚阿里教派的文本化进程/(瑞典)都德·奥森文；王建平，王义芳译/上海交通大学学报/2007.2

帕米尔的伊斯玛仪派/张来仪/西北第二民族学院学报/2007.5

浅析埃及穆斯林兄弟会及其与政府的关系/李佳，田宗会/内蒙古民族大学学报/2007.3

中东地区宗教中的少数派/王联/国际资料信息/2008.10

临潭县伊赫瓦尼教派的传播与发展调查/敏文杰/西北民族研究/2008.1

二十世纪中国伊赫瓦尼教派维新运动回眸/敏文杰/宁夏社会科学/2008.2

现代伊斯兰世界中的苏非教团/李维建/西北第二民族学院学报/2008.2

国外伊斯兰教苏非派研究的态势/哈宝玉/西北第二民族学院学报/2008.4

试析穆斯林兄弟会与哈马斯的成立/王联/江南社会学院学报/2008.3

伊斯兰教苏菲派研究及其相关问题/哈宝玉/西北民族研究/2008.4

清真寺文化及其价值——兼论当代伊斯兰社会现状(上)/刘月琴/西亚非洲/2007.8

作为地域性表述的清真寺—— 以掩姑清真寺为个案/马燕坤/吉首大学学报/2007.3

试论中国清真寺的研究现状/魏寒梅等/青海社会科学/2008.4

试述中国清真寺在对外交往中的重要作用/魏寒梅,马海陆/江南社会学院学报/2008.4

从清真女学的兴起谈回族妇女的文化自觉—— 以宁夏同心县城区女学为个案/马燕/宁夏社会科学/2007.2

从经堂教育看回族社会关系网络的建构/李晓英/天水师范学院学报/2008.3

伊斯兰教对民族教育的影响—— 以临夏回族自治州为例/丁明俊,马俊华/西北第二民族学院学报/2008.5

云南伊斯兰经堂教育改革初探/刘菊华,李德文/玉溪师范学院学报/2008.7

嬗变中的东南亚伊斯兰教育/施雪琴/东南亚研究/2008.1

印度尼西亚伊斯兰教育中的政治因素/施雪琴/当代亚太/2007.1

巴基斯坦:宗教教育及其机构/(巴)哈里德·拉赫曼,赛义德·拉什迪·布克哈瑞著;刘径华译/南亚研究季刊/2007.1

伊拉克王国时期什叶派的马德拉萨/马静/社科纵横/2007.4

人类学视野下的伊斯兰教研究/马强/青海民族研究/2007.2

中国国内伊斯兰教学术研究的历史进程/葛壮/历史教学问题/2008.2

伊斯兰主义向何处去?(上)/东方晓/西亚非洲/2007.6

伊斯兰主义向何处去?(下)/东方晓/西亚非洲/2007.7

论伊斯兰教正义观/王宇洁/西北第二民族学院学报/2007.3

阿拉伯人性论的理论精华/张勇,车文博/河南师范大学学报/2007.5

王岱舆的“天命三品”论对当今宗教文明对话的启迪意义/马效佩/西北民族研究/2007.1

关于 1931 年中华书局刊本《正教真诠》的版本渊源及相关问题/杨晓春/西北第二民族学院学报/2008.3

清初回族学者刘智“五典”说探微/朱小军/忻州师范学院学报/2008.4

从诗联看马启西对刘智宗教思想的吸收—— 兼论中国伊斯兰哲学中的儒家成分/吴艳华,司律/哈尔滨学院学报/2008.10

中世纪的伊斯兰教与科学/顾世群/自然辩证法研究/2008.10

伊斯兰教与科学/顾世群/宁夏社会科学/2008.6

浅谈穆罕默德·阿布杜的“信仰理性”观/马福元/西北第二民族学院学报/

2008.5

乌玛:观念与实践/钱雪梅/国际政治研究/2008.4

试论伊斯兰伦理道德的育化特征/黄桂华/西北第二民族学院学报/2007.6

略论伊斯兰宗教和谐伦理观/杨永燕/宁夏社会科学/2008.2

伊斯兰教和谐伦理观初探/张静,杨永燕/青海民族学院学报/2008.2

伊斯兰教生态伦理思想及当代价值/李育红,杨永燕/贵州民族研究/2008.5

伊斯兰教伦理道德观对回族传统道德文化的影响/刘景华/青海社会科学/2008.5

伊斯兰教和谐思想与和谐社会建设研究综述/龙群,潘欣颂/西北民族大学学报/2007.2

伊斯兰教教义中和谐的谋生与就业观/孙颖慧/宁夏社会科学/2008.6

伊斯兰文明与世界/朱威烈/世界经济与政治/2007.7

伊斯兰传统文明的基本特征与中东现代化进展的历史轨迹/哈全安/史学理论研究/2007.1

伊斯兰世界人权观浅析/李绍先,魏亮/人权/2008.6

国外伊斯兰人权研究的历程及态势/吕耀军/西北第二民族学院学报/2007.4

浅议伊斯兰教的爱国主义/张志湘/广州社会主义学院学报/2007.1

浅议穆斯林爱国与爱教思想的和谐统一/张广庆/中共济南市委党校学报/2007.3

由伊斯兰国家现代化发展道路所引发的思考/庾荣/青海社会科学/2007.2

地缘政治格局中伊斯兰教的群体整合功能论析——以新疆地区为例/汤夺先/江南社会学院学报/2007.4

宗教的政治参与及其影响——以伊斯兰教为例/梁丽萍/西亚非洲/2007.1

伊斯兰教在近现代伊斯兰世界革命中作用问题的社会学分析——对詹姆斯·S·科尔曼《社会理论的基础》所述的宗教在革命中的作用分析的运用/金贵/江南社会学院学报/2008.2

和谐理念视阈下的伊斯兰教/江洪明/社会科学论坛/2008.6下

论伊斯兰文化的社会功能/刘月琴/西亚非洲/2008.8

伊斯兰社会保障的法理分析/罗强强/宁夏社会科学/2008.4

伊斯兰教妇女观对西北穆斯林女性的影响/马克林/宁夏社会科学/2007.3

伊斯兰教妇女观的社会性别解读/董锦霞/甘肃联合大学学报/2008.6

伊斯兰教的经济思想探析/郑敏思/商丘师范学院学报/2007.5

试析中国伊斯兰教宗教经济的社会适应与调整—— 关于兰州市清真寺经济管理状况的调查与思考/王平/西北第二民族学院学报/2007.5

文本解说与传说构建:西域宗教文化的承继、融合与变异—— 以新疆鄯善艾苏哈卜·凯赫夫麻札为例/王欣/思想战线/2007.3

从“以儒诠经”的实践中看回回民族的文化自觉/马多勇/辽宁行政学院学报/2008.6

论伊斯兰政治文化功能(上)/刘月琴/西亚非洲/2008.4

论伊斯兰政治文化功能(下)/刘月琴/西亚非洲/2008.5

伊斯兰教法对撒拉族道德观和习惯法的影响/韩得福,东文寿/青海民族学院学报/2008.1

汉族人信仰伊斯兰教现象探析/何秀林/西北第二民族学院学报/2008.1

伊斯兰教的群体整合功能论析—— 以地缘政治格局中的新疆地区为例/汤夺先/宁夏师范学院学报/2008.1

城市社会与伊斯兰文明关系探析/吕耀军/西北第二民族学院学报/2008.2

回族文化生态圈的社会功能—— 滇中通海县纳古镇调研报告/肖芒等/中国民族报/2008.5.20

会通中的并接:中国伊斯兰文化区域性特质的建构—— 以拉萨市八角街回族穆斯林夺底沟“抓饭节”为例/马燕坤/青海民族研究/2008.2

浅析当代伊斯兰社会主义/李艳枝/广州社会主义学院学报/2008.1

冯从吾两篇关于伊斯兰教的碑文及其价值/孙学功/华夏文化/2007.1

嘎德忍耶门宦出家人制度探析/马玉秀/西北第二民族学院学报/2008.1

对新疆伊斯兰教宗教教职人员队伍建设的思考/杨红/中共伊犁州委党校学报/2008.2

异质中的统一:社会化过程中宗教职业者多重角色的生产—— 以鲁甸回族阿訇为例/马燕坤/吉首大学学报/2008.6

伊斯兰复兴与恐怖主义的理性分析/王俊荣/西北第二民族学院学报/2007.4

论新疆非法宗教活动产生的原因/桂全民,娄苗/石河子大学学报/2007.3

当前“伊扎布特”组织在中亚发展态势研究/臧建国,王新建/新疆社会科学/2007.3

伊拉克伊斯兰极端势力及其影响/程星原/国际资料/2007.6

伊斯兰复兴与恐怖主义的理性分析/王俊荣/西北第二民族学院学报/2007.4

中亚伊斯兰极端主义:“回归”与冲突/石岚/新疆大学学报/2007.3

伊斯兰"圣战"—— 观点比较及分析/张雪峰/现代国际关系/2007.9

孟加拉国伊斯兰极端势力发展历史及其根源/储永正/南亚研究季刊/2007.3

真主党及其地区性作用/董漫远/国际问题研究/2007.6

巴基斯坦伊斯兰极端主义新动向/方金英/现代国际关系/2007.10

伊斯兰"卧格夫"制度及其当代演变/哈宝玉/西亚非洲/2008.4

中亚伊斯兰极端主义/杨恕、林永锋/俄罗斯中亚东欧研究/2008.5

试论中东伊斯兰国家"乌里玛"的政治参与及其现实作用/权新宇/江苏社会科学学院学报/2008.4

论经济全球化与当代伊斯兰复兴运动互动关系/闫文虎/新疆社会科学/2007.1

20世纪中国参与中东事务的伊斯兰因素/王猛/宁夏社会科学/2007.2

伊斯兰教在哈萨克人中的传播及其影响/尼合迈德·蒙加尼/新疆社会科学/2007.4

宁夏生态移民中的宗教文化调适—— 以"芦草洼"吊庄移民为例/马伟华,胡鸿保/宁夏社会科学/2007.5

伊斯兰教在中国的本土化探析/马建武,宋绮辛/青海社会科学/2007.5

试论伊斯兰教在西域的勃兴及其兴起的文化本质/李付兵/呼伦贝尔学院学报/2007.4

建筑与仪式:伊斯兰信仰的本土物象表达/唐小蓉/新疆社会科学/2007.6

回族文献《热什哈尔》的史料价值刍论/罗彦慧,姚向礼/西北第二民族学院学报/2008.1

论历史时期中国回族抗争活动的文化根源/晁天义/西北民族研究/2008.2

临夏八坊回族民俗文化中的伊斯兰文化特质及建构/马东平/西北民族研究/2008.2

宗教信仰在乡村回族社会中的功能—— 以云南沙甸为例/罗惠翾/西南民族大学学报/2008.6

伊斯兰教在上海/白润生/上海市社会主义学院学报/2008.2

从文明格局解析回族的东西部差异/董波/江淮论坛/2008.3

伊斯兰文化与中国传统文化融合与适应的典范—— 以西道堂为例/马志丽/青海民族研究/2008.3

伊斯兰教与中国穆斯林社会的宗教文化/高占福/西北第二民族学院学报/2008.6

从西道堂创建看中伊文化的和谐交融/敏贤麟/西北第二民族学院学报/2008.6

海南"蕃客"—— 中国最早之穆斯林考/黄友贤/海南大学学报/2008.6

喀喇汗王朝早期伊斯兰化进程中的有关问题/艾合买提江·艾山/新疆师范大学学报/2007.4

论宋代在华穆斯林的法律地位—— 兼论伊斯兰教在宋时的传播与发展/姜歆/宁夏社会科学/2008.4

元代中国穆斯林墓葬石刻的发现与研究/杨晓春/黑龙江民族丛刊/2007.3

元明时期西域蒙古人的伊斯兰化问题/田卫疆/卫拉特研究/2007.3

再探元代穆斯林地位优越的原因/李占魁/西北民族研究/2008.1

元代伊斯兰教在中国东南沿海的传播与发展/陆芸/西北民族大学学报/2008.6

试论明末清初中国回回民族文化继承的一个侧面—— 以《清真教考》为例/杨晓春/西北第二民族学院学报/2007.5

明清时期北京地区伊斯兰教研究/张艳丽/社会科学论坛/2008.5 下

浅析清朝对回疆阿訇的管理政策/梁海峡/青海社会科学/2008.3

关于清代新疆伊斯兰教政策的现实思考/徐干,李建生/实事求是/2008.3

清代西北穆斯林抗清视域中的伊斯兰教门宦制度/曹庆锋/青海社会科学/2008.4

国内伊斯兰网站的发展及存在问题初探/周爱华,丁明俊/西北第二民族学院学报/2008.3

和谐共处—— 宁夏吴忠市伊斯兰教教派、门宦的关系/杨桂萍/中国民族报/2008.9.19

文明交往与宗教传播—— 以伊斯兰教在东南亚的传播为个案研究/蒲瑶/新疆社会科学/2007.3

近代以来中东地区伊斯兰思潮在东南亚的传播方式和影响(19 世纪初 -20 世纪上半叶)/范若兰/南洋问题研究/2008.3

东南亚伊斯兰非政府组织的产生、发展及其作用/许利平/当代亚太/2008.5

缅甸华人穆斯林研究—— 曼德勒"潘泰"社群的形成/貌貌李/南洋问题研究/2007.1

伊斯兰原教旨主义与马来西亚的政治发展/宋效峰/江南社会学院学报/2007.4

伊斯兰教与马来西亚政治民主化/范若兰/东南亚研究/2007.6

后苏哈托时代伊斯兰教与印尼政治民主化/范若兰/当代亚太/2007.4

对宗教自由与多元主义的挑战:印尼反阿赫默迪亚运动浅析/施雪琴/南洋问题研究/2008.4

伊斯兰教与当代文莱政治发展/黄云静/当代亚太/2007.4

试论奥朗则布宗教政策的改变/韩建萍/喀什师范学院学报/2007.1

论印度伊斯兰民族主义—— 兼论伊斯兰教与民族主义的关系/邓红英/南亚研究季刊/2008.3

巴基斯坦的政治伊斯兰透析/张来仪/南亚研究季刊/2008.2

孟加拉国的伊斯兰化及其影响/张四齐/国际资料信息/2008.2

中东伊斯兰力量掌权前景分析/权新宇/江南社会学院学报/2007.4

中东民族国家建构中的民族主义与伊斯兰教/刘中民/国际观察/2008.5

伊朗的仪式与革命/玛莉·伊莱恩·赫戈兰德著;何国强译/青海民族研究/2007.2

伊朗的伊斯兰化与伊斯兰的伊朗化/吴成/山西师大学报/2007.6

尼日利亚伊斯兰刑法述评—— 从阿米娜"石刑"案谈起/张怀印/长春工业大学学报/2007.1

当代法国政府的穆斯林移民政策—— 以法国政府与伊斯兰教的关系为例/魏秀春,谢济光/广西社会科学/2007.3

穆罕默德与伊斯兰教的兴起/范鸿达/洛阳师范学院学报/2007.3

浅谈毛杜迪关于伊斯兰信仰及价值的阐释/马福元/西北第二民族学院学报/2007.1

阿富汗尼的伊斯兰振兴思想探析/王建平/上海交通大学学报/2007.3

霍梅尼政治思想的形成与发展/陈安全/西亚非洲/2007.8

突破藩篱 推陈出新—— 伊朗当代思想家琐如士对宗教现代性的新思考/王泽社/西亚非洲/2007.12

巴列维王朝时期的伊朗民族主义与伊斯兰教—— 从民族主义与伊斯兰教的关系看伊朗伊斯兰革命的深层原因/刘中民/宁夏社会科学/2008.3

木剌夷国兴衰缘由初探/钱黎勤/宁夏大学学报/2008.3

从"烟草抗议"到"宪政革命"—— 伊斯兰教与19世纪末20世纪初的伊朗民族主义/刘中民/西亚非洲/2008.12

欧洲穆斯林问题研究:边缘化还是整合/胡雨/宁夏社会科学/2008.4

王岱舆和刘智在儒伊文化基础上对伊斯兰哲学的贡献/阿里木·托和提/新疆大学学报/2007.6

站在现代文明对话前沿的一代清真宗师—— 论王静斋大阿訇对中国伊斯兰文化的贡献/丁克家/宁夏社会科学/2008.3

贾迈勒丁·阿富汗尼的泛伊斯兰主义运动探析/黄前明/理论界/2008.9

哈桑·图拉比及其思想解析/蒋真/西亚非洲/2007.5

基督宗教

基督教超血亲伦理及其起源——从《旧约》到《新约》/尤西林/江苏社会科学/2007.2

圣经阐释的必须和必然——读梁工主编《西方圣经批评引论》/陆扬/学术论坛/2007.2

《新约》"其他书信"的信仰观/査常平/西南民族大学学报/2007.4

《圣经·旧约》中的二项对立原则/李世荣,王红/延安大学学报/2007.3

论《圣经》的反讽艺术/楼薇宁/宁波工程学院学报/2007.1

《圣经》"约"的精神与社会契约论/王常柱/兰州学刊/2007.7

《圣经·旧约》中妇女自主行为透析/马月兰/中华女子学院学报/2007.4

从《旧约圣经·创世记》看既定秩序与自由创造/鲁惠/云南师范大学学报/2007.5

近代中国人《圣经》观念考述/陈建明/社会科学研究/2007.6

基督宗教创造主名称在汉译《圣经》中的符号嬗变/傅敬民/上海大学学报/2007.6

从《圣经》中的工作观和财富观看基督教的道德义务/毛丽娅/四川师范大学学报/2008.1

圣经后期书卷的"外邦人"形象——以参巴拉、多比雅为例/孟振华/学海/2008.3

《圣经》习语文化内涵研究/钱艳平/肇庆学院学报/2008.4

斯宾诺莎的《圣经》诠释学方法/崔永杰,崔若楠/云南大学学报/2008.5

《圣经·创世纪》偷食"禁果"所凸显的人类伦理道德意识的觉醒/刘季冬/重庆工学院学报/2008.12

耶稣是如何走向十字架的——与周楠本先生商榷/胡念邦,张凯/东方论坛/2008.6

"圣婚仪式"中"爱"的弥赛亚性/杨慧/兰州学刊/2007.3

文艺复兴中的天主教因素/尚烨/阴山学刊/2007.2

教皇在墨西哥:公共仪式中的混合主义/(英)Andrew Beatty 著;王媛,黄剑波译/思想战线/2008.3

梵蒂冈第二届大公会议的历史省察/郝国昆,金龙云/史学集刊/2008.5

东正教与中俄早期文化交流/张建华/杭州师范学院学报/2007.2

现代文明与全球一体化背景下的俄罗斯东正教/孙蕾/探索与争鸣/2007.1

作为俄罗斯特殊性基因的东正教论析/王云龙/社会科学战线/2007.1

俄国特有圣愚文化现象分析/赵荣,张宏莉/社科纵横/2007.2

金帐汗国统治时期的罗斯东正教会/黄秋迪/西伯利亚研究/2007.1

皈依东正教对基辅罗斯文化和艺术的影响/张梅/西伯利亚研究/2007.1

苏俄时期东正教与苏维埃政权的关系/白虹,刘再起/社会主义研究/2007.1

罗斯东正教会在对外关系中的作用(12—13 世纪)/杨翠红,张广翔/东北亚论坛/2007.6

额尔古纳地区东正教:活动场所及相应活动/唐戈,时春丽/西伯利亚研究/2008.4

东正教在新疆塔城地区传播的历史及现状/姜勇/新疆师范大学学报/2008.1

当代俄罗斯东正教复兴情况研究/张梅/西伯利亚研究/2008.1

国图藏俄国东正教北京教士团文献考略/程真,李滋媛/国家图书馆学刊/2008.2

东正教对冷战后俄罗斯的影响/薛凤伟/西伯利亚研究/2008.2

论俄国东正教驻北京传教士团的特殊性/肖玉秋/俄罗斯研究/2008.1

俄罗斯东正教的社会整合与道德教化作用研究/陈岩,姜相志/学术交流/2008.7

乌克兰东正教会缘何"求独"/于时语/南风窗/2008.17

东正教传统及其对俄罗斯宗教哲学的影响/孙雄/中共浙江省委党校学报/2008.5

浅析俄国东正教的聚合性/周通/黑河学刊/2008.6

德国古典哲学与东正教神学的再次对接—— 德国自由主义者从合法马克思主义到"寻神派"的内在转向/刘成群/兰州学刊/2008.12

近代基督教新教江西美以美会研究/黄志繁,周伟华/南昌大学学报/2008.4

再洗礼教派社学思想分析/贺相铸,杨林伟/昆明理工大学学报/2008.6

中世纪大学与基督教文化渊源关系考略/高桂娟/大学·研究与评价/2007.5

1949 年前徐州的加拿大法裔耶稣会士及相关资料评介(一)/(加)李晟文/徐州

师范大学学报/2007.1

试论近代中国的教会中学教育/吴洪成,丁倩/河北师范大学学报/2007.1

关于晚清基督教社会教育的几点思考/韩兵/内蒙古农业大学学报/2007.1

教会大学的中国化历程及其意义/米红,李国仓/煤炭高等教育/2007.3

论马礼逊学校西式教育模式及其对中国近代教育的影响/商颖/浙江社会科学/2007.3

教会大学与中国教育现代化/田正平/文史哲/2007.3

晚清教会学校探析/黄金刚,韦福安/呼伦贝尔学院学报/2007.3

民国时期教会女子大学人才培养模式探析/许环环/龙岩学院学报/2007.5

基督教组织的社会角色解读—— 以重庆北碚区渔堂湾基督教礼拜堂为例/齐凡/时代经贸/2007.12

试论清末教会教育的系统化趋势/孙广勇/山西师大学报/2007.6

中国近代教会大学的办学理念—— 自由博雅教育/王玮/求索/2007.10

宁波基督教青年会研究/任卫华/宁波广播电视大学学报/2007.4

挑战与应对:近代中国教会大学的社会服务/周谷平、孙秀玲/华东师范大学学报/2007.4

哈尔滨早期宗教机构中的西洋音乐教育/陈晶/牡丹江大学学报/2007.12

晚清基督新教盲人教育/吝建平/湖北教育学院学报/2007.4

晚清教会女子教育/丁琳,顾卫星/江苏工业学院学报/2007.2

近代武汉教会书院述论/刘军/广西社会科学/2007.4

湖南教会学校演变的历史轨迹/高明,陆正新/档案时空/2007.5

教堂初立羊城—— 记广州第一座天主教堂的兴建/何文填/羊城晚报/2007.3.4

基督教青年会传入中国史实考略/贾永梅/史学月刊/2008.2

基督教大学中国化的早期尝试/张振国/山东大学学报/2008.1

清末民初基督教在山西的教育事业/王京强/忻州师范学院学报/2008.1

传教士对近代中国女子教育的作用/陈雁/继续教育研究/2008.3

民国初期教会教育与中国教育界的合作与交流/孙广勇/河南师范大学学报/2008.2

中国基督教女青年会与当代公益事业/左芙蓉/广州社会主义学院学报/2008.2

基督新教来华与中国学校英语教学的发端/陈才俊/华南师范大学学报/2008.2

浅谈近代广西教会女学/王震/中华女子学院山东分院学报/2008.3

从沪江大学看近代上海高等商业教育的办学路向—— 兼论教会大学中国化/

常国良,张健稳/山西师大学报/2008.4

略论浙北教会学校的作用/韩慧莉/湖州职业技术学院学报/2008.2

民族地区教会组织的结构与功能—— 以广西德保县为例/赵铁等/广西大学学报/2008.3

近代中国基督教大学立案事件述略/张筱良/殷都学刊/2008.3

近代中国东北基督教教会学校述略/邹丹丹/白城师范学院学报/2008.1

耶稣会对明清之际中西文化交流的影响/陈立军/长春师范学院学报/2008.5

近代圣母圣心会在西南蒙古教区的教育活动/王曙明/西北民族研究/2008.4

基督教传教士与近代浙江女子教育/谷雪梅/宁波大学学报/2008.5

当代香港基督教社会福利事业述评/朱峰/福建师范大学学报/2008.6

宗教信仰与社会服务:近代中国教会大学功能的现代表达/孙秀玲/煤炭高等教育/2008.6

中国近代教会大学科技类专业设置演变(1901—1936)/王玮/哈尔滨工业大学学报/2008.2

论戊戌前后西方来华传教士的中国教育变革设计/孙广勇/福建师范大学学报/2008.1

中国近代教会小学教育的若干问题探讨/吴洪成,郭丽平/河北师范大学学报/2008.1

日本经验与国民时期中国基督教学校的立案/章开沅,张永广/华中师范大学学报/2007.5

修道院与中世纪大学/王凯/内蒙古大学学报/2007.6

中国基督宗教研究:范式的转移与跨学科的整合/荆世杰/江海学刊/2007.3.

50年来中国天主教研究的回顾与前瞻/荆世杰/南京晓庄学院学报/2007.1

奥古斯丁神学再探/涂笑非/太原大学学报/2007.1

从托克维尔到舍勒:上帝问题的社会学论证及其现代性意识/欧阳彬/绥化学院学报/2007.2

普兰丁格的矛盾—— 普兰丁格的宗教排他论与有保证的基督教信念/周伟驰/现代哲学/2007.3

阿奎那理性神学基本特征论析/翟志宏/武汉大学学报/2007.3

基督教语境中普世人权的发轫—— 兼论西方学者的人权发生学观念/王云龙/东北师大学报/2007.3

从“存在”、“理念”、“形式”到“上帝”/王淑萍/辽宁师范大学学报/2007.3

安瑟伦与中世纪经院哲学/溥林/四川大学学报/2007.3
中世纪基督教神学的理性方法及其科学意义/谢鸿昆/科学研究/2007.4
统治万物的三位一体—— 海因里希·伯尔对天主教的批判/贺骥/同济大学学报/2007.4
启蒙运动中的基督宗教与人文主义/何光沪/人文杂志/2007.5
基督教与近代自然哲学的起源/王静/求索/2007.10
德里达、利科和基督宗教的边缘化—— 出场的上帝可以被拯救吗?/琳达·M·马卡蒙著;区欣译/现代哲学/2007.1
远离与追寻—— 人类发展的宗教之路/侯忠海/湖北大学学报/2007.1
论尼布尔的个体性思想及其意义/方永/武汉大学学报/2007.1
文艺复兴中的基督宗教与人文主义/何光沪/人文杂志/2007.1
西方理性主义的发展脉络/杨军,左建辉/保定师范专科学校学报/2007.1
召唤与职业:驳韦伯对基督教职业观的理解—— 从克尔恺郭尔的基督教思想出发/陈涯倩/现代哲学/2007.1
生态危机与神学思考的转向/王俊/现代哲学/2007.3
试论基督教修道制度的滥觞/田明/内蒙古民族大学学报/2007.5
简论哈弗罗斯的基督教德性伦理学/汪建达/江西社会科学/2007.2
基督教与西方和中国的现代性/张秀华/学习与探索/2008.1
浪漫主义化的基督教—— 柯尔律治的宗教思想/张文会/湖北广播电视大学学报/2008.3
西方神学:回应挑战的入世之路/李欧/南风窗/2008.11
探索人权的基督教神学基础/徐爱国/同济大学学报/2008.2
奥古斯丁与基督教神学的基本范式/蒋鹏/广州社会主义学院学报/2008.1
上帝权威论/王常柱/兰州学刊/2008.6
论耶稣复活的生命含义/負红阳/渭南师范学院学报/2008.4
基督教人本主义视阈中的布尔加科夫/丁海丽,唐乐/西伯利亚研究/2008.5
基督教语言哲学简析/张豫鄂/郑州大学学报/2008.6
基督教精神与西方文化传统/刘春晓/郑州大学学报/2008.6
基督教关于创造性的观点:作为上帝的创造性/(美)考夫曼著;罗跃军译/求是学刊/2008.6
中国基督教“爱的神学”及其社会关怀/卓新平/中国民族报/2008.12.5
论基督新教伦理的思想实质/闵丽/四川大学学报/2007.4

和谐社会经济运作的道德信念启示—— 基于马克斯·韦伯的“新教伦理精神”/牛庆燕/中国石油大学学报/2007.3

从路德宗、加尔文教的新教伦理到“入世禁欲主义”的历史、逻辑考察/张申娜/学术论坛/2007.7

韦伯悖论与新教伦理的后现代走向研究/陈绪新/科学技术与辩证法/2007.5

新教伦理的超越性及其借鉴/曾凡远/南方论刊/2007.11

浅析基督教婚姻伦理制度及其现代发展/李宁/茂名学院学报/2007.5

为上帝而工作—— 美国清教工作伦理要义/王萍/社会科学论坛/2007.12上

韦伯悖论与新教伦理的后现代走向研究/陈绪新,王兴仓/江淮论坛/2008.1

基督教伦理与西方世界的兴起/张佳生/南华大学学报/2008.1

论基督教伦理中的爱/杨卫华/河北理工大学学报/2008.2

论基督教婚姻的伦理价值/李宁/学术研究/2008.7

关于基督教伦理化的思考/梁卫霞/广西社会科学/2008.8

基督教伦理中“信”、“望”、“爱”的对立统一/肖立斌/江西社会科学/2008.10

试析民族主义在非基督教运动中的作用问题/薛晓建/北京行政学院学报/2007.3

基督教教义与现代人权论有冲突吗/李敏仪/太平洋学报/2007.5

基督教的政治化理解—— 近代西方政治哲学解读基督教的一种基本思路/孙向晨/学术月刊/2007.7

基督教的理性传统如何促进西方公共财政体制的建立/马斌/当代经济/2008.8上

基督教青少年的宗教性:以甘肃农村基督教群体为例/杨宝琰等/心理学报/2008.11

论道德金律之文化内涵—— 道德金律在基督教文化传统中的意义/熊洁/理论界/2008.4

试析理查德·尼布尔的“基督与文化”关系类型/罗跃军/求是学刊/2008.4

科学革命中的基督宗教与人文主义/何光沪/中国人民大学学报/2008.3

略论奥古斯丁的基督教法律思想—— 由多纳特派之争展开/邓子美,丁露/西南民族大学学报/2008.7

论基督教文化对欧美宪政精神的影响/李玉忠/继续教育研究/2008.9

基督教环境观之分析/叶立刚/呼伦贝尔学院学报/2007.2

基督教信仰下的少数民族农村和谐社会建设研究—— 以云南三个苗族村寨调

查研究为例/何明,钟立跃/学术探索/2007.5
浅析宗教文化对英汉词汇的影响/顾玉芳/牡丹江大学学报/2007.10
早期基督教与服饰浅谈/王丹/山东行政学院山东省经济管理干部学院学报/2007.3
来华基督教传教士办报动机辨析/陈建云/西南民族大学学报/2007.4
基督教与中世纪文学观念的内在联系/刘建军/东北师大学报/2007.6
翻译与基督教的兴起/阮炜/浙江大学学报/2007.2
试析女性在基督教兴起和早期发展中的地位与作用(公元 1 世纪—— 公元 5 世纪)/曾金花,王仁卫/文史博览/2007.2
论基督教产生的思想文化基础/杨锐/唐都学刊/2007.5
试论基督教修道制度的起因/田明/西南大学学报/2007.5
早期基督教的命运/刘林海/河北学刊/2008.2
世界主义对早期基督教的影响/伍玉西/韩山师范学院学报/2008.5
早期基督教中诺斯替派与正统教会的“灵知”论战/王琛,王战/求索/2008.6
基督教在西方民主政治发展中的作用/顾肃/厦门大学学报/2008.6
5—7 世纪基督一性论宗教争端与东地中海世界的社会冲突/武鹏,田明/内蒙古民族大学学报/2008.5
耶稣会早期布教与中日传统社会背景/周韬/湖南师范大学社会科学学报/2007.2
法国耶稣会士的中国研究及对中国文化交流的影响/何谐/攀枝花学院学报/2007.2
传教士所创民族文字概说/邓章应/内江师范学院学报/2007.3
揭开传教“信票”的面纱/武世刚/档案天地/2007.2
圣母圣心会塞外传教活动研究述评/张彧/兰州学刊/2007.7
天主教在广西沿北部湾地区传播、扩散过程中的海岛效应和点轴模式/彭静,朱竑/人文地理/2007.4
传教士的教师角色对洋务教育的影响/李剑,陆红/唐山师范学院学报/2007.4
基督教四入中国及其特点初探/王三三/大庆师范学院学报/2007.4
《谨遵圣谕辟邪全图》之解读/邵雍/史学月刊/2007.9
略论浙江教会文化兴起的原因/韩慧莉/浙江传媒学院学报/2007.5
外国传教士早期在华办报特征/周辉湘/衡阳师范学院学报/2007.5
试论基督教入闽传教策略的演变过程/颜白瑜/福建广播电视大学学报/2007.5

空间、时间与基督教的中国处境—— 以《圣山下的十字架》为中心/黄剑波/中国农业大学学报/2007.4

黔西北地区基督教内地会传播史略/吴道军/贵阳市委党校学报/2007.6

西来的信仰:近代基督教在闽南/李双幼/闽台文化交流/2007.12

基督教在中国文化境域中的困境/张西平/学术研究/2008.1

傈僳语圣经翻译传播及其社会文化影响/王再兴/云南社会科学/2008.2

基督宗教对西南少数民族教育的影响及政策研究/俸兰,李伟/西北第二民族学院学报/2008.2

基督宗教对苗族教育的影响分析—— 以贵州石门坎为例/丁万录/西北第二民族学院学报/2008.2

基督宗教对景颇族教育的影响分析—— 以云南等嘎村为例/杨德亮/西北第二民族学院学报/2008.2

近二十年中国基督宗教史研究综述/李天纲/历史教学问题/2008.1

来华传教士对近代中国妇女问题的关注/陈文联,杨华/衡阳师范学院学报/2008.4

乡村基督教的实践形态:嵌入与疏离—— 以关中地区南村基督教会历史变迁为例/王思明,田雄/南京师大学报/2008.6

我国天主教非合法组织形成的历史背景和社会基础/周良沱等/江西公安专科学校学报/2008.5

基督教传播的“技术化”机制与实践—— 以甘肃省榆中县农村的实证研究为例/陈文江,严学勤/青海民族研究/2008.4

天主教、基督教在黔东少数民族地区的传播历史探析/高应达/铜仁学院学报/2008.6

从传播西教到传播西学—— 传教士中文报刊办刊宗旨的演变/赵晓兰/学术月刊/2008.12

青海省基督教徒宗教皈依原因分析/戴燕/青海社会科学/2008.6

唐代景教入华之际的时空环境及其影响/刘振宁/贵州大学学报/2007.1

西安景碑有关阿罗本入华事辨析/林悟殊/文史/2008 第一辑

李白《上云乐》景教思想质疑/林悟殊/文史/2007.2

洛阳新出土《大秦景教宣元至本经及幢记》石幢的几个问题/罗炤/文物/2007.6

“格义”:唐代景教的传教方略—— 兼论景教的“格义”态势/刘振宁/贵州大学学报/2007.5

唐代景教的传教策略及盛衰得失/叶蓉/浙江万里学院学报/2008.1

罗马天主教与蒙元的关系/左芙蓉/内蒙古社会科学/2007.3

石铎琭神父的《本草补》与方济各会在华传教研究/崔维孝/社会科学/2007.1

明末清初陕西的天主教/王雪/唐都学刊/2007.1

《利玛窦中国札记》所记的明末对外汉语教学状况/高永安/中州大学学报/2007.1

明清时期方济会与耶稣会在华传教客体对比分析/崔维孝/历史档案/2007.2

明末传教士对儒家经典的诠释及其后果—— 以利马窦《天学实义》文本研究为中心/郭景华/湖南科技学院学报/2007.11

明清之际甘青地区天主教传教活动钩沉/汤开建,刘清华/兰州大学学报/2007.5

明代耶稣会在华传教中的日本经验/王冬青/云南社会科学/2008.1

明末南京教案在中国教案史研究中的"范式"意义—— 以南京教案的反教与"破邪"模式为中心/邹振环/学术月刊/2008.5

《出像经解》与晚明天主教的传播特征/何俊,罗群/现代哲学/2008.4

明清间在华天主教传教士与俄国传道团之比较—— 时间以 1840 年鸦片战争为下限/马冬秀/宜春学院学报/2008.3

从纳妾问题看天主教在晚明的传播与接受/罗群/西安电子科技大学学报/2008.6

明清耶稣会士的中国风俗观/王海鹏/唐都学刊/2008.6

17 世纪晚期传教士眼中的中国—— 评《中国近事报道(1687 - 1692)》/赵华/社会科学战线/2007.1

近代甘南地区的基督教传播/陈声柏/兰州大学学报/2007.1

康熙"1692 年宽容敕令"与浙江/龚缨晏,陈雪军/浙江社会科学/2007.2

清前期天主教政策及其对江南传教的影响/周萍萍/南京晓庄学院学报/2007.1

以史证教与以史驳教—— 清初天主教传播与中西方史学交流/阚红柳/青岛大学师范学院学报/2007.1

关于康熙时期的几起天主教案子—— 梵蒂冈图书馆所藏相关中文文献研究/龚缨晏/社会科学战线/2007.3

西方宗教的传播与青州现代文化的发展/蒋元重/潍坊教育学院学报/2007.1

从神灵观看太平天国宗教的演变/伍玉西/求索/2007.10

浅析法国耶稣会士在中国的活动及影响(1610—1773)/梁育红/怀化学院学报/

2007.12

疾病的隐喻:清前期天主教传播中的医疗文化/张先清/中山大学学报/2008.4

康熙时期西方传教士在宫廷的活动/刘慧轩,王连华/沧桑/2008.3

早期传教士报刊对中国近代文明的构建/王金珊/内蒙古社会科学/2008.5

西方传教士对康熙朝政的贡献概述/曹青/江西师范大学学报/2008.3

中国天主教历史的浓缩与定格——读《上主的葡萄园——鄂西北磨盘山天主教社区研究(1636—2005)》/周萍萍/襄樊职业技术学院学报/2008.5

西方传教士与中国近现代图书馆/侯集体/兰台世界/2007.2

重庆教案与八省客长:一个区域史的视角/梁勇/社会科学研究/2007.1

从儒家的叛逆到基督的叛逆——洪秀全意识结构的内在矛盾/何军新/湖南城市学院学报/2007.1

传教士与19世纪中国医疗事业现代化启蒙/张玉莲/沧桑/2007.1

传教士与晚清法制现代化的启蒙/侯强/重庆教育学院学报/2007.2

晚清圣母圣心会西南蒙古教区传教述论/张彧/西北第二民族学院学报/2007.2

从石门坎苗族历史的变迁浅析其皈依基督的原因/李德虎/毕节学院学报/2007.1

西方传教士对清末学习日本活动的引导和反应/孙广勇/河南师范大学学报/2007.2

来华传教士乡村经济活动研究(1840—1949)——以长阳担子山堂口为个案/龙群,张议丹/重庆社会科学/2007.6

圣母圣心会清末民初在陕蒙交界的传教活动/张彧/西安电子科技大学学报/2007.3

美国与重庆交往的开端:19世纪末期的美国传教士与重庆/张涛/重庆社会科学/2007.7

晚清时期英美传教士的中国法律观/杨大春/政法论丛/2007.3

晚清圣母圣心会中蒙古教区传教述论/张彧,汤开建/中国边疆史地研究/2007.2

基督宗教与近代中国的社会和谐——以中华基督教青年会为例/侯杰,王文斌/史林/2007.4

晚清天主教会在内地的置产权述论/王中茂/清史研究/2007.3

震惊中外的"巨野教案"/刘向上/文史春秋/2007.8

近代西方传教士与中国士大夫的两次教育合作/孙广勇/宁波职业技术学院学

报/2007.4

基督教与近代中国女性意识的觉醒—— 以心态史学为视角的历史考察/戴燕/兰州大学学报/2007.5

传教士对烟台近代化发展的意义/邓云/鲁东大学学报/2007.3

教会医院与晚清教案/李传斌/南都学坛/2007.5

明稽章与广州石室教堂/陈静/开放时代/2007.5

教会医疗事业与基督教在近代中国的传播/李传斌/自然辩证法通讯/2007.5

美国来华传教士与晚清鸦片贸易/甘开鹏/美国研究/2007.3

圣母崇拜在中国近代天主教民中的兴起与扩展/刘丽敏/北京科技大学学报/2007.3

基督教会对近代烟台经济、文化的影响/滕松梅/史学月刊/2007.11

布道与牺牲—— 基督教布道团在山西(1882—1900)/周立英/山西农业大学学报/2007.4

美国传教士与中国近代学校教育/仇世林/山东师范大学学报/2007.5

"丁戊奇荒"中传教士在山东的赈灾活动考察/袁滢滢/聊城大学学报/2007.6

晚清外国传教士云集登州及其原因探析/郭大松/鲁东大学学报/2007.4

清末民初美南浸信会在广西的传教活动/吴宁,汤开建/广西民族大学学报/2007.5

传教士与维新运动—— 以李提摩太对康有为的影响为中心/王娟/世纪桥/2007.12

基督教与近代中国工业改良/秦武杰/南方论刊/2008.10

外国传教士与中国近代期刊/朱小琴/西安文理学院学报/2007.3

近代中日基督教和平主义的命运—— 以徐宝谦与贺川丰彦为个案的比较研究/刘家峰/浙江学刊/2007.2

基督教与近代山西种植业、养殖业和林果业发展初探/刘安荣/山西农业大学学报/2007.4

传教士与中国救济理念的近代化/任云兰/理论与现代化/2007.2

太平天国拜上帝会不是邪教/戴逸/江海学刊/2007.1

近代西方传教士来华从事高等教育活动的成因分析/谢竹艳/江苏科技大学学报/2008.4

传教士与近代中国的西医教育/陈雁/重庆教育学院学报/2008.1

传教士与近代活字印刷的引入/胡国祥/华中师范大学学报/2008.3

近代早期来华传教士与鸦片陋俗的纠葛与分离/王海鹏/天府新论/2008.4

基督教与近代陕北社会/吕波/延安大学学报/2008.3

近代天主教、新教在豫北地区传播活动的比较/梁育红/安阳师范学院学报/2008.4

清末民初基督教传教士在西南民族地区的宣教活动——以循道公会传教士柏格理为个案/赵文娟/西北第二民族学院学报/2008.1

晚清广东教案发生原因探析/冀满红,林广荣/郑州大学学报/2008.1

清末教案频繁发生原因探析/黄亦君,李晓兰/贵州文史丛刊/2008.1

鸦片战争前后传教士报刊与西方近代民主思想的渗入/谢丹/理论月刊/2008.2

从黔江教案看晚清教案的一些内幕/李重华/史学月刊/2008.4

晚清圣母圣心会在阿拉善旗的传教活动/张彧/电子科技大学学报/2008.2

试析中国民间宗教对拜上帝教的影响及二者的共性/陈瑞芳/喀什师范学院学报/2008.1

1902年辰州教案的真相/王佩良/文史博览/2008.4

1906年"南昌教案"研究/马自毅/中华文史论坛/2008.2

外国来华传教士与晚清经济思想的早期近代化/李浩,梁永康/中国社会经济史研究/2008.2

19世纪外报来华现象评析/田雷/哈尔滨学院学报/2008.7

论英国伦敦会传教士艾约瑟对太平天国态度的转变/吴霞/哈尔滨学院学报/2008.7

近代基督教在华医药事业迅速发展原因之分析/杜志章/江汉论坛/2008.8

晚清乡土社会天主教民的恩宠信仰/刘丽敏/北京科技大学学报/2008.3

论基督教在近代洛阳的传播/吉素丽/洛阳理工学院学报/2008.1

晚清基督教传教士编辑活动略论/向敏/出版发行研究/2008.8

基督教传教士与近代中国妇女的自觉/孙长来/广西社会科学/2008.11

近代基督教在少数民族中兴起原因之个案研究/吴道军/暨南学报/2008.5

近代基督教在甘肃/张筱春/牡丹江教育学院学报/2008.4

教会防范教案:甲午战后新教传教士集体上疏清廷考/陶飞亚/上海大学学报/2008.6

近代闽南基督教会的发展特点/李双幼/闽台文化交流/2008.4

基督教在近代吉林朝鲜族中的传播/邱广军/黑龙江民族丛刊/2008.1

近代西方教会在华慈善事业述论/周秋光,曾桂林/贵州师范大学学报/2008.1

作为他者的“洋教”—— 关于基督教与晚清社会关系的新阐释/孙江/江海学刊/2008.1

非基督教运动与民族主义的历史表述/郭若平/东南学术/2007.1

史料与历史事实重建—— 基督教边疆服务运动档案文献调查/邓杰,刘长江/四川师范大学学报/2007.2

中华基督教会河南大会本色化运动评析/尚海丽/殷都学刊/2007.1

革命与改良的相遇:来华新教传教士话语中的中国共产党(1928—1936)——以〈The Chinese Recorder〉为中心/杨卫华/史林/2007.3

中华基督教青年会与近代中国城市社会—— 以天津中华基督教青年会为例/侯杰,王文斌/理论学刊/2007.6

从《中华归主》看 20 世纪 20 年代初甘肃基督教的发展状况及原因浅析/段琦/兰州大学学报/2007.5

试析非基督教运动的兴起及其影响/薛晓建/中国青年政治学院学报/2007.4

天主教在近代宜宾的传播述略/李玉芳等/宜宾学院学报/2007.10

基督教与中国“边疆研究”的复兴—— 中华基督教会全国总会的边疆研究/杨天宏/四川大学学报/2008.1

简述江苏基督教界的抗日活动/高俊/江苏科技大学学报/2008.1

福音、医学与政治:近代中国的麻风救治/刘家峰/中山大学学报/2008.4

地方性事件与国家认同:汕头牖民学校风潮之解读/胡卫清/中山大学学报/2008.4

抗战时期基督教夏令儿童会初探/党洁/牡丹江师范学院学报/2008.6

抗日战争时期的天主教和基督教略论/韩荣钧/山西科技大学学报/2008.4

基督教在晋南农村盛行的实证研究—— 以晋南 A 村为例/程俊飞,刘宪俊/山西农业大学学报/2007.1

“以堂带点”管理模式的调查与研究—— 以 X 市基督教 T 聚会点为例/李创同,林连华/兰州大学学报/2007.5

拓展宗教对外交流—— 以“中国教会《圣经》事工展”为例/曹圣洁/上海市社会主义学院学报/2007.6

基督教文化在 20 世纪中国的十种境遇/耿成鹏/哈尔滨市委党校学报/2007.2

“基督下乡”的实践逻辑—— 基于皖北 C 村的田野调查/陈占江/重庆社会科学/2007.9

民族地区村落社会生活宗教构成的因素探析/潘柳燕等/广西大学学报/2008.1

黔西北地区基督教现状调查分析/吴道军/贵阳市委党校学报/2008.3

明德禄主教与帝汶天主教的复兴(1874—1910)/彭蕙/东南亚纵横/2007.1

宗教民族主义与文化解殖—— 近代菲律宾反教会运动浅析/施雪琴/东南亚研究/2007.1

普世福音与新殖民主义—— 20世纪初期基督教在菲律宾的传播剖析/施雪琴/南洋问题研究/2007.1

犹太人移民与基督教在塞浦路斯的传播/何志龙/西北大学学报/2007.4

论基督教在埃及迅速传播的原因/贾宝维,田明/内蒙古民族大学学报/2008.4

略论宗教改革及其救赎意义/殷筱/武汉科技学院学报/2007.4

论欧洲历史上的罗马帝国"情结"/张文伟,蒋水财/上饶师范学院学报/2007.2

论早期与中世纪基督教之异端及其不同之处/谌章明/哈尔滨学院学报/2007.8

近代早期欧洲猎巫运动述论/刘章才,李君芳/西南大学学报/2007.5

试论16世纪欧洲宗教改革的起因与影响/杭聪/内蒙古电大学刊/2007.11

前基督教传统与圣像破坏运动/龚昊/湘潭大学学报/2007.6

论中世纪欧洲圣殿骑士团的历史作用/郭建淮/史学集刊/2008.1

宗教改革后德意志大学的教派、体制和格局/肖建飞/黑龙江高教研究/2008.5

14、15世纪西欧宗教意识及基督教人文主义/张强/天津师范大学学报/2008.3

简析加尔文宗教改革的精神特质及成因/陈知纲/社科纵横/2008.8

中世纪西欧神权统治对西方民主政治的影响/李勤/历史教学问题/2008.5

从互惠到利他—— 宗教改革时期基督教济贫观念的变化/刘林海/北京师范大学学报/2008.6

罗马教廷干预东欧政局的基础和策略分析/周良沱等/江西公安专科学校学报/2008.4

黑暗过后是光明—— 试析加尔文在日内瓦的教会道德法律统治/曾金花,董竞/内蒙古农业大学学报/2008.5

论巴尔塔萨与基督教神秘主义传统的关系/宋旭红/中国青年政治学院学报/2007.5

欧洲中世纪早期的基督教文化/周剑/内蒙古民族大学学报/2007.1

中世纪基督教若干问题辨析/曲倩劼等/大庆师范学院学报/2007.1

论罗马帝国皇权强化对基督教发展的影响/陈舒/广州社会主义学院学报/2007.1

论意大利人文主义者对教会和宗教的态度/施德军/湖南文理学院学报/2007.3

论君士坦丁迁都拜占廷/袁波，雷大川/吉林师范大学学报/2008.1
论基督教在罗马法复兴中的作用/柴松霞/山西大同大学学报/2008.3
基督教早期修道生活中罗马帝国社会精英扮演的角色/董晓佳/安庆师范学院学报/2008.
早期葡萄牙在远东殖民扩张中的天主教因素/李德霞/南洋问题研究/2007.4
葡萄牙和西班牙的远东“保教权”之争及其历史影响/许璐斌/北京教育学院学报/2008.2
西欧中世纪圣母敬礼的兴起探略/贺璋瑢/学术研究/2007.1
黑暗中的曙光——中世纪基督教对西方宪政的主要贡献/平建东/社会科学论坛/2007.6下
试论中世纪天主教会高利贷观念的嬗变/孙诗锦，龙秀清/学术研究/2007.6
宗教改革时期的女性/李玉华/齐鲁学刊/2007.4
禁欲与放纵：魔鬼信仰与近代早期西欧的资本主义/陆启宏/史林/2007.5
试论西欧隐修运动盛期修道院的贸易特权/雍正江/历史教学问题/2007.6
中古英格兰的教区行政/陈日华/世界历史/2007.1
试析英国民族教会建立的特点/贺慧霞/阴山学刊/2007.1
英国教区文化模式溯源及演变/庞媛媛/重庆社会科学/2007.9
牛津华人基督教会及基督教徒的特点/徐黎丽，冯霞/兰州大学学报/2007.6
论基督教与英国奴隶制的废除/张维林/牡丹江师范学院学报/2008.6
试析5至12世纪爱尔兰修道院的黄金时代/江振鹏/中北大学学报/2007.1
论修道院成为西欧中世纪早期文化中心的原因/冯亚，苏振兴/唐山师范学院学院学报/2007.4
从1124年兰斯事件看路易六世的王权/黄春高/首都师范大学学报/2007.4
论腓力四世镇压圣殿骑士团的真正原因/郭建淮/东北师大学报/2008.4
法国耶稣会士与西学东渐和中学西传/周汉斌/法国研究/2008.2
契约神学：美洲清教徒本土化的心理机制/张媛/社会科学论坛/2007.12上
基督教右派的宗教观及其对布什政府外交的影响/王崇兴/浙江万里学院学报/2007.1
清教主义对美国社会的影响/李津/社会科学论坛/2007.3下
浅析20世纪后半叶美国基督教教会对同性恋现象之态度/袁存亮/怀化学院学报/2007.7
新基督教右翼的复兴及其对美国外交的影响/史泽华/国际关系学院学报/

2008.2

基督教对美国宪政文明的影响/杜红波/政治与法律/2008.3

清教传统与美国民主的精神/高卫华/书屋/2008.7

“9·11”以后的美国基督教右翼/郭亚玲/哈尔滨工业大学学报/2008.3

美国的基督教与社会稳定/时春荣/国外社会科学/2008.3

“美国新基督教右翼”的概念及相关问题研究—— 兼评国内学界同类研究/董小川,白丰绩/东北师大学报/2008.4

试论美国基督教基要派的“好战性”及其影响/姚桂桂/江汉大学学报/2008.6

基督新教对美国早期政治的积极影响/邬德平/衡阳师范学院学报/2008.5

全球化背景下基督教对中美关系的影响/郑易平,董农建/国际观察/2008.6

清教思想在美国的存在与发展/樊茉兰/忻州师范学院学报/2008.6

基督教道德对美国外交政策的挑战—— 以《公益》杂志的战争与和平观为例/彭小瑜/复旦学报/2008.1

“解放神学”死亡了吗？/刘承军/拉丁美洲研究/2007.1

1949年前徐州的加拿大法裔耶稣会士及相关资料评介(二)/李晟文/徐州师范大学学报/2007.2

关于西方来华传教士研究的若干范式问题/刘章才,李君芳/廊坊师范学院学报/2007.6

明清之际西方传教士在中国文化交流中的作用/黄玉军/济宁师范专科学校学报/2007.1

利玛窦与白鹿洞书院及其他—— 以文献整理视角的考察/肖朗/江西社会科学/2007.1

利玛窦与“南昌传教模式”初探/黄细嘉,曹雪稚/江西社会科学/2007.3

论利玛窦对中西文化交流的贡献及其历史地位/余三乐/肇庆学院学报/2007.3

艾儒略与张赓—— 明末清初天主教在福建的传教策略/陆芸/福建论坛/2008.3

西来孔子—— 艾儒略其人其文/陆芸/广西社会科学/2007.9

略论马礼逊在中西文化交流史上的贡献/王玉贵,陈丽/五邑大学学报/2007.4

广州第一任主教与石室教堂的兴建/陈静,郭丽娜/暨南学报/2007.6

清初宫廷葡萄牙传教士徐日升/吴艳玲/湖北社会科学/2008.5

清初来华传教士马国贤与中西文化交流/刘亚轩/江南大学学报/2008.3

杂糅的信仰与情感世界—— 清初上海的天主教文人许缵曾再论/刘耘华/上海师范大学学报/2008.4

清初来华传教士德理格与中国礼仪之争/刘亚轩/衡水学院学报/2008.6

高积善在近代吉林传教活动探察/邱广军/长春师范学院学报/2007.4

谢卫楼与晚清西学输入/吴义雄/中山大学学报/2007.5

双重困境中的李提摩太—— 兼评《亲历晚清四十五年—— 李提摩太在华回忆录》/孙燕京/社会科学战线/2007.5

浅析洪秀全的宗教思想/黄海涛/保山师专学报/2007.6

论朋霍费尔的基督教观/吴广成/武汉大学学报/2007.1

论柯勒律治的宗教思想/刘耀辉/重庆师范大学学报/2007.2

论李提摩太的教育思想/刘中猛/淮阴师范学院学报/2007.4

李提摩太在山东活动述论/张德明/潍坊教育学院学报/2008.1

基督教 首抵关东教士考/邱广军/兰台世界/2008.10 上

一个基督徒的民主追求/荆世杰/广西师范大学学报/2008.6

刘子如的基督教信仰—— 重庆历史名人《刘子如自述》文本读解与思考/赵心宪/西南民族大学学报/2008.12

从助手到领袖:1910 年代的中国基督徒—— 以诚静怡为中心的考察/刘家峰/社会科学研究/2007.2

耶稣会思想家与近代自然法的复兴/雷恒军/山西师大学报/2007.2

“普罗米修斯式”的宗教改革家—— 试论茨温利人文主义思想/刘亦明/中南林业科技大学学报/2008.3

其 它

重建儒教的危险、必要及其中行路线/张祥龙/现代哲学/2007.1

当代文化建设中的儒教问题/彭永捷/中国人民大学学报/2007.1

浅析马一浮以禅解儒/李国红/兰州学刊/2007.2

论儒学与宗教的异同/宋志明/科学与研究/2007.2

儒学与巴哈伊信仰:和谐社会思想之比较(上)/蔡德贵,牟宗艳/历史教学问题/2007.1

儒学与巴哈伊信仰:和谐社会思想之比较(下)/蔡德贵,牟宗艳/历史教学问题/2007.2

略论洪秀全对儒家文化的批判和继承/房春丽/洛阳师范学院学报/2007.1

和谐:《周易》的生命意蕴/聂民玉,纪常造/保定师范专科学校学报/2007.1
孔子的宗教信仰新论/罗建新/太原师范学院学报/2007.2
儒教与形而上学问题—— 对鞠曦、陈明、蒋庆的评论/黄玉顺/湖南社会科学/2007.1
世界的始终与人性之日生日成—— 王船山"天地之始终今日是"的哲学蕴含/陈赟/衡阳师范学院学报/2007.1
船山履卦之礼学意蕴/陈力祥/衡阳师范学院学报/2007.1
马一浮以儒融佛与调停朱陆之说评析/滕复/杭州师范学院学报/2007.1
儒教之争考/沈伟华/徐州工程学院学报/2007.3
"望祀"礼仪考论/韩梅/江南大学学报/2007.2
给儒学一个准宗教的地位—— 兼谈儒教不能进教育系统/朱宗震/探索与争鸣/2007.5
儒家非宗教论纲/叶青春,谢金森/内蒙古农业大学学报/2007.2
叩问生命:现代新儒家的佛学因缘/张毅/清华大学学报/2007.3
儒教的鬼神观念和祭祀原则/李申/复旦学报/2007.4
论王船山的生死观及其现代价值/朱理鸿/怀化学院学报/2007.6
杜维明对儒学宗教性问题的方法论批判/刘子阳,朱寰/吉首大学学报/2007.4
天的崇拜与民本主义—— 论儒教民本意识的来历与本质/卿文光/同济大学学报/2007.4
论儒教的宗教性问题(上)/张立文/学术月刊/2007.8
论儒教的宗教性问题(下)/张立文/学术月刊/2007.9
儒教的和平主义/武贤芳/理论界/2007.9
论京房"作易以垂教"的教化思想/崔波,王军/河南师范大学学报/2007.4
康有为孔教会会长任职考/张颂之/孔子研究/2007.4
儒教与宗教传统的一以贯之性/杨雯/内蒙古农业大学学报/2007.3
胡宏对佛教的批判及其检讨—— 兼论其对宋代新儒学的意义/李承贵/安徽大学学报/2007.2
综合思维方式与儒学是否宗教的问题/蔡德贵/文史哲/2007.6
印度尼西亚华人社会孔教的兴起/王爱平/南开学报/2007.6
西方传教士对"四书五经"的翻译/胡瑞琴/世纪桥/2007.12
中国近代宗教观的一般回顾—— 以早期现代新儒家为例/祝薇/南京邮电大学学报/2007.4

孔教会始末汇考/张颂之/文史哲/2008.1

国教化实施以后儒教的神秘主义特征和合理主义特征—— 从历学史角度作新的探讨/(日)小林春树/山东大学学报/2008.2

对于儒教之为教的社会学思考/杨凤岗/兰州大学学报/2008.3

儒礼之宗意涵—— 以朱子《家礼》为中心/罗秉祥/州大学学报/2008.3

康有为、陈焕章与孔教会/干春松/兰州大学学报/2008.2

关于儒家传统之宗教性的探讨/郑庭河/船山学刊/2008.2

正统与外来的冲突—— 近代儒教对洋教的抵制/毛圣泰/船山学刊/2008.2

《周易》:从巫术宗教神性思维到经验哲学人性思维—— 关于《周易》的文化人类学透析/张凤武等/南京理工大学学报/2008.3

明清徽州儒教信仰研究/丁希勤/黄山学院学报/2008.2

论先秦儒家的祭祀思想/龙佳解/湖南大学学报/2008.3

孔府的自然物信仰/闫长丽/重庆文理学院学报/2008.3

试论殷周之际由巫到史转变中《易》的作用/黄鸣/云南师范大学学报/2008.3

"天人合德"与"继善成性"—— 对《周易》发展观的生态学诠释/李中华/中共石家庄市委党校学报/2008.7

关于儒学宗教性问题研究的反思/刘雪飞/齐鲁学刊/2008.4

自我与超越:论儒家的精神体验和宗教性/姚新中,何丽艳译/江海学刊/2008.4

再论儒学何以具有宗教作用/杨泽波/文史哲/2008.4

儒家的"宗教性":儒教问题争论的新路径/王定安/历史教学问题/2008.4

宗教与和谐社会构建/窦效民/郑州大学学报/2008.6

儒家"以道德代宗教"的思想特质及其现代反思—— 兼论现代新儒家的"人文宗教"观/赖功欧/江西社会科学/2008.8

儒家视阈之创造力/(美)杜维明著;杨浩译/求是学刊/2008.6

民国诸文化保守派眼中的孔教运动/张颂之/齐鲁学刊/2008.5

从古代法律的角度看儒教/鲁丹/西北民族大学学报/2008.6

中国人的信仰认同模式:以儒教信仰为中心/李向平,石大建/社会/2008.6

皇室神道的形成与天皇的神化/王金林/日本研究/2007.1

关于日本神社原初功能的考察/胡稹/日本学论坛/2007.3

明治末期的神社整理与国家神道/郭冬梅/日本学论坛/2007.3

略论日本的国家神道/田祥军/林区教学/2008.5

日本神道与日本国民性/王秀毅/南方论刊/2008.10

论二宫尊德的神道观和价值观/范景武//内蒙古工业大学学报 2008.1

中日文化史上的宗教交流:九字秘咒的传播与演变/李远国/中华文化论坛/2008.3

从“萨克提”观念看印度教的女性观/陶笑虹/湖北社会科学/2007.1

印尼爪哇岛印度教神庙研究/吴杰伟,王妍/东南亚研究/2007.1

潜流一千五百载的“梵我同一”—— 对印度哲学的反思/曹彦/湖北经济学院学报/2007.3

一生二,二生三,三实为一——《大林间奥义书》中的梵我思想/曹彦/南亚研究/2007.1

论马克斯·韦伯的印度教伦理观/王善英/贵州社会科学/2007.4

印度“般若”范畴原义考/赵建军/广西师范学院学报/2007.3

婆罗门教信仰与泰人的礼法文化/吴圣杨/太平洋/2007.8

印度锡克教、锡克人和旁遮普问题/陈晓阳/阴山学刊/2007.4

吠陀奥义书对佛教和婆罗门教的影响/姚卫群/哲学门/2008.1

印度宗教民族主义探微/管银凤/忻州师范学院学报/2008.3

中国祆教艺术中的犬神形象/滕磊/故宫博物院院刊/2007.1

古巴比伦时期西帕尔地区女祭司的经济活动研究/李海峰,祝晓香/安徽史学/2007.2

唐五代敦煌的祆教文化/解梅/社科纵横/2007.12

唐伊吾祆庙“素书”非塑像辨/张小贵/中华文史论坛/2008.2

拉比犹太教探源/饶本忠/学海/2007.1

犹太律法的演变和特征/王宏选/甘肃政治学院学报/2007.3

西方人对中国开封犹太人的调查始末/耿昇/河南大学学报/2007.2

论古代犹太妇女的宗教地位—— 从《圣经》到《塔木德》的文本分析/张淑清/鲁东大学学报/2007.2

施特劳斯的政治哲学与犹太教问题/李革新/同济大学学报/2007.2

论中世纪西欧犹太妇女在犹太会堂中的地位和作用—— 以法、德为个案/张淑清/妇女研究论丛/2007.3

犹太节日折射的犹太文化功能探析/潘茹红/巢湖学院学报/2007.5

试论犹太教对犹太民族的凝聚作用/骆素青等/河北省社会主义学院学报/2007.4

犹太释经传统及思维方式探究/傅有德/文史哲/2007.6

犹太教“纯洁观”分析/车凤成/西北第二民族学院学报/2007.6

哈尔滨犹太宗教公会的兴衰/张铁江/西伯利亚研究/2007.6

论《圣经·旧约》中希伯来人的宗法思想—— 兼谈希伯来人选民观的产生/侯灵战/青海师范大学学报/2008.1

从哈尔滨犹太社区看犹太教/王桂芝/西伯利亚研究/2008.3

17 世纪中叶后英国对犹太人的重新接纳/刘景华,金辉/中南林业科技大学学报/2008.3

赫茨尔政治犹太复国主义的宗教选择/陈曦/浙江学刊/2008.3

论犹太教与基督教中有关妇女的禁忌/张淑清/鲁东大学学报/2008.3

哈尔滨犹太人政治领袖亚伯拉罕·考夫曼评述/王志军,李薇/辽宁师范大学学报/2008.4

弥赛亚盼望与基督教的起源/王忠欣/理论探讨/2008.4

中世纪英国犹太史研究综述/莫玉梅/理论月刊/2008.7

《旧约·圣经》中古代希伯来人的婚姻/贺璋瑢/华南师范大学学报/2008.3

早期以色列历史中的统一王国阶段研究现状/陈贻绎/犹太研究/2008.6

近十年来(1997—2007)国内犹太研究的特色/张倩红,尚万里/河南大学学报/2008.5

试析犹太教《塔木德》中的平等观/崔斌/河南大学学报/2008.5

《希伯来圣经》一神观念形成过程考论/王鹏/东方论坛/2008.6

山北高卢宗教领域罗马化现象探悉/薄海昆/重庆社会科学/2007.4

古希腊:宗教对社会政治心理的影响/李应青/安庆师范学院学报/2007.4

论古希腊女性在宗教仪式中的地位/陈珏/思茅师范高等专科学校学报/2007.4

试论前狄奥尼索斯—俄耳甫斯宗教/刘光耀/襄樊学院学报/2007.12

试论埃及古王国时期的太阳神权/李模/宁夏大学学报/2008.1

宗教与古希腊社会/侯典芹/宁夏大学学报/2008.1

简析古埃及宗教观念中的“卡”/徐昊/常熟理工学院学报/2008.1

希腊神庙“存在”的意义/刘宏/太原师范学院学报/2008.4

试析希腊化宗教中的东方传统/崔丽娜/首都师范大学学报/2008.5

埃及新王国时期神庙的功能与作用透析/赵克仁/内蒙古民族大学学报/2008.6

宋明教大师法贤考/林顺道/浙江学刊/2007.2

明教大师法贤其人—— 兼与廖大珂先生商榷/林顺道/中国文化研究/2007.1

摩尼教“五大”考/芮传明/史林/2007.5

唐开元二十年禁断摩尼教原因辨析/王媛媛/中华文史论坛/2008.2

泉州晋江草庵一带新发现摩尼教遗存—— 关于摩尼教消亡的时间问题必须重新审视/粘良图/泉州师范学院学报/2008.5

爪牙与叛逆:胥吏与清中期白莲教起义—— 以乾嘉之际白莲教"当阳教团"为中心/江田祥/历史教学问题/2007.3

《三教应劫总观通书》再探—— 兼与李世瑜先生商榷/濮文起/求索/2007.4

《香山宝卷》与中国俗文学之研究/韩秉芳/北京科技大学学报/2007.3

新疆奇台的理教和理门公所/夏雷鸣/新疆大学学报/2007.6

民国道院暨世界红卍字会的慈善教育活动述论—— 以山东省为例/李光伟/青岛师范学院学报/2008.4

靖江讲经宝卷源流考/孔庆茂/民族艺术/2007.3

明代无为教与其教义思想简论/濮文起/贵州大学学报/2008.2

对江苏靖江做会讲经和宝卷的调查与研究——《靖江宝卷研究》后记/车锡伦/河南教育学院学报/2008.4

新发现明末长生教宝卷考/孔庆茂/学海/2008.5

《董祖立道根源(支排记)》读解—— 一部记载清代天地门教组织源流的经卷/濮文起,莫振良/浙江社会科学/2008.9

白莲教与佛教净土信仰及摩尼教之关系—— 以宋元为中心的考察/范立舟/人文杂志/2008.5

非法新宗教:新农村建设需正视的问题—— 湖南省衡阳市"三元寺"调研/贺汉魂等/衡阳师范学院学报/2008.5

《天地宝卷》探颐—— 清代天地门教经卷的又一重要发现/濮文起/贵州大学学报/2008.6

巴哈伊教的和谐社会秩序观/万丽丽/社会科学家/2008.6

透视犹他,看摩门教的势力—— 兼论摩门教对美国的影响/杨松/黑龙江教育学院学报/2008.8

邪教痴迷者的深层心理原因及应对策略探究/曹瑞红/广西青年干部学院学报/2007.4

是弘扬佛法还是支持邪教?—— 评达赖同奥姆真理教、法轮功的关系/石山/西藏日报/2007.11.21

春秋梦兆信仰/陈筱芳/西南民族大学学报/2007.5

试论近代早期英国妖巫信仰中的"听差精灵"/蒋焰/武汉大学学报/2007.1

巫术析论:以宋代女性生育、疾病为中心的考察/方燕/四川师范大学学报/2008.1

巫术对人类审美心理的影响—— 以中国西南少数民族为例/张佐邦/云南师范大学学报/2008.2

“巫”三辨/郑英杰,王月娥/吉首大学学报/2008.1

湘西“锁蛇”:蕴涵科技元素的黑白巫术晶品/吕养正/吉首大学学报/2008.5

2007－2008年国家社科基金宗教学类资助项目一瞥*

程　利

2007年

马克思主义宗教学说史研究/牛苏林/河北社会科学院/一般项目/专著/2009.12.30

党在西藏领导宗教工作的历史考察和历史经验研究/潘建生/中共西藏自治区委员会党校/一般项目/研究报告/2008.6.28

20世纪文化危机宗教哲学批判及其价值/陈树林/黑龙江大学/一般项目/专著/2010.6.30

当代宗教多元论思潮之研究/王志成/浙江大学/一般项目/专著/2009.12.31

欧美宗教学前沿跟踪研究/张贤勇/中山大学/一般项目/专著/2010.6.30

宗教史家陈垣研究/刘贤/中国人民大学/青年项目/专著/2010.9.30

宗教在新疆地区构建和谐社会中的作用研究/王英姿/新疆农业大学人文学院/一般项目/研究报告/2009.6.30

对宗教团体的经济经营综合研究/何蓉/中国社会科学院社会学所/青年项目/论文(集)研究报告/2009.9.1

珞巴族宗教现状调查研究/郭克范/西藏自治区社会科学院/一般项目/研究报告/2008.11.30

唐代政教关系研究/陈寒/福建师范大学/青年项目/专著/2010.6.30

《分别论》的翻译及研究/韩廷杰/中国社会科学院世界宗教研究所/一般项

---

* 格式内容为:项目名称/主持人/工作单位/项目类别/成果形式/完成时间。

目/译著/2009.9.30

汉文佛典疑难俗字汇释与研究/郑贤章/湖南师范大学文学院/青年项目/专著 工具书/2010.12.30

法藏敦煌古藏文佛教经典的翻译整理研究/才让/陕西师范大学/一般项目/专著/2009.12.20

佛经音义文字整理与楷书汉字形体流变研究/邓福禄/武汉大学/青年项目/专著/2010.6.30

佛教文化对于中华民族大家庭形成、发展和巩固影响的研究/孙昌武/南开大学/一般项目/专著/2010.6.30

中国佛教与古代科技的发展/周翰光/华东师范大学古籍研究所/一般项目/专著/2009.12.31

南北朝佛教学派研究/圣凯/清华大学/青年项目/专著/2010.6.30

晚唐五代宋初敦煌佛教信仰研究/党燕妮/兰州大学/一般项目/专著/2009.12.31

明清鼓山曹洞宗文献研究/纪华传/中国社会科学院世界宗教研究所/青年项目/专著/2009.10.1

云南临沧地区南传上座部佛教现状调查研究/郑筱筠/中国社会科学院世界宗教研究所/青年项目/专著/2009.12.30

藏传佛教哲学及其当代价值/刘俊哲/西南民族大学/一般项目/专著/2010.8.27

密教思想史/吕建福/陕西师范大学/一般项目/专著/2009.9.1

魏晋南北朝隋诗文受汉译佛经影响研究/李秀花/山东经济学院/青年项目/专著/2010.1.29

《道藏》所载音乐资料辑研/蒲亨强/南京师范大学/一般项目/专著 研究报告/2009.12.30

道教内丹学研究/戈国龙/中国社会科学院世界宗教研究所/一般项目/专著/2009.12.30

道教文化对中华民族发展的影响研究/李远国/四川省社会科学院/一般项目/专著/2009.12.28

道教唱道情与中国民间文化研究/张泽洪/四川大学/一般项目/专著/2009.9.30

中古道教女性出家制度研究/杨莉/上海大学/一般项目/专著 论文集/

2010.7.29

北方民间宝卷研究/尚丽新/山西大学/一般项目/专著/2010.6.30

当代中国民间宗教活动调查与研究/濮文起/天津社会科学院/重点项目/专著/2009.12.31

民间信仰的历史与现状研究/王宏刚/上海社会科学院宗教所/一般项目/专著/2009.6.30

中国古代小说与民间信仰/程蔷/上海大学/一般项目/专著/2010.6.30

晚清乡土教民的信仰与民间文化研究/刘丽敏/北京科技大学文法学院/青年项目/专著/2009.12.31

白莲教与宋元下层社会研究/范立舟/暨南大学古籍研究所/一般项目/专著 研究报告/2010.6.30

《伊斯兰精神性全书》译介研究/马效佩/西北民族大学/一般项目/译著/2010.12.5

回族宗教信仰与社会和谐研究/马旭东/青海民族学院/青年项目/专著/2009.7.1

城市社区现代化进程中的伊斯兰教问题研究/马强/陕西师范大学/青年项目/专著 论文集/2009.9.30

伊朗与伊斯兰世界关系研究/冀开运/西南大学/一般项目/专著/2010.7.1

基督教与西欧民族(300－900年)/游斌/中央民族大学/青年项目/专著 研究报告/2009.12.30

美国雅礼会在华的教育与医疗事业研究/赵厚勰/华中师范大学/专著 论文(集)/2009.12.30

回鹘摩尼教研究/杨富学/兰州大学/一般项目/专著/2010.4.30

马丁·路德与惠能宗教思想的比较研究/张仕颖/南开大学/青年项目/专著 研究报告/2010.6.1

儒佛道三教关系与中国宗教的发展及精神/洪修平/南京大学/一般项目/专著/2009.12.31

北宋史学与儒道复兴思想运动/江湄/首都师范大学历史系/青年项目/专著/2010.6.1

2008年

无神论的历史命运和当代价值研究/李士菊/河北师范大学法政学院/一般

项目/专著/2010.12.31

“理一分殊”—— 当代宗教多元现象与理论研究/李林/中国社会科学院世界宗教研究所/青年项目/专著/2011.12.31

宗教美学研究/黄文杰/北京师范大学哲学系美学研究所/一般项目/专著/2011.3.12

法律信仰与宗教信仰的冲突与调试研究/陈彤/新疆师范大学/一般项目/专著研究报告/2010.12.8

小区域多宗教共存(互动关系)现状调研/马明忠/中共西宁市委党校/一般项目/专著 研究报告/2010.9.1

当代宗教公益事业的地域特征比较研究/莫岳云/华南理工大学/一般项目/专著 论文集/ 2010.8.30

西部地区新农村建设中的宗教问题研究/龙超云/贵州大学党委/重点项目/专著 研究报告/ 2011.7.30

青藏地区宗教内部利益集团问题与基层政权建设及社会稳定关系研究/马秀梅/青海民族学院/一般项目/研究报告/2010.12.31

建国以来新疆宗教问题社会调查报告汇编/郭泰山/新疆社会科学院/一般项目/专著/ 2009.7.16

云南宗教文化与旅游研究/张桥贵/云南民族大学/一般项目/专著 研究报告/2010.12.30

10－19世纪越南国家宗教祭祀制度研究/王柏中/广西民族大学/一般项目/专著/ 2010.12.30

当代蒙古国宗教问题研究/斯林格/内蒙古社会科学院/一般项目/专著 研究报告/2010.10.1

汉语佛教外来词历时研究/顾满林/四川大学文学与新闻学院/青年项目/专著/2010.12.31

中古早期(东汉－东晋)汉译佛经成语研究/高列过/广西师范大学人文学院/青年项目/专著/2011.12.31

唐五代佛典音义语料库建设/黄仁瑄/华中科技大学人文学院中文系/一般项目/论文集/2010.12.30

中国佛教本觉思想研究/蒋海怒/华侨大学人文与公共管理学院/青年项目/专著/2011.7.1

观音故事及观音信仰研究/周秋良/中南大学人文学院/青年项目/专著/

2010.12.30

隋唐佛教造像题记与写经题记整理研究/李晓敏/郑州大学/青年项目/专著/2011.10.31

西夏元明清时期的敦煌佛教/公维章/泰山学院历史学系/青年项目/专著/2010.12.31

明清时期中国－越南佛教关系研究/谭志词/解放军外国语学院/一般项目/专著/2010.6.10

寺庙管理的现状与走向研究/何方耀/华南农业大学人文学院/一般项目/专著 研究报告/ 2009.3.12

现代中国佛教文学史/谭桂林/湖南师范大学人文学院/一般项目/专著/2011.10.30

安多藏区藏传佛教发展的新特点及发展趋势研究/昂巴/甘肃省民族研究所/一般项目/专著 研究报告/2010.10.30

藏传佛教世俗信徒宗教朝圣的社会心理机制研究/陈国典/四川师范大学教师教育学院/一般项目/专著 研究报告/2010.12.30

清代藏传佛教研究/尕藏加/社科院中国社会科学院世界宗教研究所/一般项目/专著/ 2010.5.30

一组西夏藏传佛教文献解读/段玉泉/兰州大学/一般项目/专著/2010.12.30

西藏西部后弘期佛教壁画研究(10－13世纪)/张长虹/四川大学中国藏学研究所/青年项目/专著/2011.6.30

吐蕃末代赞普达磨研究/扎西当如/西北民族大学/一般项目/专著/2010.9.15

《道藏》医籍研究与校注/金芷君/上海中医药大学中医文献研究所/一般项目/专著 译著/ 2011.8.30

中国道学女性伦理思想研究/刘玮玮/天津医科大学/青年项目/专著/2010.12.20

山东道教碑刻收集、整理与研究/赵卫东/山东师范大学齐鲁文化研究中心/青年项目/ 2011.12.30

当前农村社会民间宗教活动研究/陈煦/中共四川省委党校/一般项目/专著/2010.6.30

环首都地区新农村建设中民间信仰现状的调查与思考/时国轻/中共河北

省委党校/青年项目/ 专著 研究报告/2011.12.31

国家正祀与地方民间信仰互动研究/王元林/暨南大学人文学院历史学系/一般项目/专著/2009.3.12

告别诸神——民国政府与破除"迷信"运动/沈洁/上海社会科学院历史研究所/青年项目/专著/2010.6.30

荥阳关帝庙/李素婷/河南省文物考古研究所/一般项目/专著/2010.12.20

敦煌灵宝经语言研究/叶贵良/浙江财经学院人文学院/一般项目/专著/2011.12/30

元代伊斯兰教中国化研究/马娟/兰州大学/青年项目/专著/2011.6.30

伊斯兰教在构建社会主义和谐社会中的作用研究/龙群/石河子大学政法学院/青年项目/研究报告/2010.7.1

江南城市穆斯林群体宗教信仰现状研究/季芳桐/南京理工大学/一般项目/论文集 研究报告/ 2010.9.10

中亚地区伊斯兰教现状研究/石岚/新疆社会科学院/一般项目/研究报告/2009.12.30

托马斯·阿奎那宗教伦理思想的人学解读/刘素民/北京大学哲学系/一般项目/专著研究报告/2011.9.30

托马斯·阿奎那《亚里士多德〈尼各马可伦理学〉注疏》:翻译与评注/黄瑞成/陕西师范大学宗教研究中心/青年项目/译著/2011.12.31

吴雷川对《圣经》本土化解读的实践和贡献/梁慧/浙江大学人文学院/青年项目/专著/ 2010.6.30

基督教与当代中美关系/涂怡超/上海复旦大学美国研究中心/青年项目/专著 研究报告/ 2010.12.20

中国内地会边疆传教史/张丽萍/四川大学道教与宗教文化研究所/一般项目/专著/2010.12.31

乡村生活中的基督教与本土多种信仰之关系研究/马光亭/青岛大学师范学院/青年项目/专著 研究报告/2009.12.20

传教士中文报刊研究/赵晓兰/浙江传媒学院/一般项目/专著/2010.6.30

明清之际在华耶稣会士的西方人文社会科学译著研究/梅晓娟/安徽师范大学外国语学院/青年项目/专著/2010.12.31

清初江南士人应对天主教文化研究/刘耘华/上海师范大学人文与传播学院/一般项目/专著/ 2011.12.31

十七世纪耶稣会中国年报研究/董少新/复旦大学文史研究所/青年项目/论文集 专著/2011.6.30

晚清教案对社会危机的激发与政府对策/董丛林/河北师范大学历史文化学院/一般项目/专著/2010.12.31

从冲突到调和:法国天主教在近现代社会中的嬗变/沈坚/浙江大学人文学院/一般项目/专著 论文集/2010.12.30

吐蕃统治时期敦煌石窟研究/沙武田/敦煌研究院/青年项目/专著/2010.6.30

清代藏传佛教、伊斯兰教与国家关系的比较研究/杜常顺/青海师范大学/一般项目/专著/ 2010.10.31

三教融摄与宋代士人心态及文学创作/张玉璞/曲阜师范大学/一般项目/专著/2011.6.30

儒佛会通与现代新儒学的理论建构/赵行良/湖南科技大学哲学系/一般项目/专著/2010.12.31

儒道功能互补的历史形态及其当代向度/安继民/河南省社会科学院/一般项目/专著/2010.21.30

西藏苯教发展史/才让太/中央民族大学藏学研究院/一般项目/专著/2011.12.30

侗族巫蛊信仰与阶层婚研究/曹端波/贵州大学人文学院/青年项目/专著/2010.6.30

纳西东巴经语言研究/木仕华/中国社会科学院民族学与人类学研究所/一般项目/专著/2012.10.1

满－通古斯语民族萨满叙事研究/郭崇林/哈尔滨师范大学人文学院中文系/一般项目/专著/2011.6.30

2007—2008年
中国社会科学院世界宗教研究所
部分重要学术活动及相关事项简记

沁　平

2007年

1.2-12　全国人大代表吴云贵研究员赴天津考察。

1.9-11　副所长张新鹰、金泽等赴浙江就有关课题进行调研。

1.9　道教研究室马西沙、吴受琚研究员退休。

1.18　全国人大代表吴云贵出席全国人大会议。

1.22-23　金泽副所长参加由中央外宣办召开的第十六次对西藏工作会议。

1.25　金泽副所长、陈进国副研究员参加院国情调研工作经验总结会。

1.30　瑞典隆德大学 Em. Aasulv Lande 教授来所做"欧洲处境中的跨宗教对话"报告,报告会由卓新平所长主持。

1月　戈国龙著《游心于佛道》由华夏出版社出版。

1月　戈国龙注译《新译乐育堂语录》由台湾三民书局股份有限公司出版。

1月　(英)约翰·鲍克著,高师宁、周燮藩、王宇洁、辛岩等译《神之简史:人类对终极真理的探寻》由三联书店出版。

1月　徐梵澄译著《五十奥义书》(修订本)由中国社会科学出版社出版。

2.1 应中国佛教协会邀请,全体所领导前往中国佛协驻地广济寺,与佛协会长一诚、副会长兼秘书长学诚等进行会谈。

2.2 副所长张新鹰等应邀参加中国国际友谊促进会举办的"2007 驻华使节迎春招待会"。

2.5 党委书记曹中建等参加院安全工作会议。

2.5 卓新平所长,张新鹰、金泽副所长应邀参加国际儒学联合会举办的新春招待会。

2.6 举行所春节团拜会。

2.6 卓新平所长出席《中国社会科学》杂志编委会会议。

2.7 全体所领导看望所部分离退休老同志。

2.8－9 全体所领导及部分学者代表出席院2007年度工作会议。

2.9 卓新平所长应邀参加“2007年中国国际文化交流中心理事会暨新春团拜会”。

2.8 卓新平所长出席中央电视台2007年春节慰问专家学者文艺晚会。

2.12 院召开2007年度党风廉政建设工作会议,所党委书记曹中建,所长卓新平、副所长、所纪委书记张新鹰等出席。

2.13 卓新平所长到中央编译局参加马克思主义基本理论研究课题工作会议。

2.13 所领导与职能部门同志参加《科学与无神论》杂志社举行的春节联谊会。

2.14 副所长张新鹰代表宗教所看望来所进修的台湾学者陆朝武。

2.16 人大代表吴云贵出席中办、国办举行的春节团拜会。

2.27 举行全体职工大会,传达院2007年度工作报告等有关文件。

2.27 全所在职党员大会举行,传达《关于我院出席党的十七大代表候选人和中央国家机关党代表会议代表人选征求意见的通知》。

2.28 人大代表吴云贵出席院举办的人大代表、政协委员座谈会。

2月 经院评审委员会通过,院党组审议批准,聘王志远、王健、王俊荣为研究员;经所专业职称评审委员会评审通过,院人事局备案,聘陈进国、汪桂平、纪华传、嘉木扬·凯朝为副研究员。

2月 经院人事局备案,聘华方田为佛教研究室副主任,李建欣为编辑部副主任,曾传辉为当代宗教研究室副主任,郑开为道教与民间宗教研究室副主任。任命陈平为副处级调研员,刘玉萍、李初雨为主任科员,海雅楠为副主任科员。

3.1 卓新平所长、张新鹰副所长等相关人员出席中国佛教文化研究所新春茶话会。

3.3－10 卓新平所长等赴意大利参加“沿着利玛窦的脚步”国际学术研讨会。

3.3－7 张新鹰副所长等赴台湾出席“宗教与传承”学术研讨会。

3.3－16 全国人大代表吴云贵出席全国人大十届五次会议。

3.7－13 金泽副所长率所国情调研课题组赴浙江调研。

3.9 张新鹰副所长等与李铁映副委员长座谈宗教问题。

3.9 张新鹰副所长赴浙江参加所国情调研课题组与当地有关部门研讨会。

3.14－16 全体所领导及相关人员出席由宗教所与新加坡三一神学院基督教研究中心和美国耶鲁大学神学院图书馆在北京共同主办的“中国基督教研究进展资源”国际学术研讨会。

3.17－18 金泽副所长出席学苑出版社和中国民俗学会主办的“海峡两岸民间文化研讨会”。

3.20 金泽副所长到国家宗教局参加“国际《道德经》论坛”工作会议。

3.20 所长卓新平，副所长张新鹰、金泽以及巴哈伊教研究中心人员出席在北京巴哈伊教徒举行的诺露兹节招待会。

3.21 卓新平所长赴中国政法大学作学术报告并与校领导讨论该校宗教学科发展问题。

3.23 张新鹰副所长与来访的中国佛教协会工作人员商讨有关佛教教育工作调研事宜。

3.27 香港圣神修院神哲学院教会史教授Carlo Socol来所作“梵一会议以降的天主教与普世主义”学术报告。

3.27 金泽副所长等与来访的日本龙谷大学武田龙精教授座谈。

3.30 所长卓新平、副所长金泽参加统战部与中国藏学研究中心主办的“藏传佛教与构建和谐社会”研讨会。

3月 经人事部批准，金泽副所长自2006年始享受政府特殊津贴。

3月 卓新平著《基督教与中国文化的相遇、求同与存异》由香港中文大学崇基学院出版。

3月 吴云贵、周燮藩著《近现代伊斯兰教思潮与运动》由中国社会科学文献出版社再版。

4.9 张新鹰副所长到社科出版社，协调中华大藏经编委会办公室有关问题。

4.10 卓新平所长主持学术报告会，邀请国家宗教事务局副局长王作安作题为《谈谈当前我国的基督教问题和基督教工作》报告。

4.12 名誉所长任继愈在国家图书馆主持召开《宗教词典》修订版启动会，卓新平所长与会。

4.13 卓新平所长应北京市委统战部邀请作有关宗教问题的报告。

4.13 王鹰同志被任命为研究生院世界宗教研究系教学秘书,免去吴军同志世界宗教研究系教学秘书职务。

4.16 所召开领导班子民主生活会,全体所领导与会并就加强领导干部作风建设,提高领导管理水平等问题谈心交流。

4.16 副所长金泽同伊斯兰教研究室、当代宗教研究室人员赴义乌考察。

4.17 卓新平所长会见来访的爱德基金会人员。

4.20 卓新平所长会见来访的美国普林斯顿大学神学院院长。

4.20 张新鹰副所长陪同李慎明副院长会见越南外交部副部长黎文鹏率领的访问团,并回答了客人的有关问题。

4.20 张新鹰副所长等参加中组部、中宣部等单位主办的报告会。

4.22－28 所长卓新平、副所长金泽、道教研究室主任王卡、副主任郑开等应邀赴西安参加"国际道德经论坛"。

4.24 所召开妇女工作座谈会。

4.25 党委书记曹中建、副所长张新鹰代表宗教所前往北京天主教堂南堂吊唁全国人大副委员长傅铁山主教。

4.25 张新鹰副所长应邀前往中国佛教协会,与一诚会长、学诚副会长等商谈佛教院校教材等有关问题。

4.26 张新鹰副所长等赴河南参加"伏牛山云岩寺佛教文化研讨会"。

4.29 金泽副所长参加研究生院2007年度教授委员会工作会议。

4.29 卓新平所长应邀赴美国参加亚洲基督教高等教育联合会董事会议。

4月 杜继文著《气功与特异功能解析—— 有神论的新载体和新时代宗教运动》由方志出版社重新出版。

5.9 卓新平所长主持召开所学术委员会会议,推荐所本年度国情调研项目。

5.9 院荣誉学部委员吕大吉研究员做《中国现代宗教学术的百年回顾与展望》报告,所领导及部分研究人员出席报告会。

5.10 党委书记曹中建等所领导出席院召开的警示教育暨安全形势报告会。

5.10 卓新平所长应邀赴上海师范大学参加"东方论坛:宗教与哲学对话"。

5.11－13 卓新平所长出席2007年度国家社科基金评审会。

5.15 所举行全体职工大会,传达院有关警示教育暨安全形势报告。

5.16 张新鹰副所长应邀赴江苏扬州出席"佛教教育论坛"并会见台湾星云法师。

5.18 卓新平所长、金泽副所长参加国家图书馆举行的《道德经版本(文物)展》开幕式。

5.18 高望之先生在美国逝世,享年 80 岁。

5.19-21 张新鹰副所长等应邀参加在青岛举行的"追求内心和谐学术研讨会"。

5.22 卓新平所长到国家宗教局参加会议。

5.22-23 曹中建书记、金泽副所长率所青年学者赴河北省赵县柏林禅寺参观考察。

5.25 卓新平所长、曹中建书记等出席院庆 30 周年大会。

5.25 院召开第六届优秀科研成果奖颁奖大会,王卡专著《敦煌道教文献研究—— 综述 · 目录 · 索引》获二等奖;邹昌林专著《中国古代国家宗教研究》、周燮藩主编《犹太教小辞典》获三等奖。

5月 尕藏加著《吐蕃佛教—— 宁玛派前史与密宗传承研究》由社会科学文献出版社重新出版。

5月 由卓新平主持的院委托交办项目"中国五大宗教基础知识"通过鉴定。该课题最终成果《中国五大宗教知识读本》由社会科学文献出版社出版。

6.4-5 卓新平所长应邀赴兰州大学出席基督教学术会议。

6.4-8 吴云贵研究员赴上海参加"东方论坛:宗教与哲学的对话"研讨会。

6.5 党委书记曹中建出席院召开的党建工作座谈会。

6.5-7 副所长张新鹰等赴上海、杭州参加中国友促会主办的"中韩文化论坛",并发表论文。

6.12 全所党员大会,党委书记曹中建主持会议,副书记张新鹰传达中央关于禁止利用职务便利谋取不正当利益的有关规定。同日,所党委召开支部会议,研究所党建工作。

6.12 卓新平所长主持所 2007 年度学位评定委员会会议,建议授予博士学位 4 人,硕士学位 4 人。

6.12 佛教研究室主任魏道儒接受"中华佛教信息网"专访。

6.14 所长卓新平、副所长金泽参加院重大课题评审会。

6.14 吴云贵研究员会见来访的美国天普大学教授 King Jack 一行。

6.17-24 全国人大代表、院学术咨询委员会委员吴云贵研究员赴新疆考察。

6.17 于秀珍同志在北京逝世,享年76岁。

6.18－20 卓新平所长应邀赴福建泉州华侨大学参加学术活动。

6.21 张新鹰副所长会见来院访问的台湾大学语言所教授、台"国科会"人文组组长黄宣范一行。

6.25 副所长张新鹰、当代宗教研究室主任邱永辉等会见来访的印度"观察家研究基金会"顾问 Vikram Sood 一行。

6.27 张新鹰副所长等应邀参加中国人民大学主办的"首届宗教与公益事业论坛"。

6.28 卓新平所长应中国驻伊朗大使邀请,赴伊朗进行学术访问。

6.28－30 金泽副所长、当代宗教研究室主任邱永辉等赴齐齐哈尔参加"达斡尔族斡包节"学术会议。

6月《徐梵澄随笔—— 古典重温》由北京大学出版社出版。

6月 王卡论文集《道教经史论丛》由巴蜀书社出版。

7.10 张新鹰副所长主持学术报告会,河南省龙门石窟研究院温玉成研究员主讲"关于中国早期佛教造像问题"。

7.12 金泽副所长参加研究生院召开的2007年度教授委员会第二次工作会议。

7.12 博士毕业生孙艳燕、李志鸿、李林来所工作。

7.14 卓新平所长率基督教研究室人员赴安徽、浙江考察。

7.18 张新鹰副所长会见台湾中华宗教哲学研究社荣誉理事长李子弋教授。

7.24 卓新平所长、金泽副所长会见伊朗驻华使馆文化参赞阿高杰利先生。

7.27 张新鹰副所长等会见台湾佛光大学生命学研究所所长宋光宇教授。

7.28－31 卓新平所长应邀赴德国参加"社会转变与新宗教形式"国际学术研讨会。

7.30 张新鹰副所长赴昆明参加全国台联举办的第十六届海峡两岸关系学术研讨会。

8.1－6 曹中建书记、金泽副所长率所部分科研人员赴青海进行国情调研。

8.6－10 卓新平所长应邀赴印度参加"中印文化交流"国际会议。

8.7 党委书记曹中建,副所长张新鹰、金泽等会见来访的日本创价大学教授、东洋哲学研究所研究员菅野博史。

8.12－17 所纪委书记、副所长张新鹰随中纪委驻院纪检组考察青海农村党风廉政建设工作。

8.13 卓新平所长接受香港凤凰卫视记者采访。

8.14 所长卓新平、副所长金泽会见台湾真理大学宗教学系主任张家麟一行。

8.16－22 卓新平所长应邀赴浙江温州参加中国人民大学文学院举办的“神学·汉学与文化研究”国际研讨班。

8.17 金泽副所长参加院老干部局课题评审会。

8.18－19 副所长张新鹰、金泽等参加宗教所与“佛教在线”共同主办的“佛教与社会建设”专题座谈会。

8.23 副所长张新鹰会见来访的台湾华梵大学东方人文思想研究所前任所长何广棪、现任所长黄俊威。

8.24 卓新平所长赴新疆参加中国统战理论研究会组织的国情调研，并出席31日在兰州举行的“中国宗教发展趋势高级论坛”。

8.27 张新鹰副所长参加科研局召开的2007年度科研管理课题评审会。

8.28 副所长张新鹰、金泽会见来访的伊朗宗教研究中心主任纳瓦布一行。

9.3 曹中建书记、张新鹰副所长会见来访的韩国曹溪寺国际部长明本法师。

9.4 金泽副所长会见来访的澳大利亚国家教会委员会秘书长 John Handerson 为团长的澳大利亚宗教领袖代表团。

9.7 党委书记曹中建，副所长张新鹰、金泽参观“全国检察机关惩治和预防职务犯罪展览”。

9.8－16 全国人大代表、院学术咨询委员会委员吴云贵访问德国，并出席“世界文明·轴心时代·人文主义”国际学术研讨会。

9.10 党委书记曹中建，所长卓新平，副所长张新鹰、金泽出席由院主办的“台海局势的现状与未来”报告会。

9.11 所长卓新平，副所长张新鹰、金泽出席巴哈伊世界正义院法扎姆·阿巴布主讲的“当前巴哈伊教在世界范围内的发展及其活动”报告会。

9.13 卓新平所长与韩国曹溪寺住持圆源法师签订佛教学术文化合作交流协议书，副所长曹中建、张新鹰、金泽等出席签字仪式。

9.15 副所长张新鹰等应邀参加在福建举行的“纪念慈航菩萨圣像回归祖庭及海峡两岸和平发展祈福活动”。

9.17－19 张新鹰副所长等出席上海师范大学宗教研究所主办的首届汉文大藏经国际学术研讨会。

9.18 香港浸会大学宗教及哲学系教授罗秉祥来所访问,作"9·11 事件、后现代主义与宗教伦理"学术报告,卓新平所长主持报告会。

9.20 台湾台北大学中文系主任赖贤宗教授来所访问,作"海德格尔与禅宗道家的跨文化交涉"学术报告,金泽副所长主持报告会。

9.21 张新鹰副所长等应邀赴上海外国语大学与师生座谈,吴云贵研究员作了重点发言。

9.21－23 所巴哈伊教研究中心与巴哈伊教澳门总会、全球文明研究中心、上海社科院宗教所联合主办"科学、宗教与社会及经济发展——巴哈伊教为和谐社会作贡献的思考与实践"国际学术研讨会,张新鹰副所长、吴云贵研究员等与会。

9.22 卓新平所长出席院道家与道教文化研究中心与院亚洲研究中心主办的"道教与民间宗教资料的认知与编撰"学术研讨会。

9.22－28 由曹中建书记、卓新平所长、金泽副所长带队,所 30 余名人员赴贵州进行国情调研。

9.25 张新鹰副所长应邀赴辽宁朝阳参加"首届朝阳佛教文化研讨会"。

9.26 张新鹰副所长参加"学科建设和科研队伍建设、社科基金工作座谈会"。

9.27 张新鹰副所长参加"中国文化走出去"战略调研组召开的座谈会。

9.28 张新鹰副所长会见来访的台湾开元寺会超法师。

9.28 张新鹰副所长接受荷兰国际广播电台采访。

10.8 张新鹰副所长应国家图书馆善本部邀请参加古代佛经珍本专家鉴定会。

10.11 2007 年度所级课题评审会召开,所长卓新平,党委书记曹中建,副所长张新鹰、金泽出席。

10.13－14 中国宗教学会和浙江大学基督教与跨文化研究中心主办的"宗教与世界和谐"暨 2007 年度中国宗教学会年会在浙江大学召开,所长卓新平,党委书记曹中建,副所长张新鹰、金泽出席。

10.15－16 与浙江省社科联共同承担的"转型期民间信仰的地位和作用"调研项目中期研讨会在杭州举行,副所长张新鹰、金泽分别主持会议,党委书记曹中建出席开幕式,所长卓新平在开幕式上讲话。

10.16“第五届吴越佛教文化研讨会”在杭州举行，曹中建书记出席开幕式。

10.17－22 卓新平所长应邀赴德国出席“律与爱：中国与西方的哲学、宗教与科学”国际学术研讨会。

10.17－18 金泽副所长参加由国务院发展研究中心民族发展研究所召开的宗教与安全国际学术会议。

10.22 金泽副所长会见来访的新加坡圣公会新加坡教区周贤正大主教。

10.23 党委书记曹中建，副所长张新鹰、金泽，人大代表吴云贵参加院学习贯彻党的十七大精神大会。

10.23 卓新平所长分别会见来访的德国汉堡大学神学院 Christian Wollman 博士，韩国培才大学金炳兑博士。

10.23－28 卓新平所长应邀赴美国参加“中西文化交流回顾和展望”国际学术研讨会。

10.24 张新鹰副所长参加中国佛教文化研究所主办的“中日临济宗学术研讨会”。

10.25 党委书记曹中建，纪委书记张新鹰参加院召开的“学习党的十七大反腐倡廉建设精神”会议。

10.27 张新鹰副所长在无锡会见率团参加“两岸和合，共生吉祥”文化交流之旅活动的台湾佛光山星云法师。

10.28 张新鹰副所长等应邀出席“第二届世界佛教论坛”筹备工作座谈会。

10.29 张新鹰副所长会见台湾大学林端教授及花莲教育大学张宏辉教授。

10.29－11.2 卓新平所长应邀赴澳门参加“明清时期的中国与西班牙”学术研讨会。

10.30 嘉木扬·凯朝作“关于内蒙古地区佛教寺院的调研报告—— 以内蒙古梵宗寺为主”，张新鹰副所长主持报告会。

11.4 张新鹰副所长等出席《中华大藏经》编委会会议。

11.6 张新鹰副所长等参加中国佛教文化研究所召开的“赵朴初佛学思想—— 纪念赵朴初 100 周年诞辰学术座谈会”。

11.6 副所长张新鹰、金泽等到国家宗教局向叶小文局长汇报浙江民间信仰调研课题进展情况。

11.7－10 卓新平所长在上海参加“徐光启译《几何原本》出版 400 周年纪念国际学术会议”。

11.13 曹中建书记等会见来访的山西省五台山尊胜寺住持慈圣法师。

11.14－17 卓新平所长应邀赴香港参加"当代儒学与精神性"学术研讨会。

11.18－19 所长卓新平、党委书记曹中建、副所长金泽参加院重大课题"宗教在文化发展战略中的地位与作用"课题组会议。

11.20 所召开党委会、所长办公会,审定全所人员考核等级,研究2007年所职称晋升工作。

11.21－22 张新鹰副所长应邀赴西安参加第三届"基督教在当代中国的社会作用及其影响"高级论坛。

11.22 卓新平所长参加院组织的《学问有道—— 学部委员访谈录》一书的出版座谈会。

11.24 副所长金泽等赴江西参加"第二届海峡两岸(鹰潭·龙虎山)道教文化论坛"。

11.26 卓新平所长主持2007年度专业技术职称评审会召开。

11.27 卓新平所长参加国家宗教局会议。

11.28－30 卓新平所长赴河南大学进行学术访问。

11.30 张新鹰副所长会见来访的台湾中华宗教哲学研究社荣誉理事长李子弋教授。

12.1－4 卓新平所长赴美国参加亚洲基督教高等教育联合会董事会议。

12.6－8 所主办的"膜拜团体国际学术研讨会"在深圳举行,全体所领导出席会议。

12.11 卓新平所长会见来访的北京国际基督教协会人员。

12.12 张新鹰副所长等参加"中国社会科学院廉政研究成果交流会"。

12.13 卓新平所长、金泽副所长等参加2007年度院级职称评审会议。

12.16－17 中国无神论学会召开学术年会,主题为"中国传统文化与基督教在中国的走向"。副所长张新鹰、金泽等出席。

12.18 中共中央政治局进行第二次集体学习,卓新平所长就当代世界宗教和加强我国宗教工作等问题进行了讲解,并谈了对做好新形势下宗教工作的意见和建议。

12.19－26 副所长张新鹰、金泽等应邀赴台湾参加"宗教与和平"学术研讨会。

12.22－28 卓新平所长赴三亚参加院学部主席团组织的学部委员赴三亚学术考察活动。

12.28 张新鹰副所长会见来访的澳门东井圆佛会会长林东。

12.29－30 第四届所青年学者论坛举行，所领导与青年学者出席活动。

12 月 伊斯兰教研究室周燮藩同志退休。

12 月 张晓梅著《托马斯·里德的常识哲学研究》由世纪出版集团上海人民出版社出版。

12 月 李维建译著《中亚的第二次机会》由时事出版社出版。

2008 年

1.3 卓新平所长、金泽副所长会见来访的西北民族大学党委副书记赵德安、该校教授马明良等。

1.9 张新鹰副所长等应邀到国家宗教局参加“第二届世界佛教论坛佛教典籍报刊网络音像展筹备座谈会”。

1.11－22 党委书记曹中建率团赴印度进行考察。

1.14－18 卓新平所长参加由中宣部组织的学习贯彻党的十七大精神培训班。

1.15 金泽副所长等出席印度总理辛格在院作的题为“21 世纪的印度与中国”演讲会。

1.15 金泽副所长等会见来访的马来西亚砂捞越州财政部长。

1.17 张新鹰副所长等出席《禅林》电子杂志出版新闻发布会。

1.22 2008 年所春节团拜会举行。

1.23 张新鹰副所长会见来访的台湾“立法院顾问”沈智慧一行。

1.24－28 张新鹰副所长率团赴韩国访问。

1.28 经院务会议批准，聘王美秀同志为研究员，聘期自 2007 年 8 月 31 日起。

1.29 全体所领导应邀参加国家宗教局局长叶小文举行的春节团拜会。

1.29 副所长张新鹰、金泽等出席所博士后孟领入站开题会。

1.30－31 金泽副所长等参加“东岳文化与大众生活”国际学术研讨会。

1 月 乐峰主编《俄国宗教史》由社科文献出版社出版。

1 月 金宜久主编《当代宗教与极端主义》由中国社会科学出版社出版。

1 月《当代中国宗教学术研究精选丛书》由民族出版社出版，卓新平、吕大吉、金宜久、马西沙等分别担任了该丛书分卷的主编。

2.2－3 张新鹰副所长参加中央外宣办召开的第十七次对外宣传西藏工作

座谈会。

2.5 人大代表吴云贵出席中共中央办公厅、国务院办公厅举行的春节团拜会。

2.7 卓新平所长赴英国参加“宗教与当代社会”学术研讨会。

2.14 党委书记曹中建,副所长张新鹰、金泽参加全院所局长会议,传达全国宣传思想工作会议和中纪委二次全会精神。

2.14 卓新平所长等参加赵紫宸诞辰120周年纪念活动。

2.18 卓新平所长参加由中央编译局召开的马克思主义基本理论工程专家研讨会。

2.18 卓新平所长会见来访的英国天主教会中英文化交流负责人。

2.19 全所党员大会召开,传达全国宣传思想工作会议精神。

2.21 卓新平所长等参加文史哲学部举办的第二次学术动态报告会。

2.23－24 所主办“中国宗教的新生态、新问题和新挑战”学术研讨会。

2.24 董型武同志在北京逝世,享年87岁。

2.25 党委书记曹中建等赴南京就有关佛教研究等事宜进行磋商。

2.25 张新鹰副所长等应邀参加中央电视台新闻纪录电影制片厂召开的佛教题材影视纪录片论证座谈会。

2.27－29 张新鹰副所长等赴浙江就“浙江民间信仰调研”课题之事与当地有关部门进行座谈。

2.27 副所长金泽等赴印度参加“宗教与安全”国际学术研讨会。

2.27－28 人大代表吴云贵赴天津考察。

2.28 所长卓新平、党委书记曹中建向院领导做工作汇报。

2.28 所长卓新平、党委书记曹中建等前往八宝山参加董型武同志遗体告别仪式。

2.28 党委书记曹中建参加院2008年离退休干部工作会议暨第二届离退休人员优秀科研成果奖颁奖大会。钟肇鹏著《求是斋丛稿》获二等奖,乐峰著《东正教史》获三等奖。

2.29－3.2 所长卓新平作为第十一届全国人大代表候选人参加人大常委会组织的十七大精神学习。

2.29 张新鹰副所长赴福建泉州就筹办学术会议之事进行商谈。

2月 中国宗教学会秘书处编辑的《中国宗教学(第三辑)》由宗教文化出版社出版。

2 月 何劲松著《韩国佛教史》由社会科学文献出版社推出新版。

3.2 – 18 卓新平所长出席第十届全国人民代表大全,当选全国人民代表大会常务委员会委员。

3.2 – 7 张新鹰副所长参加由中宣部举办的学习贯彻党的十七大精神培训班。

3.13 卓新平所长等应邀到国家宗教局出席“两会”宗教界代表委员座谈会。

3.13 卓新平所长、曹中建书记拜会云南省委常委、统战部部长黄毅、国家宗教局局长叶小文、副局长齐晓飞。

3.13 卓新平所长,张新鹰、金泽副所长等参加所学术沙龙。

3.16 – 21 金泽副所长参加由中宣部举办的学习贯彻党的十七大精神培训班。

3.19 卓新平所长参加全国人大常委会全体会议,当选全国人大民族委员会委员。

3.21 卓新平所长接受德国电视一台采访。

3.21 卓新平所长,张新鹰、金泽副所长会见浙江省社科联负责人。

3.22 卓新平所长,张新鹰、金泽副所长等应邀参加在京巴哈伊教信徒举办的“诺鲁兹节”庆祝活动。

3.24 院传达十一届全国人大一次会议和全国政协十一届一次会议精神,全体所领导出席大会。

3.24 所学术委员会举行会议,对 2002 年确定的佛教与基督教两个重点学科进行结项验收,对 2008 年申请的国情调研项目进行评审。

3.25 – 26 所各级领导参加院 2008 年度工作会议。

3.27 所领导参加院 2008 年度反腐倡廉建设工作会议。

3.28 叶涛同志由山东大学调到所当代宗教研究室工作。

3.29 党委书记曹中建参加院义务植树活动。

3.31 卓新平所长应邀赴南京参加江苏省委统战部、省民宗委举行的学术活动。

3.31 金泽副所长参加由外宣办召开的座谈会。

3 月 金宜久著《当代伊斯兰问题》由民族出版社出版。

4.1 全体职工大会召开,传达院工作会议精神及反腐倡廉建设工作会议精神。

4.2 卓新平所长会见来访的德国汉堡基督教会中国研究部甘默霓博士。

4.2 张新鹰副所长参加院优秀图书资料人员评审委员会会议。

4.3 卓新平所长主持报告会,邀请比利时枢机主教丹尼尔斯作“生活文化面临的挑战:伦理与科学的对话”报告。

4.6－13 曹中建书记等赴南京进行学术座谈。

4.7 卓新平所长参加由中央统战部召开的马克思主义宗教理论座谈会。

4.8 卓新平所长主持报告会,邀请意大利波洛尼亚若望二十三世宗教学基金会所属宗教学研究所所长、莫德纳大学麦劳尼教授作“20世纪60年代圣座的国际政策”报告。

4.8 张新鹰副所长参加《科学与无神论》编辑部与中国反邪教协会召开的杂志栏目合作选题座谈会。

4.9 卓新平所长出席院纪念改革开放三十周年座谈会。

4.11 卓新平所长参加院2008年国情调研项目申报材料评阅会。

4.11 张新鹰副所长等出席院监察局、计财局、科研局联合召开的《中国社会科学院科研课题经费管理办法(试行)》征求意见座谈会。

4.11 金泽副所长参加2008年研究生院教授委员会暨社科院研究生重点教材编委会工作会议。

4.13－17 卓新平所长应邀赴台湾参加“宗教如何在开放发展的社会中扮演和谐共荣的角色”研讨会。

4.14－18 曹中建书记参加由中宣部举办的学习贯彻党的十七大精神培训班。

4.17 张新鹰副所长参加院廉政文化研究课题组会议。

4.17－18 副所长金泽等赴厦门参加“吴真人与华人社会”学术研讨会。

4.19－20 曹中建书记、张新鹰副所长等赴山东菏泽,就有关学术研究事宜进行商讨。

4.20 卓新平所长会见来访的英国圣公会伯明翰主教吾尔卡特。

4.22－24 卓新平所长出席十一届全国人大常委会第二次会议。

4.24 金泽副所长参加西南边疆历史与现状综合研究项目第一次专家委员会。

4.24－25 金泽副所长参加清史传记修撰第二次工作会议。

4.29 卓新平所长主持召开所学术委员会会议,审议参加2008年院重点课题申报的所推荐项目。

4.29 卓新平所长,张新鹰、金泽副所长等会见来访的台湾中华宗教哲学研究社秘书长李显光。

4月 金宜久著《王岱舆思想研究》由民族出版社出版。

5.1 张新鹰副所长会见台湾佛光山星云法师。

5.3－5 卓新平所长赴新加坡参加亚洲基督教高等教育联合董事会董事会议。

5.4 金泽副所长参加由院国际合作局召开的外事经费问题会议。

5.6 印度尼赫鲁大学迪潘卡尔·古普塔教授来所做"印度的宗教自由与宗教问题"学术报告,所长卓新平,副所长张新鹰、金泽等出席报告会。

5.7 卓新平所长会见来访的意大利马切拉塔大学 Agostino Giovagnoli 教授。

5.7 卓新所长、金泽副所长等应邀参加美国驻华大使馆举行的招待会。

5.11－13 卓新平所长、张新鹰副所长等出席与浙江省社科联等合办的"寒山子与和合文化国际学术研讨会"。

5.13 卓新平所长出席2008年国家社科基金年度项目评审会议。

5.15 卓新平所长出席全国人大代表资格审查委员会第一次会议。

5.15－16 副所长张新鹰、金泽率部分青年学者赴浙江海宁考察。

5.20 卓新平所长、金泽副所长等与来访的伊朗伊斯兰文化联络组织主席穆斯塔法维座谈。

5.22 张新鹰副所长等出席院《中国社会科学院年鉴》2008年卷工作会议。

5.27 党委书记曹中建,所长卓新平,副所长张新鹰、金泽参加院赈灾捐款活动。

5.27 卓新平所长接受西班牙国家电视台采访。

5.29 卓新平所长会见来访的印度尼西亚卡渣玛达大学 Bernard Adeney－Risakotta 教授。

5.29 张新鹰副所长等出席院科研局召开的2008年度国情调研工作会议。

5.31 张新鹰副所长等出席在山东菏泽举行的"临济义玄故里学术文化座谈会"。

5.31－6.1 与美国杨百翰大学法学院等联合主办的"宗教与法治国际学术研讨会"在北京召开,全体所领导出席会议。

5月 黄陵渝著《犹太教》由中国社会科学出版社出版。

6.2 张新鹰副所长会见来访的台湾联合大学林本炫副教授。

6.3－5 卓新平所长应邀赴云南做有关宗教问题的报告。

6.3 张新鹰副所长参加院优秀图书资料人员评审委员会会议。

6.3 金泽副所长等与来所访问的伊朗驻华大使、文化参赞座谈。

6.10 卓新平所长会见美国花旗集团董事库恩博士。

6.10 曹中建书记、金泽副所长等与来访的江西云居山真如禅寺住持纯闻一行商讨有关学术活动事宜。

6.11－17 卓新平所长赴广西参加全国人大民委调研活动。

6.17 党委书记曹中建主持召开全所干部大会,副所长张新鹰、金泽分别传达胡锦涛、温家宝在中央"6·13"会议上的讲话精神。

6.17－20 张新鹰副所长等赴澳门参加"济公文化论坛"活动。

6.19 卓新平所长参加院研究生院召开的学位评审委员会会议。

6.20－22 卓新平所长赴甘肃参加省委统战部组织召开的"全球化宗教问题"学术研讨会。

6.22－25 张新鹰副所长、吴云贵研究员等赴香港参加"人类宗教与社会发展:心灵与世界公民"学术研讨会。

6.23 卓新平所长出席全国人大民委召开的会议。

6.24－26 卓新平所长出席十一届全国人大常务委员会第三次会议。

6.26－28 与华侨大学、台湾中华宗教哲学研究社联合主办海峡两岸"宗教文化与经济社会发展"学术研讨会,曹中建书记、张新鹰副所长等出席。

6月 赵广明著《康德的信仰—— 康德的自由、自然和上帝理念批判》由江苏人民出版社出版。

7.1 卓新平所长赴长春为吉林省民委举办的培训班做学术报告。

7.3 与江西省社会科学院、云居山真如禅寺共同主办"云居山国际禅修院建设专家座谈会",曹中建书记,张新鹰、金泽副所长等与会。

7.3 赵法生博士来所儒教研究室工作。

7.4 卓新平所长等参加院文史哲学部举办的国学研究论坛。

7.5－13 卓新平所长赴德国参加海德堡大学举行的"律与爱:中国与西方的哲学、宗教学和科学"国际学术研讨会。

7.5－6 张新鹰副所长等参加《中华大藏经(汉文部分)·续编》编辑委员会第二次工作会议。

7.6 金泽副所长等参加教育部"马克思主义理论研究和建设工程"第三批重点编写教材启动工作会议。

7.7 张新鹰副所长出席院优秀图书资料工作者表彰大会,资料室主任吴军荣获优秀图书资料工作者称号。

7.14－16 卓新平所长等参加上海大学举办的“全球化：价值观与多元主义”国际学术研讨会。

7.16 副所长张新鹰、金泽等参加《巨赞法师全集》出版座谈会。

7.18 副所长张新鹰、金泽等参加中国社会科学出版社召开的建社 30 周年专家座谈会。

7.22 卓新平所长主持召开全所副研以上专业人员会议，传达院专业职务评审委员会换届的文件精神，初选所新一届专业技术职务评审委员会。

7.22 张新鹰副所长应邀参加院科研局召开的院特殊学科建设座谈会。

7.22 金泽副所长应邀参加全国政协民委课题组专题调研会。

7.23－26 卓新平所长、曹中建书记参加院改革工作座谈会。

7.23－26 张新鹰副所长等赴河南参加“河南佛教学院教育研讨会”。

7.23－25 金泽副所长赴青海参加“地域文化多样性与和谐社会建设”学术研讨会。

7.28 卓新平所长会见香港中文大学学术交流处刘贻琦主任。

7.29 全所职工大会，传达院改革工作会议精神。

7 月 乐峰著《东方基督教探索》由宗教文化出版社出版。

8.5 卓新平所长、张新鹰副所长等应邀到中央统战部参加委托课题工作座谈会。

8.5 金泽副所长参加“九三学社”召开的学术会议。

8.11 曹中建书记向王伟光副院长汇报所改革工作情况。

8.14 卓新平所长出席全国人大常委会代表资格审查委员会会议。

8.15 金泽副所长赴云南参加西南项目评审会，并出席广西南宁第三届“宗教与民族”学术论坛。

8.17－19 卓新平所长会见来访的法国驻华大使馆政务参赞乐达吉先生们。

8.19 卓新平所长、曹中建书记出席院落实改革工作会议。

8.25－29 卓新平所长出席全国人大常委会第四次全体会议。

8.26 召开所党委会和所长办公会，研究改革工作方案。

8.26 副所长张新鹰、金泽主持召开部分科研人员会议，布置院交办国情调研工作。

8.29 副所长张新鹰等应邀到统战部参加“马克思主义宗教理论若干重大

问题研究”课题启动会议。

8月 黄奎著《中国禅宗清规》由宗教文化出版社出版。

8月 周伟驰著《彼此内外:宗教哲学的新齐物论》由宗教文化出版社出版。

9.2 卓新平所长主持召开课题主持人工作汇报会。

9.8－10 卓新平所长、金泽副所长出席“和衷共济——中国与世界的共存之道”第三届世界中国学论坛。

9.9 党委书记曹中建、副所长张新鹰出席院举行的领导干部学习报告会。

9.9－10 金泽副所长率部分科研人员赴京郊大兴进行国情调研。

9.11 卓新平所长、金泽副所长参加国家宗教局局长叶小文主持的有关工作会议。

9.12 卓新平所长、张新鹰副所长等与中央统战部二局有关负责同志举行课题座谈会。

9.13－23 以卓新平所长为团长、金泽副所长为副团长的所“东南亚华人宗教文化学术考察团”赴新加坡、马来西亚、泰国进行考察。

9.16 副所长张新鹰出席所青年学者沙龙,介绍台湾宗教情况。

9.17 常务副院长王伟光到哲学片调研,听取工作汇报,曹中建书记、张新鹰副所长出席会议。

9.23 张新鹰副所长赴江苏扬州商谈学术研讨会事宜。

9.24 卓新平所长会见来访的台湾财团法人台北市教会聚会所何子建。

9.24－26 副所长张新鹰、金泽等在杭州出席“汉学与中国社会科学的推进国际研讨会”。

9.26 所各级领导参加院召开的领导干部大会,听取中央关于开展深入学习实践科学发展观活动动员大会精神。

9.28 张新鹰副所长会见来访的南京浦口区副区长陆一。

10.4 卓新平所长应邀赴美国出席“全球秩序下的宗教”国际学术研讨会。

10.7 张新鹰副所长主持学术报告会,邀请台湾禅学专家洪启嵩作“禅与生命哲学”报告。

10.7 张新鹰副所长等会见来访的澳门巴哈伊教总会会长江绍发教授。

10.8－10 所长卓新平,副所长张新鹰、金泽等出席所协办的中国宗教与社会高峰论坛暨第五届宗教社会科学国际研讨会。

10.8－11 卓新平所长赴香港参加亚洲高等教育联合董事会会议。

10.11 曹中建书记、张新鹰副所长等赴南京出席“达摩文化与定山寺恢复重建座谈会”。

10.11 卓新平所长、金泽副所长召集参加重大国情调研活动的学者讨论实施计划。

10.13 召开所党委会和所长办公会,讨论深入学习实践科学发展观实施方案及动员报告。

10.14 所各级领导干部参加院召开的深入学习实践科学发展观活动动员大会。

10.14 所召开深入学习实践科学发展观活动动员大会。

10.15－17 与意大利马切拉塔大学等联合主办“当代世界中的宗教”国际学术研讨会,卓新平所长、曹中建书记、张新鹰副所长等与会。

10.15 北京市社科院郑永华博士到所博士后工作站工作。

10.15－23 院举行所级干部深入学习实践科学发展观活动培训班,所领导参加培训。

10.23－28 卓新平所长出席十一届全国人大常委会第五次会议。

10.24 院举行“纪念改革开放 30 周年系列学术报告会宗教专场”,卓新平等作有关报告。

10.24 卓新平所长等会见来访的日本东洋哲学研究所菅野博史研究员。

10.24 纪委书记、副所长张新鹰出席院文史哲学部各所纪检监察组织负责人座谈会。

10.27 副所长曹中建、张新鹰、金泽等出席院第二次“国学研究论坛”。

10.27－30 举办深入学习实践科学发展观活动处室级干部培训班。

10.28 卓新平所长会见来访的亚联董中国项目部负责人。

10.31 卓新平所长、曹中建书记、张新鹰副所长等出席中国社会科学出版社建社 30 周年庆祝大会。

11.6 卓新平所长、张新鹰副所长出席中宣部召开的马克思主义理论研究和建设工程学习党的十七届三中全会精神报告会。

11.6《世界宗教研究》荣获第四届院优秀期刊奖。

11.8－11 卓新平所长赴香港参加亚洲高等教育联合董事会会议。

11.9－10 张新鹰副所长等赴浙江嘉兴参加“中华佛教宝典——《嘉兴藏》300 年重归故里庆典活动”暨“《嘉兴藏》重辑出版学术高层论坛”。

11.11 陈佳贵副院长宣布:经 9 月 25 日院务会议及院党组会议研究决定,任命张新鹰同志为院计算机网络中心主任,免去其世界宗教研究所副所长、党委副书记、党委委员职务。

11.11－14 金泽副所长率部分科研人员赴江西进行国情调研。

11.13 卓新平所长会见来访的德国慕尼黑大学天主教神学系彼得·诺内尔教授。

11.14－16 卓新平所长等赴福建泉州参加第三届"宽容与构建和谐社会"研讨会。

11.18－21 由中央统战部、中央人民政府驻香港特别行政区联络办公室主办,宗教所承办的第四届"基督宗教在当代中国的社会作用及其影响"学术研讨会在北京举行。

11.19 曹中建书记出席院《中国哲学社会科学30年丛书》发布出版座谈会。

11.28 曹中建书记等出席院深入学习实践科学发展观活动转入分析检查阶段动员大会。同日,召开所党委扩大会议,传达院会议精神,布置下一阶段工作。

11.28－12.2 卓新平所长、金泽副所长赴湖南长沙参加国家宗教局举办的部分省市民间信仰工作调研会。

12.2 卓新平所长、金泽副所长等会见来访的厄瓜多尔圣弗兰西斯科大学校长 Santiago 教授一行。

12.8 美国 Drew 大学 Donald W. Dayton 教授等来所拜访,金泽副所长及部分科研人员与之座谈,卓新平所长主持座谈会。

12.9 嘉木扬·凯朝主持的所级课题《中国蒙古族地区佛教概况》经专家鉴定,以优秀等级结项。

12.10－15 金泽副所长赴新加坡、马来西亚进行学术访问。

12.11－13 与加拿大维真学院等联合主办的"基督宗教与社会转型"学术研讨会在北京举行。

12.14－15 中国宗教学会2008年学术年会暨宗教学科研究机构联席座谈会在北京举行,本次会议的主题为:学习科学发展观,繁荣宗教研究事业。

12.16 经院党组会议研究决定,任命金泽同志为世界宗教研究所纪委书记。

12.16 召开所领导班子生活会,主题为:2008年反腐但倡廉建设任务分解及完成情况汇报以及目前影响所深入学习实践科学发展观若干问题的调研。

12.20 曹中建书记前往民族所向该所建所50周年表示祝贺。

12.21 卓新平所长参加北京师范大学召开的“科学与信仰”学术研讨会。

12.22－27 卓新平所长参加第十一届全国人大常委会第六次会议。

12.22 曹中建书记、金泽副所长出席院“审计署进点审计动员会”。

12.22 金泽副所长出席院“第三届廉政研究论坛”。

12.23 金泽副所长主持学术报告会，由李维建、晏琼英做“甘肃临夏伊斯兰教门宦调查”报告。

12.23 金泽副所长主持召开“基督教专项调研”课题调研中期研讨会。

12.25 金泽副所长主持召开“基督教专项调研”课题组成员与部分荣誉学部委员和院外专家座谈会。

12 月 邹昌林、王志远、周国黎、吴军同志退休。

2007—2008年我国宗教工作与宗教活动大事记

施　言

2007年

1.7 国家宗教局副局长蒋坚永会见中国伊斯兰教协会第八届中青年委员研修班学员。

1.9-15 中国基督教两会在安徽举办“中国基督教神学院校爱国主义教程教研班”。

1.14-16 国家宗教局副局长王作安赴香港出席基督教圣公会香港教区邝保罗主教升座典礼。

1.15-16 全国宗教工作会议在昆明召开，中共中央政治局委员、国务院副总理回良玉出席开幕式并发表重要讲话，国家宗教局局长叶小文作工作报告，各省、自治区、直辖市宗教工作部门负责人出席会议。

1.19 国家宗教局副局长齐晓飞、中国道教协会会长任法融等出席《中华道藏》线装本工作座谈会。

1.21 国家宗教局副局长蒋坚永、中国伊斯兰教协会副会长洪长有出席广东省伊协举办的伊斯兰学术论坛。

1.21 第四届中国基督教艺术作品展在南京揭幕。

1.22-2.5 中国天主教主教团副主席金沛献、房兴耀，中国天主教爱国会副主席吕国存、马英林、刘德申、周肖吾、方建平、雷世银等分四组赴四川、重庆、江西、广东和江苏，就有关民主办教和“三个制度”的贯彻落实情况进行调研。

1.28 中国佛教协会咨议委员会副主席、湖北省佛教协会会长、武汉归元寺住持昌明法师在武汉圆寂，享年90岁。

1.28 由中国佛教协会等五家单位联合主办的中国佛教文化特展系列活动

在北京举行，其中包括中国藏传佛教文物展等内容。

1.30 国家宗教局局长叶小文会见来访的美国得克萨斯州牧师联合会会长一行。

2.12 中共中央政治局常委、全国政协主席贾庆林邀请全国宗教团体负责人到中南海座谈，向全国宗教界人士及信众祝贺新春佳节。座谈会上，全国五大宗教负责人联合发表《中国宗教界关于建设“和谐宗教、和谐寺观教堂”》的倡议书。

2.12 玄奘纪念堂修复完善竣工庆典在印度那烂陀举行，国家宗教局局长叶小文、副局长齐晓飞等出席庆典。

2.13 由中央统战部、全国政协民宗委、国家宗教局联合主办“2007 年宗教界人士迎春茶话会”在北京人民大会堂举行，全国五大宗教的代表近百人参加了茶话会。

2.14 国际道德经论坛第三次协调会在国家宗教局举行，叶小文局长主持会议。

2.15 中华宗教文化交流协会副会长、国家宗教局副局长蒋坚永，中国道教协会副会长张继禹等出席在香港举行的国际道德经论坛新闻发布会。

2.17 国家宗教局局长叶小文、中国佛教协会会长一诚出席在北京灵光寺举行的斯里兰卡总统拉贾帕克萨向中国赠送三昧佛真身仿品仪式。

2.26 中国佛教协会副会长兼秘书长学诚会见来访的斯里兰卡佛教代表团。

2.28 国家宗教局局长叶小文会见斯里兰卡宗教事务部部长潘松·班达拉奈克一行。

3.1 国家宗教局局长叶小文、中国佛教协会会长一诚、副会长兼秘书长学诚出席中国佛教文化研究所新春茶话会。

3.2 国家宗教局局长叶小文会见来访的美国富勒神学院副院长弗雷德一行。

3.4 中共中央政治局常委、全国政协主席贾庆林看望出席全国政协十届五次会议的宗教界委员。7 日，国家宗教局与全国政协宗教界委员及部分人大代表座谈，讨论以科学发展观做好宗教工作等问题。

3.15 “中宗和”第二届委员会第四次全体会议在北京召开，全国政协副主席、中国宗教界和平委员会主席丁光训在会上发言。

3.18－19 中国天主教爱国会、中国天主教主教团主席、秘书长联席扩大会议在北京举行,统战部副部长朱维群、国家宗教局局长叶小文等出席会议。

3.28 宁夏回族自治区举行"全区宗教界为建设和谐宁夏作贡献经验交流暨表彰大会"。国家宗教局局长叶小文出席大会,中国伊斯兰教协会副会长、自治区伊协会长谢生林宣读了《全区宗教界为建设和谐宁夏作贡献倡议书》。

4.2－21 北京、安徽等地宗教工作干部培训班在北京举行,国家宗教局局长叶小文出席开班仪式。

4.3 中国三自爱国运动委员会副主席邓福村出席由基督教"两会"社会服务部举行的艾滋病预防知识事工交流会。

4.7 中国基督教协会会长曹圣洁一行赴美国访问。

4.9－20"觉有情—— 星云大师墨迹世界巡回展"在重庆举行,国家局局长叶小文出席开幕式。

4.17 国家宗教局局长叶小文会见来访的越南政府代表团。

4.20 杰出的爱国宗教领袖、著名的社会活动家,中国共产党的亲密朋友,第十届全国人民代表大会常务委员会副委员长,中国国际交流协会顾问,中国天主教爱国会主席、中国天主教主教团代主席、天主教北京教区主教傅铁山在北京逝世,享年76岁。

4.22 国际道德经论坛在西安开幕,全国人大常委会副委员长许嘉璐,全国政协副主席、统战部部长刘延东,国家宗教局局长叶小文、副局长齐晓飞,中国道教协会会长任法融等出席开幕式。来自中国、英国、美国、法国等17个国家的350名代表与会。27日,论坛闭幕式在香港举行。

4.24－26 由啬色园与甲子书学会合办的"《道德经》书法作品展"在香港举行,国家宗教局副局长蒋坚永出席活动并剪彩。

4.30 国家宗教局副局长齐晓飞,中国佛教协会会长一诚,副会长嘉木样·洛桑久美·图丹却吉尼玛、圣辉、净慧、学诚、明学、珠康·土澄克珠等出席世界最高佛塔—— 常州天宁寺天宁宝塔落成庆典。

5.1 中国基督教三自爱国运动委员会主席季剑虹访问香港教会,并出席香港浸信会联会第68届年会。

5.8 外交部发言人姜瑜答记者问,就美国国际宗教自由委员会2007年度报告对中国宗教和民族政策进行歪曲和攻击表示强烈不满和坚决反对。

5.10 国家宗教局局长叶小文、副局长王作安会见来访的香港圣公会邝保罗大主教一行。

5.10 国家宗教局局长叶小文、副局长王作安等出席北京宗文书店开业仪式。

5.11 国家宗教局副局长王作安会见来访的越南宗教委员会代表团。

5.12 国家宗教局副局长齐晓飞出席甘肃省佛教协会成立50周年大会。

5.12 政协第十届委员会委员,政协武汉市第十一届委员会常委,中国天主教爱国会、中国天主教主教团顾问、湖北省天主教爱国会主席,湖北省天主教教务委员会主席,武汉市天主教爱国会主席,武汉市天主教教务委员会主席,天主教中南神哲学院院长,天主教武汉教区主教董光清在武汉逝世,享年90岁。

5.14－16 中国基督教三自爱国运动委员会主席季剑虹出席中国基督教"两会"在福建举行的南方五省(区)神学思想建设研讨会。

5.18 国家宗教局局长叶小文出席在北京国家图书馆举行的"大道流行——《道德经》版本(文物)展开幕式"。

5.20 上海静安寺正法久住梵幢落成庆典举行。

5.24 中国佛教协会副会长、少林寺方丈永信主持"丁亥年中国嵩山少林寺传授三坛大戒法会"。

5.25 国家宗教局副局长王作安会见来访的美国旧金山神学院院长。

5.25 大型梵乐演唱和佛教交响音乐会——"神州和乐颂香江"在香港举行。

5.26－29 国家宗教局副局长蒋坚永、中国佛教协会副会兼秘书长学诚分别率团赴泰国出席"第四届联合国国际卫塞节世界佛教大会"。

5.26－30 第七届全国《古兰经》诵读比赛在北京举行。

5.28 国家宗教局局长叶小文率中国政府宗教工作者代表团应邀赴日本出席"日宗恳"成立40周年庆祝活动。同时受邀参加活动的还有以中国佛教协会副会长兼秘书长学诚为团长的中国佛教协会代表团。

5.29 国家宗教局副局长齐晓飞陪同泰国总理素拉育·朱拉暖参访北京灵光寺。

5.31 中国佛教协会会长一诚,副会长净慧、明学、戒忍、觉醒等出席上海金山东林寺举行的建寺700年、扩建工程落成暨全堂佛像开光庆典活动。

6.3 以国家宗教局副局长蒋坚永为团长的国家宗教局代表团,以中国伊协会长陈广元为团长的中国伊斯兰教协会代表团应邀赴香港参加由香港中华回教博爱社等单位联合主办的"香港穆斯林庆祝香港回归祖国十周年庆典"大会。

6.6 缅甸代总理登盛参访北京灵光寺,受到中国佛教协会会长一诚的热情接待。

6.7－8 由中国基督教三自爱国委员会和中国基督教协会主办的"中国教会圣经事工展"在德国科隆展出。

6.8 国家宗教局局长叶小文会见来访的沙特麦加禁寺苏岱斯长老。

6.14 云南大理鸡足山金顶寺举行金殿落成暨佛像开光仪式。

6.15－16 中国道教协会会长任法融应邀赴兰州,在"文化·薇乐论坛"上主讲"《道德经》与和谐社会"。

6.19－21 国家宗教局局长叶小文等出席在南京举行的第三届亚欧会议不同信仰间对话会议。

6.19 国家宗教局局长叶小文会见应邀来访的日本立正佼成会庭野日鑛会长。

6.20 国家宗教局副局长蒋坚永会见中国伊斯兰经学院2007届新疆班学员。

6.26 国家宗教局副局长王作安出席纪念宗怀德主教逝世10周年座谈会。

6.26 国家宗教局举办江苏、福建宗教工作干部培训班。

6.28－7.3 中国佛教协会副会长兼秘书长学诚率中国佛教代表团访问斯里兰卡。

6.29－30 国家宗教局副局长蒋坚永出席由浙江省民族宗教事务委员会召开的全省创建平安宗教活动场所现场会。

6.30 国家宗教局局长叶小文、中国佛教协会会长一诚等出席香港佛教界庆祝佛诞暨香港回归祖国十周年吉祥大会鸣钟大典。

7.3 国家宗教局局长叶小文、副局长蒋坚永会见来访的英国国会基督徒小组主席安德鲁·西罗斯和英国圣经公会总干事凯特富德。

7.4 国家宗教局局长叶小文、副局长蒋坚永会见应邀来访的韩国佛教天台宗总务院院长正山长老率领的天台宗代表团。5日,代表团访问中国佛教协会,受到一诚会长的热情接待。

7.10 国家宗教局副局长齐晓飞出席在兰州举行的全国宗教工作系统表彰筹备会。

7.12 国家宗教局局长叶小文视察上海玉佛寺。

7.13《藏传佛教活佛转世管理办法》经国家宗教事务局局务会会议通过。自2007年9月1日起施行。

7.16－17 中国伊斯兰教协会副会长马开贤出席由云南省昆明市伊协主办的"伊斯兰教与构建和谐社会学术研讨会"。

7.19 国家宗教局副局长蒋坚永、中国伊斯兰教协会副会长兼秘书长洪长有等出席甘肃省伊斯兰教协会成立50周年庆祝大会。

7.19 中国佛教协会副会长兼秘书长学诚出席第二届“法门之光”福慧营开营仪式。

7.20－25 中华宗教文化交流协会副会长兼秘书长齐晓飞率团赴台湾参访。

7.20－26 中国佛教协会副会长净慧出席第十五届生活禅夏令营开营仪式。

7.21 全国政协民宗委副主任李晋有、中国道教协会副会长张继禹、黄信阳出席北京市道协与中央民族大学哲学与宗教学系联合举办的第一届宗教学研究生课程班结业典礼。

7.24 中国天主教爱国会成立50周年庆祝大会在北京举行。中共中央政治局常委、全国政协主席贾庆林出席大会并会见中国天主教爱国会、中国天主教主教团负责人。国务院副总理回良玉,全国政协副主席、统战部部长刘延东、国家宗教局局长叶小文等出席大会。

8.1 国家宗教局局长叶小文出席五台山佛教界主要负责人座谈会和“五台山佛教界‘申遗’工作宣传培训会”。

8.2－5 中国佛教协会会长一诚、副会长觉醒率中国佛教代表团应邀赴日本参加比睿山宗教首脑会议20周年纪念大会暨祈祷世界和平集会。

8.13 中国基督教神学院校《基督教爱国主义教程》经验交流会在辽宁沈阳举行。

8.16 国家宗教局副局长蒋坚永会见来访的世界华侨华人社团联合总会秘书长任兴亮。

8.21 中国伊斯兰教协会在北京召开“纪念张杰哈吉归真20周年座谈会”。

8.22 中国伊斯兰教协会在北京举行《中国穆斯林》杂志创刊50周年庆祝大会,国家宗教局局长叶小文、副局长蒋坚永、中国伊协会长陈广元等出席大会。

8.23 国家宗教局局长叶小文在钓鱼台国宾馆会见老挝总理波松,双方就两国的宗教工作进行了交流。

8.24－26 由中国伊协主办、广西壮族自治区伊协协办、桂林市伊协承办的“纪念成达师范南迁桂林70周年学术研讨会”在桂林召开。

8.30 国家宗教局副局长王作安会见来访的香港基督教医生代表团。

9.1－7 以中国佛教协会副会长觉醒为团长的"大陆佛教代表团"赴台湾参访。

9.3－9 国家宗教局主办的"和谐宗教论"研讨培训班在北京举行,叶小文局长作"宗教七日谈"讲座。

9.3 国家宗教局局长叶小文、副局长王作安会见来访的澳大利亚宗教领袖代表团。

9.8 天主教贵州教区肖泽江助理主教祝圣典礼在贵阳举行。

9.9 苏州寒山寺向台湾佛光山赠"兄弟和合钟"仪式暨"祈求两岸和平人民安乐大法会"在台北举行,国家宗教局局长叶小文出席法会。

9.9 国家宗教局副局长齐晓飞出席山西省佛教协会暨五台山佛教协会成立50周年纪念大会。

9.13 国家宗教局局长叶小文会见以斯里兰卡阿斯羯利派大导师为团长的斯里兰卡佛教代表团。

9.14－20 "慈航菩萨圣像回归祖庭暨海峡两岸和平发展祈福大法会系列活动"在厦门、福州、泰宁举行,国家宗教局副局长蒋坚永、中国佛教协会副会长兼秘书长学诚出席此次活动。

9.16 由湖南省佛教协会等联合主办的"海内外佛教界公祭炎帝祈福世界和谐大典"在湖南株州举行,政协全国委员会民宗委副主任杨同祥、中国佛教协会副会长圣辉等参加活动。

9.19 中国道教协会成立50周年庆祝大会在北京举行,中共中央政局常委、全国政协主席贾庆林出席大会并会见了中国道教协会负责人。国务院副总理回良玉,全国政协副主席、统战部部长刘延东等一同出席大会。

9.20 中国道教协会第七届二次理事会召开,会议通过《道教教职人员认定办法》、《道教宫观方丈住持任职离职办法》。

9.21 天主教北京教区李山主教祝圣典礼在北京举行。

9.25－27 国家宗教局副局长齐晓飞出席在辽宁朝阳举行的"首届朝阳佛教文化研讨会"。

9.25 中国天主教爱国会副主席马英林会见来访的越南天主教范明敏枢机。

9.26 国家宗教局局长叶小文会见越南枢机主教范明敏。

9.26 中国道教协会副会长、辽宁省道教协会会长、中国道教第二十四代大律师王全林逝世,享年80岁。

9.29 国家宗教局局长叶小文会见并宴请香港道教联合会主席汤伟奇为团长的港澳宗教界国庆观礼团成员。

10.7 国家宗教局局长叶小文就有关宗教问题接受中外记者集体采访。

10.7－8 中华佛教文化交流协会副会长兼秘书长齐晓飞率团赴香港出席"两岸四地佛教弘展研讨大会"。

10.7－11.2 云南省佛协在大理崇圣寺举行"首届传授二部僧三坛大戒法会"。

10.9－18 第三届藏传佛教高级学衔授予活动在中国藏语系高级佛学院举行。

10.17 国家宗教局副局长齐晓飞出席国家宗教局与中国伊斯兰教协会在西安召开的 2007 年度朝觐组织工作协调会。

10.21－30 圣公会环南大会主教代表团来访，访华期间受到国家宗教局局长叶小文、副局长王作安、基督教三自爱国运动委员会主席季剑虹、中国基督教协会会长曹圣洁等热情接待。

10.24 由中国佛教文化研究所与日本临济宗妙心寺派灵云院等共同主办的"中日临济宗学术研讨会"在北京举行。国家宗教局局长叶小文、中国佛教协会会长一诚、副会长兼秘书长学诚等出席会议。

10.25 中国基督教三自爱国运动委员会主席季剑虹、中国基督教协会会长曹圣洁、中国基督教三自爱国运动委员会副主席邓福村看望在中国人民大学学习的第二期宗教界爱国人士研修班的全体基督教学员。

10.26 第十次中韩日佛教友好交流会议在北京举行，全国政协主席贾庆林会见出席会议的主要代表，国务院副总理回良玉，全国政协副主席、统战部部长刘延东陪同会见。

10.27－28 中国天主教"一会一团"在北京举行拉丁文圣经演唱会。

10.28 国家宗教局副局长齐晓飞出席江苏无锡灵山书院暨江南大学宗教社会学研究所成立仪式。

10.28 国家宗教局副局长齐晓飞、中国佛教协会副会长兼秘书长学诚出席"第二届世界佛教论坛"筹备工作座谈会。

10.30 韩国天台宗总务院长正山率领代表团与北京灵光寺联合举行祈祷世界和平法会，国家宗教局副局长齐晓飞、中国佛教协会会长一诚等出席。

10.30 中国（莆田）南北少林武术公演大会在莆田南少林寺举行，中国佛教协会副会长兼秘书长学诚等出席活动。

11.4《中华大藏经(汉文部分)·续编》编辑委员会在北京举行全体会议。

11.5 纪念赵朴初诞辰100周年座谈会在北京举行,中共中央政治局常委、全国政协主席贾庆林,国务院副总理回良玉,全国人大副委员长、民进中央主席许嘉璐,全国政协副主席、统战部部长刘延东,全国政协副主席王忠禹、统战部副部长朱维群,国家宗教局局长叶小文等出席座谈会。

11.7 全国政协副主席、统战部部长刘延东会见全国佛教界人士读书班学员。

11.11 中国伊斯兰教协会会长陈广元出席河北宣化清真南大寺重修竣工庆典。

11.13 全国政协副主席丁光训会见美国圣公会主教蓬恩。

11.13－24 为庆祝香港回归祖国十周年,香港宗教界举办系列庆祝活动。13日,国家宗教局副局长齐晓飞出席"太上金箓罗天大醮"启坛大典。18日,国家宗教局副局长蒋坚永出席"香港回归十周年,万众供佛斋天祈福法会暨大型梵乐演唱会"。

11.13 中国基督教三自爱国运动委员会主席季剑虹、中国基督教协会会长曹圣洁、中国基督教三自爱国运动委员会副主席邓福村等会见来访的"美国圣公会首席主教"访问团。

11.14 中国天主教爱国会副主席刘柏年会见来访的俄罗斯主教。

11.16 全国政协副主席阿不来提·阿不都热西提、全国政协民宗委副主任黄璜、国家宗教局副局长齐晓飞等出席由苏州市委统战部等单位主办的"盛世和谐,以心相通"宗教论坛。

11.17 全国政协副主席阿不来提·阿不都热西提,全国政协民宗委主任钮茂生、副主任黄璜,国家宗教局副局长齐晓飞等出席苏州重元寺落成典礼。

11.20 全国政协副主席王忠禹会见以韩国宗教和平会议("韩宗和")主席崔根德为团长的"韩宗和"代表团。全国政协民宗委副主任黄璜、国家宗教局副局长王作安、中国佛教协会副会长圣辉、中国天主教爱国会副主席刘柏年等陪同会见。

11.20 贵州省道教第一次代表会议在贵阳举行,会议通过了《贵州省道教协会章程》,选举张崇新为省道协会长。

11.20 四川省天主教第八届代表会议在成都举行,选举雷世银为省天主教爱国会第八届委员会主席。

11.21－26 俄罗斯穆夫提委员会主席盖努特金应中国伊斯兰教协会邀请访

华，受到全国政协副主席阿不来提·阿不都热西提会见，陪同会见的有国家宗教局副局长王作安、中国伊协会长陈广元等。

11.22 中国藏语系高级佛学院建院 20 周年庆祝大会在人民大会堂举行。全国政协副主席、统战部部长刘延东，国家宗教局副局长齐晓飞，中国佛教协会会长一诚到会并讲话。十一世班禅额尔德尼·确吉杰布出席庆祝大会。

11.22 中国道协会副会长张继禹出席由香港道教联合会等主办的第四届国际道教学术研讨会。

11.23 中韩两国佛教界共同主办的“金乔觉·地藏王菩萨奉安法会暨祈愿北京奥运开办成功文艺演出”在韩国首尔举行。国家宗教局局长叶小文出席活动。

11.23 中国天主教爱国会副主席兼秘书长马英林为团长的中国天主教神职人员代表团赴比利时访问。

11.24 中国道协会会长任法融出席在江西鹰潭举行的第二届海峡两岸道教文化论坛。

11.24 江西龙虎山举行海内外道教修行者授箓仪式。

11.27 国家宗教局副局长王作安会见来访的美国前众议院议员博特。

11.30 天主教宜昌教区吕守旺主教祝圣典礼在宜昌举行。

12.3 湖北省佛教协会第七次代表会议在武汉闭幕，会议选出了新一届省佛协领导，正慈法师当选省佛协第七届理事会会长。

12.4 天主教广州教区甘俊邱主教祝圣仪式在广州举行。

12.5 四川省道教协会第五次代表会议在成都举行，会议选举唐诚青为省道协会长。

12.6 国家宗教局局长叶小文会见美国基督教领袖路易·帕罗。

12.8 中国基督教圣经印刷五千万册庆典在南京举行，全国政协副主席、中国基督教三自爱国委员会名誉主席、中国基督教协会名誉会长丁光训，国家宗教局局长叶小文，中国基督教三自爱国运动委员会主席季剑虹，中国基督教协会会长曹圣洁等出席庆典。

12.8 重庆市道教协会举行第二次代表会议，会议选举周至清为市道协会长。

12.10－11 国家宗教局局长叶小文出席全国宗教工作系统民主评选“双先”工作会议。

12.11 四川省佛教协会第八次代表会议在成都举行，选举香根·巴登多吉为省佛协名誉会长,永寿为会长。

12.13 广西伊斯兰教第五次代表会议在南宁举行,选举张道德为自治区伊协会长。

12.13 中华基督教女青年会全国协会与日本全国基督教女青年会联合在南京南京举办和平教育活动,主题为“和平的力量—— 南京思考之旅”。

12.18 中共中央政治局第二次集体学习,内容是当代世界宗教和加强我国宗教工作。中国社会科学院世界宗教研究所研究员卓新平、中央民族大学牟钟鉴教授就这个问题进行了讲解,并谈了对做好新形势下宗教工作的意见和建议。胡锦涛总书记主持并作重讲话,强调全面贯彻党的宗教工作基本方针,积极主动做好新形势下宗教工作。

12.18 江苏省天主教爱国会成立50周年庆祝大会在南京举行,统战部、国家宗教局有关领导和中国天主教爱国会副主席刘柏年到会祝贺。

12.19 统战部部长杜青林视察国家宗教局。

12.20 中国伊斯兰教协会主办古尔邦节执行会,国务院副总理回良玉出席。

12.20 江西龙虎山嗣汉天师府举行第二次国内正一派弟子受箓活动。

12.22 浙江杭州灵隐寺向台湾中台禅寺赠送“同源桥”仪式以及两岸佛教界“2007 和平祈福大法会”在台湾举行,中华宗教文化交流协会会长叶小文、中国佛教协会会长一诚率团出席。

12.26 由中华宗教文化交流协会主办的佛教交响乐《神州和乐》在国家大剧院举行,国务院副总理回良玉、全国人大副委员长成思危、统战部部长杜青林、国家宗教局局长兼中华宗教文化交流协会会长叶小文等观看演出。

12.27 中华宗教文化交流协会与韩国佛教友好交流协会在北京举行签订宗教文化考察项目仪式,叶小文会长出席仪式。

12.29 湖北省基督教第七次代表会议在武汉闭幕,选举汪振仁为省基督教三自爱国运动委员会主席,徐维友为省基督教协会名誉会长、朱致国为会长。

12.31 中国道教协会在北京主办首届中国道家书画艺术作品慈善拍卖会。

2008 年

1.1 鉴真学院落成揭牌和图书馆开馆庆典在扬州举行,国家宗教局局长叶小文出席庆祝。

1.8 “编纂出版《老子集成》研讨会”在北京举行,国家宗教局局长叶小文副局长齐晓飞，中国道协会会长任法融、副会长张继禹、黄信阳等出席会议。

1.8 重庆市召开天主教第三届代表会议，选举谢榜勇、何泽清为新一届市“两会”领导人。

1.9－13 中国基督教第八次全国代表会议在北京举行，全国政协主席贾庆林、国务院副总理回良玉、统战部部长杜青林等会见了全体与会代表。统战部常务副部长朱维群、国家宗教局局长叶小文、副局长王作安等出席大会开幕式。会议通过了修改后的《中国基督教三自爱国运动委员会章程》和《中国基督教协会章程》。选举产生了中国基督教“两会”新一届委员会和常委会，以及全国“两会”领导层。傅先伟当选为中国基督教三自爱国运动委员会第八届主席，于新粒、安信义、余文良、沈学彬、陈顺鹏、金蔚当选为副主席，徐晓鸿当选为秘书长；高峰当选为中国基督教协会第六届会长，吕德志、范承祖、林志华、倪光道、高英、唐卫民当选为副会长，阚保平当选为总干事。

1.15 中国佛教协会副会长兼秘书长学诚前往尼泊尔兰毗尼中华寺慰问僧团。

1.16－17 全国宗教工作系统表彰大会暨 2008 年全国宗教工作会议在北京召开。全国政协主席贾庆林会见了全国宗教工作系统先进集体代表和先进工作者，国务院副总理回良玉陪同会见并出席表彰大会，出席大会的还有统战部常务副部长朱维群、国家宗教局局长叶小文等。

1.24 中国伊斯兰教协会委员、顾问，著名回族学者纳忠教授逝世，享年 98 岁。

1.25 统战部部长杜青林在南京看望丁光训主教。

1.29 中国佛教协会副会长兼秘书长学诚看望赵朴初夫人陈邦织女士。

1.30 全国人大委员会委员长吴邦国接受第十一世班禅额尔德尼·确吉杰布的拜见。

1.30 统战部部长杜青林与中国天主教爱国会负责人座谈。

1.30 统战部部长杜青林到中国伊斯兰教协会，向伊斯兰教界人士祝贺新春。

2.2 中共中央政治局常委、全国政协主席贾庆林邀请全国宗教团体负责人到中南海座谈，向全国宗教界人士及信众祝贺新春佳节。

2.2 统战部部长杜青林到中国道教协会，向道教界人士祝贺新春。

2.3 国家宗教局局叶小文到中国佛教协会，向佛教界人士祝贺新春。

2.3 2008 年宗教界人士迎春茶话会在国家宗教局举行。

2.3 国家宗教局党组召开会议,部署支援灾区救灾、推动宗教界向灾区捐款捐物工作。全国五大宗教团体响应号召,纷纷捐款捐物,抗击南方特大雪灾。

2.7 西藏各大寺院举行一年一度的新年祈祷大法会。

2.18 中国佛教协会副会长永信率少林寺代表团访问韩国。

2.19－24 国家宗教局局长叶小文率团访问美国。

2.19 中国基督教三自爱国运动委员会主席傅先伟、中国基督教协会会长高峰、中国基督教三自爱国运动委员会秘书长徐晓鸿、中国基督教协会总干事阚保平与上海市民宗委领导座谈。

2.22 国家宗教局副局长齐晓飞赴香港出席“书斋与道场·道教文物展”开幕式。

2.24 中国佛教协会会长一诚出席在长沙举行的中泰民间佛教文化交流会。

2.27 辽宁省伊斯兰教第六次代表会议在沈阳闭幕,会议选举李鸿宾为省伊协会长。

3.6 国家宗教局局长叶小文,副局长齐晓飞、蒋坚永等与出席“两会”的宗教界代表、委员座谈,听取他们的意见及建议。

3.6 北京市委任命申建军同志为中共北京市民族事务委员会党组书记、北京市民族事务委员会(北京市宗教事务局)主任(局长)。

3.8 中国宗教界和平委员会第二届委员会第五次全体会议在北京举行。

3.11 国家宗教局副局长齐晓飞向台湾慈济慈善事业基金会颁发基金会法人登记证书。

3.14 西藏发生达赖集团及“藏独”势力策划、制造的打砸抢烧严重暴力犯罪事件。宗教界纷纷发表声明或谈话,谴责暴力犯罪事件及参与暴力犯罪的僧人。

3.20－25“全国佛教寺庙文物保护培训班”在北京举办,国家宗教局副局长齐晓飞、中国佛教协会会长一诚出席开班典礼。

3.21 辽宁省人大常委会任命包玉梅同志为省民族事务委员会主任(宗教事务局局长)。

3.26 中国基督教三自爱国运动委员会第八届、中国基督教协会第六届第一次主席、会长联席会务(扩大)会议在南京举行。

3.26 河北省委任命陈会新同志为河北省民族宗教事务厅党组书记、厅长。

3.27 国家宗教局局长叶小文会见“世界佛教徒联谊会”秘书长帕洛。

3.31－4.2 全国经学院宗教课统编教材教学工作座谈会在郑州召开，国家宗教局副局长王作安出席并讲话。

4.8 由中国佛协、中华宗教文化交流协会主办的“2008 汉传佛教讲经交流会”在北京举行，国家宗教局局长叶小文出席开幕式。

4.10 国全政协主席贾庆林视察广东韶关南华寺。

4.14“道源圣城·鹤鸣山祖天师神像开光大典暨寻根拜祖活动”在四川成都大邑县举行。统战部副部长李德洙、国家宗教局副局长齐晓飞、中国道协会会长任法融等出席活动。

4.18 新疆中青年伊玛目培训班学员拜访中国伊斯兰教协会，并进行座谈。

4.19 由中华宗教文化交流协会等主办的“首届文明对话暨论坛”在澳门举行，国家宗教局副局长王作安出席活动。

4.20 傅铁山主教逝世一周年纪念会在北京举行。

4.25 上海市基督教第九次代表会议闭幕，选举沈学彬为市基督教三自爱国运动委员会第九届主席，谢炳国为市基督教教务委员会第六届主席。

4.30－5.4 台湾佛光山开山宗长星云应邀率团来北京参访，5 月 1 日，到中国佛学院讲演，受到中国佛教协会会长一诚，副会长兼秘书长学诚以及上千法师与信众的热烈欢迎。2 日，在国家宗教局局长叶小文，副局长齐晓飞、蒋坚永的陪同下参观国家宗教局培训中心。

4.30 中国天主教“一会一团”举行为奥运倒计时 100 天祈福弥撒，中国天主教爱国会副主席、主教团秘书长马英林主祭。

5.2 湖北武汉长春观举行谢宗信大师宝塔落成暨登真 3 周年纪念活动。

5.3 国家宗教局副局长齐晓飞出席北京东岳庙举行的恢复道教活动场所开光颁证仪式。

5.4 第十一世班禅额尔德尼·确吉杰布参观“西藏今昔—— 大型主题展”。

5.5 国家宗教局副局长蒋坚永会见来访的香港基督徒会计师访京交流团。

5.6 外交部发言人答记者问，就美国所谓国际宗教自由委员会的年度报告，对中国宗教状况妄加评论，对中国宗教和民族政策进行蓄意攻击，表示坚决反对。

5.6－15 美国葛培理布道会应邀访华，国家宗教局局长叶小文、副局长王作安、中国基督教三自爱国运动委员会主席傅先伟、中国基督教协会会长高峰等先后会见了访华团一行。

5.10 正在日本访问的中国国家主席胡锦涛参访法隆寺和唐招提寺。

5.12 上海玉佛寺举行“上海佛教界为奥运祈福暨2008年佛诞节传灯”法会。

5.14 国家宗教局局长叶小文、中国佛教协会副会长兼秘书长学诚赴越南出席“2008联合国卫塞节国际佛教大会”。

5.14 中国佛教协会举行“为四川地震灾区消灾祈福大法会”,并组织现场捐款。

5.14 中国伊斯兰教协会发出倡议,号召广大穆斯林群众向灾区群众伸出援助之手,帮助灾民减轻灾害,恢复生活。

5.14 中国基督教“两会”、中国天主教“一会一团”分别举行为四川地震灾区祷告及捐款活动。

5.15 中国道教协会举行“祈福地震灾区消灾解厄法会”,并当场进行募捐活动。

5.18 国家宗教局局长叶小文主持召开局长会议,学习胡锦涛在抗震救灾工作会议上的讲话,听取工作汇报,研究部署下一步工作。18日,副局长齐晓飞飞赴成都,看望台湾宗教界赴四川救灾成员,指导四川省宗教局妥善安排海内外宗教界捐款及救助医疗队伍。

5.19 国家宗教局局长叶小文会见伊朗伊斯兰文化组织主席马赫迪·穆斯塔法维。

5.19 国家宗教局副局长王作安会见美国圣经公会代表团。

5.24 中国天主教爱国会副主席马英林出席天主教昭通教区大塆圣母堂开堂祝圣典礼。

5.27 国家宗教局局长叶小文会见美国国务院国际宗教自由办公室无任所大使汉弗德一行。

5.29 全国政协主席贾庆林在四川成都接见了参加中国佛道教界“为汶川地震灾区祈福·追荐·赈灾大法会”的佛道界代表并座谈,对宗教界在抗震救灾中的表现给予了高度赞扬。

5.29 江苏省基督教第八次代表会议举行,中国基督教三自爱国运动委员会主席傅先伟赴会祝贺。

5.30 国家宗教局局长叶小文赴宜兴参加国民党访问团为汶川地震灾区祈福法会。

5.30 中国天主教“一会一团”全体神职人员和教友在北京西湖林圣母堂及

全国修院圣母领报堂举行朝圣活动，为人类和平、北京奥运及地震灾区人民祈祷祝福，中国天主教爱国会副主席刘柏年、马英林等出席。

6.17 中国天主教"一会一团"向全国各省天主教"两会"、教区发出庆祝保禄年的通知。

6.17 广东省天主教爱国会成立 50 周年庆祝大会在广州举行。

6.18 国家宗教局副局长蒋坚永会见来访的美国摩门教斯坦利长老。

6.20 国家宗教局副局长王作安在上海向中国基督教各省（自治区、直辖市）"两会"负责人介绍奥运安保情况。

6.20 中国基督教"两会"召开本届第一次各省（自治区、直辖市）基督教"两会"负责人会议。

6.20 第七届全国卧尔兹演讲比赛闭幕，国家宗教局副局长蒋坚永、中国伊斯兰教协会副会长余振贵、马忠杰、洪长有、阿地里江等出席闭幕式。

6.21 中国佛教协会会长一诚、副会长明生出席"广东省佛教界抗震救灾慈善募捐晚会"。

6.22 国家宗教局局长叶小文在第二期"无锡周末大讲堂"做"宗教与西藏及台海事务"的讲座。

6.22 世界上第一个汉藏佛学研究中心在中国人民大学成立。

6.26 国家宗教局副局长蒋坚永出席武当山道教学院挂牌仪式。

6.26 湖南省道教协会第五届代表会议在长沙闭幕，会议选举黄至安为新一届省道协会长。

7.1 辽宁省基督教第六次代表会议在沈阳闭幕，会议选举寇有国为省基督教三自爱国运动委员会主席、沈光玮为省基督教协会会长。

7.4 国家宗教局局长叶小文视察奥运村宗教服务中心。

7.9－11 "2008 佛教外语交流会"在上海玉佛寺举行，国家宗教局副局长齐晓飞、蒋坚永分别出席了开幕式和闭幕式。

7.9－10 陕西省道教协会第四次代表会议在西安举行，会议选举任法融为省道协会长。

7.10 国家宗教局副局长蒋坚永出席中国基督教"两会"外事工作会议。会议由中国基督教三自爱国运动委员会主席傅先伟主持，中国基督教协会会长高峰就当前中国基督教如何做好外事工作，开展对外友好交流活动作了讲话。

7.13 国家宗教局局长叶小文出席"全国汉传佛教中青年人士读书班"开班仪式。

7.16 国家宗教局副局长蒋坚永出席《巨赞法师全集》出版座谈会。

7.16－18 中国伊斯兰教协会会长陈广元、中国佛教协会副会长兼秘书长学诚、中国道教协会副会长张继禹等赴西班牙参加世界宗教对话会议。

8.2 中国道教协会副会长黄信阳等会见到北京白云观访问的国际奥委会主席罗格夫人。

8.6《中国穆斯林新貌》大型画册首发式在中国伊斯兰教协会举行。

8.20 国家宗教局局长叶小文会见美国犹太教施奈尔拉比夫妇。

8.20 四川省佛协在什邡举行“纪念5·12汶川大地震遇难同胞百日百僧祈祷活动”。

8.21 国家宗教局副局长蒋坚永会见挪威文化与宗教大臣特隆德·吉斯克。

8.25 国家宗教局局长叶小文会见来访的新加坡圣公会大主教周贤正一行。

8.30 为期7天的2008拉萨雪顿节开幕。

9.3 中国天主教爱国会副主席刘柏年会见来访的法国天主教利摩日教区主教克里斯托夫一行。

9.4－17 以国家宗教局副局长王作安为顾问、中国基督教协会会长高峰为团长的中国中青年宗教领袖代表团应邀访美国。

9.17－19 全国政协民宗委与国家宗教局共同主办的“发挥宗教界人士和信教群众积极作用研讨会”在内蒙古包头市举行,全国政协副主席阿布来提·阿不都热西提、全国政协民宗委主任田聪明、国家宗教局副局长蒋坚永等出席会议并讲话。参加会议的五大宗教团体代表有,中国道教协会会长任法融、副会长黄信阳,中国佛教协会副会长兼秘书长学诚,伊斯兰教协会副会长兼秘书长洪长有,中国天主教主教团副主席房兴耀,中国基督教三自爱国运动委员会秘书长徐晓鸿等。

9.17 国家宗教局与中国伊斯兰教协会在北京联合召开2008年度朝觐组织工作协调会。

9.23 美国国务院发表的“2008年度国际宗教自由报告”无端指责中国的宗教和民族政策,外交部发言人对此表示强烈不满和坚决反对。

9.23 国家宗教局2008年信息通联工作会议在沈阳召开。

9.23 由中国基督教“两会”主办的“神学教育与神学思想建设研讨会”在南京举行。

9.27 国家宗教局副局长蒋坚永会见来访的港澳宗教界国庆访京团。

9.28 国家宗教局局长叶小文出席中国佛教协会会长会议。

10.4 以中国伊协会长陈广元为团长的中国伊斯兰教协会代表团应邀赴俄罗斯进行访问。

10.6－8 中国道教协会会长任法融出席由福建石竹山道院等联合举行的“梦与中西文化学术研讨会”。

10.7－12 以国家宗教局副局长王作安为团长的国家宗教局代表团访问荷兰。

10.11－13 2008 中国崂山论道暨首届玄门讲经活动在青岛崂山太清宫举行，国家宗教副局长齐晓飞、中国道教协会会长任法融等参加了开幕式。

10.17 2008 北京两岸三地道教宫观联谊会举行，国家宗教局副局长齐晓飞出席会议。

10.19 以中国基督教三自爱国运动委员会主席傅先伟为团长、中国基督教协会会长高峰为副团长的中国基督教“两会”代表团赴香港、澳门进行为期 8 天的访问。

10.19 国家宗教局副局长齐晓飞赴深圳弘法寺参加本焕长老 102 周岁庆典活动。

10.20 国家宗教局副局长王作安会见来访的乌克兰民族和宗教委员会主席萨甘。

10.25－26 国家宗教局副局长齐晓飞出席“科学视野中的佛教”研讨会。

10.26－29 第三次中国道教宫观生态保护论坛在江苏句容举行，中国道协会长任法融等出席会议。

10.29 中国道教协会顾问、上海市道教协会名誉会长、上海城隍庙住持陈莲笙逝世，享年 92 岁。

11.4 中国天主教主教团副主席、辽宁教区荣休主教金沛献逝世，享年 85 岁。

11.10－12.31 中国伊斯兰教协会组织 11900 多名各族穆斯林群众赴麦加朝觐。

11.11 江西云居山真如禅寺建寺 1200 周年庆典暨云居山禅院修院奠基仪式举行，国家宗教局局长叶小文、中国佛教协会会长一诚出席活动。

11.11 中国基督教“两会”在南京召开中国基督教神学思想建设十周年纪念大会，全国政协副主席、中国基督教“两会”名誉主席兼名誉会长丁光训，国家宗教局副局长王作安出席大会。会议由中国基督教三自爱国运动委员会主席傅先伟主持,中国基督教协会会长高峰作了题为“继续加强神学思想建设,努力办好中国教会”的总结报告。

11.17 中国藏语系高级佛学院在北京西黄寺举行第四届藏传佛教高级学衔授予仪式。

11.19 广东省举行伊斯兰教第三次代表会议,选举马光星为省伊协会长。

11.20 中国道教协会办公会所暨中国道教学院校舍建设奠基仪式在北京白云观举行,国家宗教局副局长齐晓飞、中国道教协会会长任法融、副会长张继禹等出席了奠基仪式。

11.20 陕西省举行基督教第六次代表会议,选举王俊为省两会主席、会长。

11.21 国家宗教局副局长王作安出席第四届“基督宗教在当代中国的社会作用及其影响”学术研讨会。

11.25－26 国家宗教局局长叶小文率团赴美国出席国家宗教局与美国乔治敦大学举行的第一次学术会议。

11.26－12.4 第十一世班禅额尔德尼·确吉杰布到湖南省参观学习。

11.28 国家宗教局召开学习实践活动调研成果交流会。

11.29 国家宗教局副局长蒋坚永出席国家宗教局在长沙召开的部分省区民间宗教工作调研会议。

11.30 中国佛教协会副会长兼秘书长学诚、副会长明学等出席“纪念雪峰义存大师圆寂1100周年暨禅宗思想学术研讨会”。

12.2－4 2008年“广东禅宗六祖文化节”在新兴县举行,国家宗教局副局长蒋坚永,中国佛教协会副会长、广东省佛协会长明生等出席此次活动。

12.3 中国佛教协会副会长永信赴南非访问,与南非前总统曼德拉会谈。

12.6 “韩国奉赠北京广化寺金地藏王菩萨奉安大法会”举行。同日,国家宗教局副局长齐晓飞、蒋坚永会见了韩国代表团成员。

12.8 中国伊斯兰教协会在北京举行招待会,庆祝古尔邦节。

12.9－10 部分省市区宗教工作座谈会在福州举行。

12.10 国家宗教局局长叶小文应邀为香港新闻界北京大学国情研修班学员授课。

12.10 国家宗教局副局长齐晓飞出席纪录片《玄奘之路》赏片会。

12.10－11 国家宗教局局长叶小文,中国道教协会会长任法融,副会长张继禹、黄至安、赖保荣等出席“道教与养生”研讨会。

12.10 中国基督教“两会”在上海召开纪念改革开放三十周年座谈会，中国基督教协会会长高峰主持会议，中国基督教三自爱国运动委员会主席傅先伟作主题发言。同日，举行各省市区基督教“两会”负责人工作会议。

12.12－13 国家宗教局局长叶小文率团访问老挝。

12.14 国家宗教局副局长蒋坚永、中国佛教协会副会长兼秘书长学诚出席“峨眉山大佛禅院开光法会暨落成庆典”。

12.15 国宗教宗教局副局长王作安会见来访的世界循道卫理宗华人教会访华团。

12.19 纪念中国天主教自选自圣主教50周年座谈会在北京举行，全国政协副主席、统战部部长杜青林，统战部常务副部长朱维群，全国政协民宗委主任田聪明，国家宗教局局长叶小文、副局长王作安及五大宗教的代表出席会议。

沉痛哀悼全国人大副委员长傅铁山

胡锦涛吴邦国温家宝曾庆红等到八宝山送别

新华社北京4月27日电　杰出的爱国宗教领袖，著名的社会活动家，中国共产党的亲密朋友，第十届全国人民代表大会常务委员会副委员长，中国国际交流协会顾问，中国天主教爱国会主席、中国天主教主教团代主席、天主教北京教区主教傅铁山遗体，27日在北京火化。

傅铁山因病医治无效，于2007年4月20日20时08分在北京逝世，享年76岁。

傅铁山病重期间和逝世后，胡锦涛、江泽民、吴邦国、温家宝、贾庆林、曾庆红、黄菊、吴官正、李长春、罗干等前往医院看望或通过各种形式对傅铁山的逝世表示沉痛哀悼。

27日上午的八宝山殡仪馆大礼堂庄严肃穆，哀乐低回。正厅上方悬挂着黑底白字的横幅“沉痛悼念傅铁山副委员长”，横幅下方是傅铁山的遗像。傅铁山的遗体安卧在鲜花翠柏丛中，身上覆盖着鲜红的中华人民共和国国旗。

上午9时许，胡锦涛、吴邦国、温家宝、曾庆红、王兆国、回良玉、刘淇、贺国强、曾培炎、王刚、尉健行、何勇、李铁映、司马义·艾买提、何鲁丽、许嘉璐、蒋正华、顾秀莲、热地、盛华仁、路甬祥、乌云其木格、韩启德、唐家璇、陈至立、肖扬、刘延东、白立忱、罗豪才、周铁农、陈奎元、阿不来提·阿不都热西提、张榕明和邹家华、王光英、曹志、孙孚凌、万国权以及傅全有、王瑞林，在哀乐声中缓步来到傅铁山的遗体前肃立默哀，向傅铁山的遗体三鞠躬。

中共中央办公厅、全国人大常委会办公厅、国务院办公厅、全国政协办公厅、中央和国家机关有关部门负责人，以及宗教界代表和傅铁山的生前友好也前往送别。

傅铁山病重期间和逝世后，前往医院看望或以各种形式表示哀悼的还有：王乐泉、刘云山、吴仪、张立昌、张德江、周永康、俞正声、郭伯雄、曹刚川、李鹏、万里、乔石、朱镕基、李瑞环、宋平、刘华清、李岚清、徐才厚、丁石孙、成思危、华建敏、贾春旺、王忠禹、廖晖、阿沛·阿旺晋美、帕巴拉·格列朗杰、李贵鲜、张思卿、丁光训、马万祺、张克辉、郝建秀、徐匡迪、李兆焯、黄孟复、张怀西、李蒙、董建华、张梅颖和李德生、肖克、张劲夫、黄华、彭冲、王芳、谷牧、吕正操、郑天翔、刘复之、杨白冰、丁关根、田纪云、迟浩田、张万年、姜春云、钱其琛、王汉斌、张震、倪志福、陈慕华、孙起孟、雷洁琼、李锡铭、王丙乾、布赫、铁木尔·达瓦买提、吴阶平、彭云、周光召、韩杼滨、吴学谦、钱学森、董寅初、叶选平、杨汝岱、钱伟长、任建新、宋健、钱正英、朱光亚、胡启立、陈锦华、赵南起、毛致用、经叔平、王文元、邓力群、张廷发、韩光，中央军委委员梁光烈、李继耐、廖锡龙、靖志远，以及于永波、王克等。

傅铁山副委员长生平

杰出的爱国宗教领袖，著名的社会活动家，中国共产党的亲密朋友，第十届全国人民代表大会常务委员会副委员长，中国国际交流协会顾问，中国天主教爱国会主席、中国天主教主教团代主席、天主教北京教区主教傅铁山，因病于2007年4月20日20时08分在北京逝世，享年76岁。

傅铁山主教，1931年11月3日出生于河北省清苑县。早年在北京天主教备修学院、北京教区小修道院、大修道院和文声学院哲学系、神学系学习。1956年7月1日晋铎，先后担任北京西什库教堂神甫、宣武门教堂神甫、北京教区神学院教师。1979年12月21日晋牧，是我国改革开放后中国天主教第一位自选自圣的主教。先后担任天主教北京教区主教、北京市天主教爱国会主席和教务委员会主任，中国天主教爱国会副主席、教务委员会副主任，中国天主教主教团副主席兼秘书长，中国国际交流协会理事、副会长、顾问，中国残疾人福利基金会名誉理事，中华海外联谊会常务理事，北京市人民对外友好协会副会长。1998年起任中国天主教爱国会主席、中国天主教主教团副主席、中国红十字会名誉副会长、中国反邪教协会副理事长、中华慈善总会名誉会长。2003年任中国宗教和平委员会名誉主席。2005年任中国天主教主教团代主席。

傅铁山主教是政协北京市第五、六、七、八届委员会常务委员，政协北京市第九、十届委员会副主席。政协第六、七届全国委员会常务委员，第八、九届全国人大常委会委员、教育科学文化卫生委员会委员，第十届全国人大常委会副委员长。

傅铁山主教是杰出的爱国宗教领袖。他拥护中国共产党的领导，热爱社会主义祖国，长期以来与中国共产党肝胆相照，为建设中国特色社会主义、推动国家的经济社会发展作出了重要贡献。抗日战争和解放战争时期，他目睹了帝国主义的野蛮侵略和旧政权对广大人民的反动统治，树立了自立自强的远大抱负，立志服务社会、报效祖国。新中国成立后，他在新旧社会的强烈对比中加深了对社会主义制度的认识和理解,作为一名天主教神职人员,始终把个人的命运与祖国的发展紧紧联系在一起,把捍卫祖国的荣誉和利益作为自己应尽的责任。“文化大革命”期间,他受到冲击,仍矢志不移。他衷心拥护中国共产党十一届三中全会以来的路线方针政策,热情支持改革开放,坚决维护民族团结、社会稳定,坚决维护国家利益、祖国统一。他以雄辩的事实宣传我国的宗教信仰自由政策,不遗余力地向国际社会表明中国宗教界反对邪教、反对“台独”的严正立场,坚决反对国际敌对势力支持“一中一台”和“两个中国”的图谋。他积极响应中国共产党建设社会主义和谐社会的号召,病重期间,仍亲自撰写文章,倡议中国各宗教团体“五教同光、共致和谐”,坚定不移地团结和带领广大神职人员和信教群众为宗教和睦与社会和谐作出了重要贡献。他与中国共产党风雨同舟、真诚合作,在多年交往中,同邓小平、江泽民、胡锦涛等中共中央领导同志建立了深厚的友谊,是中国共产党的亲密朋友。

傅铁山主教是中国天主教的卓越领导人,是海内外有广泛影响的著名宗教界人士。他有很深的神学造诣,通晓拉丁语、英语等多种语言,历史、哲学、文学等社会科学知识渊博,在神学理论和中国神学思想研究方面卓有建树。改革开放后,他长期担任中国天主教爱国会和中国天主教主教团主要领导人,坚决拥护中国共产党关于宗教工作的一系列方针政策,积极协助党和政府全面正确地贯彻宗教信仰自由政策。他始终如一地带领中国天主教界将爱国爱教的光荣传统和天主教信仰结合起来,积极开展神学理论研究,身体力行地探索适应中国国情和教情的办教方法,促进天主教与中国文化的融合。他常以自己的亲身经历引导年轻一代神职人员深刻认识爱祖国、爱人民是教会的神圣使命。他常常提醒广大神职人员以史为训、以民族为福传根本、以社会为服务基地,融入社会、融入国家,与13亿同胞一起搞好经济建设、政治建设、文化建设和社会建设。在他的推动下,中国天主教界广大神职人员和信教群众坚持独立自主自办原则、自觉与社会主义社会相适应的认识不断深化,参与构建社会主义和谐社会的热情不断高涨。他十分关心宗教团体和宗教院校建设,高度重视神职人员和信教群众的素质培养,为恢复建立北京天主教神哲学院和修女院做出积极努力,亲任神哲学院院长并为修生讲授多门课程。他带领北京教区率先启动了以有较高神学修养和灵修素质,有较高政治素质、文化层次和社会工作能力为核心的“培青工程”,培养了一支综合素质较强的神职人员、修女和教友骨干队伍。他大力倡导中国天主教会参与公益事业和救助社会弱势群体,在支持残疾人和麻风病人福利事业、为贫困山区和国内外灾区捐款捐物、兴建“希望小学”、举办亚运会、修复长城和修建抗日战争纪念馆以及支持北京申办奥运会等方面做了大量的工作。他先后创办了天宁诊所、天爱诊所和天峪诊所,经常在乡村和边远山区开展义诊活动,热心为缺医少药看病难的山区人民服务。他一生爱国爱教,与时俱进,矢志不渝,为中国天主教事业的发展贡献了毕生精力。他用自己的善表影响并团结带领中国天主教界积极为中国天主教的建设发展和国家的改革发展稳定贡献力量,深受广大神职人员和信教群众的尊敬和爱戴。

傅铁山主教是著名的社会活动家。他长期担任全国人大和政协的重要职务,积极参政议政,为国家发展、民族振兴和祖国统一建言献策,为坚持和完善人民代表大会制度、中国共产党领导的多党合作和政治协商制度发挥了重要作用。作为全国人大常委会副委员长,他十分关心我国的改革开放和社会主义现代化建设事业,十分关心我国的民主法制建设,充分发挥自身优势,宣传我国的宗教信仰自由政策和改革开放、民主法制建设取得的伟大成就,向世界传递中国宗教界关于和谐和平的理念,宣讲中国宗教界共建和谐世界、维护世界和平的主张。他积极开展国际交流交往活动,先后接待了来自100多个国家和地区的国际友人,2000年还担任中国宗教代表团团长参加了世界宗教领袖千年和平大会,广泛接触各国宗教界人士。他主动介绍中国天主教独立自主自办教会的伟大成果,充分展现中国教会的风采,赢得了国际友人的理解和尊重,为加深中国人民与世界各国人民的友谊、促进世界和平作出了重大贡献。他衷心拥护"一国两制"方针和香港、澳门特别行政区基本法,始终关心祖国的和平统一大业。他十分重视天主教界同香港、澳门宗教界的友好交流,多次派出"天爱合唱团"赴香港、澳门演出,热情接待港澳宗教界人士来访。他十分关心台海两岸关系的发展,身卧病榻仍挂念祖国的统一大业。

傅铁山副委员长的一生,是拥护中国共产党领导,对国家和人民的事业忠心耿耿、奋斗不息的一生,是为贯彻宗教信仰自由政策、高举爱国爱教旗帜、坚持独立自主自办原则和推动中国天主教健康发展操劳奉献的一生。他识大体、顾大局,严于律己、宽以待人,生活俭朴、清正廉洁。他的爱国情操和崇高品德将永远为人们尊敬和怀念。

(新华社北京4月27日电)

国家宗教事务局令第3号

《宗教教职人员备案办法》已于2006年12月25日经国家宗教事务局局务会议通过，现予以发布，自2007年3月1日起施行。

局长　叶小文

二〇〇六年十二月二十九日

宗教教职人员备案办法

第一条　为了保障宗教教职人员的合法权益，规范宗教教职人员备案及备案管理，根据《宗教事务条例》，制定本办法。

第二条　本办法所称宗教教职人员，是指宗教团体按照本宗教的宗教教职人员认定办法认定的从事宗教教务活动的人员。

宗教教职人员认定办法由全国性宗教团体结合本宗教的实际分别制定，并报国家宗教事务局备案。

第三条　县级以上人民政府宗教事务部门是宗教教职人员的备案部门。

第四条　宗教团体应当将其认定的宗教教职人员自认定之日起20日内，报相应的人民政府宗教事务部门备案。

全国性宗教团体认定的宗教教职人员报国家宗教事务局备案；省、自治区、直辖市宗教团体认定的宗教教职人员报省级人民政府宗教事务部门备案；设区的市（地、州、盟）宗教团体认定的宗教教职人员报设区的市级人民政府宗教事务部门备案；县（市、区、旗）宗教团体认定的宗教教职人员报县级人民政府宗教事务部门备案。

第五条　履行宗教教职人员备案，应当填写《宗教教职人员备案表》，同时提交该宗教教职人员的户籍证明复印件和居民身份证复印件。

第六条　备案部门自收到宗教团体提交的材料之日起30日内，作出书面答复,逾期未答复的,视为已完成备案程序。

第七条 有下列情形之一的,不予备案:

(一)未按照本宗教的宗教教职人员认定办法认定的;

(二)提供的备案材料不属实的。

第八条 宗教团体在宗教教职人员备案程序完成后,向该宗教教职人员颁发宗教教职人员证书。未取得宗教教职人员证书的,不得以宗教教职人员身份从事宗教教务活动。

第九条 宗教团体依照本宗教的有关规定解除宗教教职人员身份,应当到备案部门办理注销备案手续。

第十条 宗教教职人员在宗教教务活动中违反法律、法规、规章,情节严重的,除依法追究其法律责任外,按照《宗教事务条例》第四十五条的规定,由人民政府宗教事务部门建议原认定该宗教教职人员的宗教团体取消其宗教教职人员身份,并办理注销备案手续。

第十一条 宗教教职人员放弃或者因其他原因丧失宗教教职人员身份的,原认定其宗教教职人员身份的宗教团体应当到备案部门办理注销备案手续。

第十二条 宗教教职人员出现第九条、第十条、第十一条规定的情形,丧失宗教教职人员身份的,宗教团体应当在办理注销备案手续后收回其宗教教职人员证书,并以适当方式公告。

第十三条 宗教团体未按照本办法办理宗教教职人员备案手续,或者备案时弄虚作假的,由人民政府宗教事务部门责令改正,并视情节轻重,按照《宗教事务条例》第四十一条的规定予以行政处罚。

第十四条 藏传佛教活佛传承继位的审批、天主教主教的备案,按照《宗教事务条例》第二十七条规定及国家有关规定办理。

第十五条 省级人民政府宗教事务部门在每年的3月31日前将上一年度的宗教教职人员备案情况报国家宗教事务局。

第十六条 本办法自2007年3月1日起施行。

国家宗教事务局令第4号

《宗教活动场所主要教职任职备案办法》已于2006年12月25日经国家宗教事务局局务会议通过，现予以发布，自2007年3月1日起施行。

局长　叶小文

二〇〇六年十二月二十九日

宗教活动场所主要教职任职备案办法

第一条　为了保障宗教教职人员的合法权益，规范宗教活动场所主要教职任职备案及备案管理，根据《宗教事务条例》，制定本办法。

第二条　本办法所称宗教活动场所主要教职，是指佛教寺院的住持（方丈），道教宫观的住持（方丈），伊斯兰教清真寺主持教务活动的阿訇、伊玛目、海推布，天主教教堂的主任司铎，基督教教堂的主任牧师、相当于牧师的专职长老等。

第三条　宗教教职人员担任宗教活动场所主要教职，应当经所在地宗教团体同意后10日内，由该宗教活动场所报所在地县级以上人民政府宗教事务部门备案。

第四条　宗教教职人员跨省、自治区、直辖市担任宗教活动场所主要教职，应当由拟任用该宗教教职人员的宗教活动场所征得该场所所在地宗教团体同意后，报县级人民政府宗教事务部门。县级人民政府宗教事务部门逐级报省级人民政府宗教事务部门，省级人民政府宗教事务部门征求该宗教教职人员所在地省级人民政府宗教事务部门意见后，予以备案。

第五条　履行宗教活动场所主要教职任职备案，应当填写《宗教活动场所主要教职任职备案表》，同时提交下列材料：

(一)该场所管理组织民主协商情况的说明;

(二)拟任职人员的户籍证明复印件和居民身份证复印件、宗教教职人员证书复印件。

此前在其他宗教活动场所担任主要教职的,还须提交离任其他宗教活动场所主要教职的注销备案证明。

第六条 县级以上人民政府宗教事务部门自收到宗教活动场所提交的材料之日起30日内,作出书面答复,逾期未答复的,视为已完成备案程序。

第七条 有下列情形之一的,不予备案:

(一)未按照本宗教的宗教活动场所主要教职任职办法任用的;

(二)未经该场所管理组织民主协商的;

(三)拟任职人员离任其他宗教活动场所主要教职未办理注销备案手续的;

(四)提供的备案材料不属实的。

第八条 宗教活动场所在备案程序完成后,可为担任主要教职的宗教教职人员举行任职仪式,并正式赋予其职责。

第九条 宗教教职人员离任宗教活动场所主要教职,应当按照任职备案程序办理注销备案手续。办理注销备案,应当提交下列材料:

(一)该场所管理组织民主协商情况的说明;

(二)该场所所在地宗教团体同意的书面意见;

(三)拟离任人员离任财务审查情况的报告。

第十条 有下列情形之一的,不予注销备案:

(一)未经该场所管理组织民主协商同意的;

(二)未经该场所所在地宗教团体同意的;

(三)未办理离任财务审查的。

第十一条 担任宗教活动场所主要教职的宗教教职人员违反法律、法规、规章,情节严重的,除依法追究其法律责任外,宗教活动场所应当按照任职备案程序,在办理注销备案手续后,解除其担任的主要教职。

第十二条 宗教活动场所未按照本办法办理宗教活动场所主要教职任职备案手续,或者备案时弄虚作假的,由人民政府宗教事务部门责令改正,并视情节轻重,按照《宗教事务条例》第四十一条的规定予以行政处罚。

第十三条 宗教教职人员一般只能担任一个宗教活动场所的主要教职。特殊情况下,需要兼任另外一个宗教活动场所的主要教职的,应当由该宗教活动场所征得所在地宗教团体同意后,报县级人民政府宗教事务部门,县级人民政府宗教事务部门逐级报省级人民政府宗教事务部门备案。

第十四条 宗教活动场所主要教职任职办法由全国性宗教团体结合本宗教的实际分别制定,并报国家宗教事务局备案。

第十五条 本办法自2007年3月1日起施行。

国家宗教事务局令第 5 号

《藏传佛教活佛转世管理办法》已于 2007 年 7 月 13 日经国家宗教事务局局务会议通过，现予公布，自 2007 年 9 月 1 日起施行。

局长　叶小文

二〇〇七年七月十八日

藏传佛教活佛转世管理办法

第一条　为了保障公民宗教信仰自由，尊重藏传佛教活佛传承继位方式，规范活佛转世事务管理，根据《宗教事务条例》，制定本办法。

第二条　活佛转世应当遵循维护国家统一、维护民族团结、维护宗教和睦与社会和谐、维护藏传佛教正常秩序的原则。

活佛转世尊重藏传佛教宗教仪轨和历史定制，但不得恢复已被废除的封建特权。

活佛转世不受境外任何组织、个人的干涉和支配。

第三条　活佛转世应当具备下列条件：

（一）当地多数信教群众和寺庙管理组织要求转世；

（二）转世系统真实并传承至今；

（三）申请活佛转世的寺庙系拟转世活佛僧籍所在寺，并为依法登记的藏传佛教活动场所，且具备培养和供养转世活佛的能力。

第四条　申请转世活佛有下列情形之一的，不得转世：

（一）藏传佛教教义规定不得转世的；

（二）设区的市级以上人民政府明令不得转世的。

第五条　活佛转世应当履行申请报批手续。申请报批程序是：由拟转世活佛僧籍所在寺庙管理组织或者所在地佛教协会向所在地县级人民政府宗教事务部门提出转世申请,由县级人民政府提出意见后,人民政府宗教事务部门逐级上报,由省、自治区人民政府宗教事务部门审批。其中,在佛教界有较大影响的,报省、自治区人民政府批准;有重大影响的,报国家宗教事务局批准;有特别重大影响的,报国务院批准。

审核批准活佛转世申请,应当征求相应的佛教协会的意见。

第六条 对活佛影响大小有争议的,由中国佛教协会认定,报国家宗教事务局备案。

第七条 活佛转世申请获得批准后,根据活佛影响大小,由相应的佛教协会成立转世指导小组;由拟转世活佛僧籍所在寺庙管理组织或者相应的佛教协会组建转世灵童寻访小组,在指导小组的指导下实施寻访事宜。

转世灵童由省、自治区佛教协会或者中国佛教协会根据宗教仪轨和历史定制认定。

任何团体或者个人不得擅自开展有关活佛转世灵童的寻访及认定活动。

第八条 历史上经金瓶掣签认定的活佛,其转世灵童认定实行金瓶掣签。

请求免予金瓶掣签的,由省、自治区人民政府宗教事务部门报国家宗教事务局批准,有特别重大影响的,报国务院批准。

第九条 活佛转世灵童认定后,报省、自治区人民政府宗教事务部门批准。在佛教界有较大影响的,报省、自治区人民政府批准;有重大影响的,报国家宗教事务局批准;有特别重大影响的,报国务院批准。

经省、自治区人民政府宗教事务部门或者省、自治区人民政府批准的转世活佛,报国家宗教事务局备案。

第十条 转世活佛继位时,由批准机关代表宣读批文,由相应的佛教协会颁发活佛证书。

活佛证书的式样由中国佛教协会统一制作,报国家宗教事务局备案。

第十一条 违反本办法,擅自办理活佛转世事宜的,由人民政府宗教事务部门依照《宗教事务条例》的规定,对责任人和责任单位予以行政处罚;构成犯罪的,依法追究刑事责任。

第十二条 转世活佛继位后,其僧籍所在寺庙管理组织须制定培养计划,推荐经师人选,经所在地佛教协会审核,逐级报省、自治区人民政府宗教事务部门审批。

第十三条 涉及活佛转世事宜的省、自治区可以依照本办法制定实施细则,报国家宗教事务局备案。

第十四条 本办法自 2007 年 9 月 1 日起施行。

国家宗教事务局令第6号

《宗教院校设立办法》已于2006年12月25日经国家宗教事务局局务会议通过，现予公布，自2007年9月1日起施行。

局长　叶小文

二〇〇七年八月一日

宗教院校设立办法

第一章　总　则

第一条　为规范宗教院校的设立，根据《宗教事务条例》，制定本办法。

第二条　本办法所称宗教院校，是指宗教团体举办的培养宗教教职人员和其他宗教专门人才的全日制院校。

宗教院校分为高等和中等。高等宗教学院学制为四年以上，毕业生学历为本科以上；中等宗教学校学制为二至三年，毕业生学历为中专或大专。

第三条　宗教院校由全国性宗教团体或省、自治区、直辖市宗教团体举办。其他任何组织和个人不得举办宗教院校。

第四条　政府宗教事务部门依法对宗教院校进行监督、检查、指导。

第二章　设立条件和标准

第五条　设立宗教院校应符合《宗教事务条例》第九条规定的条件。

第六条　在同一省级行政区域内已设立宗教院校的，一般不再批准设立新的同类宗教院校。

第七条　设立高等宗教学院应符合下列标准：

（一）招生对象至少具备中等宗教院校或普通高级中学学历，或具有同等学力；

（二）任课教师总数不少于学生总额的10%，其中至少50%为专职教师；

（三）有独立的教学场所，其建筑设施应保证教学、研究和师生的宗教生活、日常生活、体育锻炼等方面的基本需求，并符合国家有关规划、建设、消防等方面的规定；

（四）有必要的教学设备和现代化教学器材，适用图书不少于3万册；

（五）有必要的办学资金。

第八条 设立中等宗教学校应符合下列标准：

（一）招生对象至少具备普通初级中学学历；

（二）任课教师总数不少于学生总额的8%，其中至少50%为专职教师；

（三）有独立的教学场所，其建筑设施应保证教学和师生的宗教生活、日常生活、体育锻炼等方面的基本需求，并符合国家有关规划、建设、消防等方面的规定；

（四）有必要的教学设备，适用图书不少于2万册；

（五）有必要的办学资金。

第三章 审批程序

第九条 申请设立宗教院校，须填写《宗教院校设立筹备申请表》，并提交下列材料：

（一）办学章程及培养方案；

（二）符合培养条件的生源情况说明；

（三）必要的筹备设立资金证明，办学经费主要来源情况说明及有关证明文件；

（四）拟聘任教师、学校负责人和拟组建的管理组织成员的基本情况说明；

（五）已有校舍等基础设施和设备情况说明，或拟新建校舍的可行性研究报告；

（六）其他有关材料。

第十条 全国性宗教团体拟设立宗教院校的，向国家宗教事务局提出申请。

省、自治区、直辖市宗教团体拟设立宗教院校的，向所在地的省级人民政府宗教事务部门提出申请。省级人民政府宗教事务部门应当自收到申请之日起30日内提出意见。对拟同意的，报国家宗教事务局审批。

第十一条 国家宗教事务局自收到全国性宗教团体的申请或者省级人民政府宗教事务部门设立宗教院校的报告之日起60日内，作出批准或者不予批准的决定。不予批准的,书面说明理由。

第十二条 宗教团体接到国家宗教事务局批准设立宗教院校的批复后,方可开始筹备设立工作。筹备设立期一般不超过3年,特殊情况报经国家宗教事务局批准后可适当延长。

第十三条 宗教院校完成筹备设立后,由举办的宗教团体按本办法第十条规定的程序报国家宗教事务局审核验收。审核验收合格后方可挂牌招生。

第十四条 宗教院校的变更、撤销与合并,均应按申请设立宗教院校的相关要求办理。宗教院校的变更包括更改校址、校名、隶属关系,改变校舍规模、培养目标、学制、办学规模、招生对象及范围等。

第四章 罚 则

第十五条 违反本办法有下列情形之一的,由国家宗教事务局或省级人民政府宗教事务部门根据情节轻重,分别责令其限期改正、停止招生直至停办:

(一)筹建期间擅自招生的;

(二)超过筹建期限仍达不到招生条件的;

(三)不遵守法律、法规、规章和政策,违反培养目标、办学章程和课程设置要求的;

(四)毕业生经考核或评估达不到规定要求的;

(五)教师配备长期达不到要求的;

(六)擅自变更校址、校名、隶属关系、校舍规模、培养目标、学制、招生规模及范围等的;

(七)没有必要的办学经费的;

(八)建筑设施存在重大安全隐患的。

第十六条 擅自设立宗教院校的,由有关部门依照《宗教事务条例》第四十三条规定予以处理。

第五章 附 则

第十七条 《宗教事务条例》施行前已经国务院或国务院宗教事务部门或省级人民政府批准开办的宗教院校,不再重新履行设立审批手续,但需由国家宗教事务局依据本办法第七条、第八条规定进行评估,确认其学制、办学规模、培养目标、课程设置、招生对象及范围等。

第十八条 《宗教事务条例》施行前未经国务院或国务院宗教事务部门或省级人民政府批准设立的宗教院校,应当按照《宗教事务条例》和本办法的有关规定,履行设立审批手续。

第十九条 国家宗教事务局每年定期公布批准设立的宗教院校名单。

第二十条 本办法由国家宗教事务局负责解释。

第二十一条 本办法自2007年9月1日起施行。

后　记

《中国宗教研究年鉴》自1997年开始编纂,12年间,在经费和编辑力量不足、工作格局和机制诸多受限的情况下,尽可能地做出努力,到现在已出版7卷,在我国宗教学术界产生了一定的影响。2006年,曾荣获中国社会科学院优秀科研成果三等奖。

在2007－2008年卷问世之际,我们一方面衷心感谢对本《年鉴》的出版一如既往给予大力支持的国家宗教事务局所属宗教文化出版社的各位领导和有关编辑同志,另一方面,也为此项工作坚持至今之不易而感慨殊深。

2008年11月,本《年鉴》的副主编张新鹰同志由世界宗教研究所副所长调任中国社会科学院网络中心主任。本卷《年鉴》是他按既定的编辑分工完成的一项遗留任务。张新鹰同志在世界宗教研究所31年,做了大量基本建设性质的工作,编纂《中国宗教研究年鉴》最初就是他的动议。对每一卷《年鉴》,他都付出了一份心血。在他告别了原来岗位的时候,世界宗教研究所的《年鉴》编辑同仁应当向他表示真诚的谢意!

改革开放以来中国宗教学科建设的良好机遇目前仍在持续,辛勤耕耘在这片沃土的三代学人还将大有可为,未来的发展道路愈加宽广。《中国宗教研究年鉴》希望在这样的机遇和道路面前,继续得到本所上下和国内宗教学术界更多的帮助,不断迈出新的更大的步伐。

编　者

二〇〇九年十二月

图书在版编目(CIP)数据

中国宗教研究年鉴.2007－2008/曹中建主编.－－北京:宗教文化出版社,2010.1

ISBN 978－7－80254－224－2

Ⅰ.①中… Ⅱ.①曹… Ⅲ.①宗教－研究－中国－2007～2008－年鉴 Ⅳ.①B928.2－54

中国版本图书馆 CIP 数据核字(2010)第 005660 号

中国宗教研究年鉴(2007－2008 年)

曹中建　主编

中国社会科学院世界宗教研究所　编

出版发行: 宗教文化出版社

地　　址: 北京市西城区后海北沿 44 号　(100009)

电　　话: 64095215(发行部)　64095210(编辑部)

责任编辑: 张越宏(yuehong5151@163.com)

版式设计: 陶　静

印　　刷: 北京柯蓝博泰印务有限公司

版本记录: 850×1168 毫米　32 开本　21.5 印张　720 千字

2010 年 1 月第 1 版　2010 年 1 月第 1 次印刷

书　　号: ISBN 978－7－80254－224－2

定　　价: 68.00 元